KB146494

Kraus의 현대사회 여가와 레크리에이션

KRAUS' RECREATION AND LEISURE
IN MODERN SOCIETY

ORIGINAL ENGLISH LANGUAGE EDITION PUBLISHED BY Jones and Bartlett Learning Learning, LLC
5 Wall Street, Burlington, MA 01803 USA

DANIEL D. MCLEAN
AMY R. HURD
DENIS M. ANDERSON

11th
EDITION

KRAUS' RECREATION AND LEISURE
IN MODERN SOCIETY

Kraus의 현대사회 여가와 레크리에이션

오세이 · 전태준 옮김

카오스북
CHAOS BOOK

옮긴이

오세이
West Virginia University 박사(Ph. D)
숭실대학교 스포츠학부 교수
숭실대학교 스포츠학부 학부장
한국여가레크리에이션학회 회장(2020~2021년)

전태준
연세대학교 사회체육학과 박사
숭실대학교 스포츠학부 부교수
숭실대학교 국민생활체육연구소 소장
한국여가레크리에이션학회 편집위원장

Kraus의
현대사회 여가와
레크리에이션 11th EDITION

발 행 일   2019년 12월 30일
지 은 이   Daniel D. McLean, Amy R. Hurd, Denis M. Anderson
옮 긴 이   오세이, 전태준
발 행 인   오성준
발 행 처   카오스북

주   소   서울 마포구 양화로 56, 동양한강트레벨 1022호
전   화   02-3144-8755, 8756
팩   스   02-3144-8757
등록번호   제2018-000189호
디 자 인   디자인 콤마
인   쇄   이산문화사
웹사이트   www.chaosbook.co.kr
이 메 일   info@chaosbook.co.kr

I S B N   979-11-87486-27-5 93330
정   가   25,000원

간추린 목차

목차

저자 서문

　여가와 레크리에이션은 스포츠와 오락, 연극 제작에 대한 참여, 미술관 견학, 해외여행, 거리 콘서트 참여, 또는 단순히 지역 공원을 즐기는 일이건 간에 모든 사람들의 삶을 어루만져 준다. 여가와 레크리에이션이 없는 세상은 공원, 열린 공간, 수영장, 해변이 없는 세상이거나 흥미로운 세계 여행을 상상할 수 없는 이해 불가한 세상이다. 우리는 종종 레크리에이션과 여가를 당연시 여긴다. 〈크라우스의 현대사회 여가와 레크리에이션〉제11판은 학생들로 하여금 다양한 관점에서 여가와 여가 서비스 산업의 가치를 이해할 수 있도록 한다. 이 책은 여가의 범주와 직업에 대한 종합적인 조사를 제공하며 여가의 토대와 역사, 확장성, 그리고 지속적인 발전을 탐구한다. 여가 활동은 연령, 인종, 성별, 민족적 관점에서 살펴볼 수 있으며, 사회적 개인적 편익을 포괄한다. 북미 지역에서만 수십만 명의 고용을 담당하고 있다는 사실은 여가와 여가 활동이 실용적 직업이라는 사실을 증명한다. 직업의 개요에는 공공, 영리 및 비영리, 치료 레크리에이션, 그리고 관광과 스포츠의 성장 영역에 대한 지식을 포함한다.

　이 책은 전 세계 대학의 '레크리에이션과 여가' 과정에서 가장 널리 사용되어 온 교재의 열한 번째 개정판이다. 이 책은 오늘날 미국 사회에서 여가와 레크리에이션의 역사와 철학, 그리고 조직적인 여가 서비스의 역할을 다루는 강좌에서 사용하기 위해 고안되었는데, 최근의 사회적 변화와 21세기 여가 서비스 관리자들이 직면하고 있는 과제를 반영하기 위해 개정되었다. 또한 레크리에이션 및 여가의 기본 개념, 참여자의 동기와 가치, 조직화된 지역사회 서비에서의 전반적 영역의 동향에 대한 심층 분석을 제공한다. 본문 전체에 걸쳐 다음과 같은 몇 가지 중요한 주제와 새로운 이슈들이 강조된다.

- ◆ 공원 및 레크리에이션 기관들에 대한 혁신적, 열정적, 기업가적인 변화를 통해 공원 및 레크리에이션 서비스의 전통적 접근방식에 대한 재검토를 강제하는 정치, 경제, 사회적 환경의 본질을 포괄하는 역동적인 대화
- ◆ 여가와 레크리에이션은 성숙해가는 관광과 스포츠 분야에 점점 더 얽매여 가고 있다. 이러한 관계를 이해하는 일은 여가 서비스 관리자들의 성공을 위해 중요하다.

◆ 비만이 공원 및 레크리에이션 기관이 당면한 가장 시급한 관심사가 되는 등 웰빙은 이 분야의 주요 이슈로 계속 부각되고 있다. 공원 및 레크리에이션으로 건강과 웰빙의 기회를 제공하고 비만을 조절하며 심혈관계 건강을 유지하기 위한 주요 노력이 이루어지고 있다. 웰빙은 전통적인 웰빙 지표들을 넘어 포괄적인 용어로 자리잡았다.

◆ 관광은 세계 최대 규모의 경제이다. 많은 지역사회가 일자리와 관광 명소, 수익 창출 등을 통해 지역사회 구성원들이 이용할 수 있는 자원을 늘리기 위해 관광지로 내세우고 있다.

◆ 베이비부머들은 하루 1만 명 이상 은퇴하고 있으며, 밀레니엄 세대가 가장 규모가 큰 세대로 자리잡았다. 이 두 세대가 공원 및 레크리에이션 직업에 미치는 영향은 기관들로 하여금 전통적인 서비스 모델에 대한 재고를 요구한다. 베이비부머들은 그 어느 때보다도 많은 재량 소득을 가지고 있으며 여행과 관광, 프로그램 참여, 건강 및 피트니스 활동, 어드벤처 레크리에이션 등의 경험에 기꺼이 돈을 쓰려고 한다. 밀레니엄 세대는 개인 및 집단 참여를 동시에 제공하는 '지금'의 활동과 기회를 기대하며 변화를 갈망하고 있다.

◆ 스포츠는 지역, 국가, 국제 무대에서의 영향력과 중요도가 확대되고 있다.

청소년 스포츠는 종종 프로 스포츠적인 형태와 행동으로 참가자들에게 손상을 초래한다. 스포츠와 관광은 경제 공동체로서의 발전을 강조하는 주요 지역사회의 파트너가 되었다. 그러나, 부모들이 아이들에게 바로 혹은 몇 년 후에 나타날지도 모르는 부상을 인식하면서 청소년 스포츠의 영향력과 참여는 약화되기 시작했다.

◆ 미국에서는 환경 윤리가 점차 실종되고 있다. 지역사회에서의 구획 개발, 상업적 개발 등으로 인해 열린 공간들이 축소되고 있다. 미국인들은 자신들에게 할당된 몫 이상의 천연 자원을 사용하고 있다. 세계 인구의 5%에 불과한 미국인들이 전체 천연 자원의 25%를 사용한다.

◆ 근린 자연 및 자연결핍장애운동(The nearby nature and nature deficit disorder movements)의 성장은 자연과 접촉하지 않는 데서 오는 부정적인 영향을 인식한다.

◆ 세계화는 여가 모델 및 교훈, 현지 환경에 대한 적응력, 글로벌한 시각이 직업에 미치는 더 높은 인식을 공유함으로써 여가에 영향을 끼쳤다.

◆ 사회경제적 지위는 이용 가능한 기회, 활동 선택 및 여가 경험 방식을 통해 여가에 영향을 미친다. 도시 공동체는 종종 소비자 비용을 증가시켜 확장된 서비스를 제공하는 반면, 도심 지역은 주민들에게 기본적인 여가 서비스를 제공하기 위해

계속해서 노력하고 있다.

급변하는 사회에서 변화의 다양성과 깊이를 포착하는 것은 도전이다. 이 책에는 이 분야의 최신 연구, 동향 및 문제가 수록되어 있다. 공원 및 레크리에이션 직업은 인종과 성별을 훨씬 넘어 확장된 다양한 사람들에게 지속적으로 서비스를 제공해야 하는 과제에 직면해 있다. 이 책은 모든 사람들을 위한 서비스 제공에 초점을 맞추고 있다. 상당한 양의 논의는 공원 및 레크리에이션 부서가 우리 공동체의 건강과 웰빙에 대한 역할뿐 아니라 북미 대륙을 괴롭히고 있는 전염병인 비만과 싸우기 위한 수단도 목표로 제시하고 있다. 각 장에 통합된 새로운 사례 연구는 학생들이 여가 시간에 기술(technology)에 대한 지식, 놀이의 가치와 이점, 그리고 변화하는 가족 구조 등을 적용하여 확인할 수 있도록 한다.

보건, 비만, 삶의 질, 환경에 대한 인식, (가족 및 세대간 경계에 따른)격리(disen-gagement) 등에 따라 확대되는 레크리에이션의 역할은 폭 넓은 직업 사례들을 제공한다. 일단 레크리에이션 전문가들이 프로그램과 공간, 시설 및 자원을 제공한 후에는 이제 파트너와 협력하고, 육성하고, 추적하여 새로운 기회로 이끌어야 한다는 요구에 직면한다. 학문과 직업 사이의 오래된 사회적 경계는 공공 및 민간 부문과 비영리 단체 등 여가와 레크리에이션을 요구하는 독특한 수많은 이해당사자들의 유동적인 조합으로 대체되었다. 레크리에이션 전문가들의 기대는 오늘날 새롭게 대두되는 사회적, 육체적 도전들을 수용하면서 그 역사와 토대에 대한 인식을 포함한다. 그러한 일은 이미 알려진 사실을 받아들이는 동시에 앞으로 대두될 내용에 선택적으로 관여하는 일을 포함한다. 이 책에 담고 있는 여가 직업에서의 변화의 유동성은 독자들로 하여금 온고지신(溫故知新), 즉 과거로부터의 배움을 통해 궁극적으로 미래를 강화하는 도전에 나설 수 있게 한다. 이 책은 미래를 약속할 수 있는 도전과 기회에 대한 강력한 평가로 마무리된다.

여가와 레크리에이션을 공부하는 이유

이 책은 독자들로 하여금 건전한 개인 철학을 개발하고, 여가 서비스 분야에 대한 폭 넓은 인식을 획득하게 하며, 학습된 해결책이 아니라 지적 분석, 비판적 사고, 그리고 문제 해결 능력을 통해 답을 찾을 수 있게 하는 종합적인 정보를 제공한다.

여가 서비스 전문가는 수행하는 프로그램과 그 결과뿐 아니라 모든 범위의 레크리에이션적 요구와 동기 부여에 대해 심층적으로 이해해야 한다. 이러한 이해는 현대 사회 여가와 레크리에이션을 떠받치는 행동 및 사회 원칙에 대한 탄탄한 기초를 바탕으로 해야 한다. 현대 생활에서 레크리에이션과 여가라는 목표와 가치에 대한 건전한 철학을 가지려면 레크리에이션의 역사를 이해하고 오늘날의 환경에서 그 사회적, 경제적, 심리적 특성을 필수적으로 인식해야 한다. 레크리에이션은 주로 편의적 생활 시설로 간주되어야 하는가, 아니면 사회적 치료의 한 형태로 지원되어야 하는가? 여성과 노인, 소외 계층, 소수 민족 및 인종, 장애자, 또는 과거에 충분히 서비스를 제공받지 못한 다양한 사람들의 레크리에이션 요구는 무엇인가?

이 책 전반에 걸쳐, 이러한 현대의 이슈들이 상세히 논의된다. 이 책은 단일한 철학적 입장을 장려하지 않는다. 그 목적은 현대 사회에서 레크리에이션과 여가에 의해 촉진되는 가치를 명확히 하고자 하는 것이다. 레크리에이션과 공원 전문가들은 어떤 환경적 우선순위를 두고 싸워야 하며, 파괴적인 생태학적 결과를 피하기 위해 야외 놀이 형태를 어떻게 설계할 수 있는가? 재정 자급력을 강조하는 기업가적 접근법과 개인과 지역사회의 요구에 대응하는 인적 서비스 프로그램 사이에서 여가 서비스 실무자들은 어떻게 균형을 유지할 수 있을까? 궁극적으로, 이러한 가치는 주요하게는 정부나 자발적 기관으로서 또는 영리적 기업으로서 해당 분야를 번창하게 만들 능력에 따른다.

책의 주요 특징

◆ 학습 목표: 독자에게 내용을 안내하고 집중적인 학습 단계를 설정한다. 학습 목표는 학생들이 주요 학습 성과를 확인하는 데 도움이 되는 지침을 제공한다.

◆ 사례 연구: 독자에게 각 장과 관련이 있는 시사 문제를 심도 있게 탐구할 수 있는 근거를 제공한다. 사례 연구에 뒤따르는 질문들은 독자들이 얻은 지식을 실제 상황에 적용할 수 있게 하여 더 많은 토론과 탐구를 이끌어낸다.

◆ 그림 및 박스: 현재 및 관련 주제에 대한 중요한 정보를 강조한다.

◆ 토론 및 에세이 문제: 각 장에 제시된 주제에 대한 수업 참여와 토론을 촉발하기 위한 비판적 질문을 특징으로 한다.

책의 구성

다음과 같은 구성을 통해 이 책은 여가와 레크리에이션의 다양한 측면에 초점을 맞춘다. 이 내용은 독자들에게 오늘날 미국 문화에서의 오락, 여가, 스포츠, 관광, 공원에 대한 심층적 토론을 제공한다. 의도하는 결과는 여가가 개인, 그룹, 사회에 어떻게 영향을 미치는가에 대한 독자들의 이해와 사람들의 삶과 우리 사회에 미치는 여가의 역할에 대한 이해를 증진시키는 것이다. 이 책은 문화에 미치는 여가의 영향, 그리고 여가가 개인의 선택, 사회 관습, 사회 활동, 경제, 그리고 개인 및 지역사회의 삶의 질에 어떻게 영향을 미치는가를 살펴본다.

1장은 레크리에이션과 여가의 개념을 소개한다. 레크리에이션과 여가 활동이 다른 사람들에게 어떤 의미인지, 그리고 레크리에이션 참여 이유는 무엇인지에 대해 논한다. 또한 놀이와 여가에 관한 이론들을 소개하고, 그것들의 기원과 영향, 그리고 초기 현대 사회에 미친 중요성에 초점을 맞춘다. 여가의 여섯 가지 관점은 학생들에게 오늘날 이론가, 실천가, 참여자들이 여가를 어떻게 보는가에 대한 통찰력을 제공한다. 이 장에 제공된 토대는 학생들에게 여가가 우리 사회에 어떻게 조화되고, 사회 변화에 어떻게 영향을 받으며, 사회와 개인에게는 어떻게 영향을 미치는지에 대한 이해를 준비한다. 여가, 놀이, 레크리에이션이라는 용어와 다양한 해석에 대해서도 논의하여 독자들에게 연구자, 실천가, 참여자로서의 통찰력을 제공한다.

2징은 여가 및 레크리에이션 참어를 위한 동기 부여를 소개한다. 이 장에는 레크리에이션 참여와 관련된 신체적, 사회적, 심리적 동기에 대한 심층적 논의를 포괄한다. 또한 금기 레크리에이션과 진지한 여가라는 관점에서의 동기를 고찰한다.

3장 문화·사회적 요인이 여가에 미치는 영향의 증가를 고찰한다. 이 장에는 성별, 성적 지향, 인종과 민족성, 사회경제적 지위에 대한 논의가 포함되어 있다. 이러한 요인들이 전통적으로 여가에 어떤 영향을 주었는지를 이해하는 일은 그 요인들이 21세기 여가와 레크리에이션에 대한 인식을 어떻게 변화시키고 있는지 이해하는 일만큼이나 중요하다.

4장은 초기 문명에서 오늘날까지의 레크리에이션 및 여가의 역사를 서술한다. 그 것은 유럽과 북아메리카적 관점에 의해 영향을 받지만 지역사회 및 국가 단위에서 증가하여 표출되는 다양한 문화들로부터의 영향을 고찰한다. 현대 여가에 대한 논의는 종교, 식민지화, 사회 조직의 영향에 초점을 맞추고 있으며, 역사적 시기에 따라 여가와 레크리에이션에 대한 우리의 인식이 어떻게 변화되었는지를 추적한다. 제2차 세계대전 이후 일어난 극적인 변화에 초점을 맞춘 이 장은 세계화의 영향력이 증대되고 있다는 사실을 인식하고, 기술이 어떻게 사람들로 하여금 놀면서 회복하는 데 영향력을 미치는지에 대한 관점에서 서술한다.

여가와 레크리에이션은 전통적으로 지역사회적 관점에서, 그리고 지역사회적 자원으로서 표현되어 왔다. 5장에서는 여가의 10가지 사회적 기능에 대해 논한다. 여가의 사회적 기능은 공공정책, 조직적인 여가와 레크리에이션에 대한 공공의 헌신, 그리고 지역사회 발전에 영향을 주는데, 이 모든 것은 21세기에 매우 중요하다.

6장에서는 다양한 유형의 여가 서비스 조직을 설명한다. 세 가지 조직 유형에는 정부, 비영리, 영리 기관이 포함된다. 이 장에서는 세 가지 유형의 조직을 식별하고, 하위 유형을 다루기 위해 조직을 확장하고, 비교 및 대조하며, 각 기관 유형별 목적을 논의하고, 서비스 제공자, 프로그래밍 유형, 서비스 유형 및 영역, 그리고 일반적으로 의도되는 결과를 식별한다.

전문 여가 서비스 조직 및 영역은 7장에서 논의한다. 장애인을 위한 치료 레크리에이션 서비스, 군인 및 군인 가족을 위한 군대 레크리에이션, 회사원들을 위한 직원 레크리에이션 시설, 대학생들을 위한 대학 레크리에이션 시설, 그리고 개인 클럽 회원들을 위한 민간 회원제 레크리에이션 시설 등이 포함된다. 이 장은 다양한 유형의 조직을 비교하는 것으로 끝을 맺는다.

8장과 9장은 여행, 관광, 스포츠를 다룬다. 이 두 산업 모두 최근 몇 년 동안 여가와 레크리에이션으로부터 독립적으로 성장했지만, 그들의 뿌리는 여가의 영역 내에 확고하게 남아 있다. 8장은 숙박업 및 여가 산업 측면에서의 여행 및 관광에 대한 개요를 제공한다. 이 접근법은 독자들이 여행, 관광, 여가가 어떻게 서로를 보완하는지 보다 잘 이해할 수 있게 해준다. 9장은 스포츠가 어떻게 지난 30년 동안 주요 상업적 기업으로 성장해 왔으며, 어떻게 경제적 동력과 여가 경험으로 인식되고 있는지를 보여준다. 그럼에도 불구하고, 많은 스포츠는 여가의 영역에 강하게 고착화되어 있다. 이 장에서는 세계적 현상으로 성장하는 스포츠, 비즈니스 부문에서의 스포츠의 위상, 여가 맥락에서의 뿌리, 참여와 관람의 역할에 대해 탐구한다. 마지막으로, 비즈니스적인 관점에서 스포츠를 바라본다.

10장에서는 직업으로서의 여가와 여가 서비스 제공의 철학 등 여가 산업에 대해 고찰한다. 마지막으로, 11장은 여가와 레크리에이션의 미래를 다룬다. 구체적으로 여가와 레크리에이션의 경향과 영향, 사회 경제적 효과를 분석하고 미래를 예측한다. 이 장에서는 기술적 영향, 인구통계학적으로 소수 민족/인종의 성장이 여가에 대한 인식과 전달 방식에 어떤 변화를 유도하는지, 특히 베이비부머 세대와 대조적으로 젊은이들과 청소년 문화가 사회에 어떠한 영향을 미치는지, 지구 기후 변화와 지역 환경적 문제는 어떻게 영향을 미치며 그것들이 어떻게 연관되어 있는지, 마지막으로 세계화 및 세계화가 여가와 레크리에이션에 미치는 영향을 설명한다.

교수용 강의자료

이 책을 교재로 사용하는 경우 다음의 자료들이 제공된다.

◆ 강사 매뉴얼, 챕터 개요, 제안된 과제 및 프로젝트, 추가 사례 연구
◆ 400개 이상의 슬라이드를 통합한 파워포인트 형식의 슬라이드
◆ 테스트뱅크, 300문항 이상 출제
◆ 강의 계획서 견본

『현대사회 여가와 레크리에이션 11판』은 독자들로 하여금 이 분야를 고찰하게 하고 그것들이 일상적으로 어떻게 자신들의 삶에 어떤 영향을 미치는지 생각하게 한다. 이 책의 목적은 독자들이 이용할 수 있는 레크리에이션 기회를 고취시키는 것과 더불어 공원 및 레크리에이션 전문가가 되는 일이 무엇을 의미하는지 교육하는 데 있다.

역자 서문

이 책은 우리나라에서 주5일근무제가 본격적으로 실시되었던 바로 그 2004년에 미국에서 초판이 출판된 이후 제11판을 맞이한 〈Kraus' Recreation and Leisure in Modern Society〉를 번역한 것이다. 그동안 미국 내에서만 수백 개 이상의 여가, 레크리에이션 및 공원 관련 학과에서 교재로 사용되어 왔으며, 학생들로 하여금 다양한 관점에서 여가와 여가 서비스 산업의 가치를 이해할 수 있도록 도움을 주어왔다. 구체적으로 지자들은 이 책이 독자들로 하여금 건전한 개인 철학을 개발하고, 여가 서비스 분야에 대한 폭 넓은 인식을 획득하게 하며, 지적 분석, 비판적 사고, 문제 해결 능력 등을 통해 해답을 찾을 수 있게 하는 종합적인 정보를 제공해 왔다는 점을 베스트셀러의 비결로 밝히고 있다. 비록 사례 연구, 토론 주제 등과 같은 실제적인 부분이 미국 및 해외 위주로 구성되어 있어 다소 생소할 수 있겠으나, 우리나라 독자들에게도 소개할 만한 충분한 가치가 있음을 확신하고 번역 출판의 용기를 내었음을 이 기회를 빌려 밝힌다.

끝으로 이 책이 출판되기까지 도움을 주신 카오스북 오성준 대표님과 모든 직원들께 감사의 말씀을 전하며, 여러 모로 격려해주신 숭실대학교 스포츠학부 교수님들과 오경아 교수를 비롯한 여러 선생님들께도 다시 한 번 감사를 드린다.

2019년 12월
조만식기념관에서
오세이, 전태준

레크리에이션과
여가의 개념

나의 열정, 나의 기타

나는 모든 인생이 열정을 가지고 있다는 것을 확신한다. 만약 여러분에게 열정이 없다면, 아직 그것을 발견하지 못했을 뿐이다. 그렇지 않다면, 나는 여러분에게 삶의 질을 높이기 위해 열정을 찾는 모험을 강력히 권한다. 아주 어린 나이부터 나는 기타를 연주해 왔다. 나는 결코 거장이 못 되므로 다음 주 상위 40위권(Top 40)에 들었다는 소식을 들을 리 없겠지만 기타를 전적으로 사랑한다.

기타 연주는 여러모로 도움이 된다. 내 경우, 그것은 나에게 건설적인 활동이었을 뿐만 아니라 나를 곤경에서 벗어나게 해주었다. 스트레스를 해소하고 일상생활의 어려움으로부터 탈출하도록 해주었다. 창의성과 가능성은 무한하며, 배울 수 있는 것들은 얼마든지 있다. 당신이 얼마나 잘했는지, 또는 얼마나 좋아졌는지에 상관없이 배우고 향상될 수 있는 놀이 또는 음악의 유형들은 항상 있다.

아버지는 평생을 기타를 연주했으며, 우리가 자라는 동안 주변에는 항상 기타가 있었다. 가족 모임에서는 인원이 많건 적건 할 수 있는 일이 늘 있었다. 일곱 살 때 아버지가 우쿨렐레를 주셨지만 열 살이 될 때까지 나는 별 관심이 없었다. 아버지는 나에게 G, D, C 세 개의 코드를 보여주면서, 이 코드를 연습하면 많은 노래를 배울 수 있다고 했다. 나는 손가락이 길들여질 때까지 연습에 연습을 거듭하여 마침내 화음을 익혔다. 그 후 나를 멈추게 하는 것은 아무것도 없었지만, 충분하지는 않았다.

아버지와 함께하기까지 오랫동안 나는 코드 읽는 법을 독학했다. 아버지와 함께 무언가를 공유하며 함께했던 시간은 나에겐 가장 소중한 추억이었다. 지금도 우리는 함께할 때면 여전히 같이 연주한다. 십대 시절, 아버지와 함께 소통하며 보냈던 소중한 추억들을 영원히 기억할 것이다.

나는 아버지와 함께했던 열정을 간직할 뿐만 아니라 음악에 대한 애정과 기타를 내 딸에게 전수하고 있다. 저녁에 내가 기타를 꺼내면 딸은 종종 함께 연주하거나 음악에 맞춰 춤을 추곤 한다. 딸은 때론 장난감 기타를 들고 따라 연주하곤 하는데, 기타에 대한 열정이 세대에 걸쳐 이어지는 것을 느낀다.

내가 연습에 연습을 시작했을 때, 부모님과 나는 정식 레슨을 받지 않아 한계에 도달했다는 것을 깨닫고, 그 이유가 무엇인지 고민 끝에 마침내 찾았다. 그것은 기타뿐만 아니라 이면의 이론, 즉 악보를 읽는 방법과 음의 조화가 이루어지는 이유를 이해하는 것으로써, 나의 음악에 매우 훌륭한 도움이 되었다. 나의 이해가 증폭되면서 곧 점점 더 많은 것을 배우게 되었다. 음악에 대한 이해뿐만 아니라 연주 실력도 향상되었다.

몇 년간 레슨을 이어가다 고교 시절 스포츠 등 다른 활동에 시간을 뺏기면서 레슨은 멈추었다. 나는 한 번도 연주를 멈추어 본 적이 없다. 그리고 오늘까지 기회 있을 때마다 기타를 들었다. 기타에 대한 나의 사랑은 예전에 비해 더 확장되었다. 기타에 대한 지극한 호기심으로 기타 제작을 꿈꾼다. 은퇴 후, 해병대 복무를 통해 얻은 몽고메리 해병 장학금(Montgomery GI BILL) 프로그램의 지원을 받아 장인이 되는 법을 배울 것이다. 나와 내 주변 사람들의 삶의 질을 크게 높여 줄 수 있는 악기 제작을 통해 여러 사람들에게 즐거움을 줄 수 있다.

— *D. Dunn*의 "*나의 열정, 나의 기타*"

✔ 학습목표 LEARNING OBJECTIVES

1. 여가와 레크리에이션 활동 참여와 다양성에 따른 관여 동기를 논의한다.
2. 놀이 이론의 발달과 그 이론이 놀이의 현대적 관점에 어떻게 기여하였는지 구체적으로 표현한다.
3. 몰입이론(flow principle)이 어떻게 개인과 그룹의 참여 인식에 영향을 미치는지 논의한다.
4. 여가의 의미에 대한 여섯 가지 관점으로부터 여가를 어떻게 정의하는지 개별적 집단적으로 설명한다.
5. 레크리에이션의 의미(정의)를 명확히 설명하고 논리를 확인한다.
6. 놀이, 여가 그리고 레크리에이션은 유사점과 차이점을 가진다는 것을 인식한다. 세 가지 개념과 그 연구의 중요성 및 가치 사이의 관계를 설명한다.
7. 놀이, 여가 그리고 레크리에이션의 이론, 관점, 정의를 일관성 있게 지지할 수 있는 '우선적' 철학으로 연결한다.

소개

레크리에이션과 여가는 개인적 경험과 인식에 따라 다양한 의미를 갖는다. 레크리에이션은 개인적 관점에서 정의된다. 이것은 TV 시청, 오페라 관람, 베이스 점프, 잔디 깎기, 아이들과의 동물원 관람, 체커, 음악 다운로드, 책을 쓰는 일, 시내에서 저녁 시간을 보내는 일 혹은 그러한 것을 하기 위해 선택하는 어떤 것이든 포함할 수 있다. 여가 이론가들은 이러한 유형의 경험들을 레크리에이션, 여가, 자유 시간, 창의성, 이기심 또는 쾌락주의 등 어떻게 규정해야 할지를 연구한다.

스스로의 인식이 여가와 레크리에이션을 정의하는 데 매우 중요하므로 연구자들은 사회 및 개인, 그리고 문화에 대해 그것들이 가지는 의미를 지속적으로 논의한다.

그럼에도 불구하고 이 책에 설명한 바와 같이 레크리에이션, 공원 및 여가 서비스는 정부 운영의 중요한 부분이 되었으며 영리 및 비영리 민간단체, 의료기관 및 기타 유형의 기관의 필수 프로그램 요소가 되었다.

오늘날 레크리에이션과 여가는 우리의 국가와 지역 경제의 주요 동력으로 자리 잡고 정부, 여행사, 대중 엔터테인먼트와 예술, 건강 프로그램, 취미, 스포츠 참여 및 관람 등 다양한 분야에서 수많은 일자리를 책임지고 있다.

사교성의 한 형태로서의 가치를 넘어, 레크리에이션은 또한 참가자의 신체적, 정서적, 철학적 요구 및 기타 중요한 건강 관련 요구의 측면에서 주요한 개인적 이익을 제공한다.

넓은 의미에서 한 국가의 여가 생활은 해당 국가의 가치와 성격을 반영한다. 사람들이 여가에서 즐기는 다양한 게임, 스포츠, 엔터테인먼트 미디어 및 그룹에의 소속은 가족, 지역사회 및 사회 전반의 성격을 규정하고 복지 형성에 도움이 된다.

이러한 이유로 이 책은 현대사회에서 레크리에이션과 여가의 역할을 포괄적으로 그려보는 것을 목표로 한다. 이 목표는 (1) 현장 개념 기반 (2) 사람들이 참여하는 다양한 여가 활동 (3) 이러한 활동이 가지는 사회적 심리적 함의 (4) 놀이의 긍정적 부정적 결과 (5) 레크리에이션 프로그램 및 관련 사회 서비스를 제공하는 지역사회 조직 네트워크 (6) 풍부하고 다양한 전문직 분야의 레크리에이션 개발 (7) 레크리에이션과 여가가 미래에 영향을 미치는 경향 등을 포함한다.

레크리에이션과 여가의 다양한 관점

어떤 이들에게 레크리에이션은 오늘날 많은 시군구 및 공원 지구의 공원, 놀이터, 아쿠아센터, 경기장 및 문화센터 등의 시설을 제공하는 공공기관 네트워크를 의미한다. 그들은 이러한 시설들을 취미, 스포츠 또는 사교 활동을 통한 젊음의 발산이나 가족 공동체를 이루기 위한 수단 또는 전 세대를 아울러 성장 및 개발을 위한 장소라는 관점으로 이해한다.

또 어떤 이들은 레크리에이션을 양로원이나 노인복지관, 인지장애인을 위한 보호 시설이 있는 작업장 또는 재

레크리에이션은 여러 형태로 나타나는데, 몇몇 개인들에게는 그룹으로 참여하는 것이 매우 바람직하다.
© Germanskydiver/Shutterstock.

활치료센터에서 찾을 것이다. 한편 어떤 이들에게는 트레일러, 모터보트, 비행기, 기차 또는 크루즈선을 이용한 여행으로 선호되는 레크리에이션 방식이다. 여행 및 관광산업의 확장은 엄청났다. 여행이 확장되면서 여행 클럽들은 단기 여행을 중심으로 구축된 여러 항공사와 더불어 점차 인기를 얻고 있다. 디즈니는 가족 여행을 중심으로 하는 크루즈 사업을 개시하여 여행과 관광에 대한 아이디어를 다시 한 번 확장하였다. 콜로라도 주 베일에서 플로리다 주 올랜도, 네바다 주 라스베이거스에 이르는 휴양지들은 공유의 극적인 확장을 포함하여 새로운 수준의 서비스와 숙박 개념으로 여행 및 관광을 발전시켰다.

젊은 세대가 늘어남에 따라 레크리에이션과 여가는 기술과 레크리에이션을 융합하여 모험, 위험, 흥분 및 성취라는 새로운 의미를 내포하게 되었다. 레크리에이션 참여의 개념은 특정의 신체 활동을 포함하지는 않지만 인터넷 게임, 소셜네트워킹, 음악 공유, 인스턴트 메시지 및 아직은 드러나지 않은 새로운 벤처사업에 초점을 맞출 수도 있다. 이 활동은 컴퓨터 앞에 앉아 하는 것으로서, 예컨대 밥 번퀴스트(Bob Burnquist)가 설계하여 만든 70피트 낙차가 있는 300피트 보드 램프에서의 스케이트 보딩처럼 안전하게 성공해야만 하는 익스트림 활동에 참여하는 방식과는 다르다. ESPN의 X-게임에 게이머나 관중으로 참가하거나 비디오 게임 플레이어로 참여하는 것이 이러한 활동에 포함된다. ESPN은 익스트림 스포츠에 문화적 정의를 부여하기 위해 주요 스폰서십 및 프로모션을 적용하였다. X-게임은 인라인 스케이팅, BMX 레이싱, 스노우 보드 및 프리스타일 스키를 포함하는 스노우 스포츠와 서핑, 스트리트볼 그리고 모터사이클 등이 포함된다.

환경보호론자들은 전형적이면서도 새로운 야외 활동의 형태가 모두의 유산인 숲, 산, 강 및 호수 등 우리의 자연 환경에 미치는 영향에 대해 심각하게 우려할 수 있다. 더욱이 환경 운동은 의식의 확장과 글로벌적 접근을 포괄한다.

의심의 여지없이 레크리에이션과 여가는 이러한 모든 것을 포함한다. 그들은 잠재적으로 보람 있고 중요한 인간 경험의 양식을 대표하며, 오늘날 경제적 발전과 정부 책임의 주요 측면을 구성한다. 이것이 새롭게 개척된 것이 아니라는 것을 인식하는 것이 중요하다. 레크리에이션과 여가는 고대 아테네의 황금기 이전부터 인류를 매료시킨 개념이다. 다양한 형태의 놀이가 어느 사회에서는 정죄되고 억압되어 왔으며, 또 다른 사회에서는 매우 가치 있는 것으로 격려받았다.

오늘날 처음으로 놀이, 레크리에이션 및 여가의 가치가 보편적으로 수용되고 있다. 결과적으로 미국에서의 모든 주정부는 확장된 레크리에이션과 공원 시스템, 관광 지원 시스템 및 스포츠 시설과 복합 문화단지를 통해 여가의 기회를 제공하고 지원하는 책임을 받아들였다. 비영리 단체 및 다양한 기업이 레크리에이션 기회와 경험을 제공한다. 20년 전의 레크리에이션과 여가의 개념이 비로소 폭발적으로 확장되기 시작했다.

레크리에이션 활동의 다양성

흔히 레크리에이션을 주로 스포츠 및 게임 또는 사회 활동에의 참여로 생각하고, 다른 형태의 놀이는 무시하는 경향이 있다. 그러나 레크리에이션에는 여행 및 관광, 오락 또는 예술 활동에의 참여, 취미, 사회 단체 또는 이해 집단의 구성원으로의 참여, 캠핑이나 사냥, 낚시와 같은 자연 체험, 파티나 여타 특별한 이벤트에 대한 참석, 그리고 체력 단련 등을 포함하는 매우 광범위한 활동이 포함된다. 10년 전에 전형적이지 않은 것으로 간주되었던 것이 이제는 주류가 되었다. 오늘날의 레크리에이션의 기회와 경험은 10~30년 전에는 상상할 수 없던 방식으로 확대되고 있다.

레크리에이션은 어디서나 가능하고 다양한 활동을 포함한다.
© Trevor Buttery/Shutterstock.

레크리에이션은 수천 명의 다른 참가자나 관중과 함께 즐기거나 또는 철저하게 고독한 경험일 수 있다. 그것은 매우 격렬한 육체적 활동이 요구되거나 또는 두뇌 활동이 요구될 수 있다. 일생 동안 흥미와 참여를 보일 수도 있고, 분절된 단일 경험으로 나타날 수도 있다.

이 책의 다른 부분에서 논의한 바와 같이 레크리에이션 활동의 다양성과 깊이는 3차원 상자 안을 들여다보는 것과 유사한데(그림 1.1), 수평면은 다양한 종류의 활동과 경험을 나타내고 수직면은 참여의 깊이 및 정도에 따른 레크리에이션 및 여가의 일부에 대한 관여를 보여준다. 상자의 차원이 제공하는 세 번째 평면에서는 사람들이 참여하는 이유(심리적 측면)와 함께 참여 당사자들(사회적 측면), 활동 소비 시간(자유 시간 대 의무 시간) 및 활동 참여에 관련된 비용 또는 비참여에 따르는 비용(경제적 측면)을 고려해야 하므로 관점이 더욱 복잡해진다. 그림 1.1은 여가 활동의 탐구 시 직면하게 되는 매우 간단한 방법을 보여준다. 연구자들은 여가 경험에 대한 설명을 위해 수년의 시간을 투자하고 수천 건의 논문을 썼다. 그림 1.1은 그러한 노력의 결과를 묘사하고 있지만 지극히 중요한 경험에 따른 개인의 인식을 고려하지는 못한다. 이 책에서는 이러한 각 측면에 대해 자세히 설명한다. 결론적으로 독자들은 여가 환경, 서비스, 관여 및 참여의 다양성과 복잡성에 대한 이해를 얻게 될 것이다.

레크리에이션 참여의 동기

많은 사람들은 업무의 압력이나 여타의 긴장으로부터 벗어나 휴식과 안정을 취하기 위해 레크리에이션에 참여한다. 그들은 TV, 영화 또는 다른 디지털적 재미가 제공하는 엔터테인먼트의 수동적 관람객일 수 있다. 여가에 대한 또 다른 주요한 동기는 창의성을 표출하고, 숨겨진 재능을 개발하며, 신체적 능력을 향상시키거나 다양한 형태의 탁월한 자기 표현 추구 욕구에 따른다.

일부의 참가자들은 적극적이고 경쟁적인 레크리에이션이 욕구불만 및 공격성을 해소하거나 상대 또는 위험이 수반된 모험적 환경에 맞서 악전고투하는 경로에 투자한다. 어떤 사람들은 매우 사회적인 레크리에이션을 즐기며 새로운 교우관계 및 모임 형성을 위해 협력하는 기회를 갖는다.

또 다른 개인들은 지역사회 봉사 활동이나 공제회 또는 종교단체에서 리더십을 발휘하는 데 여가 활동의 일부를 제공하기도 한다. 또 다른 사람들은 건강과 체력단련을 목표로 한 활동에 투자한다. CD-ROM, 인터넷 게임, 비디오 게임, 스마트폰 앱, iPod, 인터넷 및 다양한 컴퓨터 기반 엔터테인먼트와 커뮤니케이션 세계에 참여

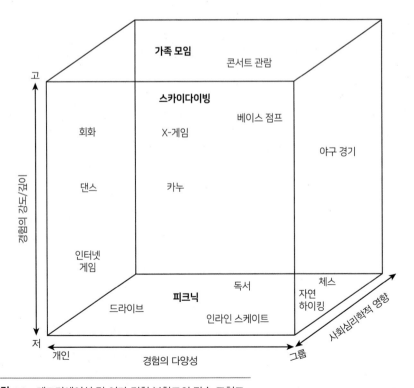

그림 1.1 레크리에이션 및 여가 경험 복합도의 단순 표현도

'나의 열정, 나의 기타'의 분석

이 장의 도입부는 여가 경험을 분석할 수 있는 훌륭한 기회를 제공한다.

이 경험은 어린 시절에 시작한 여가 활동에 대한 평생의 약속이다. 아버지의 기타 연주는 저자가 자신을 위해 '시도'할 수 있었던 동기였다. 저자는 악기 연주를 배우는 우쿨렐레 경험으로 세 가지 화음 학습법을 발견하고 그 경험으로부터 더 많은 학습을 위해 동기 부여받은 경험의 공유를 서술한다.

◆ 당신의 인생에서 기본을 마스터한 후 더 많은 것을 배우기 위해 동기 부여받았던 여가 경험과 연관되는가? 당신은 동기 부여의 결과 더 훌륭한 정도나 깊이를 경험했는가? 자신의 기술이 보다 능숙하고 안정되면서 느낀 바는 무엇인가? 기타 연

피트 크루(pit crew, 모터레이스에서의 정비팀)를 구경하는 것은 NASCAR 팬을 위한 경험의 일부이다.
© Walter G Arce/Shutterstock.

주, 초보자용 슬로프에서의 스키 타기, 그림 그리기, 스포츠 등 어떠한 여가 활동도 무관하다.

◆ 그림 1.1에는 이와 관련된 경험의 정도가 있다. 또한 경험에 대한 지속성이 있다. 깊이는 연주되는 음악에 대한 감정의 정도와 관련된다. 또한 한 곡의 음악에 대한 기술적 도전과 연습을 통해 완성함으로써 숙달되는 감각과 관련된다. 저자는 스트레스 해소와 일상의 몸부림으로부터 벗어나는 느낌을 공유할 때 사회 심리적 영향을 얘기했다. 그럼에도 불구하고 "나를 막을 것은 아무것도 없었다"라는 것을 아는 것은 자기 계발과 경지에 이르는 데 필요하다.

◆ 마지막으로 저자는 아버지와 음악을 공유하고 함께 연주하는 것에 대해 이야기한다. 그는 이미 자신의 애정을 딸과 공유하며 기타를 마스터하기를 기대한다. 이 책의 후반부에 논의하겠지만, 저자는 "진지한 여가"로 옮겨갔다. 이는 참가자를 보다 깊고 건설적 수준의 경험으로 이끌어가는 여가의 한 형태이다.

하는 사람들이 꾸준히 증가하고 있다. 어떤 이들은 음악, 드라마, 무용, 문학 및 예술 등의 문화적 형태에 깊이 관여한다. 여행 및 관광을 통한 새로운 환경의 탐색이나 지속적이고 다양한 교육 활동을 통한 자아발견 또는 인격 함양은 또 다른 중요한 여가 욕구의 하나이다.

놀이, 레크리에이션 및 여가의 분석

광범위한 레크리에이션과 여가의 분야에 대한 고려는 용어와 개념의 명확한 설명이 포함되어야 한다. 놀이, 여가, 레크리에이션이라는 단어는 동일한 의미인 것처럼 교차 사용되는 경우가 많다. 그러나 비록 관련이 있음에도 불구하고 그들은 분명히 다른 의미를 지니므로 이 분야의 학생과 실무자 모두 그들의 다양한 의미와 그들 사이의 차이점을 이해하는 것이 중요하다.

이러한 개념적 이해를 강조하는 근거는 분명하다. 의학을 효과적으로 연습하기 위해 의사가 화학, 해부학, 인체운동학 및 기타 기본과학을 알아야 하는 것처럼 레크리에이션과 공원 전문가가 효과적인 레크리에이션 프로그램과 서비스를 제공하고자 한다면 여가 및 그것들의 동기 부여와 만족감의 의미를 이해해야 한다. 이러한 개념적 이해는 레크리에이션 서비스의 확고한 철학을 개발하고 전체적으로 공공에 대한 여가 서비스의 목표 및 결과를 해석하는 데 있어 중요하다.

놀이의 의미

놀이(*play*)라는 말의 어원은 앵글로 색슨어(고대 영어) *plega*에서 파생되었는데, 게임이나 스포츠, 교전, 싸움, 또는 전투를 의미한다. 이 단어는 '타격하다', '때리다' 또는 '밀다'라는 의미의 라틴어 플라가(*plaga*)의 연관 단어로서 타격을 가하거나 악기를 두드리거나 공을 치는 모습에서 유래되었다. 다른 언어들도 공통의 뿌리에서 유래된 단어들이 있는데, 게임, 스포츠 및 악기 연주의 의미를 포함한다. 놀이는 전통적으로 아이들의 활동으로 간주되지만, 모든 연령대의 사람들이 놀이에 참여하는 것으로 인식되는 경우가 많다.

너무 많은 형태를 띠고 너무 많은 상황에서 나타나므로 놀이를 단 하나로 정의하는 것은 무리이다. 그러나 일반적으로 놀이를 외부적 목적이 아닌 내재적 목적을 위해 자발적으로 수행하는 인간 또는 동물의 활동이나 행동 양태로 정의할 수 있다. 놀

놀이와 개발

"공립학교에 다니는 많은 어린이들이 놀이에 따르는 무상의 혜택에도 불구하고 밖에서 보내는 시간이 갈수록 줄어들고 있습니다."[1] 놀이는 오랫동안 아이들의 육체적, 정서적 발달에 필수적인 것으로 판명되었다. 지난 20년 동안, 일부 교육자와 학부모는 놀이에 호의적이었지만 공원이나 레크리에이션 전문가는 그렇지 못했다. 오늘날, 놀이의 가치와 중요성에 대한 많은 분야의 연구가 재개되고 있다. 놀이란 부모의 지각, 비디오 교육, 계획 활동 등과는 관계없는 구조화되지 않은 "자유로운 놀이"를 의미한다. 연구자들은 놀이가 학습의 유기적인 방법이고, 구조화되지 않은 놀이는 행복하고 창의적인 어른으로 만들어주며, 적절한 조건에서 놀이를 통합하는 학교는 학생들의 학습 능력, 자의식 및 자신감을 향상시키는 역량을 구축해준다고 제안한다. 전 세계 문화의 오래된 기본 구성요소로서의 놀이가 어린이 및 성인들에 대한 중요성을 뒷받침해주는 훌륭한 증거가 발견되고 있다.

사례연구

여가로서의 사진: 나는 왜 사진을 찍는가?

때로는 영원히 사진을 찍어온 것처럼 느껴진다. 나의 첫 번째 '좋은' 카메라는 대학 시절에 구입했지만 수년 동안 사진에 노출되어 있었다. 내가 기억하는 한 나의 할아버지는 사진을 찍었다. 그것들은 대부분 친구와 가족의 사진이었지만 때로는 장면 사진도 있었다. 나는 1940년대에 그의 사진 중 상당수를 물려받았는데 모두 35mm 슬라이드로 찍은 사진이었다. 오늘날과 대조적으로 모든 사진은 롤로 된 필름을 사용하였고, 24장 또는 36장의 사진을 찍을 수 있었다. 필름은 처리 과정을 포함하여 비용이 비쌌지만 사진을 슬라이드 형식으로 다시 보면(프로젝터를 통해) 모두 그럴 만한 가치가 있었다. 비용 문제로 인해 우리는 같은 주제의 사진을 많이 찍지는 않았다. 우리는 사진을 구상하는 데 시간을 들였는데, 이는 여전히 최고의 사진작가가 하는 바와 같다. 어렸을 때 나는 사진에 매료되었지만 좋은 카메라를 살 여유가 없었다. 독서하고, 대학 과정을 밟으며, 마침내 첫 번째 35mm SLR(single-lens reflex) 카메라를 구입했다. 유명한 서부 풍경 사진작가인 아담스(Ansel Adams)는 나의 영웅 중 한 사람이었다. 저명한 포토 저널리스트인 알프레드 아이젠슈테트(Alfred Eisenstaedt) 역시 마찬가지였다.

나는 나만의 카메라를 가지고 나를 위한 완전히 새로운 세상을 열었다. 뷰파인더를 통해 세상을 보는 법을 배우면서 세상을 보는 법을 바꿨다! 나는 '위대한' 사진을 많이 찍고 싶었지만, 그 위대한 것은 보는 이의 눈에 있다는 것을 일찍이 배웠다. 젊은 아버지로서 나는 가족사진을 많이 찍었는데, 이 사진들은 몇 년 후 나 자신과 가족에게 큰 의미가 있었다. 당시는 단지 경험을 포착하려고 했을 뿐이었다. 이제 나의 은퇴에 즈음해, 내 아이들과 손자들은 좋아하는 추억을 가지고 있다. 나는 나의 오래된 가족사진이 페이스북과 다른 사이트에 어떻게 올라와 많은 사람들에게 의미를 부여하는지 결코 생각하지 못했다.

나는 내가 왜 사진을 찍는지 정말로 물은 적이 없다. 다만 내가 하고 싶었던 일이었다. 나는 그 경험을 즐겼다. 때로는 동트기 전 추운 겨울 아침의 풍경과 같이 구름이 사막 등성의 사진에 딱 걸려 있기를 희망했다. 어떨 때는 내 아이들의 삶 중 하나의 특별한 순간을 포착하고 함께 나눌 수 있기를 희망했다. 나는 원래 이기적인 이유로 사진을 찍었는데, 그 이유는 내가 원하는 일이었기 때문이다. 그러나 내가 가족 역사를 세우고 우리가 누구인지 알게 되는 데 도움이 된다는 것을 깨닫기까지는 오래 걸리지 않았다. 이러한 이유들은 나에게 중요하게 되었다.

사진은 실제로 한 사람의 활동이다. 주변에 많은 사람들이 있을 수 있지만 사진을 찍는 행위는 (나를 위한)한 사람의 활동이다. 위치를 선택하고, 시간을 선택하고, 요일을 선택하고, 카메라 렌즈를 선택하고, 조명, 색상 등을 선택한다. 조경 사진을 위해서는 환경의 자비를 얻어야 한다. 구름이 없는 조용하고 맑은 날을 원하지만, 대신 바람이 거세고 흐린 날을 보내야 한다. 적응하고, 나의 기대를 바꾸고, 나의 창의력을 다른 방식으로 집중시켜 내가 바라는 결과를 얻는 방법을 배워야만 한다. 사진 속 인물이 결과에 유의미한 영향을 주는 것을 제외하면 인물 사진 촬영의 경우도 마찬가지이다.

하루가 끝나면 나의 SLR에서 SD 카드를 꺼내 컴퓨터에 넣고 사진을 다운로드하여(더 이상 내 사진을 보기 위해 1주일 이상 대기하지 않는다) 사진을 보고, 다양한 소프트웨어를 사용하여 사진을 변경한다. 빛, 채도, 대비, 크기, 스타일 등등. 암실에서 몇 시간 걸리던 작업이 컴퓨터로 몇 분 만에 완료할 수 있다. 유럽에서 돌아오는 한 여행에서 비행기가 착륙할 때까지 사진을 분류하여 정렬하고, 목록을 작성하고, 선택하고, 조정하고 처리할 준비를 할 수 있었다.

왜 사진을 찍을까? 그것은 정말로 경험에 충실한 것이다. 그것은 나를 기분 좋게 한다. 그것은 내가 하고 싶은 것이다. 그것은 성취감과 창의력을 준다. 내 주변 세계에 대한 나의 인식을 형성한다. 나에게 창조적인 감정을 갖게 해준다. 촬영이나 보정하는 일에 관계없이 사진 작업의 끝에서 나는 내가 누구인지, 내가 성취한 것에 대해 긍정적인 감정을 갖는다.

이는 일반적으로 즐겁고 때로는 경쟁, 유머, 창조적 탐구와 문제 해결, 그리고 모방이나 역할극 등의 요소로 특징지어지는 것으로서, 여가 활동에서 가장 자주 나타나지만 일(work)의 일부일 수도 있다. 놀이는 일반적으로 자유로우며 구조화되지 않는 형태로 표현되지만 스포츠와 게임에서처럼 규칙 및 규정된 행동을 포함할 수도 있다.

역사적 접근

고대 그리스에서 놀이는 플라톤과 아리스토텔레스의 저술에 기초하여 아이들의 삶에 중요한 역할로 인식되었다. 아테네인들은 아이들에게 명예, 충성심, 미의식 및 생산적 시민의식을 위한 여러 요소의 개발에 큰 가치를 두었다. 그들에게 놀이는 교육의 필수 요소였고, 긍정적 인격 개발과 그리스 사회의 가치를 가르치는 수단으로 간주되었다.

후에 가톨릭 교회가 서유럽 개발도상국들 사이에서 지배권을 획득함에 따라, 놀이는 사회적 위협으로 간주되었다. 보다 영적인 또는 일 중심적인 가치를 우리 신체가 떨어뜨리는 것으로 여겨 그리스 로마 시대에 인기 있었던 즐거운 형태의 놀이를 억압하는 데 모든 노력을 기울였다. 하지만 점차적으로 프뢰벨(Froebel), 루소(Rousseau), 쉴러(Schiller) 등의 교육자와 철학자들은 아동 교육의 중요한 측면으로서 놀이를 변호했다. 예컨대 프뢰벨은 놀이를 유년기 인간 발달의 최고의 표현으로서 서술했다.

놀이는 이 단계에서 인간의 가장 순수하고 영적인 활동이다. … 육체적 피로가 허락되지 않을 때까지 참을성 있게 행동하는 아이는 분명히 자신과 타인의 복지 증진을 위해 자기희생이 가능한 철저하고 단호한 사람이 될 것이다.[2]

놀이의 초기 이론들

19세기 및 20세기 초, 많은 영향력 있는 학자들이 인간 사회와 개인 발전에서의 놀이의 역할과 발전에 대해 설명한 포괄적인 이론을 발전시켰다.

잉여 에너지 이론

영국의 철학자 허버트 스펜서(Herbert Spencer)는 19세기 중반에 그의 저서 『심리학의 원리(*Principles of Psychology*)』에서 놀이는 주로 과도한 에너지를 연소할 필요에 의해 야기된다는 견해로서 잉여 에너지 이론(surplus-energy theory)을 제시했다. 이 이론은 운동장에서 뛰고, 축구를 하고, 줄넘기를 하는 것은 사람들이 사용할 수 있는 초과 에너지를 가지고 있기 때문이라고 주장한다. 이 이론에 대한 비판은 에너지가 거의 없는 사람에게도 놀이는 있으며, 비 신체적 놀이는 고려하지 않는다는 것이다.

이완 이론

잉여 에너지 이론의 반대 이론으로 간주되는 초기 이론으로 이완 이론(relaxation theory)이 있다. 놀이는 초과 에너지를 태우는 것이 아니라 에너지를 회복하기 위해 이루어지는 것으로서 직장, 학교 또는 일상생활의 스트레스로 지친 사람들에게 활력을 불어넣는 수단으로 간주되었다. 사람이 정신적 육체적으로 피곤할 때, 놀이가 에너지를 회복할 수 있다고 믿었다.

따라서 직장에서 긴 하루를 보낸 후의 운동은 개인에게 휴식과 더불어 회복력을 줄 수 있다. 쉬는 시간에 페이스북을 하거나 방과 후 놀면서 시간을 보내는 것은 모두 이완 이론의 예이다.

준비 이론

준비 이론(preparation theory)은 놀이가 아이들이 성인의 삶을 준비하는 수단이라고 주장한다. 가사놀이, 병원놀이 또는 학교놀이하는 아이들은 나이가 더 먹은 아이 또는 어른으로서의 경험을 준비하고 있는 것이다. 준비 이론은 또한 놀이를 통해 사람들이 팀워크와 역할극을 배운다고 제시한다. 이 이론의 약점은 성인들의 놀이를 설명하지 않는다는 것이다.

카타르시스 이론

카타르시스 이론(catharsis theory)은 특히 경쟁적이고 활동적인 놀이가 막힌 감정 표현을 위한 안전밸브로 작용한다는 관점에 기초한다. 고대 그리스 시대, 아리스토텔레스는 연극을 적대적이거나 공격적인 감정을 제거하기 위한 수단으로 보았다. 직장에서의 고된 하루 끝의 장거리 자전거타기, 친구와 말다툼 후의 악기 연주, 그리고 비생산적 미팅 후 화를 삭이기 위한 골프 연습 등은 모두 이 이론의 예이다. 카타르시스 이론은 잉여 에너지 이론과 더불어 활발한 놀이가 아이들과 성인들의 초과 에너지 연소를 돕고 공격적이거나 적대적인 감정을 사회적으로 받아들일 수 있는 채널과 추진력을 제공하는 필수 요소를 제시한다.

현대사회의 놀이 개념

20세기 초 30년 동안, 많은 심리학자와 교육자들이 놀이, 특히 어린이들을 위한 발달 및 학습 경험을 조사했다.

자기표현 이론

두 명의 선구적인 체육 교육자, 엘머 미첼(Elmer Mitchell)과 버나드 메이슨(Bernard Mason)은 놀이를 주요한 자기표현(self-expression) 필요성의 결과로 보았다. 인간은 에너지를 분출하고, 능력을 사용하고, 성격을 표현할 출구를 찾아야 하는 활동적이고 역동적인 존재로 여겨져 왔다. 미첼과 메이슨에 따르면, 개인이 참여한 활동의 특정 유형은 생리학적이고 해부학적인 구조, 신체 건강 수준, 환경, 가족과 사회적 배경과 같은 요인들에 의해 영향을 받는다.[3]

사회적 필요성으로서의 놀이

19세기 후반, 공공 레크리에이션 운동의 지도자들은 모든 아이들을 위한 조직화된 레크리에이션의 제공을 요구했다. 미국 놀이 운동의 아버지로 널리 인정되고, 수많은 놀이터와 레크리에이션 센터의 설립을 장려한 조셉 리(Joseph Lee)는 어린이 발달과 공동체 생활의 중요한 동력으로서 놀이를 공적으로 수용하게 하는 중요한 역할을 했다. 시카고 헐 하우스 복지관(Hull House Settlement)의 설립자이자 노벨평화상 수상자인 제인 애덤스(Jane Adams)는 길거리에서 전전하는 가난한 가정의 어린이들의 고단한 삶의 대안으로서 조직화된 놀이 기회의 필요성을 주장했다. 이러한 가치들은 공원 및 레크리에이션 전담 부서의 설립, 지역 사회 레크리에이션 프로그램, 방과후 프로그램 도입 및 기타 놀이 기반 활동에 대한 공공 및 민간 지원 등으로 분명히 구현된 바와 같이 현대에 들어 사회적 수용이 지속적으로 이루어졌다.

사례연구

노인 놀이터

국영 라디오에 따르면 "공원 내에서 사람들은 산책로, 놀이터 및 스포츠 시설에서 보다 육체적으로 활동하는 경향이 있다"고 보도하였다(조사보고서). 이것은 사실 모든 연령대의 사람들에게 해당된다. 나이는 중요하지 않다. 사람들은 놀이터와 같은 장소에서 더 활동적이다. 여러분이 최근에 놀이터에 있었던 때를 생각해보라. 나에게는 아이들과 함께 놀던 때였다. 나는 앉아서 스마트폰을 보면서 놀고 있었지만, 재미있고 장난스런 놀이들은 곧 전염성이 생겨, 얼마 지나지 않아 아이들과 뛰어다니며 놀이 기구를 타고, 미끄럼틀을 타게 되었다. 십대 아이들은 말 타기 놀이를 하고 있었는데, 나도 뛰어 들어 함께 놀았다. 그날 오후는 정말 즐거웠는데, 아이들은 내가 그들과 같이 놀이터에서 놀아주기를 좋아한다는 것을 알았다. 하지만 나는 자문했다. "내게 아이가 없다면? 내가 만일 활동적인 노인이라면, 어디로 갈 수 있고 좋아할 만한 놀이터는 어떤 모습일까?"

과거의 성인을 위한 놀이터의 장비는 정적이며 매력이 없고, 대부분 사용하지도 않는다. 오늘날의 계획 입안자들은 이전보다 훨씬 다양한 기능을 제공한다. 청소년 놀이터는 1970년대 이후로 수차례 재설계된 반면, 성인 놀이터는 대부분 정적인 기구들로 유지된다. 세상은 변하고 있다! 오늘날 피트니스 존의 설계자들은 고전적인 기구들의 업데이트에 더해 정적 장비 대신 동적 부품으로 구성된 대안적 운동 장비로 현대화하였다. 오늘날은 한 곳에서 여럿이 함께하거나 개별적으로 운동할 수 있는 복합 야외 피트니스 존을 조성하고 있다.

추가하여, 공원과 레크리에이션 기관은 전 세대와 전체 수준을 우선 고려하여, 많은 피트니스 존들을 십대에서 노인에 이르기까지 누구나, 그리고 개인의 능력에 상관없이 누구나 정상적으로 사용할 수 있도록 조성하고 있다. 어떤 공원에서는, 장비가 너무 인기가 많아 사람들이 줄을 서서 차례를 기다리는 경우도 많다. 게다가 이 새로운 장비들은 유지 보수가 거의 필요하지 않아 늘 최신 상태로 유지 가능하다.

삼촌과 이야기를 나누는 동안, 그는 어떻게 그들의 플로리다 퇴직자 모임이 20개의 각기 다른 노인 공원을 가질 수 있었는지 이야기해 주었다. 그는 공원이 멋지다고 얘기하며 자신과 아내에게 새로운 인생을 즐길 수 있도록 해 주었다고 말했다. 그들은 심지어 누워서 타는 성인용 세발자전거도 가지고 있다.

참가자들에게는 신체적, 사회적, 정서적으로 중요한 이점이 있다. KaBOOM!은 이러한 공간이 "성인과 노인 그리고 아이들의 삶을 연결시켜주는 훌륭한 연결 고리이다"라고 제시한다. 연구에 따르면 이러한 공간은 스트레스 해소를 포함할 수 있는 놀이로서 인지적, 물리적 장점을 제공한다. 성인 놀이터가 있는 지역 공동체의 공원은 노인들이 지닌 고독과 외로움을 해소해주고, 사회적, 정신적 건강을 증진시키는 모임의 장으로 기능한다. 몇몇 새로운 노인 공원은 노인들과 일정 기간 운동하지 못했던 사람들을 위해 신체적 충격이 적은 운동 장비를 설치하여 제공한다. 이 공원들은 해외에서 시작되었지만, 지금은 미국에서도 수용하고 있다. 2012년에 영국, 핀란드, 독일, 스페인 그리고 아시아 전역의 노인 공원들이 현실화되었다.

생체 건강 공원(bio-helthy parks)이라는 개념이 노인 공원에 적용되었다. 핵심은 운동, 사회화, 정신 건강의 유지에 있다. 연구에 따르면 신체 활동에 참여하는 것이 비록 스트레스가 이완되지 않는다 하더라도 노인들의 신체적 그리고 인지적 행복에 긍정적으로 영향을 미친다는 사실을 보여준다. 계획된 공동체에 거주하지 않는 노인들을 위한 과제는 그들을 집에서 나오게 하여 신체적, 정신적 활동에 참여시키는 것이다.

스페인에서는 노인공원이 큰 인기를 끌고 있다. "어느 날 아침, 미끄럼틀과 시소가 있는 스페인 해안 마을 빌라사르의 어린이공원은 텅 비어 있다. 그런데 바로 옆에는 20여 명의 은퇴자들이 서로를 부르며 소리를 지르고 있다. 그들은 평균대, 오르막 계단, 페달이 달려 있는 벤치와 회전 원판에 자리를 잡고 있다.

하루 일과가 시작되면, 63세의 은퇴자 마누엘 프란시스코 마틴은 이곳에서 산책하면서 두 개의 핸드 크랭크가 달려 있는 금속 원판을 회전시킨다. 그는 "결코 멈추지 말라. 일단 멈추면 악화되기 때문이다"고 말한다. 몇몇 회색 머리칼의 노인들이 동의하며 고개를 끄덕인다. 그는 말한다. "운동을 하면 기분이 나아질 거야." "2~3 단계 올라가면 숨이 가빠지는 않는다. 10분 정도 걸으면 마음이 편안해지고 기분이 이완되는 것을 느끼게 된다." 몸은 다른 모든 것과 마찬가지이다. 그는 "사용되지 않는 모든 부분은 결국 퇴화한다"고 말한다.

이 야외 운동장은 현저하게 시즌이 짧은 핀란드에서 설계되었다. 이 프로젝트를 진행한 Lappset는 전 세계 수만 개의 공원에 이러한 프로젝트를 팔았다. 스페인은 특히 좋은 시장이었다. 이미 600여 개의 공원이 만들어졌고 수백 개를 더 발주하였다. 새로운 공원이 생길 때마다 물리치료사 파즈 비달(Paz Vidal)은 각각의 장비들을 어떻게 동작시키는지 설명해주는데, 그리 복잡하지 않다. 파즈는 말한다. "노인들은 일상적인 걷기와 격려가 필요하다. … 이 공원들은 바람만 쐬는 곳이 아니다. 또한 정신을 위해서 고안된 것들이다. 실제로 몇몇 장비들은 색깔이나 모양, 숫자를 맞추는 게임이다. 이러한 야외 운동 장소의 목적은 노인들에게 할 일을 제공하는 것이 아니다. 관계자들은 이러한 계획들이 재정적으로도 타당하다고 얘기한다. 분석에 따르면 스페인 인구의 40~45%가 2050년까지 퇴직할 것이라고 추정한다. 그 인구를 보호하고 건강을 유지하기 위한 공원에 대한 재정 지출은 높은 의료비용을 절약할 수 있는 방법이라고 생각한다. 스페인이 다만 노인공원이 건강상의 이로움에 대해서만 사고하는 것이 아니라, 좋은 재정정책을 수립한다는 것에 대해 매우 흥미롭게 생각한다.

생각해 볼 문제

1. 여러분은 규칙적으로 운동하는 60세 이상의 사람들을 얼마나 알고 있는가?
2. 규칙적으로 운동하지 않는 사람들과 비교해보자. 눈에 띄는 차이가 있는가?
3. 75세 또는 80세 이후에도 운동을 지속적으로 유지할 수 있다고 생각하는가? 그렇지 못하다고 생각한다면 그 이유와 제약사항은 무엇인가?
4. 노인들이 신체 활동에 참여할 수 있는 기회를 확대할 수 있을까?

참고 문헌

Brenoff, A. (n.d.). Playgrounds for seniors Improve Isolation. http://www.huffingtonpost.com/2015/06/04/playgrounds-for-seniors_n_7452270.html.

Hadden, G. (n.d.). Playgrounds are a big hit with Spain's elder set. http://www.pri.org/stories/2014-04-01/playgrounds-are-big-hit-spains-elder-set.

Liliana Bettencourt and Rui Neves. (n.d.). Senior playgrounds in the promotion of physical activity among the elderly - characteristics of use. https://www.researchgate.net/profile/Rui_Neves/publication/301351623_Senior_playgrounds_in_the_promotion_of_physical_activity_among_the_elderly_-_characteristics_of_use/links/5714cecf08aec4e14da7f2b9.pdf.

Madren, C. (2013). Hit the (Outdoor) Gym: A New Era of Fitness Trails and Outdoor Gyms Helps Communities Stay Healthy. https://www.questia.com/magazine/1G1-335188120/hit-the-outdoor-gym-a-new-era-of-fitness-trails.

Renzulli, L. A. (n.d.). Playgrounds for Seniors Popping up in U.S. http://www.governing.com/generations/government-management/gov-senior-playgrounds-popping-up.html.

Research, A. L. (n.d.). Parks, Playgrounds and Active Living. http://activelivingresearch.org/files/Synthesis_Mowen_Feb2010_0.pdf.

Willard, L. (n.d.). Playgrounds for senior citizens. http://www.upworthy.com/playgrounds-for-senior-citizens-genius-idea.

놀이 활동의 유형

20세기에 들어 점점 더 많은 사회 및 행동 과학자들이 놀이를 실증적으로 조사하기 시작했다. 그러한 연구자 중 한 명인 프랑스 사회학자 로제 카이와(Roger Caillois)는 다양한 문화 특성이 있는 게임과 놀이 활동을 분류하고 그것들의 명백한 기능과 가치를 확인함으로써 놀이 경험을 조사했다. 카이와는 놀이와 게임 활동의 주요한 개념으로 아곤(agon), 알레아(alea), 미믹크리(mimicry), 일링크스(ilinx)의 네 가지 개념을 정립했다.

아곤(*agon*)은 경쟁적이며 참가자들의 승리 가능 등식이 인위적으로 만들어지는 활동을 말한다. 승리자는 속도, 인내심, 힘, 기억력, 기술 그리고 재주와 같은 자질들에 의해 결정된다. 아곤 게임은 지속적인 관심, 규칙과 훈련, 인내심, 범위 및 규칙이 전제된 개인 또는 팀으로 진행된다. 쉽게 말하자면, 많은 일정 기술을 포함하는 카드 게임 등의 테이블 게임을 포함하는 대부분의 현대적 게임과 스포츠가 아곤의 예이다.

알레아(*alea*)는 참가자가 통제할 수 없는 결과가 나오는 게임이나 대결로서 기회의 게임을 포함한다. 게임에서의 승리는 참가자의 기술보다는 운명의 결과이다. 복권, 주사위, 룰렛, 바카라 등의 게임이 알레아의 예이다.

미믹크리(*mimicry*)는 환상이나 가상 세계의 수용에 기반한다. 아이들은 상상놀이를 통해 가상의 세계를 흉내 낸다. 이 범주는 참여자에게 스스로를 다른 사람으로 믿게 하거나 다른 사람들에게 믿게 만드는 게임을 포함한다.

어린이를 위해 카이와는 다음과 같이 기술하였다.

목표는 어른들을 흉내 내는 것이다. ⋯ 이것은 어른들이 사용하는 도구, 엔진, 무기와 기계 등을 모방한 장난감 무기들과 미니어처의 성공적 사용을 말한다. 어린 소녀는 요리, 빨래, 다림질로서 엄마 역할을 모방한다. 소년은 자신이 군인, 경찰관, 해적, 카우보이, 화성인 등이라고 믿는다.[5]

일링크스(*Ilinx*)는 짜릿하거나 아찔함을 추구하는 놀이 활동으로 구성되어 있다. 역사적으로, 일릭스는 원시 종교적 춤이나 신에 대한 숭배에 필요한 최면 또는 무아의 상태를 유발하는 다른 의식들에서 발견된다. 오늘날 이것은 그네나 스프링 목마와 같은 탈 것들과 같이 빠른 흔들림으로 짜릿함을 유발하는 아이들 놀이에서 발견된다. 성인들 사이에서, 일링스는 롤러코스터와 스카이다이빙, 번지점프 등을 포함한 다양한 모험을 즐길 수 있는 놀이 기구들을 통해 성취할 수 있다.

대조되는 놀이 유형

한편 카이와는 두 가지 극단적인 놀이 행동을 제시했다. 이 중 첫 번째, 파이디아(*paidia*)는 활력적이며, 자유롭고, 통제되지 않는 자연스러운 흥을 포함한다. 두 번째, 루두스(*ludus*)는 규칙과 규약에 의해 특징 지어지며, 계획적인 인위적 활동을 표현한다. 놀이의 각각 네 가지 형태는 파이디아나 루두스의 양 극단 또는 둘 사이의 연속적인 어떤 지점에서 수행될 수 있다.

문화 속의 놀이 요소

아마도 문화 현상으로서의 가장 광범위하고 영향력 있는 놀이 이론은 네덜란드 사회학자 요한 호이징가(Johan Huizinga)의 도발적인 작품 『호모 루덴스―놀이하는 인간(*Homo Ludens―Man the Player*)』에 의해 발전되었다. 호이징가는 모든 삶에 스며들어 있는 놀이에 대한 가설을 발표했다. 그는 이것을 다음과 특징을 가진 것으로 보았다. 자발적이며, 자유롭고, 결코 물리적 요구나 도덕적 의무를 부과하지 않으며, 생리학적 요구 및 욕구 충족 영역의 밖에 있다. 진행되는 장소와 기간 모두 일상으로부터 분리되어 특별한 기간 동안 경기장, 카드 테이블, 무대 및 테니스 코트와 같은 특별한 장소에서 행해진다. 호이징가는 특별한 규칙에 의해 놀이가 통제되므로 절대적인 질서가 요구된다고 했다. 또한 불확실성과 긴장으로 특징 지어진다. 마지막으로, 비록 규칙을 준수해야 한다는 점에서 자체의 윤리적 가치를 가지고는 있지만, 그 가치는 선악과는 관계가 없다.

호이징가의 관점에서, 놀이는 주로 두 가지 종류의 활동, 즉 '무언가를 위한 경쟁'과 '무언가의 표현'으로 드러낸다. 그는 이러한 활동을 고대 그리스 사회의 예를 들어 인류 사회에 있어 놀이 형태에 스며들어 있는 중요한 문명적 영향으로 간주하였다. 그는 역사적으로 많은 사회 제도의 기원을 의례적인 형태의 놀이 활동으로 추적했다. 예컨대 초기 사법적 절차의 진화 과정에서 놀이적 요소는 지배적이었다. 법은 경쟁하는 개인이나 집단들 간의 순수한 경쟁으로 구성되었다. 재판은 옳고 그름의 문제가 아니라 신탁의 적용, 누군가의 운명을 결정짓는 우연의 경쟁, 고문에 대한 인내심이나 저항력, 그리고 논리적 언어 구사력을 통해 행해졌다. 호이징가는 다음과 같은 원리가 다양한 문화적 기구들에 적용되어야 한다고 제시하였다.

신화와 의식에서 문명화된 삶의 위대한 본능적 힘은 법과 질서, 상업과 이익, 공예와 예술, 시, 지혜, 그리고 과학에 그 기원을 둔다. 모든 것은 놀이의 원시 토양에 뿌리를 두고 있다.[6]

놀이의 본질적 특성, C. 1948

1949년에 엘머 미첼(Elmer Mitchell)과 버나드 메이슨(Bernard Mason)은 그들의 책 『놀이 이론(*The Theory of Play They*)』에서 놀이의 기본적 특성을 정의하였다.[4] 그들은 놀이의 의미가 정립되지 않았다는 것을 인정하면서도, 다음과 같이 대부분 인정되는 놀이의 특성에 대해 기술했다.

1. 놀이는 활동이다. 빈둥빈둥 노는 것이 아니라, 오히려 그 반대이다. 빈둥거리고 꾸물대는 행위는 놀이가 아니다. … 흥미가 없어 활동이 감퇴한다는 것은 놀이 의지를 상실하여 나타나는 모습이다.
2. 놀이는 어떤 특정 형태의 활동에 제한되지 않으며, 신경근, 감각, 정신 또는 이 세 가지의 조합으로 나타난다.
3. 교육에 있어서 놀이의 가치는 놀이가 참여자의 흥미를 유발함으로써 관심을 갖게 하여 열정적이고 지속적인 활동으로 이끄는 힘 때문이다.
4. 활동이 놀이인지 아닌지의 규정은 그 행동을 하는 사람의 의지에 달려 있다. 의지는 특정 활동에 규정되지 않는다. 어느 날 재미있게 하던 놀이가 어떤 날에는 지루해질 수도 있다.
5. 놀이 의지는 마음의 자세라는 일반적 견해가 있지만, 이런 자세의 본질에 대해서 완전하게 견해가 일치하는 것은 아니다.

놀이의 심리학적 분석

지난 수십 년간 심리학과 정신분석학 분야의 수많은 권위자들이 성격 발달에 있어서의 놀이와 놀이의 역할, 정신분석학적 관점, 창조적 탐험으로서의 놀이 및 관련 영역에 대해 조사 연구하였다.

인성 개발에서의 놀이

놀이의 이론적 기초에 대해서는 전반적으로 합의된 하나의 이론 없이 오랫동안 이어져 왔다. 지난 40년 동안, 놀이의 이점에 대해서는 많은 연구가 이루어져 왔다. 심리학적 측면이 두드러지게 나타났는데, 이에 따르면 인성(personality)은 다양한 방식의 놀이에 의해 형성된다. 놀이는 흥미, 자유 그리고 즐거움을 유발하고, 자기표현, 창의력, 상상력 및 자신감을 촉발한다. 놀이는 아이들에게 협동, 공유, 갈등 해소 활동을 통한 다른 사람들과의 상호작용을 배우게 해준다. 이러한 모든 경험은 인성에 영향을 미쳐 개인의 유형을 형성하는 데 기여한다.

놀이는 발달적, 심리적, 인류학적, 창조적, 문화적 관점에서 볼 수 있다.
© Photos.com/Getty.

놀이에 대한 정신분석학적 관점

현대 정신분석학의 아버지 지그문트 프로이트(Sigmund Freud)는 놀이의 의미와 목적에 대한 몇 가지 독특한 견해를 제시했다. 프로이트는 놀이를, 아이들이 통제력을 얻고, 삶에서 발생하는 갈등을 해결할 수 있는 매개체로 파악했다. 그는 아이들이 흔히 혼란스럽고 복잡하며 불쾌할 수 있는 삶의 환경에 압도된다고 보았다. 놀이를 통해 아이들은 위협적인 사건을 반복 체험함으로써 그러한 상황들을 통제하고 억제할 수 있다. 이런 점에서 놀이와 꿈은 아이들에게 치료의 기능을 제공한다. 일반적으로 프로이트는 놀이가 아이들이 경쟁, 수용 및 억제하는 방식으로 현실에 대한 대처를 실제로 표현한다고 생각했다.

미국소아과학회(American Academy of Pediatrics)는 놀이의 중요성에 대한 보고서를 통해 "어린이와 청소년의 인지, 육체적·사회적·정서적 행복에 기여하므로 놀이는 발달에 필수적이다. 놀이는 또한 부모가 자녀와 함께할 수 있는 이상적인 기회를 제공한다. 아이들과 부모 모두를 위한 놀이의 유익성에도 불구하고, 일부 아이들에게는 자유로운 놀이 시간이 현저히 줄었다"고 보고한다.[7]

> 놀이하는 모든 아이들이 자기만의 세계를 창조하거나, 나아가 차라리 자기 마음에 드는 새로운 방식으로 재배열하는 창조적인 작가와 같이 행동한다면 지나친 말일까? 아이들이 자신의 놀이를 진지하게 받아들이지 않는다는 생각은 잘못이다. 오히려 아이들은 놀이를 매우 진지하게 받아들이고 거기에 많은 감정을 소모한다. 놀이의 반대는 진지함이 아니라 실제이다.[8]

'쾌락이론(pleassure principle)'과 '죽음에 대한 동경(death wish)' 같은 프로이트의 여러 다른 이론들도 놀이에 대한 분석에 강한 영향을 미치는 것으로 나타났다. 놀이에 대한 프로이트의 관점은 많은 심리 치료사와 교육자들에게 아동 교육 및 치료 프로그램의 접근 방식에 영향을 미쳤다. 브루노 베텔하임(Bruno Bettelheim), 에릭 에릭슨(Erik Erikson), 그리고 프로이트의 딸인 안나 프로이트(Anna Freud)는 모두 정신적이고 정서적인 문제가 있는 아이들의 치료에 놀이를 사용하여 실험했다.

창조적 탐구로서의 놀이

놀이에 대한 현대의 다른 이론들은 창조적 탐구와 문제 해결에서의 놀이의 역할을 강조한다. 각성, 흥분, 호기심에 대한 연구는 두 가지 관련 이론인 자극-각성 이론과 역량-효능 이론으로 유도되었다.

자극-각성 이론(Stimulus-Arousal Theory) 이 접근법은 인간과 동물 모두 지식을 얻고 흥분, 위험, 경이, 쾌락의 욕구를 충족시키기 위해 끊임없이 다양한 종류의 자극을 추구한다는 관찰에 기초한다. 종종 이것은 가벼운 오락, 농담, 웃음으로 표현되는 흥미로운 아이디어와 관련된다. 하지만, 놀이가 항상 밝고, 즐겁고, 유쾌하고, 또는 유머러스하다는 기대에는 오해의 소지가 있을 수 있다. 놀이 활동은 특히 중독(약물, 술 또는 도박 남용의 경우)과 그에 따른 건강 악화 또는 경제적 손실로 이어질 때, 좌절감, 지루함, 불쾌감 또는 신체적인 고통을 유발할 수 있다.

파도가 서퍼의 능력과 만나면 서핑은 개인이 몰입할 수 있는 최적의 활동이다.
© iStockphoto/Thinkstock/Getty.

역량-효능 이론(Competence-Effectance Theory) 대부분의 놀이가 환경을 시험하고, 문제를 해결하고, 성취감을 얻기 위한 욕구에 의해 유발된다고 주장한다. 일반적으로 이 이론은 사람이든 동물이든 관계없이 참가자가 환경을 관찰하여 시험하거나 조작하여 얻는 과정 또는 정보를 찾는 행동을 포함한다. 나아가 참여자는 환경과 효과적으로 상호 작용하는 역량을 개발하고자 한다. 때로는 이러한 역량이 숙달되었다 하더라도 동일한 행동의 반복을 통해 성취하기도 한다.

효능(*effectance*)이라는 개념은 환경을 지배하고자 하는 참가자의 욕구와 관련되며, 환경에 대한 불확실성이 해소된 경우에도 원하는 효과를 창출해낼 수 있는 욕구를 의미한다.

칙센트미하이의 몰입 이론(Flow Principle) 역량-효과 이론과 관련된 이론으로서 칙센트미하이(Mihaly Csikhsentmihaly)는 참가자의 역량이 과제의 도전 수준과 이상적으로 균형을 이루는 과정으로서 놀이를 파악한다. 과제가 너무 단순하면 지루하고 매력적이지 않을 수 있다. 너무 어렵다면 불안과 좌절을 유발하고, 참가자로 하여금 활동을 중단케 하거나 보다 만족스러운 방식으로 접근하게 할 수 있다. 역량과 도전 사이의 이러한 균형을 '몰입(flow)'이라고 하는 관점에서 파악한다. 칙센트미하이는 몰입감을 진정한 놀이를 위한 독특한 요소라고 제시하는데, 몰입감은 참가자들이 특정의 활동에 완전히 연관되었을 때 느끼는 감각이다. 이것은 놀이에 대한 조화와 완전한 몰두를 포함하는데, 최고 수준에서, 참가자들은 시간 감각과 주위 환경을 의식하지 않고 전혀 새로운 존재 상태를 경험한다. 칙센트미하이는 이러한 몰입을 몇몇 과업의 상황에서 발견할 수도 있지만, 게임이나 스포츠와 같은 놀이에서 훨씬 더 일

사례연구

나의 첫 번째 우쿨렐레 여름 캠프

아이디어

캠프 빌리지(Camp Village)는 플로리다에 있는 55세 이상을 거주자로 하는 가장 큰 공동체인 더 빌리지(The Villages)에 거주하는 시니어들의 5~18세의 손주들을 위한 9주간의 여름 프로그램이다. 2016년은 프로그램의 16번째 여름이었다. 공동체에 조직된 클럽이 프로그램을 조직한다. 2015년 에어건 클럽(Air Gun Club) 프로그램에 자원봉사로 참여했었던 나는, 2016년 여름 캠프 프로그램을 우리 우쿨렐레 클럽이 후원할 수 있다고 생각하여, 클럽의 핵심 우쿨렐레 연주자 팀에 아이디어를 전달했다. 그들은 흔쾌히 돕기로 동의하고 나에게 책임을 맡겼다.

조직

레크리에이션 부서에서는 캠프 빌리지 프로그램을 위한 세션을 두 시간으로 제한했다. 세션은 클럽이 원하는 대로 언제든 가능했다. 클럽에서는 제공되는 항목, 세션 수, 요청 날짜 및 시간, 요구 자원 및 참가자의 연령과 인원수에 대한 제한 사항을 설명하는 제안서를 특별 활동 책임자에게 제출했다.

우쿨렐레 프로그램을 위해 우리는 7월과 8월에 각각 한 번씩 두 개의 세션을 요청하면서 10대의 손자, 손녀의 수를 세션당 20명으로 제한하였다. 레크리에이션 부서는 우리가 선택한 날짜와 시간의 목록을 제공해주었다. 우리는 복사 지원(학생용 핸드북)과 더불어 방, 물, 얼음, 커피, 디지털 프로젝터와 스크린을 요청했다. 레크리에이션 부서의 담당자가 파견되어 도왔다.

최우선순위는 우쿨렐레였다. 처음에 우리는 클럽 회원들로부터 우쿨렐레를 빌릴 수 있으리라 기대했었다. 심사숙고 끝에, 우리는 캠프 참가자들이 가능한 한 서로 비슷한 악기를 연주할 수 있도록 최대한 돈을 모아 우쿨렐레를 구입하기로 결정했다. 우리의 계획을 지역 음반 가게에 설명한 결과 할인을 많이 해주었다. 우리는 우리 클럽 멤버와 다른 두 우쿨렐레 클럽 멤버들로부터 기부금을 모금했다. 한 멤버는 우리가 상품으로 제공했던 우쿨렐레를 기증했다. 우리는 22개의 우쿨렐레를 구입하고 바인더, 우쿨렐레 스트랩, 튜너와 같은 부속 재료를 살 수 있을 만큼의 충분한 기금을 모을 수 있었다.

한편 우리는 참가자를 위한 선물도 원했다. 홍보용 물품을 요청하기 위해 몇 명의 우쿨렐레 판매자에게 연락을 취했는데 반응이 좋았다. 그들은 카탈로그, 어깨 밴드, 스티커, 기념품, 펜 등을 보내주었다. 한 기업은 다른 후원 물품들과 10개 우쿨렐레를 보내주었다. 우리 회원 중 한 명이 지역 업체로부터 선물용 가방을 제공받을 수 있었다. 각 세션에서 캠프 참가자들은 카탈로그, 스티커, 어깨 밴드, 펜, 노래와 수업 자료가 들어 있는 바인더가 들어 있는 가방을 받았다.

다음은 캠프를 위한 우쿨렐레 수업을 개발하는 일이었다. 두 시간의 세션을 위해 5개의 수업을 개발했다. 인터넷에서 찾은 수업 계획 템플릿을 수정하여 수업 개요를 작성한 후, 전체 수업 계획을 개발했다. 마지막으로 수업 계획을 확정하고 다이어그램, 코드 차트, 각 섹션의 내용 및 노래를 포함하여 컴퓨터 프레젠테이션을 작성하였다. 어린 참가자들의 관심을 끌었지만 모든 음악을 포괄하여 적당한 곡을 고르는 일은 힘든 작업이었다.

전체 여름 캠프 프로그램은 자원봉사자를 기반으로 했으며, 우쿨렐레 캠프 역시 마찬가지였다. 우리 클럽은 200명 이상의 회원을 보유하고 있었다. 여름 동안 많은 사람들이 참여해주었다. 우리 연주 그룹은 거의 대부분 자원 봉사에 참여하였다. 세션당 20명의 참가자를 위해 각 세션마다 15명의 자원봉사자를 배치했다. 이 인원은 참가자 두 명당 최소 한 명의 자원봉사자와 참가자를 확인하는 인원, 컴퓨터 운영자, 사진 촬영 및 발표자를 위한 충분한 인원이었다. 18명의 다른 자원봉사자들은 두 개의 세션에 배치되었다.

자원봉사자들은 각 세션을 위해 스낵과 음료수를 준비해주었다.

각 세션이 끝난 후 세션의 장단점에 대해 간략히 토론하고 개선 사항에 대해 논의했다. 두 번째 세션에서 몇 가지 개선 사항이 추가되었다.

결과

첫 번째 세션은 원활히 진행되었으며, 두 번째 세션은 훨씬 나아졌다. 두 세션 모두 참가자들로 가득 찼다. 규칙에 따라 같이 참석해야만 했던 조부모는 캠프 참가자만큼 캠프를 즐기는 것처럼 보였다. 여분의 우쿨렐레가 있어서 일부 조부모가 참여할 수 있는 기회를 가질 수 있었다. 여분의 우쿨렐레로 우리는 각 세션을 진행할 수 있었고, 운이 좋은 한 명의 참가자는 우쿨렐레를 가지고 갈 수 있었다. 레크레이션 부서 담당자는 결과에 매우 만족스러워 하며 우리에게 내년에 세션 수를 늘리라는 요청을 했다. 중요한 것은 자원봉사자들이 우리의 프로그램에 대단히 즐겁고 자랑스러워했다는 점이다. 일부 참가자는 클럽의 주중 정기모임에 참가하여 함께했다.

수업 진행

계획이 전부이다. 우리가 준비할 수 있었던 데 비해 더 많은 수업을 진행한 것은 재료가 모자란다는 걱정을 할 필요가 없었다는 것을 의미한다. 각 수업 시간을 25분 이내로 제한하면서 캠프 참가자들은 주의를 집중했다. 10살 정도의 어린 참가자들과 함께 진행해야 했으므로 충분한 자원봉사자를 확보하는 일이 중요했다. 우리는 가장 어린 참가자들에게 자원봉사자를 한 명씩 배치했다. 캠프 참가자를 위한 모든 교육용 자료와 노래가 담긴 책을 준비하는 일은 중요했다. 거기에 메모하고 도표의 빈칸에 빈칸을 채워 참고로 사용했다. 준비한 노래 중 일부는 사용하지 않았다. 발표자가 노래하기에 적절치 않은 키가 있거나 나이에 맞지 않은 곡들이었다. 내년에는 몇 곡을 대체할 것이다. 스트럼, 코드 및 노래를 위한 템포는 평소보다 느리게 유지해야 했다. 처음 학습할 때는 화음 변경이 어렵다. 참가자들 스스로 연습할 수 있는 시간을 가질 수 있게 해야 한다(자원 봉사자는 가만히 지켜보기만 한다).

느낀 바

참가자, 조부모, 레크리에이션 부서원 및 자원봉사자 등은 모두 캠프가 성공적이라는 데 동의했다. 어려운 과업, 시간 및 자금이 잘 투자되었다. 클럽은 이미 내년의 빌리지 우쿨렐레 캠프를 위한 계획을 세우고 있다.

— D.R. McLean

생각해 볼 문제

1. 레크리에이션 활동 제공에 따른 이 시니어 그룹의 레크리에이션 경험은 무엇이라고 생각하는가?

2. 참가자와 그 조부모에게 가능한 레크리에이션 경험은 무엇이었는가?

3. 참가자들에게 주는 이 프로그램의 가치는 무엇인가? 주최자들에게 주는 가치는 무엇인가?

4. 이 활동은 참가자와 주최자 두 그룹의 여가 활동으로 고려될 수 있는가? 고려되거나 고려되지 않는다면 그 이유를 설명하라.

반적으로 경험할 수 있다고 주장한다.[9]

비만이 기록적인 수준으로 확산되면서 놀이의 가치에 새로운 초점이 맞춰지고 있다. 미국 놀이연합(US Play Coalition), 보이스 오브 플레이(Voice of Play)와 같은 단체들은 놀이의 가치에 대한 자원과 정보를 부모, 지역 공동체 지도자, 공원 및 레크리에이션 전문가에게 제공하고 있다. 이러한 놀이 이론의 개요와 놀이의 역할은 레크리에이션 전문가들에 불어넣어야 할 놀이의 가치에 대한 기초를 제공한다.

여가의 의미: 여섯 가지 관점

여가란 정확히 무엇인가? 인간 경험의 독특하고 바람직한 구성 요소로서의 여가의 개념은 고대 그리스인들에 의해 처음으로 표현되었다. 최근 몇 세기 동안, 학자들은 사회에서의 역할과 개인에 대한 영향 측면에서 여가를 정의하려고 시도했다. 아테네인들에게 있어 여가는 인생의 가장 큰 가치이자 특히, 최소의 노동을 의미했다. 상류 계급은 일할 필요가 없었기 때문에 지적·문화적·예술적 활동에 자유롭게 참여할 수 있었다. 여가는 이상적인 자유의 상태이자 정신적·지적 깨달음을 위한 기회를 의미한다. 이 고전적 아테네식 관점에서 유래한 현대 여가 철학에서 여가는 대체로 일에 집중하지 않는 시간으로 여겨진다. 하지만, 이것은 더 많은 일을 위한 재충전에 이용되는, 일로부터의 일시적 해방 이상을 고려하지는 않는다. 어원적으로 영어에서의 '여가(*leisure*)'라는 용어는 본래 '여유로운(to be permitted)' 또는 '자유로운(to be free)'을 뜻하는 라틴어 '*licere*'에서 유래된 것으로 여겨진다. '자유 시간'을 의미하는 프랑스어 '*loisir*'와 영어의 라이센스(*license*, 본래는 공공 의무로부터의 면제를 의미)와 자유(*liberty*)도 라틴어 *licere*에서 파생되었다. 이 용어들은 모두 '자유로운 선택'과 '강요의 부재'를 제시하는 용어와 관련된다.

초기의 그리스 단어 *Scole* 또는 *Skole*은 '여가'를 의미했다. '*scole*'이라는 단어는 또한 학문적 토론이 있었던 장소를 지칭하기도 했다. 그러한 장소 중 하나가 라이세움(*lyceum*)으로 알려진 아폴로 신전 옆에 있는 숲이었다. 여기서 '학교(school)'라는 의미의 프랑스어 '리세(*lycée*)'가 파생되었는데, 이것은 여가와 교육 사이의 연관성을 암시해준다.

여가의 고전적 관점

아리스토텔레스는 여가를 "활동 자체가 수행되는 상태"라고 간주했다. 그것은 예술이나 정치적 논쟁, 철학적 토론, 일반적인 학습과 같은 활동을 포함하는 것으로서 일 또는 의도적 행동과 뚜렷이 대조된다. 아테네 사람들은 일을 지루하고 단조로운 것으

사례연구

몰입 찾기

칙센트미하이의 몰입의 핵심은 개인 역량이 해당 기술과 일치해야 한다는 것이다. 역량과 도전 사이의 균형이 없거나 지나치게 숙련되어 있다면 경험이 지루할 수 있고, 덜 숙련된 경우 불안과 좌절을 경험할 수 있다. 개인이 놀이에서 몰입을 경험하기 위해서는 다음과 같은 몇 가지 요소가 있어야 한다.

1. **명확한 목표**: 활동의 결과나 목표가 드러나야 한다. 예컨대 게임 및 스포츠는 경기 규칙으로 명확히 드러나는 목표가 있다. 음악은 악보에 따라 결정된다. 마라톤 주자는 끝내야 할 목표 지점이 있다. 이러한 목표는 개인의 역량을 기반으로 달성할 수 있다.

2. **즉각적인 피드백**: 당면한 활동에 대해 어떻게 잘 수행하고 있는지 확인할 수 있어야 한다. 달리기 주자는 기록이 얼마나 진전되고 있는지, 예술가는 자신의 작업이 한결 같은지, 팀은 경기에 임해 어떻게 잘하고 있는지를 알 수 있다.

3. **자아의 상실**: 사람들이 어떻게 보고 있는지에 대해 걱정하지 않는다. 다만 활동과 참여로서 즐거울 뿐이다.

4. **시간 감각의 왜곡**: 시간 감각을 상실하고 몇 분으로 느껴진 시간이 실제는 몇 시간이 될 수 있다.

5. **자기 목적적 경험**: 활동 그 자체(내재적 동기)에 참여할 뿐 다른 보상은 없다. 활동을 순수하게 즐기는 것만이 오직 타당한 이유이다.

6. **강한 집중과 헌신**: 개인은 활동에 전적으로 집중하고 모든 집중을 집중시킵니다.

7. **자기 통제력**: 원하는 결과를 달성하기 위해 자신의 역량 및 상황을 통제하고 있다고 느낀다.

생각해 볼 문제

1. 여러분이 즐기는 활동을 묘사하라. 몰입을 경험할 수 있게 하는가? 이 활동을 통해 가장 많이 느낀 몰입의 요소는 무엇입니까?

2. 업무를 통해 몰입을 경험할 수 있을까? 그렇거나 그렇지 못하다면 그 이유는 무엇인가?

3. 젊은이들이 노인보다 더 몰입할 수 있을까? 답의 정당성을 설명하라.

출처

칙센트미하이, 몰입 찾기: 일상생활과의 관계 심리학(New York: Basic Books, 1997).

로 미천하게 여겼다. 일에 대한 일반적인 그리스어 'ascholia'은 여가의 부재를 뜻한다. 반면에 우리는 여가를 일의 부재로 정의한다.

오늘날 여가에 대한 이 고전적 관점은 얼마나 의미가 있는가? 비록 여가를 전 생애에서 필요하고 필수적인 한 부분으로 보는 그리스적 관점이 가치가 있지만, 이 관점에는 두 가지 결함이 있다. 첫째, 그것은 대다수 하층 및 노예 노동력에 기초한 귀족계급 구조의 개념과 연관되어 있다. 아리스토텔레스는 정치에 관한 그의 논문《정치학 논고(*Treatise on Politics*)》에서 "일반적으로, 질서 있는 국가의 시민들은 당연히 여가를 가져야 하고, 여가를 자신들의 일용품을 위해 제공할 필요 없다"라고 썼을 때,

그는 여가는 상대적으로 소수의 귀족들에 주어지고, 이것은 수많은 사람들의 격렬한 노동을 통해 가능하게 됨을 의미했다.

현대 사회에서 여가는 소수의 사람들을 위한 특권이 될 수 없다. 대신에 모두가 누릴 수 있는 것이 되어야 한다. 그것은 우리 사회에서 존중되는 일과 나란히 존재해야 하고, 일과 의미 있는 관계를 맺어야 한다. 이것은 여가가 고요하고, 조용하고, 사색하고, 느긋해야 한다는 의미를 함의하는 것으로 '**여유로운**(*leisurely*)'이라는 단어로써 함축된다. 분명히, 이 개념은 역동적이고 활동적이며 많은 욕구를 추구하거나 일정 정도의 외적 목적이 개입될 수 있는 오늘날의 여가 개념에는 적용되지 않는다.

사회적 계급 상징으로서의 여가

사회적 계급과 밀접한 관련이 있는 여가에 대한 견해는 19세기 후반 미국의 선구적인 사회학자 소스타인 베블런(Thorstein Veblen)의 연구에서 비롯되었다. 베블런은 역사를 통틀어 지배 계급이 어떻게 여가의 소유와 사용을 통해 자신들을 분명히 규정하여 드러내는지를 보여주었다. 그의 주요 저서『유한계급론(*Theory of the Leisure Class*)』에서, 그는 봉건시대와 르네상스시대, 그리고 마침내 산업사회에서의 유럽에서, 여가의 소유와 가시적 사용이 상류 계급의 특징이 되었다는 것을 지적했다. 베블런은 '유한계급'을 공격한다. 그는 여가를 다른 이들의 노동을 안고 사는 착취자들로서 특권 계급들의 완벽한 삶의 방식으로 보았다. 역사를 통틀어 그는 유한계급들의 삶의 방식을 묘사하기 위해 "과시적 소비(conspicuous consumption)"라는 용어를 만들었다. 이 이론은 노동 계급의 여가 활동이 증가하고 거대 부를 축적한 많은 가문들이 기업, 정치 또는 기타 더 많은 욕망을 추구하는 직군에 적극적으로 참여하면서 시작되었다.

그런데 베블런의 분석은 어느 정도 여전히 타당하다. 현대 사회의 부유층 혹은 특권층은 비록 구성원 개개인의 여유 시간 총량이 아주 많지는 않을 수 있지만 비용이 매우 많이 들고 권위적이며 때로는 퇴폐적인 다양한 여가 활동을 지속한다. 그들은 넓은 세상을 여행하고, 여흥과 예술을 즐기며, 배타적이고 고급스러운 여가 활동에 참여하는 경향이 있다. 최근의 학자들은 서구 문화의 현대 여가가 소비주의적이며, 구매 가능한 오락적 경험의 추구에 의해 동기 부여되는 것으로 특징지었다. 램지(Ramsey)는 소비주의 여가에 대한 비판을 다음과 같이 서술했다.

> 따라서 소비주의적 여가의 추악한 면은 고대 그리스인들이 프레녹시아(*plenoxia*)라고 했던, 개인의 적절한 몫 이상을 갈망하는 소유욕을 표현합니다. … 자유로운 여가 시간은 역설적으로 원하는 광범위한 여가 소비 행태에 취약한 많은 사람들에게는 양질의 여가를 구매하여 이용하고자 하는 강박과 집착으로 나타난다.[10]

의무적이지 않은 시간으로서의 여가

여가에 대한 가장 일반적인 접근은 방해받지 않거나 자유재량 시간(discretionary time)으로 간주하는 것이다. 자유재량 시간이란 업무적이거나 개인 관리에 의무적으로 사용되지 않는 시간이다. 여가에 관한 이러한 관점을 근본적으로 일에 기반한 여행, 연구 또는 사회적 참여와 같은 업무 관련 책임으로부터 자유로운 시간으로 본다. 또한 수면, 식사 및 개인 관리와 같은 필수 생명 유지 활동에 전념하는 시간을 제외한다. 여가의 가장 중요한 특징은 의무감이나 강박감이 없다는 것이다. 여가를 정의하는 이러한 접근 방식은, 특히 국가 경제 및 산업 생활의 추세에 관심이 있는 경제학자 또는 사회학자들 사이에서 가장 대중적인 접근법이다. 페미니스트를 포함한 다른 학자들은 이 정의가 현대 사회에서 일하는 성인들이 직면한 시간 제약에 대한 연구에 유용하다는 것을 인식했다.

이 정의는 편의적이고 대개 산술적(하루 24시간 중 업무 및 기타 필수 시간을 뺀 여가라고 할 수 있는 시간대를 도출)인 문제로 표현되는데, 복잡성을 내포하고 있다. 예를 들어, 어떤 시간을 의무나 강요가 전혀 없다거나, 어떤 형태의 여가 활동을 외부적 목적이 전혀 없다고 말하는 것이 가능한가? 또한 모든 방해받지 않는 시간을 본질적으로 보람 있고 여가와 관련된 긍정적인 특성을 가지고 있다고 말할 수 있는가? 예를 들어, 어떤 사람들은 분명히 업무 또는 업무 관련 유급이 아닌 자유 시간의 일부를 업무의 성공을 위해 사용할 수 있다. 어떤 사람은 업무 관련 책이나 기사를 읽거나, 업무 능력에 기여하는 야간 수업을 듣거나, 업무 관련 이유로 파티를 열어 손님을 초대하거나, 사업 관계 구축 또는 매출 증대를 목표로 컨트리클럽에 가입하여 활동할 수 있다. 지역 공동체에서 학교 위원회 및 지역의회 의원 등 무급으로 봉사하는 일과 같이 공동체에 대한 의무가 있는 비업무적 직업은 시민으로서의 개인적 책임의 일부로 볼 수 있다.

엄밀한 의미에서 의무나 강요가 결여된 시간이라는 여가에 대한 관점은 의심의 여지가 있다. 만약 누군가가 취미로 개를 키우거나 오케스트라에서 악기를 연주하기로 했다면, 이 행위는 다른 사람들에 대한 일상, 스케줄 및 약속된 시스템을 가정한다. 이런 경우, 그것이 의무적이지 않은 시간 정의에 따른 진정한 여가인지 의문을 제기해야 한다.

활동으로서의 여가

여가의 네 번째 일반적인 이해는 자유 시간에 참여하는 활동이라는 것이다. 분명히 여가 개념은 자유 시간이 활동 목적으로 사용되는 방식을 포함하므로 레크리에이션 아이디어와 밀접하게 관련되어 있다(레크리에이션 부분 절에서 볼 수 있듯이). 레크리에이션에 대해 쓴 초기 저자들은 활동의 중요성을 강조했다. 예를 들어, 내쉬(Jay B. Nash)는 진정한 창의적 활동을 "무엇인가 하는(doing)" 적극적 경험으로 간주할 것을 주장했다. 그는 놀이를 통한 회복을, '아무것도 하지 않는(doing nothing)' 무력함으로 온전히 밀어 넣는 것이 아니라 행동을 통해 취하는 것이라고 서술했다.

많은 개인들에 있어 여가에 대한 내시의 관점은 너무 제한적일 수 있다. 그들은 적절한 여가를 즐기기 위해 독서, 박물관 관람, 영화 감상, 심지어 해먹에서 졸거나 낮잠을 즐기는 것조차 활동적 놀이 형태와 함께 상대적으로 수동적 활동으로 여긴다.

페미니스트 학자들은 직장과 개인 생활의 이분법으로 일상의 경험이 쉽게 분류되지 않는 많은 여성들에게 여가의 개념은 별 의미가 없다고 비판했다. 또한 여가 활동의 정의는 특정 활동에 대한 개인의 인식을 반영하지 않는다. 어떤 사람들은 요리를 자기표현의 즐거운 활동으로 보는 반면, 다른 사람들은 그 활동을 단조로운 집안일로 본다. 이러한 비판에 대응하여, 활동으로서의 여가를 연구하는 현대 학자들은 주로 활동 자체보다는 특정 활동의 결과에 관심을 둔다.

자유로 특징된 상태로서의 여가

여가의 다섯 번째 개념은 인지된 활동의 자유 및 개인적 성취와 자아 계발을 위한 여가 관여의 역할을 강조한다. 뉴링거(Neulinger)는 다음과 같이 서술했다.

> 여가를 즐긴다는 것은 자신에게 기쁨과 만족을 주고, 자기 존재의 핵심으로 끌어들이는 무엇인가를 하기 위해 여가 자체의 활동에 관여하는 것을 의미한다. 여가를 즐긴다는 것은 자신의 재능, 능력, 잠재력을 표현하는 것을 의미한다.[11]

이러한 여가의 개념은 삶의 관점을 가정생활, 종교, 일 및 자유 시간 등 여러 분야로 크게 구분하지 않는다는 관점에서 전체적 삶의 방식을 의미한다. 대신에 그러한 모든 관여는 개인이 자기 역량을 탐구하고, 다른 사람들과 더불어 풍부한 경험을 개발하며, 창조적, 몰입적, 표출적이면서 생동감 넘치는 활동이라는 의미에서 "자아실현" 추구를 위한 전체 삶의 일부로 간주된다. 존재 상태로서의 여가 개념은 인지된 자유에 대한 욕구를 크게 강조한다. 고드비(Godbey)는 일부 제약 조건이 항상 존재한다는 사실을 인식하고 여가를 다음과 같이 정의한다.

> 여가는 내부적 강요로부터 즐거우면서도 직관적으로 가치 있는 방식으로 행동할 수 있도록 문화적 물리적 환경에 따른 외부의 강박적 요소로부터 상대적으로 자유롭게 사는 것이다.[12]

이렇듯 현대의 여가 이론가들은 완전한 자유와 어떠한 종류의 강박으로부터도 벗어난 느낌을 찾는 진정한 여가 경험의 필요성을 강조한다. 하지만 현실적으로는 개인의 참여를 압박하거나, 활동 구조 자체가 자유와 내적 동기(instrinsic motivation)를 약화시키는 많은 상황들이 존재한다.

정신적 표현으로서의 여가

오늘날 여가를 개념화하는 여섯 번째 방법은 영적 표현(spiritual expression)이나 종교적 가치에 대한 공헌의 측면에서 여가를 보는 것이다. 19세기 후반에 새로 설립된 종교 중심 사회복지단체들은 당시의 공공 및 자선적 여가 서비스의 성장을 이끌었다.

자원봉사자들은 지역 공원을 개선하고 지역 공동체의 사회적 자산을 구축하기 위한 공원관리 프로그램(Adopt-a-Park)을 진행한다.
Courtesy of Deb Garrahy.

20세기 초 수십 년 동안, 놀이와 레크리에이션은 종종 희망을 고취시키는 종교적 종류의 인간 경험으로 취급되었다.

정신적인 면에 대한 보다 현대적인 접근은 종교를 넘어 내적 평화, 개인을 움직이는 가치에 대한 이해와 사람들이 삶에 부여하는 의미로 이행했다. 정신적인 것에 대한 여가의 관련성은 즉각적으로 명확해 보이지 않을 수도 있다. 하지만 여가는 정신적인 면에서 중요한 역할을 한다. 가장 일반적인 정신적 여가 활동은 야외 활동과 자연 활동이다. 숲 속을 걷거나, 개울가 제방에 앉거나, 잔잔한 호수를 가로질러 카누를 젓는 것은 어떤 사람들에게는 정신적 수단이다. 다른 사람들은 명상, 요가, 또는 다른 방식의 휴식과 사색을 선호할 수 있다.

여가의 정의

앞서 제시한 여섯 가지 여가에 대한 개념이 각각 다른 관점에서 유래한 것을 인식한다면, 몇 가지 중요한 점을 포용하는 다음의 일반적 정의를 유도할 수 있다.

여가는 개인 시간에 업무 또는 업무 관련된 책임이나 다른 의무적 형태의 유지 관리 또는 자기 관리에 직접적으로 관여하지 않는 부분이다. 여가는 자유와 선택을 의미하며, 일반적으로 사색, 자기계발, 휴식, 즐거움 등 개인의 욕구를 충족시키는 것을 포함하여 다양한 방법으로 활용된다. 그것은 대개 자발적으로 선택한 활동에 참여하는 어떤 형태를 포함하지만, 또한 전체론적인 존재 상태 또는 정신적 경험으로도 간주될 수 있다.

레크리에이션의 현대적 정의

레크리에이션에 대한 가장 최근의 정의는 다음의 세 가지 범주 중 하나에 해당한다. (1) 레크리에이션은 특정 조건하에서 또는 특정 동기에 따라 수행된 활동으로 간주된다. (2) 레크리에이션은 주어진 일련의 기대치가 있는 특정 종류의 활동에 참여하는 과정에서 사람 내에 일어나는 과정이나 상태로 간주된다. (3) 레크리에이션은 사회 제도, 지식 체계 또는 전문 분야로 인식된다.

일반적으로 전문 문헌에서 발견되는 레크리에이션의 정의에는 다음과 같은 요소가 포함된다.

1. 레크리에이션은 순수한 무위(idleness)나 온전한 휴식과 달리 활동(신체적, 정신적, 사회적 또는 정서적 참여 포함)으로 광범위하게 간주된다. 레크리에이션은 스포츠, 게임, 공예, 공연 예술, 미술, 음악, 연극, 여행, 취미 및 사회 활동과 같은 매우 다양한 활동을 포함할 수 있다. 이러한 활동은 개인 또는 단체에 의해 이루어질 수 있으며 일생에 걸쳐 하나 또는 여러 개의 활동에 참여하거나 지속적이고 빈번하게 관여할 수 있다.

2. 활동이나 참여의 선택은 자발적이며 강제 또는 의무가 없다.

3. 레크리에이션은 내적 동기와 외적인 목표에 의해, 또는 보상보다는 개인적인 만족을 달성하려는 욕구에 의해 촉발된다.

4. 레크리에이션은 마음이나 태도에 달려 있다. 이것은 레크리에이션을 하는 이유와 방식, 레크리에이션 활동에 대한 개인적 감상에 있는 것이 아니라, 그것을 레크리에이션으로 만드는 데 있다.

5. 레크리에이션에 참여하는 주된 동기는 일반적으로 즐거움을 추구하는 데 있지만 지적, 육체적 또는 사회적 욕구 충족에 있을 수도 있다. 어떤 경우는 가볍고 사소한 "재미(fun)" 대신 심각한 정도의 헌신과 자기 훈련을 수반하고 좌절이나 심지어 고통을 초래할 수도 있다.

이 틀 안에서 여가 활동의 많은 종류가 레크리에이션으로 간주된다. 가장 육체적인 도전에서부터 훨씬 가벼운 요구에 이르기까지 다양하다. 텔레비전을 보거나 심포니 오케스트라를 듣거나, 책을 읽거나, 라크로스를 치는 것은 모두 레크리에이션의 형태이다.

자발적 참여

일반적으로 레크레이션 참여는 자발적이어야(voluntary) 하며 일정한 압박이나 강요가 없이 수행되어야 하는 것으로 받아들이지만 모두가 그런 것은 아니다. 부모가 자녀에게 리틀 리그 팀 가입을 권유하거나, 자신이 프로 선수가 될 수 있다고 자신하는 체조나 피겨 스케이팅 선수와 같은 경우처럼 타인으로부터 영향을 받는 경우를 쉽게 볼 수 있다. 이상적으로 레크리에이션은 강압이나 의무가 없는 것으로 간주되지만, 일단 볼링대회 리그에 합류하거나 실내악단의 일원으로 연주에 참가한다면 팀의 구성원으로서의 의무를 받아들여야 한다. 따라서 레크리에이션은 전적으로 자유롭고 자발적일 수만은 없으며, 사실상 일정 및 약속, 책임감이라는 측면에서 업무의 일부 특성을 지니기도 한다.

참여 동기

일반적으로 레크리에이션의 정의는 이상적으로는 개인적 흥미나 즉자적 본능의 즐거움을 위해 수행된다고 강조했다. 그러나 많은 가치 있는 활동은 완전한 만족을 얻기 전 숙련 과정에 시간이 걸린다. 일부 복합적 활동은 퍼팅이나 드라이브 난조로 인해 극도로 스트레스에 빠진 골프 중독자의 경우에서 보이는 바와 같이 좌절에 빠지게 하거나 심지어 정신적 괴로움을 유발할 수 있다.

이런 경우 참가자는 즉자적인 즐거움을 추구하는 대신 그 활동에 몰두하고 도전하게 되는데, 기술이 향상되면 즐거움은 더 커질 수 있다.

레크리에이션이 외부적 목표나 목적 없이 행해져야 한다는 견해는 무엇을 의미하는가? 인간은 대개 목표 지향적이며 목적의식적 동물이라는 점을 인식하는 것이 중요하다.

제임스 머피(James Murphy)와 그의 동료들은 사람들이 활동에 참여하는 동기에 따라 다음과 같이 다양한 레크리에이션 행동을 분류했다.

위험을 동반하는 요소가 사람들이 모험적 활동에 참여하는 동기가 된다.

Courtesy of Billy Heatter/U.S. Air Force.

◆ **사교적인 행동**: 춤추기, 데이트, 파티 참가 또는 친구 방문과 같은 활동으로 사람들은 비공식적 비정형적 방식으로 서로 관련된다.
◆ **연관 행동**: 스트리트로드 바이크 클럽, 우표 수집, 동전 수집 또는 보석 수집 그룹이나 취미활동과 같이 공통 관심사로 모인 그룹이나 애호가들의 활동
◆ **경쟁적 행동**: 모든 인기 있는 스포츠 및 게임을 포함하는 활동뿐 아니라 환경이나 자신의 한계에 맞서 경쟁하는 개인의 야외 활동이나 공연 예술에서의 경쟁

◆ **위험 감수 행동**: 점점 증가하고 있는 활동의 형태로 종종 신체적 부상이나 사망에 이를 수도 있다.

◆ **탐험적 행동**: 어떤 의미에서 모든 레크리에이션에는 어느 정도의 탐험을 포함한다. 이 맥락에서 여행 및 관광, 하이킹, 스쿠버 다이빙, 동굴 탐험 등 참가자들에게 새로운 환경을 열어주는 기타의 활동을 말한다.[13]

이러한 활동은 다음의 동기가 추가될 수 있다.

◆ **다양한 경험**: 영화나 스포츠 관람과 같은 활동
◆ **감각 자극**: 약물 사용, 성적 관여, 록 음악 감상 등의 활동
◆ **신체적 관여**: 경쟁적 게임이 아닌 자신을 위해 수행되는 활동
◆ **창작 예술**: 영상이나 공연 예술과 같이 매체를 통해 창의성과 상상력을 자극하는 활동
◆ **지적 탐구**: 독서, 퍼즐, 전략 게임, 악기 연주, 뜨개질 등 인지 능력이 필요한 활동

결과로서의 레크리에이션

여러 사람들이 레크리에이션 활동에 참여하는 데 있어 서로 다른 동기를 가질 수 있다는 점을 인식한 그레이(Grey)와 그레븐(Greben)은 단순히 활동의 형태로만 고려해서는 안 된다고 주장한다. 대신에 그들은 레크리에이션이 어떤 종류에 관계없이 성공적 참여로부터 얻어지는 "자기 충족의 최고 경험"이라는 참여의 결과로서 인식되어야 한다.

> 레크리에이션은 행복과 자기만족으로부터 나오는 인간 존재에 대한 정서적 상태이다. 그것은 통달, 성취, 흥분, 만족, 성공, 개인적 가치, 즐거움의 감정을 특징으로 하며, 긍정적인 자아상을 강화한다. 레크리에이션은 미적 경험, 개인적 목표 성취 또는 타인으로부터의 긍정적 피드백에 대한 반응이다. 그것은 활동, 여가 또는 사회적 수용과 무관하다.[14]

역사적으로 여가 연구자들은 레크리에이션의 사회 심리적 결과에 초점을 두었다. 최근에는 물리적 결과에 중대한 관심을 쏟아왔다. 연구자 및 실무자들은 비만과 기타 만성적 질환의 감소를 포함해 레크리에이션 참가와 신체 건강 결과 간의 연관성에 특히 관심을 두었다.

사회적 시설로서의 레크리에이션

레크리에이션은 특정 사회 구조 내에서 수행되는 집단 행동 양식을 포괄하는 현대 사회의 중요 시설로 규정된다. 여기에는 수많은 전통, 가치관, 소통 채널, 공식적 관계 등 또 다른 제도적 측면이 있다.

스포츠에 대한 정서적 몰입

많은 사람들이 자신의 레크리에이션 관심사에 대해 정서적으로 깊이 관여하는 정도는 스포츠와 인기 있는 대중 엔터테인먼트 영역을 통해 설명할 수 있다. 많은 미국인들이 인기 있는 스포츠 팀과 스타들을 열정적으로 응원하는데, 스포츠는 종교와 같이 갈수록 더 주목받고 있다. 대표 선수에 대한 열광과 스탠리컵, 월드시리즈, 슈퍼볼 등의 주요 이벤트에 대한 국민적 관심은 오늘날 대중적 레크리에이션으로서 스포츠에 대해 가지는 수백만 미국인들의 정서적 몰입의 정도를 보여준다.

현대 사회 들어, 한때 주로 가족이나 교회 또는 기타 지역 사회단체의 책임하에 있었던 레크리에이션은 오늘날 사회의 많은 주요 기관의 책임진다. 이러한 기관들로는 공원, 해변, 동물원, 수족관, 경기장 또는 스포츠 시설을 운영하는 공공, 비영리 또는 상업 기관이 포함된다. 레크리에이션 활동은 병원, 학교, 교정 기관 및 군대와 같은 기관에서 제공할 수도 있다. 확실히, 레크리에이션은 20세기 들어 중요한 국가 기구와 국제기구 및 대학과 전문대학의 예비 프로그램으로서 광범위한 네트워크를 갖춘 중요한 사회적 기구로 부상했다.

이러한 발전을 넘어서, 지난 세기 동안 지역 공동체 레크리에이션 관점이 수용되었는데, 이러한 관점은 시민들이 사회적 욕구 충족을 위해 조직된 여가 서비스를 지원하는 책임을 지고, 민주적 시민권에 주요하게 기여한다. 지역 공동체 레크리에이션은 시/군 공원 및 레크리에이션 부서를 통해 제공된다.

원예는 자유롭게 선택되고, 내적·외적 동기 유발 요소를 가지는 여가 활동의 한 예이다.
© Photodisc/Getty.

레크리에이션 정의하기

레크리에이션의 의미에 대한 이러한 대조적 견해를 인정하면, 다음과 같은 정의를 도출할 수 있다. 레크리에이션은 여가 시간에 일어나는 인간 활동이나 경험으로 구성된다. 일반적으로, 레크리에이션은 어느 정도의 강박, 외적 목적 및 불편함이나 고통 또는 위험도 포함될 수 있지만, 내재적 목적을 위해 자발적으로 선택된 즐거운 활동이다. 레크리에이션은 또한 참여의 결과에 따른 정서적 상태로서, 또는 사회 시설, 전문 경력 분야 또는 사업의 일환으로 간주될 수 있다. 조직된 지역 공동체 또는 자발적 기관 프로그램의 일환으로 제공되는 경우, 레크리에이션은 지역 공동체 기준 및 가치와 관련하여 사회적으로 건설적이고 도덕적으로 수용 가능해야 한다.

놀이, 여가 및 레크리에이션 사이의 관계

분명히, 이 장에서 논의된 세 용어는 밀접하게 상호 연관되어 있다. 예를 들어, 여가 활동은 놀이와 레크리에이션을 모두 할 수 있는 기회를 제공한다. 현대 사회에서 여가 시간의 대부분은 레크리에이션을 통해 이루어지지만 여가 활동에는 평생교육, 종교적 실천, 지역 사회 봉사 등이 포함될 수 있다. 이러한 활동들은 대개 레크리에이션의 형태로 간주되지 않는다. 놀이와 레크리에이션은 중복되는 경향이 있지만 동일하지는 않다. 놀이는 장난, 경쟁, 탐험, 또는 가장놀이와 같이 정형화되어 규정되는 어떤 행동 양식으로서의 활동이 아니다. 레크리에이션은 여가 동안만 이루어지는 반면 놀이는 업무 시간이나 여가 시간에 언제든 할 수 있다.

레크리에이션은 분명히 다양한 형태의 놀이를 포함하지만, 여행, 독서, 박물관 방문, 다른 문화적 지적 활동 추구와 같은 뚜렷하게 비놀이적 활동을 포함할 수도 있다. 사회적 시설로서의 레크리에이션은 놀이 또는 여가보다 다음의 두 가지 측면에서 더 광범위하게 적용된다. 우선, 레크리에이션은 여가에 주되게 관련되지 않는 기관, 예를 들어 군대나 기업체에 의해 제공된다. 다음, 레크리에이션 기관들은 종종 다른 사회적 환경적 서비스를 제공하는데, 실제로 지방 정부와 그들이 서비스하는 사람들 사이에 중요한 연계를 제공한다.

여가는 많은 경제학자와 사회학자들의 학문적 연구 주제이다. 또한 심리학자들과 사회심리학자들의 세심한 관심이 증가하고 있다. 그러나 일반인들에게 여가는 다소 추상적이거나 멀게 느껴지는 개념이다. 많은 학과와 일부 지역 공동체 기관들이 명칭에 여가라는 용어를 사용하지만 공공 문제 및 정부 정책의 핵심으로서의 절박감이나 강한 호소력은 부족하다.

세 가지 용어 중 레크리에이션은 많은 사람들에게 가장 이해하기 쉬우면서도 동시에 중요한 의미를 갖는다. 그것은 개인 활동과 사회적 책임의 영역으로 쉽게 인식 가능하며, 그 가치는 연령 및 특수성에 관계없이 모든 사람들에게 쉽게 드러난다. 이러한 이유로 인해 이 책의 이후 다른 장에서 프로그램 스폰서십 및 전문가적 정체성 측면에서 주요하게 강조된다.

앞서 소개된 주제는 레크리에이션과 놀이의 역사적 발전과 오늘날의 여가 서비스 시스템의 발전에 대해 이 책 전체에 걸쳐 더 자세히 논의된다. 이 책을 통틀어 레크리에이션과 여가의 사회적 함의와 레크리에이션 및 공원 전문가의 역할에 관련된 문제들이 21세기 이 분야의 실무자가 직면한 과제와 함께 충분히 논의된다.

요약

놀이, 레크리에이션 및 여가는 조직된 여가 서비스의 전체 분야에서 필수적인 중요한 기본 개념을 표현한다. 그들은 철학자, 심리학자, 역사학자, 교육자, 사회학자들에 의해 고대 그리스 문명에서 현재에 이르기까지 연구되었다.

놀이는 일반적으로 심각하게 의도된 결과를 목적으로 하지 않는 활동이나 행동의 형태라고 가장 쉽게 이해할 수 있지만, 아이들의 건강한 성장과 다른 사회적 기능에 중요한 요소이다. 이 장은 놀이 이론에 대해 허버트 스펜서(Herbert Spencer)의 고전적 견해로부터 프로이트 이론 및 인성 탐구 욕구에 연결된 보다 현대적인 개념에 이르기까지 다양한 이론들을 제시한다.

여가에 대한 여섯 가지 개념은 역사를 통틀어 상류 계급이나 귀족들이 소유한 자유 시간이나 활동, 존재 상태, 정신적 표현 양식으로서 묘사한 여가 개념이 제시된다. 레크리에이션에 대한 다른 관점에서의 탐색은 레크리에이션을 고려하는 데 있어 도덕적으로 건설적인지 사회적으로 수용되는지 여부와 관련된 중요한 문제이다. 경제적 측면에 있어서 중요한 현대 사회 제도와 권력으로서의 레크리에이션의 역할에 대해서도 논의한다.

토론 및 에세이 과제

1. 사례연구 '여가로서의 사진: 나는 왜 사진을 찍는가?'를 읽고 분석하여 다음에 답하라.

   1) 이것이 레크리에이션인 이유는 무엇인가? 2) 활동에서 레크리에이션의 구성요소라고 생각되는 것을 식별하고, 각 구성요소를 설명하라.

   _____

   _____

   _____

   _____

   _____

2. 레크리에이션과 여가의 연구에서 동기가 중요하다면, 여가 활동에 참여하는 몇 가지 동기를 연구하라. 레크리에이션과 여가 활동 참여에 대한 동기를 아는 것이 레크리에이션과 여가 활동에 대한 당신의 연구에 어떤 영향을 줍니까?

_____

_____

_____

_____

3. 놀이의 초기 이론과 현대 이론을 비교하고 대조하라. 먼저, 놀이의 이론적 발전에 대한 공통점을 확인하고, 다음은 그 차이점을 확인하라. 놀이는 여가와 놀이 이론가들로부터 어떠한 영향을 받았는가?

_____

_____

_____

_____

4. 놀이, 여가, 레크리에이션의 대조되는 의미에 대해 토론하고, 각각의 의미가 서로 어떻게 중첩되고 어떻게 다른지 개별 및 전체적으로 보여라. 여가와 레크리에이션에 대한 공공적 이해가 중요하다면 여러분은 세 가지 중 어느 것이 더 유용한 개념이라고 생각하는가?

_____

_____

_____

_____

5. 많은 사람들이 놀이를 아이들의 영역으로 간주하지만, 노인 놀이터의 설립, 성인 스포츠 활동 등 "놀이"라고 부를 수 있는 점점 더 많은 레크리에이션 활동에 성인들이 참여하는 것을 볼 수 있다. 놀이가 왜 청소년 활동으로 정의되고 레크리에이션이라는 용어는 어른들에게 사용되는지 설명하라. 이것들은 실제로 다른가? 동기는 비슷한가? 이 토론을 확장하라.

_____

_____

_____

_____

_____

6. 학생으로서의 자유 시간을 조사하라. 여러분은 대학에 들어오기 전에 비해 자유 시간이 더 많은가 적은가? 여러분의 자유 시간이 어떻게 달라졌는지 설명하라. 부모님이나 형제자매들의 자유 시간과 비교하고 그 차이점을 설명하라. 무엇이 이러한 차이를 야기하는가?

_____

_____

_____

_____

_____

_____

미주

1. Westervelt, Eric, "Where the Wild Things Play," National Public Radio (2014). http://www.npr.org/sections/ed/2014/08/04/334896321/where-the-wild-things-play.

2. Friedrich Froebel, cited in George Torkildsen, *Leisure and Recreation Management* (London: E. and F. N. Spon, 1992): 48–49.

3. The original source of this theory was W. P. Bowen and Elmer D. Mitchell, *The Theory of Organized Play* (New York: A. S. Barnes, 1923).

4. Mitchell, E. D. & Mason, B. S., *The Theory of Play* (New York: A. S. Barnes and Company, 1948): 105–106.

5. Roger Caillois, *Man, Play, and Games* (London: Thames and Hudson, 1961): 21.

6. Johan Huizinga, *Homo Ludens: A Study of the Play Element in Culture* (Boston: Beacon Press, 1944; 1960): 5.

7. Ginsburg, K. R. (2007). The importance of play in promoting healthy child development and maintaining strong parent-child bonds. *Pediatrics, 119*(1), 182-191. http://pediatrics. aappublications.org/content/119/1/182.short

8. Sigmund Freud, quoted in M. J. Ellis, *Why People Play* (Englewood Cliffs, NJ: Prentice Hall, 1973): 60.

9. M. Csikszentmihalyi, *Flow: The Psychology of Optimal Experience* (P.S.) (New York: HarperCollins Publishers, 2007).

10. Hayden Ramsey, *Reclaiming Leisure: Art, Sport and Philosophy* (New York: Palgrave Macmillan, 2005).

11. John Neulinger, *The Psychology of Leisure* (Springfield, IL: Charles C. Thomas, 1974): xi.

12. Geoffrey Godbey, *Leisure in Your Life: An Exploration* (Philadelphia: W. B. Saunders, 1981): 10.

13. James Murphy et al., *Leisure Service Delivery Systems: A Modern Perspective* (Philadelphia: Lea and Febiger, 1973): 73–76.

14. David Gray and Seymour Greben, "Future Perspectives," *Parks and Recreation* (July 1974): 49.

여가의 동기

암벽 등반가, 나탈리 듀란··· 나에게 등반은 무슨 의미인가

처음에 '이건 정말 재미있어. 굉장해. 전에는 왜 이걸 생각해보지 못했지?'라고 생각했다. 첫 날은 무서웠지만 정말 재미있었다. 근육은 쑤셨다. ··· 암벽 등반은 자신과 경쟁하고 동료들과 즐거움을 누릴 수 있는 방법이다. 암벽 등반은 자신을 무감각의 상태로 젖어들게 하므로 이 말은 얼핏 이상하게 들릴 수 있다. 사람들은 각자 다른 상태를 느낀다. 실제로 당신이 당신 자신과 하나인 것처럼 당신은 주위 환경과 하나가 된다.

암벽 등반은 재미있는 스포츠이다. 비록 경쟁이 있다 하더라도 오로지 자신과의 솔직한 경쟁만이 있기 때문이다. 암벽 등반은 개인 스포츠이다. 당신에게 최고의 성취감을 맛보게 해주고 당신 자신과 하나가 되며, 아드레날린이 분비되지 않는 선(禪)의 세계에 들어가게 한다. 아드레날린은 실수를 유발하고 실수는 좋지 않은 결과를 준다.

나는 두려움을 스스로 성장하고 경험을 쌓는 기회로 생각한다. 내가 두려워 할 때는 항상 무언가 새로운 것을 경험하거나 무엇인가 잘못되고 있다는 것을 의미한다. 앞으로는 바로 잡아야 한다.

암벽 등반 때문에 나는 대학을 그만 두었다. 그것을 좋아하는 몇 가지 이유가 있다. 그것은 나의 열정, 나의 사랑, 나의 생활 방식이 되었다.

출처: Duran, N. [ndtitanlady]. (April 9, 2012). www.youtube.com/watch?v=76yyNVmXpA4에서 인용

✔ 학습목표 LEARNING OBJECTIVES

1. 여가를 위한 신체적, 사회적, 심리적 동기 요인을 예를 들어 정의한다.
2. 레크리에이션 프로그래밍에서 동기 요인의 활용에 대해 토론한다.
3. 여가의 독특한 형태로서 진지한 여가(serious leisure)를 설명한다.
4. 금기 레크리에이션을 정의하고 금기 레크리에이션으로 분류될 활동의 예를 확인한다.

소개

여가와 레크리에이션의 기초를 거쳐 이제 개인적, 사회적 관점에서 그것들을 검토한다. 이 장에서는 개인이 다양한 레크리에이션 활동에 참여하도록 유도하는 다양한 동기 부여에 대해 설명한다. 이러한 동기 부여는 긍정적인 여가 경험, 극도의 위험을 수반하는 레크리에이션 활동 및 불법 마약과 도박 같은 금기시 되는 활동들의 관점에서도 검토한다.

동기: 무엇인가?

사람들은 왜 TV를 몇 시간 동안 시청하고 경쟁하는 스포츠를 즐기며 에베레스트 산을 정복하려고 하는가? 그 이유는 사람들만큼 다양하다. 레크리에이션 애호가들은 그들의 활동에서 다른 자질을 이끌어내며, 이러한 자질들이 그들로 하여금 참여를 유도한다. 이러한 요인들을 동기 부여 인자라고 한다. 동기는 사람들을 행동으로 이끄는 내적 또는 외적 요소로 정의할 수 있다. 레크리에이션 관련 동기는 축구 기술을 개발하거나 시각 예술을 배우고자 하는 욕망일 수 있다.

이론적인 수준에서 동기 부여를 논의할 때, 데시(Edward L. Deci)와 라이언(Richard M. Ryan)이라는 이름이 항상 등장한다. 그들은 수년간 동기 부여를 연구하여 자기결정이론(Self-Determination Theory, SDT)을 개발했다. SDT는 "인간은 본질적으로 성장하고 성취하는 데 동기 부여되고 그 의미와 가치가 이해될 때 심지어는 이해관계가 없는 과업에조차 전적으로 헌신하고 참여할 것"이라고 가정하는 일반 심리학 이론이다. SDT는 (단기적으로 정의되는)외적 동기가 아니라 내적 동기에 활동의 초점을 맞춘다.[1]

라이언과 데시는 상황에 대한 통제가 없는 상태에서 완전한 자율성까지 자기결정 연속선(self-determination continuum)에서의 여섯 가지 동기 유형을 기술한다.

1. **무동기**(*Amotivation*): 어떠한 의도도 없는 활동의 수행. 예를 들어, 부모가 아이를 데리고 야구 경기를 보러 가지만, 아이는 야구 관람에 대한 기대나 관심이 전혀 없는 경우에 무동기가 나타난다. 아이는 선택의 여지 없이 어쩔 수 없이 따라간 것이다.

2. **외적 동기**(*Extrinsic motivation*): 외력(external force)이나 보상으로 인한 활동의 수행. 예를 들어, 프로 선수는 팀의 경기에 따른 보상을 받는다. 이러한 보상은 외적 보상(external reward)이며 선수의 참가를 뒷받침하는 추진 요소 중 하나일 가능성이 크다. 외적 동기 부여 인자의 또 다른 예는, 친구들과 함께 홀당 5달러를 걸

고 포섬 게임을 하는 골퍼의 경우이다. 만일 골퍼가 돈 때문에 골프를 친다면, 이것은 외적 동기 부여 인자이다.

3. **규범적 동기**(*Introjected motivation*): 죄책감과 불안을 완화하거나 자아를 강화하기 위한 활동의 수행. 다른 사람들의 기대와 사람들을 실망시키는 것에 대한 개인의 죄의식이나 불안감 때문에 참여하는 활동에서 발생한다. 자아 고취의 측면에서, 어떤 사람들은 단지 자신의 역량을 다른 사람들에게 보여줄 수 있으므로 활동에 참여한다. 실제로 프로 선수가 경기 자체를 진정으로 즐기지는 않지만 팬들의 환호 때문에 프로 경기에 지속적으로 임하기도 한다.

4. **동일화된 동기**(*Identified motivation*): 활동에서 가치를 찾고 그로부터 파생되는 무언가를 얻기 위한 수행. 이것은 자기 역량을 구축하거나 육체적 건강을 증진시키는 것일 수 있다. 예를 들어, 달리기 자체에 대한 순수 열정이 아니라 체력 증진과 체중 감량을 목표로 달리기를 하는 사람은 동일화된 동기를 경험하는 것이다.

5. **통합된 동기**(*Integrated motivation*): 활동의 성과가 개인의 가치 및 욕구와 일치하면서도 외적인 이유 또한 포함된다. 예컨대 운동과 체중 감량을 목표로 하는 사람이 육체적 건강에 대한 필요성에 대한 이해와 더불어 그 목적 달성을 위해 달리기를 선택하는 경우가 여기에 해당된다.

6. **내적 동기**(*Intrinsic motivation*): 행동 자체와 그 활동에서 야기되는 감정을 위한 활동의 수행. 예를 들어, 첫 번째 출전한 하프마라톤 대회에서의 완주는 실제로 목표에 도달했다는 성취감과 자부심을 갖게 한다. 이 감정들이 내적 동기 부여 인자들이다. 하프마라톤은 외적 보상이 아니라, 활동의 유익함에 기인한다. 보상은 개인적으로 내재되어 있으며, 활동은 온전히 개인적 동기로 이루어졌다.[2]

여가를 제공하는 데 있어서 내적 동기가 가장 필요하다. 라이언과 데시는 "어떠한 하나의 현상도 내적 동기 부여만큼 인간 본성의 긍정적인 잠재력을 반영하지 않으며, 참신함과 도전을 추구하는 내적 경향을 보이지 않는다"[3]라고 함으로써 내적 동기 부여의 중요성을 요약한다. 내적 동기는 자율성, 역량, 그리고 관련성이 있을 때 더 많이 발생할 가능성이 있고 향상된다. 자율성은 스스로의 행동을 결정하고, 스스로의 행동을 지도하며, 상황을 통제할 수 있는 자유다. 역량은 개인이 능력 있고, 숙련되며, 가능한 수준의 도전을 충족할 수 있다고 느낄 때 발생한다. 역량감은 효과적이고 긍정적인 결과로 나타난다. 마지막으로, 관련성은 다른 사람들과의 소속감, 안도감, 연결성이다. 이 세 가지는 내적 동기 부여의 가능성을 높인다. 다음 장에서는 다양한 관점에서의 동기 부여에 대해 살펴본다.

비록 활동 유형, 나이 그리고 성별을 포함해 동기 부여를 관찰하는 다양한 방법이 있지만, 여가 선호와 관련된 광범위한 동기 부여 요인을 살펴보는 것이 중요하다. 인간 발달의 주요 영역을 기술할 때, 행동과학자들은 **인지적**(*cognitive*, 정신적 또는 지적 발달에 대한 기술), **정서적**(*affective*, 감정 또는 감정 상태에 관한 기술), **심리 운동**(*psychomotor*, 운동 학습 및 수행의 광범위한 영역을 의미)과 같은 용어를 사용한다. 이러한 용어는 적용 범위가 다소 협소하므로, 이 장에서는 (1) 신체적, (2) 사회적, (3) 심리학적, (4) 정서적이라는 좀 더 친숙한 용어를 대신 사용한다. 전부는 아니지만, 대부분의 여가 활동 동기 부여 인자는 이들 네 가지 범주 중 하나 이상에 속한다.

신체적 동기

스포츠와 게임, 춤, 그리고 걷기와 원예 같은 적당한 형태의 운동과 같은 활동적인 레크리에이션은 신체 발달과 건강에 상당히 긍정적인 영향을 미친다. 그러한 활동의 가치는 참가자의 나이와 발달 요구에 따라 분명히 달라진다.

어린이와 청소년들의 경우, 골격 성장, 체력, 지구력 및 신체적인 자질과 기술의 습득을 촉진시킬 필요성이 주요한 요인이다. 아이들이 체력의 중요성을 배우고 인생에 도움이 될 신체적 레크리에이션에 참여하는 습관을 개발하는 것은 필수적이다. 이러한 활동은 특히 디지털 게임, 노동력을 덜어주는 각종 장치, 쉽고 편하게 이용 가능한 교통수단이 넘쳐나는 시대에 특히 중요하다. 이 모든 것들은 시간과 육체적인 노력을 아껴주지만 정주 생활 방식에 젖어들게 한다.

신체적 동기 부여는 비만 관리와 심혈관계 건강 유지로 가장 잘 요약될 수 있다. 각각은 개별적으로 논의되지만, 서로 얽혀 있다. 여가의 육체적인 측면에 의해 동기 부여받는 사람들을 움직이는 대부분의 요인은 건강을 얻는 것이다. 건강을 유지하는 방법은 심혈관 건강과 비만 감소이다. 사회가 변화하며 활동적 생활양식이 얼마나 중요한지 이해하기 시작하면서, 이를 위한 공원 및 레크리에이션의 적극적 역할이 강조된다.

비만 억제

질병통제예방센터는 체질량지수(BMI)로 과체중과 비만을 정의한다. BMI는 키와 몸무게를 비교 계산한

유소년 야구는 건강, 웰빙 및 기타 신체적 자질을 획득할 수 있는 신체적 동기 부여 인자로 작용한다.
© Creatas/Thinkstock/Getty.

것이다. 표 2.1은 키가 175cm인 성인의 BMI 수치를 보여준다.

어린이 BMI는 조금 달리 계산되는데, 나이와 성별에 따른 백분위 수치로 계산된다. 과학자들은 신체 활동이 체중 조절에 중요한 역할을 한다는 것에 동의한다. 미국 성인들 사이의 비만은 꾸준히 증가해왔고 이제는 심각한 건강 문제로 대두된다. 미국 인구의 거의 73%가 과체중이고, 이 중 35%는 비만으로 예상된다. 어린이의 경우에도 3명 중 1명은 과체중[4]으로 간주되고 17%가 비만[5]이므로 아이들 역시 비만 문제에서 예외가 되지 않는다.

비만율의 차이는 연령, 인종적 특성뿐만 아니라 지리적 특성에 따라서도 나타난다. 비히스패닉계 흑인은 비만일 가능성이 51% 높았고, 히스패닉은 비히스패닉계 백인과 비교하여 비만 발병률이 21% 이상 높았다. 과체중 또는 비만인 인구가 가장 많은 주는 미시시피 주(35.1%), 웨스트버지니아(35.1%), 아칸소(34.6%), 테네시(33.7%), 켄터키(33.2%) 순이며, 가장 건강한 주는 콜로라도(21.3%), 하와이(21.8%), 유타(24.1%), 매사추세츠(23.6%), 콜럼비아(22.9%) 순이다. 일반직으로 남부의 주들에서 가장 뚱뚱한 경향을 보이는 반면 서부와 뉴잉글랜드의 주들에 가장 날씬한 경향이 있다.[7]

비만의 주된 원인은 적은 활동량에 있다. 2015년에는 18세 이상 미국인의 절반 이하(49%)가 2008년 연방의 유산소운동 지침을 따랐으며, 이 중 20.9%만이 유산소운동과 근력운동 지침을 따르고 있었다. 두 범주 모두, 모든 연령층에서 여성들의 비활동성이 높은 것으로 밝혀졌는데, 52.9%의 남성들이 유산소운동 지침을 따르는 데 비해 여성들은 46.7%가 지침을 따르고 있었다. 이 수치는 그중 17.9%의 여성, 25.1%의 남성이 근력운동을 병행하여 따르는 수치와도 비슷하다. 나이는 또 다른 한 가지 요인이다. 18세에서 24세 사이의 성인의 59%가 유산소운동 지침을 따르는 반면, 75세 이상의 사람들의 경우, 27.1%로 떨어진다. 이는 유산소운동과 근력운동을 병행할 때도 마찬가지여서, 18~24세의 병행 운동 비율은 29.8%인데 비해, 75세 이상의 비율은 8.7%로 떨어진다. 인종적 측면에서는, 히스패닉계의 43%가 유산소운동에 대한

표 2.1 성인 BMI 차트의 예

키(cm)	체중 구간(kg)	BMI	판정
175	56 이하	18.5 미만	저체중
	57~76	18.5~24.9	건강 체중
	77~91	25.0~29.9	과체중
	92 이상	30 이상	비만

출처: "Overweight and Obesity"by Centers for Disease Control and Prevention, www.cdc.gov/obesity/adult/defining.html.

사례연구

여러분의 BMI 측정

BMI는 건강한 체중의 지표이다. BMI를 계산하려면 미국립심장·폐·혈액연구소 웹 사이트 (http://www.nhlbi.nih.gov/guidelines/obesity/BMI/bmicalc.htm)에서 확인하라.

생각해 볼 문제

1. 당신의 BMI 수치에 놀랐는가? 미국립심장·폐·혈액연구소에서 규정한 위험 요소가 있는가?
2. 건강한 BMI를 유지하기 위해 어떤 변화가 필요한가?
3. 만약 건강한 체중이라면, 체중을 유지하기 위해 규칙적으로 해야 할 일은 무엇인가?
4. 조부모, 부모, 고모와 이모, 삼촌들을 포함한 여러분의 가족에 대해 생각해보라. 가족 전체에 대한 체중 문제가 있는지 설명하라.
5. 비만인 아이를 보았을 때 당신이 처음으로 드는 생각은 무엇인가?

출처

National Institutes of Health, National Heart, Lung, and Blood Institute, "Calculating Your Body Mass Index," http://www.nhlbi.nih.gov/guidelines/obesity/BMI/bmicalc.htm.

지침을 따른 데 비해 비히스패닉계 흑인들은 42.4%, 비히스패닉계 백인들은 52.9%였다. 이러한 경향은 유산소운동과 근력운동의 병행에서도 마찬가지여서, 히스패닉계는 16.4%, 비히스패닉계 흑인은 20.2%, 비히스패닉 백인은 23.3%로 비교된다.[8]

교육은 또한 규칙적인 신체 활동 수준(physical activity levels)의 지표이기도 하다. 교육 수준이 높을수록 신체 활동도 증가한다. 규칙적인 신체 활동에 참여할 가능성은 고교 졸업장이 없는 사람들(23.3%)이 가장 낮고, 석·박사 이상의 높은 학위 소지자들은 가장 높다(61.4%). 소득 수준에 대해서도 마찬가지이다.[9] 규칙적인 신체 활동이 어린이와 성인 모두에게서 비만율 감소와 관상동맥 질환, 당뇨, 고혈압 및 뇌졸중의 발병률 감소에 기여하는 것을 확인할 수 있었다. 이들 질병의 대부분은 어린이에게서는 발병하지 않지만 어린이 비만은 성인 비만으로 이어질 가능성이 더 크다.

이러한 통계에 따라 공공 및 비영리, 영리기관들이 사람들에게 보다 적극적 활동을 제공하는 프로그램과 교육을 위해 협력하고 있다. 예를 들어, 'Healthy People 2020'은 장수와 삶의 질 향상에 헌신한다. 이 프로그램은 사람을 건강하게 만드는 10가지 지표를 포함하는데, 그중 신체 활동은 지표의 가장 상위를 차지한다.[10]

사례연구

파크홉 프로그램

미국인들은 움직이지 않는다. 신체 활동 수준은 계속 하락하거나 정체 상태로 남아 있으며, 비만율은 여전히 높다. 사우스캐롤라이나 주 그린빌 카운티의 건강과 행복을 개선하기 위한 전 지역적 계획의 일환으로, 라이브웰 그린빌(LiveWell Greenville)이 2011년 설립되었다. 라이브웰 그린빌은 모든 그린빌 카운티 거주자들이 건강한 음식과 활동적인 삶을 영위할 수 있도록 해주는 제휴 기관들의 네트워크이다. 네트워크에는 공원 및 레크리에이션 단체, 박람회 기구, 학교 및 그린빌 지역민들의 보다 나은 건강한 삶을 위해 헌신하는 여타 단체들이 포함되어 있다. 네트워크는 지속 가능한 효과, 협력, 참여 및 권한 부여의 네 가지 가치에 초점을 맞추고 있다. 라이브웰 그린빌 프로그램의 일환으로, 파크홉(Park Hop) 프로그램이 개발되었다. 파크홉 프로그램은 그린빌 카운티의 청소년들에게 공원에 대한 인지도를 높이고, 찾아오게 하며, 이용을 활성화시키기 위해 인센티브를 제공하는 일종의 여권형 프로그램이다. 즐거운 가족 경험을 촉진하고, 레크리에이션 활동에 대한 인식을 높이며, 일상적 여가의 제약을 줄이는 데 초점을 두고 만들어진 가족 레크리에이션 프로그램으로, 무료이며, 아이들과 가족들이 17개의 선택된 공원을 찾을 수 있도록 만들어졌다. 각 공원이나 시설에 있는 동안, 참가자들은 공원이나 시설과 관련된 단서를 찾을 수 있는 질문을 받는다. 예컨대 주어진 신호를 따라 참가자들이 정보를 수집하도록 문제를 내거나 피트니스 트레일을 완수하게 하고, 공원 내의 어떤 시설이 가장 많이 사용되는지를 질문하는 단서들이 포함된다.

파크홉 프로그램의 네 가지 목표는 다음과 같다.

1. 공원 발굴 및 이용률 증대
2. 풍부한 그린빌 카운티 공원의 인지도 및 공감 재고
3. 공원 방문 중 신체 활동 시간 증대
4. 누구나 즐길 수 있는 연례 활동 수립

여권은 파일을 다운로드하거나, 시설에서 복사하거나 파크홉 모바일 앱을 통해 이용할 수 있다. 여권의 일부 또는 전부를 제출한 참가자들에게는 상품 추첨 자격이 주어지는데, 더 많은 공원들을 방문하여 주어진 단서들에 대한 답을 얻으면 상품은 더 커진다. 평가 결과, 부모와 아이들이 이 프로그램을 즐겼으며, 이 프로그램이 공원에 대한 인지도 발굴 및 새로운 공원의 이용에 성공적 영향을 미쳤다는 것이 밝혀졌다.

생각해 볼 문제

1. 공원과 레크리에이션 기관이 지역 시민들의 신체 활동을 증가시키는 일에 함께 하는 사람들은 누구인가? 어떤 형태로 구성되었을까?
2. 여러분의 고향에서 지역 비영리 단체나 다른 단체들이 모든 연령층을 위한 더 높은 수준의 신체 활동 장려를 위해 독특한 프로그램을 제공하는 예가 있다면 어떤 것인가?

Besenyi, G. M., Fair, M., Hughey, S. M., Kaczynski, A. T., Powers, A., Dunlap, E. (2015). Park Hop: Pilot evaluation of an inter-agency collaboration to promote park awareness, visitation, and physical activity in Greenville County, SC. *Journal of Parks and Recreation Administration*, 33(4), 69–89.
http://www.livewellgreenville.org

심혈관 건강 보전

활동적인 레크리에이션의 건강 관련 모든 측면 중 심혈관 건강 유지는 최우선 순위일 것이다. 심혈관 질환으로는 고혈압, 심장마비, 뇌졸중, 심장 관상동맥 질환 등이 있다. 존스홉킨스 메디슨(Johns Hopkins Medicine)은 미국인 약 8,400만 명이 심혈관 질환을 앓고 있으며, 하루에 2,200명, 40초당 한 명이 사망한다고 보고했다.[11] 또한 심혈관 질환 사망자의 약 1/3이 75세 이전에 발생한다. 이러한 알려진 통계 자료에도 불구하고 움직이지 않는 정주형 생활방식으로 이루어진 신체 활동의 부재는 흡연, 높은 콜레스테롤 및 고혈압 등과 같이 심장에 나쁜 영향을 주는 주요 원인이 되고 있다. 미국심장학회(American Heart Association)는 성인들에게 주당 150분의 표준 유산소운동 또는 주당 75분의 강도 높은 유산소운동이 필요하다고 제안한다. 표준 유산소운동은 심장 박동 수를 증가시키는데, 적어도 1회 10분간 심장 박동 수가 증가하도록 해야 효과를 볼 수 있다. 따라서 기준에 도달하기 위해서는 하루 세 차례 매회 10분씩 매일 자전거를 타거나 힘차게 걸어야 한다. 달리기나 자전거 타기와 같이 속도가 빠른 활발한 활동은 빠른 호흡과 심장 박동 수의 상당한 증가를 유발한다. 또한 성인들에게는 일주일에 최소한 두 차례의 근력과 지구력 강화 운동이 권장된다.

하지만 2014년에는 18세 이상 미국인의 절반 이하(49.2%)가 유산소 및 근력 강화 활동에 대한 가이드라인을 충족시키지 못했다.[12]

미 보건복지부는 6세 이상의 어린이들은 하루에 적어도 한 시간 이상의 표준 신체 활동을 권장한다. 미국심장협회는 이 나이를 2세 이상으로 낮춰 잡는다.[13] 아이들은 일주일에 3일은 근력 강화 운동을 해야 하고, 또 다른 3일은 골격 강화 운동을 포함해야 한다. 근력 강화는 다리, 팔, 가슴과 같은 주요 근력 운동으로 이루어진다. 여기에는 줄타기, 나무타기, 스윙, 벽타기 또는 크로스컨트리 스키 등이 포함된다. 골격 강화 운동은 뼈에 힘을 강화하고 땅을 박차는 행동을 통해 뼈의 성장과 강화를 돕는다. 골격 강화 운동에는 줄넘기, 점프, 달리기, 배구, 체조 등이 포함된다.[14]

그러나 수천 명의 남성과 여성을 대상으로 한 최근의 연구에 따르면 걷기, 계단 오르기, 정원 가꾸기, 집안일과 같은 활동을 포함하여 적당한 형태의 운동조차도 건강에 장기적으로 유익한 효과를 미친다고 보고된다. 고강도 심폐운동이 가장 큰 효과를 미치지만, 보다 적절한 운동이 상당한 효과를 미친다. 이런 연구 외에도 다른 연구 결과들에 따르면 규칙적인 운동은 당뇨병, 여성의 유방암과 자궁암, 남성의 대장암, 스트레스, 골다공증 및 기타 심각한 질병의 발병률이 감소한다는 사실이 입증되었다. 사람들이 육체적 활동을 해야 하는 수많은 이유와 신체 활동을 게을리했을 때의 영향이 널리 알려져 있음에도 불구하고 비만율은 여전히 상당히 높다. 신체 활

Healthy People 2020

'Healthy People'은 미국 보건복지부의 후원을 받는 정부 기관으로 미국인들의 건강 개선을 위해 과학 기반 국가 목표를 제공하는 데 주력하고 있다. 이 그룹은 건강한 사람들 및 공동체 구축을 위한 지침과 전략을 제공하는 10개년 의제가 담긴 세 개의 보고서 'Healthy People 2000', 'Healthy People 2010', 'Healthy People 2020'을 발행했다. 'Healthy People 2020'은 다음과 같은 노력을 기울인다.

◆ 전국적인 보건 개선 우선순위를 파악한다.
◆ 보건, 질병, 장애 등의 영향에 대한 인식과 이해를 높이고, 개선의 기회를 파악하여 관리한다.
◆ 국가, 주 및 지역 차원에서 적용할 수 있는 측정 가능한 목표와 목표를 제공한다.
◆ 최적의 증거와 지식을 바탕으로 정책을 강화하고 실천 요강을 개선하기 위해 여러 분야의 참여를 유도한다.
◆ 주요 연구, 평가 및 데이터 수집 필요사항을 파악한다.

"About Healthy People," HealthyPeople.gov, U.S. Department of Health and Human Services. http://www.healthypeople.gov/2020/about/default.aspx.에서 재인용

동의 제약 조건에 관한 일련의 연구는 그러한 결과를 유도하는 몇 가지 이유를 보여 준다. 제약이라 함은 사람들이 원하는 만큼의 여가 활동을 못하게 하거나 참여의 질을 저해하는 것을 말한다. 연구자들이 신체 활동에 대해 밝혀낸 몇 가지 연구 결과는 다음과 같이 제안한다.

◆ 건강한 사람일수록 신체 활동 참여 인식 가능성이 더 높다.[15]
◆ 신체 활동의 효과를 더 많이 인식할수록, 이러한 활동의 선택 가능성이 더 높다.[16]
◆ 신체 활동 참여 부족에 대해 드는 주요한 이유는 시간, 가족 부양 의무 그리고 에너지 부족이다.[17]
◆ 활동이 주는 즐거움은 활동을 선택하는 주요 요인이다.[18]
◆ 비용, 과업 의무, 시간 및 기타 우선순위로 인해 신체 활동 참여 가능성이 낮아진다.[19]
◆ 과체중이거나 비만인 아이들 사이에 정주 활동에 대한 선호도가 증가하고 있다.[20]

이 모든 것을 감안할 때, 신체 활동의 가장 효과적인 형태는 사람들이 가장 즐거워하는 것들이다. 과제는 신체 활동에 나서지 않고 가만히 앉아 생활하는 사람들을 어떻게 할 것인가에 있다.

육체적 동기 부여 인자를 기반으로 하는 공원 및 레크리에이션 활동에 참여하도록 동기 부여받은 사람들은 많은 기회를 찾을 수 있다. 점점 더 많은 고용주들이 운

신체 활동에 대한 국가적 권장 사항

미국 대학스포츠의학회(College of Sports Medicine)에서는 주당 5회, 30분 정도의 적당한 운동과 더불어 매주 2~3일은 근력운동을 통한 주요 근육의 강화를 권장한다. 그럼에도 불구하고 체중 감소 및 유지를 위한 최소 수준 이상의 활동은 필요하다.

동 시설을 갖추고 지역 클럽의 회원권을 제공하거나 피트니스 활동에 직원들이 참여할 수 있도록 유급 휴가를 제공한다. YMCA, YWCA, 지역 공원 및 레크리에이션 기관, 병원 등의 단체는 모두 사람들의 활동을 독려하는 프로그램을 제공한다. 심지어 여행업계에서조차 보조하고 있다. 건강 및 피트니스의 가치를 제고하여 여행업계는 손님들이 보다 편안하게 건강 유지 활동을 할 수 있도록 조치를 취하고 있다. 많은 호텔들이 룸서비스 메뉴에 보다 나은 건강 옵션을 제공하고 있는데, 더 중요한 것은 그들이 건강을 의식하는 사람들의 구미에 맞춰 여섯 개의 장비가 있는 일반 피트니스 시설을 뛰어넘어 확장되고 있다는 것이다. 예를 들어 옴니호텔(Omni Hotel)은 손님의 방으로 운동 키트(GetFitKit)를 가져다준다. 이 키트는 캔버스 백에 담겨져 전달되는데, 바닥 매트, 덤벨, 스포츠 밴드 및 매뉴얼 소책자가 담겨 있다. 힐튼 맥린 타이슨스 코너(Hilton McLean Tysons Corner)와 힐튼 샌프란시스코 유니온 스퀘어(Hilton San Francisco Union Square)는 손님이 머무를 수 있는 요가 및 심폐운동을 위한 객실을 갖추고 있다. 이 객실에는 킹사이즈 침대와 운동을 위해 필요한 장비가 있다. 다른 호텔에서는 매일 극기 훈련 캠프를 제공한다.[21]

사회적 동기

레크리에이션 참여의 핵심은 사회 집단의 일원으로 동료애, 지지와 지원, 친밀감이 있는 친구를 사귀는 것이다. 왜 사람들이 여타의 사회 클럽, 스포츠 리그, 여행 동호회나 새로운 친분과 잠재적 친구를 사귈 수 있는 단체에 가입하는가? 그것은 팀원들 사이에 형성된 우정과 유대감의 측면에서 스포츠의 기본 요소이다. 타인과 더불어 외로움 떨치기, 사람들 사이의 사회적 규범 개발 등 언급되어야 할 구체적인 사회적 동기 부여 인자는 많다.

타인과 더불어 외로움 떨치기

오늘날 많은 성인들은 직장 생활이 아닌 여가 활동을 위한 자발적 모임을 통해 주요 사회관계 및 대인 관계를 형성한다. 자신이 선택한 방식에 따라 황야를 걷고, 캠프를 치고, 탐험을 하는 등의 비교적 자유로운 야외 레크리에이션 환경에서조차 참가자들 사이의 상호 작용은 이 경험의 중요한 요소이다. 모든 여가 활동의 2%만이 혼자서 한다. 이러한 사실은 사람들이 다른 사람들과 함께 활동하는 것을 좋아한다는 것을 의미한다.

사회적 관계, 우정, 또는 다른 이들과의 친밀감은 외로움을 피하는 열쇠이다. 외로움은 모든 연령대에서 널리 퍼진 현상이다. 일반적으로 전체 대학생 중 4분의 3 이상이 집을 떠난 첫 학기 동안 외로워하는 것으로 보고된다. 성인들은 나이를 먹어가면서 특별한 의미가 있는 사람들과 친구들이 하나 둘 떠나고 아이들이 집을 떠나면서 큰 외로움을 경험한다. 외로움은 불안하고 심지어 생명을 위협하는 결과를 초래할 수 있으며, 종종 우울증, 비만, 고혈압, 심장 질환에 직접적으로 관련된다.[22]

외로움을 떨치게 해주는 여가 활동을 통한 사회적 관계 구축하기
© Rubberball Productions.

다른 사람들과 함께 레크리에이션 활동에 참여함으로써 외로움을 완화시킬 수 있다. 사람들은 YMCA, YWCA 및 지역 레크리에이션센터에 가입하거나 지역 공원 및 레크리에이션 기관에서 새로운 기술이나 운동을 배우며 이러한 활동을 즐기는 사람들과 만날 수 있다. 외로움과 고독은 차이가 있다는 것을 명심하라. 러셀은 혼자 있는 시간은 우리 삶의 중요한 부분이며, 훨씬 바람직한 상태가 될 수 있다고 설파했다. 사람들은 외로움을 떨치기 위해 이런저런 활동에 참여하지만, 또한 일상에서 탈출하거나 자신에게 완전히 몰입하기 위해 고독을 누리기도 한다.[23]

 행복과 사회 활동 간의 관계

14만 명의 미국인들을 대상으로 한 조사에서, 사람들이 사회 활동을 하는 데 하루 6~7시간을 보낼 때 가장 행복한 것으로 나타났다. 하루 종일 혼자 있는 사람들은 사회적인 사람들보다 덜 행복하고 더 높은 스트레스를 경험한다. 더군다나, 사람들이 주중보다 더 많은 행복을 경험하고 스트레스를 덜 받는 주말 효과가 있다.[24]

사회 규범

분명히, 다양한 유형의 레크리에이션 그룹과 프로그램은 참가자들이 반드시 받아들이는 법을 배워야 하고 사회 발전에 기여하는 다양한 사회적 규범, 역할 및 관계를 부과한다. 아이들에게 놀이 집단은 협력적, 경쟁적, 사회적 기술 개발을 위한 실제적 훈련의 장을 제공한다. 집단 참여를 통해 아이들은 다른 사람들과 상호 작용하고, 집단의 규칙과 지향을 수용하며, 필요하다면 자신의 견해나 욕구를 그룹의 지향에 종속시키는 법을 배운다. 그들은 주고받기와 리더십을 배우거나 다른 사람의 리더십을 따르고, 팀의 구성원으로서 효과적으로 일하기를 배운다.

아이들이 나이 들수록 삶에 있어서 사회 집단의 중요성은 커진다. 십대들을 위한 또래집단은 사회적 정체성을 형성하는 데 큰 도움이 된다. 성인이 되면서 사회 집단은 컨트리클럽에서 골프를 치건 가족 및 친구와 캠핑을 하건 사회적 지위와 위치를 반영한다. 고령(65세 이상)에 이르면 사회 집단이 감소하면서 사회적 관계가 더욱 중요해지고, 사회적 네트워크가 줄어들면서 외로움과 고립감이 확대된다. 비록 사회적 관계가 우리 삶을 통틀어 변화되지만, 항상 우리 여가 생활의 중요한 부분으로 남아 있다.[25]

내성적인 사람들과 외향적인 사람들은 사회적 상호 작용을 달리 본다. 사람들은 타인과 상호 작용할 때 더 행복하다는 것이 발견되었다.[26] 하지만, 이것은 내성적인 사람들이 불행하다거나 파티 참가 또는 여러 사람들과 어울리며 다른 사회 활동에 참여하도록 강요해야 한다는 것을 의미하는 것은 아니다. 두 성격 차이는 사회적 자극에 대한 우리의 관용이다. 외향적인 사람들은 더 많은 사회적 상호 작용이 필요하고, 내성적인 사람들은 덜 필요하다. 각각은 사회적 상호 작용을 통해 행복을 성취할 수 있도록 원하는 수준을 취할 필요가 있다.[27]

여가의 사회적 측면은 많은 사람들에게 중요한 동기 부여 인자이다. 친구 또는 의미 있는 사람과 함께 활동에 참여하거나 우정이나 그 이상의 관계를 쌓기 위해 사람들을 만나는 가능성을 확장시키는 일에 참여하는 것은 좋은 기회가 될 수 있다.

심리학적 동기

종종 레크리에이션 활동은 흥분과 도전, 휴식과 탈출, 스트레스 이완, 일과 놀이의 균형을 유지하는 수단으로 인식된다.

모험심, 흥분, 그리고 도전

오늘날 레크리에이션 참여의 상당 부분, 특히 스키, 등산, 행글라이딩이나 활동적이며 경쟁이 치열한 개인 및 팀 스포츠 등의 야외 레크리에이션 활동은 흥분과 도전의 욕구에 기초한다. 이러한 활동은 위험적 레크리에이션이라고도 하는 모험적 레크리에이션의 일부이다. 모험적 레크리에이션은 도전, 개인적 위험성, 불확실성 및 성공을 위한 합리적 기회가 있는 자연에서의 활동이다.[28]

사람들은 종종 여가 활동에서 모험과 도전을 찾는다.
© Dudarev Mikhail/Shutterstock.

사람들은 그 활동들과 관련된 고유한 위험이 존재하기 때문에 이러한 여가 활동을 선택한다. 참가자들은 아드레날린 분출, 맞닥뜨리는 도전과 그 도전을 성취하는 데서 얻는 스릴을 즐긴다. 사람들은 이러한 유형의 활동에 참여하면서 위험성에 대한 인식이 감소하는 대신 기술 역량에 대한 인식이 증가한다.[29] 즉, 배낭여행이나 암벽등반과 같은 활동을 통해 사람들은 두려움이 없어지고 자신의 기술이 향상되는 것을 느낀다. 모험적 레크리에이션 활동은 또한 심리적 행복을 향상시키는 것으로 나타났다.

야외 레크리에이션 외에도 모험, 흥분 및 도전 욕구로 인해 모험적 스포츠가 엄청나게 성장했다. 예컨대 오스틴에서 열리는 2015 X 게임에는 모터크로스 속도 및 스타일, 랠리크로스(자동차 경주), 스케이트보드 및 BMX 등 21가지 경기가 있다. 콜로라도 주 아스펜에서 개최된 2013 겨울 X 게임은 스키, 스노우보드, 스노우모빌 등 세 가지 범주로 구성된 18가지 경기를 선보였다.[30] 덜 숙련되어 있지만 여전히 모험적 레크리에이션에 돌진하고자 하는 사람들을 위해 여행업계는 이러한 동기 부여 측면에 편승한다. 일부 업체는 급류 래프팅, 바다 카약, 오프로드 차량 여행, 스노모빌 및 산악 트레킹을 전문으로 한다. 많은 사람들에게 모험, 흥분 및 도전을 향한 강한 충동은 액션 지향의 영화나 TV 프로그램, 또는 고속 추격과 충돌을 기반으로 하는 비디오 게임의 형태를 통해 충족된다. 또 다른 이들에게는 기구 비행, 스카이다이빙, 패러세일링, 아마추어 자동차 경주 또는 스쿠버 다이빙 등이 모험 추구 동기를 충족시킨다. 갱단과의 싸움, 기물 파손 및 여타 유형의 청소년 범죄와 같은 다양한 형태의 일탈적인 사회적 행위를 여가 활동으로 간주하지는 않지만, 실제로 종종 스릴과 흥분과 도전에 대한 동일한 욕구에 의해 촉발되는데, 보다 나은 레크리에이션의 추구가 만족되어야 한다. 이에 대해서는 이 장의 뒷부분에서 설명한다.

스트레스 관리

레크리에이션과 밀접하게 관련되는 가치는 스트레스 감소에 대한 유용성이다. 스트레스에 대한 선도적 권위자인 한스 셀리(Hans Selye) 박사는 스트레스를 극단적인 요구에 대한 신체의 전반적인 반응으로 정의하는데, 여기에는 위협, 신체적 질병, 업무 압박과 극단적인 환경 변화, 심지어는 결혼, 이혼, 휴가, 새로운 일자리 찾기와 같은 삶의 변화를 포함된다.

현대 생활에서 증가하는 스트레스의 양은 고통, 심장병, 수면 부족, 과도한 피로, 그리고 우울증으로 고통받는 많은 사람들을 양산했다. 스트레스에 대한 최선의 접근법은 일단의 휴식과 모든 압박을 피하는 것이라고 생각되었지만, 오늘날, 어느 정도의 스트레스는 바람직하고 건강하다는 인식이 있다. 오늘날 연구원들은 신체 활동이 스트레스 감소에 중요한 역할을 할 수 있다고 지적한다.

일반적으로 사람들은 오랜 산책이나 운동과 같은 신체적 활동을 통해 화, 좌절, 분노를 해소한다. 움직이는 근육, 심장, 호르몬, 신진대사, 그리고 중추 신경계의 반응 등 신체의 모든 시스템은 자극을 통해 강화된다. 운동 시간이 길어지면 생체 시스템이 느려지면서 깊은 이완감을 느끼게 된다. 이렇게 이완된 상태를 유지하는 것은 스트레스 반응을 줄이는 데 필수적이다.

휴식과 현실 탈출

여가의 긍정적인 측면과 사람들이 왜 그 활동을 선택하는지를 고려할 때, 종종 휴식과 현실 탈출(relaxation and escape)을 여가의 주요 혜택으로 언급한다. 자전거를 타거나, 하이킹을 하거나, 예술이나 드라마를 통한 창의적 활동에 몰입함으로써 직장 및 가정, 또는 일상의 압박으로부터 벗어날 수 있다. 휴식은 사람들이 직면하는 스트레스를 잊게 해준다. 그들은 다가오는 마감일, 구직이나 좋은 대학원에 입학해야 한다는 압박으로부터 일시적으로 벗어날 수 있다. 편안한 활동을 선택하면 이러한 문제를 잊고 활동 자체에 몰입하게 된다. 휴식과 현실 탈출은 활동에서 찾을 수도 있고 아무것도 하지 않는 데서 찾을 수도 있다. 뒷마당에 앉아서, 해변에 누워서, 낮잠을 자면서 여가 시간을 사용하는 것도 휴식과 현실 탈출의 수단이다. 전문가들은 스트레스에서 벗어나기 위해 깊은 호흡, 명상, 운동, 섹스, 음악 및 요가를 제안한다.[31]

일과 놀이의 건강한 균형

우리의 삶에서 일과 여가의 역할은 여가가 행복의 근원이자 일할 필요가 없는 사람들이 즐기는 무언가라고 여겼던 그리스와 로마인들의 생각에서 극적으로 바뀌었다. 오

사례연구

시간 되찾기

'시간 되찾기(Take Back Your Time)'는 개인의 건강, 관계, 소통, 환경을 위협하는 과도한 업무 및 스케줄, 그리고 시간 기근의 확산에 도전하는 미국과 캐나다의 비영리단체이다. 이 조직의 목표는 특히 휴가 기간 동안 사람들이 여가의 가치 및 우리 삶과 직장에서의 시간에 따른 스트레스 비용을 보다 잘 인식할 수 있도록 돕는 일이다.

10명 중 9명이 휴가 중 가장 행복한 추억을 남겼다고 답했지만 52%는 1년 내 유급 휴가를 전혀 가지 않았다. 휴가를 즐기는 사람들 중 71%가 직장에서 만족하고 46%는 그렇지 못한 반면, 27%는 5년 전에 비해 휴가 시간이 적었고, 54%는 휴가가 필요한 긴급 상황에 대비하여 휴가를 쓰지 않았으며 34%는 가족과 함께 휴가를 보낸 적이 단 한 번도 없었다. 휴가를 얻은 사람들의 23%는 지난 12개월 동안 실제로 휴가를 취하지 않았다고 보고되었다. 불행하게도 미국인의 25%는 유급 휴가를 전혀 받지 못하고 있다.

매년 열리는 '시간 되찾기의 날(Take back your time day)'과 '휴가 약속 서밋(Vacation Commitment Summit)' 같은 행사를 통해 휴가의 혜택을 나누기 위해 노력할 뿐 아니라, 보다 더 삶의 균형을 유지할 수 있는 다른 종류의 유급 휴가(예, 유급 육아 휴가, 초과 근무 제한) 제도의 확산을 위해 노력한다. 다양한 연구자들에 따르면, 휴가는 다음과 같은 이점을 제공한다.

- ◆ 스트레스 이완
- ◆ 심장병 예방
- ◆ 집중력 유지
- ◆ 질병 예방
- ◆ 더 나은 행복 제공
- ◆ 관계 강화
- ◆ 직무 생산성 향상

http://www.takebackyourtime.org

생각해 볼 문제

1. 모든 고용주들에게 정규직원들을 위한 최소 1주일의 유급 휴가의 제공을 의무화해야 하는가? 고용주들이 원하지 않을 수도 있는 이유는 무엇인가?
2. 고용주는 모든 직원들이 실제로 유급 휴가를 떠나게 해야 하는가? 왜 그래야 하는지, 혹은 왜 그럴 필요 없는지 설명하라.

늘날 사회는 여가를 모든 사람들을 위한 것으로 여기는데, 대부분의 사람들에게 있어 일과 여가 생활의 균형을 유지할 수 있다면 정서적 행복이 크게 강화될 것이다. 오늘날 우리는 지나치게 많은 업무에 시달리고 있어 정신 건강 유지를 위한 다른 관심사 및 개인적 참여의 겨를이 없음을 잘 알고 있다.

미국에서는 일과 여가에 대한 관점이 변화되고 있다. 다른 세대들과 베이비 붐 세대(1940~1964년생)가 우리 삶에 어떤 영향을 미치는지에 대한 뉴스가 많이 회자되었다. 베이비 붐 세대는 오늘날 고위 임원의 자리를 차지하고 있다. 그들은 일을 위한 삶을 살며 스스로 강한 직업윤리를 가지고 있다고 생각한다. 강한 직업윤리는 이 집단이 고객들의 요구를 충족시키기 위해 주말을 포함한 장시간의 업무로 특징지어진다. 이 집단은 업무 성과에 대한 인정을 추구하며 장시간의 업무로써 보상을 받는 것으로 간주한다. 이혼율 증가와 스트레스 수준의 급상승, 맞벌이 가정 아이들의 증가는 베이비 붐 세대와 함께였다.[32]

자기표현을 위한 여타의 삶의 방식들을 희생하며 일에 지나치게 중점을 두는 경향을 일반적으로 일중독(workaholism)이라고 한다. 어떤 사람들에게 일은 강박 관념이며 다른 종류의 즐거운 발산을 찾지 못한다. 자기만족과 헌신의 원천을 일에서 찾는 사람들에게 이것은 전적으로 바람직한 현상일 수 있다.

일중독이라는 개념은 사회에 늘 만연해 왔지만 X세대(1965~1980년에 태어난 세대)와 밀레니얼 세대(1981~1997년에 태어난 세대)는 이 현상을 감소시킬 가능성이 가장 높다. X세대는 일과 놀이의 균형을 선호한다. 그들은 오늘날 중간 및 고위 관리자들로서, 부모가 직장에서 일하는 동안 아무도 없는 집에 홀로 귀가했던 맞벌이 가정의 자식들이었다. 그들은 업무 생산성을 중요하게 생각하지만 가장 중요하다고 여기는 여가, 가족, 친구들을 희생시키지는 않는다. 밀레니얼 세대는 삶을 위해 일을 한다. 진정으로 하고자 하는 일을 위해 직업을 가지고 돈을 번다. 축구에서 피아노 레슨에 이르기까지 일생에 걸쳐 많은 여가 활동에 참여해 왔고, 이런 것들을 즐긴다. 이 집단은 여가의 가치를 인식하고 일에 과도한 시간을 투자하지 않고 여가를 계획한다.[33]

기업 경영과 인사에 대한 선도적 연구자들은 경영자들이 이제 그들의 삶을 개방하고, 다양하고 풍요롭게 하는 외부의 즐거움을 찾아야 한다고 강조한다. 성공한 사람들이 놀이에 대해 가지는 죄책감을 해소해야 하며, 좀 더 균형 잡힌 삶이 장기적으로 훨씬 더 생산적일 수 있다는 것을 깨달아야 한다. 이미 X세대와 밀레니얼 세대는 이러한 것을 알고 있다. 따라서 나이 든 상사나 동료들보다 레크리에이션 전문가들이 제공하는 서비스를 이용하는 것이 더 나을 것이다.[34]

정서적 동기

정서적 건강은 긍정적 자존감, 긍정적 자아 인식, 스트레스 대처 능력 및 감정과 행동을 통제하는 사람의 능력에 의해 특징 지어진다. 정서적으로 건강한 사람들은 일

웃음의 이점

웃음은 신체적, 정신적, 사회적 이점을 제공한다.[36]

신체 건강상 이점	정신 건강상 이점	사회적 이점
◆ 면역력 증대	◆ 삶의 기쁨과 열정 부가	◆ 사회적 관계 강화
◆ 스트레스 호르몬 감소	◆ 걱정과 두려움 해소	◆ 타인과의 우호 형성
◆ 고통 감소	◆ 스트레스 해소	◆ 팀워크 강화
◆ 근육 이완	◆ 분위기 개선	◆ 갈등 완화 지원
◆ 심장병 예방	◆ 복원력 향상	◆ 집단 유대감 강화

상의 스트레스를 조절하고, 건강한 관계를 형성하며, 생산적 삶을 영위한다. 여가는 정서적 행복에 크게 기여한다.

여가 활동은 강한 즐거움과 만족감을 주고, 만약 억제된다면, 정서적인 고통이나 심지어 정신질환을 유발할 수도 있는 특정한 정서적 충동을 발산한다. 즐거움은 점점 더 정서적 행복의 중요한 요소로 인식되고 있다. 몇몇 연구자들은 열정적 즐거움과 향유, 그리고 사회적 상호 작용으로서의 여가의 중요한 차원으로 정의되는 재미의 단순 개념을 분석하기 시작했다.

여가에서 사람들은 주로 자유 시간에서의 재미를 찾는다. 여가 활동이 재미없다면 왜 하겠는가? 놀고, 야외 활동을 즐기고, 다른 사람들과 어울리는 이유는 재미가 있어서이다. 재미는 웃음과 연결된다. 웃음은 그저 기분을 좋게 만들어주므로 사람들을 한데 묶어주고, 친밀감을 높이고, 스트레스를 풀어 주는 등 많은 이점이 있다. 재미와 웃음은 행복한 기분을 증진시켜주는데, 코미디 쇼를 보러 가거나, 친구들과 새로운 활동을 하거나, 가족과 함께 게임을 하는 등의 활동으로 경험할 수 있다.[35]

재미와 웃음 외에도, 자아실현은 정서적 행복과 연결된다. 자아실현(self-actu-alization)은 개인이 최대한의 창조적 잠재력 발휘 욕구를 강조한 아브라함 매슬로(Abraham Maslow)의 글을 통해 1970년대에 보편화된 용어이다. 매슬로는 인간의 중요한 욕구를 체계적으로 배열함으로써 동기 부여에 대한 설득력 있는 이론을 발전시켰다. 기본적인 욕구(basic need)가 차례로 충족됨에 따라 사람들은 더 많은 욕구와 추진력을 충족시키기 위해 앞으로 나아갈 수 있다. 매슬로의 이론은 다음과 같이 상승하는 수준의 욕구를 포함한다.

- ◆ **생리적 욕구**: 생존을 위한 욕구로서 의식주, 휴식, 수면 및 기타 기본적인 생존 욕구를 포함한다.
- ◆ **안전 욕구**: 건강 및 복지와 같은 자기 보호 욕구와 위험 및 위협으로부터의 신체적 안전 요구 사항을 포함한다.
- ◆ **사회적 욕구**: 때때로 사랑/소속감으로 표현되는, 다른 사람들과의 관계, 우정, 친밀감, 가족 관계 등의 욕구를 포함한다.
- ◆ **존중 욕구**: 자부심, 자신감, 인정, 성취, 관심, 그리고 타인에 대한 존중의 욕구를 포함한다.
- ◆ **자아실현**: 가장 높은 수준의 욕구 단계로서 자발성과 함께 창의적으로 다양한 삶의 영역에서 자신의 최대 잠재력을 실현하고자 하는 욕구를 포함한다.

배낭 여행자들은 애팔래치아 트래킹을 통해 사회적 성취와 자아실현을 추구한다.

Courtesy of the Appalachian Trial Conservancy.

생리적 욕구, 안전 욕구, 사회적 욕구, 그리고 존중 욕구와 같은 하위 수준의 요구는 부족 욕구로서 생활에서의 부족으로부터 발생한다. 이 세 범주에서의 어떤 것이 결여되지 않는 한, 이러한 욕구는 충족되는 것으로 간주되고 특별히 인정되지는 않는다. 이것들이 없거나 충족되지 않으면, 사람들은 불쾌감을 경험한다. 높은 수준의 욕구로서의 자아실현은 개인적 성장과 발전을 추동하는 성장 욕구와 결과로서, 무엇인가에 숙련되고, 자신의 잠재력을 최대한 발휘하기 위한 욕구이다.

분명히, 놀이와 레크리에이션은 매슬로 계층의 상위 세 단계 욕구를 충족시키는 데 중요한 요소가 될 수 있다. 많은 논의가 이미 사회적 욕구에 기인한다. 팀 스포츠에 참여하거나, 건강 수준을 향상시키거나, 스키, 축구, 다이빙과 같은 활동에 대한 역량을 구축하는 것으로부터 존중 욕구를 충족시킬 수 있다. 자아실현은 일과 여가 모두에 실현될 수 있다. 여가에서 창의성은 예술, 연극, 드라마 등에서 창출될 수 있다. 지속적인 참여와 추진력은 자아실현을 위한 자부심을 지속적으로 구축하여 목표한 마라톤 완주나 맥킨리산 정복과 같은 방식으로 자아실현을 완성하게 한다.

여가의 정서적, 심리적 영향에 대한 논의는 몰입이론을 발전시킨 칙센트미하이의 연구를 포함해야 한다. 칙센트미하이는 사람들이 몰입의 상태에 도달했을 때 가장 행복하고 만족한다고 가정했다. 몰입(flow)은 활동에서의 도전과 개인의 역량이 일치할 때 발생하는 마음의 상태이다.[37] 다시 말해 몰입하는 개인은 참여 활동에서의 주어진 도전을 충족하기 위한 역량을 가진다. 도전과 역량이 균형을 잃으면 다양한 감정이 일어난다. 예를 들어, 낮은 역량과 낮은 도전이 요구된다면 무관심과 권태를 경험하지만, 낮은 역량 높은 도전은 도전에 응하는 개인의 능력에 대한 염려로 인해 걱정과 불안을 초래할 수 있다. 사람의 몰입을 유발하는 활동은 다양하다. 야간 카약, 유화 그리기, 또는 기타 연주 등이 몰입을 경험하게 할 수 있다. 몰입은 내재적 동기 외에도 이미 논의된 몇 가지 동기 유발 문제를 포함하고 있다는 것을 주목하자. 그럼에도 불구하고 주요 이점 중 하나는 활동 자체에 대한 완전한 몰두(absorption)에 의한 현실 탈출이다.

행복과 웰빙

일반적으로 사람들은 행복해지고 싶어한다. 행복은 '늘 긍정적 영향이 작용하고, 삶의 만족감이 높으며, 부정적인 영향은 별로 작용하지 않는 결과'이다.[38] 류보머스키(Lyubomirsky)와 그의 동료들은 이 주제에 대한 많은 연구 분석을 통해, 행복은 긍정적 마음 상태, 더 높은 결혼율로 이어질 뿐만 아니라, 더 많은 친구와 사회적 관계, 탁월한 업무 성과, 정신 건강 증진, 활동성 및 에너지 증대, 더 많은 몰입에의 경험 등 긍정적인 보상을 얻는다는 결론에 이르렀다.

그들은 또한 행복은 세 가지 근원으로부터 결정된다는 것을 발견했다. 첫째, 행복의 50%는 유전적 특질에 의해 확립되는데, 변화의 가능성은 거의 없다. 행복의 또 다른 10%는 처한 환경에 의해 결정된다. 환경은 우리가 살고 있는 세상의 일부일 수도 있고, 개인의 인구통계학적 요인, 경험하는 삶의 사건, 결혼 여부, 직업 및 소득 수준과 같은 상황적 요소일 수도 있다. 행복의 나머지 40%는 의식적 행동으로 결정된다. 이 모델에 기초하면, 행복의 40%는 우리의 의식적 행동에 의해 결정된다. 레크리에이션은 이러한 의식적 활동에서 중요한 역할을 할 수 있다. 우리가 일반적으로 참여하는 활동은 행복에 기여할 가능성이 높다.

행복과 더불어 웰빙(well-being)은 여가의 주요 동기이다. 웰빙은 "자신의 삶과 성공적이고 만족스럽고 생산적인 관계를 맺고 신체적, 인지적, 사회적 정서적 잠재력을 실현하는 상태"이다.[39] 본질적으로 행복은 웰빙의 중심이다. 사람들이 웰빙을 경험하는 경우, 그들은 또한 행복을 경험하고 삶의 대부분 측면에 대해 만족한다.[40] 카루더스(Carruthers)는 여가가 웰빙과 행복에 있어 다음과 같은 몇 가지 역할을 한다고 제시한다.

- 긍정적 감정은 여가로부터 가능하다.
- 여가는 각자에게 개인 역량을 증대시키는 메커니즘으로 작용하며, 개인 역량은 행복을 증진시킨다.
- 여가는 개인 역량, 목적의식 및 위험 감수 능력을 구축해줌으로써 개인의 잠재력을 최대한 발휘하도록 한다.[41]

행복과 웰빙에 대한 이러한 통찰은 여가가 사람들이 행복감 및 좋은 정서를 함양시켜주는 능력의 개발에 중요하게 작용한다는 것을 보여준다. 의식적 활동이 개인의 행복과 웰빙을 향상시키는 데 40%의 영향을 미치므로 개인에게 잘 맞는 여가 활동을 선택하는 것이 무엇보다 중요한 동기부여 인자이다.

지적 결과

놀이와 레크리에이션의 모든 개인적 혜택 중에서 가장 널리 알려진 것은 지적 발달(intellectual development)이나 인지 발달(cognitive development)과 관련된 것이다. 놀이는 일반적으로 정신적 활동이 아닌 육체 활동으로 간주되며 정의상 비관념적 형태의 관여로 간주되었다. 그렇다면 어떻게 지적 성장에 기여할 수 있을까? 연구자들은 신체적 레크리에이션이 개인의 동기 부여를 향상시키고 정신 및 인지 능력을 보다 효과적으로 만드는 경향이 있음을 확인하였다. 예를 들어 수많은 연구들은 특정 유형의 신체 운동이나 놀이가 유아 발달에 미치는 영향을 서술하고 있다. 또 다른 연구 조사는 체력과 학업 성취도 사이의 밀접한 관계를 보여준다. 이러한 연구의 많은 부분이 정형화된 교육 프로그램에 초점을 두지만, 다른 연구는 덜 구조화된 실험 요소를 사용한다. 몇몇 연구는 개인적 자질로서의 장난이 아이들 사이의 창의적이고 독창적인 사고와 밀접하게 연관되어 있음을 보여준다.

아이들은 색깔과 모양, 블록 쌓기, 다른 아이들과의 관계 및 사회적 관계 구축 방법 등 많은 것을 놀이를 통해 배운다. 성장하면서 규칙을 따르고, 자신들의 규칙을 만들며, 합의를 이루고, 문제를 해결하는 방법 등을 배운다.[42]

북미에서의 초기 게임에서의 유일한 목적은 지적 자극을 위한 것이었다. 비록 초점이 배움에서 오락으로 옮겨 갔지만, 많은 게임들은 여전히 지적 측면을 가지고 있다. 예컨대, '모노폴리*' 게임은 사람들에게 경제 원리를 이해시키기 위해 개발되었고, '뱀

---

* Monopoly, 1933년 제작된 땅따먹기 보드게임 —역자 주

과 사다리(Shutes & Ladders)' 게임은 도덕과 윤리적 행동을 묘사했다. 오늘날 게임은 또한 아이들에게 간단한 과학, 수리, 언어적 개념의 학습을 돕기 위해 사용되어 왔다. '페이데이(Payday)'나 '헤드 풀 오브 넘버(Head Full of Numbers)' 게임은 수리적 계산에 초점을 둔다. 아이들과 어른들은 시판되는 '시퀀스: 스테이트 앤드 캐피탈(Sequence: states & Capitals)' 같은 게임을 통해 지리학을, '클루(Clue)', '수도크업(Sudokup)', '배틀십(Battleship)' 게임을 통해 논리와 전략을, '스크래블(Scrabble)'과 '봉크(Bonk)' 게임을 통해 어휘를 배우고, '크라늄(Cranium)'과 같은 일반적 게임이나 광범위한 지식의 배열로 이루어진 '트리비얼 퍼슈트(Trivial Pursuit)' 게임을 통해 지식을 쌓는다.

다른 수준에서, 〈포브스〉 지의 한 기자는 기업 임원들이 콘트랙트 브리지(Contract Bridge)와 같은 카드 게임, 체스나 주사위 게임과 같은 높은 수준의 경쟁적 게임을 즐기며, 이러한 게임에서의 능력을 높이 평가한다고 지적한다. 투자 자문위원들은 특히 이러한 게임에 깃든 위험 요소와 계산된 위험을 감수하는 전략적 재능의 필요성을 높이 산다. 그 게임이 포커이든 브릿지이든 체스든 관련된 기술은 비즈니스에서도 똑같이 중요하다.[43]

영적 가치와 결과

레크리에이션과 여가가 인간의 건강한 성장과 웰빙에 중요하게 기여하는 마지막 영역은 영적 영역에 있다. 영적(spiritual)이라는 용어는 일반적으로 종교와 등치되어 사용되지만, 여기에는 인류의 높은 본성, 즉 다른 인간과 지구 자체에 대한 도덕적 가치, 연민, 존중을 나타내는 정신적 능력을 의미한다. 그것은 내적 감정의 개발, 삶의 질서와 목적, 타인에 대한 연민과 자기 존재에 대한 책임성에 따르는 헌신(commitment)과 연관되어 있다.

이러한 면에서 레크리에이션은 어떻게 기여하는가? 조셉 피퍼(Josef Pieper)는 1963년 저서 『레저: 문화의 기초(Leisure: The Basis of Culture)』에서 사람들은 여가 시간에 완전하고 가장 훌륭한 자아를 표현할 수 있다고 제안한다. 여가는 사색하고, 최상의 가치에 대해 고려하며, 사심 없이 활동하기 위한 시간이 될 수 있다. 이것은 사람으로서 단순하게 모여 관심사를 공유하고 즐거움, 헌신, 자기 성장, 아름다움, 자연, 그리고 삶의 여러 측면을 탐구할 수 있다는 것을 의미한다.

야외 레크리에이션은 흔히 여가의 영적 측면과 관련된다. 야외에서의 평화와 평온함은 사람들로 하여금 현실에서 탈출하여 자유를 누릴 수 있게 한다. 젠슨(Jensen)과 거스리(Guthrie)는 자연에 기반을 둔 레크리에이션은 영적 근원이며, "영적 근원은 사람들이 삶을 항해하는 데 도움을 주며… 때때로 영성은 사람의 높은 본성, 즉

도덕적 가치와 인류애, 환경 및 지구 자체에 대한 존중을 나타낸다"라고 제시했다.[44]

지금까지, 이 장은 신체적, 사회적, 심리적 관점이라는 세 가지 다른 관점에서 레크리에이션과 여가의 중요한 개인적 가치를 검토했다. 이것들은 뚜렷하게 분리된 동기 부여의 구성요소가 아니라 전체적 관점에서 밀접하게 연관되어 있음을 인식하는 것이 중요하다. 더욱이, 여가는 각자에게 다른 의미로 다가간다는 것을 이해해야 한다. 어떤 사람이 자전거를 타는 동기가 다른 사람이 자전거에 대해 가지는 동기와 완전히 다를 수 있다. 참여의 결과에 대해서도 마찬가지다. 첫 번째 사람은 운동적 요소로 인해 자전거를 타고 나면 뿌듯하지만, 두 번째 사람은 운동적 요인이 아니라, 자동차보다 자전거가 건강한 환경에 기여함으로써 뿌듯해 할 수 있다. 여가에 대한 동기부여 인자들은 참가자들 자신만큼이나 고유하다.

진지한 여가

지금까지 여가의 동기 부여에 관한 토론의 상당 부분은 신체적, 사회적, 지적, 영적 등 여러 이유로 여가를 즐기는 평범한 사람에 중점을 둔다. 여가에 대한 다른 관점이 진지한 여가(serious leisure)이다. 진지한 여가는 "참가자가 자신의 특별한 역량, 지식 및 경험을 결합하여 표현하고 습득하는 과정에서 경력을 찾을 수 있을 정도로 상당히 가치 있고 흥미로운 활동으로, 아마추어 및 애호가 또는 자원 봉사자가 체계적으로 추구하는 활동"이다.[45] 참여자의 일상의 영역까지 광범위하게 확장되는 여가 활동을 진지한 여가로 간주할 수 있다. 반면에, 대부분의 사람들은 '일상적 여가(casual leisure)'라고 할 수 있는 활동에 참여한다. 일상적 여가 활동은 "즉각적이며, 보람을 본질로 하며, 비교적 짧은 기간 동안 즐길 수 있는 활동"이다.[46]

일상적인 여가와 진지한 여가 활동의 차이는 시간, 돈, 그리고 활동에 전념하는 노력이다. 예컨대, 한 달에 몇 차례 누군가의 차고에서 친구들과 연주하는 음악가는 일상적 참가자일 것이다. 같은 사람이 매일 밤 연습을 하며, 매주 공연을 준비하는 등 주당 많은 시간을 음악에 할애한다면, 그것은 진지한 여가로 간주된다.

진지한 여가는 다음의 여섯 가지 요소를 특징으로 한다.

◆ **지속성:** 진지한 여가는 시간의 경과에 따른 역경을 딛고 지속적으로 인내함으로써 이루어진다. 이는 달리기 선수가 고통, 피로 또는 열악한 기상 조건을 이겨내야 함을 의미한다. 연기자는 무대 공포증이나 어색함을 극복해야 한다. 사람들은 궁극적으로 활동으로부터 얻을 수 있는 긍정적 감정으로 인해 비관적으로 보이는

일부의 상황을 기꺼이 극복하고자 한다.

◆ **여가 경력:** 참가에 따른 보상이 따르지 않을 가능성이 높지만 성취 단계를 경험할 수 있다는 점에서 진지한 여가는 개인의 경력을 추구한다. 개인들은 설정된 목표의 성취와 자기 향상의 노력을 경주하는 데 경력으로서 헌신한다.

◆ **중대한 노력:** 진지한 여가는 특별한 지식, 역량 또는 능력을 개발하는 사람들에 의해 특징지어진다. 이것은 일상적 여가의 일반적 역량 개발을 뛰어넘는 상당한 노력을 필요로 한다.

◆ **결과의 지속성:** 진지한 여가 활동의 추구는 자기 강화, 자아실현, 자기표현, 자아 향상, 자기만족, 레크리에이션 및 때때로 재정적 수익을 포괄하는 결과로 포장된다. 비록 이러한 특성들이 일상적 여가에서도 나타날 수 있지만, 진지한 여가를 구별하는 것은 그러한 특성의 깊이(depth)에 있다. 이들 활동이 때때로 흥미롭지 않을 수 있음에도 불구하고, 참여자가 개발 중인 역량이 투입되며, 지속성 있는 결과를 드러내 보이고, 보다 더 긍정적 활동으로 이어지게 한다.

◆ **고유한 기풍:** 고유한 기풍(unique ethos)은 진지한 여가에 참여하는 사람들 사이에 내재된 문화이다. 이들은 활동과 관련된 이상, 가치, 규범 및 신념을 공유한다. 여가 활동에 초점을 맞춘 사회적 관계와 네트워크가 드러난다.

◆ **활동에 대한 공감:** 진지한 여가 참여자들은 여가 활동에 대해 강하게 공감한다. 자신들의 활동에 대해 흥분하여 말하고, 활동에 자부심을 가지며, 적극적으로 헌신한다.[47]

이 여섯 가지 특징을 감안할 때, 진지한 여가에 대한 헌신과 동기는 일상적 여가보다 훨씬 강렬하다는 것을 알 수 있다.

금기 레크리에이션

이 장에서 지금까지는 신체적, 사회적, 심리적, 정서적 관점에서의 여가 동기를 논의했다. 이러한 동기들은 모두 긍정적이었지만 몇몇 논의가 필요한 부정적 측면이 있다. 러셀은 여가가 항상 사람들의 웰빙을 위해 행해지는 것만은 아니라고 제시하는데, 이러한 유형의 활동을 금기 레크리에이션(taboo recreation)으로 간주한다.[47] 금기 레크리에이션은 법이나 사회 규범에 의해 제한되는 여가 행위이다. 사회 규범이 주관적이며 집단 간의 차이가 있으므로 어떤 것이 금기 레크리에이션 활동인지, 또는 단순한 비주류(fringe) 활동인지를 결정하는 것은 쉽지 않다. 예컨대 가톨릭교회 및 스코틀랜드의 일부 정치인들은 호키포키(Hokey Pokey)가 라틴 미사를 이끄는 사제의 행동과 언어를 조롱한다고 주장했다.[49] 어떤 종교 단체들은 춤을 악(evil)으로 비난했다. 금기 레크리에이션으로 간주되는 것이 무엇인지에 대한 명확한 규정에 대한 의견 차이로 인해 세 가지 일반적 활동이 예로서 논의된다.

성적 활동

몇몇 성적 활동(sexual activity)은 금기 레크리에이션으로 분류할 수 있다. 가벼운 파트너와의 성적 활동이나, '일상의 섹스 파트너(friends with benefits)' 사귀기, 혼외 성적 활동은 사회 일각에서 부적절한 것으로 여긴다. 또한 포르노 감상, 섹스클럽 출입, 동성애적 성적 활동, 스윙잉(swinging)이나 스와핑 같은 행위들이 금기시되는 성적 활동에 포함된다. 이러한 여가 활동들이 불법은 아니지만, 사회 일각에서는 이것들을 부정적인 레크리에이션 활동으로 간주된다. 이러한 판단은 종종 법적 판단보다는 종교적 기반의 도덕적 관념에 의해 분류된다. 뒤에서 논의될 다른 금기 활동들과 마찬가지로, 섹스는 개인의 믿음에 따라 긍정적 또는 부정적인 것으로 분류될 수 있다.

이러한 성적 활동에 대한 동기는 그것에 관여하는 경우의 수만큼이나 다양하다. 금기시되는 성적 활동은 권력욕, 성적 욕구에 대한 집착, 억압으로부터의 탈피, 혹은 자유의 만끽 등에 의해 동기 부여될 수 있다.[50]

도박

도박(gambling)은 미리 예상된 결과에 돈이나 가치 있는 것을 베팅하는 행위이다. 경마, 복권, 스포츠 도박 등이 있다. 도박에 관한 이야기는 오래 전부터 전해 내려왔으며, 수익을 창출하기 위한 복권은 식민시대에 시행되었다.[51] 한편 복권은 하버드, 예일, 프린스턴 등 미국의 가장 유명한 대학들의 기금 모금을 위해 시행되었다. 도박이 불법화되고 지하로 숨어들기까지 오래 걸리지 않았다. 도박은 경제 활성화 방법으로 간주되어 대공황 기간에 다시 부활했다. 한편 이 시기에 네바다 주는 대부분 형태의 도박을 합법화했다. 초창기에는 도박에 조직적 범죄가 연루되었으나 1950년대 들어 연방 정부가 도박을 일소하면서 이 사업에서 조직 범죄가 사라졌다. 도박을 접할 수 있는 다양한 기회들이 미국 전역에서 증가해 왔다. 몇 안 되는 카지노에서 시작된 도박이 경마, 인터넷 도박, 선상 카지노 등으로 확대되었다. 이 장의 초점은 도박 그 자체가 아니라 동기 부여에 있으므로 왜 사람들이 도박을 하는가에 대한 질문을 던진다. 연구에 따르면 흥미, 위험, 흥분, 도전, 모험, 아드레날린 분출, 그리고 휴식 등 앞서 논의하였던 다양한 이유들이 존재한다. 우리의 논의가 여기서 멈춘다면, 도박을 다른 활

도박에 대한 통계

- 라스베이거스를 찾은 방문객 중 65세 이상이 가장 많았다(22%).
- 48개 주는 어떤 형태로든 합법적 도박을 허용한다. 하와이와 유타만이 그렇지 않다.
- 도박은 영화, 관중 스포츠, 테마 파크, 크루즈선, 레코드 음반을 합한 것보다 더 많은 수익을 창출한다.
- 도박은 미국에서 연간 400억 달러 규모의 산업이 되었다.
- 매년 8천만 명의 미국인들이 카지노를 찾는다.

표 2.2 도박 중독 진단 설문

'갬블러 어나니머스'는 도박이 개인에게 끼치는 문제의 진단을 위해 20개의 설문을 개발했다.

1. 도박 때문에 직장이나 학교에서 시간을 허비한 적이 있는가?
2. 도박이 당신의 가정생활을 불행하게 만든 적이 있는가?
3. 도박이 당신의 평판에 영향을 미쳤는가?
4. 도박을 한 후 후회한 적이 있는가?
5. 빚을 갚거나 재정적 어려움을 해결하기 위해 도박을 해 본 적이 있는가?
6. 도박으로 인해 당신의 야망이나 능률이 감소되었는가?
7. 도박에서 패한 후 가능한 한 빨리 돌아와 손실을 만회해야겠다고 느낀 적이 있는가?
8. 도박에서 이긴 후 다시 돌아가 더 많이 이기고 싶은 강한 충동을 가진 적이 있는가?
9. 가진 돈이 떨어질 때까지 도박을 한 적이 많은가?
10. 도박 자금을 마련하기 위해 돈을 빌린 적이 있는가?
11. 도박 자금 조달을 위해 뭔가를 팔아 본 적이 있는가?
12. '도박 자금'을 일상적인 지출을 위해 쓰는 것에 대해 주저한 적이 있는가?
13. 도박으로 인해 당신 자신 및 가족의 행복에 무심한 적이 있는가?
14. 당신은 계획했던 것보다 더 오래 도박을 해 본 적이 있는가?
15. 걱정거리, 당면한 문제, 지루함, 외로움을 회피하기 위해 도박을 해 본 적이 있는가?
16. 도박 자금을 마련하기 위해 불법 행위를 저질렀거나 저지를 생각을 해 본 적이 있는가?
17. 도박 때문에 수면이 곤란한 적이 있는가?
18. 언쟁, 실망, 좌절감이 당신으로 하여금 도박 충동을 일으키는가?
19. 몇 시간 동안의 도박으로 행운을 자축하고 싶은 충동을 느껴 본 적이 있는가?
20. 도박으로 인한 자멸이나 자살을 생각해 본 적이 있는가?

대부분의 상습적 도박꾼들은 위의 질문들 중 적어도 일곱 개의 항목에 대해 "예"라고 답할 것이다.

동과 분리해야 하는 이유에 대한 토론의 여지가 없다. 그럼에도 불구하고 도박은 문제가 되는 경우 금기시된다. '갬블러 어나니머스(Gamblers Anonymous, 도박 중독자들의 단도박 자조 모임)'는 상습적으로 도박하는 사람을 도박중독자로 규정한다(표 2.2). 상습 도박은 점차 악화되는 치유가 힘든 질병이지만, 멈추게 할 수는 있다.[53] 도박에 동기 부여되는 인생의 시점에 금기시되게 하는 것이다.

사례연구

누드 레크리에이션… 금기인가?

미국 누드레크리에이션협회(AANR, American Association for Nude Recreation)는 '가능한 한 가장 자연스럽게 자연을 체험하고 사는 삶'을 즐기는 3만8천 명의 회원들이 참여하고 있다. 나체주의자들은 누드레크리에이션을 자신들의 피부에 편안함을 느끼고 인간의 몸을 삶을 관통해 안락함을 운반하는 용기로 본다.

AANR은 허가 받은 누드 비치, 누드 레크리에이션을 위해 지정된 공공장소, 리조트, 캠핑장 등을 포함하여 누드 레크리에이션을 위한 장소를 보호하는 데 중점을 두고 있다. 누드 레크리에이션은 이렇게 지정된 지역에서는 합법적이다.

AANR은 누드 레크리에이션은 가족에 관한 것이며 '성인들만'의 활동으로 간주하지 않는다고 강조한다. 나이나 다른 요소에 상관없이 신체를 받아들이도록 하며 어떤 종류의 성적 착취에도 강력히 반대한다.

전통적으로 나이 든 세대를 위한 활동으로 간주되었던 누드 레크리에이션에 최근 들어 18~35세를 대상으로 하는 단체가 등장했다. '플로리다의 젊은 자연주의자들(The Florida Young Naturists)'과 '젊은 자연주의 미국(Young Naturists America)'은 누드 레크리에이션에 관심이 있는 더 젊은 세대의 성인들을 한데 모으기 위해 탄생했다. 두 그룹 모두 옷으로부터의 자유로운 경험을 즐기기 위한 모임, 여행, 모험을 계획한다.

생각해 볼 문제

1. 누드 레크리에이션은 금기 레크리에이션으로 간주되는가? 그렇거나 그렇지 않은 이유는 무엇인가?
2. 자녀들이 그들의 부모 및 다른 성인들과 함께 누드 레크리에이션에 참여하는 것은 허용되어야 하는가?
3. 지역 누드 레크리에이션 단체가 몇 시간 후 레크리에이션센터의 실내 수영장을 임대하려고 한다. 이것을 허락할 때의 이해는 무엇인가?
4. 공공 지구에 대해서는 특별히 누드 금지 구역으로 지정할 필요가 있는가? 그렇거나 그렇지 않은 이유는 무엇인가?
5. 인기 있는 플로리다 해변에서 몇 블록 떨어진 호텔이 파산하였다. AANR이 호텔을 구입하여 누드 전용 리조트로 전환하려고 한다. 이 계획에 대한 이해는 무엇인가?
6. Florida Young Naturists와 Young Naturists America에서 다가오는 봄 방학 여행 홍보를 위해 캠퍼스를 방문할 예정이다. 학생들은 캠퍼스에서 이것을 어떻게 받아들일까? 전 세대를 아우르지 않고 18세에서 35세를 대상으로 하는 그룹이므로 학생들로서는 받아들일 만한가?

출처

a. American Association for Nude Recreation: www.aanr.com/.
b. Florida Young Naturists: www.floridayoungnaturists.com/.
c. Young Naturists America: nudistnaturistamerica.org/.
d. R. Neale "Surviving the Economy, Clothing Optional," USA Today, (July 13, 2012): B1.

약물 남용

약물 남용은 기분 상승을 위해 본래의 의도를 뛰어넘어 약물을 사용하는 행위이다. 이러한 약물에는 합법 및 불법 약제, 흡입제, 용제 및 알코올 등이 포함된다.

불법 약제의 투약, 폭음, 미성년자의 음주는 금기 레크리에이션으로 규정된다. 반면에 사회적 음주는 문제를 일으키지 않는 한 금기 레크리에이션으로 간주되지 않는다. 섹스와 도박처럼 술과 마약의 남용에 있어서도 이러한 행위로 인한 문제 발생의 시점을 알려주는 신호가 있다. 성행위와 도박과 마찬가지로 이러한 행위 역시 그것을 접하게 되는 동기가 있다. 도피, 이완, 집단에의 적응, 사회화, 위험 감수 또는 보다 외향성 지향 등이 될 수 있다.

사교적 음주는 북아메리카의 중요한 내재적 문화로서 대부분의 사람들은 금기 레크리에이션으로 간주하지 않는다. 이에 관한 몇 가지 예를 들면 다음과 같다.

- 클럽에서 친구들과 어울리는 젊은이들의 음주와 사교
- 여가 및 사교 행사로서의 와인 시음 및 맥주 양조
- 와이너리에서 진행하는 관광 상품의 일환
- 맥주 제조자와 레스토랑이 제휴한 맥주를 곁들인 저녁 만찬 이벤트
- 예술 형식의 하나로서의 와인 잔 공예

여기서 논의 가능한 잠재적 금기 레크리에이션 활동의 보다 더 많은 예들이 있다. 예컨대 포르노, 성인 오락 및 성애물, 공공 기물 파손(vandalism), 투견, 과도한 인터넷 사용 등은 우리 사회의 일부에서 금기시될 수 있다. 대다수의 사람들에게 있어 일부의 성적 활동, 도박, 합법적 약물의 사용과 적당한 음주는 다른 여가 활동과 다를 바 없다. 도덕적으로 잘못 되거나 남용하는 사람들에게 금기 레크리에이션 수준이 적용된다. 이러한 활동이 수용 가능한 수준인지 아닌지에 대한 개인의 인식 여부에 관계없다. 참여 동기는 개인들마다 차이는 있지만 여가 활동을 위한 사회적, 심리적 동기에 주요하게 중점을 둔다.

요약

일반적으로 알려진 흥미, 즐거움, 휴식 추구의 동기 외에도 사람들은 여러 가지 이유로 다양한 여가 활동에 참여한다. 레크리에이션 동기에는 동료애적 요구, 스트레스로 및 일상의 지루함으로부터의 탈출 또는 도전 추구와 같은 개인적 목표가 포함된다.

레크리에이션 참여의 결과는 신체적, 사회적, 심리적, 정서적이라는 네 가지 주요 기준으로 분류될 수 있다.

신체적 동기에 관한 한 현대사회와 같이 중요하게 대두된 적이 없었다. 어린이와 성인 모두에게서 비만율은 지속적으로 증가하고 있다. 레크리에이션 활동은 체중 조절, 비만 퇴치, 심혈관 건강 개선에 도움이 된다. 여가를 위한 사회적 동기는 외로움을 줄이고 관계를 강화하며 사회적 유대감을 증진시킨다. 여가를 위한 심리적 동기는 매우 광범위하다. 사람들은 모험, 휴식, 도피, 스트레스 감소 및 삶의 전반에 걸친 웰빙과 행복을 추구한다. 정서적 동기는 재미, 행복, 지적 결과 및 영적 가치를 포함한다. 여가는 이러한 모든 보상을 사람에게 가져다 줄 수 있다.

진지한 여가 활동을 위해서는 자신이 선택한 활동에 대한 참여 동기가 주요하게 부여되어야 한다. 진지한 여가 활동에 참여하는 사람들은 그러한 활동이 자신의 삶의 큰 부분을 차지하며, 참여에 매우 헌신한다.

이러한 모든 동기들이 긍정적 결과를 주는 것으로 여겨지지만, 모든 사람들이 긍정적으로 생각하지 않는 일부의 여가 활동이 존재한다. 사회적 기준에 따르면 부정적으로 간주되는 여가 활동은 일부의 성적 활동, 도박, 불법 약제 복용, 과도한 음주 등의 행위가 포함된다. 사회적 관점은 다양하여, 어떤 이들은 이러한 활동에 대한 어떤 관여조차 금기시 여기는 반면, 다른 이들은 참여의 빈도와 정도에 따라 달리 판단하기도 한다.

이 장에서는 사람들이 활동을 선택하는 이유와 참여를 통해 얻는 결과에 초점을 맞추었다. 이러한 동기들은 주관적이고 사람마다 다르다. 모든 사람에게 동일한 결과를 제공하는 활동은 존재하지 않는다. 그러므로 사람들은 자신의 요구를 평가하고 그러한 요구를 충족시키는 활동을 선택해야 한다.

토론 및 에세이 과제

1. 비만을 정의하라. 아동 비만과 성인 비만에 대해 간략히 설명하라. 비만 퇴치에 있어 공원과 레크리에이션의 역할은 무엇인가? 사회의 어떤 것들이 비만 확산의 원인이 되는가?

_____

_____

2. 이 장은 정서적 또는 정신적 건강에 대한 레크리에이션의 특정한 기여를 설명한다. 이러한 특정적 기여에는 어떤 것들이 있을까? 자신의 경험에 기초하여, 여가 활동에서 얻은 긍정적인 정서적 결과들 중 몇 가지를 제시할 수 있겠는가?

_____

_____

3. 레크리에이션센터들은 아이들을 위해 고안된 운동 기구를 점점 늘리고 있다. 이러한 장비들로 소형 러닝머신 및 고정 자전거와 같은 기구들이 있다. 여러분은 이러한 장비들이 어린이들의 신체 활동을 자극을 위한 좋은 재정 지출이라고 생각하는가? 그렇거나 그렇지 않다고 생각하는 이유는 무엇인가? 레크리에이션센터가 아동 비만을 퇴치할 수 있는 다른 활동으로 무엇이 있는가? 이 문제와 관한 부모들의 역할을 무엇인가?

_____

_____

_____

4. 금기 레크리에이션을 정의하라. 사람들이 이런 종류의 활동에 참여하는 동기는 무엇인가? 이 장에서 논의되지 않았던 다른 금기 활동의 예를 들어보자.

_____

_____

_____

5. 이 장에서 많은 심리적 동기들이 논의되었는데, 무엇들이 있는가? 이러한 심리적 동기들은 당신이 여가 활동을 선택하는 데 어떻게 연관되는가?

_____

_____

_____

6. 스스로 진지한 여가 활동이라고 인식할 수 있는 당신의 여가 활동을 생각해보자. 활동에 대한 당신의 참여 수준 및 해당 활동을 진지한 여가 활동으로 인식할 수 있게 하는 것이 무엇인지 설명하라.

_____

_____

_____

_____

7. 가장 좋아하는 다섯 가지 여가 활동을 선택하고 다음 질문에 답하라. 왜 이러한 활동에 참여하는가(동기 부여 인자)? 향후 10년, 20년, 30년, 50년 내에 이 리스트는 어떻게 변할지 예측하라.

_____

_____

_____

미주

1. D. Stone, E. L. Deci, and R. M. Ryan, "Beyond Talk: Creating Autonomous Motivation Through Self-Determination Theory," *Journal of General Management* (Vol. 34, 2009): 75–91.

2. R. M. Ryan and E. L. Deci, "Self-Determination Theory and the Facilitation of Intrinsic Motivation, Social Development, and Well-Being," *American Psychologist* (Vol. 55, No. 1, 2000): 68–78.

3. Ibid., 70.

4. American Heart Association, "Overweight in Children." www.heart.org/HEARTORG/GettingHealthy/Overweight-in-Children_UCM_304054_Article.jsp. Accessed March 8, 2013.

5. Centers for Disease Control and Prevention, "Prevalence of Obesity in the United States 2011–2014" (December 2016): www.cdc.gov/obesity/data/childhood.html.

6. Centers for Disease Control and Prevention, "Adult Obesity Facts" (September 2016): www.cdc.gov/obesity/data/adult.html.

7. Centers for Disease Control and Prevention, "Prevalence of Self-Reported Obesity Among U.S. Adults by State and Territory" (BRFSS 2013): www.cdc.gov/obesity/data/table-adults.html.

8. Centers for Disease Control and Prevention, "Early Release of Selected Estimates Based Data from the 2014 Data National Health Interview Study. National Center for Health Statistics.": https://www.cdc.gov/nchs/data/nhis/earlyrelease/earlyrelease201605.pdf - Retrieved May 30, 2017.

9. Nutrition, physical activity, and obesity: Data, trends and maps. https://www.cdc.gov/nccdphp/dnpao/data-trends-maps/index.html.

10. Center for Disease Control and Prevention, "Facts about physical activity" (May 2014): cdc.gov/physicalactivity/data/facts.htm.

11. Johns Hopkins Medicine, "Cardiovascular Disease Statistics." www.hopkinsmedicine.org/healthlibrary/conditions/cardiovascular_diseases/cardiovascular_disease_statistics_85,P00243/.

12. Centers for Disease Control and Prevention, "Early Release of Selected Estimates Based Data from the 2014 Data National Health Interview Study. National Center for Health Statistics." https://www.cdc.gov/nchs/data/nhis/earlyrelease/earlyrelease201506.pdf.

13. The AHA's Recommendations for Physical Activity in Children (2013): www.heart.org/HEARTORG/GettingHealthy/PhysicalActivity/Physical-Activity-and-Children_UCM_304053_Article.jsp.

14. Centers for Disease Control and Prevention, 2008 Physical Activity Guidelines for Americans: Fact Sheet for Health Professionals on Physical Activity Guidelines for Children and Adolescents. Department of Health and Human Services, Center for Disease Control and Prevention, www.cdc.gov/nccdphp/dnpa/physical/pdf/PA_Fact_Sheet_Children.pdf.

15. J. S. Son, D. L. Kerstetter, and A. J. Mowen, "Illuminating Identity and Health in the Constraint Negotiation of Leisure-Time Physical Activity in Mid to Late Life," *Journal of Parks and Recreation Administration* (Vol. 27, No. 3, 2009): 96–115.

16. Ibid.

17. S. A. Wilhelm Stanis, I. E. Schneider, D. J. Chavez, and K. J. Shinew, "Visitor Constraints to Physical Activity in Parks and Recreation Areas: Differences by Race and Ethnicity," Journal of Parks and Recreation Administration (Vol. 27, No. 3, 2009): 78–95.

18. J. Salmon, N. Owen, D. Crawford, A. Bauman, and J. F. Sallis, "Physical Activity and Sedentary Behavior: A Population-Based Study of Barriers, Enjoyment, and Preference," *Health Psychology* (Vol. 22, No. 2, 2003): 178–188.

19. Ibid.

20. J. Wardle, C. Guthrie, S. Sanderson, L. Birch, and R. Plomin, "Food and Activity Preferences in Children of Lean and Obese Parents," *International Journal of Obesity and Related Metabolic Disorders* (Vol. 25, 2001): 971–977.

21. N. Trejos, "Hotels make it easier to stay fit on the road," USA Today (October 10, 2012): https://www.usatoday.com/story/travel/hotels/2012/10/10/hotel-gyms-workouts/1622289/

22. E. Scott, "Top 10 Stress Relievers: The Best Ways to Feel Better." http://stress.about.com/od/generaltechniques/tp/toptensionacts.htm.

23. R. Russell, *Pastimes: The Context of Contemporary Leisure*, 4th ed. (Champaign, IL: Sagamore Publishing, 2009).

24. J. Harter and R. Arora, "Social Time Crucial to Daily Emotional Well-Being in U.S." www.gallup.com/poll/107692/social-time-crucial-daily-emotional-wellbeing.aspx.

25. D. J. Jordan, *Leadership in Leisure Services: Making a Difference*, 3rd ed. (State College, PA: Venture Publishing, 2007).

26. W. Fleeson, A. B. Malanos, N. M. Achille, "An Intra-Individual Process Approach to the Relationship Between Extraversion and Positive Affect: Is Acting Extraverted as 'Good' as Being Extraverted?" *Journal of Personality and Social Psychology* (Vol. 83, No. 6, December 2002): 1409–1422.

27. S. Cain, "When Does Socializing Make You Happier," The Power of Introverts to Quiet Revolution: http://www.quietrev.com/when-does-socializing-make-you-happier/

28. C. R. Jensen and S. P. Guthrie, *Outdoor Recreation in America* (Champaign, IL: Human Kinetics, 2006).

29. S. Priest and G. Carpenter, "Changes in Perceived Risk and Competence During Adventurous Leisure Experiences," *Journal of Applied Recreation Research* (Vol. 18, No. 1, 1993): 51–71.

30. ESPN X Games (May 24, 2017): http://xgames.espn.com/xgames/events/2015/austin/results/

31. WebMD, "Stress Management: Ways to Relieve Stress." (May 24, 2017). www.webmd.com/balance/stress-management/stress-management-relieving-stress.

32. C. Raines, *Connecting Generations* (Menlo, CA: Crisp Publications, 2003).

33. Ibid.

34. Ibid.

35. Helpguide.org, "Laughter Is the Best Medicine: The Health Benefits of Humor and Laughter." (May 24, 2017). https://www.helpguide.org/articles/mental-health/laughter-is-the-best-medicine.htm

36. Ibid.

37. M. Csikszentmihalyi, *Finding Flow: The Psychology of Engagement With Everyday Life* (New York: Basic Books, 1997).

38. S. Lyubomirsky, K. M. Sheldon, and D. Schkade, "Pursuing Happiness: The Architecture of Sustainable Change," *Review of General Psychology* (Vol. 9, 2005): 111–131.

39. C. Carruthers and C. D. Hood, "Building a Life of Meaning Through Therapeutic Recreation: The Leisure and Well-Being Model, Part I," *Therapeutic Recreation Journal* (Vol. 41, No. 4, 2007): 276–298.

40. C. Carruthers and C. Hood, Beyond Coping: Adversity as a Catalyst for Personal Transformation. Educational session presented at the American Therapeutic Recreation Association Annual Conference, Kansas City, MO, 2004.

41. C. Carruthers, The Power of the Positive: Leisure and the Good Life. Educational session presented at the Nevada Recreation and Park Society Annual Conference, 2009.

42. D. Elkind, "Cognitive and Emotional Development Through Play," *Greater Good Magazine* (June 9, 2008): www.sharpbrains.com/blog/2008/06/09/cognitive-and-emotional-development-through-play/.

43. A. Hurd, "Board Games," in G. Cross, ed., *Encyclopedia of Recreation and Leisure in America* (New York: Charles Scribner's Sons, 2004).

44. C. R. Jensen and S. P. Gutherie, *Outdoor Recreation in America*, 6th ed. (Champaign, IL: Human Kinetics, 2006): 41.

45. R. A. Stebbins, *Amateurs, Professionals, and Serious Leisure* (Montreal: McGill-Queen's University Press, 1992).

46. R. A. Stebbins, "Casual Leisure: A Conceptual Statement," *Leisure Studies* (Vol. 16, 1997): 17–25.

47. J. Gould, D. Moore, F. McGuire, and R. Stebbins, "Development of the Serious Leisure Inventory and Measure," *Journal of Leisure Research* (Vol. 40, No. 1, 2008): 47–69.

48. R. V. Russell, *Pastimes: The Context of Contemporary Leisure*, 5th ed. (Champaign, IL: Sagamore Publishing, 2013): 165.

49. A. Cramb, "Doing the Hokey Cokey 'Could Be Hate Crime'." www.telegraph.co.uk/news/newstopics/howaboutthat/3883838/Doing-the-Hokey-Cokey-could-be-hate-crime.html.

50. M. Shores, "6 Reasons to Have Casual Sex" (August 20, 2010). AlterNet. Accessed March 8, 2013: www.alternet.org/story/147884/6_reasons_to_have_casual_sex.

51. History of Gambling in the United States, http://www.worldcasinodirectory.com/united-states/history

52. WGBH Educational Foundation (n. d.), "Gambling Facts & Stats." www.pbs.org/wgbh/pages/frontline/shows/gamble/etc/facts.html.

53. Gamblers Anonymous, "Questions & Answers about Gamblers Anonymous." (May 24, 2017): www.gamblersanonymous.org/ga/content/questions-answers-about-gamblers-anonymous.

여가에 영향을 미치는
사회문화적 요소

젠 웰터(Jen Welter)는 NFL 역사상 최초의 여성 코치(애리조나 카디널스)가 된다는 의미가 무엇인지를 숙고한다.

나는 왜 스스로를 이렇게 내버려두어야 하는가? 음, 여성에게 있어 축구는 스포츠 분야의 마지막 도전의 영역이라고 언급되어 왔다. 그러므로 NFL 팀에 있어 여성 코치를 두는 것 자체로도 많은 것을 시사한다. 소녀들과 여성들이 인식하는 데 있어 이것은 아주 중요한 한 걸음이다. 여성은 내 존재의 일부이다. 그것은 내 존재의 전부가 아니며, 여성이라는 이유만으로 내가 이 자리에 서 있는 게 아니다. 나는 축구 코치로 이 자리에 섰다.

나의 NFL에서의 기회가 세상에 가능한 무엇인가를 다른 여성들에게 보여줄 수 있고, 남성들에게 그들이 좋아하는 경기에 여성들을 위한(여성으로서 참여하여 사랑받고 존중받을 수 있는) 또 다른 차원이 있다는 것을 보여줄 수 있다면, 내가 강조하지 못할 이유가 무엇인가? 동시에, 나의 가장 중요한 의무는 아리언스(Arians) 감독과 함께 이 팀에 도움이 되는 것이다.[1]

✔ 학습목표 LEARNING OBJECTIVES

1. 나이, 성별, 성적 지향, 인종 및 민족 정체성, 사회 경제적 지위 등 여가에 미치는 영향을 조사한다.
2. 여가에서의 성별의 차이를 설명한다.
3. LGBT 커뮤니티를 위한 보다 나은 서비스 방법을 찾아본다.
4. 인종 및 민족성이 여가에 영향을 미치는 요소를 설명한다.
5. 사회 계층 간 여가 참여의 차이를 설명한다.

소개

오늘날 나이, 성별, 성적 지향, 인종 및 민족 정체성, 사회경제적 지위 등 많은 사회문화적 요인들이 개인의 여가 가치와 참여에 영향을 미친다.

아이들이 성장하면서 겪는 경험의 주요한 변화는 쉽게 확인할 수 있다. 성인 역시 마찬가지이다. 변화는 매우 느린 속도로 진행되지만 세대에 따른 차이가 존재한다. 여가 선호도는 진화하며, 새로운 활동을 시도한다. 이러한 활동 중 일부는 일생 동안 유지되는가 하면, 일부 활동은 생의 특정 시점까지 유지된다. 관심사는 이러한 활동에 대한 변화뿐 아니라 무엇보다 신체적 능력, 가족, 교육 또는 직업적 영향을 받는다는 것이다. 이 분야에서의 진전은 스포츠 경기 및 야외 레크리에이션에서 소녀와 여성들을 위한 레크리에이션 기회가 확대되는 현상과 관련하여 두드러진다. 주된 관심사가 여성과 여가에 관한 것이었지만, 현대 여가에 있어서는 남성의 역할 또한 쟁점이 되었다.

성적 지향(sexual orientation)은 여가 활동에 여러 방식으로 영향을 미친다. 동성애자, 양성애자, 트랜스젠더의 수가 보다 더 드러나면서, 시장의 초점은 이성애자 이외의 대상들에 관심을 두지 않다가 이제는 충분히 성장 가능한 시장으로 시각이 변화되고 있다.

인종적, 민족적 정체성 또한 과거에는 조직된 레크리에이션에의 전적인 참여를 제한했는데, 아프리카계 미국인뿐만 아니라 점점 증가하는 라틴계와 아시아계 사람들에게도 지속적으로 여가에 관여할 수 있도록 영향을 미친다. 세계 여러 지역으로부터의 이민이 지속되면서, 인종적 정체성에 연관된 종교적 지향은 이슬람교도뿐만 아니라 기독교도 유대인이 아닌 사람들도 국가 체계의 일원으로 등장하면서 새로운 정책적 문제가 제기될 것이다.

사회경제적 지위는 여가 활동에 대한 사람들의 참여뿐 아니라 여가 참여의 공간을 제한한다. 상류층은 상대적으로 무제한적인 서비스를 받을 뿐 아니라 영리 서비스를 거의 독점적으로 이용하는 반면, 빈곤층이나 서민들에게는 기회가 적을 뿐더러 대부분의 서비스를 비영리와 공공 부문에서 얻는다. 이것은 커다란 계층 간 차이의 시작에 불과하다.

여가에 영향을 미치는 나이 요소

나이가 레크리에이션 가치, 동기 유발 요인 및 참여 패턴에 미치는 영향에 대해 여러 해에 걸쳐 분석되었다. 수명뿐 아니라 각 단계에서 달성해야 할 성장 과정과 개발 과제가 있다. 각 연령 집단 내 개성의 차이는 차치하고, 현대 과학 기술의 발전, 사회경제적 추세, 가족 관계의 변화 역시 나이에 따른 행동 규범의 주요 변화를 실제로 야기한다. 사람들은 일생을 통해 육체적, 사회적, 인지적으로 발전하므로 레크리에이션 활동은 이러한 변화를 반영해야 하며, 각각의 나이에 걸맞아야 한다.[2]

우리는 인생 경험에서 극적 변화를 보아 왔다. 오늘날, 아이들은 과거에 비해 일찍 삶의 현실에 노출되고 훨씬 더 신체적으로 성숙했다. 역설적으로, 동시에 그들은 성인 노동 인구에 편입되기 전, 더 긴 청소년기와 학창 시절을 보낸다. 오늘날 성인들은 늦게 결혼하려는 경향을 보이고, 자녀를 적게 낳으며, 많은 성인들은 아예 결혼조차 하지 않으려 한다. 노인들의 은퇴 후 기간은 훨씬 길어졌고, 훨씬 더 많은 수의 노인들이 과거에 비해 더 활동적이고 모험적인 여가 생활을 즐기고 있다.

레크리에이션, 공원, 레저 프로그램에 대한 사회적 추세의 영향을 완전히 이해하기 위해서는 각각의 주요 연령층을 차례로 살펴보는 것이 도움이 된다. 모든 연령 집단별 개발 단계에 대한 논의 대신 유년기, 청소년기, 청년 및 중장년층을 포함한 성인의 관점에서 몇 가지 중요한 문제에 대한 개요를 제시한다.

유년기 레크리에이션

유년기는 유아기에서 십대 초반기의 아이들을 포함하는 연령 집단이다. 이 기간 동안 놀이는 아이들에게 중요한 발달상의 필요를 충족시키는데, 때로는 평생 유지될 가치와 행동 패턴을 수립해준다. 심리학자들은 유아기에서 시작하여 유치원, 유년기 중후반, 청소년기에 걸치는 인생의 각 단계에서의 놀이 역할을 연구해 왔다.

아이들은 일반적으로 (1) 주위에 다른 사람이 없는, 혼자놀이(solitary play), (2) 의미 있는 상호 작용 없이 나란히 노는, 병행놀이(parallel play), (3) 공동 또는 집단적 놀이를 함께하지만 집단보다는 개인적 노력에 집중하는 연합놀이(associative play), (4) 게

아이들은 놀이와 레크리에이션을 통해 신체적, 정서적, 사회적으로 발달한다.
© Fuse/Thinkstock/Getty.

임, 소꿉장난, 또는 구성적 활동(constructive project)에 실제로 함께 참여하는 세 살 경부터 시작하는 협동놀이(cooperative play)의 단계를 거친다. 6~7세가 되면 아이들은 느슨하게 조직된 놀이 집단에 참여하는 경향이 있으며, 8~12세 사이의 소위 갱 에이지(gang age)에서 훨씬 더 구조화되고 조직화된 집단을 형성하는 경향이 있다.[3]

놀이는 아동의 신체적, 사회적, 인지적 발달에 기여한다.

- 놀이를 통한 신체적 성장은 신체 지각, 에너지 생성과 유지, 관절 유연성과 근력 강화와 같은 미세하고 총체적 운동 발달에 기여한다.
- 언어, 개인적 자각, 정서적 행복, 타협 등 다른 아이들 및 어른들과의 교류를 통해 사회적 역량을 개발한다.
- 아이들의 인지 발달은 창의성, 문제 해결과 의사결정, 새로운 상황에 성공적으로 대처할 수 있는 능력, 그리고 학습 능력을 향상시킨다. 아이들이 상상력을 사용하여 놀이할 때 보다 창의적이고, 학교 과제를 더 잘 수행하며 배움에 대한 문제 해결방법을 개발할 수 있다.[4,5]

가족 구조의 변화 부모가 함께 자녀를 키우는 전형적인 가족 구조는 더 이상 유지되지 않고 있다. 한 부모 가정의 아이들이 지난 10년 동안 꾸준하게 늘었다(미국 기준 35%, 24,689,000명).[6] 이들 중 편모 가정의 아이들은 1,620만 명, 편부 가정의 아이들은 270만 명이나 된다.[7] 또 다른 560만 명의 아이들이 부모가 아닌 다른 어른(조부모, 이모, 기타)들에 기대어 살고 있다. 수십 년 동안 전업 주부의 수는 감소했지만 지난 12년간 미국에서의 전업 주부의 수는 조금 증가했다. 2012년에는 전체의 29%가 전업 주부였다.[8] 1989년 이후 두 배로 증가한 편부 가정은 가장 큰 증가를 보인다.[9]

이러한 가족 구조의 변화는 직업에 종사하는 가족 구성원들을 위한 레크리에이션 서비스의 요구 확장을 의미한다. 여기에는 방과 후 및 등교 전 프로그램, 자녀와 손자들에 대한 활동 프로그램, 그리고 편부모 아이들을 위한 멘토 프로그램 등이 포함된다.

과도한 스케줄로 바쁜 아이들 아이들의 과도한 스케줄은 오늘날의 문화에서 문제되고 있다. 예를 들어, 아이들의 스포츠 클리닉, 캠프 및 4세 아동을 위한 리그 등 참여의 기회가 증가하고 있다. 많은 아이들이 주말 다른 지역에서 개최되는 토너먼트 경기에 참가하는 투어 팀의 일원이 된다. 부모들은 이처럼 아이들이 어릴 때부터 운동을 시작하지 않으면 뒤처질 것이라고 생각한다. 이러한 것들이 가정의 책임, 학교 과제 및 기타 레크리에이션 활동, 수업 및 클럽 등의 요구 사항과 결부되면서, 결과적으로 오늘날 아이들을 위한 여가 시간이 정작 줄어들고 있다.

비록 예술 및 음악 수업뿐 아니라 스포츠 및 기타 교육 활동이 자녀에게 도움이 될 수 있지만, 아이들은 너무 많은 일들에 치이고 있다. 이러한 현실은 항상 자신을 위해 노력하는 부모에 대해 그 요구를 충족시키지 못한다고 느끼는 데 따른 아이들의 자존감에 손상을 줄 수 있다. 과도한 스케줄은 아이들의 삶에 불필요한 스트레스를 가중시키며, 우울증, 불안, 창의력 부족 및 문제 해결 능력의 부족으로 이어질 수 있다. 과도한 스케줄에 노출된 아이들에 대해 전문가들은 운동, 학업, 인격 함양 활동 사이의 균형이 필요하다고 제안한다. 운동 및 학업 성취도는 아이 자신이 어른들의 기대에 부응하지 못한다고 우려할 정도로 강요해서는 안 된다. 이러한 활동은 재미있고 의미가 있어야 한다. 가족과 함께하며, 아무것도 하지 않는 시간은 인격을 형성하고 스트레스를 줄이게 하며, 자신이 사랑받고 있다는 것을 보여주어야 한다.[10]

과보호 양육 각 세대에서의 양육과 자녀 보호에 대한 집착이 점차 증가하는 것으로 보인다. 최근에 새로 생긴 "헬리콥터 양육(helicopter parenting)"과 "스노플로 양육(snowplow parenting)"이라는 용어가 점점 더 보편화되고 있다. 헬리콥터 부모들은 아이의 교육, 경험, 당면 문제에 매우 많이 관여한다. 그들은 자신의 아이들 주위를 맴돌며 결코 멀리 떨어져 있지 않으려 한다. 헬리콥터 부모들은 아이들의 문제 해결을 위해 노력하는데, 결과적으로 아이들의 의존성을 키운다. 스노플로 부모들은

사례연구

헬리콥터 부모

부모님의 관점에서 다음 설문에 답하고, 대학생인 당신 주위에 부모님이 얼마나 가까이 맴돌고 있는지 알아보자.

- ◆ 자녀에게 전화 또는 이메일을 자주 하는가(하루에 한 번 이상)?
- ◆ 교수님께 자녀의 성적에 대해 문의한 적이 있는가?
- ◆ 자녀의 수업 참석을 위해 아침에 자주 깨우는가?
- ◆ 자녀의 수강신청을 위해 많은 도움을 준 적이 있는가?
- ◆ 자녀의 문제(예: 룸 메이트 갈등 등)를 해결하기 위해 대학 직원과 대화해 본 적이 있는가?
- ◆ 자녀의 과제를 대신했거나 학업에 도움을 주는 것 이상의 일을 한 적이 있는가?
- ◆ 자녀에게 대학 관련 마감일(예: 과제나 시험, 수수료 지불 등)을 상기시켜 주는가?
- ◆ 자녀에게 특정 전공 또는 직업을 선택하도록 압력을 가한 적이 있는가?

만약 당신이 위의 질문에 세 가지 이상 "예"라고 답했다면, 당신의 부모는 헬리콥터 부모일 것이다.

생각해 볼 문제

1. 이 설문에서 부모님의 점수는 어떻게 받았는가?
2. 설문 전에, 당신은 부모님이 헬리콥터 부모였다고 생각했는가?
3. 당신은 헬리콥터 부모와 자녀와의 관계를 어떻게 생각하는가?
4. 이 정도 수준의 부모 도움을 필요로 하지 않는 성인으로서의 나이를 몇 살이라고 생각하는가?
5. 헬리콥터 부모가 되지 않으려면 "예"라고 답할 수 있는 질문은 몇 가지나 될까? 이유는 무엇인가?

출처: 오레곤대학
http://counseling.uoregon.edu/Topics-Resources/Parents-Family/Helpful-Articles/Helicopter-Parents.

아이들의 길에 방해되는 어떤 장애물도 바로 해치우는 부모들이다. 헬리콥터와 스노플로 부모들은 모두 자신의 아이들에게 결점이 거의 없으며 항상 성공할 것이라는 믿음을 키운다. 이들 부모들은 자신의 아이들에 대한 부당한 대우에 대해 교사나 코치에게 맞서는 첫 사람이다.

헬리콥터 육아는 유년기 아이들뿐만 아니라 청소년들의 자기결정력을 억제한다.[11] 이러한 아이들은 때때로 자신들이 부닥친 문제와 쟁점으로부터 부모가 구제해주므로 자신들의 행동에 따른 책임을 수용하지 못한다. 비록 자주 부정적인 모습으로 묘사되고, 대부분의 부모들은 자신이 헬리콥터 부모라는 것을 부정하지만, 여기에는 긍정적인 면도 있다. 아이가 좋은 결정을 내릴 수 있게 돕는 부모와 아이의 밀접한 관계는 아이가 자립적인 성인이 되는 데 도움을 줄 수 있다.

상업 매체의 영향-폭력과 섹스　오늘날 아이들의 삶에 미치는 또 다른 중요한 영향은 주위 환경에 무차별적으로 노출되어 있는 영화, 텔레비전 쇼, 비디오 게임, 음악에 포함된 압도적인 폭력과 성적 내용의 세례에서 비롯된다.

아이들은 다른 어떤 활동보다 TV 시청에 많은 시간을 보내기 때문에, 폭력과 섹스에 대한 매체의 묘사에 대한 논의가 많았다. 75%의 어린이들이 침실에 텔레비전이 있고, 매년 1만4천 건의 성적 메시지에 노출되어 있다. 18세가 되면 아이들과 청소년들은 1만6천 건의 가상의 살인과 2십만 건의 폭력 장면을 보게 된다.[12]

지난 30년간 미국 심리학회는 언론이 어린이들의 공격적인 행동을 증가시킨다고 주장해 왔다. 더불어 텔레비전에서 볼 수 있는 폭력을 제한하면, 아이들의 또래에 대한 공격적인 행동을 줄일 수 있다.[13]

야외 놀이의 부족　아이들은 야외에서 자연이 제공하는 모든 것을 경험하기보다 실내에 머물며 컴퓨터, 비디오 게임 및 텔레비전과 보내는 시간이 점점 많아지고 있다. 리처드 루브(Richard Louv)는 이전 세대와 같은 야외 체험을 하지 못하는 이유를 그의 책에서 설명하였다.[14] 부모는 아이들을 밀접하게 주시할 수 있도록 놀이와 탐험의 장소를 제한한다. 그들은 구조적 감독 아래서의 자유로운 야외 놀이를 선호한다. 아이들이 집 밖에서 돌아다닐 수 있는 반경은 20년 전의 1/9에 불과하다. 그나마 이것도 지난 10년간 아동 안전이 꾸준히 개선되어 30년 전에 비해 훨씬 안전해진 때문이다.[15]

루브는 아이들이 자연과 접할 때의 긍정적인 효과에 관한 연구들을 검토했다. 자연은 아이들의 정서적 건강을 향상시킬 수 있다고 확인되었다. 또한 자연은 우울증을 유발하는 일상의 스트레스를 덜어주며, 집 근처에서 자연을 접하는 아이는 행동장애, 불안 및 우울증에 대한 문제가 거의 없다.[16] 자연은 또한 지적 강화 요소로 간주된다. 무어(Moore)와 홍(Hong)은 자연 환경이 아동의 감각을 자극하고 정형적 학습과 비정형적 놀이를 함께 이끌어내며, 이러한 감각적 경험은 아이가 지적으로 성장하는 데 도움이 된다고 제안한다.[17]

주의력결핍 과잉행동장애(ADHD, Attention Deficit Hyperactivity Disorder)는 오늘의 젊은이들 사이에서 증가하는 현상이다. 점점 더 많은 아이들이 주의력, 집중력, 청취 및 지시 이행에 어려움을 겪는 ADHD 증상의 억제를 위해 처방약을 복용하고 있다. 연구자들은 자연 상태에서 아동의 주의력 및 집중력을 높여 ADHD 증상을 완화시킬 수 있다고 주장한다. 숲에서 산책하거나 공원과 같은 열린 공간에

새로운 기술을 배우고, 예술을 통해 창의성을 표현하고, 자연을 경험하는 등의 모든 일은 개인의 행복을 강화한다.
© sonya etchison/Shutterstock.

서 놀거나 뒷마당에서 시간을 보내는 등 단순한 일로부터 매우 큰 혜택을 얻을 수 있지만, 이러한 유형의 활동은 감소하고 있다.

청소년기 레크리에이션

미국 인구조사국의 추산에 따르면, 수년간의 감소를 지나 1990년대 초 증가하기 시작한 십대 인구는 최소한 2045년까지 계속해서 증가할 것으로 예상된다. 그때까지, 미국에서 10~19세 사이의 인구는 5천백만 명을 넘어설 것으로 예상된다.

이 세대 젊은이들은 더 빨리 성숙하고, 기술적으로 꽤 정통하며, 여가에 대한 요구를 잘 알고 있다. 이 집단은 다양한 이유로 인해 공원과 레크리에이션 전문가들에게 상당히 도전적인 그룹으로 인식되고 있는데, 그중 일부는 여기에서 논의된다.

십대 고용 2010년부터 십대들의 고용(employment)은 상당히 안정된 상태가 유지되어 대부분의 청소년들은 여름에 일을 한다. 고용된 청년의 27%는 레크리에이션 및 (음식업을 포함한)호텔 관광 업계에서 일하고, 20%는 소매업에서 일하며, 11%는 교육 및 보건 서비스 분야에서 일한다.[19] 이들은 명확히 인명 구조나 캠프 상담원과 같은 레크리에이션 직종의 고용을 책임지는 주요 집단이다. 많은 십대들이 고용되어 있지만, 고등학교 졸업까지 직업을 갖지 못하는 이들 또한 여전히 많은데, 그 이유가 십대들에게 스포츠 및 학업에 전념하기를 원하는 부모들 때문일 수 있다. 한편으로 지역사회 내의 고용 가능한 직업의 부족을 포함한 몇 가지 다른 이유 때문일 수도 있다. 이러한 고용 전망이 공원 및 레크리에이션 기관에 제시하는 의미는 이 연령대를 위한 프로그램과 서비스를 지속적으로 제공할 필요가 있다는 것이다.

부정적인 청소년 여가 추구의 경향 십대들의 부정적 여가 활동은 마약과 음주, 도박, 그리고 성적인 것들을 포함한다. 그 비율은 각각에 따라 다르다. 예를 들어, 국립약물남용연구소(National Institute on Drug Abuse)에 따르면 지난 5년간 십대들의 음주, 흡연, 불법 마약 소비는 감소했다. 합성 약물 및 처방약 사용이 현저하게 감소하는 대신 마리화나는 꾸준히 유지되고 있다. 하지만, 전자 담배의 사용이 급격히 증가했다.[20]

음주 또한 청소년들에게 큰 문제이다. 문제는 사교적 음주보다는 폭음에 있다. 폭음은 단기간에 다량의 알코올을 섭취하는 것이다. 예컨대, 지난 2주 동안 남자는 5회, 여자는 4회 연속으로 마셨다는 것을 의미한다.[21] 폭음은 1980년 41.2%에서 2012년 23.7%로 계속 감소하고 있다.[22] 폭음의 결과는 싸움, 공격성, 단기 의식 상실(blackout), 성적 활동의 증가, 기억 상실로 나타난다.

청소년 도박 또한 증가 추세에 있다. 전체 10대의 60~80%가 지난해 적어도 한 번은 도박을 했을 것으로 추정된다.[23] 복권, 친구들과의 작은 내기, 온라인 도박, 또는 스포츠 복권 등이 있다. 도박이 청소년들에게 문제가 된다면, 그것은 과민 반응, 수면 부족으로 인한 피로감, 성적 저하, 도박 자금 마련을 위한 소소한 범죄 및 비행의 증가이다.[24] 온라인 도박은 접근 가능한 수만 개의 웹사이트와 TV 광고 등으로 십대들을 주요 소비자로 끌어 들이고 있다. 이들 또래들에게 있어 도박 기회에 대한 노출은 절대 부족하지 않다.

2013년, 국제가족계획연맹(Parenthood Federation)은 미국의 십대 임신율이 서구 선진국 중 가장 높다고 발표했다. 그러나 피임법의 확산으로 40년 만에 미국에서 가장 낮은 수준을 보이고 있다. 2013년에는 전체 고등학생의 47%가 성관계를 가진 것으로 보고했는데, 이는 1991년의 54%에서 감소한 것이다.[25] 여학생의 13%와 남학생의 17%가 고등학교에서 4명 이상의 성적 파트너와 관계하고 있다고 보고되었으며, 34%는 현재도 성적 활동을 한다고 보고되었다. 이들 중 22%는 최근에 성적 만남에서 술이나 약물을 사용했다고 보고했다.[26]

휴대전화를 통해 노골적인 메시지나 사진이 교환되는 '섹스팅(sexting)'은 지난 몇 년간 뉴스거리로 오르내렸다. 이러한 행위의 유행에 관한 통계에서는 많은 차이가 있는데, 54%에 이르는 성관계 경험 십대 중 7% 정도의 낮은 비율을 보이는 것으로 보고되었다. 섹스팅은 왕따의 경우나 십대의 자살과 같은 부정적 결과가 야기될 때마다 미디어의 관심을 끌어 모은다.

테크놀로지 십대들은 휴대전화 및 여타 테크놀로지의 열성 사용자들이다. 모든 십대들의 73%가 스마트폰을 가지고 있다. 십대들은 다른 어떤 기기보다 휴대전화를 사용하여 인터넷에 접속한다. 휴대전화 사용에 따른 이러한 변화와 더불어 십대들은

사례연구

십대를 위한 레크리에이션 프로그래밍의 도전

여기에 논의된 대부분의 십대 문제들은 그들의 레크리에이션 욕구에 영향을 미친다. 많은 공원과 레크리에이션 기관에서 십대들은 프로그램, 활동 및 이벤트 개발에 가장 어려운 대상 집단 중 하나이다. 이미 논의된 십대 경험의 변화로 인해 청소년 단체 및 청소년 자문위원회 설립과 같은 다양한 접근이 시도되어 왔다. 예를 들어 팔로알토(Palo Alto) 시의 레크리에이션국은 청소년자문위원회(Teen Advisory Board)와 청소년위원회(Youth Council)를 설립했다. 청소년자문위원회는 동료 학생들을 위한 활동을 계획하고 이끌어가는 고등학생 그룹이다. 시는 또한 이러한 활동을 위해 특별히 청소년센터를 운영한다. 청소년위원회는 지역 사회에서 십대들에게 발언권을 주기 위해 설립되었다. 그들은 레크리에이션국 및 시의회와 긴밀하게 협력하며, 지역 사회의 청소년 문제, 활동 및 관심사를 연구한다.

생각해 볼 문제

1. 십대 시절 당신의 지역 사회에서의 레크리에이션 경험은 어떤 것이 있었는가? 그들은 학교, 가족, 친구 혹은 이웃에 중점을 두었는가? 이러한 활동이 지역 공원, 레크리에이션 부서 또는 YMCA와 같은 기관의 일부였는가?

2. 공원과 레크리에이션 기관이 십대들에게 레크리에이션 기회를 제공하는 데 있어 직면하는 어려움은 어떤 것이 있을까? 어떻게 이러한 도전들을 극복할 수 있을까?

3. 전국의 청소년자문위원회 세 곳을 검색하고 찾아보자. 각각을 비교 대조하라.

4. 청소년자문위원회가 없는 지역을 선택하라. 여러분이라면 어떻게 이사회를 설립하고 운영할 것인지에 개략적으로 설명하라.

출처: http://www.cityofpaloalto.org/gov/depts/csd/teen_services.asp

끊임없이 서로 연결되어 있다. 십대들은 어떠한 형태의 비대면 의사소통보다 더 많은 문자 메시지를 이용하며, 통화는 가장 가까운 친구에게 시도한다.[27] 십대들이 휴대전화를 사용하는 시간 때문에 부모들은 소셜미디어로 형성된 관계, 사이버 폭력, 온라인 활동이 장래의 학업이나 고용 기회에 미칠 영향, 그리고 부적절한 개인 정보의 공유 및 유출에 대해 우려한다.

따분함, 그리고 흥분의 욕구 19세기의 마지막 수십 년부터, 아이들과 청소년을 위한 긍정적 레크리에이션 프로그램과 시설을 제공해야 한다는 인식은, 건설적인 자유 시간이 젊은이들을 길거리에서 벗어나게 할 뿐 아니라 따분함으로 인해 발생할 수 있는 비행을 방지하는 데 도움이 된다는 믿음에 기초한 것이었다. 범죄 행위로 체포된 청소년들은 지루했다거나, 할 일이 없다거나, 해당 행위 자체가 재미있어서였다고 변명했다. 그러나 그러한 형태의 스릴 추구 놀이는 때로는 폭력, 마약 및 음주 사고, 또는 다른 자멸적 경험을 동반한 비극으로 끝나는 경우가 많다.

변화하는 십대의 경험 청소년기는 십대들에게도, 그들의 친구에게도, 가족들에게도 힘든 시기이다.[28] 그들은 자기 정체성 문제, 우울감, 사춘기, 친구에 대한 보다 많은 의존성, 그리고 사생활과 독립에 대한 더 큰 욕구와 씨름하고 있다. 그들은 지나치게 인기에 관심을 가지며, 현상에 도전하고, 외모에 관심을 가지며, 또래들에 의해 강하게 영향을 받는다.[29] 비록 부모들이 지금이 자신들에게 어려운 시기라고 느끼지만, 또한 청소년 자신들에게도 어려운 시간이다.

성인들의 레크리에이션

10대 후반 이상의 사람들로 정의되는 현대 사회의 성인 인구는 논리적으로 여러 연령대, 생활양식 또는 세대로 세분될 수 있다. 비록 많은 삶의 경험들이 광범위한 이 연령대에서 일어나지만, 이 세월을 통하면서 사람들이 어떻게 발전하는지에 대한 전반적인 그림을 보는 것이 중요하다.

청년층 10대 후반에서 30대 후반까지 이어지는 젊은 성인 인구에는 Y세대와 몇몇 기성세대가 포함된다. 그들에게 있어서는, 단일 세대의 인구가 폭발적으로 증가했다. 이 세대는 결혼을 하더라도 늦게 할 것이다. 과거에는 '독신'이라고 하면 보통 외로운 사람을 의미했거나 행복한 결혼 생활로 가기 전 일시적으로 혼자 사는 누군가를 의미했다. 하지만 자아도취적 쾌락과 자기만족을 강조하는 'Me 세대' 10년 동안, 독신은 스스로의 행복한 결론(또는, 최소한 청년기 후반까지 장기적으로 즐기는 것)으로 여겨졌다. 이러한 경향이 분명해지자, 연간 400억 달러 규모로 추정되는 소비 여력이 있는 이 새로운 인구 집단의 요구를 충족시키기 위해 수많은 독신 전용 시설들이 만들어졌다. 독신자 전용 복합 아파트, 바, 리조트에서의 주말 프로그램, 지역 교회의 사교모임, 유람선 및 다양한 레저 프로그램 등이 생겨났다.

청년층 인구의 하위 집단으로서, 대학생들은 일반적으로 학생이라는 그들의 신분으로 인해 여가 활동의 선택에 강하게 영향을 받는다. 집에서 통학하는 학생들은 비교적 여가 시간이 적고, 때로는 일자리를 갖고 학교를 오가며, 종종 여가의 많은 부분을 이웃의 친구들과 함께한다. 대학 캠퍼스에 살고 있는 학생들은 일반적으로 사회단체 또는 종교단체, 운동경기, 친목단체, 대학 연합 프로그램, 오락 및 문화 활동에 참여한다. 많은 대학생들은 집을 떠나 부모의 감시 없이 쾌락적인 놀이에 참여할 수 있는 최초의 기회라고 생각한다. 부분적으로, 이러한 반응은 대다수 신입생들이 겪는 스트레스에 대한 반응으로 나타난다. 남녀 신입생들 모두 과거 세대보다 더 높은 불안감과 스트레스를 받고 있다. 많은 이들이 대학 등록금으로 인한 빚, 졸업 후 취업 전망, 파트 타임 근무, 그리고 성공 압박에 대해 걱정한다. 이로 인해 오늘날 대학

세대들

세대란 비슷한 시기의 역사, 유행, 사건의 경험을 통해 유사한 특성을 공유하는 사람들의 집단이다. 세대를 나누는 한 가지 방법은 다음과 같다.

침묵의 세대(Silent generation): 1937년에서 1945년 사이에 태어난 이들로 대공황, 제2차 세계대전, 아멜리아 에어 하트(Amelia Earhart)의 대서양 횡단 단독 비행, 사회보장법의 통과를 경험했다.

베이비붐 세대(Babybooer generation): 1946년과 1964년 사이에 태어난 이 그룹은 우드스탁, 한국전쟁, 재키 로빈슨(Jackie Robinson)의 흑인 최초의 메이저리그에 진출, 바비(로버트 케네디)와 존 F. 케네디 대통령 그리고 마틴 루터 킹의 암살을 목격했다.

X세대(Generation X): 1965년에서 1976년 사이에 태어난 이들은 워터게이트, 마이클 잭슨의 전성기, 브레이크 댄스, 마돈나를 경험했다.

Y세대, 또는 밀레니얼 세대(Generation Y, Millennial Generation): 1977년과 1990년 사이에 태어난 이 그룹은 MP3 플레이어, 휴대전화, 휴대용 컴퓨터와 함께 기술적 붐을 경험했다.

Z세대(Generation Z): 1991년에서 2012년 사이에 태어난 이 그룹은 지역 사회와 학교, 그리고 놀이에서 매우 다양한 환경에 노출되어 있다. 이들은 인터넷, 휴대전화, 테러리즘이 없는 세상을 결코 상상하지 못한다.[31]

생들은 수십 년 만에 정신 건강이 가장 낮은 결과를 초래했다.[30]

대부분의 독신 청년들은 그들의 여가를 긍정적이고 건설적인 방법으로 사용할 수 있다. 특히, 학교를 마친 후 경제적으로 독립적인 사람들은 여행, 스포츠 및 피트니스 클럽 참여, 사회적 클럽 활동 또는 대중적 오락, 취미 및 창의적 활동에 대한 참여를 통해 대학 및 공동체 모두에서 자신의 삶을 풍요롭게 한다.

비록 수백만 명의 남녀들이 지속적으로 늘어나는 독신 추세에 동참해 왔지만, 오늘날 대다수의 젊은이들은 결혼과 가족을 선택한다. 결혼하고 아이가 있을 때 여가 행동은 뚜렷이 영향을 받는다. 사회 활동은 부부가 사는 이웃을 중심으로 이루어지는 경향이 있고, 가정은 부모와 자녀들의 활동을 위한 레크리에이션센터가 된다. 가족은 종교단체, 주민 및 이웃들의 모임 또는 학부모-교사 단체가 후원하는 사회 프로그램에 참여한다. 아이들이 조직화된 지역 사회 프로그램으로 이동함에 따라, 부모들은 자신들의 여가를 스카우트 그룹, 스포츠 팀 코치 및 매니저 또는

청년층을 위한 여가는 때로는 가족과 친구 모두를 아우른다.
© Monkey Business/Fotolia.com.

이와 유사한 위치에 있는 리더 역할로서 사용한다.

이 연령대에서 여가를 가장 즐기지 못하는 계층은 늘 일을 해야만 하는 편부모들로, 어려운 경제적, 정서적 환경에서 가정을 꾸리면서 동시에 자기 자신을 위해 필요한 사회적 발산과 레크리에이션 기회를 찾고 있다.

중년층 현재의 중년층은 X세대와 베이비붐 세대로 분류된다. 그들은 약 40세에서 65세 사이로 현재 인구의 대부분을 차지한다.

뿐만 아니라 베이비 붐 세대는 생활 방식에 있어서 매우 많은 다양성을 보인다. 어떤 이들은 가족을 위해 헌신하는 한편, 어떤 이들은 여전히 미혼이다. 어떤 이들은 스포츠에 관심이 있거나 자연주의를 지향하는 반면, 다른 이들은 예술, 취미, 또는 문학에 전념한다. 이 연령대의 점점 더 많은 사람들이 직업에서 찾은 창의적인 만족에 높은 가치를 두기 시작했고, 가족 및 개인적 몰두에 더 많은 시간을 쏟기 시작했다.

중년 부모들의 경우, 자녀들이 독립하거나 심지어 자신들의 가족을 이루게 되면서 여가 활동 패턴이 변하기 시작한다. 가족 부양에 따른 많은 시간과 에너지를 쏟아 부었던 많은 부모들은 이제 이러한 압박에서 벗어나기 시작했다. 그들은 활용 가능한 시간이 많을 뿐만 아니라, 새로운 흥미와 도전을 통해 삶에서의 다른 의미와 성취를 찾고자 한다.

많은 레저 서비스 업체들은 베이비붐 세대의 영향과 그것이 그들의 해당 기관에 미치는 의미를 인식하고 있다. 이 연령대의 사람들은 은퇴하면서 스스로 바쁘게 지낼 수 있는 활동들을 찾을 것이다. 이 그룹은 소비할 수 있는 돈을 모은 채 은퇴하고, 과거의 은퇴자들보다 건강하다. 게다가 베이비붐 세대들은 새로운 것에 대한 시도와 낯선 곳으로의 이동을 두려워하지 않는다. 그들은 인생에서의 은퇴 및 조용한 노인복지센터에서의 수동적 게임을 거부한다. 그들은 스스로를 노인으로 인식하지 않기 때문이다. 늙지 않았음을 보여주기 위해 여전히 활동할 계획이므로 이를 위한 레크레이션 및 관광 서비스가 필요할 것이다.

노인 레크리에이션

노인이라 함은 60대 중반 이상의 사람들, 또는 나이든 베이비붐 세대 및 침묵의 세대로 정의된다. 기대 수명의 증가를 고려할 때, 이 집단은 상당히 크고 다양하다. 이 집단은 성인의 범주를 나눈 바와 같이 여러 단계를 거친다.

활동적 노인 성인 레크리에이션과 여가는 특히 60대 후반이나 정규직에서 은퇴한 대부분의 노년의 삶에서 높은 우선순위를 차지한다. 때론 배우자나 친구를 떠나보내

베이비붐 세대의 특징

베이비 붐 세대는,

- ◆ 이전 세대보다 더 건강하고, 더 활동적이며, 더 유행을 따른다.
- ◆ 여행 및 테크놀로지에 관심이 있다.
- ◆ 시간의 본질을 꿰뚫는다. 그들에게는 가고 싶은 곳과 보고 싶은 사람들이 있다.
- ◆ 광고에 대해서는 입소문에 많이 의존한다.
- ◆ 자신이 늙었다고 생각하지 않으며, 실제 나이보다 10년 젊다고 느낀다.
- ◆ 스스로를 살필 줄 알며 고급 자동차, 보석 및 식도락의 가장 큰 구매자이다.

출처: St. Clair, S. (2008). A Booming Market: Recreation and Fitness for Baby Boomers. Recreation Management. http://www.recmanagement.com/feature_print.php?fid=200802fe03

사례연구

베이비붐 세대를 위한 프로그램

베이비붐 세대는 현재 인구의 가장 큰 부분을 차지한다. 그들은 소비할 만한 재정적 자원이 있고, 은퇴 속도가 빠르고, 기술을 두려워하지 않으며 여행과 새로운 경험을 원한다. 이러한 상황은 이들을 공원과 레크리에이션 시장의 주요 대상으로 자리매김한다. 이 때문에 지역 공원과 레크리에이션 기관은 이 집단을 위한 프로그램의 확장 필요성을 인식했다. 당신이 지역 사회에 성인 활동의 새로운 책임자로 고용되었다. 당신의 담당 업무는 65세 이상의 연령대를 대상으로 하는 프로그램을 개발하는 것이다.

수행 과제:

1. 별다른 조사 없이, 베이비붐 세대들에게 제공하고 싶은 활동과 행사의 목록을 작성하라. 목록을 학급의 다른 학생들과 비교하라. 전체 학생들의 목록에 따른 정주적 관점 대 활동적 관점의 비율은 얼마나 되는가? 얼마의 학생이 "노인"에 대해 고정관념을 가지고 있는가?
2. 베이비붐 세대만을 위한 프로그램을 제공하는 다섯 개의 기관을 온라인에서 찾아보자. 다음 정보를 수집한다.
   a. 프로그램을 무엇이라고 명명하는가?
   b. 정주적 관점과 활동적 관점의 프로그램이 있는가?
   c. 어떤 종류의 수수료가 부과되는가?
   d. 어떤 프로그램이 노인들에 대한 고정관념에 따른 것이라 생각하는가?
   e. 놀라운 프로그램에는 어떤 것이 있는가?
3. 조사에서 확인한 프로그램 중 가장 우수하고 창의적인 프로그램을 선택하라. 제공하고자 하는 초기 활동의 일정을 수립하라.

고 무료한 시간을 달랠 일거리가 없는 사람들은 새로운 관심사를 개발하거나 때로는 새로운 관계를 맺고자 하는 정서를 가진다.

지금의 노년들은 과거보다 훨씬 더 활동적이고, 활기차고, 경제적으로 안정되어 있으며, 행복하다는 관점이 일반적이다. 재정적 지원과 연금이 개선되면서, 훨씬 더 많은 노인들이 상대적으로 경제적 여유와 훨씬 긴 은퇴 기간을 영위할 수 있게 되었다. 연구에 따르면 많은 노년들이 지속적인 성관계를 즐기며 70,80대까지 활동적이고 창의적인 삶을 유지하는 것으로 나타났다.

노인들의 삶은 지난 30~40년 사이에 극적으로 변화되었다. 훨씬 더 오래 살 뿐만 아니라, 생활양식에 있어서도 가족의 역할, 사회 활동, 경제적 요인 및 기타 중요한 조건들에 있어서도 과거 세대들과 근본적으로 다르다.

노인들은 진부한 여가 활동을 탈피하여 다양한 활동에 참여하고 있다.

© M.G. Mooij/Shutterstock.

가족 구조의 변화   과거에는 여러 세대의 가족들이 함께 사는 방식이 일반적이었다. 노인들은 계속해서 자녀와 손자 손녀들의 애정과 지원을 받을 뿐 아니라, 가족생활에서도 의미 있는 역할을 했다. 점점 더 많은 수의 노인들이 더 오랜 기간 지속적으로 홀로 된 삶을 산다. 비록 대다수의 노인들은 요양원에서의 삶을 원하지 않지만, 나이 들수록 보살핌은 필요하다. 노인 생활공동체, 은퇴자 공동체 및 여타의 노인 공동체 시설이 증가하고 있다. 필요한 복지 수준(전혀 신경 쓰지 않아도 되는 상태에서 종일 돌봄에 이르기까지)에 따라, 나이 들수록 이러한 유형의 공동체를 필요로 할 수 있다. 이러한 공동체는 거주자들을 위한 간호, 일상생활 지원, 사회화, 그리고 레크리에이션 기회를 제공한다. 많은 사람들은 이것을 장성한 자녀들이나 그 가족과 함께 사는 것보다 더 나은 대안으로 본다. 몇몇의 고령자 시설들은 개인이 필요로 하는 돌봄 수준의 증가에 따라 거처를 옮겨준다. 보다 고령자는 완전 자급자족 가능 시설로 들어갈 수 있고, 건강 상태에 따라 동일 시설 내 다른 거처로 옮겨 갈 수 있다. 이러한 주거 방식은 개인에게 지속성과 친숙성을 가질 수 있게 한다.

긍정적 변화   앞서 말한 부정적인 추세에도 불구하고, 사람들은 과거보다 더 오래, 더 행복하게, 더 건강하게 살고 있다. 사실, 다른 연령대들과 비교할 때 놀랄 만큼 건강하다는 새로운 증거가 있다. 80대 후반과 90대까지 사는 사람들의 연간 평균 의료 보험료는 더 일찍 사망하는 사람들보다 훨씬 더 낮다. 그 이유 중 일부는 나이 든 노

인기 있는 휴가 옵션으로 자리 잡은 하우스 스와핑

점점 더 하우스 스와핑(swapping) 즉, 주택 교환에 관여하고 있다. 주택 교환은 다른 지역에 있는 누군가의 집을 사용하는 대신, 다른 지역의 또 다른 사람들이 자신의 집을 이용할 수 있게 제공해주는 방식이다. 플로리다의 어떤 부부가 스페인의 부부의 휴가를 위해 자신들의 집을 2주 동안 사용하게 하는 동시에 플로리다 부부는 같은 기간에 스페인 부부의 집에서 휴가를 보낸다.[32]

년층이 상대적으로 건강하다는 이유 때문이다. 보다 젊은 나이에 사망하는 사람들의 주요 사망 원인인 암과 심장병은 노인들에게는 별로 영향을 미치지 않으며, 알츠하이머 또한 이제는 젊은 남녀들에게 발병하는 경향이 있다. 오늘날 100세 이상 인구는 점점 늘어 8만 명에 이르며, 이들 중 85%가 여성이다.[33]

의료 서비스가 개선되면서 사람들은 더 오래, 더 건강하게 살 뿐만 아니라, 다른 삶을 누리고 있다. 특히 노인 인구가 급증하고 있는 뉴멕시코, 애리조나, 네바다, 플로리다 등 이른바 '은퇴자들의 주'에서는 활발한 스포츠 및 자원 봉사, 학교 복귀, 친구 및 관계의 새로운 네트워크 개발 프로그램을 추진하고 있다.

레크리에이션과 레저의 특별한 기여　레크리에이션 참여는 노년층의 여러 중요한 신체적, 정서적, 사회적 필요를 충족시킨다. 규칙적인 운동은 체중 감량을 돕고, 일반적인 감염에 대한 면역을 증진시키며, 관절염 감소, 항우울증, 기억력과 수면의 질을 향상시켜, 심장병, 뇌졸중, 암, 골다공증 및 당뇨병 예방에 특별히 이바지함으로써 노인들을 위한 다양한 건강 가치를 증대시킨다.

사회적 혜택 측면에서, 노인들에게 영향을 미치는 주요 문제 중 하나는 스스로 고립되어 가족생활이나 지역 사회에서 중요한 역할을 한다는 감각을 잃어버리는 경향이 있다는 것이다. 따라서 지역 봉사와 자원봉사는 노인들에게 유용한 여가 활동이다. 실제로 자원봉사는 종종 노인들을 위한 유급 노동을 대체하는 만족스러운 대안으로 평가받는다. 노인들은 자원봉사를 통해 중요한 인식과 자긍심을 얻는다. 정기적 활동 계획의 차원에서 노인들 삶의 체계를 잡아주고 때로는 친교를 쌓거나 다른 집단에의 참여로 이어지는 사회적 접촉을 제공한다.

노인들을 위한 또 다른 중요한 여가 활동에는 지속적인 교육이 포함된다. 수업이나 워크숍, 지역 사회 프로그램 또는 "로드 스콜라(Road Scolar, 예전에 Elderhostel 이라고 알려진, 1975년 설립된 시니어 교육 프로그램 제공 비영리단체)", 평생 교육 프로그램이 여기에 해당된다.

노인들은 점점 더 기술에 숙련되어 여행과 여가에 대한 정보를 인터넷을 이용해 수집한다. 이는 이 집단과의 의사소통을 위한 레저 업계의 전자적 수단의 중요성을 더욱 강조한다.

또 한편의 노인들은 예술, 글쓰기, 사회봉사, 또는 다른 미지의 영역에 대한 개인적 참여를 통해 새로운 창의성 개발 시기에 접어들어 새로운 지평을 개척하기도 한다. 오늘날 기대 수명의 증가는 끝이 아니라, 뒤늦은 자신의 꿈을 이루는 "대기만성(late bloomers)"의 기회를 확장하는 인생 중반전으로 볼 수 있다.

여가에 영향을 미치는 성별 요소

연령대의 문제 외에도 여가에서 중요한 역할을 하는 두 번째 요소는 성적(sexual) 또는 성별(gender) 정체성 및 가치관과 관련이 있다.

여기서 섹스(*sex*)와 젠더(*gender*)의 두 개념을 구분해서 사용할 필요가 있다. 비록 자주 상호 대체하여 사용되기는 하지만, 사회과학자들은 일반적으로 섹스라는 개념을 각각의 성으로써 소유하는 구조와 기능면에서의 생물학적 또는 물리적 식별에 사용되는 원칙으로 수용한다. 대조적으로 젠더라는 개념은 사회가 남성과 여성에게 일반적으로 부여하는 광범위한 특성, 역할 또는 행동을 기술하는 데 사용한다. 간단히 말하자면, 남성(*males*)과 여성(*females*)이라는 단어는 섹스적 특성에 적용되는 반면, 남성성(*masculine*)과 여성성(*feminine*)은 젠더적 특성에 적용되는 서술 형용사이다.

역사를 통틀어 남성과 여성의 구별은 생식 기능을 넘어 확장되어 왔다. 이러한 구분에는 가족이나 부부의 역할, 교육적 지위, 직무 기회, 정치적 영향 및 일상의 모든 여러 측면이 포함된다. 어린 아이들 사이에서 놀이는 성적 고정 관념을 강화하는 데 도움이 되었다. 소년들은 장난감 총이나 카우보이 복장을 선물 받았고, 의사, 소방관, 비행 조종사 등 정서적으로 남성성 역할이 장려되었다. 소녀들은 인형을 선물 받거나 아기 돌보기, 요리와 바느질, 간호사 또는 승무원 역할 같은 틀에 박힌 여성성의 역할을 장려하는 도구를 사용했다. 제2차 세계대전 이후 부활된 페미니즘 운동의 영향으로 사회는 이러한 역할과 가정에 의문을 제기하고 어린 시절의 그러한 성 차별적 놀이에 도전하기 시작했다.

여성과 여가

20세기 초반, 소녀와 여성에게 부여된 리더십 역할 및 활동뿐 아니라 집단 내에서의 업무 능력에 대한 기대는 여성을 역량이 미약하고 보잘 것 없으며, 추진력과 자신감 및 경쟁력이 결핍한 존재로 보는 과거의 인식을 반영하였다. 근면함과 강인한 신체적 능력 및 건강 요구에 잘못된 빅토리아 시대의 신념과 오해 또한 소녀와 여성들을 위한 프로그램의 제한을 야기했다.[34] 육체적 활동은 여성성을 손상시키고, 모성에 부정적인 영향을 미치며, 여성의 정신 건강을 해치는 것으로 간주했다.[35]

페미니스트 운동의 영향　빅토리아 시대 이후 시대상이 변했음에도 불구하고, 여전히 스포츠와 레크리에이션에 대한 여성 참여에 대한 경험, 태도, 기대에는 남성들과 차이를 둔다. 평등을 향한 변화에 영향을 미친 주요한 요소는 페미니스트 운동이었다.

여성들을 위한 여가는 페미니스트 운동의 영향으로 변화되고 개선되었다.
Courtesy of Deb Garrahy.

　페미니즘은 남성과 여성 사이의 정치적, 사회적, 경제적 평등으로 정의된다. 이 평등은 여성들이 남성들과 같이 투표할 권리를 요구하면서 정치적으로 드러났다. 1920년 여성들의 투표권을 인정한 미국 수정헌법 제9조가 통과됨에 따라 1950년대 이후 여성들이 노동운동에 뛰어들기까지 페미니즘 운동은 사실상 사라졌다. 여성들이 노동운동에 뛰어들면서 평등 임금뿐 아니라, '남성들의 일'이라는 고정관념에 사로잡혔던 직업에의 참여도 요구했다. 오늘날 정치경제적 측면에서의 페미니즘적 요구는 여전히 존재하지만, 가장 큰 영향을 받는 것은 페미니즘의 사회적 측면이다.

 타이틀 IX

1972년 시행된 교육법 개정안 타이틀 IX(Title IX)는 "미국 내 어느 누구도 성별을 근거로 연방 재정 지원을 받는 교육이나 활동 참여에 배제되거나 차별 대우를 받지 못한다"라고 규정한다. 비록 대다수의 사람들이 운동경기와 관련되지만, 또한 교육(직업 및 직업 프로그램 포함), 입학 및 고용 정책, 표준 학력평가, 그리고 임신 및 육아에 대해서도 다루고 있다. 타이틀 IX는 고교와 대학의 모든 여성 운동 선수의 기회를 개선하는 데 도움이 되었다. 타이틀 IX에 반대하는 사람들은 종종 남성들을 위한 운동의 기회를 축소한다고 주장한다. 그러나 이것은 정확한 평가가 아니다. 1972~2015년의 선수 인원은 다음 표와 같이 조사되었다.[36]

	1972	1981	2011	2015
남자	170,384	225,880	235,800	273,114
여자	31,852	98,700	177,800	209,419

2013년 오거스타 내셔널에 마침내 여성 멤버를 추가하다

대부분의 골프 클럽들은 남성과 똑같은 권리를 지닌 여성 회원의 멤버십을 제한한다. 하나의 눈에 띄는 사례가 2012년 12월 37일자로 두 명의 여성 회원 콘돌리자 라이스(Condoleezza Rice)와 달라 무어(Darla Moore)를 처음으로 인정한 오거스타 내셔널 골프 클럽(Augusta National Golf Club)이다.[37] 라이스는 조지 W. 부시 대통령하의 국무장관이었고 무어는 민간투자사 레인워터(Rainwater, Inc.)의 부사장이자, 사우스캐롤나이나의 찰스턴 공원과 공공장소의 개선에 주력하는 찰스턴 공원 관리국(Charleston Parks Conservancy) 설립자이자 의장이다. 오거스타 내셔널은 세계에서 가장 배타적인 골프 클럽 중 하나로 마스터즈 골프 토너먼트를 주최한다.

이러한 문제들은 여성들의 여가를 꽤 복잡하게 만든다. 그들의 삶은 시간이 지남에 따라 여가의 선택에 영향을 미치는 여러 가지 다양한 역할을 가정하는 것을 의미한다.

여가에서 이것이 의미하는 바는 무엇인가? 페미니즘은 여성들에게 자신들의 활동과 참여의 선택에 자유를 가진다는 것을 인식하게 했다. 한계와 고정 관념은 제거할 수 있다. 게다가, 여성들에게는 여가 측면에서 남성들과 동일한 기회가 주어졌다.

여성의 여가가 갖는 함의 여성들의 여가는 20년 넘게 중요한 연구 주제가 되어 왔다. 학자들의 연구에는 여성들의 여가와 관련한 몇 가지 함의가 있다.

- 신체 활동에 여성의 참여가 계속 확대되고 있다. 여성들은 전통적인 신체 활동의 범주를 넘어 야외 레크리에이션, 사이클링, 달리기 및 크로스핏(CrossFit) 같은 강렬한 피트니스 프로그램 등의 활동을 통해 활발한 활동들 전개하고 있다.
- 가족과 집안일에 대한 집중에서 여성 자신의 여가 활동을 위해 시간을 투자하는 경향으로 변화되었다. 여전히 자녀들의 축구 시합에 관여하는 것을 즐기지만, 자신들의 활동 또한 원한다.
- 남녀 간 여가의 차이가 점점 줄어들고 있다. 일단 전형적인 활동들에서의 성적 구분이 흐려지고 있다. 여성들이 친구들과 포커 게임을 즐기는 것만큼 남성들은 요가를 즐긴다.
- 여성들은 여가의 사회적 측면을 높이 평가한다. 많은 여가를 즐기기에는 시간적 제약이 있지만, 다른 사람들과의 사회적 기회와 신체적 이득은 여성들로 하여금 여가 활동을 추구하게 한다.

남자와 여가

레크리에이션과 여가에서 성(gender)을 다루는 대부분의 전문 문헌과 연구는 소녀와 여성에 대한 과거의 차별과 기회를 강화하기 위한 오늘날의 노력에 초점을 맞추고 있지만, 이 분야에서 남성의 역할 변화를 조사하는 것 또한 필수적이다. 일반적으로 남성들은 대부분의 공동체적 삶의 영역에서 지배적 성으로 묘사되어 왔고, 전 영역에서 여성들의 여가 추구와 전문직 진출에의 접근을 막을 책임이 있는 것으로 인식되어 왔다. 하지만 남성들의 삶이 여성들의 삶에 비해 항상 더 부유하고 더 만족스럽다는 가정은 오해의 소지가 있다.

게다가, 점차 남성과 여성 간 균형이 잡혀 가고 있다. 남성들은 일상의 집안일을 나누는 데 보다 많은 시간을 보내는 반면, 점점 더 많은 여성들이 일과 다른 요구를 가지고 집 밖에서 시간을 보내고 있다.

남성성의 변화 부모, 가족, 친구, 그리고 선생님들은 아이들에게 남성적(masculine)이라는 것이 의미하는 바를 정의해주는 중요한 역할을 담당한다. 미디어는 남성을 그들 자신과 주변 상황에 대한 통제력과 공격성, 육체적 가치를 지닌 영웅적 존재로 묘사한다. 남성 잡지들은 근육질 몸매를 소유하고 옷맵시가 뛰어난 성공적인 남성들을 보여준다. 이러한 이미지들이 남자들로 하여금 특정 방식의 행동을 유도하지만, 모든 남자들이 이 이미지를 믿는 것은 아니다. 점점 더 많은 남성들이 이렇게 경직된 고정관념으로부터 탈피해 원하는 바를 추구하고 있다.

아버지의 역할 아버지로서의 남자의 역할은 지난 20년 동안 크게 변화되었다. 더 많은 여성들이 노동 인구에 진입함에 따라, 아버지들은 자녀 양육 및 가정 책임에 대한 더 많은 책임을 지고 있다. 일부 연구에 따르면, 보육비 상승 및 일하는 여성이 증가하면서 더 많은 남성들이 보육 책임을 맡기 시작했다. 게다가, 살림하는 아버지는 과거처럼 그리 드물지 않다. 여성들의 월급이 남성들에 필적하면서 많은 가정에서 아버지가 자녀 양육을 위해 집에 있는 것이 그만큼 유익한 것으로 인식된다.

자녀와 한 집에 살고 있는 아버지들 외에, 따로 살거나 다른 가정을 꾸린 아버지들도 있다. 아버지가 자녀의 삶에 보다 더 관여하고,[38] 자녀와 정서적으로 연결되어 있으며, 성 역할의 관점에서 평등한 태도를 취할 것이라는 기대가 커지고 있다.[39] 이혼에 따른 양육권이 이제는 자동으로 어머니에게 주어지지 않는다. 대부분의 주에서 양육권은 성별보다 육아의 질을 가장 우선한다. 특히 남성 및 아버지들은 여가를 사회적 인맥의 수단으로 사용한다. 일요일 오후면 남성들에게는 일반적으로 포커, 사냥, 낚시, 축구 관람과 같은 비슷한 관심사들이 사회적 분출 수단(social outlet)으로 사용된다. 아버지는 자녀와 함께 경험을 공유하기 위해 여가 활동에 참여한다. 아이들의 축구를 지도하고, 자녀의 피아노 레슨에 가거나 어린 딸과 함께 지역 레크리에이션센터에서 주최하는 '아빠와 딸의 댄스 파티(Daddy-Daughter Dance)'에 참여할 수 있다. 어머니와 마찬가지로, 이들 아버지들은 때때로 자신들이 특별히 참여하고 싶어서가 아니라, 자녀가 참여를 원하거나, 자녀들이 참여함으로써 얻는 가치를 이해하기 때문에 스스로의 여가 활동의 선택에 실제로 제약을 받는다.

여가 제약 분명히 남성과 여성 모두의 여가 활동에 영향을 미치는 문제가 있다. 이러한 문제들은 여가 제약으로 분류되어 왔다. 연구기관의 모든 주체들이 이러한 여가 제약과 그 영향을 조사한다. 여가 제약은 개인이 여가 활동에 참여할 수 없거나, 개인이 원하는 만큼 참여할 수 없거나, 어떤 이유로든 경험의 질이 떨어질 때 발생한다. 여가 제약은 대인 관계, 개인 및 구조적 문제로 분류된다.

대인 관계적 제약은 개인 대 타인과의 관계와 관련된다. 이러한 제약은 친구, 가족, 심지어 동료들과의 관계로 인해 발생한다. 대인 관계 제약의 한 예로는, 타인의 여가 활동 참여의지를 꺾거나 실제 자신의 욕구보다는 타인의 욕구로 인해 여가 활동에 참여하는 것이다. 정작 자신은 관심이 없음에도 친구들과 함께 야구 경기를 보러 가야 하는 경우, 대인 관계의 제약으로 간주된다.

개인적 제약은 개인의 활동 선호도 또는 관심도에 영향을 미치는 요인이다. 예를 들어, 어떤 활동에 숙달되어 있지 않다고 스스로 인정함으로써 참여하지 않는 결정을 내릴 수 있다. 또 다른 예는 자의식 감정에 빠지는 것이다. 특히 여성들은 종종 자신들의 몸에 대한 자의식에 빠진다. 만약 이러한 자의식에 빠져 체육관에 못 들어는 여성이라면, 개인적 제약을 겪는 것이라고 할 수 있다. 마찬가지로 심혈관 건강 증진에 관심이 있는 남성이 에어로빅에 관심이 있음에도 불구하고, 이 운동을 여성의 운동으로 인식함으로써 에어로빅을 기피할 가능성이 높다.

마지막으로, **구조적 제약**은 활동 참여 욕구와 실제 참여 사이에 개입되는 요소이다. 가장 흔한 구조적 제약은 시간의 부족이다. 다른 예로는 교통수단, 비용, 기회의 부족을 들 수 있다.

여성들이 여가 제약에 직면하는 동안, 남성들 역시 마찬가지 제약에 직면한다. 남성이 여성보다 더 많이 직면하는 주요 제약은 같이 참여할 동료가 많지 않다는 것이다. 여성들은 남성들보다 문화 행사나 수업에 참여하는 등의 일에 같이 할 수 있는 친구를 찾을 가능성이 훨씬 크다. 또한 남성은 여성보다 성별 활동의 제약을 느낄 가능성이 더 크다. 전통적으로 발레나 에어로빅 같은 여성적 활동은 남성적이지 않은 활동으로 인식될 우려 때문에 남성으로서는 엄두를 내기가 힘들다.

남성 여가가 갖는 함의　레크리에이션과 여가를 위한 남성적 정체성과 생활 방식의 가치에서 이러한 경향들의 의미하는 바는 무엇인가? 첫째, 스포츠에 대한 참가자나 관람자로 관여해야 한다는 부담을 느꼈던 많은 소년들과 남성들은 이제 이 고정 관념에 따른 남성적 이미지에서 자유로울 수 있다. 게다가, 점점 더 많은 수의 남성들이 과거 '남성성'에 대한 의문이 제기되었던 가정 내 역할이나 취미, 창조적 예술, 또는 여타의 여가 활동에 참여할 가능성이 늘어나고, 점점 더 많은 부모들이 아들들을 여자 아이들과 동등하게 대하는 방식으로 세심하게 배려하고 있다.

　　남녀 모두에게 있어서, 남녀를 분리했던 과거의 많은 장벽들이 최근에 무너졌다는 것을 주목해야 한다. 예를 들어, 이전에 남녀 회원으로 분리되었던 많은 청소년 단체들이 이제 '미국 소년소녀클럽(Boys and Girls Clubs of America)'의 경우처럼 통합되었다. 다른 예로 YMCA(Young Men's Christian Association) 등의 국가적 기구들은 여성들을 회원으로 받아들일 뿐 아니라, 나아가 일부 커뮤니티에서는 여성들이 간부 및 부서장직을 맡고 있다.

여가에 영향을 미치는 성적 지향 요소

여가는 성별(gender)뿐 아니라 성적 지향(sexual orientation)에 의해서도 영향을 받는다. 비록 모든 사람들이 이성애자, 동성애자, 양성애자든, 성 전환자이든 성적 지향을 갖고는 있지만, 여기서의 초점은 레즈비언, 게이, 양성애자, 트랜스젠더로서의 정체성을 가진 사람들(LGBT)에게 맞춘다. 이 집단의 사람들은 여가 생활 및 삶 전체에 걸쳐 부가적인 상황, 도전 과제 및 장애물에 직면한다.

　　이 집단 구성원들은 사회적 포용(acceptance)이라는 관점에서 힘든 과거를 가지고 있었다. 1930년대와 1940년대에 주 의회가 성적 '타락(degeneracy)'을 다루는 연극 공연을 금지하고, 할리우드가 영화에서 동성애를 묘사하지 않기로 동의하면서 동성애 형태의 엔터테인먼트에 대한 반발이 일어났다. 주 당국은 게이와 레즈비언을 대상으로 하는 많은 술집을 폐쇄했고, 1950년대에 동성애자 공무원들은 감춰진 정체성이 드러나면 스파이로 협박당할 것을 염려하여 직장을 그만 두었다.

　　1960년대와 1970년대 뉴욕시의 스톤월 항쟁(게이와 레즈비언에 대한 경찰의 탄압에 따른 대규모 항의 시위), 성적 자유에 기반을 둔 반체제운동, 그리고 1978년 암살된 샌프란시스코 시의원 하비 밀크(Harvey Milk) 같은 지도자들의 행동주의의 영향 등은 사회적으로 동성애자들을 포용하는 커다란 진전을 이루는 계기가 되었다.

　　LGBT 커뮤니티에 대한 태도가 크게 바뀌면서 2015년 6월 25일 목요일, 미국 연방대법원은 5대 4로 동성 결혼 합법화 판결을 내렸다. 이로써 LGBT 부부의 결혼을 합법화하는 21번째 국가가 되었다. 오늘날 2천900만 명으로 추정되는 LGBT들이 있지만, 여러 이유로 LGBT임을 공개적으로 드러내지 않는 사람들은 아직도 많다. 친구나 가족이 받아들이지 못하는 것에 대한 두려움, 가족 지원 제도의 상실에 대한 두려움, 성희롱 및 차별에 대한 우려 또는 직업 상실에 대한 걱정이 그 이유이다. 국가적으로, 우리는 LGBT의 사회적 수용에 엄청난 개선을 보았다. 이 중 많은 부분은 나이 든 세대에 비해 성적 지향에 더 개방적인 밀레니얼 세대에 기인할 수 있다. 여기에는 몇 가지 이유가 있다. 예를 들어, 성에 관해 개방적인 사람들이 더 많아지면서 밀레니얼 세대는 일상에서 자신을 LGBT라고 드러내는 누군가를 확인할 수 있다. 텔레비전 정규 방송에서도 LGBT가 등장한다. 밀레니얼 세대는 궁금한 문제에 대한 답을 찾기 위해 테크놀로지에 쉽게 접속하며 더 많은 정보를 얻을 수 있다. 그 어느 때보다도 LGBT 문제에 대해 더 많은 사람들이 이야기한다.[40]

커다란 진전에도 불구하고 LGBT 커뮤니티의 사람들은 때때로 차별과 폭력을 경험한다. 가장 최근 사례 중 하나가 올랜도 게이 나이트클럽에서의 총격 사건으로 49명이 사망한 사건이었다. 살사와 메렝게 음악으로 시작된 댄스의 밤은 비극으로 끝났다. 살아남은 사람들 중 많은 이들은 이 클럽이 즐거움을 위한 장소이며, 모두가 서로가 되어 즐거움을 누리고 저녁 시간의 여흥을 즐길 수 있는 장소라고 얘기했다.

여가에 대한 함의

레크리에이션 측면에서 이 집단에 대해 고려해야 할 몇 가지 쟁점이 있다. 첫째, LGBT 사람들은 레크리에이션 업체 및 기관들에게는 '금광'으로 인식되었다. 이 집단은 교육 수준이 높고 전국 평균 이상의 높은 소득 수준을 가지고 있다. 연간 구매력으로 총 8,840억 달러,[41] 여행에 연간 701억 달러를 소비하는 것으로 추정된다.[42] 둘째, 부정적 관점이지만, LGBT로서의 정체성을 지닌 청소년의 평균 자살률은 또래들보다 더 높다. 그들은 때론 가족이나 친구들로부터 고립되고 거부당한다고 느끼며, 편안함을 느끼게 하는 사회적 분출구와 레크리에이션 기회가 거의 없다. 셋째, LGBT 사람들은 결혼, 입양 또는 다른 수단을 통해 부모가 되는 인원이 늘고 있다. 이 모든 요인들은 다양한 방식으로 여가에 영향을 미친다.

다음은 여가 서비스 업체가 LGBT들을 환대하고 지원하기 위해 이러한 문제들이 어떻게 자극을 촉발했는지를 보여주는 몇 가지 예이다.

◆ 콜로라도 주 보울더에서 게이와 레즈비언 커플의 어린 아이들을 위한 놀이 프로그램이 만들어졌다.

◆ 올리비아 크루즈(Olivia Cruise Lines)사는 오직 게이와 레즈비언을 위한 크루즈 여행에 초점을 맞추었다. R 가족 휴양(R Family Vacations) 프로그램은 아이들이 있는 게이와 레즈비언을 위한 가족 여행 상품을 제공한다.[43]

◆ 플로리다 주의 키웨스트(Key West), 오리건 주의 포틀랜드, 뉴욕시 및 캘리포니아 주 팜스프링스는 게이 및 레즈비언을 대상으로 관광 목적지로서의 도시를 홍보하고, 동성애자 친화적인 호텔, 리조트, 레스토랑 및 레크리에이션 기회에 대한 정보를 제공한다.

◆ '라벤더 청소년 휴양 및 정보센터(Lavender Youth Recreation and Information Center, LYRIC)'는 청소년을 위한 레크리에이션센터이다. 1988년에 문을 열었고 LGBT를 위한 사회적 레크리에이션 프로그램과 서비스를 제공한다. 이 센터는 공동체, 교육, 레크리에이션 프로그램과 이벤트를 제공한다.[44]

◆ 뉴욕시에는 SAGE(Services and Advocacy for LGBT Elders)라고 하는 비영리 단체가 있는데, 1977년부터 성인들을 위한 토론센터를 운영하며 예술, 운동, 춤, 여행 등 다양한 레크리에이션 활동을 제공한다.[45]

사례연구
....

LGBT 스포츠 리그를 창단하시겠습니까?

지역 공동체 10명의 LGBT 주민들이 LGBT 정체성을 지닌 사람들을 위한 스포츠 기회에 대해 논의하기 위해 공원 및 레크리에이션 부서를 찾았다. 그들은 배구 리그와 혼성 소프트볼 리그의 구성을 요구하였다. 그들은 각 리그에 최소 6개의 팀을 구성하고, LGBT 선수들만으로 제한하지는 않을 것을 보장했다. 이미 다른 성인 스포츠리그가 있지만, 이들은 자신들의 리그를 원했다.

고려해야 할 질문

1. 당신이 리그를 추구하는 LGBT 그룹의 일원이라고 가정하자. 당신은 에이전시가 당신을 위한 리그를 창단하도록 어떤 주장으로 설득할 것인가?

2. 논쟁의 반대 측면을 생각하자. 리그 창단이 왜 좋은 생각이 아닌지 잠재적 이유를 열거하라.

3. 이것은 성인 스포츠 리그이므로 선수들로부터 수익을 창출하고 재정 지원에 의존하지 않을 것이다. 그렇다면 이러한 규정이 이 리그를 할 것인지 말 것인지를 결정하는 데 차이를 만드는가? 왜 그런지, 또는 왜 그렇지 않은지 설명하라.

4. 시험 삼아 소프트볼 리그를 운영해보기로 결정했다. 선택 가능한 장소는 두 곳이 있다. 한 곳은 개방된 구장으로 세 개의 내야로 이루어진 야구장으로 도시의 가장 좋은 구장 중 하나이다. 다른 장소는 괜찮은 구장이기는 하지만, 마을 변두리에 단독으로 있는 야구장이다. 리그에 어떤 구장을 선택할 것이며, 그 이유는 무엇인가?

인구조사에서의 인종 분류

미국 인구조사국은 미국인들의 인종 분류의 어려움에 당황했다. 1990년에 사람들은 백인, 흑인, 아시아인, 태평양제도인, 그리고 아메리카 인디언이나 알래스카 원주민들 중에서 선택할 수 있었다. 2000년의 인구 조사는 '기타'의 범주와 둘 이상의 인종을 선택할 수 있는 가능성을 포함한 18개의 분류로 확대되었다. 2010년에는 어떠한 인종에 대해서도 분류 가능한 15개의 범주를 생성했다.[47] 분류의 어려움 때문에, 현재는 선택사항의 긴 목록을 없애고 각 범주 내에 보기를 넣은 한정된 범주를 리스트로 만들었다.[48]

◆ 파운틴그로브 로지(FountainGrove Lodge)는 퇴직한 LGBT들의 공동체로서, 노인들의 건강 유지를 위한 복지와 라이프스타일에 중점을 두고 활동한다. 피트니스센터 및 강습프로그램, 산책로, 애완동물 공원, 골프 코스 및 영화관 같은 레크리에이션 시설을 갖추고 있다.[46]

LGBT 인구의 증가, 이들의 경제적 영향 및 그들로 인해 직면한 특별한 이슈들을 감안할 때 레크리에이션 및 레저 기관은 LGBT 청소년 및 어른들을 위한 프로그램, 활동 및 이벤트를 제공해야 하는 필요성을 인식하는 것이 중요하다.

여가에 미치는 인종 및 민족적 요소들

네 번째 주요 사회 문화적 요소는 여가의 가치와 행동을 결정하는데 있어 중요한 핵심 요소이다. 잇따른 과거의 연구 결과에 따르면 레크리에이션 참여는 인종 또는 민족적 정체성에 큰 영향을 받는 것으로 나타났다. 공공, 비영리 및 기타 형태의 레크리에이션 시설과 프로그램의 제공도 이러한 인구통계학적 요인, 그리고 스포츠 및 엔터테인먼트 세계를 포함하는 광범위한 대중문화 영역에 의해 영향을 받는다.

인종과 민족성의 의미

인종과 민족성(race and ethnicity)이 레크리에이션과 여가에 미치는 실제적인 영향을 조사하기 전에 두 용어의 의미를 명확히 하는 것이 도움 된다. 비록 이러한 개념들이 종종 교환적으로 사용되지만, 사회과학자들은 그것들을 구별한다. 인종(race)은 사람의 유전적 구조를 의미한다. 유전자 구성은 종종 다양한 집단의 생물학적 특성을 표현한다. 이러한 특징들은 눈 모양, 머리카락 질감, 그리고 피부색 등을 포함한다. 대조적으로, 민족성(ethnicity)은 한 세대에서 다른 세대로 전해지는 독특한 사회

문화유산을 포함한다. 민족 집단은 종종 언어, 가족생활, 종교, 레크리에 이션, 그리고 다른 집단과 구별하는 관습이나 특성의 패턴으로 구별된다.

인종이나 민족적 정체성의 한계와 과학적 용어에서의 의미에도 불구하고, 대중들은 인종적 개념을 지속적으로 유지하고 다른 집단에 대해 고착화된 관념으로 적용한다. 이것은 전통적 시설 및 프로그램의 개발 및 계획 패턴이 기본적으로 공공 서비스가 주로 영국에서 북아메리카로 건너온 문학, 전통 및 관습에 친숙한 백인 중산층 인구라는 가정에 바탕을 두었기 때문이다.

최근의 이민과 출산율 추세의 결과, 미국은 현재 비유럽 인구의 급격한 증가를 보이고 있다. 전국의 많은 주요 도시에서 아프리카계 미국인, 라틴계 미국인, 그리고 아시아계 미국인 아이들의 비율이 상당수를 차지하면서, 비백인계가 유럽계 미국인들보다 더 많다. 캘리포니아 같은 주에서는 라틴계가 주요 집단이 되고 있으며, 미국 전역의 주요 도시들에서는 어떠한 집단도 다수를 형성하지 않고 있다.

하와이에서의 춤은 관광객들이 보고 싶어하는 전통이다.
© Jose Gil/Shutterstock.

이러한 인구 추세는 라틴계가 미국에서 가장 큰 소수 인종으로 등장하였으며, 2050년에는 미국 인구의 30.2%를 차지할 것으로 추정된다. 마찬가지로, 아시아계 미국인들의 수는 1980년 350만 명에서 2010년에 1,470만 명 이상으로 증가했으며, 앞으로 수십 년간 꾸준히 증가할 것으로 예상된다.[49]

인종 외에도 민족성은 여가 선호에 큰 영향을 미칠 수 있다. 민족성을 이끄는 하나의 지도적인 힘은 종교이다. 미국은 개신교(46.57%)와 천주교(20.87%)가 계속 지배하고 있다. 하지만 전체 기독교는 2007년과 2014년에 비해 7.8% 감소했다. 같은 기간 비기독교(예, 유대교, 이슬람)와 비종교인(예, 무신론자, 불가지론자, 무교) 숫자는 모두 증가했다. 비기독교 신앙은 1.2%, 비종교인은 6.7% 성장했다.[50] 또 다른 놀라운 경향은 미국에서 무슬림과 불교 신자의 수가 증가하고 있다는 것이다. 2008년 미국 종교인 조사(American Religious Identification Survey, ARIS)에 따르면 미국에는 134만 9천 명의 무슬림이 있는데, 이는 1990년 이후 156%증가한 수치이다. 불교 신자의 수는 같은 시기 194% 증가하여 미국에는 118만 9천 명의 신자가 있다. 흥미롭게도, 인구의 15%는 종교가 없다

말레이시아의 홀리 페스티벌(Holi Festival of Colors)은 가장 큰 인도 전통 문화이다.
© Dimitry Berkut/Shutterstock.

라틴계에 대한 정의

> 히스패닉 또는 라틴계는 인종에 상관없이 쿠바, 멕시코, 푸에르토리코, 중남미, 또는 기타 스페인 문화나 기원으로 정의된다. 기타의 스페인 문화에는 아르헨티나, 콜롬비아, 도미니카, 니카라과, 엘살바도르 등이 포함된다.
>
> 출처: United States Census Bureau. "Who's Hispanic in America?" www.census.gov/newsroom/cspan/hispanic/2012.06.22_cspan_hispanics.pdf.

고 한다. 이 수치는 1990년 이후 138%가 증가한 수치이다.[51]

　미국의 인종 및 민족 구성 분포는 빠르게 변화하고 있다. 그 엄청난 숫자 외에도, 증가하는 소수 민족들이 또한 문화와 여가에 강력한 영향력을 행사하고 있다는 것은 분명하다. 백인 중산층의 관점 및 그들의 관심 수준에서 제공되는 대부분의 프로그램은 더 이상 포용 가능하지 않다. 보다 더 포괄적 여가 서비스가 필요하다. '용광로(melting pot)'나 '모자이크(mosaic)'적인 관점에서 프로그램을 제안할 수 있다. 용광로적 관점은 여가 서비스 업체들에게 사람들이 서로 다른 인종, 문화, 민족성을 함께 배울 수 있게 하는 통합적 기회를 제공하는 반면, 모자이크적 관점은 특정 집단의 독특한 요구, 가치, 태도, 사고방식에 맞춘 활동, 프로그램 및 이벤트를 제공한다.

레크리에이션과 여가의 함의

다른 인종과 민족적 배경을 가진 사람들에 대한 서비스 접근 방식은 시간이 지나면서 변화하고 개선되었지만 여전히 놀랄 만한 성장의 여지가 있다. 스콧 박사[52]는 레크리에이션 서비스가 모든 인종과 민족의 요구를 충족시키기 위해 접근 가능하고 저렴하며, 안전하고 문화적으로 적절하며, 포용할 수 있게 만들어야 한다고 제안한다.

접근성(Accessible)　공원과 휴양지의 접근성에 따른 중요성은 두말할 나위 없다. 공원 근처에 사는 사람들은 신체적으로 더 활동적이고 건강하며, 정신적으로도 더 행복하다.[53] 접근성은 재력, 교통 및 여타의 물리적 접근 가능성을 포함할 수 있는데, 모든 지역 사회에서 동일하지는 않다. 접근성에 대한 연구가 일부 제한적이기는 하지만, 유색 인종들은 공원 근처에 살 가능성이 낮거나, 그들 가까이 위치한 공원은 백인들이 주로 거주하는 지역보다 편의 시설이 적다. 교통수단을 통한 접근성은 지역 내의 레크리에이션 기회뿐 아니라 야외 레크리에이션 활동을 위해 다른 지방으로 이동할 수 있는 기능 면에서도 문제의 소지가 있다. 걸어서 갈 수 있는 거리에 공원이 없거나, 대중교통수단이 제한되거나 가계의 재량소득이 적다면, 이러한 지역의 거주자들은 타 지역에 비해 훨씬 더 많은 장애에 직면하게 된다.

경제적 부담감과 안전성(Affordable and Safe)   많은 연구 결과에 따르면, 소수 인종 및 소수 민족들은 경제적 부담과 안전 문제로 인해 레크리에이션 참여가 제한되는 것으로 나타났다. 재량소득이 적은 사람들은 국립공원으로의 여행이나 와이오밍 주 잭슨홀 리조트로의 스키 여행, 텍사스 레인저스 경기 관람, 요리 강습 수강 등에 투자할 만한 여력이 없다. 소득과 안전 사이에는 중요한 함의가 있다. 예컨대 저소득 지역 인근에서는 종종 범죄율이 높아 주민들의 안전이 우려된다. 이러한 두려움은 많은 사람들에게 공공장소의 사용을 제약할 수 있다. 저소득층 지역은 때로는 도로, 철도 또는 여타의 장벽으로 인해 접근이 어렵고 안전하지 않은 경우가 많은데, 특히 교통수단이 제한적일 때는 더욱 심하다.[54]

문화적 적절성 및 포용(Culturally Relevant and Welcoming)   레크리에이션 시설과 프로그램을 사용하지 못하게 하는 많은 문화적 요인들이 있다. 어떤 사람들은 활동이 백인들에 의해 계획된 백인들의 활동으로 인식하거나 자신들의 종교적·개인적 가치가 일치하지 않는다는 이유로 환영받지 못할 수 있다. 예를 들어, 기독교 외의 종교에서의 중요한 휴일을 고려하지 않거나 무슬림과 같이 종교 활동에서의 품위와 남녀의 동석과 관련된 종교적 이해가 부족한 기관은 이들 집단을 끌어들이지 못할 것이다. 본질적으로, 어떤 사람들은 자신들을 위한 것이 아무것도 없다고 느껴 참여의 필요성을 못 느낀다. 하지만, 다른 집단들과 함께 자신들이 원하는 활동을 배우고 계획에 참여하게 함으로써 자신들의 목소리가 반영되고 포용된다고 느끼게 할 수 있다. 일리노이 주의 스코키(Skokie)는 이러한 일을 잘 해내고 있다. 이 도시에는 24개의 서로 다른 인종과 민족 집단의 대표자들로 구성된 기획위원회가 있다. 각 집단은 대표성을 가지고 음식, 예술, 연예, 활동을 포함한 행사를 계획한다.

　레크리에이션 기관은 공동체의 요구에 가장 잘 부응하기 위해 프로그램, 마케팅, 관리 및 인력을 지속적으로 검토해야 한다. 슈나이더(Schneider), 샤이뉴(Shinew), 페르난데즈(Fernandez)[55]는 기관들이 전체 지역사회를 위한 더 나은 서비스 제공을 위해 몇 가지를 제안한다.

◆ 사진, 콘텐츠를 통한 다양한 마케팅 자료 및 각양각색의 사람들이 접할 수 있는 유통경로를 보여준다.
◆ 도시, 대중교통 기관, 학교 및 비영리 단체와 협력하여 교통수단을 조정한다.
◆ 접근성 평가를 수행하고 안전성 요소를 포함한다. 공원, 프로그램 및 시설에 대한 접근성 확대의 개요를 보여준다.

사례연구

포켓몬 고: 증강 현실, 문화, 인종의 교차점

이 책이 출간되기 며칠 전, 포켓몬 고가 출시되어 폭풍처럼 대중을 강타했다. 1주일도 채 되지 않아, 사용자들의 수가 트위터와 경쟁했다. 다음은 게임에 대한 간략한 설명이다.

플레이어 또는 '트레이너'는 GPS를 사용하여 포켓몬, 즉 '포켓몬스터'를 찾는다. 캐릭터를 탭하면 스마트폰 카메라에 현실 세계에 포켓몬스터가 표시되는 미니 게임 앱이 실행된다. 트레이너들은 체포된 포켓몬들을 포켓몬스터 체육관이라고 하는 특수한 장소에서 전투를 시킨다. 포켓몬을 찾을 수 있는 문화적, 역사적 명소들인 '포켓 스톱(Pokémon stops)'은 세계 곳곳에 있다. 이 구성 요소가 게임의 교육적 이점을 더하기는 하지만, 스톱으로 지정되는 것을 모두가 반기는 것은 아니다. 예컨대 워싱턴 DC의 홀로코스트 뮤지엄(Holocaust Museum)과 폴란드의 아우슈비츠-비르케나우 수용소(Auschwitz-Birkenau Concentration Camp)는 홀로코스트 희생자들의 명예를 훼손하는 것으로 여겨 게임에서 제외시키라고 요구했다. 포켓몬 고는 많은 밀레니얼 세대들에게 캐릭터를 찾으러 지역사회로 나가게 만들었다. 고개 숙여 화면을 응시하며 캐릭터를 찾느라 배회하는 트레이너들의 모습을 볼 수 있다. 교통 혼란과 공원의 보도나 자전거 거치대와 같은 고정 시설물에 걸려 넘어지는 트레이너들로 인해 많은 지역사회에서는 활동의 안전성에 대해 경고했다.

〈USA Today〉는 게임이 문제가 되어 최근 인종 갈등을 겪고 있는 일부 아프리카계 미국인 남성을 인터뷰했다. 포켓몬 고는 두 명의 아프리카계 미국인 남성이 바톤 루즈와 미니애폴리스 교외에서 경찰에게 총격을 받아 사망한 데 이어, 그들을 위한 평화적인 추모집회에서 댈러스 경찰관 5명이 총격을 당한 사고에 대해 입장을 표명했다. 인터뷰 대상자들은 캐릭터를 잡기 위해 서너 차례에 걸쳐 창문 밖을 배회할 때마다 의심하는 표정으로 쳐다보는 사람들이 경찰을 호출할 수 있다고 우려했다. 한 명의 게임자는 "미국에서 흑인이라는 존재의 복잡성과 포켓몬 고 게임에 설계된 유랑과 탐험이라는 현실 세계의 유혹이 결합되기 시작했다. 결론은 하나이다. 이 게임을 지속하는 한 나도 죽을 수 있겠다"라고 했다.

생각해 볼 문제

1. 홀로코스트 뮤지엄 측은 포켓몬 캐릭터의 등장 장소에서 배제해 줄 것을 요청해야만 하는가? 그렇게 해야 하거나 또는 하지 말아야 하는 이유는 무엇인가?

2. 포켓몬 고와 같은 게임은 플레이어의 신체적 활동에 영향을 주는가? 그렇거나 그렇지 않은 이유는 무엇인가?

3. 아래 출처에 나열된 〈USA Today〉에 실린 Guynn의 기사를 읽고 제시된 요점들을 토의하라. 기사의 관심사는 타당한가?

출처

Akhtar, A. (July 13, 2016). Holocaust Museum, Auschwitz want Pokémon Go hunts out. USA TODAY. http://www.usatoday.com/story/tech/news/2016/07/12/holocaust-museum-auschwitz-want-pokmon-go-hunts-stop-pokmon/86991810/

Guynn, J. (July 13, 2016). Playing Pokémon GO while black: Fear stifles the fun. USA TODAY. http://www.usatoday.com/story/tech/news/2016/07/12/playing-pokemon-go-while-black/86989554/

WRDW/WAGT Staff . (July 13, 2016). What exactly is Pokémon GO?. http://www.abc12.com/content/news/What-exactly-is-Pokemon-GO-386640661.html

무슬림의 레크리에이션 참여

이슬람은 10억 이상의 신도를 가진 세계적 종교이다. 무슬림들은 여가시간을 가족, 종교 활동 및 축제에 소비하므로 여가는 무슬림들의 종교 활동과 밀접하게 관련된다.[56] 건강한 신체와 정신을 위해 이슬람 국가에서는 활동과 스포츠가 장려된다. 리벤굿(Livengood)과 스톨드올스카(Stoldolska)는 미국인 무슬림이 여타의 미국인들과 비슷한 여가 활동에 참여하지만 여가의 유형, 활동의 장소 및 함께하는 사람들은 다른 것으로 조사되었다.[57] 여가에 대한 무슬림들의 참여를 가로막은 요인은 가족들의 반감, 이성과의 접촉에 대한 우려였는데, 이러한 것들은 수용 불가능한 시설, 다소곳하지 못한 운동복, 신체의 일정 부분을 감싸야 하는 종교적 신념에 어긋나는 참가 복장 규정, 활동 경험의 부족, 가족에 대한 의무 등에 기인한 것이다.

- 지속적인 다양성 훈련을 통해 문화적으로 유능한 직원을 양성한다. 직원들이 지역 사회와 거기에 속한 사람들에 대해 계속 배워야 하므로 일회성 훈련으로는 부족하다.
- 지역 사회 구성원들 간의 관계를 구축할 수 있는 사회 활동을 개발하고, 특히 근래의 이민자들과 같이 새로 이웃으로 편입된 사람들에게 도움이 되는 사회 활동을 개발한다.
- 다양한 직원을 채용한다. 고객이 같은 인종이나 민족 집단의 직원을 접하면 개방적으로 될 수 있다.

무슬림 가족들이 런던의 켄싱턴 공원에서 크리켓 경기를 하고 있다.
Courtesy of Deb Garrahy.

분명히, 인종 및 민족성 문제는 레크리에이션과 공원 전문가들이 예상하는 차원을 넘어선다. 그럼에도 불구하고 집단 간 관계의 통합적 영역에서, 여가 서비스 매니저들은 필수적으로 집단 간 이해와 우호 관계에 기여할 프로그램을 계획해야 한다. 이것은 지역 공동체 행사, 휴일, 인종 및 민속 축제, 친근한 체육대회, 그리고 많은 다른 활동들을 통해 행해질 수 있다. 또한 레저 서비스 관리자들이 오늘날 많은 지역 사회에 남아 있는 오래된 편견과 인종 간 불화를 극복하기 위한 지속적인 노력은 필수적이다.

여가에 영향을 미치는 사회경제적 요인

사회경제적 지위(*SES, Socioeconomic status*) 또는 사회적 계층(*social class*)은 소득, 교육, 직업 및 부를 기준으로 사람들을 분류하는 수단이다. 사회학자들은 다양한 사회적 계층을 여러 수준으로 구분하지만, 일반적으로는 빈곤층, 노동 계층, 중산층, 중

상층, 상류층의 다섯 가지 계층으로 나눈다.

사회 계층은 여러 가지로 여가에 영향을 미친다. 개인의 교육 및 소득의 총량은 여가 시간 및 여가에 활용할 수 있는 재량소득에 따라 결정된다. 전통적으로, 레크리에이션 활동 참여에 있어 하층은 과소 대표된다. 이전에는 건강 및 피트니스 프로그램에서 특히 그렇게 인식되었다. 반면 상류층은 보다 많은 교육을 받고 소득이 많으며 더 세련되고 권위 있는 여가를 찾는다.[58]

미국에서 빈곤층, 노동 계층 및 하위 계층은 공공 서비스와 비영리 서비스의 대표적 사용자였다. 기관별로 이 부문들은 전체 소득 수준에 대한 프로그램을 제공하지만, 특히 저소득층과 중산층을 대상으로 한다. 논리적으로, 소득이 증가하면 서비스에 대해 지불할 수 있는 능력도 증가할 것이다. 따라서 상류층은 거의 독점적으로 영리 서비스를 이용할 수 있다. 여기에는 여러 가지 이유가 있을 수 있다. 예를 들어, 더 고품질의 서비스를 제공하는 영리 부문에서는 "당신이 지불한 만큼 얻을 수 있을 것"이라는 태도로 나타날 수 있다. 주장컨대, 이러한 평가가 정확한 것은 아니다. 왜냐하면 많은 공공 기관과 비영리 단체들이 영리 기관들과 경쟁하는 레크리에이션 서비스를 제공하기 때문이다. 다른 두 부문에 비해 영리 서비스를 이용하는 또 다른 이유는 명성이나 지위에 따른 것일 수 있다. 전용 클럽 회원권이나 여행사를 통한 해외여행 등이 이러한 활동에 해당된다.

레크리에이션과 여가에 대한 함의

비록 텔레비전 시청, 독서, 사교와 같은 모든 사회 계층을 초월하는 몇몇 활동들이 있지만, 많은 활동들은 전적으로 각각의 사회 계층 내에서 행해질 수 있다. 예를 들어, 요트, 교향곡 관람이나 햄프톤(Hampton)에 별장을 보유하는 일은 상류층에서 행해질 가능성이 높은 반면, 디즈니월드로의 여행이나 퍼블릭 코스에서의 골프는 중산층의 활동으로 채택될 가능성이 더 많을 것이다.

어떤 경우는 모든 계층에 인기 있는 활동이 있지만, 즐기는 방식은 다르다. 여행은 모든 계층에서 흔한 활동이다. 하지만 빈곤층 및 저소득층은 1박2일 정도의 짧은 여행을 통해 가족 및 친구들과 함께 지낼 것이다. 중산층은 미국의 유명 관광지에서 휴가를 보내며 고급 호텔에서 숙박을 한다.

고대 그리스에서 여가 및 상류층 활동은 빈곤층, 노예, 그리고 여성들의 희생으로 이루어졌다. 어떤 면에서, 이러한 상황은 현대 사회에서도 변하지 않았다. 중산층 및 상류층의 여가는 가난한 노동 계층의 희생으로 행해지는 경우가 많다. 관광을 예로 들어 보자. 경제적으로 안정된 계층은 최저임금 수준으로 노동하는 노동자들이 있는 여행지에서 여행하며 즐긴다. 오늘날의 경제적 조건에서 최저 임금은 빈곤층 이하의 수준이다. 게다가, 관광업에 의존하는 지역의 경우, 주택과 음식을 포함한 생활비가 상승하는 경향이 있다. 이러한 현실은 노동자들로 하여금 중산층과 상류층의 여가가 제공되는 이들 지역에서의 거주를 어렵게 만든다.

나이, 성별, 성적 지향, 인종, 사회 경제적 지위는 모두 여가 활동 선택에 어느 정도 영향을 미치며, 이러한 영향을 이해하고 공동체의 요구를 충족시키는 서비스 제공은 여가 전문가의 책임이다. 모든 기관이 모든 사람에게 서비스를 제공하는 것이 실현 가능한 것은 아니기 때문에, 각각의 부문과 기관은 그 틈새를 찾아 그들이 의도하는 대상의 요구, 여가 패턴을 참고하고 이해해야 한다.

새로운 천년의 진전

이 장에서 연령, 성별, 성적 지향, 인종, 소수 민족, 사회경제적 지위의 차이가 레크리에이션과 여가와 관련하여 영향을 미친 많은 과거의 제약들을 상세히 다루었지만, 지난 수십 년간 엄청난 진보를 가져온 것 또한 강조되어야 한다.

모든 연령대에서의 변화를 살펴보았지만, 한 연령대의 집단은 지난 20년간 특히 중요한 영향을 미쳤다. 베이비붐 세대의 고령화 및 그들의 경제적 영향은 여가 서비스 업체들로 하여금 전통적 서비스에 대해 재고하게 만들었다. 경험의 필요, 신체적 활동 및 건강과 행복에 대한 욕구, 그리고 소비력은 연령대에 따른 새로운 프로그램 기회들을 만들어냈다.

오늘날 여성 및 LGBT 정체성을 가진 사람들은 LGBT의 법적 혼인 허용을 포함하여 보다 더 존중받고 있으며 인상적 수준의 공공 지원을 받고 있다. 게다가, 성별에 대한 틀에 박힌 고정 관념을 탈피해 남녀 모두 활동에서 보다 자유롭게 수용되고 있다. 많은 사람들이 과거의 오해를 벗고, '해야 할' 일이 아니라 관심 있는 영역으로서의 활동을 선택한다.

인종적 측면에 있어서도 (특히 아프리카계 미국인들에 대한)부당한 차별의 행태가 계속되고 있음에도 불구하고 이와 유사한 개선이 나타나고 있다. 많은 도시들, 특히 플로리다, 텍사스, 캘리포니아와 같은 주에서 많은 라틴계 인구가 경제적 성공 및 일정 수준의 정치적 권력을 얻기 시작했다. 기관들은 이러한 성장과 더불어 전문화된 서비스의 제공 필요성에 대해 보다 더 인식하고 있다.

여가 비용을 지불할 수 있는 개인의 능력과 더불어 저소득층을 위한 무상 프로그램에 재정적 지원을 뒷받침할 수 있는 기관의 능력이 이슈가 된다. 오늘날과 같은 경제적 상황에서, 많은 기관들, 심지어 비영리 기구 및 공공 단체조차도 비즈니스를 유지하기 위해서는 수익을 창출해야 한다. 따라서 "즐기기 위해서는 비용을 지불하라"가 일상화됨으로써 결국 빈곤층과 노동자 계층의 참여 기회를 배제한다. 그러나 비영리 기구 및 공공 기관들은 이들처럼 서비스를 제공받지 못하는 사람들을 위한 서비스 제공에 많은 진전을 이루었다. 많은 기관들은 프로그램 장학금, 후원자 및 재정을 통해 지원되는 무료 프로그램을 제공하거나, 프로그램에 요구되는 더 많은 재정을 위해 지역, 주 및 연방 보조금을 찾는다. 여가에 대한 접근성이 모두 평등하지 않고, 아마 앞으로도 그리 되지는 않을 것이지만, 지속적 개선은 이루어지고 있다.

요약

현대 사회에서 레크리에이션과 여가에 영향을 미치는 주요한 요인은 나이, 성별, 성적 지향, 인종, 민족, 사회경제적 지위 등을 포함하는 사회문화적 요소이다. 이 장에서는 이러한 용어들을 정의하고 과거에 여가 활동 참여와 오늘날의 여가 생활에 어떻게 영향을 미치는지 살펴보았다.

나이를 먹으면서 여가 선호도와 패턴이 변한다. 아이들은 엄청난 성장을 경험하고 다양한 여가 활동을 시도한다. 성년으로 접어들면서 가족은 여가 활동에 큰 영향을 미친다. 인생 후반기 들어서는 신체적 능력과 사회적 요소들이 여가의 핵심 요소가 된다.

이 장에서 언급한 바와 같이, 여성과 소녀들은 역사적으로 남성과 소년들에게 개방된 많은 여가 기회에서 배제당해 왔다. 하지만, 페미니스트 운동은 대학, 학교 시스템, 그리고 지역 공동체 레크리에이션 기관들에게 다양한 스포츠와 신체 활동에 있어서의 여성 참가자들에 대한 더 많은 지원을 이끌어내는 데 성공했다. 이것은 여성들이 긍정적 자아 개발과 권한부여(empowerment)에 기여한다. 게다가, 많은 여성들은 여가 서비스 분야의 다양한 기관에서 전문성 진보의 장벽을 극복해 왔다. 여성들은 또한 과거에 여성으로서 배제되었던 비즈니스 및 사회 기구의 진출이 공인되고 있다.

레크리에이션과 여가에 따른 남성적 지위 또한 논의되었다. 과거 많은 남성들은 여가 활동에서 틀에 박힌 '사내(macho)'적 역할을 강요받았다. 오늘날, 그들은 자신들의 레크리에이션뿐만 아니라 가정생활과 인간관계에서도 보다 개방적이고, 민감하며, 창의적인 역할을 장려 받고 있다.

성적 지향 측면에서의 문제도 다루었다. LGBT들에 대한 미국에서의 포용성이 보다 늘었고 여가 서비스 업체의 주요 인구통계 자료로 인식되고 있다. 그들은 자신들만의 사회적 집단과 레크리에이션 그룹을 형성하고 있을 뿐만 아니라, 영리 레크리에이션 기관과 특히 관광청의 목표 집단으로 인정받고 있다.

인종과 민족 정체성에 관한 급격한 변화가 미국에서 일어나고 있다. 모든 차별의 형태가 사라지지는 않았지만, 조직화된 레크리에이션 서비스가 지역 사회의 집단 간 긍정적 관계에 기여할 수 있도록 하는 것이 필수적이다. 모든 집단을 포괄하기 위해서 공원 및 레크리에이션 서비스는 접근이 쉽고 저렴하며, 안전하고 문화적으로 적절하며, 환영받게 조성될 필요가 있다. 프로그램 계획에 다양한 집단을 참여시키는 것은 올바른 방향으로 가는 한 걸음이다.

사회경제적 지위는 사람들이 여가를 이용할 수 있는 강력한 요소로 자리매김된다. 상류층과 빈곤층의 여가 생활에는 큰 차이가 있다. 하지만 공공 및 비영리 부문에서는 양질의 레크리에이션을 필요로 하는 사람들에게 감당할 수 있는 비용으로 인근에서 서비스를 제공해야 하는 책임을 인식한다.

토론 및 에세이 과제

1. 아동, 십대, 청년, 중년 또는 노년의 연령대 중 하나를 선택하라. 현대 사회에서 이 집단이 레크리에이션에 대해 가지는 특별한 요구는 무엇이며, 만족스러운 여가 활동의 선택에 있어 직면하는 장벽이나 문제는 무엇인가?

_____

_____

_____

_____

2. 노년층이 급속하게 증가하고 있다. 사회는 전통적으로 고령화 과정과 지역 공동체 삶에서의 노인들의 역할을 어떻게 생각해 왔는가? 최근 몇 년간 개발된 새로운 관점은 어떤 것이 있는가? 이러한 변화가 노년층과 함께하는 레크리에이션 전문가들에게 미치는 영향은 무엇인가?

_____

_____

_____

_____

_____

3. 레크리에이션과 여가에 관한 여성의 역할이 역사를 통틀어 사회적 태도와 제약 면에서 남성과 어떻게 다른가? 과거에 비해 어떻게 달라졌는가? 학급에서 남학생과 여학생의 여가 활동과 참여에 대한 성별 관련 패턴을 분석하고 비교하라.

_____

_____

_____

4. LGBT를 소수집단으로 간주하는 것에 대해서는 여전히 약간의 저항이 있지만, 그들의 법적 지위와 공동체 생활에서의 지위 면에서는 큰 진전이 있었다. 공동체 레크리에이션 프로그램에서 게이와 레즈비언을 식별 가능한 집단으로 포함시키는 데 대한 비판에서 제기되는 문제는 무엇이라고 생각하는가? 여행사들은 이 집단을 대상으로 어떻게 목표 삼을 수 있는가?

_____

_____

_____

5. 일반적인 문화적 관점에서, 다양한 인종과 소수 민족의 구성원들은 최근 몇 년간 영화, 텔레비전 및 여타의 예술이나 문학적 분야에서 주목받아 왔다. 성별, 사회경제적 지위, 연령대는 일반적으로 어떤 이미지로 표현되는가?

_____

_____

_____

6. 인종, 민족성, 사회경제적 지위는 어떻게 상호 연관된다고 생각하는가? 여가는 이러한 사회문화적 요인들에 의해 어떻게 영향을 받는가?

_____

_____

_____

_____

7. 비록 미국에서의 LGBT들에 대한 포용성이 점점 더 확장되고 있지만, 여전히 이러한 대체적
성적 지향에 동의하지 않는 사람들이 많다. 세금으로 지원받는 공공 기관들은 이들 LGBT
를 위한 프로그램을 제공해야 하는가? 동일한 기관들은 무슬림과 같은 특정 인종이나 종교
단체를 대상으로 하는 프로그램을 제공해주어야 하는가?

_____

_____

_____

8. 여가를 제약하는 세 가지 범주를 정의하라. LGBT, 남성, 여성은 각각 어떤 제약에 직면하
는가?

_____

_____

_____

_____

9. 인종과 민족 정체성을 구별하라.

_____

_____

_____

_____

10. 사회 계층을 정의하라. 각 계층별 여가 활동을 비교하고 대조하라.

_____

_____

_____

_____

미주

1. Welter, J. (June 20, 2016). I'm Here as a Football Coach. http://mmqb.si.com/mmqb/2015/08/04/jen-welter-first-woman-nfl-coach-arizona-cardinals.

2. D. A. Garrahy, Motor development and recreation. In A. R. Hurd and D. M. Anderson, *The Parks and Recreation Professional's Handbook* (Champaign, IL: Human Kinetics, 2011).

3. G. V. Payne and L. D. Isaacs, *Human Motor Development: A Lifespan Approach* 8th ed (Boston, MA: McGraw-Hill, 2012).

4. J.P. Isenberg & M. R. Jalongo. (Apr 30, 2014). Why is Play Important? Social and Emotional Development, Physical Development, Creative Development. Pearson Allyn Bacon Prentice Hall. http://www.education.com/reference/article/importance-play--social-emotional/.

5. Montessori, M. (n.d.) Play Is The Work of the Child. Child Development Institute. https://childdevelopmentinfo.com/child-development/play-work-of-children/

6. "Family Structure: Indicators on Children and Youth," Child Trends Databank. (December 2015): http://www.childtrends.org/wp-content/uploads/2015/03/59_Family_Structure.pdf.

7. G.C. Aramas, "Single-Father Homes on the Rise," ABC News (May 18, 2013) http://abcnews.go.com/US/story?id=93279&page=1.

8. D. Cohn, G. Livingston, and W. Wang, "After Decades of Decline, A Rise in Stay-at-Home Mothers," Pew Research Center (April 8, 2014): http://www.pewsocialtrends.org/2014/04/08/after-decades-of-decline-a-rise-in-stay-at-home-mothers/.

9. G. Livingston, "Growing Number of Dads Home with the Kids," Pew Research Center (June 5, 2015): http://www.pewsocialtrends.org/2014/06/05/growing-number-of-dads-home-with-the-kids/.

10. K. C. Mason, "The downside of no downtime for kids," PBS Newshour (July 2, 2015): http://www.pbs.org/newshour/updates/whats-conflicted-parent-scheduling-childs-summer/.

11. A. Michaud, "Michaud: Helicopter Parents Need Some Grounding," *Newsday* (January 30, 2013): www.newsday.com/opinion/columnists/anne-michaud/michaud-helicopter-parents-need-some-grounding-1.4536491.

12. Parents Television Council, "Facts and TV Statistics," (June 20, 2016): http://w2.parentstv.org/main/Research/Facts.aspx.

13. T. N. Robinson et al., "Effects of Reducing Children's Television and Video Game Use on Aggressive Behavior," *Archives of Pediatrics and Adolescent Medicine* (Vol. 155): 17–23.

14. R. Louv, *Last Child in the Woods: Saving Our Children from Nature-Deficit Disorder* (Chapel Hill, NC: Algonquin Books of Chapel Hill, 2005).

15. K. C. Land, *The Foundation for Child Development and Youth Well-Being Index (CWI), 1974–2004, with Projections for 2005* (Durham, NC: Duke University, 2006).

16. N. Wells and G. Evans, "Nearby Nature: Buffer of Life Stress Among Rural Children," *Environment and Behavior* (Vol. 35, 2003): 311–330.

17. R. C. Moore and H. H. Hong, *Natural Learning: Creating Environments for Rediscovering Nature's Way of Teaching* (Berkeley, CA: MIG Communications, 1997).

18. A. F. Taylor et al., "Coping with ADD: This Surprising Connection to Green Play Settings," *Environment Behavior* (Vol. 33, 2001): 54–77.

19. Bureau of Labor Statistics, "Employment and Unemployment Among Youth Summary" (August 18, 2015): http://www.bls.gov/news.release/youth.nr0.htm.

20. National Institute on Drug Abuse, "Monitoring the Future Survey: High School and Youth Trends" (June 2016): https://www.drugabuse.gov/publications/drugfacts/high-school-youth-trends.

21. TeensHealth, "Binge Drinking," (June 22, 2016): http://kidshealth.org/en/teens/binge-drink.html.

22. National Institute on Drug Abuse, "Monitoring the Future Survey: High School and Youth Trends" (December 2012): www.drugabuse.gov/publications/drugfacts/high-school-youth-trends.

23. National Council on Problem Gambling, High School Gambling Fact Sheet: (June 22, 2016): http://www.ncpgambling.org/files/HS_Fact_Sheet.pdf.

24. G. Le, M. Liao, S. Lee, and K. Woo, "Youth Gambling in the 21st Century: Prevalence, Impact, and Interventions," Problem Gambling Prevention Technical Assistance and Training Project (May 29, 2017): http://www.napafasa.org/resources/PGP.Youth%20Gambling%20in%20the%2021st%20Century.pdf

25. Planned Parenthood Federation of America, "Reducing Teenage Pregnancy," (2014): https://www.plannedparenthood.org/files/6813/9611/7632/Reducing_Teen_Pregnancy.pdf.

26. The Henry J. Kaiser Family Foundation, "Sexual Health of Adolescents and Young Adults in the United States" (August 20, 2014): http://kff.org/womens-health-policy/fact-sheet/sexual-health-of-adolescents-and-young-adults-in-the-united-states/.

27. Anderson, M., "How having smartphones (or not) shapes the way teens communicate," Pew Research Center (August 20, 2015): http://www.pewresearch.org/fact-tank/2015/08/20/how-having-smartphones-or-not-shapes-the-way-teens-communicate/.

28. Diana S. DelCampo, *Understanding Teens, Bringing Science to Your Life* (Guide F-122). This worked for me (June 22, 2016): http://aces.nmsu.edu/pubs/_f/F-122.pdf

29. Eileene Welker, "Understanding Teens: Opening the Door to a Better Relationship," News for Parents (June 22, 2016): www.newsforparents.org/expert_understanding_teens.html.

30. A. Renfro. Meeting Generation Z. Getting Smart. (September 21, 2013): http://gettingsmart.com/2012/12/meet-generation-z/.

31. Chew, K. "First-Year College Students Have Record-High Stress" (January 27, 2011): http://www.care2.com/causes/first-year-college-students-have-record-high-stress.html.

32. HomeExchange.com (June 22, 2016): www.homeexchange.com/.

33. The New England Centenarian Study, "Why Study Centenarians? An Overview," Boston University School of Medicine (June 22, 2016): www.bumc.bu.edu/centenarian/overview/.

34. F. R. Dulles, *A History of Recreation: America Learns to Play* (New York: Appleton-Century-Crofts, 1965): 96.

35. K. A. Henderson et al., *Both Gains and Gaps: Feminist Perspectives on Women's Leisure* (State College, PA: Venture Publishing, 1996).

36. National Collegiate Athletic Association (NCAA), "Student Athlete Participation 1981-82–2014-15," Indianapolis, IN: National Collegiate Athletic Association 2015. http://www.ncaa.org/sites/default/files/Participation%20Rates%20Final.pdf.

37. Boyette, J., "Augusta National admits 2 women members" (August 20, 2012): http://www.augusta.com/masters/story/news/latest-news/augusta-national-admits-2-women-members.

38. R. J. Palkovitz, *Involved Fathering and Men's Adult Development: Provisional Balances* (Hillsdale, NJ: Lawrence Erlbaum, 2001).

39. D. J. Eggebeen and C. Knoester, "Does Fatherhood Matter for Men?" *Journal of Marriage and the Family* (Vol. 62, No. 2, 2001): 381–393.

40. Samuels, A. (April 3, 2015). Study: Millennials more accepting of homosexuality than casual sex. USA Today College. (May 29, 2017): http://college.usatoday.com/2015/04/03/study-millennials-more-accepting-of-homosexuality-than-casual-sex/

41. Daily Grind Staff, "America's LGBT Buying Power In 2014 Estimated At $884 billion" (June 25, 2015): http://www.thegailygrind.com/2015/06/25/americas-lgbt-buying-power-in-2014-estimated-at-884-billion/.

42. Philadelphia Gay Tourism Caucus. (June 25, 2016): http://philadelphiagaytourism.com/.

43. R Family Vacations (June 25, 2016): http://www.rfamilyvacations.com/.

44. Lavender Youth Recreation and Information Center. (June 25, 2016): www.lyric.org.

45. *SAGE.* (June 25, 2016): www.sageusa.org.

46. FountainGrove Lodge LGBT Retirement Community: http://www.fountaingrovelodge.com/

47. Population Reference Bureau, "The 2010 Census Questionnaire: Seven Questions for Everyone. (June 25, 2016): www.prb.org/Articles/2009/questionnaire.aspx.

48. Cohn. D., "Census considers new approach to asking about race – by not using the term at all," Pew Research Center (June 18, 2015): http://www.pewresearch.org/fact-tank/2015/06/18/census-considers-new-approach-to-asking-about-race-by-not-using-the-term-at-all/.

49. United States Census Bureau, "2010 Census Shows America's Diversity" (March 24, 2011): www.census.gov/newsroom/releases/archives/2010_census/cb11-cn125.html.

50. Pew Research Center, "America's Changing Religious Landscape: Christians Decline Sharply as Share of Population; Unaffiliated and Other Faiths Continue to Grow" (May 12, 2015): http://www.pewforum.org/2015/05/12/americas-changing-religious-landscape/.

51. B. A. Kosmin and A. Keysar, "American Religious Identification Survey (ARIS 2008)," Trinity College (March, 2009): http://commons.trincoll.edu/aris/files/2011/08/ARIS_Report_2008.pdf.

52. Scott, D. (2014). Race, ethnicity, and leisure services: Can we hope to escape the past? In M. Stodolska, K.J. Shinew, M.F. Floyd & G.J. Walker (Eds.), *Race, ethnicity, and leisure: Perspectives on research, theory and practice* (Champaign, IL: Human Kinetics): 37–50.

53. Mowen, A.J. & Baker, B.L. (2009). Park, recreation, fitness and sport recommendations for a more physically active America: A white paper for the United States National Physical Activity Plan. *Journal of Physical Activity and Health*, 6(Suppl 2): S236–S244.

54. Noonan, D.S. (2005). Neighbours, barriers and urban environments: Are things "different on the other side of the tracks"? *Urban Studies*, 42, 1817–1835.

55. Schneider, I.E., Shinew, K.J., & Fernandez, M. (2014). Leisure constraints. In M. Stodolska, K.J. Shinew, M.F. Floyd & G.J. Walker (Eds.), *Race, ethnicity, and leisure: Perspectives on research, theory and practice* (Champaign, IL: Human Kinetics): 165–176.

56. W. Martin and S. Mason, "Leisure in Three Middle Eastern Countries," *World Leisure* (Vol. 1, 2003): 37–46.

57. J. Livengood and M. Stodolska, "The Effects of Discrimination and Constraints Negotiation on Leisure Behavior of American Muslims in the Post–September 11 America," *Journal of Leisure Research* (Vol. 36, 2004): 183–208.

58. K. van Eijck, "Leisure, Lifestyle, and the New Middle Class," *Leisure Sciences* (Vol. 26, 2004): 373–392.

레크리에이션과
여가의 역사

서기 80년에 로마 콜로세움은 역사상 가장 길고 가장 혐오스런 대중 탐닉 장소로 개장했다. 동물과 인간 모두에 대한 다양한 종류의 대규모 학살이 관람거리로서 100일 동안 티투스 황제와 관중들로 채워졌다.[1]

    장기적으로 산업화는 노동 시간의 단축을 가져왔다. 연간 노동 시간은 산업화된 서구에서 1840년 이래 현재까지 3,000~3,600시간에서 1,800~2,000시간으로 감소했다. 이러한 시간의 재분배는 여가 시간의 급격한 '재구성(repackaging)'을 동반해 왔다.[2]

    오늘날, 레크리에이션과 여가 서비스는 삶의 질을 향상시키고, 사회병리 현상을 줄이고, 시민들의 건설적 가치를 생성하며, 일반적으로 지역 공동체를 더 살기 좋은 곳으로 만드는 기회 체계로 인식된다.[3]

✔ **학습목표** LEARNING OBJECTIVES

1. 고대 문명으로부터 현대에 걸쳐 변화하는 여가에 대한 인식을 설명한다.
2. 종교가 레크리에이션과 여가의 관용에 미친 영향을 설명한다.
3. 각 주요 시기 동안의 대중적 레크리에이션 활동 양식을 열거한다.
4. 레크리에이션과 여가의 현재적 추세를 설명한다.

소개

현대 사회에서의 레크리에이션과 여가 연구에 의미 있는 배경을 제공하기 위해, 과거에 그것의 역할을 명확히 이해하는 것이 도움이 된다. 여가 관련 문화적 관습에 대한 현대적 관점의 많은 기원을 고대 문화의 전통과 관습에서 찾을 수 있다. 레크리에이션과 여가의 역사는 종교, 교육, 정부의 역할 및 다양한 문화적 관습과 가치, 예술, 스포츠 및 오락을 보여주는 사람, 장소, 이벤트 및 사회적 권력의 풍부한 태피스트리 (tapestry)이다. 레크리에이션과 여가의 진화에 대해 익힘으로써 현재를 더 잘 이해하고 효과적으로 대응할 수 있다.

초기 사회에서의 놀이

구석기와 신석기 시대 초기의 여가와 놀이의 특성은 비교적 잘 알려져 있지 않다. 그러나 여가 활동의 증거로 제시되는 고고학자들의 유물 발견과 선교사들 및 인류학자들의 설명으로부터 초기 놀이에 대해 어느 정도 이해할 수 있다.

게임 및 스포츠의 기원

원시 사회에서 놀이는 다양한 근원을 가지고 있었을 것이다. 인기 있는 게임은 종종 전쟁의 흔적으로서 스포츠의 한 형태로 행해졌다. 악기는 종교 의식에 사용하기 위해 만들어졌을 것이다. 도자기, 채색, 드로잉 및 기타의 초기 예술은 일상생활 및 문화적 신화의 기록으로 남겨졌다. 구슬과 다양한 종류의 보석들은 개인의 지위와 집단의 외부적 상징으로 만들어졌다. (사냥이나 전쟁용 활쏘기 등과 같은) 어떠한 활동이 본래의 양식으로 유용하지 않았을 때, 그것은 스포츠의 한 형태로 변화되었다.

아메리카 원주민 부족들은 어떻게 놀이가 아이들에게 성인이 되는 준비를 위해 사용되었는지 보여주는 사례를 제공한다. 소년들은 전사로서의 기예를 연마하고 황야에서 비무장 상태에서 살아남는 법을 배웠다. 여자 아이들은 성인 여자로서 기대

일과 여가에 대한 부족적 관점

부족 사회에서는 기술적으로 보다 진보된 사회에서와 같은 일과 여가 사이의 뚜렷한 차이를 두지 않는다. 후자는 일과 휴식을 위한 시간이 서로 분리되어 있는 반면, 기술 진보 이전 시대의 부족 사회에는 그러한 뚜렷한 분리가 없었다. 대신, 일은 가능하거나 필요할 때 관습적으로 행해졌으며, 때로는 다양성과 즐거움을 주는 의식 및 관습에 영향을 받아 행해졌다. 그러한 부족 사회에서, 일은 현대의 산업에서와 같이 예리하게 정의된 기술을 요구하는 제한적이고 전문적인 업무가 아니라 다양하고 창조적인 경향이 있었다. 일은 수시로 곡식의 재배나 수확의 성공, 또는 건축이나 사냥 원정에 기본적인 것으로 간주되는 의식을 수반한다. 의식은 기도, 제물, 춤 또는 향연을 포함할 수 있으므로, 따라서 일의 세계의 일부가 된다.

되는 가정용 공예를 배웠다. 춤, 노래, 이야기를 통해 남녀 모두 그들 문화의 역사와
종교를 배웠다.

고대 문명에서의 레크리에이션과 여가

선사 시대 사회가 발전하면서, 그들은 전문화된 기능을 개발하였다. 동식물을 길들
이는 법을 익히면서, 인간은 사냥과 식량 수집에 기초한 유목민의 생활에서 주로 정
착 생활 방식으로 변화되었다. 궁극적으로 군인, 장인, 농민, 노예와 더불어 지배계
급이 형성되었다. 마을과 도시들이 발전하고 대규모 경작지가 하위 계층 노동자들
에 의해 경작되면서 상류층들은 권력, 부, 여가를 획득했다. 따라서 기독교 이전 시
대 5천 년간 중동에서 발전한 최초 문명의 귀족 사회에서 역사상 처음으로 여가 계
층을 찾을 수 있다.

고대 이집트, 아시리아, 바빌로니아

이집트 문명은 대략 BC 5000년에서 로마시대까지 지속되
었으며, 풍요롭고 다양한 문화를 향유했는데, 천문, 건축,
공학, 농업 및 건설에 대한 수준 높은 지식을 가지고 있었
다. 그들의 문화는 그림, 조각상 및 상형 문자에 풍부하게
기록되었다. 고대 이집트인들은 레슬링, 체조, 역기, 볼 게
임을 비롯해 교육 및 레크리에이션의 일환으로 다양한 스
포츠를 즐겼다. 음악, 연극 및 춤은 다양한 현악기와 타악
기가 포함된 복합 오케스트라로서 종교적 숭배의 한 형태
일 뿐 아니라 사회적 오락이었다.

　BC 330년 알렉산더 대왕의 침략이 있기 전까지, 중동
국가인 아시리아와 바빌론 또한 강력한 제국을 형성하고
있었다. 고대 이집트 사람들처럼 아시리안 사람들과 바빌
로니아 사람들 또한 권투, 레슬링, 활쏘기 그리고 테이블
게임과 같은 다양한 레크리에이션 활동을 즐겼다. 춤을 구
경하고, 음악을 듣고, 연회를 즐기는 것 외에도, 아시리안
사람들, 특히 귀족들은 수시로 공원에서 사냥을 즐겼다.

초기 중국 사회는 고도로 조직화된 문화 행사를 발전시켰다.
©IMAGEMORE Co, Ltd./Getty.

고고학자가 문화적 의식에 사용되었던 고대의 피리를 발견하다

1986년 5월부터 1987년 6월까지, 고고학자들이 중국 허난성 자후(Jiahu)의 초기 신석기 유적지에서 7,000년에서 9,000년 전에 만들어진 25개의 피리를 발견했는데 대부분 무덤에 있었다. 6개가 손상되지 않은 채 발견되었는데, 현재 다양한 곡조를 연주할 수 있는 가장 초기의 악기로 받아들여지고 있다. 뼈로 만들어진 플루트에는 7개의 구멍이 있는데 서양 8자리 음계와 비슷하다. 이 음계는 기원전 7000년에 살았던 음악가가 음악을 작곡하고 연주했었다는 것을 의미한다. 어떤 사람들은 피리가 종교적 의식의 일부였다고 믿고, 다른 사람들은 음악이 단순한 공동체 삶의 일부였을 거라고 생각한다.[4]

가장 높은 형태의 여가는 주로 고대 사회의 상류층 사이에서 일어났다.

© Pavel Mitrofanov/Dreamstime.com.

고대 이스라엘

고대 이스라엘인들 사이에서 음악과 춤은 구약에 언급된 의식으로서만이 아니라 사회적 활동과 축하를 위해서도 행해졌다. 다른 고대 사회와 마찬가지로 고대 히브리인도 사냥, 낚시, 레슬링, 레크리에이션과 방어 목적의 검과 창 같은 무기의 사용을 즐겼다. 여가 그 자체에 대해서 설명하자면, 여가의 주요한 기여는 안식일에 사람들이 일을 하지 않고 따로 예배를 위한 시간으로 설정해 두는 일이었다.

고대 그리스

고대 그리스의 도시 국가들, 특히 기원전 500년에서 400년 사이의 소위 페리클레스 황금시대의 아테네에서 인류는 철학과 문화 발전에 있어 새로운 정점에 도달했다. 아테네 사람들은 예술, 학문, 운동에 많은 관심을 기울였다. 이러한 관심은 일반적으로 부유하고 귀족적인 상류층에게 한정되었다. 장인, 농부, 상인들도 시민이었지만 권리가 제한되어 있었고, 노동은 노예와 외국인들에 의해 수행되었다.

삶의 편의는 일반적으로 균형 잡힌 남자로서 아테네 이상을 대표하는 가장 부유하고 힘 있는 시민들, 즉 군인, 운동선수, 예술가, 정치가, 철학자들로 제한되었다. 사실, 아테네의 철학자들은 마음과 몸의 통합을 강하게 믿었고 놀이 활동은 어린이들의 건강한 신체적, 사회적 성장에 필수적이라고 믿었다. 이 이상은 교육 및 연간 약 70일에 달하는 다양한 종교적 축제를 통해 전파되었다. 음악, 시, 연극, 체조, 그리고 운동경기에서의 예술이 이러한 신성한 대회에서 결합되었다.

고대 그리스에서의 여성

비록 여성들이 적당한 교육을 받고 몇몇 운동 경기에 참가한 어린 소녀들에 대한 역사 기록이 있지만, 고대 그리스에서 여성들은 남성들이 즐기는 여가 활동을 즐기지 못했다. 시민들은 당연히 남자들이었다.

고대 그리스인들은 도시 계획 기술을 발전시켜 전통적으로 공원과 정원, 야외극장 및 체육관, 목욕탕, 운동장, 스타디움을 위한 광범위한 규정을 만들었다. 초기 아테네에는 많은 공중목욕탕과 공원이 있었는데, 나중에 개인의 사적 소유로 내주었다.

여가와 놀이에 대한 그리스식 접근법에 점진적인 변화가 일어났다. 처음에는 모든 시민들이 스포츠와 게임에 참여할 것으로 예상하여 올림픽 경기는 그리스의 자유민들에게만 국한되었다. 하지만 올림픽과 다른 축제들의 종교적, 문화적 기능은 운동의 전문화, 부패, 상업주의에 물들며 점차 약화되었다. 시간이 지나면서 스포츠와 드라마, 노래, 춤과 같은 다른 형태의 활동들은 하층민 또는 심지어 노예들로부터 파생된 고도의 숙련된 기술을 갖춘 전문가들에 의해서만 행해졌다.

고대 로마

그리스 도시 국가들과 마찬가지로, 초기 발전 당시 로마 공화국은 강한 민족주의 국가였다. 로마 시민은 특권 계급 구성원임에도 불구하고 사회를 지키고 전쟁에 참전할 의무가 있었다. 시민들은 스포츠 및 체육에 참여하여 강건한 신체와 용맹한 정신을 유지하려 했다. 다양한 로마 신들의 숭배와 관련된 수많은 게임들이 연례적인 축제로 발전했다. 로마에서 행해진 가장 중요한 게임은 전쟁에서의 승리를 기념하는 것이었는데, 대개 로마 신들의 제왕 제우스를 기리기 위한 것이었다.

초기 그리스인들처럼 어린 로마 아이들은 장난감 카트, 집, 인형, 목마, 죽마, 그리고 팽이를 가지고 놀았으며 많은 스포츠 및 게임에 참여했다. 그럼에도 불구하고 여가에 대해 로마인들은 그리스인들과는 다른 개념을 가지고 있었다. '여가'와 '사업(business)'을 뜻하는 라틴어 단어 *'otium*(휴식)'과 *negotium*(협상)*'은 여가를 긍정적 가치(여가가 없는 '일'이라는 부정적 정의와 더불어)로 제시하기는 하지만, 로마인들은 놀이를 미적 또는 정신적 이유에서보다 실용적 차원으로 지지했다.

그리스인에 비해 로마인들은 훨씬 더 체계적인 기획자이자 건축가였다. 그들의 도

---

* *neg + otium = not leisure*, 옮긴이

시는 일반적으로 욕실, 야외극장, 원형극장, 공공 집회 장소, 경기장, 체육관, 그리고 때때로 공원과 정원 시설들이 포함되었다. 부유한 로마인들은 때론 개인 별장을 갖기도 했는데, 많은 사람들이 커다란 정원과 사냥터를 가지고 있었다.

제국이 더욱 강력해짐에 따라 모든 로마인 남성들이 시민이며 자유인이었던 초기의 단순한 농업 민주주의는 계층이 첨예하게 나뉜 도시 생활로 이행하였는데, 가장 부유하며 땅을 소유한 **원로원 의원들**(*senators*), 25에이커 이상의 땅을 소유한 **호민관**(*curiae*) 및 관료 또는 세무 징수원, 소규모 재산을 소유하거나 상인 및 장인으로 종사했던 자유인으로서의 **평민**(*plebs*), 땅을 소작하는 하위 계층인 **농노**(*coloni*) 등 네 계층으로 분화되었다. 그 당시 대부분의 노동은 **농노**(*coloni*)와 로마로 이송되어 온 노예들에 의해 이루어졌기 때문에 도시의 대부분의 평민들은 거의 빈둥대며 살았다. 따라서 로마 황제와 원로원은 점차적으로 **평민**들을 위한 오락과 여흥의 필요성에 따라, 음식과 대중오락, 다시 말해 '빵과 서커스'를 주었다.

서기 1세기, 클로디우스(Claudius) 황제 통치 초기에만 연간 159일의 공휴일이 있었는데, 그중 93일은 공공 재정을 투입하여 경기를 개최하였다. 서기 354년에는 매년 175일의 경기를 포함 200일의 공휴일이 있었다. 하루의 노동도 연중 대부분은 새벽에 시작해 정오면 끝났다.

로마 시민에 대한 군 복무 및 다른 육체적 효용의 필요성의 감소에 따른 여가의 확장에 따라 시민들을 위한 오락이나 일상적 운동, 목욕, 그리고 식도락이 일상적 관습으로 되었다. 예전처럼 활동적인 스포츠는 더 이상 하지 않고 이제는 돈을 지불하고 곡예사, 음악가, 무용수, 그리고 여타의 예술가들을 불러 여흥을 찾았다. 운동선수들은 단체, 코치, 훈련 학교를 통해 전문화된 직업인으로 활동했다.

거의 2000년 전에 지어진 로마 콜로세움(Roman Colosseum)은 고대 건축물 중 가장 위대한 건축물 중 하나로서, 고대 로마의 업적과 문화에 대한 기념비이다.

© Tan, Kim Pin/Shutterstock.

오락의 타락 달리기, 던지기, 그리고 높이뛰기와 같은 전통적 스포츠에서 점차 격투를 강조하는 경향으로 옮겨가면서, 초기에는 권투와 레슬링에서 검투사들이 대규모 관중들을 위해 싸우는 잔인함을 보여주는 것으로 나아갔다. 호랑이나 코끼리와 같은 수입된 야생 동물들끼리 또는 사람들을 상대하여 격투하게 했으며, 때로는 기독교인들을 상대하게 했다.[5] 동물과 인간 모두 잔인하고 끔찍한 방법으로 불구가 되고 도살되었다. 이때까지 경쟁 스포츠는 완전하게 상업화되어 있었다. 정치적 인기를 유지하고 지루한 대중들을 달래기 위해 황제와 원로원은 성대한 퍼레이드, 서커스 및 연회를 제공했다. 구경거리는 종종 음란하고 외설적이어서 집단적으로 방탕과 타락, 그리고 도착증에 빠지게 해 로마를 심각하게 약화시키는 계기가 되었다.

초기 기독교 시대: 어두운 중세

북부 유럽 종족들의 잇따른 파상 공격을 받고 로마 제국은 마침내 무너졌다. 수세기 동안 유럽은 종족 전쟁과 동맹 관계의 변화로 인한 과도기 상태가 지속되었다. 도로를 건설하고 상업을 확장했으며 시민적 질서를 제공한 로마의 조직된 권력은 끝났다. 점차, 가톨릭교회가 유럽 내에서 보편적 시민권 양식을 제공하기 위해 등장했다. 로마인들의 잔혹한 박해로 고통을 겪은 초기 그리스도인들은 그들의 이교도 압제자들이 지켜왔던 모든 것들, 특히 쾌락주의적 삶의 방식을 비난했다. 사실, 스스로를 버림으로써 구도의 이상을 실현하고자 했던 비잔틴이나 동로마제국의 초대 교회의 아버지들은 광신적 금욕주의를 믿었다.

중세 시대의 도락

교회의 반대에도 불구하고, 많은 형태의 놀이들은 중세 동안 지속되었다. 중세 사회는 엄격한 계급 계층으로 특징 지어졌는데, 귀족과 성직자 아래에 자유민, 소작농, 농노로 구분된 농민과 노예 계급이 있었다.

중세 시대의 삶은 봉건 귀족에게조차 가혹했다. 영지(manors)와 성들은 돌로 된 요새에 지나지 않았다. 기사들은 그들의 통치자를 위해 싸울 책임이 있었는데, 전쟁과 전쟁 사이 그들에게 인기 있는 오락은 전쟁에 유용하게 준비할 수 있는 사냥 및 매사냥이었다. 그 외 중세 시대 동안 다양한 종류의 게임과 도박, 음악과 춤, 스포츠, 그

 변화는 중세 암흑기에 일어났다

로마인의 삶의 많은 측면이 중세 암흑기 시대에 금지되었다. 로마인의 삶을 특징 지었던 경기장, 원형극장, 그리고 욕조가 파괴되었다. 엘비라 주교회의(Councile of Elvira)는 세례 의식을 극장에 관련된 사람들에게는 확장될 수 없다고 판결했으며, 서기 398년 카르타고 공의회(Council of Carthage)는 성스러운 날 극장에 참석한 사람들을 파문했다. 로마시대의 여가에 대한 관점은 기독교적 일로 대체되었다. 그러나 가톨릭교회가 모든 형태의 놀이를 배제했다는 가정은 또 다른 오판이다. 초기의 많은 가톨릭 종교 관습은 초기 신앙 의식에 기초했다. 기독교 사제들은 기존의 성지에 교회를 세웠고, 이교도 축제의 날을 기독교 성축일로 정하였고 이교도에서 사용했던 종, 초, 향, 노래, 춤과 같은 요소들을 예배를 위해 사용했다.

리고 마상시합이 있었다. 도박은 교회와 황실의 권위로 금지되었음에도 불구하고 대중적으로 인기가 있었다.

암흑기의 혼돈에 따른 질서와 규칙의 강화로 삶은 비교적 안정되었다. 적당히 안전한 여행이 가능하게 되었고, 11세기에 이르러 상업이 확산되었다. 중세 법정 내에서의 언쟁은 귀족들이 말을 타고 싸우는 마상 시합의 전통에서 비롯되었다.

일반인들의 게임   에드워드 흄(Edward Hulme)은 하층 계급에게 있어 일이 삶의 전부는 아니었다고 주장한다. 마을 연회와 스포츠, 놀이, 역도, 투계, 투우 및 기타 활동적 게임이 있었다. 중세의 삶이 다소 편안해짐에 따라 여러 가지 오락이 나타났다. 많은 현대 스포츠의 초보적인 형태가 이 당시 개발되었다. 농노들은 대개 어둠이 진 후 잠자리에 들었고, 독서는 거의 생각할 수 없었으며 대부분의 시간을 음주와 소동으로 보냈다.

중세 사람들은 구경거리에 대해 만족할 줄 몰랐고 오락거리를 위해 먼 거리 여행을 마다하지 않았다. 프랑스의 왕들은 일 년에 한 두 번씩 주요 신하들과 함께 일반 대중들에게 음식과 술을 나누고 군대 사열, 궁정의례, 서커스와 음악 공연을 제공했다.

르네상스

암흑기(AD 400~1000)와 중세 후기에 이어 이탈리아에서는 서기 1350년, 프랑스에서는 1450년, 영국에서는 1500년부터 르네상스가 시작되었다고 한다. 르네상스는 중세에서 근대로의 이행을 표상한다. 르네상스(renaissance)라는 용어는 부활을 의미하며 고대 그리스와 로마의 학풍, 철학 및 예술에 대한 관심의 회복을 묘사한다. 그것은 또한 보다 광범위하게, 새로운 사상과 표현의 자유, 보다 합리적이고 과학적인 삶의 관점, 그리고 유럽에서의 상업과 여행의 확장으로 나타났다. 이 시기 확고하게 확립된 군주제가 안정된 유럽 주요 국가들의 권력 지형은 교회에서 왕과 귀족들에게 이동했다. 특히 이탈리아와 프랑스의 귀족들은 위대한 화가, 조각가, 음악가, 무용수, 극작가의 후원자가 되었다.

교육으로서의 놀이

다양한 형태의 놀이는 당시 귀족 교육의 일부가 되었다. 중요한 교육 형태로서 놀이를 지원했던 아테네 철학은 르네상스 동안 신체적 단련과 게임에 대한 필요뿐 아니라 노래, 춤, 조형, 그림, 자연에 대한 연구와 공예가 보다 더 강조되었다.

프로테스탄트 개혁의 영향

종교 개혁은 1500년대에 일어난 종교 운동으로 로마 가톨릭에서 이탈한 종교 지도자들에 의해 많은 개신교 종파가 결성되었다. 이것은 경제적, 사회적, 정치적 흐름을 포함하는 더 광범위한 변화의 일부였다. 부분적으로, 그것은 교회의 힘에 도전하는 유럽 신흥 국가들의 귀족과 동맹한 중산층의 확대된 영향력을 표상한다.

종교 개혁 과정에서 등장한 '프로테스탄트의 노동 윤리'는 북아메리카 사회를 포함한 대부분 기독교 문화의 역사를 통틀어 여가와 레크리에이션에 대해 엄격한 시간적 제약을 규정했다. 이와 같은 윤리는 일과 여가의 상대적 가치에 대한 서구의 현대적 시각에 큰 영향을 끼쳤다.

영국의 청교도주의

영국 청교도들은 16세기에서 18세기의 기간 동안 스포츠와 다른 형태의 오락을 비판하고 제한하기 위해 끊임없이 투쟁했다. 안식일을 엄격하게 지키는 것은 특별한 문제였다. 엘리자베스 여왕 시대 영국 성공회 성직자들은 연극, 교회 축제 모임, 춤, 도박, 볼링, 그리고 매사냥이나 사냥과 같은 '사악한 취미', 상품 거래 시장, '음란물' 읽기와 같은 관습들을 맹렬히 공격했다.

주요 공원의 유형

중세 시대 동안, 공원 계획은 공간 또는 개방된 영역의 결핍과 도시를 떠나 이주하는 주민들을 위한 근교의 공동체 계획의 부족으로 특징 지어졌다. 르네상스 시대가 시작되면서 유럽에서의 도시 계획은 넓은 도로, 장기적 안목, 멋들어진 건물 및 정교한 정원으로 장식된 기념비적 특징들로 이루어졌다.

르네상스 후반에 세 가지 주요 형태의 대형 공원들이 만들어졌는데, 대부분의 경우는 귀족이나 상류층의 사유지에 조성되었다. 그중 첫 번째는 왕족들의 사냥을 위한 구역 및 공원으로서, 비엔나에 조성된 4천 에이커 규모의 프라터(Prater)와 베를린의 티에르가텐(Tiergarten) 같은 몇몇 공원은 오늘날까지 남아 있는 매우 유명한 공원이다. 두 번째는 소위 프랑스식 조경 양식에 따라 디자인된 화려한 양식의 정원이다. 세 번째는 보다 자연주의적인 영국식 정원이었다.

영국의 자연주의 공원 학교는 공원에 자생하지 않는 식물종을 심지 않고 원형의 자연을 공원으로 하는 것을 강조했다.

© Chris Lofty/Dreamstime.com.

프로테스탄트의 금욕주의

새로운 프로테스탄트 종파는 가톨릭교회보다 더 엄숙하고 엄격한 경향이 있었다. 칼뱅은 1541년 제네바에서 그들 삶의 사회적 문화적 최소 부분까지 통제하는, 도덕적으로 청렴한 남성 장로들이 주도한 독재 정부를 수립했다. 그들은 이단을 무자비하게 탄압하고, 반대자들을 화형에 처했다. 밀러와 로빈슨은 제네바의 거침없는 청교도주의를 다음과 같이 묘사했다.

"'순결한 수행'을 고집했는데, 이것은 도박, 카드놀이, 춤, 화려한 옷과 장신구, 게이의 노래, 축제, 음주 등의 금지를 의미했다. 더 이상 축제도 없고, 더 이상의 극장도 없으며, 더 이상의 격동도 없고, 더 이상의 가볍고 불경스런 시나 전시회도 없었다. 예술 작품과 악기가 교회에서 제거되었다."[6]

영국에서의 도시 계획 노력은 18세기에 시작되었다. 상업지역의 도로와 주택가가 포장되고 거리에 이름이 부여되었다. 인구 과밀이 질병을 초래한다고 여겨(17세기 런던은 전염병 창궐에 시달렸다), 열린 광장을 정원으로 개조하고, 보다 소규모의 공원을 만들기 위해 노력했다. 18세기에 걸쳐 전염병으로 인한 사망률은 10년 동안 감소했는데, 이러한 개선은 도시 내 청결과 환기를 개선시킨 결과로 여겨졌다.

영국에서 인기 있는 오락거리

영국의 유명한 야외 정원들은 오락과 휴식의 제공을 위해 만들어졌다. 복스홀(Vauxhall)은 찰스 2세의 통치 기간에 만들어진 휴양지로 산책로와 나무 그늘, 조명등, 물레방아, 불꽃놀이, 인공 동굴과 굴, 엔터테인먼트, 식사 공간 및 차를 마실 수 있는 정원을 갖춘 수목이 우거진 공원이다. 이 공원은 성장하는 상인 계층들로부터 지원을 받았는데, 비싼 입장료와 런던으로부터의 먼 거리는 '서민들을 배제'하는 데 일조했다.

하층민들의 오락에 대한 취향은 도시에 사는지 혹은 시골에 사는지에 따라 다양했다. 시골의 하층민들은 축구, 크리켓, 레슬링, 또는 '목봉 격투(cudgel playing)'와 같은 스포츠에 활발히 참여하고 전통 춤과 민요를 즐겼다.

여가에 대한 우려: 계층 차이

증가하는 휴일 수와 여가 활동이 노동자 계층에 미치는 영향에 대한 우려가 점차 커지기 시작했다. 예를 들어, 18세기 프랑스의 부유한 계층들은 일주일 내내 극장, 발레, 오페라 또는 클럽에서 사교, 식사, 그리고 게임으로 저녁 시간을 보내며 즐거운 시간을 보냈다. 이와 대조적으로 노동자 계층을 위한 오락의 시간은 오직 일요일과 명절뿐이었다. 그럼에도 불구하고, 〈라크르와(La Croix)〉지는 이러한 휴일이 연중 3분의 1을 차지했다고 지적한다. 이렇게 과도한 휴일에 대해 많은 경제학자들과 관련 실무자들은 교회의 권위로 그 수를 줄여야 한다고 주장했다.

미국에서의 레크리에이션: 식민시대

이제 대서양을 건너 미국에서의 초기 식민시대 여가와 레크리에이션의 발전을 살펴보자. 우선, 신세계에 도착한 영국 및 기타 유럽 정착민들은 그들이 살았던 국가의 관습과 가치로부터 완전히 분리되지 않았다는 것을 인식할 필요가 있다. 상업은 계속되었고, 총독과 군인들이 왕래하고, 신문, 잡지, 책은 정기적으로 교류되었다.

17세기 식민지 개척자들의 첫 번째 욕구는 생존을 위한 것이었다. 농작물을 심고, 숲을 개간하고, 대피소를 지어야 했으며, 때로는 적대적 아메리카 원주민 부족의 공격으로부터 자신들을 방어해야 했다. 그러한 환경에서 노동이 가장 중요하여 오락이나 대중적 오락에 투여할 만한 시간, 돈, 에너지는 거의 없었다.

부와 여가를 소유하고 예술을 후원할 의향이 있는 귀족이 없다면 음악, 연극, 춤이 번성할 기회도 거의 없었겠지만, 레크리에이션 개발에 가장 중요한 장애물은 종교적 태도였다.

뉴잉글랜드에서의 제약

뉴잉글랜드의 청교도 정착민들은 성경에 대한 엄격한 믿음에 바탕을 둔 사회를 만들기 위해 신세계에 왔다. 비록 직업윤리가 청교도에서 비롯된 것은 아니었지만, 그들은 열성적으로 그것을 받아들였다. 게으름을 '악마의 작업(devil's workshop)'으로 혐오하였으며, 다수의 식민 주에서 '게으른 자, 부랑자, 건장한 거지, 악랄한 범죄자들'을 강제 노역에 처하거나 구속하는 법을 통과시켰다.

청교도 집정관들은 이러한 금지들에 대한 실질적 이유가 사라진 후에도 오랫동안 오락에 대한 규제를 유지하려고 시도했다. 초기 법정 기록은 젊은 사람들이 음주, 나태, 도박, 춤, 또는 여타 행태의 '음탕한' 행동에의 관여와 같은 '규범 위반'으로 벌금을 매기거나, 형구에 구속시키거나, 공개적으로 태형에 처한 사례를 보여준다. 그러나 이러한 제약에도 불구하고 다양한 형태의 놀이는

미국 남부의 경제는 레크리에이션을 위한 시간이 거의 없는 노예 노동에 기반하여 노예 소유주의 여가와 사치스런 삶을 영위할 수 있게 해주었다.

노동과 함께 하는 놀이가 용인되다

점차적으로 뉴잉글랜드 및 다른 지역에서의 놀이에 대한 규제가 완화되었다. 노동을 하면서 유희를 즐길 수 있게 되자 레크리에이션은 보다 수용 가능해졌고, 따라서 지역 박람회 및 장날은 떠들썩한 놀이마당의 기회가 되었다. 음악, 게임, 춤이 있는 사회적 행사들은 집안일, 양털 깎기, 통나무타기나 옥수수 껍질 벗기기 축제와 같은 노동제와 함께 열렸다. 많은 사회적 유희는 선거일이나 지역 민병대 훈련의 날과 같은 여타의 시민 행사와 연관되어 행해진다.

계속되었다. 축구는 보스턴의 거리와 골목에서 소년들에 의해 행해졌고, ('악마의 그림책'이라고 불렸던)카드는 청교도들의 비난을 받으면서도 영국으로부터 자유롭게 수입되어 공개적으로 판매되었다.

또한 도박, 연극 및 비종교 음악, (특히 남녀 간의)춤을 금지하는 다른 법령 또한 존재했다. 안식일을 강력하게 시행하는 규정은 일요일의 노동, 여행 및 레크리에이션, 심지어 '거리와 들판에서의 불필요하고 때 아닌 보행'조차 금지하였다.

남부 식민지들에서의 여가

많은 남부 식민지들에서 정착 초기에 비슷한 제약이 있었다. 예를 들어, 버지니아의 법은 일요일의 유희를 금지했고 교회 예배에 참석하지 않은 죄로 징역을 선고했다. 안식일의 춤, 소일거리, 사냥, 낚시, 카드놀이는 엄격히 금지되었다. 그러나 남부 식민지에서의 이러한 엄격한 규제는 점차 줄어들었다. 상류층들은 그들의 거대한 사유지와 농장에서 얻은 부와 여가를 즐겼고, 노동은 하인과 노예들에 의해 수행되었다. 이들 계층의 남부 정착민들의 정착에 따라 상류층의 농장 생활은 사치스러운 오락과 환대로 특징 지어졌다.

식민지 노예들의 생활 방식은 그들 소유주들의 사치스러운 생활 방식과는 극명한 대조를 보였다. 식민지 노예의 대다수는 서아프리카 출신이었다. 그들은 도착하자마자 버릴 것을 강요당했던 언어와 관습 외에는 아무것도 식민지에 가지고 갈 수 없었다. 식민지의 가혹한 생활에서 번성했던 풍습에는 음악, 민간 설화, 춤이 포함되어 있었다. 식민지와 남부의 주에서 노예들에게 여가를 즐길 기회는 거의 없었다. 노예 소유주들은 사기를 높이기 위해 자유 시간을 '보상'으로 사용했으며, 때로는 자유 시간 동안에 일어날 수 있는 일에 대한 엄격한 규칙을 시행하기도 했다.

종교적 통제의 감소

뉴잉글랜드 목사들의 엄격한 설교와 기존의 도덕적 규범 위반에 대한 가혹한 처벌에도 불구하고, 이들 식민지에서 놀이가 점차 용인된 것은 분명하다. 복권은 1700년대 초반에 도입되어 시민들에게 빠르게 확산되었다. 주와 시에서는 재정 수입을 늘리고 수로 및 교량과 도로 건설을 위해 복권을 도입했다. 이러한 '수용 가능'한 형태의 도박은 선구적인 대학의 기부금에도 일조했으며, 심지어 연합교회, 침례교회, 성공회교회에서도 '공공 예배 및 종교 발전 촉진 복권'을 발행했다.

술을 마신 사람에게 벌금을 부과하고, 형구에 수감하고, 이후에 그들에게 술 판매를 금지했던 청교도 법하의 현실에도 불구하고 음주에 대한 분위기가 변화되기 시작했다. 18세기 초까지, 선술집(tavern)은 뉴잉글랜드 전역에 널리 정착되었다. 1700년대 중반 들어 생존을 위한 힘든 노동의 필요성이 줄어들고, 오락에 대한 종교적 반감도 줄어들었다.

식민지 시대 공원과 보존

미국의 식민시대 초기는 고립된 정착촌 주변에 많은 열린 공간을 갖춘 마을 공원 개발에 별 관심을 보이지 않았다. 초기에 계획된 야외 공간은 '공유지'나 '녹지'로, 뉴잉글랜드의 여러 지역 사회에서 볼 수 있었는데, 주로 소와 양을 사육하는 데 사용되고 군사 훈련, 시장 및 박람회 장소로도 사용되었다. 남부 및 남서부의 스페인 정착촌에는 광장과 비슷한 개방된 공간이 만들어졌다. 도시가 성장함에 따라 필라델피아, 사바나, 워싱턴 DC와 같은 도시들이 공원과 개방된 공간의 보존과 건설 필요성에 가장 먼저 주목했다.

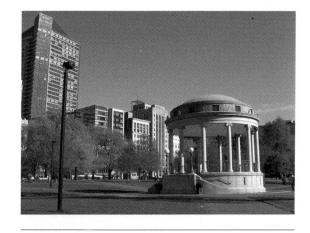

1634년에 만들어져 종종 미국 최초의 공원으로 인정받는 보스턴 커먼(Boston Common)은 지속적으로 레크리에이션과 공원 체험을 위한 기회를 제공했다.
© Marcos Carvalho/Shutterstock.

초기 보존 노력

정착 초기부터 뉴잉글랜드 시골 지역의 숲과 공터의 보존에 대한 우려가 있었다. 1626년 초, 플리머스 식민 주(Plymouth Colony)에서는 공식 허가 없는 벌목은 법으로 금지되었다. 1641년 매사추세츠만 식민 주(Massachusetts Bay Colony)는 대중들이 '낚시와 야생 조류 사냥'을 허용하는 2,000개의 수역을 지정한 그레이트 폰 법(Great Ponds Act)을 통과시켰다. 1681년 펜실베니아 법은 개간되는 5에이커당 1에이커의 숲은 손대지 않고 보존할 것을 규정했다.

17세기 후반기 초, 매사추세츠와 코네티컷 주는 사냥 시즌을 규정하고 특정 유형의 사냥을 규정하는 법을 제정했다. 야생 동물의 개체 수가 급격히 감소하면서 뉴욕과 같은 지역에서는 종의 다양성 보존을 위해 사냥 금지 시즌을 규정했다. 식민지 개척자들이 일찍이 공원 및 도시 개방 공간의 구성, 숲과 야생 동물의 보존에 대해 관심을 보였다는 것은 분명하다.

19세기의 변화: 산업혁명의 영향

18세기 후반에서 20세기에 걸쳐 유럽과 미국 모두에서 큰 변화가 있었다. 이 시기는 민주화, 과학과 기술의 발전, 유럽에서 신세계로의 대규모 이민의 파고가 번성했던 시기였다. 다른 어떤 요인보다 산업혁명은 사람들의 삶의 방식을 변화시켰다. 20세기 초반 들어 모든 사람들이 여가를 자유롭게 이용할 수 있었고 미국에서는 광범위한 레크리에이션 운동이 시작되었다.

새로운 혁신적 기계로 가능해진 산업적 확장에 사업가들이 투자하면서, 과학과 자본이 결합되어 생산이 증가했다. 산업은 가내 수공업에서 기계의 동력을 이용한 새로운 공장으로 옮겨갔다. 방적기와 직조기 및 증기 엔진(모두 1760년대에 발명)과 같은 장치의 발명으로 생산 방법이 크게 변화되며 생산량을 증가시켰다.

도시화

서구 전역에서 농촌에서 도시 중심으로의 꾸준한 인구 이동이 이루어졌다. 일반적으로

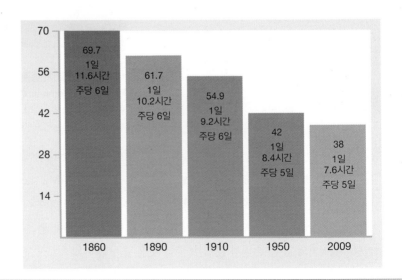

그림 4.1 주당 노동시간의 변화

Data from the Bureau of Labor Statistics. 2009. Available at: http://www.bls.gov. Accessed November 10, 2010.

주당 노동시간의 변화

전반적으로, 모든 산업(농업 포함)의 주당 평균 노동시간은 1860년 69.7시간에서 1890년 61.7시간, 1910년 54.9시간으로 감소했다(그림 4.1). 결론적으로, 19세기 후반 동안, 특정 형태의 놀이의 위험성에 대한 두려움과 다가오는 세기의 여가의 잠재적 역할이 무엇인지에 대한 광범위한 질문을 포함하여 자유 시간의 증가에 대한 관심이 표출되기 시작했다.

공장 임금은 여타의 국내 산업이나 농업에 비해 높기 때문에 많은 사람들이 도시로 이주했다. 수백만의 유럽 농촌 인구가 농작물의 실패, 토지로부터의 추방 또는 종교적 사회적 차별 및 정치적 불안 등으로 이주했다. 19세기 후반에 수만 명의 아프리카계 미국인이 실패한 재건 사업에 환멸을 느껴 더 나은 삶의 질을 찾아 북부 도시로 이주했다.

이 기간 동안 미국 인구는 급격히 증가했다. 1829년에서 1860년까지 미국 인구는 125만 명에서 3,100만 명으로 증가했다. 대도시에서는 외국계 이민자 비율이 매우 높았다. 1850년 뉴욕시 인구의 45%가 외국계 이민자로 대부분 아일랜드와 독일 출신이었다. 1850년 인구의 85%가 여전히 농촌에 밀집해 있었지만 점점 더 많은 사람들이 공장 지대와 대도시로 이주함에 따라 미국은 도시화되었다.

농민과 외국 이민자들은 혼잡과 질병으로 얼룩진 빈민가에서 가족이 생활하기에는 부적절한 숙소에 살면서 성장하는 도시의 혼잡한 주거 지역으로 이주해야 했다. 이들은 낮은 임금과 반복되는 실업, 광산 및 공장에서의 어린이 노동과 단순 가내 수공업을 포함한 단조로운 장시간 노동을 강요당했다.

노동 시간 단축

이 기간 내내 노사 협상과 입법을 통한 지속적인 주당 노동시간 단축 노력이 있었다. 벤자민 허니커트(Benjamin Hunnicutt)는 노동시간 단축을 위한 노력은 대공황 시기까지 미국 개혁 정치의 주요 의제였다고 지적한다. 다른 나라들의 주당 노동시간 단축 노력과 병행하여 하루 8시간 노동제는 미국에서 수년 간 노동조합의 목표가 되어 왔다, 1868년에 의회는 연방 정부와의 계약에 의해 고용된 기계와 노동자들을 위해 8시간 노동의 날을 제정했다. 1868년의 법에 따라, 노동조합들은 다른 영역에서의 8시간 노동을 위한 일치된 노력의 결과, 1890년에 이르러 8시간 노동을 성취하기 시작했다.

종교 부흥과 레크리에이션

남북전쟁 이전의 종교적 부흥에 힘입어, 19세기 중반과 후반기 동안 '정직한 노력'의 중요성이 강조되었다. 많은 미국인들은 개인의 사회경제적 지위를 향상시키는 데 열정적 노력만으로도 충분하다고 믿고 또 믿었다. 성직자, 정책 입안자, 시민 지도자 및 학자들은 특히 새로운 이민자들과 도시 빈곤층들이 열심히 일하고, 여가 시간에 대한 적절하고 규칙적인 활용을 통한 적절한 사회적 가치의 개발에 관심을 두었다.

여가에 대한 교회의 비난

노동을 사회적, 도덕적 가치의 원천으로 여김으로써 모든 형태의 놀이에 대한 교회의 비난은 적절한 관심으로 간주되었다. 교회들은 대부분의 상업적 오락을 '모든 죄악으로 들어가는 문'이라고 비난했다.

오락에 반대하는 노력에도 불구하고, 19세기 중반의 초기에 미국에서는 대중적 오락이 확산되었다. 독립전쟁 동안 금지되었던 극장은 점차 동부 해안과 남쪽 지방의 도시들에서 대중화되어 4,000명의 관객을 수용할 수 있는 대형 극장이 지어졌다. 전국에 걸쳐 지역 극단들은 진지한 연극뿐 아니라 경쾌한 오락을 선보였는데, 이는 후에 풍자적 희가극(burlesque) 및 소가극(vaudeville)으로 변화되었다. 1830년대까지 동물들과 곡예사, 저글러 등으로 이루어진 30여 개의 순회공연이 전국을 정기적으로 순회하며 선보이다 점차 서커스로 진화했다.

대다수의 미국 남성들이 음주를 즐겼으므로 술은 여전히 인기가 있었다. 미국 도시들의 거리 안내 책자에는 엄청난 숫자의 선술집들이 표기되어 있었으며, 선술집은 미국에서 가장 대중적인 남성들의 사교 센터였다.

스포츠에 대한 관심 증가

많은 스포츠들이 19세기 초에 처음으로 강력한 동력을 얻었다. 미국인들은 식민 시대 동안 국경을 따라 진행된 아마추어 레슬링, 도보 경주, 사격, 경마를 즐겨 보았다. 1800년대 초반 들어 스포츠 이벤트에 대한 전문적인 프로모션도 시작되었다.

스포츠의 프로페셔널리즘 1820년대에는 사회의 모든 계층에서 5만 명에 이르는 관중들이 널리 알려진 보트 경주 및 직업적 선수들의 5마일 10마일 달리기 경기에 참석했다. 첫 번째 스포츠 프로모터들은 리조트 소유주 또는 역마차 라인, 연락선(ferry), 그리고 후에는 전차와 철도와 같은 상업적 교통 시설들의 소유주들이었다. 이들 새로운 스포츠 기획자들은 초기에는 관람객들을 위한 교통과 숙박을 제공하여 이익을 보았으며, 이후에는 관중석을 세우고 입장료를 징수했다. 경마, 권투, 농구는 많은 팬을 확보한 초기 스포츠 종목들이었다.

사회 계층이 스포츠에 미치는 영향

사회 계층의 차이는 스포츠에 대한 관여와 참가에 큰 영향을 미쳤다. 조지 윌(George Will)은 프로 야구가 처음에는 떠들썩한 도시 노동자 계층에 매력적이었다고 지적했다.

이 스포츠는 지나치게 도박 및 음주와 얽혀 있었으므로, 그 첫 번째 목표는 더 나은 팬들을 끌어들이는 것이었다. 이러한 목표는 입장료를 인상하고, 경기장에서의 음주를 금지하며, 일요일에는 경기를 치르지 않고, 성직자들에게 무료입장권을 제공하는 방식으로 이루어졌다. 가장 중요한 변화는 야구장을 인상적인 로비와 기타의 건축적 특색을 갖춘 철근 콘크리트 구조물로 대체한 것이었다.[7]

놀이를 향한 태도의 변화

19세기 후반 동안, 산업혁명은 공장, 도시 지역의 확장, 국가를 가로지르는 철도와 함께 번성하였다. 대부분의 지역에서 무료 공교육이 현실화되었고, 의료 복지와 기대 수명이 향상되었다. 산업 노동자들이 노동조합으로 조직화되기 시작하면서 노동 조건이 개선되었고, 임금 수준이 증가하였으며, 노동 시간은 단축되었다. 공장, 광산, 대도시에서 장시간 노동에 시달렸던 아이들은 아동 노동법을 통해 이러한 압박에서 벗어났고, 식민시대를 특징지었던 놀이에 대한 견고한 반대는 사라지기 시작했다.

1880년대와 1890년대 들어 교회 지도자들은 종교가 더 이상 모든 놀이를 독단적으로 비난할 수 없

요트 타기는 1800년대 초반 레크리에이션의 한 형태이자 인기 있는 관람 스포츠였다.
Courtesy of Library of Congress, Prints & Photographs Division [reproduction number LC-DIG-pga-00437].

음을 인식하고 바람직하지 않은 놀이의 대안으로 '신성한 오락과 레크리에이션'을 제공했다. 많은 교회들이 도서관, 체육관 및 집회장을 준비했다.

사진 촬영 같은 대중적 취미들이 인기를 끌었고 새로운 야외 레크리에이션을 추구하였다. 스포츠는 아마도 테니스, 양궁, 볼링, 스케이트, 자전거와 야구, 농구, 축구 같은 팀 경기에 대한 관심의 증가에 따라 확장된 여가 활동의 가장 큰 단일 분야일 것이다.

선도적인 교회의 지지와 스포츠와 신체 활동이 도덕성과 좋은 인성을 개발해준다는 생각에서 이름 붙여진 '강건한 기독주의 운동(Muscular Christianity movement)'은 학교와 대학에서의 초기의 체육 교육과 운동 경기 프로그램을 시작하는 데 가장 큰 영향력을 행사하였다.

스포츠의 발달

19세기 말에 가까워짐에 따라 일련의 스포츠 시리즈가 동부의 주들을 휩쓸었다.

남북 전쟁 이전에 초라하게 출발했던 야구는 미국의 국기로 인정받을 정도로 발전했다. 크로켓(croquet)의 급속한 확산으로 놀란 〈네이션(The Nation)〉 편집장은 "온 나라가 경험한 가장 빠르고 전염력이 높은 전염병이었다. 잔디 테니스는 상류층에 열광적으로 도입되었다" 그리고, "양궁은 상류층에서 유행하는 또 하나의 잔디밭 경기로 부활하였다. 롤러스케이팅은 전국적으로 인기를 얻었다"고 묘사하게 만들었다.[8]

대학 스포츠

미국에서 대학들이 첫 번째 경쟁 스포츠 프로그램을 시작했다. 식민지 뉴잉글랜드에서 학생들은 대학 당국 및 여타의 규제들로부터의 용인하에 많은 오락에 참여할 수 있었다. 1717년 초에 최초의 대학 클럽들이 결성되었고, 1780년대와 1790년대에 사회 클럽들이 본격적으로 발전했다. 19세기 초반까지, 미국의 대부분 대학에서의 클럽들과 그들의 활동은 다소 덜 알려져 있었다. 1840년대 사회 협회의 창립과 1860년대의 대학 체육관 건립은 학생들의 사회적 삶에 육체적 레크리에이션을 더하는 계기가 되었다.

조정, 야구, 육상, 축구에서의 대학 간 경기대회가 조직되었다. 첫 번째로 알려진 대학 간 축구대회는 1869년에 프린스턴 대학과 러트거(Rutgers) 대학 사이에 개최되었고, 관심이 빠르게 퍼져나가 1880년대 후반 들어 대학 축구 경기는 4만 명의 관중을 끌어 모았다.

아마추어 스포츠

트랙 및 필드 경기는 아마추어 클럽에 의해 광범위하게 촉진되었는데 뉴욕 체육 클럽과 같은 몇몇 클럽들은 아마추어 체육연맹을 결성하고 아마추어 스포츠 경기 관장을 위한 규칙을 개발한 영향력 있는 회원들이 많이 있었다. 체조 강습 및 경기는 1880년대까지 전국 약 260개의 대형 체육관을 설립하고 스포츠 활동의 리더로 자리 잡았던 독일 체조협회(Turnvereins), 체코의 국민체육운동(Sokol) 및 YMCA가 후원했다.

기타 활동

여성들이 레크리에이션 활동에 참여하기 시작하여 학교 및 대학 체육 프로그램에서 체조, 댄스 및 기타 체육을 즐겼다. 자전거는 1870년대에 도입되었는데 수년 만에 수십만 명의 열광적 참여를 이끌어 내었다. 야외 활동으로 이동하면서, 미국인들은 하이킹 및 등산, 낚시와 사냥, 국립공원 및 주립공원에서의 캠핑, 자연을 대상으로 하는 사진 촬영을 즐기기 시작했다.

상업적 오락의 성장

특히 대도시에서는 상업적 오락의 새로운 형태가 19세기 동안에 생겨나거나 확장되었다. 극장은 그 어느 시기보다 인기 있었다. 싸구려 전시장(dime museums), 무도장, 사격장, 볼링장, 당구장, 맥주홀 및 살롱(saloon)은 새로운 차원의 유료 엔터테인먼트로 등장했다. 이 외에도 많은 도시에 매춘이 성행했던 '홍등가'가 있었다. 음주, 도박 및 상업적 부패는, 특히 범죄 조직과 대도시 정치 조직 간의 암묵적 동맹으로 비호를 받으면서 점차 심각한 사회적 문제로 대두되었다.

유원지는 도시 및 마을 외곽에서 성장하였는데, 때로는 공원에서의 할인된 탈 것을 제공해주는 장식된 전차를 운영하는 운수회사에 의해 설립되기도 했다. 유원지에는 낙하산 점프, 야외극장, 밴드 콘서트, 프로 경륜, 기괴한 쇼, 복불복 게임(game of chance), 사격장 등이 있었다. 롤러코스터, 재미있는 집, 소형차 트랙도 인기를 얻었다.[9]

여가에 대한 우려

지식인 및 정치 지도자들은 증가하는 도시 인구의 영향을 받아 성장하는 놀이 산업 및 새로운 형태의 레크리에이션에 대해 의문을 제기했다. 영국의 작가 리트톤(Lord Lytton)은 "그 사회의 문명은 언제나 그들이 행하는 오락의 지적 특성에 의해 분명하게 드러난다"고 했다. 1876년 미국의 저널리스트 호레이스 그릴리(Horace Greeley)는 모든 예술, 과학 및 '엘레지*'에는 교사가 있지만 '놀이의 교수'는 없다는 것을 관찰했다. 그는 "누가 우리에게 여가를 즐기고 즐기는 법을 가르쳐 줄 수 있을까?"라고 물었다.

그리고 1880년 제임스 가필드(James Garfield) 대통령은 셔토쿼호(Chautauqua Lake) 연설에서 다음과 같이 선언했다. "우리는 인류의 모든 투쟁을 두 개의 장으로 나눌 수 있습니다. 그 첫 번째는 여가를 얻기 위한 투쟁이고, 다음은 우리가 그것을 쟁취했을 때 무얼 할 것인가 하는 문명의 두 번째 투쟁입니다."

---

* elegy, 노래 —옮긴이

레크리에이션 운동의 시작

레크리에이션 학자들은 19세기 중반에서 20세기 초반까지의 기간을 공공 레크리에이션 운동으로 언급한다. 이 기간은 바람직한 사회적 성과를 달성하기 위해 정부 및 자원봉사 기관에 의해 조직된 레크리에이션 활동 및 시설이 광범위하게 개발되는 것으로 특징 지어진다. 공공 레크리에이션 운동 동안 개발에 대한 네 가지의 주요 흐름이 있었는데, 성인 교육 운동, 국립공원 및 주립공원과 도시공원의 개발, 자발적 조직 설립, 놀이터 운동이 그것이다.

성인 교육 운동

19세기 초반에는 지적 교양의 향상과 성인 대상의 지속적 교육에 상당한 시민 사회적 관심이 대두되었다. 부연하면, 이러한 경향은 다른 나라에서도 발견되었다. 프랑스에서는 노동자 사회들에서 성인 학습과 문화 활동을 위해 보다 짧은 노동시간과 보다 많은 여가 시간의 확보를 결의하였다.

미국에서는 적절한 여가의 활용이 자신들의 일부 지적 유산인 자유주의적 이상에 기여할 수 있다는 믿음이 확산되고 있었다. 이를 달성하기 위한 수단 중 하나가 900개 이상의 지역 지부가 있는 국가 조직으로서의 리세움 운동(Lyceum movement)이다. 이 프로그램은 주로 강의, 독서 및 기타 교육 행사로 구성되어 있는데, 모든 시민들이 정부 정책에 대한 식견을 겸비해 참여할 수 있도록 교육받아야 한다는 견해를 반영했다.

밀접한 관련이 있는 하나의 전개가 레크리에이션 활동으로서의 독서의 확대로, 이는 보다 나은 교육을 받은 노동자들의 증가하는 요구를 지원하는 무료 공공도서관의 광범위한 확산으로 촉진되었다. 문화 활동에 대한 관심이 증가하고 있는 한 예로서, 예술 및 공예 운동은 20세기 초 미국에서 가장 대규모의 추종자들에 기반을 두었다.

국립공원, 주립공원 및 도시공원의 개발

19세기 들어 산업화와 자연 자원의 파괴로 인한 미국에서의 자연 유산 보존에 대한 우려가 대두되었다. 첫 번째 보존 조치가 1864년에 통과되었는데, 의회가 캘리포니아의 요세미티 계곡과 마리포사 그로브 대삼림(Mariposa Grove of Big Trees)으로 구성된 광활한 황야를 주요한 공공 레크리에이션을 위해 지정했는데, 이것이 나중에 국립공원으로 되었다. 첫 번째로 지정된 국립공원은 1872년에 지정한 옐로우스톤이었다. 1892년에 시에라 클럽(Sierra Club)은 루즈벨트(Theodore Roosevelt)와 함께 스코틀랜드 태생의 선구적 환경보호론자인 존 뮤어(John Muir)에 의해 설립되었다. 루즈벨트는 야외 활동에 대한 국가적 관심을 장려하여 국립공원관리국을 설립했다.

국립공원 지정 초기의 주요 목적은 국가의 자연 유산 및 야생을 보존하는 것이었다. 이것은 황야를 원시적이고 길들여지지 않은 것으로 간주하였던 캐나다의 황야에 대한 접근과 뚜렷한 대조를 이루었다. 캐나다의 초기 정책에서는 영국과 유럽처럼 공원을 조경이 잘 된 정원으로 간주하여 휴양과 관광을 위한 집중적 개발을 추진했다. 실제로, 밴프 국립공원은 처음에는 건강 온천이었고, 초기의 지방 공원은 건강 휴양지로 설계되었다.[10]

©Library of Congress, LC-USZ62-52000.

주립공원 미국에서 연방 공원 개발이 탄력을 받자, 주 정부도 삼림 지역 및 야생 동물 보존에 관심을 갖게 되었다. 1867년 초에 미시간과 위스콘신은 삼림 보호 문제를 조사하기 위해 진상조사위원회를 설립했다. 이러한 사례는 곧 메인(Maine) 주 및 동부의 다른 주들로 이어졌다. 1864년에서 1900년 사이, 최초의 주립공원이 세워졌고, 많은 주립 삼림 보존구역 및 역사 공원들이 이때 설립되었다.

도시공원 19세기까지 북미는 도시공원 개발에 있어 유럽에 크게 뒤졌는데, 부분적으로는 이 대륙에는 공공에게 되돌려줄 대규모 경작지, 사냥터, 정교하게 만들어진 정원을 갖춘 귀족이 없었기 때문이다. 미국의 도시에서 개발된 최초의 주요 공원은 뉴욕의 센트럴파크였다.

뉴욕시에는 오랫동안 개방된 공간이 필요했었다. 19세기 첫 30년 동안, 총 450에이커 정도에 이르는 몇 개의 공개된 광장에 대한 계획이 세워졌지만, 이것들이 완전히 실행되지는 않았다. 1850년대 초까지 맨하탄의 개방된 대중적 공간은 총 117에이커에 불과했다. 돌과 콘크리트로부터 벗어날 수 있는 주요 공원을 찾기 위해 시민들로부터 압력이 가해졌다.

대중들이 더 이상 자제할 수 없는 지경에 이르러, 뉴욕시에 공원을 설립하기 위한 법이 1856년에 통과되었다. 843에이커의 부지를 건설하기 시작한 것은 1857년이다. 조경설계사인 옴스테드(Frederick Law Olmsted)와 복스(Calvert Vaux)에 의해 디자인된 센

올드 페이스풀(Old Faithful)과 옐로스톤의 간헐천들은 1872년 이래로 이 최초의 국립공원을 인기 있는 목적지로 만들었다.

Courtesy of the National Park Service. Photographed by Ed Austin and Herb Jones.

존 뮤어

1901년, 존 뮤어(John Muir)는 대중들에게 공원의 아름다움과 다양성을 더 잘 인식시키기 위해 『국립공원』이라는 책을 썼다. 국립공원 전체, 특히 옐로스톤 국립공원에 대해 글을 쓰면서, 뮤어는 다음과 같이 서술했다.

국립공원은 삼림보호구역과 같이 매매와 출입이 금지될 뿐만 아니라 내무부 장관이 지휘하는 미국 기병대(United States calvary)의 소부대에 의해 효율적으로 관리되고 경비된다. 이러한 보호 아래에서, 숲은 도끼와 불로부터 보호받으며 번성하고 있다. 물론, 덤불과 초본식물들로 덮인 바닥도 있다. 희귀 동식물이 보존되고 있으며, 불과 얼마 전에 멸종 위기에 처했던 많은 조류와 동물들이 지금은 점차 증가하고 있다. 블라인드 사이로 인접 지역에서 무자비하게 말살되고 있는 동물들을 구경하는 것은 상쾌한 기분을 느끼게 한다. 상품을 구매하듯이 보스 정치인들로부터 그들의 자리를 보전 받은 서투르고, 약탈적이며, 영리적인 선거 장사꾼들의 소란, 변덕, 엉터리 같은 관리와 달리, 이 군인들은 여행자들이 그들의 존재를 눈치 채지 못할 정도로 조용히 자신의 임무를 수행한다.[11]

센트럴파크는 미국에서의 첫 번째 도시 공원으로 이후 50년간 전국 대도시 공원의 원형이 되었다.

© Christopher Walker/Shutterstock.

트럴파크는 오로지 사람을 위한 목적으로 계획되고 만들어졌다. 공원은 울창한 숲으로 조성되었고, 시골 풍경이 보이도록 하였으며 도로는 가능한 한 공원 이용자들의 눈에 띄지 않게 계획되었다. 공원에서 허용되는 레크리에이션 활동에는 걷기, 드라이빙, 아이스 스케이팅, 보트 타기 등이 있지만, 조직화된 스포츠는 아니었다.

카운티 공원 시스템 미국 최초의 카운티 공원 시스템 계획은 뉴저지의 에섹스 카운티에서 시작되었다. 혼잡한 산업 도시인 뉴왁(Newark) 시 경계에 세워진 이 공원 프로젝트는 1894년에 부동산 가치의 상승

사례연구

1950~1965년 도시 공원의 유형과 용도

미국의 초기 도시 공원들은 위험하고, 더러우며, 건강에 유해한 곳으로 인식되었던 도시의 문제 해결 방안으로 간주되었다. 공원은 도시 환경의 주요 요소를 형성했고, 도시들은 공원들을 품어 안았다. 이러한 공원들은 오늘날 21세기 새롭게 떠오르는 지속 가능한 공원의 선도적 양식이 되었다. 크랜쯔(Cranz)와 볼랜드(Boland)는 1850년부터 1965년까지의 공원 개발 기간을 다음과 같이 3기로 정의했다.

◆ 유원지(pleasure ground)로서의 개발 시기(1850~1900)

- 쇄신의 장(reform park)으로서의 개발 시기(1900~1930)
- 레크리에이션 시설로서의 개발 시기(1930~1965)

각 시기의 공원 유형은 사회적 목표, 활동, 규모, 도시와의 관계, 구성 요소, 프로모터 및 수혜자 측면에서 설명된다.

1850년대부터 1960년대 중반까지의 다양한 공원 운동(park movement)에 대해 살펴보는 것은 시민, 정치인, 그리고 사회 및 환경 운동이 공원 설계와 사용에 미치는 영향을 보다 확실히 이해하는 데 매우 중요하다. 첫 번째 물결은 뉴욕의 센트럴파크, 샌프란시스코의 골든게이트파크, 시카고의 그랜트파크와 같은 장소들을 포함하여 전국에 걸쳐 거대한 도시 공원들이 만들어졌다. 이러한 대규모 도시 공원들은 대도시의 주요 구성요소가 되었고, 대부분은 보다 규모 있고 다양한 공원 및 레크리에이션 시스템의 중심이 되었다.

표 4.1에 설명된 세 가지 공원 체계는 인구의 변화에 따라 공원 운동이 어떻게 변화되었는지 보여준다. 대부분의 경우, 이러한 동향은 대중의 필요와 욕구를 이끌기보다는 오히려 그 뒤를 따랐다. 사회 개혁이 진행됨에 따라, 유원지는 보다 활기차고 집중적인 쇄신의 장으로 바뀌었는데, 많은 곳들이 몇 차례의 변화를 겪으면서도 여전히 비슷한 서비스와 혜택을 오늘날에도 뽐내고 있다. 레크리에이션 시설로서의 개발은 지속적으로 인기 있는 모델로, 도심에서 교외로 이동하려는 노력의 표출이었다.

표 4.1 도시 공원의 분류 체계(1850~1965)

	유원지 (1850~1900)	쇄신의 장 (1900~1930)	레크리에이션 시설 (1930~1965)
사회적 목표	공중 보건 및 사회 혁신	사회 혁신, 아동 놀이, 동화(assimilation)	레크리에이션 서비스
활동	산책, 마차타기, 자전거, 소풍, 보트, 클래식 음악, 비교훈적 교육	놀이 지도, 체조, 공예, 춤, 연극 및 야외극, 미국화 교육	활동적 레크리에이션, 배구, 테니스, 팀 스포츠, 관람 스포츠, 수영
규모	대규모, 1,000에이커 이상	소규모, 도시 내 블록	중소 규모, 규정을 따름
도시와의 관계	대조적으로 설치	도시 패턴의 일부	교외
구성 요소	삼림 및 목초지, 곡선도로, 잔잔한 수역, 투박한 구조물, 제한적 화초 전시장	모래판, 놀이터, 직선 코스, 수영장, 실내 놀이터	포장되거나 잔디로 덮인 운동장, 수영장, 직선 경로, 표준 운동 장비.
프로모터	보건 개혁가, 초월주의자(tran-scendentalist), 부동산 투자자	사회 개혁가, 사회사업가, 레크리에이션 업자	정치인, 관료, 기획자
수혜자	모든 도시 거주민(의도 대상), 상류층(실제 수혜자)	아동, 이민자, 노동계층	교외의 가정

출처: Galen Cranz and Michael Boland. "Defining the Sustainable Park: A Fifth Model for Urban Parks." Landscape Journal, (Vol. 23, No. 2, 2004): 102~140.

생각해 볼 문제

1. 이 세 가지 공원 운동이 어떻게 미국 사회를 반영했는지 토론해보자.
2. 다양한 유형의 공원의 수혜자들에 대한 실제적인 혜택은 어떤 것이 있는가?
3. 이런 종류의 공원을 몇 군데나 방문해 보았는가? 공원들은 어떻게 변화되었는가?

에 따른 세입을 통해 전체 비용을 부담하는 것으로 약정한 포괄적 제안서에 의해 제시되었다. 에섹스 카운티 공원 시스템은 큰 성공을 거두어, 1900년대 초 미국 전역에 걸쳐 수백 개의 카운티와 특별시 공원들에서 따라야 할 모델로 자리매김하였다.

자원봉사 단체의 설립

19세기 동안, 많은 자원봉사 단체들이 설립되어 주로 어린이와 청소년들을 위한 레크리에이션 서비스 제공에 중요한 역할을 했다. 많은 경우에, 자원봉사 단체의 설립은 가난한 사람들에게 직접 봉사함으로써 종교적 원칙을 실천하고자 하는 설립자들 욕구의 결과였다. 그러한 단체 중 하나가 1851년에 보스턴에 설립된 YMCA이고 그 뒤를 이어 15년 후에 YWCA가 설립되었다. 처음에 이 두 단체는 종교적인 목적으로 청소년과 성인 사이의 유대 관계를 제공했으나 점차 프로그램을 확대하여 체조, 스포츠, 그리고 다른 오락과 사회 활동을 포함시켰다.

중요한 레저 프로그램을 제공하는 또 다른 종류의 자원봉사 기관은 동부와 중서부의 빈민가 지역에 설립된 주거-이웃센터(house-neighborhood centers)들이다. 그 첫 번째는 1886년 뉴욕에 설립된 유니버시티 세틀먼트(University Settlement)와 1889년 시카고에서 설립된 헐 하우스(Hull House)가 있다. 이 단체의 스탭들은 교육, 가정생활, 그리고 지역 사회 발전과 관련된 서비스를 제공함으로써 가난한 사람들, 특히 이민자들이 현대 도시 생활의 적응을 돕고자 노력했다.

놀이터 운동

도시와 마을에서 놀이터의 필요성을 이해하기 위해서는 19세기 후반기의 빈곤층의 삶의 조건에 대해 이해할 필요가 있다.

일찍이 시작된 도시화 물결이 이 시기 최고조에 이르렀다. 도시 인구는 1880년과 1900년 사이에만 두 배 이상 증가하여 전체 1,400만 명에서 3천만 명으로 늘었다. 세기 말에 이르러, 근래의 이주 물결로 28개 도시의 인구가 10만 명을 넘어섰다. 대표적인 사례가 1891년 인구 150만 도시의 주민 여섯 명 중 다섯 명이 어두운 복도, 불결한 지하실, 조리 시설 및 화장실이 부족한 공동주택에서 붐비게 살고 있던 뉴욕이다. 가난한 이민자들이 살고 있는 지역에는 엄청난 규모의 범죄, 도박, 폭력, 매춘이 있었다.

보스턴 모래정원 초기에 가난한 노동자 계층 주민들로 이루어진 지역은 아이들이 놀 만한 안전한 장소가 거의 없었다. 최초로 미국에서 레크리에이션 운동의 발전에 있어 획기적인 것으로 간주되는 시설이 보스턴 모래정원(Boston Sand Garden)이었다. 보스턴 시는 미국의 공원 및 레크리에이션 운동의 중요한 발전을 견인한 지역이었다.

사례연구

1800년대 후반 사회운동의 원형으로서의 YMCA

YMCA는 1844년 영국 런던에서 창립되어, 1851년 미국으로 건너갔다. 조지 윌리엄스(George Williams)는 YMCA의 창립자로 친구들과 더불어 사람들을 런던의 거리로부터 해방시킬 방법을 모색하고 있었다. "기독교 복음주의로부터 시작된 YMCA의 아이디어는 이례적이었다. 왜냐하면 당시 영국에서 엄격하게 적용되었던 모든 교회와 사회 계층의 분리를 넘어섰기 때문이다. 이러한 개방성은 궁극적으로 인종, 종교, 국적에 관계없이 YMCA에 모든 남성, 여성 및 어린이를 포함시키는 특성으로 연결되었으며, 공동체의 사회적 요구를 충족시키려는 그들의 목표는 시작부터 소중했다."[a]

"이 운동은 빠르게 성장했다. 수년 만에 YMCA는 보스턴 및 다른 미국 도시에서도 시작되었다. 처음에는 복음주의 교회로 개종한 사람들만 회원이 될 수 있었다. 얼마 지나지 않아 개종하지 않더라도 회원으로 허용되었지만 협회의 관리는 교인들에게 맡겨져 있었다. …

분명하지는 않지만 YMCA의 확장 원인에는 특정 요소가 두드러진다. 첫째, 운동의 확실한 기독교적 지향은 당시의 종교적 부흥 운동과 연결되었다. YMCA는 천막 부흥회에 참여할 뿐 아니라 기도회, 성경 강독 및 강연을 후원했다. 따라서 YMCA 운동은 회원들의 에너지를 집중시키는 명확한 목표와 프로그램을 가지고 있었다. 둘째, 운동은 중앙 집중적 과정과 인적 배분보다는 지역적 열정에 기초한 확산 과정에 의해 확장되었다. 런던 YMCA나 보스톤의 초기 YMCA 방문자들은 이 아이디어에 열광했고 그러한 열정을 지닌 채 자신의 지역 사회로 돌아갔다. 이러한 확장 방법은 강력한 현지 지원에 의지하여 각각의 지역 사회에서 지속적인 기반을 확보했다. 마지막으로 각 지역의 YMCA에는 일반적으로 독서실, 구직 목록, 커피숍 및 유익한 하숙집 목록을 갖추고 있었다. 이것들은 YMCA에 공동체를 위한 물적 토대가 되었으며, 또한 젊은 미혼 남성의 기본적인 욕구를 충족시켜줄 수 있었다."[b]

리더들에게 YMCA의 성장과 보다 광범위한 사람들을 위한 봉사를 위해서는 조정해야 할 필요성이 분명했으므로, "조직의 기본 목표를 복음주의로부터 모든 종교, 연령 및 남녀를 포함하여 회원 기준을 지속하여 확대함으로써, '모든 인간'의 개발을 위한 보다 광범위하고 세속적인 것으로 변화되었다." 또한 "프로그램의 강조는 명백한 종교적 성향에서 회원들의 정신적, 육체적, 사회적 역량 개발로 옮겨 갔다. 신체 활동을 포함하는 프로그램은 지적 정신적 발달을 위한 프로그램에 비해 더 많은 갈등을 일으켰다. 레크리에이션 양식의 적절성에 대한 보수적인 종교적 견해에 도전해야 했기 때문이다."[c]

YMCA를 성공적으로 만들었던 다른 요인 중 하나는 정치를 피하려는 노력이었다. YMCA 서비스는 재활(rehabilitation)보다는 예방(prevention)에 초점을 두었다. YMCA는 "일반적으로 환경을 변화시키지 않고 고객에게 봉사함으로써 목표를 달성했다."[d]

생각해 볼 문제

1. 복음주의적 형태의 조직에서 사회 조직으로 변화하는 YMCA의 중요성을 설명하라.
2. YMCA는 '지역적 열정에 기초한 확산 과정에 의해' 성장했다. 19세기 후반에 어떻게 이러한 확산 과정이 가능할 수 있었다고 생각하는가?
3. 예방적 조직과 재활 조직의 차이를 토론하라.

출처

a. YMCA, "About Us." Available at: http://www.ymca.net/about-us/

b. M. N. Zald and P. Denton. "From Evangelism to General Service: The Transformation of the YMCA." *Administrative Science Quarterly* (Vol. 8, No. 2, 1963): 216.

c. Ibid., 217–218.   d. Ibid., 221.

1634년에 설립된 보스턴 커먼(Boston Common)은 일반적으로 최초의 시립공원으로 간주된다. 48에이커에 이르는 녹색의 언덕과 그늘을 만들어주는 나무가 있으며, 도시 중심부에 위치하고 있다.

유명한 보스턴 모래정원은 아이들을 위해 특별히 설계된 시골 최초의 놀이터이다. 일군의 시민들이 노동자 계층 거주지역인 파멘터 가(Parmenter Street)의 교회당 뒤편에 모래 더미를 만들어 두었다. 관리는 애초에 자발적으로 시작되었지만 1887년까지 10개의 센터가 만들어지면서 아이들을 관리하기 위해 여성들이 고용되었다. 2년 후, 보스턴 시는 모래정원을 지원하기 위한 기금을 조성하기 시작했다.

뉴욕 최초의 놀이터   미국의 가장 큰 도시에서, 뉴욕 공원놀이터협회(New York Society for Parks and Playgrounds)의 설립자인 월터 브루먼(Walter Vrooman)은 1890년에 공공 놀이터를 하나도 접할 수 없는 35만 명의 어린이들이 있다는 사실에 대중의 관심을 환기시켰다. 도시에는 6천 에이커의 공원이 있었지만, 어린이들을 위한 공원은 하나도 마련되어 있지 않았다. 시민 지도자들은 일하는 부모의 자녀들은 관리가 부족하고 다양한 유혹에 쉽게 휩쓸리며 자라날 수 있다고 지적했다. 브루먼은 이러한 아이들의 생활상을 다음과 같이 서술했다.

> 아침이면 아이들은 북적대는 집안에서 내동댕이 처진다. … 거리에서 놀려고 하면 경찰에 쫓기고, 복도나 계단에서는 문지기의 아내로부터 빗자루로 맞는다. 글을 깨우치기도 전에 담배를 피고, 창문을 깨뜨리는 나쁜 짓과 좀도둑질을 일삼으며, 동전으로 도박하는 것은 놀랄 일도 아니다.[12]

압박이 서서히 고조되었다. 개인 기부자들의 지원과 더불어 새롭게 형성된 뉴욕 공원놀이터협회에 의해 1889년과 1891년에 뉴욕시의 빈곤지역에 두 개의 작은 놀이터가 만들어졌다. 수년에 걸쳐 점차적으로 추가의 놀이터들이 만들어지고 시가 재정적 법적 지원을 담당했으며, 때로는 학교 부설로 만들어지기도 했다.

1880년에서 1900년 사이의 기간은 도시 레크리에이션과 공원 프로그램의 개발에 있어 매우 중요한 시기였다. 80개 이상의 도시들에서 공원 시스템이 시작되어 단기간에 몇 개의 모래 정원과 놀이터가 만들어졌다. 일리노이 주에서는 두 개 이상의 지방 자치 단체가 공동으로 공원 시스템을 운영할 수 있는 지역 공원지구의 설립 허용 법안이 통과되었다.

인종 및 민족 차별의 영향

이 기간 동안 공공 및 비영리 청소년 서비스 단체에서 종종 다른 인종 및 소수 민족에 대한 차별이 있었다.

소수 민족에 대한 편견

일반적으로 가장 심각한 차별은 이제는 노예가 아니었지만 여전히 소작에 따른 경제적 노예 상태에 처해 있으며, 남부 및 접경지대에서 시민적, 정치적 권리 또는 사법권을 가질 수 없었던 아프리카계 미국인에 대한 것이었다. 아프리카계 미국인은 19세기 후반과 20세기 초반에 국가 법률 및 지역 조례에 의해 백인과의 사회적 접촉 및 경제적 기회나 레크리에이션의 참여에 점점 더 배제되었다.

혼혈 인종인 멕시코계 미국인 및 기타 라틴아메리카계에 대한 극단적 편견도 존재했다. 예컨대, 텍사스의 앵글로 정착민들은 멕시코인에 대해 역사적으로 인간을 제물로 바쳤던 야만적인 '이교도'로 간주되었으며, 타락하고 열등한 종족으로 보았다.

또한 주로 1800년대 중반에 캘리포니아에 이주하기 시작해 대륙 횡단 철도에서 일했던 중국인들을 중심으로 하는 아시아계에 대해 광범위한 편견이 존재했다. 아시아계 인구가 늘어나면서 외국인 혐오증도 커졌다. 미국인들은 그들을 자신들의 본질인 앵글로 색슨 족의 틀 내로 쉽게 동화될 수 없는 이교도로 간주하고, 비위생적이고 부도덕한 범죄자로 비난했다. 실제 중국인들은 1882년과 1902년의 동양인 배제법(Oriental Exclusion Acts)에 의해 미국 입국이 금지되었다.

레크리에이션과 공원: 20세기 초

그러나 대다수의 미국인들에게 있어 20세기의 시작은 경제적 기회 및 레크리에이션 기회가 증가한 흥미진진한 시기였다. 1900년까지 14개 도시가 놀이 시설에 대한 관리 감독 조항을 만들었는데, 주요 도시로 보스턴, 프로비던스, 필라델피아, 피츠버그, 볼티모어, 시카고, 밀워키, 클리블랜드, 덴버, 미니애폴리스가 있었다.

동시에 시립공원이 미국 전역에 잘 조성되었다. 앞서 언급한 공원 외에도, 최초의 대도시 공

놀이터는 20세기 초반 대도시에서 인기를 얻었다.

Courtesy of Library of Congress, Prints & Photographs Division, Detroit Publishing Company Collection [reproduction number LC-D4-18183].

원 시스템이 1892년 보스턴에 의해 만들어졌다. 서부에서는 캘리포니아의 샌프란시스코, 새크라멘토, 유타 주 솔트레이크 시 등이 1900년 이전에 도시 계획에 대규모 열린 공간을 처음으로 도입했다. 미국 국립공원관리협회의 전신인 뉴잉글랜드 공원 관리자협회가 1898년에 공원 관리자들을 소집해 만들어지고 직업의식을 고취시켰다.

공공 레크리에이션 및 공원 기관의 성장

시 당국이 레크리에이션 시설, 프로그램, 서비스를 제공해야 한다는 개념이 점차 확산되었다. 1906년에 이르러 41개의 도시에서 공공 오락 프로그램을 후원했는데, 1920년에 이르러 그 수는 460개에 달하였다. 점점 더 많은 주들이 지방 정부의 레크리에이션 프로그램 운영 권한을 부여하는 법을 통과시켜, 1925년과 1935년 사이에 시의 레크리에이션 건물의 수는 네 배로 증가했다. 또한 지자체 당국은 법에 규정된 용지의 제공과 기부를 포함하여 공원을 추가할 수 있는 새로운 방법을 모색하고 있었다.

연방 공원의 확대

대통령이자 헌신적 야외 활동가인 루즈벨트(Theodore Roosevelt)는 연방 공원 시스템을 위한 많은 새로운 지역의 확보를 장려했다. 그의 지지와 지원으로 서부의 저수 관개시스템을 승인한 1902년의 개간법(Reclamation Act)이 통과되고, 1960년에는 최초의 국가 기념물을 지정한 유산법(Antiquities Act)이 통과되었다. 1905년에 미국 산

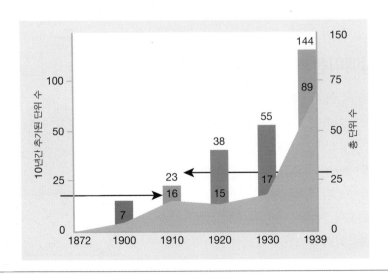

그림 4.2 국가 공원시스템의 성장(1900~1939)

출처: National Park Service. "National Park System Areas Listed in Chronological Order of Date Authorized Under DOI." http://www.nps.gov/applications/budget2/documents.chronop.pdf. 2010.10.7. 접속

림청을 설립하고, 11년 후 국립공원관리청을 설립함으로써 보다 명확하게 정의된 정책하에 흩어져 있는 많은 삼림과 공원, 여타 장소의 확보와 개발, 그리고 사용을 관리할 수 있게 되었다(그림 4.2 참조).

레크리에이션 운동의 출현: 세 명의 개척자

20세기 초반 30년 동안 레크리에이션 분야가 발달하면서 놀이와 레크리에이션의 영향력 있는 지지자들이 등장했다. 가장 영향력 있는 세 명의 인물이 조셉 리(Joseph Lee), 루서 굴릭(Luther Halsey Gulick), 그리고 제인 애덤스(Jane Adams)였다.

조셉 리

놀이터 운동의 아버지로 알려진 조셉 리(Joseph Lee)는 부유한 뉴잉글랜드 출신의 변호사이자 자선 사업가였다. 1862년에 태어난 그는 1882년 보스턴 가족복지협회가 실시한 놀이 기회 연구조사에 참여했다. 거리에서 놀다 체포된 소년들을 보고 충격을 받은 그는 공터에 놀이터를 마련했다. 1898년, 리는 보스턴 콜럼버스 가에 어린이들을 위한 놀이마당 및 청소년들을 위한 공간, 운동장, 그리고 정원이 있는 놀이터 모델의 창설을 도왔다. 영향력이 커지면서, 리는 미국시민협회(American Civic Association)의 공공 레크리에이션 부문 부이사장을 역임했다. 27년간 미국놀이터협회(Playground Association of America) 회

놀이 운동의 아버지로 알려진 조셉 리는 놀이의 중요성을 옹호한 지지자이다.
©Library of Congress, LC-DIG-ggbain-50026.

장을 역임한 리는 대학 졸업자들을 대상으로 하는 1년 과정의 국립 레크리에이션 스쿨의 총장 겸 강사로서, 『교육적 놀이』를 저술하기도 했다.

루서 굴릭

초기 레크리에이션 운동의 또 다른 주요 인물은 루서 굴릭(Luther Halsey Gulick)이다. 그는 신체 훈련에 따른 의학적 측면에서 체육 교육 및 레크리에이션에 특별한 관심을 가졌다. 1887년부터, 굴릭은 메사추세츠의 크리스천노동대학(School for Christian Workers, 지금의 스프링필드대학)에서 '체육 교사를 위한 특별 훈련'의 첫 여름 학교를 이끌었다. 그는 캐나다와 미국의 YMCA에서 활동했으며, 캠프파이어소녀단(Camp

루서 굴릭은 소녀들과 여성들의 레크리에이션 접근에 대한 철저한 옹호자였다.

©Library of Congress, LC-DIG-hec-25912.

제인 애덤스는 이민자 및 빈곤층 지원을 위한 끊임없는 활동을 추진했다.

©Library of Congress, LC-USZ62-13484.

Fire Girls)의 초대 회장이었으며, 1906년 미국놀이터협회의 설립에 지대한 역할을 했다. 또한 소녀들과 여성들을 위한 레크리에이션 프로그램의 확장을 적극 추진했다.

굴릭은 레크리에이션에서 뛰어난 활약을 펼쳤다. 그는 놀이를 "이면에 숨겨진 주요한 결론에 대한 언급 없이, 단지 과정의 즐거움을 위해 우리가 하고 싶은 것을 하는 것"이라고 정의한다.

격렬하게 축구를 하고 있는 아이는 열정적으로 발명품을 연구하는 발명가 못지않게 레크리에이션이 필요하다. 놀이는 노동보다 더 열심히 할 수 있으므로 노동보다 더 소진될 수 있다. 학교에서 축구 경기에 열정적으로 참여하는 소년만큼 열정적으로 꿈꾸는 사람은 없을 것이다. 놀이와 노동에 있어서의 열정의 차이가 있다면, 그 열정은 놀이에 더하다. 놀이는 욕망의 결과이다. 그러므로 때론 놀이가 노동에 비해 더 활력 있게 수행된다.[13]

제인 애덤스

제인 애덤스는 시카고에 헐 하우스(Hull House)를 설립한 사회 복지 사업의 선구자로서, 아이들과 젊은이들의 요구, 그리고 미국 대도시 이민자 가정과 가난한 사람들의 삶에 대한 관심으로 교육, 사회, 레크리에이션 프로그램을 개발하게 되었다. 이러한 활동 외에도 그녀는 주도적인 페미니스트 운동의 선구자이며 개혁가로서 '미국에서 가장 위험한 여성'으로 알려져 있었다.

던컨(Mary Duncan)은 애덤스가 미국의 보다 광범위한 급진 개혁 운동 진영의 분파였다고 지적한다. 그들은 탐사보도 편집인, 작가, 성직자, 그리고 다른 사회 운동가들과 함께 지속적으로 시청과 싸웠고, 파업을 조직했으며, 거리 행진과 대중 강연을 주최했으며, 열악한 생활환경을 규탄하는 기사를 작성하여 상을 수상하기도 했다. 그들에 있어서의 당면 문제들은 노예제, 남북 전쟁의 여파, 수천 명의 신규 이민자들, 빈민가, 아동 노동, 질병, 참정권 운동, 제1차 세계대전, 그리고 빠르게 진행되는 국가의 산업화 문제들이었다.[24]

새로운 라이프 스타일의 등장

이러한 레크리에이션, 놀이 및 여가에 대한 관점이 인구 전체에 대해 공유되지는 않았다. 20세기 초반은 가정과 학교, 교회에서 교육하고 장려된 빅토리아 시대의 전통적 사고방식이 도전을 받던 시기였다. 처음으로 많은 젊은 여성들이 전국의 도시에서 비즈니스와 산업 분야의 일자리에 진출했다. 이들은 탐탁찮아 하는 엄격한 부모의 권위로부터의 상대적 자유와 소비할 돈을 가지고 영리적 무도장, 보트, 술집, 사교 클럽 및 기타 대중적 오락을 자주 이용했다. 캐시 페이스(Kathy Peiss)는 젊은 노동 계층의 일반적인 새로운 자유에 대해 다음과 같이 기술하였다.

> 젊은이들을 매료시킨 것은 놀이터, 공원, 해변 및 소풍 장소였다. 하지만 이러한 활동들에 대해 단조롭고 재미없는 것으로 여기게 되면서 때론 점점 더 많은 젊은이들로 하여금 부도덕하고 위험한 술과 춤과 섹스에 관련된 상업적 형태의 유흥에 매료되었다. 이 새로운 쾌락적 유흥에 대항하기 위해 점차적으로 교회, 사법 집행 기관 및 시민단체들에 의해 조직된 레크리에이션 프로그램이 촉진되었다.

여가 활용에 대한 대중의 관심

공공 레크리에이션에 대한 지원은 공공 프로그램과 시설 없이는 성인들의 여가가 현명하게 활용되지 않을 것이라는 두려움에 어느 정도 근거한다. 8시간 노동이 처음 논의되던 시기 금주 단체들은 음주의 증가에 대비했고, 사회 개혁자들은 노동자들의 유휴 시간과 그것의 건설적 사용을 위한 방법에 대한 국제회의를 개최했다.

그럼에도 불구하고 주요 관심사는 대도시 어린이와 청소년들, 그리고 건강하고 안전하게 즐기기기 위한 장소를 필요로 하는 사람들이 놀 수 있도록 하는 것이었다. 실제로, 대다수 '청소년 비행'은 도시의 거리에서 놀다가 체포된 아이들로부터 비롯되었다. 이 기간 동안 당국은 놀이터가 설립된 빈민가의 청소년 비행이 감소되었다고 보고했다.

상업적 오락에 대한 우려

이 시기, 통제되거나 감독되지 않은 상업적인 놀이 장소들이 아이들과 청소년들에게 심각한 위협을 가했다는 우려가 있었다. 상업적 목적이 뒷받침된 오락과 레크리에이션은 20세기 초 새롭게 만들어진 수영장, 당구장, 무도장, 소극장 쇼 및 통속극, 여타의 오락적 여흥들과 함께 빠르게 성장했다. 영화와 연극에 대한 많은 우려가 있었는데, 부도덕적이며 청소년들의 성적 일탈을 초래했다는 비판이 자주 제기되었다.

당구장은 오락의 한 형태로 젊은이들과 어른들이 자주 찾는 곳이었다.

Library of Congress, Prints & Photographs Division, National Child Labor Collection [reproduction number LC-DIG-nclc-04662].

술집과 방이 딸린 채, 어린 소녀들이 자유롭게 출입하는 사설 무도장이 매우 많이 운영되고 있었다. 춤은 부차적인 요소였다. 전국의 농장과 시골 마을에서 올라 온 순진한 어린 소녀들이 이른바 '백인 노예'로서 매춘부로 감금되거나 끌려오는 일들이 정기적으로 발생했다.

사회적으로 승인된 형태의 레크리에이션을 조사한 결과, 많은 도시에서 학교는 야간과 여름 동안, 도서관은 밤과 주말, 교회는 여름 동안 문을 닫아걸고, 최소한의 레크리에이션만 대중적으로 제공되었다. 애덤은 "시가 공공 레크리에이션을 사회의 가장 사악하고 부도덕한 구성원들에게 넘겼다"고 결론지었다. 점차적으로 대중적 오락의 장소를 효과적으로 통제하려는 압력이 가해졌다. 이후 도시마다 무도장, 당구장, 볼링장 운영 및 주류 판매 허가가 강화되었다. 한편 자신들의 전통적인 여가 활용에서 벗어나 수동적 구경꾼으로 전락하고 있다는 우려도 있었다. 일부 비평가들은 미국인들이 이제는 놀이에 대한 건전한 애정 대신 '노는 것'에 대한 애정을 가지고 있다고 평했다.

신흥 대중문화

이러한 불만과 두려움은 시민 지도자들이 전통적 도덕과 가치에 위협이 되는 것으로 여기는 불가피한 반응이었다. 현실은 20세기 초반 미국이 경제 및 사회 환경 변화에 따른 엄청난 변화를 겪고 있다는 점이다. 이러한 변화에는 여가에 소비할 시간과 돈이 있는 새로운 중산층 및 노동 계급의 출현과 더불어 미국 사회에 새로운 아이디어와 가치를 제공하는 다양한 민족의 꾸준한 유입이 포함되었다. 변화의 일부는 권위주의적 가족 구조 및 교회가 지배하는 사회적 가치에 대한 거부감이 커지는 동시에, 젊은이들과 여성들을 위한 새로운 유형의 역할을 받아들일 준비가 되었음을 의미한다. 이러한 모든 영향은 새로운 세기의 새로운 대중문화의 등장을 이끄는 계기가 되었다.

대중문화의 정의

대중문화(popular culture)란 특정 문화의 주류 안에서 비공식적 합의에 의해 선호되는 것으로 추정되는 아이디어, 관점, 태도, 문화 요소, 이미지 및 기타 현상의 총체이다. 대중문화는 대중 매체의 영향을 많이 받으며 일상생활에 뿌리를 둔다.[14]

대중(*popular*) 및 문화(*culture*)의 정의는 다양한 쟁점으로 인해 단순하게 정의하기 어렵다. 대중이라는 개념은 대중문화에 대한 주류적 인식을 의미한다. 아직 대중문화라는 정의는 '상위 문화(high culture)' 대 '대중문화'에 대한 다양한 견해뿐 아니라 대량 소비를 위해 생산된 아이템에 초점을 둔 대중문화 또는 상업 문화와 동일시되어 종종 혼란을 야기한다. 그럼에도 불구하고 확실한 것은 대중문화는 끊임없이 변하고 장소와 시간에 따라 독특하게 발생한다는 것이다. 대중문화의 아이템들은 일반적으로 광범위한 대중에게 매력적으로 다가선다.

조직된 레크리에이션을 촉진한 주요 동력

대중문화가 전통적 지역 사회의 가치와 기준에 도전하는 새로운 오락을 제공하면서, 동시에 여가의 건설적 활용 방법으로 생각하고 대중들을 인도하고자 했던 동력이 활성화되고 있다.

자원 봉사 단체의 성장

20세기 초에, 지역 혹은 국가적으로 조직된 운동이나 단체를 통해 많은 중요한 청소년 서비스 비영리 단체들이 결성되었다. 미국소년단협회(National Association of Boys' Clubs)가 1906년에 창립되었고, 1910년에 보이스카우트와 캠프파이어소녀단(Camp Fire Girls)이, 1912년에 걸스카우트가 창립되었다. 로터리클럽, 키와니스클럽(Kiwanis Club), 라이온스클럽과 같은 주요 시민단체들도 1910년에서 1917년 사이에 창립되었다.

1920년대 말에 이르러 이들 단체들은 미국인들의 생활에 널리 자리 잡아 상당수 젊은이들에게 봉사하고 있었다. 미국의 해당 연령대 일곱 명의 소년 중 한 명이 스카우트였다. 1926년에 YMCA와 YWCA의 회원은 150만 명 이상에 달했다.

미국 놀이협회

1900년대 초반, 주요 레크리에이션 감독들은 레저 서비스 분야에 대한 대중의 인식과 효과적인 실천을 촉진하기 위한 회의를 소집했다. 루서 굴릭의 지도 아래 공원, 레크리에이션 및 교육위원회의 대표자들이 1906년 4월 워싱턴 DC에서 회합했다. 참가자들은 전국 기구의 필요성에 만장일치로 동의하며 회칙을 제정하고 굴릭을 '미국놀이터협회(Playground Association of America)' 초대 회장으로 선출했다.

협회의 기본 목적은 모든 연령대의 사람들이 여가를 건설적으로 활용할 수 있도록 정보 및 홍보 서비스를 개발하는 것이었다. 회원들은 도시 곳곳을 찾아다니며 공무원

놀이공원의 발달

여가에서의 흥분(excitement)과 자유(freedom)에 대한 새로운 유행의 한 예로, 많은 놀이공원들이 전국의 다양한 도시 인근에 개발되었다. 이들 놀이공원에는 전형적으로 목욕 시설, 밴드 공연장, 무도장, 소극장, 사이드 쇼, 서커스 공연, 유령의 집, 푸드 코트, 다양한 종류의 탈것 등을 포함한 인기 있는 여흥거리들을 한 데 모아 놓았다.

과 시민단체를 만나고 놀이터와 레크리에이션 프로그램의 개발을 도왔다.

전문성을 갖춘 훈련을 촉진하기 위해, 협회는 몇 가지 수준에서의 놀이 리더십 과정으로 '놀이 일반 과정' 커리큘럼을 개발했다. 이 과정이 확대되면서 유지되는 동안, 조직은 1911년에 협회 명칭을 '미국 놀이터 및 레크리에이션 협회(Playground and Recreation Association of America)'로, 1926년에는 '전국레크리에이션협회(National Recreation Association)'로 변경하여 레크리에이션과 여가에 대한 더 확장된 개념을 공공에 제공하고 레크리에이션의 정부 책임을 촉진하였다.

제1차 세계대전 시기 레크리에이션 프로그램

1차 세계대전 동안의 신속한 국가적 동원은 육군 및 해군 기지와 훈련소에 인접한 지역 공동체들에게 대한 보다 나은 레크리에이션 프로그램의 필요성을 보여주었다. 국방위원회와 육군성은 놀이터 및 레크리에이션 협회에 전시 공동체의 레크리에이션 프로그램 제공을 위한 국가 기구 설립에 지원을 요청했다. 협회는 군인 및 민간인 모두에 대한 레크리에이션 활동을 위해 군부대 주변 수백 개 지역 공동체의 레크리에이션 자원을 활용한 '부대공동체서비스(War Camp Community Service, WCCS)'를 설립했다.

학교의 역할

보이스카웃은 1910년 이래로 청소년들의 야외 레크리에이션 경험을 제공했다.

출처: the Library of Congress, Prints & Photographs Division, LC-USZ62-109741.

앞서 언급했듯이, 많은 도시의 교육위원회에서 1890년대 초에 방과 후 및 방학 중 놀이 프로그램을 시작했다. 이러한 경향은 20세기에도 계속되었다. 놀이터 프로그램은 1907년 뉴욕 로체스터, 1911년 위스콘신 밀워키, 1914년 캘리포니아 주 로스앤젤레스에서 시작되었다. 이러한 선구적 노력은 전국교육협회(National Education Association)에 의해 강력하게

사례연구

국립공원관리국의 창설

새로운 연방 기관의 창설은 복잡하고 정치적인 과정이다. 관심 있는 사람들에게는 필요성이 분명하지만, 행정부와 입법부의 주요 지도자를 설득하는 임무가 항상 앞에 놓여 있다. 일반적으로 새로운 기관에 대한 행정부의 제안은 입법부로 넘어간다. 모든 경우에 그런 것은 아니지만, 내무부에서 관리하면서도 직접적인 관리 기구가 없는 국립공원이 점차 증가하면서 국립공원 관리가 일관되지 못했다.

"국립공원의 엔지니어들과 기병 관리부대는 공원의 도로와 건물을 개발하고 사냥, 방목, 벌목 및 파괴에 대한 감독을 강화하며 방문객들을 위한 봉사에 최선을 다했다. 민간 관리자들의 관리하에 있었던 다른 공원들에서 기념물들은 최소한의 보호밖에 받을 수 없었다. 효과적인 중앙 관리가 없는 경우, 책임자들에 대한 관리 감독이나 정책적 지도 없이 운영되었다."[a]

국립공원관리국(National Park Service)은 세계 최초의 국립공원인 옐로스톤 국립공원이 지정된 지 44년이 지난 1916년에 의회의 발의로 창설되었다. 1872년부터 1900년대 초까지 많은 국립공원이 지정되었다. 1916년까지 내무부는 많은 국립공원과 국가 기념물의 관리를 맡고 있었지만 증가하는 보호구역 및 레크리에이션을 관리할 수 있는 기구가 없었다. 공식 기구와 관리 지침이 없는 대부분의 상황에서 의회에서 지정한 지역을 제외한 곳에서의 쟁점적 이해관계의 관리에 취약했다. 1913년에 의회가 요세미티 국립공원의 헤치헤치 계곡(Hetch Hetchy Valley)에 댐 건설을 승인했을 때 상황은 정점에 이른 듯 보였다.

"세기의 전환기에 샌프란시스코가 요세미티의 헤치헤치 계곡에 댐을 건설하여 저수지를 만들려고 할 때, 환경보호운동에 따른 실용주의와 보호주의의 두 날개가 충돌했다. 존 뮤어(John Muir) 및 다른 공원 지지자들의 반대에도 불구하고 의회는 1913년에 댐의 건설을 승인했다."[a] 1915년에 영향력 있고 부유한 시카고 사업가 스티븐 메더(Stephen T. Mather)는 내무부장관 프랭클린 레인에게 공원의 부실 관리에 대해 비난했다. 이에 대해 레인은 메더를 공원 문제 차관보로 초빙했고, 메더가 이를 수용하였다. 메더의 보좌관으로 활동하며 의회를 통한 입법을 이끌었던 호레이스 올브라이트(Horace M. Albright)는 상사와 협력하여 '국립공원관리국 창설'을 위한 운동을 펼쳤으며, 공리주의적 보존과 유명 관광지로서의 경제적 가치 주장 간의 첨예한 분리를 효과적으로 녹여냈다.[a]

의회 내 사람들과의 관계에 의존하지 않으면서, 두 사람은 내셔널지오그래픽의 'Saturday Evening Post'에 보도를 이끌어내는 등 기타 대중 잡지에 홍보 캠페인을 시작했다. 메더는 홍보 담당자를 고용하고, 17개의 서부 철도회사로부터 자금을 조달하여 국회의원 및 여러 영향력 있는 시민들에게 보낼 화려한 삽화로 구성된 국립공원 포트폴리오를 만들었다. 1916년 8월25일에 의회가 승인한 국립공원관리국(National Park Service, NPS) 설립 법안에 윌슨(Woodrow Wilson) 대통령이 마침내 서명했다. 법안은 특히 NPS에게 "야생의 경관과 자연 및 역사적 대상을 보존하고, 동일한 방법과 후세대의 즐거움을 손상시키지 않는 수단으로 즐거움을 제공할 것"이라고 규정한다.[a]

생각해 볼 문제

1. 국립공원관리국을 창설하기 위한 일련의 주장을 펼쳐보자.
2. 국립공원관리국의 창립을 반대하는 일련의 주장을 준비한다.
3. 국립공원 시스템의 관리 기관이 없다면 국립공원 시스템이 어떻게 달라질 것이라고 생각하는가?

출처: a. Barry Mackintosh, "The National Park Service: A Brief History," (May 26, 2017): http://npshistory.com/publications/brief_history/index.htm

뒷받침되어, 공립학교 건물과 놀이터, 체육관, 수영장, 예술실과 같은 시설들이 지역 공동체의 레크리에이션과 사회적 활동의 활용에 장려되었다.

이러한 뒷받침에 따라, 조직된 놀이터 및 공공 레크리에이션 프로그램의 확장에 대한 여론이 확산되었다. 1910년에서 1930년 사이에 수천 개의 학교 시스템에 특히 스포츠, 간행물, 취미, 사회 및 학문 관련 분야의 광범위한 활동 프로그램이 수립되었다. 1919년, 최초의 레크리에이션 대학 교육 과정이 버지니아 커먼웰스대학(Virginia Commonwealth University)에 개설되었다.

야외 레크리에이션의 개발

1916년에 국립공원관리국이 설립되고 미국 산림청에 의한 야외 구역 확보 및 개발이 가속화됨에 따라 야외 레크리에이션 증진에 있어서의 연방 정부 및 주 정부의 역할이 확대되었다. 1921년, 국립공원관리국의 책임자인 메더(Stephen Mather)는 주립공원에 대한 전국회의를 소집했다. 이 회의는 국가적으로 중요한 영역의 확보와 관리에 공원관리국이 주요하게 관여한다는 것을 분명히 하고, 주 정부로 하여금 이해와 가치를 보유한 영역의 확보에 보다 많은 책임을 가질 것을 권고하였다.

공원 관리자들은 공원 설계와 운영에 있어서 활동적 레크리에이션에 더 높은 우선순위를 두기 시작했다.

단축 노동의 결과

레크리에이션 운동이 지속적인 추동력을 얻으면서 주당 근무시간을 단축하고 노동자들에게 점차적으로 더 많은 자유 시간을 제공하려는 운동이 발생했다. 벤자민 허니컷(Benjamin Hunnicutt)은 주당 평균 노동 시간이 58.4시간에서 48.4시간으로 감소한 1901년에서 1921년 사이에 가장 극적으로 자유 시간이 확장되었다고 설명했다.[15] 19세기 중반 이후로, 진보적 정치인들에게 있어 노동시간 단축과 임금 인상은 늘 선거운동의 쟁점이 되어왔다. 노조의 압력, 입법 및 법원의 결정은 연방 계약, 일부의 철도 산업, 그리고 특정 위험 직업군에 따른 8시간 노동을 달성했다. 이러한 정책은 8시간 이상 일하는 경우 효율성이 오히려 감소된다고 주장하는 테일러(Frederick Taylor) 같은 과학적 관리의 전문가들의 연구조사를 통해 뒷받침되었다.

경제 대공황의 영향

1920년대의 번영 후에 찾아든 1930년대 대공황은 미국과 대부분의 산업 국가들이 거의 절망의 나락에 빠진 시기였다. 1932년 말까지, 노동 인구의 거의 3분의 1에 달하는 1,500여만 명으로 추산되는 인구가 실직 상태에 빠졌다. 고용된 사람들 또한 평균 근무 시간이 줄어들면서 더 많은 자유 시간을 경험했다. 이 기간 동안, 학계 및 공공기관은 여가가 지나치게 상업적이고 수동적으로 변해 미국 문화의 쇠퇴에 기여할 것이라는 우려를 가졌다. 게다가, 과도한 자유 시간이 범죄와 연관된다는 우려 또한 확산되어 있었다.

시민보호단(Civilian Conservation Corps, CCC) 캠프는 대공황 동안 미국 전역에 있었다.
Courtesy of the Franklin D. Roosevelt Library and Museum.

이러한 우려에 부응하고 대공황의 영향을 막기 위한 광범위한 계획과 관련하여 연방 정부는 바로 레크리에이션에 연관된 다양한 긴급 프로그램을 개시했다. 1933년 초에 설립된 연방긴급구호청(Federal Emergency Relief Administration)을 통해 공원 및 수영장과 같은 레크리에이션 시설 건설을 위한 자금을 지원했고, 생계 지원 활동으로 레크리에이션 지도자들을 고용하였다. 두 번째 대책으로 토목사업청은 30일 만에 4백만 명의 노동자들을 위한 일자리를 찾는 임무를 부여받았다. 기관이 수행한 여러 임무들 중 수개월 만에 3,500개의 놀이터와 운동장을 만들거나 개선하는 임무도 포함되었다.[12]

국가청소년청(National Youth Administration)과 시민보호단(Civilian Conservation Corps, CCC)은 레크리에이션 시설의 건설과 관련된 많은 프로젝트를 수행했다. 1932년부터 1937년까지 5년 동안, 연방 정부는 대략 15억 달러로 추정되는 재정을 캠프, 건물, 피크닉 공원, 산책로, 수영장, 그리고 다른 시설들을 위해 지출했다. CCC는 1933년 이전에 조직적 공원 프로그램이 없었던 많은 주에서 국립공원 시스템의 건립을 도왔다. 작업진행관리청(Works Progress Administration, WPA)은 전국에 걸쳐 있는 레크리에이션 관련 프로젝트에 그들 예산의 30%에 해당하는 110억 달러의 재정을 배정하여 12,700개의 놀이터, 8,500개의 체육관 및 레크리에이션 건물, 750개의 수영장, 1,000개의 아이스링크, 64개의 스키 점프장을 건설했다.[16]

여가 욕구에 대한 선명한 인식

대공황은 여가 및 레크리에이션 기회의 문제에 대한 국가적 관심을 자극하는 데 일조했다. 예를 들어, 1930년대의 여러 연구에서 젊은이, 특히 아프리카계 미국인, 소녀,

사례연구

공원 및 레크리에이션에 대한 프랭클린 루즈벨트의 유산

1930년대 대공황 시기에 프랭클린 루즈벨트 대통령은 공원 및 레크리에이션에 지속적이고 중요한 영향을 끼친 유산을 만들었다. 루즈벨트의 뉴딜 정책은 공원과 휴양지, 주립공원, 국립공원, 보존지역 및 야생 동물 보호 지역의 확대를 개시한 수단이었다고 주장된다.

뉴딜 정책은 미국 역사상 가장 어려운 시기 중 하나의 산물이었다. 루즈벨트는 1929년의 주식 시장 붕괴 후 선출되어 1933년에 취임했다. 그는 미국인들을 일터에 보내야 한다고 인식했다. '뉴딜'이란 용어는 1932년 루즈벨트의 민주당 대통령 후보 지명 수락 연설에서 행한 "나는 여러분들에게 미국인들을 위한 새로운 거래(New Deal)를 약속한다"라는 말에서 도입되었다. 루즈벨트 대통령은 뉴딜 정책을 "정부의 권위를 모든 계층과 집단, 분야에 대한 자조적 조직으로서 활용하는 것"[a]이라고 요약했다.

뉴딜 정책은 모든 사람들의 삶에 대한 정부의 개입에 있어서의 중요한 변화를 의미했다. 정책의 주된 목적은 사람들을 일터로 복귀시키고 경제를 개선하는 것이었다. 이 기간 동안 전국의 실업률이 30%에 달했다는 것을 상기하는 것이 중요하다. 세워진 주요 계획들 중에서 두 가지 계획이 공원과 레크리에이션에 크게 영향을 미쳤는데, 시민보호단(CCC)과 작업진행관리청(WPA)이 그것이었다.

CCC는 애초에 18세에서 25세 사이 300만 명의 젊은 남성들을 위한 일자리 확보를 목표로 했다. CCC는 도로 건설, 산림 유지 보수 및 복원, 홍수 관리에 참여하였다. 서부 지역에서는 CCC와 WPA의 노동자들을 천연 자원 관련 프로젝트를 위한 국유림, 국립공원, 인디언 보호 구역 및 주립공원 및 시립공원에 투입했다.[b] CCC가 활동하는 동안, 회원들은 미국의 재건을 위해 거의 30억 그루의 나무를 심었고, 많은 주립공원의 기원이 될 800개 이상의 공원을 전국에 건설했다.[c]

프로그램이 절정에 달했을 때, 48개 중 47개 주가 CCC 프로그램에 참여했고, 1935년에는 주립공원 지역에 475개의 CCC 캠프가 있었다. CCC 프로그램이 끝날 때까지 405개의 주립공원이 프로그램의 혜택을 직접적으로 받았다. 어떤 주에서는 전체의 주립공원이 혜택을 입기도 했다. 한 예로 조지아 주에서는 2010년 당시 아직도 CCC에 의해 건립된 시설이 있는 11개의 주립공원이 확인되었다. 이 구조물들에는 목욕탕, 카지노, 댐, 펌프 하우스, 주거지, 쉘터와 피크닉 대피소, 스프링 하우스, 다리와 산책로, 박물관, 대장간, 집단 대피소 등이 포함되었다. 조지아의 CCC 유산은 WPA와 CCC에 의해 예상치 못한 혜택을 받은 여러 주들과 유사하다.[d]

1935년에 설립되어 1939년에 작업프로젝트관리국(Work Projects Administration)으로 개명한 WPA도 이와 마찬가지로 실업자를 위한 일자리 창출에 중점을 두었다. 해당 정책은 공공건물 및 도로 건설을 수반하는 공공사업을 수행한 뉴딜 정책 중 규모가 가장 컸으며, 대규모 예술, 드라마, 미디어 및 문맹 퇴치 프로젝트도 운영하였다. 프로젝트는 아이들에게 음식을 제공했고, 의식주를 재분배했다. 미국의 거의 모든 지역 사회는 이 기관이 만든 공원, 다리 또는 학교가 있었다. WPA는 삼림 재조성, 홍수 방지, 공원 및 레크리에이션 시설 건설, 그리고 다양한 보존 및 지역 사회 프로젝트에 수십억 달러를 투자했다. 시와 주의 관점에서 WPA는 지역 사회와 공원 및 레크리에이션 자원과 서비스 제공 능력에 상당한 영향을 미쳤다. 예컨대 WPA는 지역 사회를 위한 프로그래밍을 제공하고, 예술을 창조하고, 콘서트를 개최하기 위해 예술가, 배우 및 음악가를 고용했다. 어떤 경우, 당시 건설된 공원 쉘터, 화장실, 피크닉 대피소, 수영장, 그리고 다른 시설 들이 오늘날까지 남아 있다.

뉴욕 시에서의 WPA 프로젝트 사례가 브루클린에 위치한 맥카렌 수영장(McCarren Pool)이다. 수영장은 WPA에 의해 건설된 11개의 대규모 수영장 중 8번째로 1936년 여름에 개장한 것이다. 6,800명의 선수를 수용할 수 있는 이 수영장은 여름 동안 사회적 중심 역할을 했다. 이 수영장은 1984년에 문을 닫았지만, 이 버려진 수영장은 2006년에는 일요일 오후에 진행되는 일련의 콘서트 장소가 되었다. 2007년에 뉴욕 시장은 수영장을 재개장하기 위해 대대적인 수리를 할 것이라고 발표했다.[e]

국립공원관리국(NPS)은 그들 영역에 관여한 CCC와 WPA의 연대기 기록에 있어 가장 효율적인 업무를 담당했다. NPS의 예산은 1933년에 108만 달러였지만, 뉴딜 정책의 활용에 따라 1933년과 1939년 사이 긴급 보존 프로젝트로 2억1천8백만 달러의 예산을 배정받았다. NPS는 "1933년 이후 국립공원과 기념물 등 거의 모든 연방 정부의 보존 활동은 국가 자원을 보호할 뿐만 아니라 간접적으로 경제를 활성화시킬 수 있는 경기 부양책으로 설계됐다"고 밝혔다.[f]

1933년부터 1942년까지 뉴딜 정책 기구들의 사업은 20세기 나머지 기간 동안에 확대될 토대를 제공했다.

생각해 볼 문제

1. 뉴딜정책이 없었다면 레크리에이션, 지역 및 국립공원, 야생 동물 보호구역은 오늘날 어떻게 변화되었을 것이라고 생각하는가?

2. 오늘날 새로운 뉴딜 정책 시행을 위한 일련의 당위성을 주장하라.

3. 인터넷을 통해 CCC 또는 WPA가 구축한 시설을 여전히 사용하고 있는 주 및 지역 사회를 찾아 어떻게 사용되었는지, 어떻게 변화되었는지, 그리고 지역 사회 또는 주에 남긴 유산에 대해 조사하라(힌트: "뉴딜" 시설을 검색하라).

출처

a. Works of F. D. Roosevelt, Roosevelt's Nomination Address, Chicago, IL. March 31, 2017. http://newdeal.feri.org/speeches/1932b.htm

b. The National Archives, "The Great Depression and the New Deal," March 31, 2017. https://www.archives.gov/seattle/exhibit/picturing-the-century/great-depression.html

c. H. Unraw and G. F. Williss, *Expansion of the National Park Service in the 1930s: Administrative History* (Washington, DC: National Park Service, 1982), March 31, 2017. https://www.nps.gov/parkhistory/online_books/unrau-williss/adhi.htm

d. Georgia Department of Natural Resources, http://www.georgiastateparks.org.

e. New York City Department of Parks and Recreation, "McCarren Park," http://www.nycgovparks.org/parks/mccarrenpark.

f. Ibid., c.

시골의 젊은이들을 대상으로 한 조직화된 레크리에이션 프로그램의 심각한 부족이 드러났다. 1930년대 초, 전국교육협회(National Education Association)는 전국의 학교 시스템 내에서의 여가 교육에 대한 주요 연구를 수행한 보고서 '학교에서의 새로운 여가 과제'를 발표했다. 보고서는 이 기능에 대한 교육기관의 더 많은 책임을 촉구하고 지역 공동체 레크리에이션의 확대를 지지했다.

직후, 전국레크리에이션협회(National Recreation Association)는 국영 레크리에이션 프로그램을 운영하는 여러 주요 유럽 국가의 공공 레크리에이션 및 공원 프로그램을 조사하여 미국 정책 입안자들에게 시사하는 바를 담은 세부 보고서를 발표했다. 미국집단요법연구협회(American Association for the Study of Group Work)는 총체적인 문제를 조사하여 1939년에 중요한 보고서 '여가: 국가적 문제(*Leisure: A National Issue*)'를 발표했다. 이 보고서에서 대공황 시기 정부의 핵심적 역할을 수행한 사회복지담당관 에두어드 린데만(Eduard Lindeman)은 "미국인들의 여가는 사회 정책의 중심이자 핵심적 문제이다"[17]라고 주장했다.

린데만은 민주주의 미국에서 레크리에이션은 국민들의 진정한 요구를 충족시켜야 한다고 주장했다. 그는 미국인 근로자들이 연간 총량 390억 시간으로 추정되는 여가를 누리고 있다는 점을 지적하면서, 새로운 여가는 자유 선택과 최소한의 규제를 특징으로 해야 한다고 제안했다. 그러나 여가가 '나태함, 낭비, 또는 폐해를 끼치는 장난의 기회'가 되지 않으려면 전문적으로 훈련된 레크리에이션 지도자들의 광범위한 준비를 포함하는 여가에 대한 국가 계획이 수립되어야 한다고 촉구했다.

전쟁 시기의 국가 레크리에이션

1941년 12월 7일에 미국이 전면 참전한 제2차 세계대전은 국민들 삶의 모든 면에서의 즉각적 동원을 강요했다. 미 육군 특수지원단(Special Services Division of the U.S. Army)은 약 12,000명의 장교, 훨씬 더 많은 사병 및 많은 자원봉사자를 활용하여 전 세계 군사 기지에 대한 레크리에이션 시설 및 프로그램을 제공했다. 약 1,500명의 장교들이 해군 인사처의 복지 및 레크리에이션 부문에 관여했으며, 해병대 레크리에이션지원부에서는 확장된 레크리에이션 프로그램을 제공했다. 이 부서들은 1941년에 유대인복지위원회, 구세군, 가톨릭공동체서비스, YMCA, YWCA 및 전국여행지원국(National Travelers Aid) 등 미국 내 6개 기관의 공동 노력으로 구성된 통합지원기구(United Servie Organizations, USO)의 지원을 받았다. 미국 적십자사는 전 세계 전장에 약 750개의 클럽을 설립하고, 4,000명 이상의 지도자들이 근무하는 약 250개의 순회 엔터테인먼트 부서를 설립하였을 뿐만 아니라, 미국 내외의 군 병원에서 1,500명 이상의 레크리에이션 요원을 운용했다.

많은 지방자치 단체장들은 그들의 시설과 서비스를 현지 전쟁 시설로 확대하고 24시간 내내 프로그램을 제공할 수 있도록 일정을 조정했다. 산업적 레크리에이션 프로그램의 급격

대공황 기간의 레크리에이션은 다양한 형태로 표출되었고 대부분은 가족 지향적이었다.

한 증가에 따라, 이러한 노력을 돕기 위해 1941년에 전국산업레크리에이션협회(후에 전국고용자지원 및 레크리에이션협회로 명칭 변경)가 설립되었다. 또한 연방보안청의 지역 전쟁 지원 사무국은 지역 공동체 프로그램을 지원하기 위한 레크리에이션 부서를 설립했다. 미국 노동부 여성국은 갑자기 확대된 가사 환경 및 극도의 번잡스런 지역으로의 이주에 따른 전시 여성 노동자들의 여가와 주거를 위한 지침을 마련했다.

제2차 세계대전이 끝날 무렵, 다양한 레크리에이션 프로그램과 서비스에 참여했던 많은 군인들과 서비스 요원들이 그로 인해 이 분야에서 새로운 인정을 받았다. 많은 사람들이 레크리에이션 리더십 훈련을 받아(미 육군 특수지원단에만 4만 명 이상이 있었다) 이 분야 민간 전문가로서 활동할 준비가 되어 있었다.

제2차 세계대전 후의 기대감

제2차 세계대전 직후, 미국의 여가 성장에 대한 기대가 상승했다. 1950년대와 1960년대에는 (일반적으로 무노동 또는 재유재량권으로 정의되는)여가가 급격하게 확장되어 앞으로 미국인들의 삶에 더 많은 영향을 미칠 것으로 예측되었다.

© Jim David/Shutterstock.

랜드(Rand Corp.)사와 허드슨연구소 같은 싱크탱크와 국가기술위원회 같은 특별 기획 단체들은 정년을 38세로 인하하고 주당 노동시간을 22시간으로 감축하거나, 연간 25주에 달하는 유급휴가를 대안으로 제시했다. 다른 당국자들은 일부 기업들이 실험해온 주 3일 내지 4일 근무제가 곧 확산될 것으로 전망했다.

1990년대 초중반의 대공황과 훨씬 더 광범위한 규모로 재개된 2008년의 경제 위기에 따른 광범위한 기업 규모 축소 및 여타의 비즈니스 경향은 수백만 명의 해고와 경제적 비관론으로 이어졌다. 1990년대 후반은 강력한 경기 회복세를 맞아 실업률이 급격히 감소하고, 성장이 확대되었으며, 전체 수준에서 정부 예산은 흑자를 보이기 시작했지만, 2009년 초의 경제 상황은 개인 소득과 정부 예산의 감소, 대공황 이후 볼 수 없었던 수준의 해고와 실업, 가정의 해체, 전국적인 직장 폐쇄와 만연한 절망감 등에 더욱 지대한 영향을 미쳤다.

레저 및 레크리에이션 지출에 미치는 경기 침체의 영향

20세기의 마지막 4반세기와 21세기의 첫 10년 동안 미국 경제는 주기적인 경제 침체를 겪었다. 경기 침체는 경제가 수축되거나 축소될 때 발생한다. 경기 침체는 높은 실업률, 정체된 임금, 그리고 소매 감소로 특징지어진다. 최근의 대부분의 경기 침체는 오래가지 않았으며, 공공 공원 및 레크리에이션에 미치는 영향은 이 장의 다른 곳에 기술되어 있다. 레크리에이션을 위한 개인 및 공공 지출에 미치는 영향은 보다 광범위한 의미를 지닌다. 이것은 공원 및 레크리에이션에 영향을 미칠 뿐만 아니라, 레크리에이션 프로그램과 예술을 제공하는 비영리 단체 및 영리 레크리에이션 기업에게도 영향을 미친다. 지난 30년간의 주요 경기 침체는 1981년(14개월), 1990년(8개월), 2001년(8개월), 2007년(19개월)에 발생했다. 일반적으로 경기 침체 중에는 개인 소비가 줄어든다고 추정되었다. 그러나 소비 데이터는 그러한 가정을 뒷받침하지 않는다. 1981년과 2009년 사이의 개인 소비 감소는 한 분기에 그쳤는데, 닷컴 회사들이 파산한 2001년이 유일했다. 21세기 초까지 개인 소비는 매 분기마다 계속해서 증가하다 2009년 불경기로 증가세를 마감했다. 2009년의 상황은 1929년 이래 가장 광범위하게 진행된 경기 침체로 대다수 미국인들이 영향을 받았다. 일부 경제학자들의 추정에 따르면 2009년 경기 침체로 개인 소비가 3% 이상 감소하여, 연간 300억~4,000억 달러가 감소한 것으로 추산된다. 경기 침체가 3년 이상 지속되면서 지출 감소는 공공기관 및 비영리 기구에 큰 영향을 미쳤다. 2010년 자료에 따르면 사람들은 계속해서 경비를 절감하고 개인 지출을 축소해 왔음을 보여주었다. 이전의 경기 침체기에 영향을 미치지 않았던 인터넷은, 개인들이 비용 지출을 줄이기 위한 자원으로 자리 잡았다. 할인 구매를 하고, 쿠폰과 특가 판매를 찾는 소비자들은 구매할 제품에 대해 조사에 조사를 거듭하는 등 지출을 줄이기 위해 노력했다.

2009년 경기 침체 이전의 전통적 경향은 약간의 지출 감소를 감수하고 나면 단기적으로 끝난다는 것이었다. 비록 2010년에 공식적으로 경기 침체가 끝났다고 선언했지만, 2009년 경기 침체의 광범위한 영향은 2016년까지 여러 주들에 지속적인 영향을 미쳤다. 여가 및 레크리에이션에 따른 영향은 다양한 방식으로 느껴졌다. 긍정적인 관점에서 볼 때, 공공기관들은 가족 및 개인들이 즐겨 사용했던 비싼 영리적 기업의 프로그램을 대체하는 높은 수준의 프로그램 요구를 경험했다. 한편 영리 기업들은 비용 대비 효율에 초점을 두고, 보다 효과적인 마케팅을 추진했으며, 제품과 경험이 가치로 인식될 수 있도록 노력하였다.

수요 증가와 동시에, 공공 및 비영리 기반 공원 및 레크리에이션 기관은 1970년대 초의 조세 파동 이후 가장 심각한 자금 위기에 직면했다. 기관들은 직원들을 해고하고, 오락 시설을 폐쇄하고, 프로그램 비용을 인상하고, 협력 관계를 찾았는데, 이 모든 것들은 더 많은 서비스를 요구하는 시민적 요구를 충족시키기 위한 것이었다.

레크리에이션 및 여가의 확장

지난 60년간 레크리에이션과 여가 활동에 있어 참가자의 폭발적 증가를 목격했다. 컴퓨터, 텔레비전, 미디어 플레이어, 이동식 전자 기기 및 기타 전자 기기의 활용을 통한 개인 기반 엔터테인먼트의 병행적인 확장과 더불어 스포츠, 예술, 취미, 야외 레크리에이션, 피트니스 프로그램이 꾸준히 증가했다.

국가적 부의 영향

레크리에이션 참여의 성장은 전후의 국가적 풍요가 중요한 요소로 작용했다. 국민총

생산은 1945년 2,110억 달러에서 1971년에는 연간 1조 달러 이상으로 증가했다. 1950년대 후반에 미국인들은 여가 활동에 연간 300억 달러 규모의 많은 비용을 지출하는 것으로 밝혀졌지만, 이 액수도 2007년의 841억 달러에 비하면 미미하다.[18]

이 기간 동안 다양한 형태의 레크리에이션 참여가 폭발적으로 증가했다. 국유림 탐방은 1947년과 1963년 사이에 474% 증가했고, 같은 기간 국립공원 방문은 302% 증가했다. 해외여행은 440% 증가했고, 스포츠 및 문화 행사 참가도 급속히 증가했다. 골프용품 매출은 188%, 테니스용품은 148%, 볼링장 이용은 258% 늘었다. 사냥과 낚시, 경마 인구와 단행본 서적 판매량이 모두 극적으로 증가했고, TV를 보유한 가정의 수는 이 기간 3,500% 증가하여 가장 높은 증가율을 보였다.[19]

정부의 레크리에이션 및 공원 기관들은 1970년대 중반까지 그들의 예산, 인력, 시설 및 프로그램을 극적으로 확대하였다. 그러던 끝에 연방 및 주와 지방 정부의 많은 기관들이 예산 삭감이나 동결에 따른 재정 압박을 받았다. 동시에, 레크리에이션 및 공원 관련 직업의 수와 대중들의 관심은 지속적으로 증가했다. 1960년대와 1970년대에 많은 전문대학과 대학에 전문가 과정이 개설되었고, 전국레크리에이션협회(National Recreation Association), 미국레크리에이션협회(American Recreation Society), 그리고 국립공원보존협회(American Institute of Park Executives)를 비롯한 몇몇 국가 기관들이 통합되었다.

인구 분포 변화의 영향: 교외에서의 삶과 도시의 위기

수백만 명의 군인들과 여성들의 삶을 혼란에 빠뜨렸던 제2차 세계대전 직후, 젊은 부부의 수가 증가했다. 수년 동안에, 어린 아이들이 있는 많은 수의 새로운 가족들이 도심에서 교외의 새로운 집으로 이주했다. 교외에 위치한 많은 지역에서 새로운 레크리에이션과 공원 부서가 신속하게 신설되고, 인력이 채용되었으며, 지역 학군과 협력하여 모든 연령층에 서비스할 프로그램과 시설이 개발되었다.

동시에, 도심 내 인구 분포가 극적으로 변화했다. 남부에서의 농업의 급속한 기계화로 수작업 영농이 붕괴되면서 수백만 명의 아프리카계 미국인들이 남부에서 도시로, 북동부 및 중서부, 서부 등지의 산업 지역으로 이주했다. 카리브 연안 제도와 중앙아메리카에서 도시로 이주해 온 히스패닉 이민자들이 증가

리조트의 입장객이 증가함에 따라 그 영향이 입증된다.
© Digital Vision/Photodisc/Thinkstock/Getty.

하였다. 일반적으로, 이러한 새로운 주민들은 제한된 고용 기회 등으로 인한 경제적 어려움에 직면하여 도시의 건강, 주택, 복지 문제를 야기했다.

프로그램 후원의 추세

이러한 인구 분포의 변화와 생활양식의 변화로 인해, 레크리에이션 프로그램의 기능과 정부 역할에 있어서의 다양한 동향이 드러났다. 이러한 동향들은 (1) 신체적 건강 증진을 목표로 하는 프로그램, (2) 환경 문제에 대한 강조, (3) 특정 연령대의 욕구 충족을 위해 고안된 활동 (4) 장애인을 위한 레크리에이션, (5) 예술적 프로그램의 증가 (6) 빈곤층을 위한 서비스와 (7) 인종 및 소수 민족의 욕구와 관련된 프로그램이 포함된다.

신체적 건강에 대한 강조

1950년대부터, 젊은이들의 육체적 건강 개발 및 유지의 필요성에 대해 중요하게 강조되었다. 두 차례의 세계대전에서, 실망스러울 정도로 높은 비율의 징집 대상자들과 입대 지원자들이 신체적 이유로 입대를 거부당했다. 2차 세계대전 후, 크라우스-베버 (Kraus-Weber) 실험과 같은 비교 연구들은 미국 젊은이들이 몇몇 다른 나라들의 젊은이들보다 건강하지 못하다는 것을 실증적으로 보여주었다. 리처드 닉슨 부통령은 1956년 메릴랜드 주 애나폴리스의 미 해군사관학교에서 '미국 젊은이들의 건강에 관한 대통령 회의'를 소집했다. 회의의 권고안은 대중 인식 제고, 지역 공동체 레크리에이션의 공적자금 조달 확대, 민간 및 공적기금을 통한 비영리 청소년 서비스 기관 지원, 지역 사회 레크리에이션 시설의 확충 및 개선, 소녀들의 체력 향상, 그리고 신체 활동에 대한 리더십 개선 등을 포함했다. 한편 1956년 아이젠하워 대통령은 지역 사회와 개인들이 활동적 생활 방식을 채택하도록 동기를 부여하는 촉매제 역할을 위해 '청소년 건강을 위한 대통령위원회'를 설립하기도 했다. 회의 결과에 대응하여, 학교들은 신체 건강 프로그램을 강화하고, 많은 공공 레크리에이션 부서는 모든 연령대를 위한 피트니스 교실, 컨디셔닝, 조깅 및 스포츠를 포함하는 여가 활동을 확대했다. 이러한 조치에도 불구하고, 오늘날 20세 이상 성인의 38%가 비만이고 71%가 과체중으로서 비만의 유행에 맞서 계속 싸우고 있다. 아이들의 3분의 1이 절대 과체중이거나 비만이다.[20]

'체력과 운동에 관한 대통령위원회'는 1956년 아이젠하워 대통령에 의해 창안되어 21세기까지 유지되고 있다.
© Photodisc/Getty.

토지 및 수자원 보호 기금의 간략한 역사

'토지 및 수자원 보호 기금(Land and Water Conservation Fund, LWCF)' 설립 법안은 1964년 의회에서 통과되어 1965년에 제정되었다. LWCF는 연방, 주 및 지역 차원에서 공원 및 레크리에이션 기관의 주요 수입원으로 지속적인 중요한 역할을 수행하고 있다. LWCF는 초기에 연방 재산 매각 수익, 모터보트 연료세, 연방 토지의 레크리에이션 이용 수수료 등 세 가지 수익원으로 운영되었다. 이 수익으로 매년 1억 달러를 모금했지만, 곧바로 재정 수준이 프로그램 목표의 충족에는 불충분하다는 것이 명확히 드러났다. 1968년에는 재정 수준이 5년간 매년 2억 달러로 증가하였는데, 추가 자금원으로 외대륙붕(Outer Continental Shelf, OCS)의 원유 및 가스 자원의 임대로 얻은 수익이 추가되었다. 의회는 매년 재정 수준을 9억 달러로 점차 증액했다.

현재 매년 약 9억 달러가 이 기금에 축적되고 있다. 2006년까지 이 기금은 290억 달러를 모아 할당액의 62%를 연방 토지 취득, 28%를 국고 보조 프로그램, 10%를 기타 프로그램에 할당했다. 기금의 더 큰 성공을 가로막는 가장 큰 장애물은 자동적으로 배당하지 않고 매년 의회의 승인을 얻어야 한다는 것이다. 대통령은 LWCF 지출 수준에 대한 권고에서, 몇 년 동안은 낮은 수준의 지출을 권고했다. 의회는 이 권고안을 무효화할 수 있으며 때때로 그렇게 했다. 그러나 배분된 기금(실제 지출된 금액)은 의회가 승인한 수준(의회가 책정한 금액)보다 낮은 경우가 많았다. 2015년에 갱신되지 않을 가능성에 직면하여, LWCF는 3년의 유예를 받아 4억5천만 달러의 자금을 지원받았다.

기금으로부터의 지출은 다음의 세 가지 일반적인 목적 (1) 연방정부의 토지와 수자원의 수용 및 그에 따른 수익, (2) 레크리에이션 계획을 위한 주 보조금, 레크리에이션 구역 및 수원지 확보 또는 관련 수익. (3) 기타 연방의 목적에 따라 이루어졌다.

기금의 주요 조항 중 하나는 모든 주에서 기금에서 교부받을 수 있는 '국가 종합 야외 레크리에이션 계획'을 만드는 것이다. 이 프로그램의 또 다른 중요한 측면은 주에 지급되는 모든 보조금이 주나 지역별로 일치해야 한다는 것이다. 주의 차원에서, 기금은 주정부기관을 통해 관리되며, 주립공원, 야생 및 기타의 야외 레크리에이션 관리자들에게 전달된다. 나머지 기금은 경쟁력을 기준으로 시 및 지역에 제공된다. 1965년과 2008년 동안에 주 정부에 41,000건의 보조금이 주어졌다. "이 수치는 토지 및 수자원 수용을 위한 10,600건의 보조금, 레크리에이션 시설 개발을 위한 26,420건의 보조금, 낡은 레크리에이션 시설을 재개발하기 위한 2,760건의 보조금, 그리고 잠재적 레크리에이션 정책 요구 연구를 위한 641건의 국가 계획 보조금이 포함된다." 이러한 기금을 통해 국립공원관리국은 "직접적 수용을 통해 260만 에이커의 주 및 지역 공원을 조성했는데, 대부분의 경우 많은 에이커의 구역들이 야외 레크리에이션 이외 목적의 수용과 개발로터 법적으로 보호된다."[22]

4개 연방 기관(국립공원관리국, 산림청, 어류 및 야생 동물 보호국, 토지관리청)이 관리와 동일할 정도로 450만 에이커 이상을 연방 수준으로 보호한 결과는 매우 인상적이다.

환경적 우려

환경은 레크리에이션 분야의 주요 관심사였다. 전후 기간에 국가의 토지, 수자원 및 야생 생물자원의 보존 및 복원에 대한 대단히 중요한 요구가 있었다. 미국인들은 폐기물에 의한 아름다운 강과 호수의 오염, 제재업의 이해관계에 따른 삼림의 황폐화, 야생 동물들에 대한 과도한 사냥 및 번식지의 부족, 화학 독극물, 그리고 환경 침범

야외 휴양과 자연 지역은 옐로우 스톤 국립 공원에서 시작되어 오늘날에도 계속되는 환경 노력의 혜택을 받고 있다.
© djgis/Shutterstock.

으로 인한 황폐화를 방치했다. 전례 없는 속도로 축소되는 개방 공간과 더불어 천연 자원에 대한 요구가 대규모로 누적되어 왔다.

1950년대 후반, 아이젠하워 대통령과 의회는 이 문제를 조사하기 위해 '야외 레크리에이션 자원 심의위원회(Outdoor Recreation Resources Review Commission)'를 구성했다. 그 결과 1962년에 연방 정부, 주정부 및 시정부의 환경을 위한 노력을 촉진하는 데 도움이 된 획기적 보고서가 채택되었다. 연방 수질오염관리국은 전국을 20개의 주요 강 유역으로 나누고, 해당 지역의 하수 처리 계획을 추진했다. 1965년의 수질법, 1966년의 청정 수질 복원법, 1965년의 고형폐기물 처리법, 1965년의 고속도로 미화법, 1968년의 광업 매립지 보호법 등은 모두 지속적인 보전 및 보호를 위한 프로그램의 일환으로 추진되었다. 1964년의 야생지역 보호법(Wilderness Act)은 또 다른 중요한 법안으로, 훼손되지 않은 특정의 땅을 인간의 점유와 개발로부터 영구 금지를 선언할 수 있는 의회의 권한을 부여했다.

많은 주와 시들은 토지를 확보하고 아름답게 가꾸기 위한 새로운 프로그램에 착수하고 대기 및 수질 오염을 줄이기 위한 환경 계획을 개발했다. 미국 토지신탁(American Land Trust), 국제자연보호협회(Nature Conservancy) 및 공공토지신탁(Trust for Public Lands) 등과 같은 비영리 기구들은 레크리에이션 용도로 대부분의 대기업에서 공공기관에 위탁 보존한 재산을 인수 관리한다. 이러한 프로그램들은 국립공원관리국, 산림청, 어류 및 야생 동물 보호국, 토지관리국 같은 연방 기관의 노력을 수반한다.

1980년대 초반에는, 공원 및 환경 프로그램에 대한 연방 정부의 지출이 대폭 줄어 토지 확보율이 감소하였으며, 채굴, 벌목, 방목, 석유 시추 및 이와 유사한 영리 활동으로 인한 황무지 개발에 대한 정책 규제가 느슨해졌다.

연령대에 따른 욕구 충족

앞서 언급한 인구통계학적 추세 외에도, 전후 수십 년간 축적된 인구 분포의 세 가지 중요한 변화는 (1) 출생률의 급상승으로 인해 학교 및 지역 레크리에이션 센터에 수백만 명의 아이들이 넘쳐나고, (2) 성인 인구의 수명 연장으로 인한 고령자 비율의 증가와 더불어 성인 자녀들이 노인들을 돌봐야 하는 요구가 증가하고, (3) 증가하고 있는 편부모 가정의 증가와 수많은 여성들의 노동 인구 유입에 따라 자녀를 둔 가정에서의 보육에 대한 압력이 증가하고 있다는 것이다.

이러한 추세에 대응하여, 수천 개의 정부 및 비영리 기구들이 어린이와 청소년을 위한 프로그램을 확대하고, 리틀 리그, 비디 농구(Biddy Basketball), 아메리칸 리전 풋볼(American Legion Football)과 같은 많은 청소년 스포츠 리그를 통해 수백만 명의 참가자들을 모집했다. 다른 연령대의 끝단에는, 많은 시립공원 및 레크리에이션 기관을 비롯한 공공 및 비영리 단체들이 고령화관리청(Administration on Aging)을 통한 연방재정 지원을 받아 골든 에이지 클럽이나 노인센터를 개발했다.

가족 구성의 변화는 직업을 가진 부모들의 자녀들을 위한 보육서비스 및 여타의 여가 관련 요구 충족을 위한 레크리에이션 프로그램의 필요성을 확인시켜 주었다. 특히 종교 단체들은 부부 간, 그리고 부모자녀 간의 관계 강화를 위한 가족 중심의 프로그램을 강조하고 있다.

장애인을 특별 휴양 시설

전후 시대에 더욱 강조된 분야는 신체적 정신적 장애(physical and mental disability)가 있는 사람들을 위한 지원 서비스이다. 재활에 관련된 다양한 정부 기관들은 신체적 장애가 있는 사람들, 특히 지역 사회에 통합되기를 원하는 많은 수의 퇴역 군인들의 요구를 충족시키기 위해 확대되었다.

발달장애가 있는 사람들에게 더 나은 서비스를 제공하기 위해 연방정부는 특수 교육에 대한 지원을 대폭 확대했다. 발달장애가 있는 어린이, 청소년, 성인을 위한 레크리에이션 프로그램이 제공되었다. 1960년대 중반부터 제도적 환경 및 공동체적 환경 모두에서 고령자를 위한 사회적 레크리에이션 프로그램 개발에 중점을 두었다. 전반적으로, 레크리에이션 치료 서비스로 알려진 특수 분야는 이 기간 동안 꾸준히 확장되었다. 1960년대 중반에 전국레크리에이션치료학회(National Therapeutic Recreation Society)와 1980년대에 미국레크리에이션치료협회(American Therapeutic Recreation Association)가 설립되면서

장애인들은 오늘날 스페셜 올림픽, 테니스, 농구, 스노우 스키를 포함한 다양한 <u>스포츠</u>와 레크리에이션 활동을 하고 있다.
© Bikeworldtravel/Shutterstock.

스페셜올림픽

1968년 유니스 케네디 슈라이버(Eunice Kennedy Shriver, 1921~2009)는 일리노이 주 시카고에서 첫 번째 국제스페셜올림픽 게임을 개최했다. 스페셜올림픽은 발달장애가 있는 사람들을 위해 슈라이버가 1962년에 시작한 여름 캠프(캠프 슈라이버) 프로그램의 결과였다. 최초의 국제 경기에 미국과 캐나다 출신 1,000명의 선수들이 참가했다. 1977년, 첫 동계 경기가 콜로라도의 스팀보트 스프링스(Steamboat Springs)에서 열려 500명의 선수들이 참가했다. 오늘날 220개국의 3백만 명 이상의 선수들이 지역, 주, 국가 및 국제스페셜올림픽에 참가한다. 스페셜올림픽 운동과 슈라이버의 지칠 줄 모르는 노력은 발달장애가 있는 사람들에 대한 대중의 이해와 공공 정책의 지원에 엄청난 영향을 미쳤다. 1987년 스페셜올림픽에서의 그녀의 발언은 장애인의 권리에 대한 외침이 되었다.

"경기장에서 경기할 권리가 있습니까?
당신은 그 권리를 얻었습니다.
학교에서 공부할 권리가 있습니까?
당신은 그 권리를 얻었습니다.
직업을 가질 권리가 있습니까?
당신은 그 권리를 얻었습니다.
누군가의 이웃이 될 권리가 있습니까?
당신은 그 권리를 얻었습니다."

레크리에이션 치료 서비스의 전문화가 빠르게 진행되었다. 전문적 준비를 위한 커리큘럼, 프로그램 표준 설정, 등록 및 인증 계획 개발은 이 분야를 광범위한 여가 서비스 분야 중 주요 전문 분야로 만들기 위한 것이었다.

예술에 대한 관심 증가

2차 세계대전 이후 미국은 문화센터, 박물관, 미술센터를 확장하기 시작했다. 부분적으로, 이것은 대공황 시기 긴급 연방 프로그램에 의해 예술, 연극, 음악, 그리고 춤에 대한 부양책의 자연스러운 후속 조치로 나타났다. 그러나 또 다른 요소는 미국인들이 관람객 및 참가자로서 예술을 즐기게 되었다는 것이다. 1970년대와 1980년대 초까지 지역 예술 활동은 주립예술단, 안무가 및 작곡가들의 지원을 위한 국립예술기금(National Endowment for the Art)을 통한 연방 기금의 지원 덕에 번창하게 유지되었다.

1980년대 중후반에는 음악, 연극, 무용 등에 대한 참가자의 감소와 더불어 많은 박물관, 도서관 및 유사 기관에 대한 자금 조달의 필요성이 부각되어, 새로운 기금 마련을 위해 다양한 프로그램을 제공하고 보다 광범위한 관람객을 위한 마케팅이 이루어졌다. 예를 들어, 미술관, 자연사박물관, 과학박물관은 오늘날 강의, 관광, 영화 상영, 혁신적 전시, 특별 기금 마련을 위한 만찬 및 다양한 후원자를 유치하기 위해 고안된 다양한 행사들을 제공한다.

레크리에이션의 빈곤 퇴치 역할

1930년대와 1940년대에 많은 연방 주택 프로그램은 공공주택 프로젝트에 작은 공원, 놀이터 또는 센터를 지원하기 위한 기금을 제공했다. 1960년대에, 린든 존슨 대통령은 '빈곤과의 전쟁'의 일환으로 1964년 경제기회법, 1964년 주택 및 도시개발법, 1967년 승인된 시범도시계획과 같은 새로운 법제화의 물결이 일었다. 침체된 도시 지역의 사회적 혜택을 받지 못하는 시민들로 하여금 지역 레크리에이션 프로그램을 직접 수행할 수 있도록 지원한다. 직업단(Job Corps), 자원봉사단(Volunteers in Service to America, VISTA), 이웃청소년단(Neighborhood Youth Corps)과 같은 다른 연방 프로그램 또한 레크리에이션 관련 요소를 포함한다.

레드락 보존지역(Red Rock Conservation Area)은 라스베가스 스트립에서 몇 분 거리에 위치한 야외 레크리에이션 자원의 한 예이다. 관광객과 주민들에게 인기 있는 관광지로 매년 여러 날 동안 무료 개방함으로써 모든 주민들이 방문할 수 있도록 한다.
출처: 미국 국토 관리청 (US Bureau of Land Management)

레크리에이션의 분리와 통합

19세기 후반과 20세기 초반의 공공 레크리에이션 운동이 모든 미국인들에게 동등한 혜택을 준 것은 아니었다. 미국 전역에서, 아프리카계와 백인계 미국인들을 위한 레크리에이션 시설은 구별되어 지어졌다. 공교육과 마찬가지로 이러한 차별의 결과는 명백한 기회의 차이였다. 인종 통합에 대한 최초의 광범위한 시도는 1950년대 말 1960년대 초의 대법원의 브라운 대 교육위원회의 획기적인 결정에 뒤따른 것이었다.

불행하게도, 많은 도시에서 인종 갈등이 고조되고 난 1960년대 후반이 되어서야 연방정부는 아프리카계 미국인, 특히 가난한 도시 중심가에 살고 있는 사람들과 청소년 프로그램을 위해 만만찮은 재정을 투입했다. 여기에는 스포츠 및 사회 활동, 문화 활동, 직업 훈련 프로그램, 여행 및 유사한 레크리에이션 활동이 포함되었다. 전국적인 규모로 작업단, VISTA, 이웃청년단 및 지역 사회 활동 프로그램으로 알려진 총체적 특별 프로젝트는 1970년대까지 계속되었지만 이후 몇 년에 걸쳐 점차 종료되었다.

반문화운동: 저항하는 청소년

1960년대 후반 반문화(counterculture)라고 알려진 개념이 미국에서 등장했다. 존 켈리(John Kelly)가 지적한 바에 따르면, 반문화라는 용어는 일반적으로 정치, 종교 또

프로테스탄트 노동윤리에 대한 저항

프로테스탄트 노동윤리에 대한 저항은 1960년대의 음악, 미술, 문학에서 널리 표출되었다. 그러나 1960년대 베이비붐 세대의 역사적 기록은 미국인들의 일에 대해 가지는 집착이 사라진다는 것은 실제가 아니라 신화라는 것을 보여준다. 2006년 가족 및 노동연구소가 발표한 연구에 따르면 베이비붐 세대는 이전 세대나 뒷 세대에 비해 노동 중심적 생활 방식으로 살 가능성이 더 높다고 한다. 같은 연구소의 2004년 연구는 베이비붐 세대가 다른 세대에 비해 더 오랜 시간 일하고 더 과로한다고 느낄 수 있다는 것을 보여준다.

는 생활양식 등에서 기존에 확립된 지배 문화에 대한 저항으로 발전한 운동에 적용되는 개념으로 언어, 상징 및 행동으로 드러난다.

노동 윤리의 거부

반문화운동의 중요한 측면은 삶의 궁극적 목표로서의 일과 일반적으로 인정되는 비즈니스 및 직업 세계에서의 '성공(making it)'이라는 목표에 대한 거부였다. 본질적으로 보수적이고 근면하며 도덕적 삶의 관점에 연관된 노동의 가치에 대한 뿌리 깊은 믿음은 오랫동안 미국 사회를 지배한 근본 교리였다.

그럼에도 불구하고 제2차 세계대전 이후 프로테스탄트 노동 윤리의 엄격한 교훈으로부터 후퇴했다. 반문화 시기 동안 젊은이들에 의해 전통적 가치와 금전적 성공에 대한 사고가 깨지면서 여가 충족이 중요한 문제로 새로이 등장하였다.

1960년대 미국의 반문화운동은 전 세계 여러 국가에서 일어난 정치, 경제 및 교육에 도전한 광범위한 청소년 운동의 일환으로서, 부모의 권위와 학교 및 대학의 교과과정 및 사회 통제에 대한 청소년들의 반항을 상징했다. 반문화운동의 큰 줄기는 베트남전에 반대하는 대중 시위에서 비롯되었다. 전통적 가치관에 도전하는 록 음악과 가사가 인기를 얻었고, 일부 젊은이들은 '히피(hippie)' 코뮌에 가입하거나 샌프란시스코의 헤이트애시베리(Haight-Ashbury)나 뉴욕의 이스트빌리지(East Village) 같은 지역으로 도피하여 마약을 하고, 다양한 대안적 생활 방식이 실험되었다.

사회적 약자들에 의한 평등을 위한 노력

반문화운동의 또 다른 중요한 측면은 역사적으로 사회적 약자에 처해 있던 미국 사회의 다양한 인구로 하여금 보다 풍요로운 사회 경제적 권리를 위한 적극적 분위기를 조성했다는 것이다.

인종 및 소수 민족

1960년대와 1970년대 동안, 다양한 인종 및 소수 민족들에 대한 레크리에이션 시설 및 조직화된 프로그램 관점에서의 보다 풍족한 서비스 요구 압력이 대두되었다. 이에 따라 많은 공공 레크리에이션 및 공원 기관에서는 이러한 전통적 요소의 업그레이드뿐 아니라 해당 지역에 문화적, 사회적, 그리고 기타의 특수 서비스를 제공하기 위한 이동 레크리에이션이 도입되었다. '빈곤과의 전쟁' 기간과 인종 간 갈등이 심화되는 중에 개시된 프로젝트 구축 활동으로 다양한

록 콘서트는 1960년대 초기에 시작되어 오늘날까지 지속되고 있다.
©Guitarsimo/Dreamstime.com.

사례연구

소수 민족을 위한 설계

야외 레크리에이션 자원 관리자의 주요 관심사 중 하나는 야외 레크리에이션 지역에서 진행하는 프로그램에 대한 비주류 인종 및 소수 민족의 방문과 참여가 저조하다는 것이다. 새로운 문제는 아니지만 국토 관리 기관은 특히 이들 인구 분포가 전체 미국 인구 증가 비율에 따라 증가함으로써 이들 그룹을 고용할 방법 모색에 어려움을 겪고 있다. 2008년 NPS(National Park Service)가 작성한 보고서에 야외 레크리에이션에 참여를 가로막는 다섯 가지 가설이 보고되었는데, 경계성(marginality), 하위문화/민족성(subculture/ethnicity), 차별(discrimination), 기회(opportunity) 및 문화적 적응성(acculturation) 가설이 그것이다.

경계성 가설은 인종 및 소수 민족적 대표성의 차이가 역사적 차별에 의해 야기된 사회 경제적 요인의 결과이며, 재정적 제한, 낮은 교육 수준, 고용 기회의 제한과 같은 장벽을 포함한다고 제시한다. 하위문화/민족성 가설은 여가 및 레크리에이션 패턴에 미치는 경계성의 영향을 인정하면서도 공원 방문이 저조한 이유가 부분적으로는 최소한 문화적 규범, 가치 체계, 사회 조직 및 사회화 관행의 결과라고 주장한다. 문화적 가치 또는 규범의 예로 레크리에이션 집단의 규모, 선호 활동(하이킹, 자전거 타기, 수영, 피크닉) 및 개발 수준(예, 화장실, 공연장, 방문자센터)을 들 수 있다.

차별 가설은 다른 방문객이나 공원 직원과의 대인 관계로부터 발생하거나 제도적 정책 과정에서 발생하는 시민권 차별을 강조한다. 기회 가설은 소수 집단의 거주지, 레크리에이션 장소 및 레크리에이션 환경 설정 간의 관계를 조사한다. 문화적 적응성 가설은 주류 문화 내에서의 문화적 동화와 레크리에이션 선택 사이의 관계를 조사한다. 이 가설에 따르면, 소수 문화가 다수 문화에 동화됨으로써, 다수 문화의 레크리에이션 양식을 취하기 시작한다.[a]

가설을 이해하는 것도 중요하지만, 가설에서 행동으로 옮기는 것은 훨씬 더 어렵다. 이러한 행동은 기관의 사업 방식을 재고하고, 조직 문화를 변화시키며, 조직이 봉사해야 할 대상 인구 집단을 대표하는 것이 아니라는 것을 인식하고, 마지막으로 변화에 대해 규범을 고집하는 관료적 관성을 극복하기 위한 노력이 항상 뒤따라야 한다. 각 야외 관리 기관은 스스로의 방식과 때로는 다양한 방식을 동원해 어려움을 처리한다. 연방기관은 책임 임원, 지부 및 지역 수준에서 계획을 입안

하고 실천한다. 실제 업무의 대부분은 지역 수준으로 위임된다. 이 수준에서의 상황이 직접적이고 즉각적이기 때문이다. 예컨대, 1990년대 중반 태평양 지역 NPS 국장은 자신들의 홍보 프로그램이 주요 신문, TV 및 라디오 방송국 같은 전통 미디어에만 집중되고 있다고 판단했다. 그는 샌프란시스코 만 지역에서의 대체 미디어를 발굴하는 대책반을 조직했다. 단기간에 특정 인종 및 소수 민족뿐 아니라 여성, 게이 및 레즈비언, 장애인에 집중하는 300개가 넘는 매체를 확인했다.

미 육군공병단은 인종 및 소수 민족의 요구를 충족시키기 위한 오락 시설 및 프로그램을 제공하는 데 중점을 두고 레크리에이션 장소의 개발 및 개조에 나섰다. 2002년 공병단은 〈인종적 다양성 관리: 인종 및 소수 민족을 위한 레크리에이션 시설 및 서비스 조정〉이라는 보고서를 발표했는데, '인종 보편성 설계(ethnically universal design)'를 통해 점차 더 다양한 인구의 요구를 충족시킬 수 있다고 전제하였다. 인종 보편성 설계는 소수 민족의 문화적 다양성을 보다 포괄적으로 수용하는 프로그램 및 시설의 창조에 중점을 둔다. 특히 보고서는 다른 인종 집단이 설계 모델에 적응할 것이라는 가정하에 전적으로 백인 중산층 핵가족에 초점을 둔 '인종 중립성 설계(ethnically neutral design)'라는 전통적인 설계 모델에서 벗어날 것을 제안하였다. 새로운 접근법은 문화다원주의를 수용하는 모델로 나아가고 있다. 또한 이 보고서는 이 모델의 성공을 위해서는 주간 이용 시설의 개발이 필수적이라고 주장한다.[b]

이 보고서는 라틴아메리카계, 아시아계, 아프리카계 미국인들에게 매력적으로 다가설 수 있는 다양한 시설과 서비스를 제시하고 있다. 이러한 서비스에는 다음이 포함된다.

- 악천후로부터 그늘과 보호를 제공하는 집단 대피소
- 대가족을 수용할 수 있는 대형 테이블 또는 모듈형 이동 테이블
- 대규모 그룹을 위한 요리가 가능한 크고 유지 관리가 쉬운 그릴 및 조리기
- 피크닉 장소의 나무 그늘
- 피크닉 지역 주변의 어린이 놀이터
- 다양한 활동을 수용할 수 있는 경기가 가능한 개방형 잔디밭
- 공동체 이벤트를 위한 시설(예, 집단 대피소, 정자, 관람석을 갖춘 원형경기장)
- 보편적 기호를 사용한 기표
- 스페인어 등 기타 언어로 표기된 이정표
- 가장 대중적인 지역에 위치한 대중교통 시설(버스 정류장)
- 경비원 증원을 통한 보안 강화, 2개 언어를 구사하는 관리원, 공원 입구의 관리동 개선[b]

생각해 볼 문제

1. 어떻게 인종 중립성 설계에서 벗어나 야외 활동을 개선하려고 했는가?
2. 소수 민족들이 야외를 특별한 장소로 여기지 않는 이유를 이해하는 것이 왜 중요한가?
3. 여러분이 레크리에이션 자원 관리자의 역할을 수행한다고 할 때, 어떻게 소수 인종과 소수 민족의 참여를 확대할 수 있는지 결정하라.

출처

a. R. S. McCowan and D. N. Laven, Evaluation Research to Support National Park Service 21st Century Relevance Initiatives (Washington, DC: National Park Service, 2008): 3.

b. R. A. Dunn, Managing for Ethnic Diversity: Recreation Facility and Service Modifications for Ethnic Minorities, ERDC/EL TR-02-14 (Vicksburg, MS: U.S. Army Research and Development Center, 2002).

부문에서 민족적 자긍심과 문화 간 인식을 고취하기 위해 고안된 강의, 워크숍, 축제 및 기념일 행사가 열렸다.

입법을 통해 1970년대와 1980년대에 걸쳐 대법원 판결 및 사법 명령, 그리고 자발적 규제, 공공 및 영리 비영리 시설들이 점차적으로 철폐되었다. 걸스카우트 및 YMCA와 같은 주요 청소년 및 성인 단체는 비주류 인종에 대한 분리를 유지하거나 전혀 봉사하지 않으려 하는 경향으로 인해 아예 회원 자격을 개방했으며, 몇몇 경우는 인종적 정의(justice)를 조직의 최우선 임무로 규정했다. 확대된 문화의 측면에서 매우 많은 수의 비주류 인종 및 민족이 대학 및 프로 스포츠와 음악, TV 및 영화와 같은 대중 엔터테인먼트 분야에서 큰 성공을 거두기 시작했다.

여성을 위한 진보

1960년대와 1970년대에 페미니스트 단체들이 레크리에이션과 레저에 있어 성차별의 두 가지 주요 영역인 고용과 프로그램 참여를 규탄하기 위해 모였다. 기회균등법 및 여타의 압박에 부응하여, 정부의 레크리에이션 및 공원 기관을 비롯한 다양한 기관들이 더 많은 여성들을 고용하기 시작했다.

지역 사회 레크리에이션의 기본 원칙은 성별, 종교, 인종, 또는 다른 개인적 요소에 상관없이 누구에게나 동등한 기회가 주어져야 한다는 것이다. 그러나 전후 수십 년간 미국의 공공 레크리에이션 프로그램에 참가에 있어 소녀와 여성들에게는 이 원

여자 월드컵 축구

국제적 관점에서, 올림픽 경기는 여성들을 위한 최초의 진정한 대회였다. 하지만, 전 세계의 상상력을 사로잡고 여성들을 국제 스포츠 무대에서 동등한 위치에 확실히 올려놓은 것은 여자 월드컵이었다. 국제축구연맹(FIFA)은 국제 축구의 관리 기구로 1930년부터 남자 월드컵을 책임져 왔다. FIFA는 1991년 12개 나라가 참가한 가운데 중국에서 제1회 여자 월드컵을 개최했다. 비록 대회는 불운하게 출발했지만, FIFA 여자 월드컵은 스포츠에서의 여성 평등의 상징이 되었다. 스웨덴에서 열린 1995년 월드컵에는 총 112,213명의 관중이 입장했는데, 오직 한 경기만 250명의 관중이 입장했다. 미국에서 열린 1999년 월드컵은 110만 명이 넘는 관중이 들어차고 TV 시청자가 10억 명이 넘는 골목상대한 대회로 성장했다. 1991년과 1999년에 우승을 차지하고, 미아 햄과 브랜디 샤스타인 같은 선수들이 하룻밤 사이에 유명해지면서 여자월드컵은 미국의 여자 축구팀에게 첫 국제적 성공을 이끌어낸 대회였다. 1990년부터 2015년까지 세 번의 월드컵 우승과 네 번의 올림픽 금메달을 획득한 미국 여자 축구 국가대표팀의 성공은 미국인들의 가슴 속에 축구를 자리 잡게 하는 데 일조했다. 뿐만 아니라 2015년 캐나다 대회의 관중 수가 2011년 중국의 997,433보다 훨씬 증가한 1,353,506명에 이르는 사상 최고를 기록하면서 축구가 번창하지 않았던 의외의 지역에서 국제 여성스포츠를 개최하는 근거가 되었다.

칙이 적용되지 않았다는 것은 명확했다. 1972년에는 여성 단체들의 압력이 커지면서 획기적인 법률인 교육행정법 타이틀 IX(Title IX)가 승인되었다. 타이틀 IX는 교육기관에서의 성차별을 금지하는 첫 번째 법안이었다. 비록 타이틀 IX가 모집, 입학, 그리고 고용을 포함한 공교육의 모든 측면에서의 차별을 방지하고는 있지만, 지난 40년 동안 대중적 담론의 주요 초점은 체육에서의 평등이었다.

레즈비언, 게이, 양성애자, 트랜스젠더

게이, 레즈비언, 양성애자, 트랜스젠더(GLBT)로서의 개인들은 전통적으로 미국 사회에서 소외된 세 번째 그룹을 구성한다. 반문화운동기에 동성애 운동가들은 경제적 정치적 세력으로 뭉치기 시작했다. 1960년대와 1970년대에는 많은 게이 및 레즈비언 그룹이 대학 캠퍼스와 지역 공동체를 통해 공개적인 레크리에이션 및 사회 활동을 조직하고 촉진하기 시작했다. 플로리다의 디즈니월드에서 대규모 게이 축제를 개최하고, 동성애자 단체들이 성 패트릭 데이 퍼레이드에 참여하려고 했을 때, 보수 기독교 단체들의 격렬한 항의에 부닥쳤다. 이에 대한 보복으로 조지아 주의 코브 카운티에서 동성애자의 생활 방식을 그들의 가치관과 양립할 수 없는 것으로 비난하는 결의안이 채택되자 동성애자 단체 및 그들을 지지하는 국가들은 국제올림픽위원회(IOC)에 카운티에 개최하기로 이미 예정되어 있던 1996년 올림픽의 일부 행사에 대한 철회를 압박했다. 개인의 생물학적 성 정체성(biological sexual identity)보다는 성별(gender)에 기초해 경쟁할 수 있는 트랜스젠더(transgender)의 개인적 권리에 관한 투쟁이 진행 중이다.

공동체적 삶에서의 노인

미국 내외에서의 반문화운동이 주로 청소년운동이었지만, 이 운동은 많은 중년층 및 노인들의 가치 체계와 지역 사회 생활에서의 지위에 대한 조사 또한 추동하는 계기가 되었다. 이 시기에 노인은 일반적으로 신체적 경제적으로 취약한 무기력한 개인으로 간주되고 대우받았다는 점에서 소외된 네 번째 집단을 표상한다. 그러나 미국은퇴자협회(American Association of Retired Persons)와 그보다 훨씬 작은 그레이 팬서(Gray Panthers)와 같은 성장하는 조직의 지도하에 노인들은 개선된 혜택을 얻기 위해 정치적 영향력을 동원하고 발휘하기 시작했다. 미국 전역의 노인 단체 및 노인 클럽은 고령화관리청(Administration on Aging)을 비롯 다양한 연방 프로그램의 지원을 받아 의료, 사회복지, 영양, 주거 및 교통 지원, 레크리에이션 등의 다양한 프로그램을 제공하기 시작했다.

장애인을 위한 프로그램

제2차 세계대전 이후 상당한 진전이 있었음에도 불구하고, 장애인을 위한 치료 중심 프로그램과 지역 공동체 기반 프로그램은 모두 반문화 시기 동안 큰 자극을 받았다. 근본적으로 무력했던 다른 소외된 집단과 마찬가지로, 장애인은 자신의 권리와 기회를 요구하면서 스스로의 옹호자로서 행동하기 시작했다. 장애인은 육체적, 정신적 또는 사회적 장애가 있는 사람들을 위해 긍정적 입법을 제고하고 지역 사회 서비스를 향상시키기 위해 정치적으로 뭉치기 시작했다.

치료 레크리에이션 전문가가 광범위한 장애를 서비스 범위로 포함하기 시작하면서 많은 단체들이 한 걸음 한 걸음 나아가 육체적 장애인을 위한 연극 예술, 시각 장애인을 위한 스키, 이동 장애가 있는 사람들을 위한 트랙 및 필드 행사 및 전 영역의 스포츠와 같은 획기적 프로그램을 촉진하였다.

긴축 및 재정 감축: 1970년대와 1980년대

이러한 긍정적으로 진보하는 일상적 모습에도 불구하고, 정부의 비용 증가에 따라 1970년대와 1980년대 레크리에이션, 공원, 여가 서비스 분야는 미국 전역과 도시들의 조세 저항과 재정 삭감으로 심각한 위협에 직면했다. 1970년대 중반부터 철과 강철을 생산하고 중서부 지역의 오래된 여러 산업 도시들이 에너지 비용의 증가, 사회복지 및 범죄 문제, 그리고 사회 기반 시설의 유지비용으로 고통받기 시작했다. 치솟는 등록금과 제한된 세수에 직면한 일부 지역의 학군과 더불어 지역 사회는 재정 적자에 따른 예산 동결의 요구를 경험했다.

긴축 및 재정 감축 시기 동안에 때때로 주정부는 비용절감을 위해 주립공원을 폐쇄했다.
Courtesy of Alan Levine.

1976년에 뉴저지에서 세금제한법이 통과되었고, 1978년에 캘리포니아는 훨씬 더 급진적인 13호 법안이 통과되면서 지방세가 대폭 감소되었고 미납세액이 증가했다. 조세 저항이 미국 전역으로 빠르게 확산되었다. 1979년 말까지 36개 주에서 부동산세, 소득세 또는 판매세를 줄이거나 다른 유형의 지출을 제한하는 법적 조항이 통과되었다. 여러 지역, 카운티, 그리고 다양한 정부 단위에서 긴축 재정이 이루어져야 했다. 일반적으로 13호

법안은 공원, 도서관, 레크리에이션, 사회 복지 서비스 및 도로 청소와 유지 보수에 대한 자금을 크게 삭감한 반면, 경찰과 소방서는 재정 삭감으로부터 제외되는 추세를 보였다.[24]

수익원의 확대

많은 지역 레크리에이션 및 공원 기관들이 프로그램 참가, 시설 사용, 장비 대여 및 기타 사용에 대한 수수료와 요금을 제도화하거나 인상하는 정책을 채택했다. 이전에는 모든 기본적인 놀이 기회를 특히 어린이와 청소년에게 무료로 제공하고, 특별 비용이 드는 프로그램이나 스케이트장, 수영장, 골프장 등과 같은 시설에 입장할 때만 수수료를 부과했다.

마케팅 지향의 수용 이러한 추세에 직접적으로 연계하여 레크리에이션과 공원 프로그래밍 및 관리에 대해 기업 마케팅 접근법을 광범위하게 수용하였다. 교육자들과 실무자들 모두 새로운 프로그램 기회를 적극적으로 찾고, 재정적인 어려움에 창의적으로 대응할 필요가 있다고 주장했다.

레크리에이션과 공원 프로그램의 관리자, 비영리 청소년 단체의 감독, 영리 놀이 시설의 운영자들은 기본적으로 대중의 여가 욕구와 이해관계에 직면하는 동일한 '비즈니스'라고 주장했다. 이에 따라 레크리에이션은 점차 하나의 '산업'으로 언급되었다.

때로는 경쟁을 위해 공공 레크리에이션 기관들은 성공적인 기업 철학과 사업 방식을 채택해야 한다고 주장했다. 잠재적 목표 인구 및 프로그램 계획의 가격 책정, 홍보 및 유통에 이르기까지 기관 운영의 전 단계에서의 정교한 분석적 방법과 고객 유치 및 욕구 충족을 위한 기업적 접근법을 사용했다.

레크리에이션과 공원 운영의 민영화

1980년대에 시작된 긴축 재정의 시기에 대한 두 번째 유형의 대응책으로 많은 레크리에이션, 공원 및 레저 서비스 기관이 자신들이 경제성이나 효율성을 충족할 수 없는 기능을 수행하기 위해 민영화(privatization, 하청 또는 사기업과의 협약을 개발)에 의존했다.

수많은 공원과 레크리에이션 부서는 그들이 충족시켜야 할 기준과 부과 요금을 결정하는 협약에 따라 민영업체와 계약하여 골프장, 테니스장, 요트장 및 기타 시설을 운영하였다. 특히 경기장 및 수영장과 같은 대규모 시설의 건설에 필요한 공사비의 전액 또는 일부를 조달하기 위해, 주요 스포츠 팀 소유주와의 장기 임대를 허가함으로써 영리 개발업자나 민간 부문의 자금을 끌어들이는 조치들이 취해졌다.[25]

재정 감축의 영향

1978년 '국립도시레크리에이션연구(National Urban Recreation Study)'에 따르면 지난 5년간 대다수의 도시 공원 및 레크리에이션 부서에서 고용 감축이 이루어졌다. 2년 후 인구 15만 명 이상의 미국 도시에 대한 조사에 따르면 대다수의 레크리에이션 및 공원 부서는 인력 동결, 직원 퇴출, 프로그램 철폐, 채권 발행 거부, 시설 유지 보수 등 필요 예산의 삭감을 경험했다.

일부 보고서에 따르면 많은 도시와 지역 레크리에이션 및 공원 기관이 조세 저항에 따른 재정 위기를 극복하고 상대적으로 안정된 상태에 이르렀다고 분석했다. 엘렌 웨이싱어(Ellen Weissinger)와 윌리엄 머피(William Murphy)의 '서부 및 중서부의 소규모 도시 공공 레크리에이션 부서에 대한 연구'에 따르면, 이러한 부서들은 대도시에서 보고된 것과 유사한 경험에도 불구하고, 일반적으로 직원 퇴출 및 프로그램의 급격한 감소는 비껴갔다.[26]

하지만, 복지 수요가 높고, 학교 중퇴자, 마약 및 알코올 남용, 청소년 폭력 등이 많이 발생하는 빈곤 가정의 수가 많은 대도시들에서는 오늘날 최소한의 레크리에이션 및 공원 프로그램 기회만 제공된다.

이 외에도 잭 폴리(Jack Foley)와 베다 워드(Veda Ward)는 1990년대 초 로스앤젤레스 남부와 같은 소외된 대부분의 지역에서는 리틀 리그, 포니 리그(Pony League), 아마추어연맹(AAU) 수영 및 (공공시설을 사용하지만 자원봉사 지도자들 및 회비에 의존하는)체조·육상클럽 같은 비영리 스포츠클럽(nonprofit sports groups)은 존재하지 않았다고 지적한다. 또한 영화관, 쇼핑몰, 스케이트 링크, 볼링장 같은 형태의 영리적 레크리에이션도 없었다. 그들의 지적은 다음과 같이 계속된다.

> 기업 및 지역 사회의 지원에 의존하는 소년 소녀 클럽, YMCA 및 YWCA, 스카우트 등은 과소 대표되고 빈곤한 지역 사회로부터의 재정 지원이 열악하다. (구매할 수 있는 모든 레크리에이션을 취하는)시장 가치적 정책(market equity policy)은 로스앤젤레스 레

활동에 따른 비용 및 수수료

레크리에이션 프로그램이 공공 지역에서 또는 비영리 기관에 의해 제공되는 경우라 할지라도, 오늘날 거의 모든 종류의 스폰서 레크리에이션 프로그램에는 요금이 부과된다. 일반적으로 공공 레크리에이션 및 공원 기관의 연간 또는 시즌 프로그램의 홍보 책자에는 다양한 강습과 수영장 및 스포츠 시설, 캠프의 사용, 대회 또는 특별 이벤트 참가에 수백 달러에 이르기도 하는 비용이 부과된다.

비영리 단체에 대한 개인 기부의 중요성

비영리 단체들은 재정적 기부를 제공하는 개인들과 단체들의 호의에 의존한다. 이러한 의존은 비영리 단체가 기존 건물을 개조하거나 새로운 건물을 짓고자 할 때 특히 중요하다. 비영리 단체의 연간 운영 예산은 개인 기부금에 크게 의존한다. 많은 조직이 유나이티드 웨이(United Way of America, UWA)의 자선기금으로 운영 예산의 일부를 확보하지만, 일상적인 운영에는 충분하지 않으며, 물리적 설비 개선을 위해서는 전적으로 기부금과 보조금에 의존한다. 물리적 시설은 회의실 가구나 여성용 소프트볼 구장과 같은 단순시설이거나, 다중 스포츠 시설, 지역 센터, 병원 등과 같은 주요 구조물일 수도 있다. 구세군(Salvation Army)은 1998년에 이러한 호의적인 기부를 통해 일부 지역 사회에서의 서비스 제공 방식을 바꿀 수 있었다.

1998년, 맥도널드 창업자인 레이 크록의 미망인 조앤 크록 여사는 캘리포니아 샌디에이고에 종합 센터를 짓는 데 구세군에 9,000만 달러를 기부했다. 그녀의 목표는 아이들과 가족들이 다른 사람들과 어울릴 뿐만 아니라, 일상에서 접하기 힘든 활동 및 예술을 접할 수 있는, 지역 사회로부터 부분적으로 지원받는 센터를 만드는 것이었다. 2001년에 완공된 이 센터는 12에이커의 부지를 차지하며, 실내 빙상장, 체육관, 세 개의 수영장, 인공 암장, 공연장, 인터넷 기반 도서관, 컴퓨터실, 시각 및 예술 공연 학교가 있다.

2003년 10월 크록 여사가 세상을 떠나면서, 지금까지 구세군에 준 가장 큰 선물이자 단일 기부로는 가장 많은 액수인 15억 달러의 기금을 구세군에 유훈으로 남겼다. 이 유훈의 최초의 지급은 2005년 1월에 시작되었다. 그 후 기금은 18억 달러로 늘었고, 중부, 동부, 남부, 그리고 서부 등 네 개의 구세군 지부에 고르게 분배되었다. 이 돈은 샌디에이고 센터를 본 따서 전국적으로 최첨단 '레이 앤드 조앤 크록 구세군 커뮤니티센터(Salvation Army Ray and Joan Kroc Corps Community Centers)'의 건립 용도로 지정되었다. 구세군은 애초부터 이 프로젝트를 장기 프로젝트로 구상했는데, 모든 센터를 개설하여 운영하는 데 최장 10년에서 15년이 걸릴 것으로 예상한다. 신앙에 기초하거나 그렇지 않은 미국의 또 다른 자선 단체들은 수백만 명의 사람들에게 영향을 줄 수 있는 대대적인 기금 모금이나 건설 노력을 해왔다.

2014년에 이르러 총 26개의 센터가 문을 열었다. 그들은 캘리포니아 주 샌프란시스코, 조지아 주 애틀랜타, 오하이오 주 애슐랜드, 아이다호의 코들레인, 네브라스카의 오마하, 오레곤 주 살렘, 오하이오 주 데이턴, 미시건 주 그랜드래피즈, 텍사스 커빌, 푸에르토리코의 구아야마, 애리조나의 피닉스 등의 도시에 위치해 있다.[28]

구세군이 운영하는 크록센터는 레크리에이션을 비롯한 다양한 서비스를 제공하는 주요 커뮤니티센터이다.

Courtesy of Bryan E. Smith.

크록 센터의 성공 사례가 2009년에 완공된 아이다호의 코들레인 센터이다. 센터는 개장 전 약 2,000명의 회원을 목표로 했는데, 일 년 만에 5,000명으로 늘었다. 현재는 20,500명의 회원이 있으며, 2009년 5월11일부터 63만 명의 방문객을 맞이해 왔으며, 직원 수는 70명에서 272명으로 늘었다. 필라델피아, 시카고, 호놀룰루, 그리고 현재는 퀸시를 포함한 12개 도시에서 향후 자신들의 시설을 위한 지도를 받기 위해 가장 활성화된 이곳 서부의 크록 센터를 방문했다.[29]

크리에이션 시스템에서의 분리, 불평등 및 역행적 도시를 만들어냈다. 남부 로스엔젤레스의 레크리에이션 센터가 적은 보조금과 가난한 아이들의 부모들을 쥐어짠 돈으로 운영되는 동안, (부유한 동네의)도시공원의 사용료와 기부금 수익은 연간 5만 달러에서 25만 달러로 증가하였다.[27]

기타 레크리에이션의 확대

이러한 부정적 모습과 대조적으로, 다른 형태의 레크리에이션 서비스는 지난 30년간 번성해 왔다. 오늘날, 여가 서비스의 구성요소 중 가장 큰 부분은 여행과 관광, 피트니스 스파, 프로 스포츠 및 스포츠 장비 제조 판매, 취미·장난감·게임의 제조 및 판매 등 다양한 상업 레크리에이션 분야이며, 다양한 형태의 대중 엔터테인먼트는 이 여가 참여의 주요한 단면을 보여준다.

마찬가지로, 치료 레크리에이션, 직원 서비스, 캠퍼스 레크리에이션, 개인 회원 및 주거시설 여가 서비스 등 대부분의 전문 레크리에이션 프로그램 영역이 꾸준히 확장되어 왔다. 이들 분야는 전문협회 또는 기업협회로 발전하여, 전국의 지부를 후원하고 뉴스 레터와 잡지를 발행하며, 일부는 지속적인 교육 및 인증 프로그램 개발을 통해 정체성을 분명히 했다.

1990년대 및 21세기 초반의 경향

이 절에서는 세기 전환기의 전후 수년 동안 레크리에이션과 여가 서비스에 영향을 준 1990년대 초반의 중요한 인구통계적, 사회적, 경제적, 기술적 경향을 설명한다. 이 책의 다른 부분에서 이러한 경향에 대한 더 많은 내용을 보다 상세히 다룬다.

경제적 계층화: 소득 격차와 사치품 열풍

역사적으로 미국에서는 누구나 사회경제적 사다리를 오를 수 있으며, 중산층이 사회의 중추를 대표하는 기회의 땅으로 간주되었다. 1990년대 동안, 그리고 21세기 들어 이러한 생각은 급격히 변화되었다. 점차적으로 심화되는 미국의 부와 소득 편중에 대한 몇 가지 새로운 연구들이 소중한 국민적 자아상에 대한 문제를 제기했다. 브래드서(Bradsher)는 다음과 같이 기술했다.

> 그들은 미국이 평등 사회라기보다는 산업 국가들 중 경제적으로 가장 계층화되었다는 것을 보여준다. … 사실 (이른 바, '미국과의 계약(Contract with America)' 아래)연방 복지 프로그램을 줄이고 세금을 삭감하려는 정책은 빈부 격차를 넓힐 것으로 예상된다.[30]

부분적으로, 이러한 발전은 점점 더 많은 미국인들이 더 적은 상(prize)을 놓고 경쟁하는 데서 오는, 미국에서의 비즈니스와 공공 생활에서의 승자 독식 사고방식의 출현에서 비롯되었다. 사실, 미국인 1%만이 부의 40%를 소유하는 등 극소수가 전체 금융 자산의 대부분을 지배하고 있다.[31]

1990년대 미국에서의 부자 가구의 증가는 빈곤 가구의 감소를 수반한 것은 아니었다. 1993년 국가 빈곤율은 10년 새 최고치인 15.1%까지 올랐다. 2008년에는 미국민의 13.2%, 즉, 3,910만 명이 빈곤하게 살았다. 빈곤율은 매 10년마다 몇 퍼센트씩 변동하지만, 1960년대 중반 이후로 여러 가지 빈곤 퇴치 프로그램이 시행된 이후 변화가 거의 없었다(그림 4.3 참조).

1990년대부터 중산층의 수입과 지출의 균형에 대한 우려가 커지고 있었다. 한편, 중산층은 숫자와 소득 및 사기가 모두 감소했다. 1995년 로버트 라이히 노동부장관은 다음과 같이 결론을 내렸다.

> 오늘날의 중산층은 세 그룹으로 나뉜다. 대체로 중심 도시에 갇혀 핵심 경제로부터 점점 더 고립되어 가고 있는 하위 계층, 변화의 파고를 유익하게 타고 넘는 상위 계층. 그리고 그 사이에 있는 가장 큰 계층으로서 대부분은 일자리를 갖고 있지만 당연하게도 … 자신의 처지와 자녀의 미래에 대해 두려워하는 불안한 계층.[32]

여가에 대한 시사점 이렇게 미국 사회의 빈부의 구별이 점점 확대되는 현상은 레크리에이션 및 여가에 어떤 의미를 함의할까? 우선, 점점 더 많은 개인들이 엄청난 부

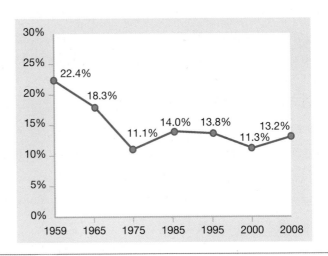

그림 4.3 1959~2008년의 미국의 빈곤 수준

출처: U.S. Census Bureau. Alternative Poverty Estimates in the United States: 2003 (Washington, DC: U.S. Census Bureau, 2005); and U.S. Census Bureau. Poverty: 2007 and 2008 American Community Surveys (Washington, DC: U.S. Census Bureau, 2009).

급여의 계층화와 중산층

이 장을 포함하여 급여의 계층화에 대해 많은 것이 기술되었다. 중산층에 미치는 영향에 대해서는 비교적 적게 서술되어 있다. 로버트 프랭크의 책 『부자 아빠의 몰락(*Falling Behind*)』은 중산층 미국인에 대한 임금 계층화의 영향을 다룬 여러 책들 중 하나이다. 이 책의 주요 전제는 소득 증가를 가장 높은 수준으로 본다는 것이다. 프랭크는 부자들은 더 부자가 되었지만 중산층은 소득 증가를 따라잡지 못하고 있다고 말한다. 중산층에 대한 정의가 명확히는 없지만, 연간 소득 단위를 고려하여 개인에게 중산층인지 물으면, 4만 달러에서 25만 달러의 연간 소득을 가진 사람들이 중산층이라고 응답한다. 이들 응답자들은 일반적으로 자신들의 지출을 소득에 맞추기 위해 노력한다고 말한다. 그들은 자신들의 급여 증가가 부자들의 증가 속도를 따라 잡을 수 없음에도, 더 비싼 집을 사고, 더 비싼 활동을 하면서도 덜 즐기는 것처럼 보인다. 프랭크는 '적절한 비용'에 대해 언급하며 집을 예로 든다. 부자들이 새로운 집이나 저택을 지을 때, 중산층의 상위 계층 사람들은 더 큰 집을 짓기 시작하는데, 때로는 그들이 감당하기 곤란한 지경으로 늘리기도 한다. 가계가 바라보는 중산층 상승에 대한 지역 사회의 기대치가 상승함으로써 중산층의 다른 수준에 대한 낙수효과(trickle-down effect)가 생긴다. 그것은 프랭크가 '연쇄 효과'라고 지칭한 것으로, 상위 소득 계층이 자신 바로 아래에 있는 집단의 지출 패턴에 영향을 미치며, 그 영향이 중산층의 하위 계층에 이를 때까지 내려간다.

를 소유하게 되었다. 1999년 기준 전국 1억2천만 가구 중 410만 가구가 100만 달러 이상의 순자산을 보유하였으며, 그 수는 현재 1,010만 가구에 달한다고 보고되었다.

"과시적 소비(conspicuous consumption)"에 대한 소스타인 베블런(Thorstein Veblen)의 시각을 생생하게 재현한 것으로 보이는 이 사람들은, 코넬대학의 경제학자 로버트 프랭크(Robert Frank)가 기술한 바 있는, 자동차, 의류, 장난감 및 취미, 그리고 여타의 소유의 화신으로서 사치적 열병에 걸린 사람들이다.[34]

한편, 덜 부유한 지역이나 학군의 아이들은 놀이 자원이 거의 부족하고, 수업을 위한 공간 및 설비가 부족한 학교에 다녔다. 세기말에 미국 전역에 걸친 빈부 격차의 확대는 그 자체로서 레크리에이션, 공원 및 여가 기회 측면에서 현저한 대조를 입증하였다.

사회 정책에 있어서의 보수주의의 확산

빈부 격차와 더불어 1980년대 후반과 21세기에 사회경제 정책에서의 뚜렷한 보수주의적 변화가 있었다. 이러한 경향은 복지 지원과 경제적 소외 계층들에게 봉사하는 도심 프로그램의 뚜

레크리에이션 활동이 대규모 레크리에이션센터에서만 가능한 것은 아니며, 어떠한 설정에서도 가능하다.

© Gennadiy Titkov/Shutterstock.

렷한 후퇴를 비롯하여 다양한 형태로 나타났다. 특히 1990년대 중반(그리고 21세기 초에), 경제 개발의 명목하에 국가의 공원 및 삼림을 개방하고 환경 교육 프로그램에 대한 지원을 줄이려는 새로운 시도들이 있었다.

버락 오바마 대통령의 당선과 2009년 대불황의 시작은 짧은 기간 보수주의의 확산을 꺾이게 했지만, 초기의 위기가 끝나자 의회와 대중들의 이념적 토론은 다시 주춤했다.

국립예술기금 및 여타 문화 프로그램에 대한 연방정부의 지원에 대한 공격이 계속되었다. 국립예술기금의 기금은 1995년 1억6천2백만 달러에서 1996년 9천9백만 달러로 삭감되었다. 예술은 점점 더 개인 기금으로 바뀌었다.

지난 30년간 신문의 헤드라인은 어린이 복지, 노인 요양원 침대, 건강 관리, 환경 보호, 도시 빈민층에 대한 법적 지원 및 청소년 프로그램 등의 영역에서 미국인의 삶에 끼친 보수주의 정치적 영향을 묘사했다. 필요 공공 서비스에 대한 지원의 감축과 소수 민족 및 빈곤층을 위한 정부 정책에 대한 거센 저항은 불가피하게 많은 공공 및 비영리 여가 서비스 기관들에게는 심각한 도전으로 다가왔다.

여가 서비스의 상품화와 민영화

미국 사회의 다양한 유형의 조직, 즉 정부, 비영리단체, 민간 및 영리단체 간의 기능이 불분명해지고 있다. 여가 서비스 분야에 대한 책임 및 프로그램 운영 영역을 명확히 하는 대신, 각각의 조직들은 임무의 확장과 혁신적 모험, 새로운 재정정책의 채택과 운영의 민간 이관 등을 통한 파트너십 또는 공동 스폰서십으로 서로 중복된다. 이러한 전반적인 추세에는 상품화와 민영화라는 두 가지 관련 구성 요소가 있다.

상품화 간단하게 정의하면, 상품화(commodification)는 제품이나 서비스를 취하는 과정을 의미하며, 디자인과 마케팅을 통해 최대의 수익을 내기 위해 상업화하는 행위이다. 확대되는 소비자 지향 사회에서 더 많은 재정 지원을 얻기 위한 노력의 일환으로 미술관, 도서관, 극장, 오케스트라, 발레단 등이 공인 해외여행 프로그램, 영화 및 강연 프로그램, 사회적 이벤트, 재즈 콘서트 등을 제공하는 대중 엔터테인먼트 센터로 변신하였다.

민영화 앞서 설명한 바와 같이, 민영화(privatization)란 민간 기업으로 하여금 서비스 제공, 시설의 유지관리, 또는 이전에 정부 기관에서 수행하던 여타의 기능을 책임지게 하는 관행이 증가하고 있음을 의미한다.

1990년대 동안에 점차적으로 민영화가 확산되었다. 공공 레크리에이션 및 공원의 민영화 측면에서 가장 인상적인 사건은 뉴욕의 센트럴파크(Central Park) 운영을 민간단체인 센트럴파크보호협회(Central Park Conservancy)에 위탁하며 공적 기금 및 사적 기금을 합작하여 맺은 1998년의 계약이었다. 민영화에 대한 보다 일반적인 방식은 비영리 단체와 계약하여 레크리에이션 서비스를 제공하는 것이다. 이것은 비영리 단체는 있지만 공공 레크리에이션 기관이 없는 소규모 지역 사회에서 자주 볼 수 있는 모델이었다. 또한 레크리에이션 및 공원 기관이 요구하는 수준의 서비스를 제공할 수 없는 대도시에도 동일한 모델이 존재한다. 공공 비용으로 건설된 주요한 레크리에이션센터의 운영을 비영리 단체에 임대하기도 한다. 대부분의 경우 비영리 단체는 회비를 요구하므로 일부의 저소득층 사용자들이 배제될 수도 있다.

  사우스캐롤라이나 주 록힐(Rock Hill) 시는 레크리에이션 시설 개발을 위한 독특한 기금 마련 기회를 활용한 훌륭한 사례를 보여주었다. 2000년에 의회는 CDE(Community Development Entities)라는 특수 금융 기관에 지분 투자를 하는 대신에 연방 소득세에 대한 세액 공제를 통해 저소득 지역의 신규 발전을 장려하는

새로운 현실: 혁신할 것인가, 재고할 것인가, 아니면 비관하고 있을 것인가?

공공 및 비영리 레크리에이션과 여가에 대한 문헌에 나타나는 일관된 주제는 2009~2010년의 불황으로 인해 자금 조달 모델이 지속적으로 변화되었다는 것이다. 불경기로 공공기관과 비영리 기관의 자금이 감소한 것은 사실이다. 이러한 기관들은 영리 목적의 기업들이 영향을 덜 받는 경우에도 항상 경기 침체에 의한 부정적 영향을 받는다.

경기 불황에서 공공기관과 비영리 기관들이 직면하는 딜레마 중 하나는 공공 서비스에 대한 요구가 더 커진다는 것이다. 사람들은 기본적 욕구와 레크리에이션 욕구를 공공기관에 의지한다. 안타깝게도 수요의 증가에 따라 공공기관들은 비슷한 재정적 어려움에 직면하여 예산 삭감 및 서비스 축소로 이어지는 경우가 많다. 2009년 불경기에 특히 어려웠던 점은 여러 자금원으로부터의 수익 감소였다. 도시들은 운영 수익의 대부분을 재산세, 소득세 및 부가가치세에 의존한다. 각각의 재원은 다소의 변동성이 있지만, 재산세는 전국 주요 지역에 걸쳐 부동산 가치가 하락한 2010년까지, 지난 30년간 꾸준히 증가해 왔다. 레크리에이션 기관이 직면한 새로운 현실은 재정 지원이 영구히 변화되었다는 것이다. 변화는 많은 주와 지역 사회에 영향을 미친 조세 저항이 있었던 1970년대 초에 일어났다. 하지만 상황이 더 나아지지 않을 것이라는 추측은 어렵지 않지만, 이것은 잘못된 사고방식이다. 정부 재정의 원천이 비록 전통적으로 안정적이기는 하나 항상 그런 것만은 아니며, 변화에 대한 부정적 관점의 접근은 경기부양책 및 다른 고유한 메커니즘을 통해 지원될 수도 있는 기회를 놓칠 수도 있게 한다.

공공기관 및 비영리 기관은 자신들의 자질을 유지하며 미래에 집중하는 것이 중요하다. 150여 명의 공원 및 레크리에이션 기관 고용자들이 정리 해고되고, 5개의 커뮤니티센터가 문을 닫은 네바다 주 라스베이거스의 책임자는 "우리는 미래에 보다 작고, 보다 효율적이며, 보다 대응력 높은 조직이 될 것"이라고 말했다. 새로운 현실은 공공기관과 비영리 기관으로 하여금 단기적으로 자신들의 서비스와 프로그램을 재고하여 재구성하며 우선순위를 재배열하게 할 것이다. 하지만, 동시에 그들은 미래를 계획하고 적극적으로 행동해야 한다.

NMTC(New Markets Tax Credits) 프로그램을 제정했다. 이전에 셀룰로오스 아세테이트 공장이 위치했던 방치된 공간을 주택, 상가 및 레크리에이션 시설을 갖춘 공간으로 개발하기 위한 대규모 노력의 일환으로서 시 당국은 프로젝트의 일부인 벨로드롬, BMX/슈퍼 크로스, 사이클로 크로스, 산악자전거 도로 건설 기금 마련을 최대의 비용 효율적 방안으로 NMTC를 규정하였다. 본질적으로, 시 당국은 재개발구역 지정(Recovery Zone Designation)에 따른 NMTC 프로그램을 통해 궁극적으로 7백50만 달러(이자 포함)의 프로젝트 비용을 5백12만5천 달러로 줄일 수 있었다.

조직화된 레저 서비스 분야의 성숙화

미국에서 거의 140년간에 걸쳐 조직된 레크리에이션에 있어서의 시, 주 및 연방 정부의 성격이 크게 변화되었다. 정부는 대체 소득원에 대한 의존도를 높이고 세금 의존도를 축소하였다. 예전에는 수수료를 거의 받지 않던 공공 기관들이 현재는 운영 예산의 90%를 수수료에 의존한다. 서비스를 원하거나 필요로 하는 모든 사람들에게 공원 및 레크리에이션 단체가 모두 제공할 수 없으므로 종종 비영리 및 영리기관들이 그 격차를 메운다. 공공기관, 영리 및 비영리 기관들이 빠르게 변화하는 다양한 유형의 여가 활동 수요에 대한 오늘날의 환경에 부응하기 위해 분투하지만, 공공기관 및 비영리 기관은 때로는 효과적으로 대응할 자원, 재정 또는 능력이 없을 수 있다. 일반적으로 영리적 기업들은 초기에는 페인트볼(paintball), 스케이트보드, 레이저 태그(laser tag, 레이저 건을 이용한 시뮬레이션 전투 게임) 등과 같은 주변부 활동으로 여기는 활동에 보다 빨리 부응한다.

상업적 레크리에이션은 북미 원주민의 땅에 있는 그랜드캐년의 새로운 유리 산책로에서 볼 수 있듯이 국립공원 내 또는 그 근처에 있다.

Courtesy of Grand Canyon Skywalk Development, LLC

성숙화(maturation)란 조직화된 여가 서비스 분야의 변화를 의미하는 것이 아니라, 공공 및 비영리 부문의 성장이 가용 자금, 정치, 공공의 이해 및 성장 기회에 대한 인식에 따라 제약된다는 것을 의미한다. 공공 및 비영리 기관들은 급속한 변화에 대응하는 자신들의 역량에 부담이 될 수 있는 공원, 레크리에이션센터, 스포츠 필드, 문화센터 등의 인프라를 개발했다. 공공기관 및 비영리 기관의 전통적 프로그램들이 여전히 유지되고, 신규 프로그램들이 다소간에 만들어지기도 하지만 변화는 더디게 진행된다. 이전에 50미터 레인 수영장이 건설된 지역 사회에서는 (정치인 또는 기타의 영향력 있는 집단이 개입하여 전통적 방식을 요구하는 경우를 제외한다면) 오늘날 중소 규모의 워터파크를 만들고 있다. 리더십은 변하고 있고 새로운 젊은 리더들이 등장하고 있다. 가치는 재평가되며, 헌신은 재고되고, 수요는 평가되며, 기대는 도전받고 있다.

새로운 환경적 이니셔티브

이 장에서 보여준 것처럼, 환경 보호와 오염된 호수 및 하천의 복구뿐만 아니라, 황무지의 지속적인 수용과 보존에 대한 국가의 지원은 20세기 말까지 심각한 어려움에 직면했다.

수십 년간의 방치와 과잉 수용은 미국의 공원 체계 및 삼림을 위태로운 상태로 만들었다. 국가적 우려가 커지면서, 공원 당국은 추가 재원의 확보를 위해 새로운 요금을 부과했고 영역 내에서의 자동차 운행을 제한했다. 공원 유지 보수를 위해 점차적으로 더 많은 기업 후원자들을 확보하고, 국립공원신탁(National Park Trust) 같은 주요 환경 단체들은 새로운 공원 및 황무지의 수용을 지원했다.

비록 대중들의 관심이 주로 공원 및 황무지의 생태 회복에 초점을 맞추었지만, 또한 주요 대도시 지역에 영향을 미친 깨끗한 공기와 물의 문제에 대해서도 다루었다. 동시에, 볼티모어와 보스턴과 같은 오래된 도시들은 해안가와 침체된 산업 지역을 되살리기 위해 많은 노력을 기울였다. 이러한 환경에서 개별 도시들은 도시 이미지 개선 및 관광객 유치, 매력적인 여가 프로그램을 통한 대 주민 서비스 제공이라는 두 가지 목표를 위해 아쿠아리움, 박물관, 운동장, 마리아나, 테마 파크 및 기타 명소 들을 개발했다.

여가에 미친 과학 기술의 영향

앞서 설명한 기술 혁신의 영향 외에도 과학적 기반의 많은 발전이 20세기의 마지막 수십 년 동안 미국의 레저에 큰 영향을 미쳤다. 이 중 많은 것들이 여행 형태와 관련된다. 관광 계획과 예약에 컴퓨터를 사용할 뿐만 아니라 GPS(Global Positioning System) 서비스는 원하는 목적지에 도달할 때까지 어느 방향으로도 자동차 운행을 유도할 수 있게 되었다. 맵테크(Maptech, Inc.)와 같은 기업에서 만든 전자 항해 시뮬레이터는 보트 애호가를 위한 가이드를 지원했다. 휴가를 보내는 가족에게 자동차가 최신 오디오 및 비디오 기술을 갖춘 엔터테인먼트 센터로 발전하면서 영화 및 비디오 게임이 Bingo 게임을 대체했다.

집안 환경은 더 스마트해졌다. 홈시어터 시스템은 조명, CD 및 MP3 등 디지털 시스템, 창문 음영, 위성 서비스, 블루레이 플레이어를 제어하고, 다른 라인은 가족들의

고대 문명

그리스, 이집트, 로마, 바빌로니아, 이스라엘에서의 여가 활동. 여가의 유형에는 사냥, 예술, 게임, 전쟁 준비, 쾌락주의 및 놀이가 포함된다.

르네상스

르네상스 사회는 교육으로서의 놀이를 포함하여 장학, 예술 및 철학을 받아들였다. 도시 계획 개념이 도입되고 공원이 조성되었다.

5000 BC – AD 350	700 – 1500년	1300 – 1600년	1500년대

중세 암흑기

카톨릭 교회는 다양한 형태의 레크리에이션을 인정하지 않았다. 그럼에도 불구하고 일반적인 여가 유형에는 축제, 스포츠 및 게임, 드라마, 사냥 및 도박이 포함되었다.

종교 개혁

가톨릭 교회와의 결별에 있어 놀이와 나태에 대한 관념이 여가에 대한 제약을 가져왔다.

보존 운동

정부의 모든 수준과 비전투적 정부는 개방된 공간을 보호하는 것의 중요성을 인식했다. 대표적인 예로는 센트럴 파크, 옐로 스톤, 시에라 클럽이 있다.

놀이터 운동

아동 노동 법이 개정되면서, 청소년들은 놀이를 위해 안전한 공간이 필요하다는 것이 인정되었다. 도시들은 뉴욕시 전역에 걸쳐 보스턴 샌드 가든과 놀이터 같은 놀이 공간을 개발하는 쪽으로 이동했다.

시그니 칸 연방 법

미국 산림 관리국을 설립하는 이전 법, 동물 보호 법, 미국 공원 관리 공단을 설립하는 유기농 법 등을 포함하여, 직업에 영향을 미친 연방 차원의 몇가지 행위가 통과된다.

1800년대 후반	1800년대 후반	1880 - 1890년대	1900년대 초반	1900 - 1910년대

레크리에이션의 성장
비영리 레크리에이션 제공 업체를 통한 기회

레크리에이션 서비스의 제공은 정부 기관을 넘어서 YMCA, HullHouse, 소년 소녀 스카우트, 캠프 파이어 걸스와 같은 비영리 단체를 포함한다.

현장의 직업 주의

미국 국립 공원 탐험가 협회, 놀이 집단 협회, 국립 공원 국립 공원 국립 회의, 그리고 놀이 공원 협회를 포함한 다양한 협회를 설립하면서 레크리에이션과 레저가 전문화되었다.

청교도주의

여가를 '사악한 취미'로 간주해 사냥이나 연극, 시장이나 축제에 대한 규제로 이어졌다.

산업 혁명

산업화와 도시화로 일부의 사람들에게는 노동시간이 단축되었다. 선술집, 오락, 스포츠는 레크리에이션의 기회를 제공했다.

1500 - 1700년대	1607 – 1776년	1760 - 1800년대

식민시대 미국

게으름을 "악마의 작업"으로 간주하는 청교도적 가치들이 일상을 지배하면서 오락이 철저히 규제되었다.
그러나 엄격한 법들이 점차 완화되었다. 최초의 지역사회 공원인 보스턴 커몬이 만들어졌다.

전쟁의 영향

제2차 세계대전은 전투 활동을 지원하는 군부대 서비스 및 민간인들을 위한 레크리에이션의 필요성이 제기되었다. 부분적으로, 이러한 요구들은 통합지원기구(USO) 및 적십자사와 같은 단체들에 의해 충족되었다.

민영화

공공 기금의 삭감은 상업적인 오락, 여행, 관광, 스포츠 분야뿐 아니라 서비스의 민영화 확대로 이어졌다.

1930년대	1941-1945년	1960년대 – 1970년대 후반	1980년대	21세기

대공황

대량 실업을 다루기 위해 고안된 루즈벨트의 뉴딜 프로그램은 시민보호단(CCC)과 작업진행관리청(WPA)을 통해 수천 개의 공원 및 레크리에이션센터를 만드는 데 일조했다.

레크리에이션 서비스에 대한 법적 영향

발의안 13호, 토지 및 수자원보전법, 타이틀 IX와 같은 지방, 주 및 연방 법률이 전국의 공원 및 레크리에이션 서비스에 큰 영향을 미쳤다.

현재 추세 및 영향

세계화, 기술, 다양성, 경제 등과 관련된 이슈들이 여가 및 레크리에이션의 전 영역에 영향을 미친다. 따라서 9/11 테러, 주택 위기 및 그에 따른 경기 침체를 포괄하는 세계적 경제 위기들이 서비스 제공업체들로 하여금 반항을 불러일으킨다.

전화기와 컴퓨터를 무선으로 사용할 수 있게 한다.

텔레비전, 비디오 게임 및 어린이용 장난감은 기술이 가족 여가에 미치는 영향의 인상적 사례를 보여준다. 1990년대 후반 들어 거의 80%의 가정이 케이블 또는 위성 TV를 사용했으며 많은 연구에서 미국인의 자유 시간 중 약 40%가 홈 화면을 보는 데 소비되었다고 보고했다. 21세기 들어서면서, 텔레비전 시청은 미디어를 보는 가장 보편적 형식이었다. 그러나 컴퓨터와 휴대용 전자 장치에 사용되는 인터넷 기반 원천으로부터의 경쟁이 치열하다. 인터넷은 볼 것에 엄청난 영향을 미쳤다. 과거에는 거의 모든 볼 것이 텔레비전에 집중되어 있었다. 이제 TV 시청은 넷플릭스(Netflix), 훌루(Hulu) 및 아마존 프라임(Amazon Prime)과 같은 주문형 서비스의 급증으로 인터넷을 통한 TV나 비디오 시청과 공유된다. 휴대형 비디오 장치의 가용성은 개인들로 하여금 비디오를 보기 위해 더 이상 집에 머물지 않아도 되게 한다는 것을 의미한다. 가장 최근의 수치에 따르면, 사람들은 휴대 전화로 매달 3.5시간 동안 비디오를 보고 있다고 조사되었다.[35]

레크리에이션 및 건강 재고

공중 보건 당국자들은 앉아서 생활하는 방식(sedentary lifestyles)이 미국의 성인과 어린이들의 전염병 수준에 근접한 비만의 확산에 직접적으로 기여하고 있음을 인식했다.[36,37] 안타깝게도, 아동 비만의 증가는 체육 시간, 휴식 시간, 그리고 야외 활동 시간 감소와 동시에 일어났다.

오늘날 레크리에이션 및 여가 서비스 제공 업체 및 연방정부는 신체 활동을 촉진하는 데 있어서의 지역 사회 레크리에이션의 역할을 인식한다. 연방 기금으로 조성된 이니셔티브는 지역 사회에 산책로를 구축하고 방과후 프로그램을 지원한다. 미국 의무감(Surgeon General)은 안전한 신체 활동에 대한 지역 사회의 접근을 다루는 공공 정책의 개발을 권고했다. 아동 비만, 운동성 및 프로그램의 부족, 어린이들의 야외에서의 자연 활동 감소 등에 초점을 맞추는 비영리 기관들이 늘어나며 리더십을 제공하고 있다.

인구 분포의 변화

미국의 얼굴의 변화는 1990년대에 시작되었는데, 향후 수십 년간 계속될 것이다. 실제로, 2043년까지 미국 내 소수 민족이 인구의 '과반'을 넘어설 것으로 예상된다. 결과적으로, 21세기 레크리에이션 및 여가 기관이 서비스하는 대상 인구는 20세기의

사례연구

공원에서의 금연 정책

공원 및 레크리에이션 프로그램과 관련한 쟁점은 신체적 활동에 있는데, 한편으로 전문가들의 마음에는 또 다른 건강 관련 쟁점이 있다. 점점 더 많은 지역사회들이 식당이나 술집과 같은 실내에서의 금연법을 통과시키면서 공원 관리자들은 자신들의 야외 시설에 대한 흡연 규제 문제를 자주 검토하고 있다. 2015년, 어반 캠페인의 일리노이대학 레크리에이션 스포츠 관광학부에 있는 레크리에이션 및 공원 자원 연구소는 일리노이 자연 자원 부서와 협력하여 주 내의 공원 및 레크리에이션 기관들이 야외 공원 및 시설에서의 흡연을 어떻게 규제하고 있는지 잘 파악하였다. 총 208개의 공원지구, 119개의 자치구, 16개의 산림보존지구를 대상으로 공원 정책 및 정책 실시 여부에 관한 서면조사 결과 42%는 공식적인 옥외 금연 구역을 가지고 있다고 밝혔으나 전면적으로 금연을 시행한 곳은 거의 없었다. 대부분의 기관에서의 금연 정책은 놀이터, 수영장, 청소년 놀이터를 포함하는 어린이들이 자주 사용하는 장소에 한정되어 있었다. 대부분의 기관은 금연 안내판, 시민 감시 및 직원 감시 체계의 세 가지 방법 중 하나로 정책을 시행하고 있었다.

생각해 볼 문제

1. 전자 담배 사용의 증가에 따라 기관들이 공원 내에서 전자 담배의 사용을 규제하는 방향으로 움직일 것이라고 생각하는가?
2. 콜로라도와 같은 주들에서는 마리화나 합법화 움직임을 보이고 있다. 따라서 야외 공원 지구에서의 마리화나 사용도 허용되어야 한다고 생각하는가? 왜 그런지, 혹은 왜 그렇지 않은지를 주장하라.

출처: Owens, M. "Outdoor smoke-free policy development and enforcement in parks." Parks & Recreation, March 2016: 24-26. Academic OneFile. Web. 21 June 2016.

대상 인구와 크게 다를 것이다. 주요 변화 중 일부는 다음과 같다.

- 65세 이상 성인의 수가 1980년 2,500만 명에서 2011년 4,100만 명으로 증가했다. 2050년까지 65세 이상 인구는 7천만 명 이상으로 증가될 것으로 예상한다.
- 자녀가 없는 가정 및 편부모 가정이 계속 증가함에 따라 가구 구성이 점차 다양해질 것이다.
- 히스패닉계 인구의 성장으로 미국 내 가장 큰 소수 민족으로 자리 잡고, 이들 인구의 증가는 향후 수십 년간 지속될 것이다.

인구 분포의 변화는 여가 서비스에 대한 새로운 접근 방식을 요구한다. 기관들은 노령 인구를 위한 서비스를 제공해야 하는데, 연령대에 대한 다양한 가치관과 관점을 갖고 여러 집단을 포함해야 한다. 노인들을 위한 전통적 레크리에이션 프로그램은 자립심을 중요하게 생각하고 늙었다는 것에 대한 고정 관념에 저항하는 베이비붐 세대에게는 매력적으로 다가서지 못할 수도 있다. 인구 분포의 변화에 따른 영향의 예로 대체 공간을 요구하는 가족 구조의 변화를 반영하거나 종교적 요구가 따르는 특정 문화를 보다 표용할 수 있는 시설을 개발하는 의사결정이 포함될 수 있다. 프로그램의 예로 북미 원주민 공동체를 위한 당뇨병 예방 및 아프리카계 미국인 어린이들을 위한 수영 강습과 같이 민족 집단을 대상으로 위험 요소를 고려한 건강 및 안전 프로그램이 포함될 수 있다.

미국 내 변화하는 민족 집단의 구성은 여가 서비스 업체로 하여금 프로그램과 서비스의 기초가 되는 문화적 틀의 검토를 요구할 것이다. 특정 지역 및 일부 도시 지역의 기관들은 현재 진정한 다문화 프로그램의 요구에 대응하고 있다.

요약

이 장에서는 아시리아, 바빌로니아, 이집트의 고대 문명, 그리고 그리스와 로마 시대, 유럽의 중세와 르네상스 시대, 그리고 북미 식민시대에서 21세기까지의 레크리에이션, 놀이 및 여가의 역할에 대해 논의함으로써 그것의 오랜 역사를 보여준다.

종교와 사회 계급은 특정 형태의 활동을 금지하거나 특정 계급에 할당한다는 측면에서 레크리에이션 참여에 영향을 미치는 주요 요인이었다. 노동과 예배에 대한 강력한 가치를 부여했던 가톨릭교회에서 게으름을 "악마의 워크숍"으로 규정한 청교도들, 그리고 종교개혁의 영향 및 그에 연관된 노동의 강조에 이르기까지 오늘날 종교가 적절한 여가를 정의하는 데 지속적으로 영향을 미치고 있다.

이 장에서 수백만의 이민자들이 유럽에서 미국으로 이주한 산업혁명기의 영향력을 추적하는데, 유럽의 이민자들은 대도시나 공장 지대의 인구 밀집 지역에 살았다.

그러나 19세기 중반 들어 다양한 유형의 놀이와 엔터테인먼트에 대한 종교적 저항이 줄어들기 시작했다. 스포츠가 대중화되며 인정받게 되었고, 20세기 중반에 정점에 도달한 노동시간은 단축되기 시작했다. 궁극적으로 레크리에이션 및 공원 운동으로 진화된 다음의 네 가지 주요 근원을 서술하였다.

1. 뉴욕시의 센트럴파크(Central Park)에서 시작된 도시, 주 및 국립공원의 성장
2. 성인 교육 및 문화 발전에 대한 관심 증가
3. 처음에는 자선 활동으로 후원된 직후 시정부와 공립학교에 의해 후원된 놀이터의 출현
4. 전국에 퍼져 있는 여러 비영리 청소년 봉사 단체의 발전

대중문화는 대학 및 프로 스포츠, 영화 및 라디오, 새로운 유형의 무용 및 음악,

그리고 대중의 관심을 사로잡는 수많은 다른 유행과 더불어 1920년대 재즈 시대에 탄력을 받았다. 1930년대의 대공황은 많은 가정에 비극적인 영향을 끼쳤지만, 일자리를 제공하고 여가를 제공하기 위해 레크리에이션 시설과 여가 서비스를 건설하려는 연방정부의 노력은 일반적으로 레크리에이션 운동에 긍정적 영향을 행사했다.

1940년대 초반 들어, 조직화된 레크리에이션 서비스는 미국인들의 삶에 확고히 정착되었는데, 정부 관료와 사회 비평가들은 그것이 가지는 전후 사회에서의 미래의 역할에 대한 질문을 탐구하기 시작했다.

2차 세계대전 이후의 세월은 미국인들의 삶에 있어서 엄청난 변화의 시기였다. 1945년부터 1970년대 초까지의 시기는 대부분의 가정에서 번영과 낙관주의가 넘쳐나던 시기였다. 백인 노동자 및 중산층의 수많은 젊은이들이 교외로 이주하면서 레크리에이션 및 공원 프로그램이 번성하고 여가가 훌륭한 삶의 일부로 여겨졌다.

인구의 상당 부분이 경제적, 사회적 기회가 제한된 도시 빈민가에 거주하는 것을 인식한 연방정부는 레크리에이션 활동이 중요한 역할을 담당한 '빈곤과의 전쟁'을 시작했다. 시민권 운동의 압력으로 많은 레크리에이션 및 공원 기관들은 소수 민족들을 위한 서비스에 더 높은 우선순위를 두기 시작했다. 1960년대 중후반의 도심 폭동으로 이러한 노력은 전국적으로 확대되었다. 동시에, 젊은이들이 전통적인 권위와 기성 가치에 저항으로 전개된 반문화운동은 사회를 노동윤리에 대해 저항하고 마약을 수용하는 방향으로 변화시켰다.

1960년대 후반과 1970년대는 여성, 노인, 장애인, 레즈비언, 게이, 양성애자, 트랜스젠더 등 소수 집단이 사회경제적, 정치적 기회를 더 많이 요구하기 시작한 시기이기도 했다. 그들에게 레크리에이션은 독립을 얻고 자신들의 잠재력을 최대한 발휘하는 수단이었다.

1970년대를 시작으로 10년간 심화되어 온 불황, 인플레이션, 복지비용 및 범죄의 증가, 그리고 세제 기반의 재정 감소는 많은 정부 기관들에게 영향을 끼친 긴축의 시대를 만들었다. 예산이 대폭 삭감됨에 따라 많은 레크리에이션 및 공원 기관들은 심각한 인력 감축 및 유지 관리비 삭감을 단행했으며, 프로그램의 유지를 위해 수수료를 부과하고 민영화에 보다 크게 의존했다. 당시 널리 퍼졌던 기업가적 마케팅 전략은 많은 공공 부서들로 하여금 사회 지향적 프로그램에 대해 중점을 덜 두도록 강요했다는 것을 의미했다.

동시에 인종 관계, 형사 사법 제도, 빈곤층을 위한 서비스 및 환경 프로그램과 관련된 분야에서 정치적 보수주의가 횡행했다. 1980년대와 1990년대의 연구는 많은 미국인들이 가족 형태의 변화와 비즈니스에 따른 기술적 영향으로 인해 더 많은 시간을 일하고 있었다는 것을 보여준다. 1990년대 말, 경제적 번영과 보다 긍정적인 사회적, 환경적 관심들이 수용되면서, 현대 생활에서 레크리에이션 및 여가의 장소는 그 어느 때보다 더 안전해 보였다.

공원 및 레크리에이션 기관은 21세기 들어 새로운 도전과 기회에 직면해 있다. 인구 분포가 극적으로 변화하기 시작하여, 공원 및 레크리에이션 전문가는 적절한 프로그램과 서비스를 개발해야 한다. 건강에 대한 관심이 증가하면서 공중보건 옹호자로서 더 큰 역할을 수행할 수 있는 기회가 생겼다. 빠르게 증가하는 노령 인구는 여가를 위한 시간과 자원이 있지만, 보다 젊고 다양한 기회를 원하면서 전통적인 노인 프로그램을 거부할지도 모른다. 독신 가구의 증가를 포함한 가구 구성의 변화는 역사적으로 아이가 있는 가정을 위한 프로그램 서비스에 중점을 두었던 기관에 과제를 제시했다. 민족적 다양성의 증가는 기관들이 다문화 프로그램을 증가시킬 수 있는 기회를 제공한다. 인구통계학적 변화에 대해서 뿐 아니라, 공원 및 레크리에이션 기관은 성과 평가를 통한 재정적 책임성의 증거를 제공해야 한다는 압박을 경험했다. 21세기 초에는 문화적 사회적 기관으로서 레크리에이션 및 여가의 장소가 안전해 보였다.

토론 및 에세이 과제

1. 고대 그리스에서 발견된 스포츠 및 여가의 활용에 대한 태도를 로마 제국과 비교해보라. 그들의 철학은 어떻게 달랐으며, 로마의 철학은 어떻게 그렇게 강력했던 국가의 약화를 초래했는가? 고대 로마에서의 여가 및 엔터테인먼트에의 접근 방식과 오늘날 미국에서의 접근 방식 사이에 유사점을 찾을 수 있을까?

_____

_____

_____

2. 암흑의 중세 시대부터 르네상스와 종교 개혁 시대를 거쳐 17세기와 18세기 북미의 식민시대에 이르기까지 여가와 놀이에 관한 종교적 태도와 정책의 발달을 추적하라. 이 시기 북부와 남부 식민지에서의 레크리에이션 접근 방식에는 어떤 차이가 있는가?

_____

_____

_____

3. 식민지 미국에서 개인이 자유 시간을 보내는 방식에 종교가 미친 영향이 적절하다고 생각하는가? 그렇거나, 그렇지 않다면 이유를 설명하라.

_____

_____

_____

_____

_____

4. 19세기 후반 들어 현대 레크리에이션 및 공원운동으로 진화될 기원이 등장했다. 이러한 기원은 무엇인가(예, 성인 교육 또는 리세움(Lyceum) 운동)? 이것들은 미국인의 광범위한 사회적 요구와 어떻게 관련되었는가?

_____

_____

_____

_____

_____

5. 미국의 초기 레크리에이션 운동에서의 세 명의 중요한 개척자는 리(Lee), 굴릭(Gulick), 그리고 애덤스(Addams)였다. 그들 철학의 요점과 제1차 세계대전 이전의 놀이터 및 레크리에이션 개발에 있어서의 공헌을 요약하라. 빅토리아 시대의 전통적 가치관 및 도덕성과 1920년대 신흥 대중문화 간의 갈등을 기술하라.

_____

_____

_____

_____

_____

6. 오늘날 레크리에이션 서비스에 역사적으로 지속적인 영향을 미친 가장 영향력 있는 세 가지 사건은 무엇이라고 생각하는가? 설명하라.

_____

_____

_____

_____

7. 전시와 1930년대의 대공황 기간의 연방 정책에 중점을 두고, 20세기 전반기 레크리에이션 및 공원 프로그램 후원의 관점에서 정부 역할의 확대를 추적하라. 이 기간에 여가에 대해 증가된 우려 사항은 무엇인가?

_____

_____

_____

8. 1950년대 중반 이후로 연방정부는 환경에 대해 보다 강력한 규제를 점진적으로 추진해 왔다. 이러한 노력들이 환경과 공원 및 레크리에이션에 대한 국가의 인식과 헌신에 어떻게 긍정적 부정적 방식으로 영향을 미쳤는지 설명하라.

_____

_____

_____

9. 1960년대와 1970년대의 인종적 불안정과 반문화운동의 도전을 해결하는 데 있어서의 레크리에이션 및 여가의 역할과 오늘날의 이슈에 미치는 영향을 기술하라.

_____

_____

_____

_____

10. 21세기로 계속해서 전진하는 데 있어 레크리에이션 서비스에 직접적인 영향을 미친다고 여겨지는 현재 사회의 사건들(예, 선거, 국제 정치적 불안, 보수주의, 경제적 도전)은 무엇인가?

_____

_____

_____

_____

11. 자유 시간이 기대에 미치지 못하는 이유를 설명하라. 자유 시간의 확대에 대한 찬반 입장을 취하고 자신의 입장을 변호하라.

_____

_____

_____

_____

12. 지난 20년간의 경기 변동이 공원 및 레크리에이션에 미친 영향을 토론하라.

_____

_____

_____

_____

13. 반문화운동에 대해 설명하라. 반문화운동은 공원 및 레크리에이션에 어떻게 영향을 미쳤는가?

_____

_____

_____

_____

미주

1. John Pearson, *Arena: The Story of the Colosseum* (New York: McGraw-Hill, 1973): 7.

2. Gary Cross, *A Social History of Leisure Since 1600* (State College, PA: Venture Publishing, 1990): 73.

3. James F. Murphy, E. William Niepoth, Lynn M. Jamieson, and John G. Williams, *Leisure Systems: Critical Concepts and Applications* (Champaign, IL: Sagamore Publishers, 1991): 94.

4. Zhang Juzhong and Lee Yun Kuen, "The Magic Flutes," *Natural History* (Vol. 114, No. 7, 2005): 43.

5. Lincoln Kirstein, *Dance: A Short History of Classical Theatrical Dancing* (New York: G. P. Putnam, 1935): 57.

6. Norman P. Miller and Duane M. Robinson, *The Leisure Age* (Belmont, CA: Wadsworth, 1963): 66.

7. George Will, Review of G. Edward White, "Creating the National Pastime," *New York Times Book Review* (7 April 1996): 11.

8. Foster Rhea Dulles, *A History of Recreation: America Learns to Play* (New York: Appleton-Century-Crofts, 1965): 182.

9. David Nasaw, *Going Out: The Rise and Fall of Public Amusements* (New York: Basic Books, 1993): 2.

10. John Muir, (original 1901), *Our National Parks* (Madison: University of Wisconsin Press, 1981): 40.

11. Paul Heintzman, "Wilderness and the Canadian Mind: Impact upon Recreation Development in Canadian Parks" (NRPA Research Symposium, 1997): 75.

12. Walter Vrooman, "Playgrounds for Children," *The Arena* (July 1894): 286.

13. Richard Knapp, "Play for America: The New Deal and the NRA," *Parks and Recreation* (July 1973): 23.

14. Susan Currell, *The March of Spare Time: The Problem and Promise of Leisure in the Great Depression* (Philadelphia: University of Pennsylvania Press, 2005): 51.

15. Eduard Lindeman, *Leisure: A National Issue* (New York: American Association for the Study of Group Work, 1939): 32.

16. Art and Popular Culture, "Popular Culture," (May 26, 2017): http://www.artandpopularculture.com/Popular_culture.

17. Benjamin Hunnicutt, "Historical Attitudes Toward the Increase of Free Time in the Twentieth Century: Time for Leisure, for Work, for Unemployment," *Loisir et Societe* (Vol. 3, 1980): 196.

18. U.S. Census Bureau, "2010 Statistical Abstract," (May 26, 2017): https://www.census.gov/library/publications/2011/compendia/statab/131ed.html

19. Richard Kraus, *Leisure in a Changing America: Multicultural Perspectives* (New York: Macmillan College Publishing, 1994): 61.

20. Overweight and Obesity Statistics, National Institute of Health, (May 24, 2017): https://www.niddk.nih.gov/health-information/health-statistics/overweight-obesity

21. Carol Hardy Vincent, *Land and Water Conservation Fund: Overview, Funding History, and Current Issues* (Washington, DC: Congressional Research Service, 2006): 3, (May 26, 2017): https://fas.org/sgp/crs/misc/RL33531.pdf

22. M. Walls, *Federal Funding for Conservation and Recreation: The Land and Water Conservation Fund* (Washington, DC: Resources for the Future, 2009): 5.

23. Eunice Kennedy Shriver, home page, (May 26, 2017): http://www.eunicekennedyshriver.org.

24. Kevin O'Leary, "The Legacy of Proposition 13," *Time* (June 27, 2009).

25. Richard Kraus, *New Directions in Urban Parks and Recreation: A Trends Analysis Report* (Philadelphia, PA: Temple University and Heritage Conservation and Recreation Service, 1980): 6.

26. Ellen Weissinger and William Murphy, "A Survey of Fiscal Conditions in Small-Town Public Recreation Departments from 1987 to 1991," *Journal of Park and Recreation Administration* (Vol. 11, No. 3, 1993): 61–71.

27. Jack Foley and Veda Ward, "Recreation, the Riots and a Healthy L.A.," *Parks and Recreation* (March 1993): 68.

28. Salvation Army, "Salvation Army Ray and Joan Kroc Corps Community Centers," (May 26, 2017): http://www.salvationarmyusa.org/usn/www_usn_2.nsf/vw-dynamic-arrays/E9D86 60ADDBB36C7802573F500587F26?openDocument&charset5utf-8.

29. Ray and Joan Kroc Center, "Kroc Center Celebrates One Year," (May 26, 2017): http://www. cdapress.com/archive/article-ba2d9c3c-1292-5d95-b886-c0f52c084c56.html

30. Keith Bradsher, "Gap in Wealth in U.S. Called Widest in West," *New York Times* (April 17, 1995): 1.

31. Robert Frank and Philip Cook, *The Winner Take All Society* (New York: Free Press, 1995).

32. Robert Reich, "A New Profile of Middle Class," *Employee Services Management* (May/June 1995): 4.

33. Cynthia L. Ogden, Margaret D. Carroll, Lester R. Curtin, Margaret A. McDowell, Carolyn J. Tabak, and Katherine M. Flegal, "Prevalence of Overweight and Obesity in the United States, 1999–2004," *Journal of the American Medical Association* (Vol. 295, No. 13, 2006): 1549–1555.

34. U.S. Department of Health and Human Services, *The Surgeon General's Call to Action to Prevent and Decrease Overweight and Obesity* (Rockville, MD: U.S. Department of Health and Human Services, Public Health Service, Office of the Surgeon General, 2001).

35. NielsenWire, "Americans Watching More TV than Ever; Web and Mobile Video Up Too," 20 May 2009, http://blog.nielsen.com/nielsenwire/online_mobile/americans-watching-more-tv-than-ever/.

36. Robert H. Frank, *Falling Behind: How Rising Inequality Harms the Middle Class* (Berkeley: University of California Press, 2007).

37. Robert Frank, *Luxury Fever: Why Money Fails to Satisfy in an Era of Excess* (New York: Free Press, 1999).

38. Luther H. Gulick, *A Philosophy of Play* (New York: Scribner, 1920): 125.

지역사회 레크리에이션의
사회적 기능

지역 공원 및 레크리에이션은 지역사회의 건강과 번영, 그리고 지속성을 위한 관문이다. 어느 날 누군가는 자신이 산책로를 걷거나 커뮤니티 센터에서 피트니스 강좌를 수행하거나, 또는 열린 공간의 보존에 의해 깨끗한 공기를 호흡하고 식수를 얻는 등 공원과 레크리에이션을 통한 긍정적인 효과를 얻을 수 있다. 지역 공원 및 레크리에이션이 하는 일은 비만, 경제와 환경의 지속 가능성과 같은 우리에 있어 가장 어려운 도전 과제들에 대해 해결책을 제공한다.[1]

✔ 학습목표 LEARNING OBJECTIVES

1. 지역사회를 정의한다.
2. 지역사회의 행복에 기여하는 요소들에 대해 토론한다.
3. 지역사회 레크리에이션의 10가지 기능을 구별하고 토론한다.

소개

레크리에이션의 초기 정의는 새로운 활동을 재개하려는 참가자들을 대상으로 한 에너지 회복에는 도움을 제공했지만, 그 외의 추가적인 목적에는 관심이 없었다. 오늘날, 이러한 사례들이 더 이상 유효하지 않다는 사실은 분명하다. 공공기관, 비영리기관 또는 영리기관에 의한 후원을 막론하고, 현대 레크리에이션 프로그램과 서비스는 참가자와 지역 사회 모두를 대상으로 건설적 결과를 성취하기 위해 의도된 목표 지향적 프로그램이 되었다. 이러한 결과들은 모든 지역사회 주민들에게 삶의 질을 향상시키고, 반사회적이고 파괴적인 여가의 활용을 줄이는 것에서부터 예술의 장려, 특정 대상에 대한 서비스와 환경 보호까지 다양하다. 이 장에서는 조직된 레크리에이션 서비스의 사회적 편익에 대해 개략하고, 레크리에이션이 필수적 공동체 기능이라는 것을 뒷받침할 수 있는 강력한 근거를 제공한다.

지역사회 편익에 대한 강조

지금까지 이 책에서 레크리에이션 및 여가는 인간 경험의 중요한 측면으로서 개념적으로 기술되었다. 우리는 이제 지역사회 복지에 대한 레크리에이션과 여가의 기여를 보다 광범위하게 검토한다.

지역사회라는 개념은 도시, 마을 또는 이웃 주민과 같이 유대관계가 있는 사람들의 중요한 군집화라는 의미로서 사용된다. 한편으로는 회사 직원, 또는 군부대에서 같이 생활하며 일하는 사람들과 같이 일정한 집합을 이루는 사람들을 나타내기도 한다.

지난 몇 년간 지역사회 레크리에이션의 진화와 변화에 따라, 우리는 공원 및 레크리에이션의 가치에 관한 서로 다른 철학의 등장을 경험했다. 더 나은 사회로의 개선을 위해 무료 서비스를 제공했던 1800년대 사회단체에서 시작된 경험이 변화하고 성장하였다. 기관들이 여전히 이러한 서비스를 제공하고는 있지만, 그들의 가치뿐 아니라 그들이 제공하는 서비스의 경제적 효율성 또한 타당해야 한다. 미국은 2001년 9·11 테러 이후의 기간 동안 많은 공공기관 및 비영리기관들이 프로그램과 서비스를 중단했던 경제적 긴축 기간을 거쳤다. 당시, 이러한 기관들에 대한 지원 확보를 위해 조직화된 레크리에이션 프로그램과 서비스로부터 도출되는 긍정적 장점을 입증하기 위한 정리를 필요로 하게 되었다. 지역사회가 더 많은 경찰 인력 및 소방 인력을 요구하는 동안, 공원 및 레크리에이션 기관은 그들이 지역사회에 어떻게 공헌하고, 어떻게 지역사회를 더 나은 삶과 노동, 그리고 놀이의 장으로 만들 수 있는지를 보여주어야 했다.

많은 기관들은 자신들의 서비스가 경제적, 사회적 가치를 가진다는 것을 보여주는 데 중점을 두어왔다. 예를 들어, '버지니아 비치파크 및 레크리에이션 부서(VBPRD)'는 자신들의 존재 가치를 지역사회 활동 및 관광으로 인식하고 있었지만, 이러한 인식을 대

디모인(Des Moines, 아이오와 주의 주도)의 YMCA와 같은 단체들은 젊은이들에게 가치 설정, 인격 형성, 그리고 창조력 향상에 중점을 둔 여름캠프를 제공한다.
©Felix Mizioznikov/Shutterstock.

중에게 알릴 수단이 필요했다. 이를 위해 그들은 자신들의 존재 가치에 대한 연구를 실시하고, 해당 연구에 깨끗한 공기, 깨끗한 물, 관광, 직접적 참여, 건강, 재산 가치, 지역사회의 화합 등 일곱 가지 주요 요소를 포함했다. 이러한 연구 결과를 바탕으로 그들은 VBPRD가 매년 직간접적으로 7억 달러 상당의 가치를 지역사회에 보탠다는 것을 알게 되었다.[2] 뉴욕시의 공원 및 레크리에이션 부서는 공원으로부터 5분 이내, 5분에서 10분 사이, 10분 이상의 거리에 있는 부동산 가치를 분석했다. 그들은 주거지의 땅값이 공원에 가까워질수록 높다는 것을 발견했다. 공원에서 5분 이내의 거리에 있는 재산은 5~10분 거리에 있는 재산보다 11% 더 높게 평가되었다.

이러한 이해를 감안하여, 우리는 이제 지역사회 삶에 기여하는 레크리에이션의 10가지 주요 분야에 대해 조사한다. 몇몇 경우에 있어서, 인용된 편익은 다른 장에서 제시되는 레크리에이션의 개인적 가치와 유사하다. 그러나 여기서 이러한 요소들은 더 광범위한 지역사회의 요구와 편익에 적용된다.

기능 1: 삶의 질의 향상

목적: 모든 거주자에게 즐겁고 건설적인 여가 기회를 제공하여 지역사회 환경에서 삶의 질(quality of life)을 높이도록 한다.

삶의 질은 공동체를 살기 좋은 곳으로 만드는 요소들을 아우른다. 삶의 질에 대한 평가는 항목들에 대한 정량적 관점뿐 아니라 지역사회에 대한 개인적 관점까지 검토한다. 삶의 질에 대한 정량적 관점에서, 머서(Mercer)의 '삶의 질 조사'가 매년 발표되는데, 전 세계 도시를 대상으로 안전, 교육, 의료보건, 정치 경제적 환경 등의 요소에 근거하여 시민들의 생활 만족도 인식을 평가한다. 레크리에이션, 자연환경, 사회문화적 환경 등의 요소도 조사한다.[3] 또한, '인터내셔널 리빙(International Living)'은 각 나라별 삶의 만족도를 평가한다. 이러한 평가 범주에는 생활비, 문화와 여가, 경제, 환경, 자유, 보건 안전, 기반 시설 및 기후 등이 포함된다. 이 조사에서 레크리에이션과 관광은 문화의 범주에 속한다.

언급한 바와 같이, 어떤 요소들은 삶의 질에 기여하지만 정량화할 수는 없는 개인적 요소도 있다. 레크리에이션의 측면에서, 이러한 요소들은 이용 가능

공원, 활동, 그리고 특별 행사는 모든 연령과 재능을 망라하여 지역사회 구성원의 삶의 질을 향상시킨다.
© iStockphoto/Thinkstock/Getty.

사례 연구

새로운 지역사회 찾기

당신은 최근 레크리에이션 학위를 취득하여 졸업했다. 당신은 새로운 경험을 위해, 가지고 있던 모든 것을 챙겨 다른 도시의 새로운 지역사회로 옮기기로 결심했다. 가족과 친구들을 뒤로 하고 당신의 경력을 시작할 새로운 장소를 물색한다. 당신이 취득한 학위는 당신을 시장성을 갖춘 유용한 사람으로 만들어주었으므로, 당신의 분야에서 새로운 직업을 찾는 데 대해서는 우려가 없다. 이제 새로운 지역사회를 찾아 나서보자.

수행할 과업

1. 새로운 커뮤니티 조건을 평가할 수 있는 열 가지 요소를 나열하라.
2. 열 가지 요소를 중요도 순으로 평가하여 등위를 매기고, 그 이유를 설명하라.
3. 선택한 요소 중 레크리에이션은 어떤 역할을 하는가?
4. 세 곳의 잠재적 후보 도시를 선택하고, 열 가지 요소를 사용하여 각 도시를 평가하라. 평가 과정에서 나열한 요소들에 대한 변화가 있었는지, 있었다면 왜 그런지 설명하라.
5. 최종 선택한 도시는 어디인가?

한 사회적 기회, 문화 활동, 특별 행사, 공원, 산책로, 호수, 식당, 거리 조경, 그리고 충분한 레크리에이션 시설 등을 측정한다. 레크리에이션의 가장 분명한 가치는 적극적 여가 참여를 통한 오락, 휴식, 즐거움의 기회를 제공해주는 것이다.

공원은 여가의 사회적 가치를 생생하게 제공한다. 연중 따뜻한 기간 동안, 공원은 모든 연령과 배경을 막론하고 사람들이 사용할 수 있는 야외 활동 공간을 제공한다. 수영장, 동물원, 놀이터, 자연공원, 그리고 스포츠 시설 등에서 지역사회 주민들은 활기차고 사교적인 그룹 레크리에이션을 즐긴다. 커뮤니티센터에서는 아이들과 어른들이 클럽 및 취미 동아리에 가입하여, 다양한 취미나 자기계발에 대한 교육을 받으며, 휴식을 취하거나 도전을 수행할 수 있다. 삶의 질에 대한 개인적 관점은 가족 및 친구, 이웃, 공동체 문화, 행복감, 직업 열정, 그리고 전반적인 삶의 만족도 등에 따라 영향을 받을 수 있다. 사람들은 이들 항목과 앞서 나열된 지표들에 대해 서로 다른 가치를 둔다. 각각의 사람들은 50마일에 걸친 자전거 도로, 5분 내에 접근 가능한 해변 및 최고의 연극을 관람할 수 있는 극장을 서로 다른 가치를 두고 판단하며, 이러한 것들은 각각의 삶의 질에 각기 다른 영향을 미칠 것이다. 많은 면에서, 조직화된 여가 서비스는 전반적인 지역사회 삶의 질과 즐거움을 향상하는 데 크게 이바지한다.

기능 2: 자기 계발에 대한 기여

목적: 건강한 신체적, 사회적, 감정적, 지적, 정신적 발달과 행복에 기여한다.

이 책의 다른 장들에서 설명한 것처럼, 레크리에이션은 단순히 참가자들에게 재미나 즐거움을 제공하는 이상의 역할을 수행한다. 또한 삶의 각 단계에서 성장과 발달에 중요하게 기여한다. 비록 우리가 종종 육체 건강 및 사회 적응력 향상과 같은 분명한 목표에 집중하는 경향을 보이기도 하지만, 레크리에이션 참여는 또한 사람들에게 통합형 인간으로서의 잠재력을 최대한 이끌어낼 수 있도록 해준다. 예를 들어, 심리학자들은 많은 사람들이 어린 시절의 스포츠 경험에 대한 생생한 기억을 유지한다고 말한다. 이러한 경험들은 종종 긍정적 자아를 개발하는 데 중요한 역할을 할 뿐 아니라, 부모와 자녀들 사이의 유대 강화에도 도움을 준다. 이러한 경험은 아이들에게 편익을 제공할 뿐 아니라, 부모들의 정신 건강 및 행복감에도 기여할 수 있다.

다양한 유형의 공동체가 후원하는 레크리에이션 프로그램은 어린이와 청소년들에게 자신의 가치를 탐색하고 확신할 수 있게 하고, 긍정적 또래 관계를 경험하게 하며, 재능을 발견할 수 있게 하고, 그 외의 중요한 개인적 성취를 달성할 수 있는 풍부한 환경을 제공한다. 예를 들어, 원래 '미국 캠프파이어 소녀단(Campfire Girls of America)'으로 명명되었던 '캠프 파이어단(Camp Fire)'은 1910년에 창설된 이래 단체의 서비스, 임무, 목표를 확장시켜 왔다. 오늘날 캠프 파이어단은 미국 내 모든 소년 소녀와 그들의 가족들에 대한 활동과 서비스의 제공을 위해 노력하고 있으며, 환경 및 캠프 프로그램, 방과후 프로그램, 그리고 10대 청소년 봉사 및 리더십 프로그램들을 통해 청소년들의 삶을 준비할 수 있도록 하는 핵심 목표를 가지고 있다.[4] 게다가, 인디애나폴리스 어린이 박물관 같은 기관은 "어린이와 가족의 삶을 변화시킬 힘이 있는, 예술, 과학, 인문학을 아우르는

새로운 기술을 배우고, 예술을 통해 창의성을 표현하고, 자연을 경험하는 일은 모두 개인의 행복을 증진시킨다.
© Layland Masuda/Shutterstock.

특별한 학습 경험의 창조"를 임무로 삼기도 한다.[5]

　　아이들을 위한 자기 계발에 초점을 맞추는 일은 쉽지만, 성인들은 지역 사회에 기반을 둔 레크리에이션으로부터 편익을 얻기도 한다. 예를 들어, 포틀랜드 시의 오레곤 공원 및 레크리에이션 부서는 세 개의 아트센터, 골프 코스, 모터스포츠 경주장, 50개의 지역 공원, 156마일의 산책로 및 33개의 애견공원 같은 성인 레크리에이션을 염두에 두고 특별히 설계된 시설들을 갖추고 있다.[6] 이 기관들은 성인들만을 특별한 대상으로 강조하는 고유한 기관은 아니다. 그들은 지역사회 전체에 특별한 관심을 가지고 모든 사람들에게 서비스를 제공한다.

　　캠프파이어 프로그램이나 어린이 박물관 같은 프로그램은 얼마나 효과적일까? 이러한 프로그램들의 효과를 보여주는 많은 연구가 있다. 이러한 프로그램의 결과를 측정하는 훌륭한 조직 중 하나가 미국의 걸스카우트이다. 연구 내용은 프로그램의 최종 결과를 개략하여 측정 기준을 수립하고, 프로그램이 수행한 일을 보여주기 위한 데이터들을 구성한다. 예를 들어, 걸스카우트의 리더십 경험은 강한 자아감, 실용적

사례 연구

계획된 레크리에이션 공동체

그린밸리레크리에이션 주식회사(Green Valley Recreation, Ivc., GVR)는 투손(Tucson)에서 남쪽으로 25마일 떨어진 애리조나 그린밸리에 위치한 은퇴자 커뮤니티의 레저 및 사회적 요구에 부응하여 만들어진 비영리기구이다. 그린밸리에는 13,200가구에 약 27,000명의 인구가 있다.

GVR은 피트니스센터, 수영장, 그리고 도자기, 보석 세공, 목공, 점토를 배울 수 있는 예술회관, 온천 휴양시설, 피클볼(pickleball) 코트 등 7개의 주요 시설 및 부대시설을 갖춰, 일 년 내내 성인들을 위한 신체적 무리가 따르지 않는 레크리에이션 및 활동적 레크리에이션 기회를 제공한다. 지역의 인구 구성을 감안할 때, 아이들을 위한 특별 활동은 없다. GVR은 회원제로 운영된다. 지역에 있는 대부분의 주택들은 거주자가 GVR 담보로 초기 금융 수수료만 지불하고 주택을 구입한 후 매년 대출금을 상환하는 방식으로 운영된다. 이 계획된 레크리에이션 공동체는 삶의 질을 높이고 주민들의 자기계발에 기여하는 모범적 사례이다.

생각해 볼 문제

1. http://www.gvrec.org/에서 GVR에 대한 정보를 살펴보고 내용을 요약하라.
2. 제공되는 프로그램 중 당신을 놀라게 한 것은 어떤 프로그램이며, 그 이유는 무엇인가?
3. 회원제 구조에 대해 검토하고, 이게 좋은 구조라고 생각하는지 설명하라. 만일 누군가가 시설들을 이용하고 싶지 않은데도 비용을 지불해야 하는가? 왜 그런지, 혹은 왜 그렇지 않은지 설명하라
4. 은퇴자로서, 이런 곳에서 살고 싶은가? 왜 그런지, 혹은 왜 그렇지 않은지 설명하라.

삶의 기술, 다문화 사회에서의 다양성 증진 등을 포함하는 15가지 결과를 취한다.[7]

다양한 유형의 프로그램 결과를 검토한 몇몇 연구들이 있다. 예를 들어, 청소년들이 방과후 프로그램에 참여하는 경우 지역사회에서의 청소년 범죄가 감소하고, 폭력에 덜 노출되며, 교육적 성과가 향상되어 궁극적으로 성인이 되었을 때 그들의 경제적 기여도가 증가된다.[8]

국립예술진흥기금(The National Endowment for the Arts)은 예술에 대한 참여가 학업 성취도, 고교 졸업 및 대학 입학률, 대학 졸업률을 향상시킨다는 사실을 보여주었다.[9] 지역사회 공원 가꾸기 프로그램에 대한 연구는 정원이 다양한 연령, 인종, 민족적 배경을 가진 이웃들이 함께 어울릴 수 있게 한다는 것을 입증했는데, 이러한 프로그램들은 청소년들을 위한 교육 기회 및 직업 기술을 제공하고, 신체 활동을 증진시키며, 공동체 모임이나 가족 행사를 위한 열린 공간을 제공하였다.[10] 지역사회 내의 이러한 모든 프로그램들은 모든 이들의 일생을 통틀어 자기계발에 기여한다.

기능 3: 생활하고 싶고 찾아가고 싶은 더 매력적인 지역사회 만들기

목적: 공원 및 열린 공간으로 이루어진 네트워크를 제공하고, 황폐한 도시 지역의 재설계 및 재건에 여가의 요소를 통합하며, 환경 친화적 사고와 정책을 장려함으로써 물리적 환경을 개선하고 지역사회를 살기 좋고 찾아가고 싶은 매력적인 장소로 만들기 위한 것이다.

지방정부에서 레크리에이션 기능은 공원 및 여타의 열린 공간, 유적지, 문화 시설의 관리와 밀접하게 결부된다.

이러한 기능들은 모두 도시와 마을을 살고 싶은 매력적인 곳으로 만들어준다. 도시 내부 및 일부 지역사회에는 세월이 지나면서 정주 조건이 열악한 곳들이 있다. 점차적으로 우리 도시의 중심부는 자동차들로 혼잡하고, 스모그에 덮여 있으며, 자연 경관과 차단되어 임의 폐기된 산업 쓰레기와 흉물스런 표지판, 그리고 폐차장, 부식 철로, 폐허가 되어버린 공동주택으로 몸살을 앓고 있어 더 이상 방치할 수 없다는 사실을 우리는 인식하고 있다. 나무와 그늘진 산책로, 보트장, 카페가 있는 강을 보호하여 아름답게 만

유타주 솔트레이크시티의 템플스퀘어에 있는 이 정원은 주민과 방문객 모두에게 매력으로 작용한다.
Courtesy of Deb Garrahy.

들고, 보행자 거리를 조성하여 특정 지역의 교통 체증을 없애고, 산책로 및 비활동적 여가와 활동적 여가의 기회를 제공하는 쉼터와 놀이터의 수를 늘리는 일이 필요하다.

지난 수십 년간 전 세계의 수많은 도시들은 쇠락한 항구 지역을 재개발하고 이전에 오염되었던 강을 레크리에이션에 활용하는 등, 도시의 강가나 해안가를 활성화시켜 레크리에이션과 관광을 증진시키고자 하는 야심찬 프로젝트를 채택해 왔다. 미국의 많은 도시에서 한때 버려졌던 화물 구역, 항만 및 수변 구역이나 도심 빈민가를 흐르는 쓰레기들로 가득 찬 구불구불한 개울들이 새롭고 매력적인 열린 광장 및 공원과 같은 환경으로 극적으로 탈바꿈했다. 종종 기업들의 도움으로 이러한 흉물스런 시설들이 콘도미니엄, 사무실, 대형 쇼핑센터, 보트나 수상 스포츠를 즐길 수 있는 항구와 야외극장으로 재건축되었다. 도시의 오래된 건축물들이 복원되고, 같은 민족들이 모여 사는 오래된 거리들이 관광객 및 지역 주민들에게 매력적으로 다가설 수 있는 식당과 미술관, 그리고 민족적 문화 활동들이 더해져 보존되었다.

레크리에이션의 역할은 도심 자체의 환경을 유지하고 개선하는 것을 넘어, 또한 인근 마을을 아우르거나 대도시를 포괄하는 등 보다 큰 틀에서 자연 상태를 회복하거나 보호하는 중요한 역할을 한다. 환경 계획을 입안하거나 공원을 관리하는 당국은 많은 지역사회에서 버려진 철로변을 새로 정비하여 야외 놀이 및 환경 교육이 가능하고, 하이킹 코스로 이용되며, 역사적 명소 보호를 위한 그린웨이(greenway)로 구축하기 위해 협력하고 있다.

북미 지역을 가로질러 활용 가능한 공간으로 국토를 재개발하고 있는 많은 사례들이 있다. 한때 산업 항구였던 탬파베이(Tempa Bay)의 플로리다 해안은 지역 주민들과 관광객들의 주요 방문지로 변모했다. 이곳은 "도심을 개선할 상업, 교통, 엔터테인먼트와 건강을 위한 활동적이며, 보행자 친화적 환경"으로 자리매김되었다.[11] 탬파베이 인근 공원은 도보, 달리기, 자전거 이용자들을 위한 공원으로 개발되어 추후에 서로 연결되었다. 해변을 지역 중심지로 만드는 데 식당, 문화시설, 호텔, 컨벤션센터, 그리고 애견공원 등이 새롭게 조성되었다.[12] 뉴욕 맨하탄의 하이라인(High Line)은 1934년 도시 내의 화물 운송을 위 개통된 철로였다. 1980년에 하이라인이 중단되면서 혼잡한 도심 한가운데 사용되지 않는 철로가 덩그러니 남게 되었다. 10년간의 계획과 기금 모금 및 건설 이후 하이라인의 첫 구간이 2009년에 공개된 이후 2012년에 두 번째 구간, 2014년에 세 번째 구간이 공개되었다.[13] 하이라인은 연평균 5백만 명의 방문객이 방문하고 공원 주변의 부동산 가치를 10% 증가시켰다. 부동산 가격이 상승하면서 도시는 1년 만에 건설비용을 회수할 수 있었다. 또한 이 공원은 20억 달러 이상의 민간 투자를 이끌어내어 레스토랑, 고급 아파트, 호텔, 클럽, 그리고 휘트니미술

보행자 전용도로가 관광 및 거주 적합성 개선의 불씨가 되다

버지니아 주의 샬로츠빌(chalottesville) 보행자 전용 도로는 샬로츠빌 공원 및 레크리에이션 부서 시스템에 속해 있는 공원이다. 이 보행자 전용 도로는 자동차 통행이 금지되어 교통 혼잡 없이 사람들이 가게들을 둘러보며 걸어 다닐 수 있는 공간이다. 샬로츠빌 보행자 전용 도로는 메인스트리트를 중심으로 120개 이상의 가게들과 30여 곳의 식당, 여섯 곳의 갤러리, 두 개의 기념비적 극장 및 다수의 음악 공연장, 영화관, 그리고 아이스링크 등 생기 넘치는 시설들이 자리하고 있다. 이 지역은 '지역사회의 거실(Community Living Room)'이라고 불리며, 지역 주민들과 관광객들의 주요 방문지로 자리매김되었다.[15]

버지니아대학은 또한 이러한 프로그램들을 계획하는 데 있어서 지속 가능한 사례들을 수행하였다. 그들은 교내 행정 업무에서의 종이 사용을 줄이기 위해 아이패드를 구입하고, 자전거 공유 프로그램을 제공하였으며, 피트니스센터에는 자가 동력 트레드밀(treadmill)을 구입했다.[16]

관(Whitney Museum)이 하이라인 근처에 문을 열었다.[14]

콜로라도 스프링스의 콜로라도대학 캠퍼스 레크리에이션센터는 환경 친화적 조성으로 미국녹색건축물위원회가 인증하는 '에너지 및 환경 디자인 리더십(Leadership in Energy and Environmental Design, LEED)' 골드 인증(Gold Certification)을 취득했다. LEED 인증은 환경적으로 지속 가능한 기준에 따른 건축과 운영을 요구하는데, 이 시설은 인증을 획득하기 위해 다음의 목표를 달성했다.

- 용수 절약을 위해 절수형 화장실 및 절수형 싱크대를 설치하여 동급 건물에 비해 38%의 물을 절약했다.
- 가능한 한, 미사용 건축자재는 폐기물 처리장에 폐기하지 않고 재활용했다.
- 효율적인 냉난방 시스템으로 에너지 소비를 줄여 에너지 효율성이 동급 건물에 비해 30% 이상 높다.
- 효율적 조경을 통해 물 공급 필요성이 감소되었다.

기능 4: 청소년 발달을 위한 긍정적 기회의 제공

목적: 청소년들이 부정적 여가 활용을 극복하거나 피할 수 있도록 순기능의 레크리에이션 기회와 경험을 제공한다.

미국에서의 초기 레크리에이션 운동의 주요 목표 중 하나는 청소년 범죄를 예방하거나 줄이는 것이었다. 사실, 19세기의 마지막 수십 년과 20세기 전반기를 거치면서, 성화된 그룹 활동은 청소년들로 하여금 넘치는 에너지를 소화하게 하며, 공격적이거

청소년들을 레크리에이션 활동에 참여하게 함으로써 청소년 비행을 줄일 수 있다.

© Photodisc/Getty.

나 반사회적 욕구를 딴 데로 전환시키고, 거리의 방황으로부터 보호하며, 범죄의 영향에 노출되는 것을 막는 데 도움이 된다는 사실이 널리 받아들여졌다.

미국에서는 경찰, 소년법원 판사, 그리고 여타의 청소년 정책 당국에 의해 도시 청소년들을 위한 놀이터, 커뮤니티 센터 및 기타 레크리에이션 프로그램을 위한 폭넓은 지원이 있었다. 많은 사회학자들은 어린아이들의 대다수 비행 행위가 흥분, 위험 감수 및 동료들로부터의 깊은 인정 욕구 탐색에서 비롯된다고 지적했다. 만약 이 단계에서 다른 더 도전적이고 건설적인 유형의 놀이를 제공할 수 있다면, 그들을 심각한 비행에 대한 탐닉으로부터 관심을 전환시킬 수 있다고 주장했다.

이러한 관심 전환의 개념은 지난 수십 년간 성장하고 바뀌었다. 1980년대 중반이 되어서야 청소년 발달 및 레크리에이션에 대한 강한 관심이 레크리에이션 연구에 나타났다. '위험에 노출된 청소년'들과 같은 여러 용어들이 이러한 개념에 사용되곤 했다. 특히 이 용어는 소수 민족, 도심지 저소득층 청소년들로 한정하여 간주되는 경향이 있었다. 사실, 모든 아이들은 레크리에이션 프로그램의 혜택을 받을 수 있으며, 전통적으로 '위험에 노출된(at risk)' 것으로 분류된 이들에 초점이 한정되어서는 안 된다. 보다 광범위하고 더 나은 관점의 필요에 따라 '긍정적 청소년 발달(*positive youth development*)'이라는 용어가 등장하여 이 분야에 받아들여졌다. 청소년 발달에 있어 선구적 연구원인 피터 위트(Peter Witt)는 **청소년 발달**이 "단순히 문제 예방을 넘어 청소년 발달에 필요한 지원 및 기회의 제공을 통해 청소년들이 성인기로 성장하는 경로를 따라 움직일 수 있도록 하는 조직 및 공동체를 만들기 위한 노력"이라고 제안한다.[17]

청소년 발달의 정의는 초기 레크리에이션운동에서의 아이디어처럼 단순히 길거리를 배회하는 아이들을 선도하는 것을 넘어서는 레크리에이션 활동으로 관련 전문가들을 이끈다. 청소년 발달은 레크리에이션 전문가들에게 목적과 목표를 염두에 두고 프로그램을 제공해야 하는 과제를 요구한다.

청소년 스포츠는 스포츠에 대해 지나치게 비판적인 부모들, 임원들과 싸우는 어른들, 그리고 통제 불능의 군중과 같은 부정적 요소들에도 불구하고, 청소년들에게 긍정적 경험을 제공하는 수단으로 간주되어 왔다. 청소년 스포츠에 대한 광범위한 연구는 스포츠 참여가 종종 학업 성과의 향상, 더 큰 자신감과 자부심, 동료와의 더 강한 유대관계, 다양성 이해에 대한 발달, 그리고 위험한 행동에 대한 자제력으로 이어진다는 것을 보여주었다.[18] 스포츠는 특정 결과를 도출하도록 설계되어야 한다. 도덕적, 신체적, 정신적, 인지적 발달[19]로 이어지는 특정의 유익한 목적을 염두에 둔 스포츠 프로그램의 개발은 비만을 감소시키고 건강을 증진하며[20] 인격을 형성한다.[21]

청소년 발달을 위해 전국적으로 활용되는 하나의 모델이 미국 비영리 청소년 연구기관인 서치인스티튜트(Search Institute)의 청소년을 위한 40개 발달 항목이다. 이들 항목은 건강하고, 배려심 있으며, 책임감 있는 청소년으로 자라게 해준다. 40개 항목은 3세에서 18세 사이의 아이들을 4개의 연령 그룹으로 분류한다.[22] 12세에서 18세 사이 청소년들의 레크리에이션과 관련하여 무엇을 고려해야 하는지에 대한 몇 가지 예를 보이면 다음과 같다.

> 창조적 활동: 청소년은 음악, 연극, 또는 기타 예술의 연습이나 수강에 일주일에 3시간 이상 할애한다.
>
> 청소년 프로그램: 청소년은 학교나 지역사회에서 스포츠, 클럽 및 단체 활동에 일주일에 3시간 이상 할애한다.
>
> 집에 있는 시간: 청소년은 일주일에 이틀 이하의 밤을 '특별한 일이 없이도' 친구들과 함께 한다.[22]

다음은 청소년들에게 긍정적인 경험을 제공하기 위해 특별히 고안된 몇 가지 프로그램의 예이다.

◆ 아웃워드 바운드(*Outward Bound*)는 도전과 발견을 통해 인생을 변화시키는 것을 임무로 한다. 이 비영리단체는 협곡 탐험(canyoneering), 오지 스키(backcountry Skiing), 스노우슈잉(snowshoeing), 보트타기(sailing) 같은 야외 탐험 프로그램을 제공한다. 탐험은 도전과 인격 발달에 도움이 될 수 있게 설계되었다. 이를 통해 리더십, 의사소통 및 팀워크를 배우게 한다.[23]

◆ 알렉스 피오레 싸우전드 오크 10대 센터(*Alex Fiore Thousand Oaks Teen Center*)는 7학년에서 12학년을 대상으로 운영하며, 체육관, 방음 음악실, 컴퓨터 실습실, 교실이 있으며, 약 160제곱미터의 게임방에 세 개의 포켓볼 당구대와 두 개의 탁구대, 에어하키(air hockey), 테이블 축구(foosball) 및 다양한 비디오 게임과 50인치 고화질 TV를 갖추고 있다. 프로그램에는 스포츠 리그, 서핑 강좌, 댄스, 피트니스, 음악 강좌, 스노우보드, LA 레이커스 경기 참관 등 다양한 특별 행사가 포함된다.[24]

◆ 워싱턴 주 시애틀 공원 및 레크리에이션국은 십대들을 위한 야간 레크리에이션 프로그램을 제공한다. 이 프로그램의 목적은 금요일과 토요일 오후 7시에서 자정 사이에 십대들이 놀 수 있는 안전한 장소를 제공하는 것이다. 시에는 개인 교습을 하거나, 민속 문화 및 무용, 스포츠 등의 늦저녁 프로그램들을 갖춘 열 개의 레크리에이션 센터가 있다.[25]

사례 연구

레크리에이션의 역할과 미국의 약속 연합

미국의 약속 연합(America's Promise Alliance)은 콜린 파월 전 미국무장관과 그의 아내 알마가 설립한 비영리단체로, 청소년들을 위한 다섯 가지 약속을 실천하기 위해 만들어졌다. 이러한 약속들은 청소년을 성공적인 성인으로 자라게 하는 것이다. 연합은 다섯 가지 약속 중 최소한 네 개의 약속이 청소년들의 삶에 적용되면 학문적, 사회적, 시민적으로 성공할 가능성이 크다고 주장한다.

다섯 가지 약속은 다음과 같다.

1. 배려하는 어른: 어른들은 아동 발달에 있어 가장 주목할 존재이다. 그들은 길잡이, 돌봄이, 조언자로서 봉사하며, 아동 발달의 전 과정을 통해 긍정적이고 생산적인 지침을 제공한다.
2. 안전한 장소: 지적·감성적 발달을 위해, 청소년들은 집, 학교, 그리고 지역사회에서의 육체적, 심리적 안전이 필요하다. 그러한 '안전한 장소', 즉 다칠 것을 두려워하지 않고 질문과 탐험, 놀이를 지원하고 장려하는 환경이 없이는, 아이들에게 긍정적 유대관계를 형성하고 학업에 집중하게 해주는 지원이 불가능하다.
3. 건강한 시작: 건강하게 태어난 아이가 보다 건강하게 자라고 잘 학습할 수 있으며, 적절한 영양과 운동으로 아동기에 건강한 습관을 들이며 양질의 학습 기회를 얻을 수 있다. 건강하고 영양이 충분한 아이들은 필요한 만큼 자신들의 목과 마음을 발달시킬 수 있으며, 학창시절에 더 집중하고, 더 배우고, 더 잘 자랄 수 있다.
4. 효과적인 교육: 점점 중요성이 더해가는 우리의 지식 중심적 세계는 경쟁 시장을 헤쳐 나가고 보다 복잡해져가는 세상을 이해하기 위한 교육 및 기술을 겸비한 사람을 요구한다. 이는 경쟁에서의 성공을 위해 모든 청소년들에게 직업과 삶을 준비하는 효과적 교육이 필요하다는 것을 의미한다.
5. 다른 사람들을 도울 수 있는 기회: 타인과 지역사회에 대한 봉사를 통해, 청소년들로 하여금 자신이 처한 삶의 조건에 관계없이 타인에게 도움을 줄 수 있으며, 희망을 주고, 성숙한 시민으로 자라는 데 필요한 특성과 능력을 개발할 수 있게 한다. 자신이 받은 경험을 되돌려 주는 기회는 청소년들에게 타인에 대한 봉사의 가치와 공동체의 의미, 그리고 세상을 일구는 데 기여할 게 있음을 인식하는 데서 오는 자존심을 가르친다.

생각해 볼 문제

1. 이러한 약속들 속에서 레크리에이션이 할 수 있는 역할은 무엇인가?
2. 다음 도시들에서 제공되는 프로그램을 검토하고, 제공된 지역사회 및 인구통계학적 정보를 비교하여 대조하라. 레크리에이션과 관련된 프로그램은 어떤 것이 있는가?

    Charleston, SC (http://www.americaspromise.org/charleston-south-carolina-0)

    Missoula, MT (http://www.americaspromise.org/missoula-montana)

    Bedford, MA (http://www.americaspromise.org/bedford-massachusetts-0).

출처: http://www.americaspromise.org/promises

기능 5: 지역사회 구성원으로서의 교육 및 통합

목적: 문화, 인종, 민족, 나이, 성적 지향, 종교, 소득 등에 따른 유사점과 차이점에 대한 구성원들의 교육을 통해 지역사회에서의 긍정적 유대관계를 개선하고 발전시킨다.

개인적 정체성은 인종, 민족, 문화, 성적 지향, 교육, 그리고 소득을 포함한 다양한 요소들에 의해 형성된다. 지역사회에서의 공원 및 레크리에이션은 타인의 관점을 경험하기 위해 다양한 그룹을 한데 모으는 통로의 역할을 한다. 특별 행사, 박물관 및 프로그램들, 그리고 스포츠 리그는 사람들에게 다른 문화에 대해 가르치고, 우리 자신의 여가 관련 가치와 행동을 형성하는 데 사용된다. 분명히, 이것은 지역사회 내 다양한 집단의 취향 및 전통에 맞는 프로그램 기회를 제공해야 한다는 측면에서 레크리에이션과 공원 전문가들의 도전을 요구한다.

레크리에이션 활동은 가족과 공동체 구성원들의 세대 간 유대를 형성하는 중요한 수단이다.
© Blend Images/Shutterstock.

지역 공원 및 레크리에이션 기관의 역할의 일부는 사람들이 새로운 활동을 시도하고, 새로운 스포츠를 하거나, 새로운 게임을 배울 수 있는 다양한 기회를 제공하는 것이다. 기관들은 사람들이 사회적 경계를 뛰어넘도록 장려하는 기회를 제공해야 하며, 이를 통해 자신과 세계를 조금은 달리 인식할 수 있도록 한다.[26] 이러한 목적을 달성하기 위해, 차베즈(Chavez)는 만약 기관들이 모든 집단을 흔쾌히 레크리에이션 활동에 참여시키고자 한다면, 이들 집단을 (1) 초대하고, (2) 포함하여, (3) 참여시켜야 한다고 제안한다.[27] 공원 및 레크리에이션 기관이 프로그램을 기획하고 제공하는 과정에 사람들의 의견을 구하지 않거나 사람들의 참여를 이끌어낼 수 없다면, 사람들을 흔쾌히 참여시키거나 참여자들이 요구를 제대로 이해한다고 가정할 수 없다.

특히, 특별 행사들은 문화적 전통을 공유하고 다양한 인종 및 민족의 자기 이해와 자부심을 증진시킬 수 있는 주요한 기회를 제공한다. 이러한 행사들은 특정 문화권 사람들이 자기의 문화를 기리기 위해 기획되지만, 인종이나 민족에 상관없이 모두가 즐길 수 있게 만들어진다. 예를 들어, 위스콘신 밀워키는 헨리 마이어 축제 공원(Henry Maier Festival Park)의 호숫가에서 열리는 인종 축제로 널리 알려져 있다. 밀워키는 매년 독일 축제, 폴란드 축제, 아일랜드 축제, 멕시코 축제, 그리고 이탈리아 축제 등을 개최한다.[28] 일리노이 주의 스코키(Skokie)는 지역에 사는 80개 언어권 민족 중 상당수를 차지하는 민족의 음식, 음악, 상품 및 그들의 활동을 특징으로 하는 스코키 페스티벌을 후원한다. 이 축제에는 아르메니아, 아시리아, 방글라데시, 중국, 쿠바, 덴

마크, 필리핀, 핀란드, 그리스, 인도, 이스라엘, 한국, 일본, 레바논, 멕시코, 파키스탄, 스코틀랜드, 스웨덴, 태국, 터키, 서인도제도 등등의 민족 페스티벌이 포함된다.[29]

어떤 경우에, 여가 서비스 기관 및 프로그램들은 집단 사이의 적대감이나 편견의 문제에 초점을 맞춰 회의, 직원 훈련 프로그램, 워크숍 등을 진행한다. YWCA와 같은 단체들은 주요 프로그램 목표로 편견과 차별을 없애는 데 초점을 맞추었으며, 몇몇의 경우에는 문화 간 우정과 이해 증진을 위해 청소년 캠핑 프로그램을 만들기도 하였다. 그러한 캠프 중 하나인 '평화의 씨앗(Seeds of Peace)'은 이집트, 이스라엘, 요르단, 팔레스타인 등지에서 매년 각국 정부로부터 선발된 10대 참가자들이 학업 성과 및 리더십을 기반으로 하는 캠프에 참가한다. 청소년들은 문화적 전통을 공유하고 존중과 우정, 리더십 역량을 구축하며, 편견과 뿌리 깊은 공포에 맞서고 가정에서의 폭력, 증오, 억압을 부추기는 문제를 해결하기 위해 함께 모인다.[30]

보다 큰 많은 지역사회들이 동성애자 축제를 개최하는데, 뉴욕시의 가장 큰 행사 중 하나이다. 이 축제는 1969년에 동성애자 권리 운동을 시작한 스톤월(Stonewall) 폭동을 기념한다. 행사에는 LGBT 프라이드 행진(LGBT Pride March), 가족 영화의 밤, 브로드웨이 케어즈/에퀴티 파이츠 에이즈(Broadway Cares/Equity Fights AIDS) 기금 모금 행사 등이 열린다. 이 모든 행사는 LGBT 커뮤니티의 역사와 발전을 알리기 위해 일반 대중에게 공개된다.[31]

시카고 시는 방문객들과 지역 주민들이 다른 문화를 배우기 위해 따라야 할 여행 일정을 개발하여 제시했다. 예컨대, 아프리카계 미국인들의 유산과 아시아 문화를 알기 위한 여정을 제시할 뿐만 아니라, 비용이 적게 들며 가족 지향적인 활동을 제시한다. 아프리카계 미국인 유산을 둘러보는 여행에는 대중 예술 전시 및 공연, 식당 및 재즈 클럽, 뒤사블레 흑인 역사 박물관(DuSable Museum), 블랙 앙상블 극장(Black Ensemble Theater), 헤비급 권투 선수 무하마드 알리와 버락 오바마 대통령의 집 같은 역사적 장소를 포함한다.[32]

지역사회 레크리에이션은 사람들이 함께 모이는 공간이다. 사람들은 새로운 것을

아틀랜타 아랍 페스티벌

조지아에 본부가 있는 애틀랜타 알리프연구소(Alif Institute)는 아랍 문화에 대한 이해와 공감 증진을 임무로 하는 비영리 단체이다. 그들은 교육, 문화, 예술 등 풍부한 프로그램을 통해 이러한 임무를 수행한다. 애틀랜타 아랍 페스티벌은 매년 알리프연구소가 개최하며 아랍 문화와 아랍계 미국인에 관련된 문화 전시 및 교육, 음악과 춤 공연, 패션쇼, 게임, 음식, 그리고 수크(souk, 아랍 시장)에서의 쇼핑을 포함한다.[33]

사례 연구

종교와 레크리에이션

당신이 기획한 행사의 이름과 내용에 대해 다른 종교를 배제하고 기독교 중심으로 되어 있다는 이유로 지역사회 내 다양한 종교집단의 문제 제기를 들었다. 예컨대, 이 지역사회 행사에는 부활절 달걀 사냥(Easter Egg Hunt), 크리스마스 연등 축제, 크리스마스트리 점등 의식 등이 행해진다. 지역의 유대인 공동체는 청소년 스포츠 경기가 유대인들의 주요 휴일에는 행해지면서도 기독교에서의 주요 휴일에는 취소되는 점에 우려를 표명했다.

논의할 질문

1. 지역사회의 일정에 모든 종교의 주요 휴일을 감안해야 하는가? 만약 그렇다면, 이러한 조치가 지역 레크리에이션 기관에 미치는 영향과 그 이유를 설명하라. 전체 종교의 주요 휴일을 감안하지 않는다면, 프로그램이나 스포츠 리그의 일정 변경이 필요한 휴일을 결정하는 데 어떤 기준으로 적용해야 하는가?
2. 당신은 행사명을 변경하겠는가? 왜 그런지, 혹은 왜 그렇지 않은지 설명하라.
3. 이러한 행사들에 대해 기독교 외의 다른 종교들을 더 포함시킬 수 있는 방법은 무엇인가?
4. 지역 공동체 레크리에이션 서비스 제공자는 지역사회의 지배적 종교를 존중하고 다른 종교는 배제해야 하는가? 왜 그런지, 혹은 왜 그렇지 않은지 설명하라.

경험하고, 자신과 다른 사람들을 만나며, 집단의 역사에 대해 배우고, 크리켓과 같은 새로운 스포츠 기술을 습득하며, 살사 춤 기술을 익히고, 교육을 통해 이해를 쌓는다. 이러한 모든 요소들을 고려할 때, 레크리에이션은 모든 거주민들이 높은 삶의 질을 추구하게 하는 지역사회의 꽤 강력한 요소이다.

기능 6: 이웃과 지역사회 유대 관계의 강화

목적: 시민으로서의 자긍심을 높이기 위한 자원봉사 프로젝트, 봉사 프로그램 및 특별 행사에 주민을 참여시킴으로써 이웃과 공동체 생활에서의 유대를 강화한다.

초기 레크리에이션 운동의 중요한 교훈은 모든 배경의 주민들에게 소속감 및 공동의 목적을 제공하고, 그들이 사회적 전통과 문화적 유대관계를 유지하도록 돕고, 함께 봉사할 수 있게 함으로써 이웃과 지역사회의 유대관계를 강화하는 레크리에이션 경험을 공유하는 것이었다. 이웃과 지역사회 유대관계를 강화하는 데 있어 레크리에이션의 역할은 인적 사회적 자본(human and social capital) 개념에 포함된다. 인적 자본 개념은 개인이나 집단의 생산성을 향상시킬 수 있는 도구와 훈련이다. 사람들이 자신들의 시간과 재능을 노동이나 공동체에 제공한다면, 그들은 인적 자본을 사용

노점상들은 공통의 취미를 통해 자신들만의 사회적 공동체를 형성한다.

© Jamie Roach/Shutterstock.

한 것이다. 인적 자본은 중요하지만, 사회적 자본과 함께 사용함으로써 공동체에서의 삶을 풍요롭게 만들어준다. 사회적 자본은 '개인 간의 연결, 즉 사회적 네트워크와 그로부터 발생하는 상호성과 신뢰성의 규범'으로 정의된다.[34] 공동체는 학교, 고용, 그리고 우리가 살고 있는 이웃을 통한 사람들의 네트워크로 구성되며, 당연히 레크리에이션을 공유하는 네트워크도 포함된다. 이러한 사람들의 네트워크는 그들을 하나로 묶는 소중한 관계를 형성한다. 레크리에이션과 공원은 인적 자본과 사회적 자본이 공동체를 통합하고 강화할 수 있는 많은 기회를 제공한다. 다음은 레크리에이션과 공원이 지역사회를 강화하고 개선하는 방법에 대한 몇 가지 사례이다.

2003년에 플로리다 남서부의 한 거주자 집단은 이 지역의 만(灣), 해변, 방파제, 하천유역의 경계를 보호하기 위해 한데 뭉쳤다. 그들은 만과 해안 보존재단(Conservation Foundation of Gulf Coast)을 설립했다. 설립 이후 10년에 걸쳐 이 그룹이 끼친 영향력의 한 예가 150에이커의 땅을 택지 개발로부터 막아 기존의 로빈슨 보존 구역(Robinson Preserve)에 추가한 것이었다.

배우 베트 미들러(Bette Midler)가 설립한 뉴욕 복원 프로젝트(New York Restoration Project, NYRP)는 뉴욕의 주로 경제적으로 낙후한 지역에서 공원 및 광장, 그리고 지역 정원(community garden)을 회복하고 재개발하기 위해 노력하고 있다.[35] 예컨대, 1980년대와 1990년대에 시가 방치하여 폐허가 된 포트트라이언 공원(Fort Tryon Park)이 있었다. NYRP가 나서서 쓰레기 더미와 쓰러진 나무를 제거하고, 수년째 쓰레기 더미 속에 방치되어 찾을 수조차 없었던 길을 찾아 재건했다. 이 공원 안에는 클로이스터 박물관과 정원 그리고 뉴리프(New Leaf) 레스토랑이 자리 잡고 있다. 뉴리프는 유명 음식점으로, 순수익은 NYRP의 55개 지역 정원과 뉴욕시 6개 공원의 유지와 미화를 지원한다.[36]

점점 더 많은 여가 서비스 제공 기관들이 기관 및 개인, 지역사회에 대한 자원봉사자들의 가치를 깨닫고 있다. 예를 들어, 자원봉사 조정자(coordinator)를 고용한 최초의 공원 및 레크리에이션 기관 중 하나인 일리노이 주의 샴페인 공원지구(Champaign Park Distric)는 레크리에이션 기획에서 유지 관리에 이르기까지 모든 운영 측면에서 자원봉사자들을 활용한다. 매년, 자원봉사자들은 일일 캠프에서 봉사하고, 특별 행사에 투입되며, 화단을 가꾸고, 청소년 스포츠를 지도하는 데 2만 시간 이상을 할애한다. 또한, 샴페인 공원지구는 화단 만들기, 화초 심기, 특별 행사 개최, 놀이터 시설

공동체가 놀이터를 만들다

암허스트 토지신탁(Amherst Land Trust)과 암허스트 지역재단(Amherst Community Foundation)의 프로젝트인 조슈아 공원(Joshua's Park)은 뉴햄프셔 주 암허스트 시의 시민들과 함께 아이들에게는 놀이 공간으로, 어른들에게는 정원으로, 노인들에게는 열린 농지로 제공하는 3에이커의 공원으로 조성되었다. 부동산법, 금융, 은행, 조경, 환경과학 분야의 전문지식을 가진 지역사회 자원봉사자들이 기초 작업을 하고, 수백 명의 지역 자원봉사자들이 2013년 아홉 살에 비극적으로 생을 마감한 암허스트 시민, 조슈아 사비언(Joshua Savyon)을 추모하기 위해 조성되는 이 공원을 위해 돈과 노동을 기부했다.[37]

재해가 발생했을 때, 지역사회와 오로지 도움을 주고자 하는 사람들이 한데 모여 긴급구호를 제공하고 장기적인 재건 노력을 지원했다. 허리케인 샌디가 2012년 10월 말에 동부 해안을 강타했을 때, 허리케인과 홍수로 인한 주요 피해는 플로리다에서 메인 주에 이르는 24개 주, 특히 뉴욕과 뉴저지에 엄청난 영향을 미쳤다. 많은 지역사회가 난민을 위한 비상 대피소로 사용하기 위해 레크리에이션 센터를 개방했다. 루트거대학(Rutgers University)에서는 허리케인 샌디 뉴저지 구호기금 마련을 위해 티셔츠를 판매하고, 음식 차량을 운영하며, 적십자 기부 번호를 홍보하는 모금행사를 개최했다.[38] 허리케인으로 인한 당면 위험이 줄어든 후, 스탭들과 자원 봉사자들은 게이트웨이 국립 레크리에이션 구역 같은 공원 및 레크리에이션 지구 재건을 위한 작업에 매진했다. 국립공원관리공단의 1,000여 명의 스탭들이 이 지역의 안정을 위해 투입되었고, 그 후 6개월 동안 1,700명의 자원봉사자들이 6,250시간을 할애해 공원의 대부분을 복구했다.[39]

도시 개선 활동에 대한 이타적 참여는 많은 미국인들이 사회적 도덕적 붕괴의 징후를 느끼는 오늘날 특히 중요하다. 이러한 시기에, 진정한 공동체 의식 및 이웃과 함께하는 공유와 상호부조의 개발을 위해 모든 수단을 탐구하는 일은 매우 중요하다. 자원봉사 및 이러한 종류의 프로젝트들은 이러한 가치를 촉진하고 지역 구성원들 간의 긍정적 상호작용을 촉진할 수 있다고 분명히 얘기할 수 있다.

기금 모금, 공원 정책 결정에 스태프로 참여하기 등을 통해 지역 공원에 자신의 영역을 담당하는 자매결연 프로그램을 운영하고 있다. 공원 자매결연 프로그램은 보통의 수준보다 더 높은 수준에서 공원을 유지 관리할 수 있게 만들어준다.

많은 지역사회에서 스포츠, 환경, 예술, 장애인 관련 레크리에이션 프로젝트는 시민의 자부심과 지역 협력을 증진시키는 데 도움이 되고 있다.

기능 7: 특수 인구 집단의 요구 충족

목적: 신체적 장애 또는 인지 장애 환자와 같은 특수 인구 집단을 대상으로 치료적 환경에서의 치료 레크리에이션 서비스와 다양한 장애를 가진 개인들에게 제공되는 지역사회 기반 프로그램을 제공한다.

모든 사람들은 다양한 레크리에이션 기회를 필요로 한다. 장애가 있는 사람들도 다르지 않다. 미국인 다섯 명 중 한 명이 장애를 가지고 있는 것으로 추정되며, 성인들이 나이를 먹어갈수록 이 수는 더 증가할 것이다.[40] 이 외에도 사지 절단 및 시각 장애에서부터 외상후 스트레스 장애에 이르기까지 다양한 장애를 가지고 이라크와 아프가니스탄에서 복무하다 귀환하는 남녀의 수가 증가하고 있다. 따라서 이 집단에 대한 지역사회의 여가 서비스 제공에 특별한 주의를 기울이는 것이 중요하다.

장애인들을 위한 레크리에이션은 세 가지 다른 관점에서 제공된다. 첫째, 레크리에이션을 신체적 또는 인지적 개선의 한 유형으로 사용될 수 있으며, 건강한 여가 생활방식을 만들기 위해 목적의식적으로 개입하는 병원이나 주거 시설 또는 외래 프로그램으로 제공될 수 있다. 이런 유형의 레크리에이션을 일반적으로 치료 레크리에이션(therapeutic recreation)이라고 한다. 치료 레크리에이션 프로그램은 고객들로 하여금 보다 독립적인 활동을 할 수 있도록 돕고, 자존감을 높이며, 신체 기능을 향상시키고, 사회적 역량을 익히거나 현명한 여가 활용법을 배울 수 있게 적용되어 왔다. 장애인들을 위한 두 번째 유형의 레크리에이션은 치료 수단보다는 활동 자체에 대한 참여에 초점을 둔다. 이런 형태의 레크리에이션을 포괄적 레크리에이션(inclusive recreation)이라고 한다. 포괄적 레크리에이션 프로그램은 장애가 있는 사람과 장애가 없는 사람이 함께 상호 작용할 수 있는 기회를 제공한다. 세 번째 유형은 장애인들을 위해 고안된 레크리에이션 프로그램에 초점을 두는 특수 레크리에이션(special recreation)이다. 장애인을 위한 레크리에이션 기회는 부활절 실(Easter Seals), 스페셜올림픽(Special Olympic), 미국장애인스포츠(Disabled Sports USA) 등 다양한 기관들에 의해 다양한 방식으로 제공된다.

포괄적 레크리에이션과 특수 레크리에이션 모두 지역사회의 환경에서 찾을 수 있다. 예를 들어, SSSRA(South Suburban Special Recreation Association)는 일리노이 주의 여덟 개 공원지구와 세 개의 레크리에이션 및 공원 부서에서 장애인들을 위한 프로그램을 제공하는 공공기관으로, 장애인이나 특별한 요구를 가진 개인에게 일 년 내내 여가 활동에 참여할 기회를 제공하기 위해 조직되었다. SSSRA 프로그램은 특수 교육 교실, 보호 시스템을 갖춘 작업장에 있거나, 전통적 공원지구 프로그램으로는 충족되지 않는 레크리에이션이 필요한, 태어날 때부터 장애가 있는 성인을 대상으로 한다. 여기에는 신체적 장애, 인지 장애, 학습 장애, 정서 장애, 청각 또는 시각 장애, 발달 장애의 정도가 각기 다른 사람들이 포함될 수 있다. SSSRA는 스페셜올림픽 프로그램, 참전군인 프로그램, 개조된 스포츠, 여행, 그리고 매 시즌 특별한 행사를 제공한다.[41]

장애인들을 위한 많은 기회들이 연방법에 근거해 만들어졌다. 미국 장애인법(ADA)은 1990년에 제정되어 2010년에 개정되었는데, 장애로 인해 기회가 거부되거나 차별받지 않도록 규정한다. 레크리에이션 서비스 제공자들은 모든 구성원들이 이용할 수 있는 동등한 기회를 보장해야 하고, 만약 장애인들이 이용 가능한 몇몇 전문 서비스가 있다면, 이들이 일반 프로그램이나 특별 프로그램에 참여할 수 있는 선택권을 갖도록 보장해야 한다. ADA는 또한 시설이 접근 가능해야 하며, 능력과 관계없이 모든 주민에게 프로그램을 제공해야 한다고 규정하고 있다. 나아가, 장애를 가지고 있는 사람이 있다면, 그 한 사람이 참여할 수 있는 적당한 시설이 만들어져야 한다.

국가간 분쟁은 장애인들을 위한 프로그램의 필요성을 증가시켰다. 많은 군인들이 복무 중 부상을 입고 귀환했는데, 가장 일반적 부상은 정신적 충격에 따른 정신 질환이다.

흔히 '상이용사(wounded warriors)'라고 불리는 이 사람들은 초기에는 군 의료센터 및 병원에서 치료를 받는다. 일단 전역하면 일부 군인들은 지역 사회의 공원 및 레크리에이션 부서를 통해 레크리에이션 프로그램에 참여한다. 이러한 기회 외에도, 특수 프로그램들이 상이용사들을 수용할 수 있도록 설계되고 있다. 다음은 두 가지 예다.

◆ 미국 패럴림픽은 미군 WTU(Warriors Transition Units, 퇴역군인단) 프로그램을 포함할 수 있도록 확대되었다. 스포츠와 건강 프로그램은 재활 후 지원을 제공함으로써 이러한 서비스 이용자들을 돕기 위해 만들어졌다. 이 프로그램들은 포트 브랙(Fort Bragg) WTU, 페이에트빌-컴벌랜드(Fayetteville-Cumberland)의 공원 및 레크리에이션 부서의 사례와 같이 지역 공원 및 레크리에이션 부서와의 협력으로 이루어진다.[42]

2014년 런던에서 창립한 인빅터스대회(Invictus Games, 세계상이군인체육대회)는 스포츠의 힘을 이용하여 회복을 촉진하고, 재활을 지원하며, 상이군인들에 대한 이해와 존경을 이끌어냈다. 해리 왕자에 의해 설립된 인빅터스 재단은 2016년 플로리다 주 올랜도 대회에 포함된 양궁, 실내 조정(rowing) 경기, 파워리프팅, 로드 사이클, 휠체어 배구, 휠체어 수영, 휠체어 트랙 및 필드 경기, 휠체어 농구, 휠체어 럭비 및 휠체어 테니스 등 열 종목 경기를 관리한다.[43]

◆ 상이용사 프로젝트의 건강 관리 프로그램은 수상스키, 스노보드, 골프 등과 같은 스포츠를 포괄하고, 체중 관리 및 근력, 그리고 전반적인 건강을 위한 피트니스 프로그램과 영양 교육 등을 제공한다.[44]

우리 문화가 점점 더 포괄적으로 되어감에 따라, 레크리에이션은 치료 수단으로도 제공되며 다양한 인구 구성에 따라 다양하게 제공된다. 또한 임상 및 지역사회 환경 모두에서 제공된다. 이러한 경향은 퇴역 군인들을 위한 활동뿐 아니라 베이비붐 세대, 자폐 스펙트럼 장애가 있는 개인, 그리고 고령화 인구 등 많은 다양한 인구학적 구성을 포함한다.

록펠러센터의 아이스링크는 겨울 휴가 시즌 동안 수많은 방문객들로 인해 뉴욕 시의 경제 활성화에 기여한다.

Courtesy of Deb Garrahy.

기능 8: 경제적 건전성 및 지역사회의 안정성 유지

목적: 사업 개발의 촉매제, 공동체 및 지역사회의 소득, 그리고 고용의 원천으로서의 역할을 담당하고, 이웃과 더불어 살기 위한 매력적인 공간을 유지함으로써 경제적 건전성 및 지역사회의 안정성을 유지한다.

레크리에이션은 기업 투자의 주요 목표가 되었으며 전체 국가 경제의 필수 요소가 되었다. 여가 산업은 연간 4,000억 달러 규모로 추산되는데, 이는 미국 내 세 번째 규모로 의료 산업에 이어 두 번째로 많은 고용을 창출한다. 영리기관, 공공 및 비영리기관들이 있는 지역사회는 레크리에이션으로부터 경제적 이득을 얻었다. 이러한 경제적 이득은 호텔의 세금이나 지역 공원과 레크리에이션 지원을 위한 복권에서 얻는 세금 등에서 발생할 수 있다. 나아가, 레크리에이션은 공원이나 호수, 또는 골프장 주변의 집과 같은 주변 부동산 가치를 증가시킨다. 예컨대, 골프장 주변에 사는 30~40%의 주민들만 골프를 치지만 골프장 인근의 부동산 가치는 5~19% 증가될 수 있다. 이러한 재산 가치의 증가는 녹색 공간 근처에서 살고 싶은 욕망 및 골프장에 연관된 자연의 아름다움에 따른 결과일 수 있다.[45]

몇몇 도시들은 의도적으로 오락, 문화, 스포츠의 중심지로 탈바꿈하고 있다. 인디애나 주의 인디애나폴리스는 1974년에서 2008년 사이에 아홉 개의 주요 경기장을 건설하여 도시를 활성화시켰다. 약 $1,000m^2$ 규모의 테니스 시설, 12,000여석을 수용하는 육상경기장, 수영장, 마이너리그 야구장, 뱅커스 라이프 필드하우스(NBA 인디애나 페이서스의 홈구장), 루카스 오일 스타디움(NFL 인디애나폴리스 콜츠의 홈구장) 등이 포함되었다. 더불어, 문화 및 오락 기회도 확대되었다. 예를 들어, 화이트 리버 주립 공원(White River State Park)은 인디애나폴리스 동물원, 화이트 리버 가든, 아메리칸 인디언 및 웨스턴 아트 박물관, NCAA 챔피언스 홀, 아이맥스 극장, 인디애나 주립 박물관, 빅토리 필드(Victory Field) 및 고급 야외 공연장, 그리고 팜부르 보험사 잔디 광장(Farm Bureau Insurance Lawn)을 포함하는 도시 공원과 문화 명소를 연결하기 위해 만들어졌다.[46]

인디애나폴리스에서의 컨벤션 기회 확장을 위해 콜츠팀이 RCA 돔에서 루카스 오일 스타디움으로 이동하자, 인디애나 컨벤션센터가 RCA 돔을 확장 개조하였다.[47] 어떤 경우에는 도시들이 특별 행사나 명소들에 의존하여 경제활동을 고취시키기도 한다.

경제활동은 경제적 효과(economic impact), 즉 기관이 지역사회에 불어넣는 신규 자금량 추산을 통해 잘 확인할 수 있다. 경제적 효과는 대개 직접 효과와 간접 효과의 관점에서 검토된다. 직접적인 경제적 효과는 직원 급여, 영업 수익, 프로그램 참가비, 건설비용 및 운영비용 등 발생 사건에 의해 직접 산출되는 자금량이다. 간접 효과는 프로그램이나 행사에 따라 발생하는 간접비용으로, 예컨대, 지역에서 열리는 소프트볼 토너먼트 대회에서 대회 운영진이 소비하는 비용이나 호텔 또는 식당에서 소비되는 비용을 말한다.

레저 서비스의 경제적 영향에 대한 몇 가지 사례를 들어보자.

◆ 무료 입장하는 세인트루이스 동물원은 지역 경제에 2억3000만 달러 이상을 벌어들인다. 여기에는 연간 3백만 명의 방문객들에 대한 음식, 숙박, 프로그램 및 기념품 판매 수입과 330명의 정규 직원 및 950명의 계절제 직원들의 고용이 포함된다.[48]

◆ 오리건 주 포틀랜드의 로즈 페스티벌은 백만 명 이상의 사람들이 방문하여 도시와 주 경제에 연간 7천5백만 달러의 수익을 창출한다.[49]

◆ AFTA(Americans for the Arts)의 박물관 같은 비영리 문화예술기관 및 기금의 경제적 영향에 대한 연구 결과, 전국에 걸쳐 1,352억 달러 규모의 경제적 효과를 얻었는데, 이중 611억 달러는 기관의 지출, 나머지 741억 달러는 이벤트 관련 관객들의 지출로 나타났다. 해당 산업은 또한 410만 개의 정규직 일자리를 유지한다.[50]

◆ 2015 슈퍼볼과 관련 이벤트로 애리조나 주는 직간접적인 지출에 따른 7억1,940만 달러의 경제적 효과를 창출하였다.[51]

◆ 브로드웨이의 쇼와 음악은 2012~2013 시즌 동안 뉴욕시 경제에 120억 달러에 이르는 경제적 효과를 창출했다.[52]

요약하면, 도시의 공공 및 민간, 그리고 영리적 여가 명소와 자원들은 관광 수입뿐 아니라, 이주할 곳을 찾는 잠재적 거주자 및 기업들에게 보여주는 긍정적 측면에 있어서도 도시의 경제적 건전성 및 안정성의 핵심 요소로 기능한다는 것을 보여준다.

기능 9: 지역사회 문화생활을 풍요롭게 하기

목적: 좋은 공연 예술, 특별 행사, 문화 프로그램을 홍보하고 유적지와 민속 문화, 그리고 지역 문화단체에 대한 지원을 통해 문화생활을 풍요롭게 한다.

예술이 국가 문화의 필수 요소를 제공한다는 사실은 일반적으로 인식된다. 교향곡 및 합창곡, 오페라, 발레, 연극, 회화 및 조각 등의 분야, 또는 현대 무용이나 실험 예술 같은 새로운 표현 형식의 현대적 경험을 통해 과거의 위대한 작품을 지속적으로 공연하고 감상함으로써 특정의 연령대와 배경을 가진 사람들에게도 아름다움과 인간적 창의력을 함양할 수 있다. 예술과 문화는 공동체에 다양한 방식으로 드러난다. 문화와 예술은 건축물의 구조, 공원 디자인, 박물관에서도 찾을 수 있고, 교육 프로그램이나 콘서트 참가를 통해서도 찾을 수 있다. 문화 예술을 통해 공동체를 풍요롭게 하는 일이 예술가가 되거나 회화나 음악에서 재능을 갖춰야만 하는 것은 아니다. 문화 예술의 기회가 허용되거나 교육의 기회가 주어질 때 공동체는 그 혜택을 얻을 수 있다. 또한, 예술과 문화는 부자들만을 위한 것이 아니다. 문화 예술의 기회는 모든 연령과 모든 소득 수준의 사람들이 이용할 수 있어야 한다.

따라서 공공 기관과 비영리 기관을 포괄하는 지역사회 기관은 대중적 취향의 수준을 향상시키고 음악, 춤, 연극, 미술, 공예 등을 통한 직접적 자기표현의 기회를 제공하는 프로그램을 제공하는 데 강력한 역할을 담당해야 한다. 이러한 프로그램 중 하나를 메릴랜드에 있는 프린스 조지 카운티 공원 및 레크리에이션 부서에서 찾을 수 있다. 여기에는 시각예술, 공연예술, 문학예술을 위한 여섯 개의 레크리에이션 센터가 있는데, 미술 전시를 위한 프로그램 및 공간, 지역 예술가들의 작품 판매장, 강좌를 위한 교육장, 콘서트 홀, 그리고 대중 극장이 자리하고 있다.[53]

춤은 타문화를 경험하고 이해할 수 있는 대중적 수단이다.
© Boykov/Shutterstock.

2013년에 인디애나폴리스는 인디애나폴리스 문화 탐방로를 처음 열었다. 약 13km에 이르는 탐방로는 도시 중심부의 모든 예술, 문화유산, 스포츠 및 오락 장소로 연결되는 구불구불하고 아름답게 포장된 자전거와 보행자를 위한 도로이다. 이 아이디어의 영감은 시내 여섯 개의 지정 문화지구를 연결하고 사람들이 걸어 다닐 수 있게 함으로써 해당 지역들을 활기 넘치는 생존 가능한 거리로 만들겠다는 계획에서 나왔다.[54]

워싱턴 주 시애틀에는 2006년에 문을 연 올림픽 조각공원이 있다. 한때는 해안가 산업지역이었던 이

필라델피아 벽화 프로그램

필라델피아 벽화 프로그램은 1984년 이 시의 반그라피티(anti-graffiti) 계획의 일환으로 추진되었다. 반겨 하지 않는 그라피티를 그렸던 사람들에게 도시 곳곳에 벽화를 그리게 함으로써 그들의 예술적 재능을 발휘할 기회를 부여했다. 그들이 그린 벽화는 수십 년간의 경제적 고통과 인구 감소로 고군분투하는 이 오래된 산업도시에 컬러와 아름다움, 그리고 생명력을 불어넣었다. 벽화 프로그램이 시작된 이래 3,600개 이상의 벽화가 그려졌고, 매년 수백만 명의 주민과 방문객들에게 큰 영감의 원천이 되었다.

출처: 필라델피아 벽화 예술 프로그램 http://muralarts.org/about/history

곳이 고전적 조각 및 현대적 영구 전시 조각품, 일시 전시품, 뮤지컬 및 연극 공연, 그리고 연중 교육 프로그래밍을 진행하는 8.5에이커의 공원으로 바뀌었다.[55] 이러한 공원들이 없었다면 많은 사람들이 결코 이러한 수준의 예술을 즐길 수 없을 것이다.

예술은 부유하고 교양 있는 사람들만을 위한 것이 아니어서 사회 전체에 혜택이 돌아가야 된다. 이 사례에서 볼 수 있듯, 예술은 박물관에 갇혀 있어야만 하는 것이 아니다. 예술은 건물과 화원의 벽화로도 존재할 수 있으며, 심지어는 건축물의 구조에서도 찾을 수 있다. 예술은 지역 공동체 전체의 삶과 아름다움을 개선시켜준다.

많은 공원 및 레크리에이션 기관들은 공원에서 지역사회 내의 다양한 사람들을 위한 음악을 중심으로 하는 여름 콘서트를 후원한다.
© pcruciatti/Shutterstock.

기능 10: 건강과 행복 증진시키기

목적: 공동체 구성원들의 활동적 생활방식을 장려하기 위해 필요한 서비스, 프로그램 및 시설을 제공함으로써 공동체의 건강한 삶을 증진한다.

공원 및 레크리에이션 부서는 그들 지역사회의 건강 증진을 위한 리더로서 영양 부족, 기아, 비만, 신체 활동 부족 등 지역 사회의 가장 긴급한 몇 가지 문제에 맞설 수 있다.[56]

대다수 지역사회는 건강 증진을 위해 기량에 관계없이 모든 연령대를 위한 피트니스 강좌, 댄스 프로그램, 그리고 스포츠 리그와 같은 프로그램을 개발해왔다. 비록 이러한 프로그램들이 참여자들에게 비용을 부담시키기도 하지만, 모든 거주자들이

공원은 아이들과 어른들 모두에게 건강 증진을 위한 육체적 활동 기회를 무한 제공한다.

© Seiya Kawamoto/Lifesize/Thinkstock/Getty.

신체적 활동과 보다 나은 건강을 위해 공원과 산책로를 무료로 이용할 수 있도록 장려한다. 공원 및 산책로는 사람들이 집 근처에서 저렴한 비용으로 즐길 수 있게 해준다. 어느 지역사회든 중요한 것은 사람들이 공원을 이용할 수 있게 만드는 일이다. 미국레크리에이션재단의 연구는 공원 근처 거주자들이 그렇지 않은 사람들보다 공원을 사용할 가능성이 두 배 더 높다는 사실을 확인했다.[57]

공원 외에도 산책로는 대부분 도시의 중요한 일부이다. 산책로 및 자전거 도로는 미국 전역의 도시 주변에 구축되어 있다. 한때 철로가 개설되어 있었던, 통행이 편안한 강과 개울을 따라 산책로가 만들어졌다. 이 산책로들은 걷기, 자전거, 인라인스케이트를 즐기는 사람들이 사용한다. 산책로 근처에 사는 사람들은 건강 유지에 충분한 신체적 활동에 나설 가능성이 그렇지 않은 지역의 사람들보다 50% 이상 높다. 오리건 주 포틀랜드의 경우 지역사회 내에 자전거 도로가 설치되면서 자전거 이용자가 69% 이상 증가했고, 루이지애나 주 뉴올리언스에서는 225%나 증가했다.[58]

친구와 테니스를 치건, 비치발리볼 리그에 참가하건, 놀이터에서 아이와 함께 놀건, 오솔길에서 자전거를 타건, 공원에서 활동하는 사람들은 육체적으로 활동한다. 지역 공원 및 레크리에이션 기관이 지역사회의 주민들을 건강하게 만들기 위한 일들의 사례는 수천 가지가 있다. 그중 몇 가지 사례를 다음에 든다.

◆ 대부분의 도시에서는 지역 주민뿐 아니라 방문자들을 위해 조성된 자전거도로 및 보행로를 자랑한다. 예컨대, 한때 시카고와 밀워키를 잇는 철도는 이제 건강을 위한 160km의 자전거 도로로 변모하여 자전거 여행의 목적지가 되었다.

◆ 미니애폴리스와 미네소타의 공원 및 레크리에이션 부서는 320km 이상의 자전거 도로와 180여 개의 공원을 제공하여 주민들의 건강에 이바지하고 있다. 미니애폴리스 주민의 94%가 도보로 공원에서 10분 이내의 거리에 거주한다. 공원에서 할 수 있는 일이 많고, 안전하며, 접근이 용이하기 때문에 주민들은 큰 혜택

공원 및 레크리에이션 전문가들은 안전 기준을 준수함으로써 어린이들이 놀이터에서 안전하게 놀 수 있도록 한다.

© iStockphoto/Thinkstock/Getty.

가장 건강한 도시 가장 뚱뚱한 도시

《맨스 피트니스 매거진(Men's Fitness Magazine)》은 매년 미국에서 가장 큰 50개 도시를 대상으로 가장 건강한 도시와 가장 뚱뚱한 도시를 선정하여 순위를 매긴다. 순위는 체육관 및 스포츠용품 매장 수, 운동하는 사람들의 수, 공원 수, 열린 공간 수 및 이용 가능한 레크리에이션 시설 수와 종류 등의 지표로 결정된다. 2014년 조사 결과, 포틀랜드, 샌프란시스코, 시애틀, 덴버 등이 가장 건강한 도시로, 엘파소, 디트로이트, 루이빌, 멤피스가 가장 뚱뚱한 도시로 선정되었다.[60] 이 잡지가 천만 명의 핏빗(Fitbit) 사용자로부터 얻은 데이터를 분석하는 새로운 방식을 도입한 결과, 메디슨, 미네아폴리스, 스포캔, 보스턴이 가장 건강한 도시로 조사되었다.[61]

을 얻는다. 공원 외에도 이 기관이 다루는 일들은 많다. 예컨대, 애견공원, 놀이터, 골프장 등을 포함, 지역사회 신체 활동 개선을 위한 일들이 있다. 이러한 사업들로 미니애폴리스의 공원 및 레크리에이션 위원회는 미국 시민단체인 '공공토지신탁(Trust for Public Land)'에 의해 미국 최고 공원 시스템으로 선정되었다.[59]

공원과 레크리에이션은 육체적·정신적으로 건강한 삶뿐 아니라 주민들 안전에도 이바지한다. 많은 공동체 프로그램들이 안전 교육에 중점을 둔다. 이러한 프로그램들의 사례로 수영 강습, 수상 안전 교육 및 수렵 안전 프로그램들이 있다. 예컨대, 오리건 공원지구는 일주일간의 K-1 여름 캠프를 통해 수해, 화재, 전기사고, 교통 및 보행 안전 등을 포함한 안전 교육을 시행한다.[62] 인디애나 주 코코모의 공원 및 레크리에이션 부서는 수렵 교육 과정을 개설하고 있으며, 그 외의 많은 지역들이 응급 처치 및 인명 구조 훈련, 수영 강습과 같은 프로그램을 제공한다.

건강한 삶은 점점 더 지역사회에서의 삶의 질의 중요한 요소로 자리매김되고 있다. 각 단위의 지방자치 단체들은 신체적 활동 및 정신 건강 증진을 위한 공간과 시설, 관련 프로그램 제공을 위해 공동 노력을 기울이고 있다. 도시들이 미래를 계획하는 데 있어 그 어느 때보다 자전거 도로 및 보행로를 추가 조성하고, 공원이 없는 지역을 위해 공원을 추가하며, 지역사회 구성원들의 활동성을 지속적으로 유지해줄 수 있는 충분한 기회를 장려할 가능성이 높아지고 있다.

레저 서비스 제공자들은 종종 사람들이 카약과 같은 활동에 안전하게 참여할 수 있는 적절한 기술을 배울 수 있는 프로그램을 제공한다.

© Bochkarev Photography/Shutterstock.

사례 연구

여러분의 지역사회를 더 건강한 도시로 만들어보자

여러분은 여러분의 도시를 가장 건강한 도시로 만들겠다는 목표를 위해, 도시의 전반적 건강 상태 개선을 위한 위원회에 배치되었다. 위원회가 활성화되면서 해당 목표를 달성할 수 있는 다음의 과제가 당신에게 주어졌다.

1. 현재 도시에 존재하는 피트니스 활동을 점검하라. 해당 활동과 관련하여 유료 회원과 무료 회원의 목록을 작성하라.
2. 건강한 도시의 측정 기준을 개발하라. (예컨대, 남성 피트니스 매거진의 조사와 같은)다른 조사를 참조하라.
3. 위에서 나열한 요소 중 네 개의 요소를 선택하여 당신의 도시에 대한 데이터를 수집하라.
4. 포틀랜드와 미니애폴리스와 같이 건강한 두 도시를 검토하라. 이 도시들에서 당신의 도시를 더 건강하게 만드는 데 도움이 되는 현실적 제안들은 무엇인가?
5. 전반적인 건강 수준 증진을 위해 변경해야 할 우선순위 목록을 작성하라.

요약

단순히 일상적이거나 가벼운 오락거리로서가 아니라, 조직화된 레크리에이션 서비스는 다음과 같은 활동을 포함하여 지역사회의 많은 요구를 충족시켜준다.

1. **삶의 질 개선**: 모든 연령 및 배경을 가진 사람들을 위한 건설적이고 즐거운 여가 활동은 삶의 질 및 공동체에 대한 만족도에 크게 기여한다.
2. **자기계발**: 조직화된 레크리에이션은 신체적, 감정적, 사회적, 지적, 정신적 측면에서 건강한 자기계발을 촉진하여 전반적인 공동체의 복지에 기여한다.
3. **매력적인 지역사회 만들기**: 레크리에이션 및 공원 기관은 공원, 자연보호구역, 강변 지역 및 기타 자연 환경을 유지 관리하고 역사적·문화적 환경을 복원하거나 후원할 수 있다.
4. **청소년 여가의 순기능 역할**: 청소년을 위한 교육적·사회적 공동체 서비스의 중요한 요소로서, 조직화된 레크리에이션은 청소년 비행 및 여타의 일탈적 놀이를 예방하여 청소년들에게 건강한 성인으로 발전할 수 있는 긍정적인 대안을 제공해줄 수 있다.
5. **지역사회 구성원 교육 및 통합**: 레크리에이션은 문화, 민족, 인종 및 기타 사회 인구학적 특성의 이해와 협력을 촉진하는 유용한 도구이다.
6. **지역사회 유대 강화**: 공동체 환경 개선을 위한 구성원들 간의 노력으로서의 자원봉사 및 참여는 시민적 유대감을 형성할 수 있게 한다.

7. **장애인을 위한 요구:** 치료적 목적뿐 아니라 공동체 전체를 위해서도 치료 레크리에이션 서비스는 신체적, 인지적 장애를 가진 사람들을 포괄하여 자립할 수 있게 장려할 수 있다.

8. **경제적 건전성 유지:** 비즈니스 기업의 성장에 따라 레크리에이션은 오늘날 수백만 명의 사람들을 고용한다. 이러한 비즈니스는 관광객, 지역을 이전하고자 하는 산업이나 새로 이주하는 거주자들을 유치할 수 있게 함으로써 소득을 창출하고 지역 사회의 안정을 증진시킨다.

9. **문화생활의 풍요로움:** 오늘날 많은 공공 및 비영리 여가 서비스 기관들은 다양한 문화 예술 분야 프로그램을 지원하거나 후원하여 공동체 삶의 중요한 측면을 강화한다.

10. **건강과 행복 증진:** 점차, 레크리에이션은 개인의 건강한 생활방식을 유지하고 신체 활동을 촉진하며 안전한 여가 활동에 접근할 수 있게 하는 건강 수련법으로 인식되고 있다.

토론 및 에세이 과제

1. 이 장에서 레크리에이션, 공원, 여가 서비스가 공동체 생활에 기여하는 열 가지 영역을 제시하였다. 지역사회 레크리에이션 및 공원 부서를 설립하거나 확장하기 위한 긍정적 논거를 제시한다면, 열 가지 영역 중 어느 분야를 강조하고 싶은가? 그리고 그 이유는 무엇인가?

_____

_____

_____

_____

2. 다음 영역 중 한 가지에 대해 공동체 레크리에이션의 중요성을 설명하고 토론하라.
   (1) 경제적 기여 (2) 건강 관련 혜택 (3) 문화예술 촉진 (4) 사회경제적, 인종적 또는 문화적 배경이 다른 구성원의 교육 및 통합.

_____

_____

_____

3. 당신이 살고 있는 지역 사회에 대해 생각해보자. 해당 지역 사회에서 공동체 레크리에이션의 열 가지 기능이 어떻게 입증되는지 사례를 들어보자. 열 가지 기능 중 놓친 영역은 무엇인가?

_____

_____

_____

_____

4. 여러분의 대학 캠퍼스에 적용되는 열 가지 공동체 레크리에이션 기능에 대해 생각해보자. 대학이 제공하는 열 가지 기능에서의 강점과 약점은 무엇입니까? 캠퍼스에서 나타나는 각 기능의 예를 제시하라.

_____

_____

_____

_____

미주

1. Local park and recreation agencies provide crucial health and wellness opportunities for all populations in communities across the country. As America continues to face serious health issues including rising rates of chronic disease, an increased prevalence of sedentary lifestyles and poor nutrition habits, parks and recreation offer an affordable and accessible solution. http://www.nrpa.org/our-work/Three-Pillars/health-wellness/

2. Trust for Public Land, "The Economic Benefits of the Park and Recreation System of Virginia Beach, Virginia" (2011): http://cloud.tpl.org/pubs/ccpe-va-beach-park-analysis-report.pdf.

3. Mercer, "Quality of Living Reports" (May 15, 2016): www.imercer.com/products/2014/quality-of-living.aspx.

4. Campfire, http://campfire.org/

5. Children's Museum of Indianapolis, "Mission": www.childrensmuseum.org/about.

6. Portland Parks & Recreation Department, "PP&R by the Numbers" (May 15, 2016): www.portlandoregon.gov/parks/article/422533.

7. Girl Scouts of the United States of America, "Transforming Leadership: Focusing on Outcomes of the New Girl Scout Leadership Experience" (2008): www.girlscouts.org/research/pdf/transforming_leadership.pdf.

8. Witt, P.A. & Caldwell, L.L., "The Rationale for Recreation Services for Youth: An Evidenced Based Approach," NRPA (2010): http://www.nrpa.org/uploadedFiles/nrpa.org/Publications_and_Research/Research/Papers/Witt-Caldwell-Full-Research-Paper.pdf.

9. J. S. Catterall with Susan A. Dumais and Gillian Hampden-Thompson, "The Arts and Achievement in At-Risk Youth: Findings from Four Longitudinal Studies," Research Report #55 (2012), Washington, DC: National Endowment for the Arts. Retrieved from https://www.arts.gov/sites/default/files/Arts-At-Risk-Youth.pdf

10. Local Government Commission, "Cultivating Community Gardens: The Role of Local Government in Creating Healthy, Livable Neighborhoods" (May 29, 2017): http://lgc.org/wordpress/docs/freepub/community_design/fact_sheets/community_gardens_cs.pdf

11. *Friends of the Riverwalk* (May 16, 2016). http://www.thetampariverwalk.com/.

12. *Project for Public Spaces* (May 16, 2016). http://www.pps.org/places/squares-parks/tampa-riverwalk/.

13. *Friends of the High Line*, http://www.thehighline.org/about.

14. Staff (October 7, 2014), "Creating opportunity New York's High Line Fuels Wave of Urban Renewal Projects." *Free Enterprise* (October 7, 2014): http://www.freeenterprise.com/new-yorks-high-line-inspires-wave-of-urban-renewal-projects/.

15. Charlottesville VA Official Travel Website" *Visit Charlottesville, VA* (May 16, 2016): http://www.visitcharlottesville.org.

16. "Gallogly Recreation and Wellness Center: Sustainability" *University of Colorado, Colorado Springs* (May 16, 2016): http://www.uccs.edu/recwellness/campus-rec/facilities/sustainability.html.

17. P. A. Witt, "Youth Development: Going to the Next Level," *Parks & Recreation* (Vol. 37, No. 3, 2002): 52–59.

18. USADA, "True Sport: What We Stand to Lose in Our Obsession to Win": 2012 http://www.truesport.org/library/documents/about/true_sport_report/True-Sport-Report.pdf.

19. P. David, "Children's Rights and Sports," *International Journal of Children's Rights* (Vol. 7, 1999): 53–81.

20. R. Hedstrom and D. Gould, *Research in Youth Sports: Critical Issues Status* (East Lansing, MI: Institute for the Study of Youth Sports, 2004).

21. J. Coakley, *Sports in Society: Issues and Controversies*, 8th ed. (New York: McGraw-Hill, 2004).

22. Search Institute, "40 Developmental Assets for Adolescents." (May 18, 2016): www.search-institute.org/content/40-developmental-assets-adolescents-ages-12-18.

23. "Experiential Wilderness Education," *Outward Bound* (May 18, 2016): http://www.outwardbound.org/about-Outward-bound/outward-bound-today/.

24. Thousand Oaks Teen Center (May 18, 2016): www.thousandoaksteencenter.com/.

25. Seattle Parks and Recreation Department, "Seattle Parks Late Nite" (May 18, 2016): www.seattle.gov/parks/teens/programs/latenightprogram.htm#.

26. Kivel, P. & Kivel, B.D., (2016). Beyond cultural competence: Building allies and sharing power in leisure, recreation, and tourism settings. In I. Schneider & B. Kivel (Eds.), *Diversity and Inclusion in the Recreation Profession: Organizational*, 3rd ed. (Champaign, IL: Sagamore Publishing, 2016).

27. D. J. Chavez, "Invite, Include, and Involve! Racial Groups, Ethnic Groups, and Leisure," in M. T. Allison and I. E. Schneider, eds., *Diversity and the Recreation Profession: Organizational Perspectives* (State College, PA: Venture Publishing, 2000).

28. Henry Maier Festival Park Calendar of Events 2017 (May 29, 2017). http://www.milwaukeeworldfestival.com/calendar-of-events.

29. Skokie Park District Festival of Cultures (May 19, 2016): www.skokieculturefest.org.

30. Seeds of Peace (May 19, 2016): www.seedsofpeace.org.

31. Alif Institute (May 19, 2016): www.alifinstitute.org.

32. "Guide to Gay Pride 2017," *Time Out New York* (May 19, 2016): http://www.timeout.com/newyork/lgbt/gay-pride-nyc.

33. African American Heritage from (May 19, 2016): http://www.choosechicago.com/articles/view/african-american-heritage/944/.

34. R. D. Putnam, *Bowling Alone: The Collapse and Revival of American Community* (New York: Simon & Schuster, 2000): 19.

35. New York Restoration Project (May 29, 2017): https://www.nyrp.org/about

36. New York Restoration Project (NYRP), "Fort Tryon Park" (May 19, 2016): https://www.nyrp.org/green-spaces/park-details/fort-tryon-park/.

37. Amherst Land Trust and Amherst Community Foundation, "Joshua Park: A Project of the Amherst Land Trust and Amherst Community Foundation" (May 19, 2016): http://www.joshuaspark.org/JoshuasPark/Welcome_files/Case%20statement-Joshuas%20Park%202016.pdf.

38. Rutgers University Football, "Updated Details on Hurricane Sandy Relief Efforts at Rutgers Athletics Events" (May 27, 2017): http://www.scarletknights.com/sports/m-footbl/spec-rel/110812aaa.html

39. National Park Service, "Hurricane Sandy—Six Months Later" (May 19, 2016): www.nps.gov/gate/parknews/sandy-6.htm.

40. U.S. Census Bureau (May 19, 2016), Americans with Disabilities: 2010: http://www.census.gov/prod/2012pubs/p70-131.pdf.

41. South Suburban Special Recreation Association (May 19, 2016): http://www.sssra.org/index.html.

42. D. Vaira, "A Soldier's Story," *Parks & Recreation* (Vol. 44, No. 12, 2009): 32–36.

43. Invictus Games (May 19, 2016): http://invictusgames2016.org.

44. Wounded Warrior Project, "Physical Health and Wellness" (May 19, 2016): https://www.woundedwarriorproject.org/programs/physical-health-wellness.

45. Sarah Nichols, "Measuring the Impact of Parks on Property Values," *Parks and Recreation* (Vol. 39, 2004): 24–32.

46. White River State Park (May 19, 2016): http://www.visitindy.com/indianapolis-white-river-state-park.

47. M. M. S. Rosentraub, *Major League Winners: Using Sports and Cultural Centers as Tools for Economic Development* (Boca Raton, FL: CRC Press, 2010).

48. St. Louis Zoo, "About Economic Impact" (2014): www.stlzoo.org/about/economicimpact/.

49. Portland Rose Festival, 2016 Portland Rose Festival Advertising Kit. (May 19, 2016): http://www.rosefestival.org/wp-content/uploads/2016_Advertising-Kit.pdf.

50. Americans for the Arts, *Arts and Economic Prosperity IV*, Washington, DC: Americans for the Arts (May 19, 2016): www.artsusa.org/information_services/research/services/economic_impact/default.asp.

51. Arizona Super Bowl Host Committee (May 19, 2016). https://azsuperbowl.com/wp-content/uploads/2015/06/Economic-Study-2.pdf.

52. Cox, G. (May 30, 2014). Broadway's $12 Billion Impact on New York Economy Matches Film and TV Biz. Variety. http://variety.com/2014/legit/news/broadway-economic-impact-on-new-york-2012-13-1201199054/.

53. Prince George's County Department of Parks and Recreation (May 19, 2016): http://arts.pgparks.com/Home.htm

54. Indianapolis Cultural Trail: http://indyculturaltrail.org/alongthetrail/facts-and-figures/.

55. Seattle Art Museum, "Olympic Sculpture Park": http://www.seattleartmuseum.org/visit/olympic-sculpture-park.

56. (May 29, 2017) http://www.nrpa.org/our-work/Three-Pillars/health-wellness/

57. R. C. Brownson et al., "Environmental and Policy Determinants of Physical Activity in the United States," *American Journal of Public Health* (Vol. 91, No. 12, 2003): 1995–2003.

58. "Active Transportation, Parks and Public Health." National Recreation & Park Association (nd). http://www.nrpa.org/uploadedFiles/nrpaorg/Tools_and_Resources/Parks_and_Health/Fact_Sheets/Active-Transportation-Parks-Public-Health.pdf.

59. Callaghan, P. (05/26/16). Minneapolis edges St. Paul for title of nation's best park system MinnPost: https://www.minnpost.com/politics-policy/2016/05/minneapolis-edges-st-paul-title-nations-best-park-system.

60. Men's Fitness Editors (2016): The 2014 Fittest and Fattest Cities in America (May 21, 2016): The List, *Men's Fitness*: http://www.mensfitness.com/life/outdoor/2014-fittest-and-fattest-cities-america-list.

61. "Where the Fittest People in America Live in 2016," *Men's Fitness* (May 21, 2016): http://www.mensfitness.com/life/entertainment/where-fittest-people-america-live-2016.

62. Chehalem Park & Recreation District, "RE 8 Safety Town Camp" (2016): http://www.cprdnewberg.org/general/page/safety-town-camp.

여가 서비스 시스템

미국은 웅장한 아름다움을 갖춘 나라이고, 사람들은 엄청난 천연의 부로 축복받았다. 자연이 주는 혜택과 즐거움을 누리기 위해 이 소중한 문화유산과 천연 자원을 보존해야 한다는 믿음을 하나같이 가지고 있다.

  눈 덮인 산, 울창한 숲, 황량한 사막, 그리고 멀리 떨어진 협곡에서부터 자유의 여신상과 링컨 기념관 같은 국가 상징물까지 다양한 공원들을 자랑스러워 할 수 있다. 국립공원관리공단은 오래된 중요한 역사를 가지고 있다. 1864년 연방정부는 요세미티 계곡과 거대한 세콰이어 나무들이 들어찬 마리포사 숲을 "공공의 용도, 리조트, 그리고 레크리에이션을 위해 영구히 보존할 수 있도록" 웅장한 자연 경관을 영구 보존 지역으로 지정했다. 국립공원, 주립공원 및 공공의 공원 및 레크리에이션 기관들은 사람들이 대자연의 아름다움 속에서 자신을 새로이 찾고, 활동하며, 사회적 관계를 누리며 자연을 만끽할 수 있는 기회와 서비스, 그리고 공간의 필요성을 이해하는 헌신적 지도자들에 의해 성장하였다. 미국의 공원 및 레크리에이션 시스템은 개인과 집단을 위한 서비스와 기회를 제공하는 공공 및 민간 비영리 조직으로 구성되어 있다.[1]

✔ 학습목표 LEARNING OBJECTIVES

1. 여가 서비스 제공 시스템의 핵심 요소를 확인한다.
2. 여가 서비스 제공 시스템의 각 요소의 역할을 설명한다.
3. 선택한 여가 서비스 기관과 프로그램이 여가 서비스 제공 시스템의 단계에 어떤 영향을 미치는지 평가한다.
4. 공공기관, 비영리기관, 영리기관 등 다양한 기관의 여가 서비스 제공 시스템에 따른 차별성과 공통점을 이해한다.
5. 다양한 여가 서비스 제공 기관을 이해하고 각각의 고유한 목표와 공통 목표를 설명한다.

소개

우리는 이제 21세기 미국의 전반적인 여가 서비스 시스템에 대해 상세히 살펴보고자 한다. 이 장에서는 전체 대중을 위한 레크리에이션, 공원, 관련 레저 시설 및 프로그램을 후원하는 광범위한 책임을 공유하는 세 가지 주요 레크리에이션 사업자로서 정부기관, 비영리 기관 및 영리 기업을 다룬다. 각각의 경우에 대해 오늘날의 레크리에이션 및 여가 서비스를 보여주는 영역으로부터의 많은 사례를 들어 기관의 배경, 임무 및 주요 프로그램 요소를 설명한다.

여가 서비스 시스템의 주요 구성 요소

현대 사회에는 표 6.1에 보여주는 바와 같은 열 가지 유형의 여가 서비스 기관이 있다. 이 중 광범위한 공적 요구를 충족하는 세 가지 주요 유형을 이 장에서 설명한다. 나머지 일곱 가지 유형의 기관은 이 책의 곳곳에 설명되어 있다.

현대 여가 서비스 제공 시스템의 10대 주요 요소의 이해

현대의 여가 서비스 제공 시스템을 이해하는 것이 이 장의 핵심이다. 표 6.1은 여가 서비스를 구성하고 제공하는 방식에 따른 매트릭스를 제공한다. 표는 관계와 상호 변화, 그리고 편익의 결과로 이어지는 복잡한 과정을 간단하게 정리한 것이다.

표의 상단은 주요 과정(A~D)을 표시하는 다섯 개의 범주와 특정 기관에 의한 여가 프로그램의 전달(E) 결과를 나타내었다. 표의 아래 부분은 각각의 주요 과정을 보다 구체적으로 기술한다. 이를 통해 프로세스를 구체적인 사례로 구분할 수 있다.

각각의 주요 과정은 다음과 같이 설명할 수 있다.

- 레크리에이션 후원 기관의 유형(A)은 레크리에이션 프로그램을 제공하는 단체나 조직의 유형을 반영하는 범주이다. 열 개의 영역은 현대 여가 서비스 제공 시스템의 주요 공급자들이다. 대부분의 서비스 제공 유형은 이 열 가지 유형의 후원자 목록으로 분류될 수 있다.
- 기관이나 서비스를 지원하는 파트너(B)는 프로그램 후원기관이 서비스 제공을 위해 한 개 이상의 후원기관과 더불어 작업하는 경우에 존재한다.
- 레저 프로그램 제공 과정 범주(C)는 프로그램의 도달 유형으로 구성된다. 도달 유형은 전통적 모델을 대표한다.

◆ 공공의 요구 충족(D)은 (1) 프로그램 영역의 유형, (2) 레저 서비스 및 공공의 요구 및 기대 수요에 영향을 미치는 변수를 표현한다.

◆ 도출되는 주요 편익 범주(E)는 개인, 집단, 조직 및 공동체에 대한 측정 가능한 혜택을 제공하는 여가 활동의 중요성을 나타낸다.

표 6.1의 활용

1단계: A열 레크리에이션 후원 기관의 유형에서 프로그램을 제공하는 기관을 선택한다. 예를 들어, 유소년클럽이 방과후 농구 교실을 제공한다면, A열에서 비영리기관 (2)가 후원 기관 유형으로 선택된다.

2단계: 어떤 후원 기관(B열)이 있는가? 이 경우, 지역 스포츠용품점이 농구공을 제공하겠다고 제안했다. 이 스포츠용품 회사는 소규모 기업(8)으로 유소년클럽 후원자이다.

3단계: 유소년클럽은 리더십 함양을 위한 직접 프로그램(1)으로서 농구교실(C열)을 제공하고 있다.

4단계: 농구교실은 게임 및 스포츠에 대한 대중의 요구(D열)뿐 아니라 개인적 즐거움(1)을 충족시킨다. 이 경우 두 개 이상의 스펙트럼이 관여될 수 있다. 이 프로그램을 제공하기로 한 결정에는 나이, 성별, 신체적·정서적 건강, 사회경제적 지위, 그리고 능력 등 여러 요인들이 영향을 끼쳤다(2). 상황에 따른 다른 고유한 혜택도 고려될 수 있다.

5단계: 농구교실 참가의 결과 참가자 및 다른 구성원들에게 유무형의 혜택이 나타나야 한다(E열). 여기에는 개인의 가치(1)와 사회적 결과(2)가 포함될 수 있다.

표 6.2는 농구교실이 표 6.1을 통해 어떻게 움직이는지 보여준다. 이 표를 통해 여가 서비스 제공에 영향을 미치는 변수를 확인하고 그러한 변수의 관계를 추적할 수 있다. 이 과정이 깔끔해 보이지 않고, 어쩌면 지저분해보일 수도 있지만, 이 표의 목적은 오로지 여가 서비스 프로그램 및 그 제공 과정의 복잡성을 보다 잘 이해할 수 있도록 하는 것이다.

표 6.1 현대 여가 서비스 제공 시스템의 10가지 주요 요소

Ⓐ 레크리에이션 후원 기관의 유형	Ⓑ 그룹 및 서비스 제휴	Ⓒ 제공되는 여가 프로그램	Ⓓ 충족을 위한 개인 및 공공의 요구	Ⓔ 향출되는 주요 편익
① 공공기관	① 무역협회	① 직접 프로그램 리더십	① 서비스 제공 범위: 게임 및 스포츠 야외 레크리에이션 문화 활동 예술 취미 특별 이벤트 클럽 및 기타 사회 집단 개인적 흥미 여행 전자 매체 기타 사회적 서비스	① 개인적 가치 (건강, 정서적 행복, 정신 발달, 웰빙)
② 비영리 기관	② 전문가협회	② 공공용도 미지정 시설 및 개방 공간의 제공		② 사회 및 지역 공동체 기반 성과
③ 상업 레크리에이션 기업	③ 특수 이익집단	③ 여가 교육		③ 경제적 이익, 고용, 세금 및 기타 재정 수익
④ 직원 서비스 및 레크리에이션 프로그램	④ 특수 프로그램 및 이벤트 후원기관	④ 정보 제공 서비스		④ 자연 및 도시를 포괄하는 환경적 가치
⑤ 군대의 사기, 복지 및 레크리에이션	⑤ 전문가 준비기관	⑤ 프로그램 촉진 활성화	② 서비스 영향 범주: 세대 젠더 사회경제적 처지 교육적 배경 인종/민족적 요소 거주 및 지역적 요소 신체적 정서적 건강 장애인/비장애인 가족 상황	
⑥ 민간 회원제 기관	⑥ 여가 기능의 하청 민간단체	⑥ 특수 영역에 대한 운동 및 리더십		
⑦ 대학 레크리에이션 프로그램	⑦ 기타 시민단체	⑦ 캠페인 및 이벤트 공동 후원		
⑧ 치료레크리에이션 서비스	⑧ 기업	⑧ 진정한 여가 경험		
⑨ 스포츠 경영 기관	⑨ 중소기업	⑨ 복지를 위한 기회		
⑩ 관광 및 숙박업	⑩ 개인			

표 6.2 단순 사례

Ⓐ 레크리에이션 후원 기관의 유형	Ⓑ 그룹 및 서비스 제휴	Ⓒ 제공되는 여가 프로그램	Ⓓ 충족을 위한 개인 및 공공의 요구	Ⓔ 창출되는 주요 편익
① 공공기관	① 무역협회	① 직접 프로그램 리더십	**서비스 제공 범위:** ① 게임 및 스포츠 / 야외 레크리에이션 / 문화 활동 / 예술 / 취미 / 특별 이벤트 / 클럽 및 기타 사회 집단 / 개인적 흥미 / 여행 / 전자 매체 / 기타 사회적 서비스	① 개인적 가치 (건강, 정서적 행복, 정신 발달, 웰빙)
② 비영리 기관	② 전문가협회	② 공공용도 미지정 시설 및 개방 공간의 제공		② 사회 및 지역 공동체 기반 성과
③ 상업 레크리에이션 기업	③ 특수 이익집단	③ 여가 교육	**서비스 영향 범주:** ② 세대 / 젠더 / 사회경제적 처지 / 교육적 배경 / 인종/민족적 요소 / 거주 및 지역적 요소 / 신체적 정서적 건강 / 장애인/비장애인 / 가족 상황	③ 경제적 이익, 고용, 세금 및 기타 재정 수익
④ 직접 서비스 및 레크리에이션 프로그램	④ 특수 프로그램 및 이벤트 후원기관	④ 정보 제공 서비스		④ 지연 및 도시를 포함하는 환경적 가치
⑤ 군대식 사기, 복지 및 레크리에이션	⑤ 전문가 준비기관	⑤ 프로그램 촉진 활성화		
⑥ 민간 회원제 기관	⑥ 여가 기능의 하청 민간단체	⑥ 특수 영역에 대한 옹호 및 리더십		
⑦ 대학 레크리에이션 프로그램	⑦ 기타 시민단체	⑦ 캠페인 및 이벤트 공동 후원		
⑧ 치료레크리에이션 서비스	⑧ 기업	⑧ 진정한 여가 경험		
⑨ 스포츠 경영 기관	⑨ 중소기업	⑨ 복지를 위한 기회		
⑩ 관광 및 숙박업	⑩ 개인			

공공 레크리에이션, 공원 및 여가 서비스

여가 서비스 기관으로서 공공기관 및 정부는 다음과 같은 특징이 있다.

1. 공공 레크리에이션 요구에 대한 책임이 공인되는 제1기관으로서 레크리에이션 운동의 핵심을 구성한다.
2. 대부분의 정부 레크리에이션 및 공원 기관에 대한 주요 지원 수단은 전통적으로 세금에 의해 지원되는 자금이었다. 그러나 최근 몇 년 동안 다른 수익원이 더 광범위하게 사용되기 시작했다.
3. 정부기관은 자연 자원 관리에 대한 주요 책임을 진다.
4. 그들은 세금이 지원되는 지위로 인해 전체 국민들을 위한 사회적 유용성을 제공하거나 건설 프로그램을 제공할 의무가 있다.

연방정부의 역할

공원 및 레크리에이션 영역을 관리하고 기타 여가 서비스를 제공하거나 지원하는 연방정부의 책임은 점차 진화하였다. 공원 및 레크리에이션 운동은 초기 뉴잉글랜드 이민자들과 함께 시작되었는데, 보스턴 커먼(Boston Common) 공원이 미국 전역에서 이후 공원 개발의 전형이 되었다. 국립공원 및 주립공원은 도시공원과 별도로 성장했고, 레크리에이션 역시 별도로 진화했다. 아직까지도 마치 국립 및 주립공원이 도시공원과 매 한 가지인 것처럼 거론되지만, 이것은 1850년대 후반에 만들어진 센트럴파크에서 시작되어 1872년에 국립공원이 처음으로 지정될 때까지의 제도일 뿐이다. 보스턴 샌드 가든(Boston Sand Gardens) 및 프랭클린 루즈벨트의 뉴딜정책에 따른 극적 확장의 경험으로부터 정부 및 비영리기관의 개입 확장에 따라 공원 및 레크리에이션에서 정부 역할이 강화되었다.

미국 연방정부는 수십 개의 각기 다른 부서 및 행정 기구 등을 통해 매우 다양한 레크리에이션 프로그램을 개발하였다. 전형적으로, 레크리에이션 기능은 연방기관의 부수적 활동으로 진화하였다. 예컨대, '테네시 유역 개발공사(Tennessee Valley Authority, TVA)'의 호수 및 저수지 관리의 초기 목적은 홍수 조절 및 지역 전기 생산에 있었지만, 시간이 지남에 따라 레크리에이션 활용에 대한 중요성이 커졌다. 다음은 연방정부의 책임과 역할을 검토하여 나열한 것이다.

◆ 야외 레크리에이션 자원의 직접 관리: 연방정부는 국립공원관리공단, 국립산림청, 토지관리국을 통해 공원, 숲, 호수, 저수지, 해변의 광범위한 네트워크 및 야외

레크리에이션에 광범위하게 활용되는 다양한 시설을 소유하여 운영한다.

◆ **자연 보존 및 자원 재활용:** 연방정부는 앞서 언급한 기능과 밀접한 관련이 있는 활동으로서 파괴 및 손상되거나 위협받는 자연 자원을 회복하고, 자연 보존, 야생동물 보호 및 오염 방지 관련 프로그램을 홍보하는 역할을 수행한다.

◆ **열린 공간 및 공원 개발 프로그램에 대한 지원:** 연방정부는 1965년의 '토지 및 수자원 보호기금법'에 따라 주로 승인된 자금으로 열린 공간 개발을 촉진하기 위해 주 및 지방정부가 지원하는 자금과 동일한 수십억 달러의 보조금을 제공한다. 또한, 연방정부는 주택 및 도시 개발 프로젝트를 수행하는 지방정부에 대한 직접 지원을 통해 지역 공원, 놀이터 및 레크리에이션센터의 개발을 지원한다.

방문객들에 대한 해설은 공원이나 자연 환경을 이해하는 개인들에게 필수적이다.

Courtesy of John and Karen Hollingsworth/U.S. Fish and Wildlife Service.

◆ **직접적 레크리에이션 참여 프로그램:** 연방정부는 재향군인병원 및 기타 연방기관, 전 세계에 걸쳐 있는 미군 기지를 대상으로 다양한 레크리에이션 프로그램을 직접 운영한다.

◆ **자문 및 재정 지원:** 연방정부는 주 및 지방정부, 기타 공공기관이나 공동체의 자원봉사 기관에 대해 다양한 형태의 지원을 제공한다. 예컨대, 사회경제적으로 소외된 사람들을 위한 다양한 지역사회 프로그램은 보건복지부, 주택 및 도시 개발부, 노동부 등의 지원으로 이루진다.

◆ **전문 교육에 대한 지원:** 교육 및 특수 모집단의 요구에 관련된 연방기관은 미국 전역의 대학에서 전문 교육을 위한 교육 보조금을 제공한다.

◆ **경제적 기능으로서의 레크리에이션 촉진:** 연방정부는 관광 진흥, 레크리에이션 기업의 지역 사업 지원, 아메리카 원주민 보호구역의 레크리에이션 및 관광 시설 확보에 적극적으로 나선다. 인구조사국 및 해안경비대 같은 기관들 또한 여행, 보트 타기 등과 같은 취미 활동에 관심이 있는 사람들을 위한 정보를 제공한다.

◆ **연구 및 기술 지원:** 연방정부는 야외 레크리에이션 경향 및 요구, 도시 레크리에이션 및 공원의 현재 상태, 야생동물 보호, 산림 레크리에이션 또는 특수 모집단의 레크리에이션 요구에 관한 특정 연구 등 광범위한 연구를 지원한다.

◆ **법규 및 표준 제정:** 연방정부는 환경 오염, 생산 및 환경 품질에 관한 규제 정책을 개발한다. 또한 환자 및 장애인 재활 프로그램 기준 및 장애인들의 시설 접근을 보장하는 건축 기준을 제정한다.

애팔래치아 트레일(Appalachian Trail)은 하루 또는 며칠간의 여행을 위해 매년 수만 명의 사람들이 찾아오는 국립 탐방로의 한 예이다.

Courtesy of the Appalachian Trial Conservancy.

연방정부 책임의 처음 두 영역(첫째, 직접 관리 및 보존, 둘째, 자원 회복)은 연방정부 내각 기구 및 별도로 설립된 7개 주요 기관에 의해 수행되는데, 국립공원관리공단, 산림청, 토지관리국(Bureau of Land Management), 국토개발국(Bureau of Reclamation), 어류 및 야생동물 관리공단, 테네시강 유역 개발공사, 미육군공병단 등이 이러한 기관들이다.

국립공원관리공단

야외 레크리에이션을 주도하는 주요 연방기관은 내무부 산하 국립공원관리공단(NPS)이다. 공단의 임무는 다음과 같이 규정되어 있다.

국립공원관리공단은 현 세대와 미래 세대의 즐거움과 교육, 그리고 영감을 얻을 수 있는 국립공원 시스템의 자연 및 문화적 자원과 가치를 그대로 보존한다. 공단은 조력자들과 협력하여 국내외의 자연과 문화 자원의 보존 및 야외 레크리에이션의 혜택을 확대한다.

NPS가 초기에 관리했던 자연의 대부분은 미시시피 서쪽에 있었는데, 이후 전국으로 확대되고 도심지 인근 주요 해안 공원 및 여타의 영역이 추가되었다. 이렇게 추가된

미국 서부 지역의 실제 주인은 누구인가?

연방정부는 미국에서 가장 큰 토지 소유자이며, 특히 서부지역의 주에서는 명확한 사실이다. 연방정부는 네바다 주의 81%, 유타의 66.5%, 아이다호의 61.7%, 오리건 주의 53%를 포함하여 알래스카의 62%와 서부지역 11개 주의 47%를 소유하고 있다. 반면, 나머지 주에서의 연방정부 소유는 평균 4%에 그친다. 여러 해 동안, 서구의 주들은 그들의 주에 있는 방대한 토지들이 연방정부의 통제가 아니라 주정부의 통제를 받아야 한다고 주장해왔다. 소위 '세이지브러시 반란(sagebrush rebellion)'이라고 불리는 이 운동은 이 광대한 지역을 광업, 원유 시추, 목장 확대 등을 통한 수입원으로 보고 있다. 대부분의 서부 주들은 인구가 적고 학교, 도로, 직업과 같은 기본적 서비스를 위한 추가의 수입원이 필요하다. 서부 지역 의원들은 수년 동안 이 의제를 추진해왔지만, 최근 많은 목장주들의 활동이 국토관리국 및 다른 연방기관들과 교착상태에 빠져 있다. 동시에, 서부 주 의회들, 특히 서부 산간 지방에서는 그들의 땅에 대한 연방정부의 통제에 대해 더욱 공격적으로 대응하게 되었다. 누가 최고의 관리를 수행할 것인가 하는 문제는 논란의 여지가 있다. 그 땅이 주와 연방 정부에 의한 수익 창출에 활용되어야 하는가, 아니면 야생동물과 공공의 즐거움을 위해 보존되어야 하는가? 이 논쟁적 주제는 앞으로도 수십 년간 지속될 것이다.

출처: https://www.nps.gov/aboutus/upload/NPS-Overview-04-12-16.pdf

영역에는 예컨대, 동부 해안 지역인 롱아일랜드의 파이어 아일랜드 국립 해안공원(Fire Island National Seashore), 메인 주의 아카디아 국립공원(Acadia National Park), 메릴랜드 연안의 애서티그섬 국립해안공원(Assateague Island National Seashore), 노스 캐롤라이나의 해터러스곶 국립해안공원(Cape Hatteras National Seashore) 등을 포함한다.

국립공원시스템은 8,400만 에이커(3390만 헥타르)의 면적으로 구성되어 있으며, 그중 약 5%가 사유지로 남아 있다. 이 시스템은 국내 여행자 및 외국인 방문객 모두에게 매력적인 인상을 줌으로써 상당 규모의 관광 자본을 창출하여 국가 경제 및 무역수지 균형에 크게 이바지한다. 2014년 국립공원관리공단은 412개의 단위에 걸쳐 확장되어 3억720만 명의 방문객을 받아들였다. 종종 '황금알'이라 불릴 정도로 국립공원을 활용한 레크리에이션은 많은 사람들을 불러들였다.[2]

산림청

광범위한 삼림을 관리하는 두 번째 연방기관은 농림부 산하 산림청(U.S. Forest Service, USFS, www.fs.fed.gov)이다. NPS와 USFS의 자원 관리 책임 범위는 최근 몇 년 동안 모호해졌다. 두 기관 모두 국가 천연기념물, 휴양지, 산책로, 야생의 자연 및 강을 관리하는 책임을 지고 있었다. USFS는 넓은 영역의 숲과 초원을 관리하는 것으로 널리 알려져 있다. USFS는 NPS의 전신으로 매우 다른 역할을 수행했다. 기관의 통제하에 국유림에서의 광업, 방목, 벌목, 레크리에이션, 사냥 등을 허용하는 다용도 활

2016년, 국립공원관리공단 설립 100주년

2016년 8월 25일 국립공원관리공단은 창립 100주년을 기념했다. 이런 기관으로서는 첫 번째 국가 기구인 NPS는 미국의 독특한 자연, 역사, 문화 유적지 보존을 위해 분투해왔다. NPA는 1916년 '국립공원의 아버지'라고 불리는 자연주의자 존 뮤어의 노력으로 의회에서 제정되어 우드로 윌슨 대통령의 서명으로 만들어졌다. NPS는 자연보호와 보존에 있어 단연 세계적인 선두주자였다. NPS는 초기에 예산 확보 및 인력 운용의 어려움을 겪었다. 2016년에는 2만 명이 넘는직원과 412개 단위의 국립공원 및 지역의 역사 문화 유적지에 이르는 다양한 범위에 걸쳐 관리되고 있다. 원래의 기본법은 "이와 같이 설립된 서비스는 국립공원, 유적지 및 보호구역으로 지정된 연방 지역의 사용을 촉진하고 규제하며… 자연적 역사적 대상 및 야생을 보존하고 미래 세대의 즐거움을 위해 서비스하는 것을 목적으로 한다"라고 규정되었다. NPS 시스템 전반에 걸쳐 특별 행사들이 계획되어 왔다. 국립공원관리공단이 설립되기 불과 몇 주 전에 만들어진 하와이의 화산국립공원 역시 2016년 100주년을 기념하였다. 국제적인 관점에서 국립공원시스템은 '미국에서 만든 최고의 아이디어'라고 선전되어 왔는데, 그렇지 않더라도, 미국의 최고의 이상을 대표한다.[3]

용 개념을 채택했다.

USFS의 레크리에이션 기능은 꾸준히 증가하고 있다. 2016년에는 1억9천3백만 에이커(7천8백만 헥타르)의 산림 체계를 관리했는데, 3,660만 에이커(1,480만 헥타르)의 황야뿐 아니라 국립 자연 전망도로(National Scenic Byway)와 국가 자연경관수계시스템(Nationa Wild and Scenic River System)으로 지정된 주요 지역, 화산 지역, 그리고 380만 에이커(150만 헥타르)의 국유 초원지대, 야생 동물 및 어류 서식지 및 기타 수많은 특수 지역이 포함된다. 같은 해, USFS 프로그램의 방문자 수는 14,077개의 휴양지에 1억6천750만 명을 기록했다. 2011년에 활용된 레크리에이션의 주요 용도는 휴식 및 관광, 캠핑, 소풍, 수영, 하이킹, 승마, 수상 여행, 겨울 스포츠, 그리고 사냥과 낚시 등이었다.

산림청 관리 지역에는 많은 위협이 존재한다. USFS는 네 가지 주요 위협, 즉 화재, 외래종의 침입, 열린 공간의 손실, 관리되지 않는 레크리에이션을 확인했다. 조사된 자료는 USFS 지역 인근 토지 개발로 인해 6년 동안 하루에 3,000에이커 이상의 산림이 손실되었다는 것을 시사한다. 열린 공간의 손실은 산림청 관리 지역에 더 큰 스트레스를 초래할 것이다. 관리되지 않는 레크리에이션은 주로 오프로드 차량(off-highway vehicles, OHV)의 사용으로 인해 나타난다. 2000년에는 OHV 소유자가 3,600만 명으로 보고되었는데, 이는 연료비 인상 및 불경기로 인해 시장이 침체되기 전까지 꾸준히 증가한 숫자이다. USFS 지역에서의 OHV 사용은 산림 침식을 증가시키고, 계획에 없던 새로운 길이 만들어지면서 수변지역 및 야생 서식지의 파괴를 초래했다. USFS는 각각의 위협에 따른 실행 계획을 수립했다.

기타 연방기관

국토관리국(Bureau of Land Management, BLM, www.blm.gov)은 주로 서부와 알래스카에서 2억4천5백만 헥타르 이상을 관리한다. 기관은 캠핑, 자전거, 등산 등을 포함하는 다양한 자원 기반의 야외 레크리에이션 활동뿐 아니라 광업, 방목, 벌채 등을 통해 8억 달러 이상을 벌어들인다.

미국 어류 및 야생 관리청(U.S. Fish and Wildlife Service, USFWS, www.fws.gov)은 원래 두 개의 연방 기구로 구성되었는데, 하나는 영리 어업(상무부로 이전)과 다른 하나는 스포츠 낚시 및 사냥(내무부에 존속)을 관리하는 기구였다. 관리청의 역할에는 국가 어업 복원, 법률 집행, 야생 관리, 연구 수행, 국립야생보호시스템(National Wildlife Refuge System, www.fws.gov/refuges) 운영 등이 포함된다. 이 시스템은 모든 주에 최소 한 곳 이상의 지역과 카리브해와 태평양의 방대한 영역으로 구성된

560개의 단위 1억5천만 에이커(6천만 헥타르)를 포함한다. USFWS는 사냥꾼 및 어부들의 지속적인 삶의 요구를 충족시키는 것 외에도, 특히 멸종 위기 종의 생존을 보장하고, 철새를 보호하며, 각 주의 야생동물 및 서식지 보호 프로그램을 지원하는 연방 지원 프로그램 관리에 적극적으로 기여해 왔다. 이 프로그램에 따른 2014년 방문자 수는 4,700만 명을 넘어섰다.

야외 레크리에이션의 참여가 꾸준히 증가하고 있다. 다양한 야외 활동은 기존의 자연 자원 지역에 대한 수요를 증가시킨다.
© Ammit Jack/Shutterstock.

연방수자원관리국(Bureau of Reclamation, BOR, www.usbr.gov)은 주로 미국 서부 수자원 개발을 담당한다. 원래의 기능은 관개 및 전력 확보를 위한 것이었지만, 1936년부터 레크리에이션 임무도 책임져왔다. BOR의 정책은 확보된 저수지 관리를 가능한 한 다른 연방기관에서 운영하도록 이전하는 것이다. 이러한 구역들은 종종 국가 레크리에이션 구역으로 분류되어 NPS에서 운영되도록 이전된다. 관광보다는 보트, 캠핑, 하이킹, 사냥, 낚시와 같은 활동적 레크리에이션 활용에 중점을 둔다. NPS, USFS, USFWS, BOR은 서부 지역에 걸쳐 있는 레크리에이션 지역의 야영장 및 보트 선착장 시설 등을 개보수하거나 새로 건설한 청소년보호단(YCC)을 통해 수천 명의 젊은이들에게 고용 기회를 제공했다.

테네시유역 개발공사(TVA)는 켄터키, 노스캐롤라이나, 테네시 및 기타 남부 또는 국경 지대에 광범위한 저수지를 운영하고 있다. TVA는 레크리에이션 시설 자체를 관리하지는 않지만, 다른 공공기관이나 민간단체의 레크리에이션 개발을 위한 토지 이용을 가능하게 한다.

미 공병단(www.usace.army.wil)의 민간 지원팀은 항해 및 홍수 통제를 위해 강 및 여타 수로들의 유지 관리를 책임지고 있다. 저수지를 건설하고, 해변과 항구를 보호하고 개선하며, 연방 소유의 육상 및 수자원 구역의 1,200만 에이커(490만 헥타르) 이상을 관리한다. 여기에는 460개의 저수지와 호수가 포함되는데, 이들 중 대부분은 공병단이 관리하고 나머지는 임대하는 주 및 지방 기관이 관리한다. 이 지역들에 대한 방문 횟수는 연간 총 3억7천만 회에 달한다. 공병단 레크리에이션 지역들은 일반 대중들이 보트, 캠핑, 사냥 및 낚시를 위해 많이 방문한다.[4]

농무부의 몇몇 다양한 기관들도 중요한 레크리에이션 기능을 포함한다. 농업진흥청(Farm Service Agency, FSA, www.fsa.usda.gov)의 보존 프로그램은 다양한 분야에 중점을 두는데, 그중 세 가지는 공원과 레크리에이션에 관련된다. 환경 보존 프로그램은 "농업 생산에 문제 있는 토지를 환경적으로 관리하고 친환경 품질을 개선할 수 있는 식물종의 보존을 대가로 프로그램에 등록한 농부들은 연간 임대료를 납부"하는 농부들과 주 및 연방정부의 제휴 프로그램이다.[5] 농업용 습지 프로그램은 "습지를 복원하여 홍수 피해를 줄이고, 지표 및 지하수의 질을 향상시키며, 지하수 공급이 지속될 수 있도록 한다." 마지막으로, 목초지 보호 프로그램은 "토지 소유주들의 목초지 복원 및 보호에 도움을 준다."[7] 농가관리청(Farmers Home Administration, www.rd.usda.gov)은 레크리에이션 시설을 개발하는 지역 단체 및 농부들에게 신용 및 관리 자문을 한다. 순회교육서비스(Extension Service)는 도서벽지의 공동체 레크리에이션 계획을 지원하고, 농업대학의 순회교육 요원을 통해 여러 주에서 주 정부에게 야외 레크리에이션 개발에 대해 조언한다.

인디언업무국(Bureau of Indian Affairs, www.bia.gov)은 주로 건강, 교육, 경제 개발 및 토지 관리 같은 분야에서 아메리카 원주민들에 대한 서비스를 제공하기 위해 설립되었다. 이 기관은 또한 캠핑, 박물관 방문, 사냥 및 낚시 등 레크리에이션 목적으로 많이 사용되는 5,500개 이상의 호수와 약 5,600만 에이커에 달하는 아메리카 원주민 소유의 부동산을 운영하기도 한다.

보건복지, 교육 및 주거 프로그램

보건복지, 교육, 주거 및 도시 개발과 관련된 여러 연방기관이 지역사회의 다양한 사회적 요구 충족을 위해 설계된 레크리에이션 프로그램에 대해 자금, 기술 및 여타 형태로 지원한다. 연방 보건복지부의 아동 및 가정 관리청(www.acf.hhs.gov), 공중보건청(www.usphs.gov) 같은 부서가 이 분야에서 활동한다. 예를 들어 1965년에 제정된 노인법(Older Americans Act)으로 설립된 후 2016년에 재승인된 고령화관리청(Administration on Aging)은 노인들을 위한 종합 프로그램을 촉진하고 노인과 함께할 전문 인력 양성을 위한 훈련 프로그램 및 시범 프로젝트를 지원한다. 또한 고령화를 위한 신규 프로그램이나 확장된 프로그램 및 서비스에 대한 정보를 수집하여 이 분야의 연구를 지원한다.

재활관리청(www.rsa.ed.gov)은 신체적 정신적 장애가 있는 사람들이 고용을 얻고 완전한 삶을 영위할 수 있도록 고안된 직업 재활 프로그램을 위한 연방법을 수행한다. 1975년의 재활법 504조(차별 금지 조항)나 1990년 장애인법과 같은 연방법은 학교, 지방 정부 및 기타 기관들로 하여금 다양한 지역사회에서의 다양한 영역에서 장애인에게 평등한 기회를 제공하도록 압박할 수 있었다.

연방 주택 및 도시 개발부(HUD, www.hud.gov)는 1965년에 설립되어 도시 재생 및 계획, 공공주택 및 열린 공간을 포함한 다양한 연방 지원 프로그램을 책임진다. HUD의 주요 임무는 도시 개발에 있다. 주택 보유를 확대하고, 지역사회 개발을 지원하며, 차별 없이 저렴한 주택에 대한 접근성을 높이는 것이다. 493억 달러의 예산으로 지역사회 개발에 중점을 둔 다양한 프로그램을 관리한다. 1974년 최초 승인된 CDBG(Community Development Block Grant) 프로그램은 HUD의 가장 가치 있고 효과적인 지역사회 개발 프로그램이다. CDBG 기금 사용 사례로는 도로, 하수구 및 기타 인프라 투자, 또는 커뮤니티센터 및 공원을 들 수 있다. HUD는 또한 CDBG, HOME, 유스빌드(Youthbuild) 등의 보조금을 통해 주택 개발 및 재건 자금을 지원한다.

예술 및 인문학 지원

미국에서 여가 활동에 대해 연방이 관여하는 또 하나의 영역은 예술 및 광범위한 문화 활동에 대한 대중의 관심을 반영한다. 1965년의 예술 및 인문학에 관한 국가기금법(National Foundation on the Arts and the Humanities Act)에 의해 국립예술진흥재단(NEA, www.arts.gov)이 창립되어 2015년에 50주년을 기념하였다. 재단은 무용, 음악, 드라마, 민속 예술, 창작, 시각 매체 등을 포함하는 예술 프로그램과 문학, 역사, 철학, 언어 학습 등을 포함하는 인문학 지원 및 장려를 위한 독립된 연방기관이다.

1990년대에 논란이 있었던 일부 프로그램에 대한 강한 보수적 저항에도 불구하고, NEA는 2015년에 1억4천6백만 달러의 예산을 집행했다.[8] NEA 40년 역사를 통틀어 지역사회, 예술단체 및 예술가들에게 12만 건 이상의 보조금이 지급되었다. 2002년에 시작된 NEA의 국가 이니셔티브 프로그램(National Initiative Program)으로 2013년 들어 11개의 이니셔티브가 시행되었는데, 일 년 또는 여러 해에 걸쳐 지속되는 장단기 이니셔티브가 포함되었다. 이러한 이니셔티브에는 NEA 예술저널리즘연구소(NEA arts journalism institutes), 오퍼레이션 홈커밍(Operation Homecoming: Writing the wartime Experience, 역주-이라크 및 아프카니스탄 복무 후 복귀한 병사들을 대상으로 그들의 경험을 글로 쓰게 하는 프로그램), 아메리칸 마스터피스(American Masterpieces), 셰익스피어 인 아메리카(Shakespeare in American Communities), NEA 재즈 이니셔티브, 그레이트 아메리칸 보이스(Great American Voices), 시낭송 대회, 블루스타 박물관(Blue Star Museums)

문화 행사 참가는 여가 서비스 및 문화예술기관이 제공하는 공공 서비스의 중요 구성요소이다.

© Susan Montgomery/Shutterstock.

등의 프로그램이 포함된다.[9] 예술을 찬양하고 발전시키는 이니셔티브인 크리에이티비티 커넥트(Creativity Connects)는 "예술이 국가의 창의적 생태계에 어떻게 기여하고, 예술이 창의력을 원하고 활용하는 다른 영역과 어떻게 연결되는지 보여주기 위해" 2015년 NEA 50주년 기간 동안 시작되었다.[10] 이니셔티브는 예술가들이 최고의 작품을 만들기 위해 필요한 핵심 자원을 다루고, 예술단체와 비예술 부문 간의 파트너십을 지원하는 보조금 프로그램을 포함하는 계획이다.

체육 및 스포츠 진흥

레크리에이션과 관련된 또 다른 연방 프로그램은 대통령 직속 체육위원회(www.fitness.gov)이다. 1956년 청소년들의 건강 증진을 위해 제정되어 1968년에 스포츠에 대한 참여를 촉진시키는 프로그램을 포함하여 확대되면서, 위원회는 건강에 대한 대중의 인식을 장려하고 학교와 지역사회에 기반을 둔 스포츠 및 체육 프로그램 활성화를 위해 운영되었다. 미디어를 통한 전국적 캠페인과 많은 지역사회의 건강 클리닉을 후원했다. 이러한 노력은 2000년대에 걸쳐 지속되었으며, 주 및 연방의 목표와 지침, 학교 챔피언십 및 참가단의 피트니스 상을 제공한다. 지역사회 학교 시스템과 더불어, 많은 지역 레크리에이션 및 공원 단체와 전문 기관들이 이러한 건강 프로그램을 지원하고 있다.

주정부의 레크리에이션 관련 기능

레크리에이션 및 공원에 대한 주정부의 역할은 일반적으로 "헌법에 의해 연방정부에 위임되거나 금지되지 않은 권력은 각 주 또는 국민이 보유한다"라고 명시한 수정헌법 10조에 근거한다. 일반적으로 '주의 권리 수정(states' rights amendment)'이라고 불리는 이 수정안은 공교육, 복지, 의료 서비스 등의 분야에서 개별 주정부 권력의 원천으로 간주된다.

야외 레크리에이션 자원 및 프로그램

오늘날 각 주 정부는 공원 및 기타 야외 레크리에이션 자원의 네트워크를 운영한다. 주립 공원협회(NASPD, www.naspd.org)는 시설 및 지역의 범주를 다음과 같이 개발했다.[11]

♦ **주립공원 지역**: 자연 및 문화 자원의 보존을 위한 여러 가지 협력 프로그램과 이러한 자원이 지원하는 다양한 야외 레크리에이션 활동 포함.

- 레크리에이션 지역: 주로 활동적 레크리에이션 활동을 위한 기회 제공을 명확히 강조하는 지역. 이 범주에는 레크리에이션 해변, 워터 테마파크 등이 포함된다.
- 자연지역: 천연자원의 보호, 관리, 이해에 명백하게 중점을 두는 지역. 이 범주에는 황야, 빼어난 명승지, 자연보존, 조수보호구역등이 포함된다.
- 사적지: 역사적 고고학적 자원의 보호, 관리 및 이해에 중점을 두는 지역. 이 범주에는 역사적 기념비, 기념물, 성역, 박물관 등 역사적 고고학적 대상뿐 아니라 요새, 무덤 등과 같은 실제적 삶의 유적과 전쟁, 발견, 회의 등 역사적 사건이 일어났던 장소 등을 포함한다.
- 환경 교육장: 환경, 천연자원 및 자연보호 교육 프로그램의 운영에만 주로 활용되며, 자연센터, 환경교육센터, 야외 학습교실 등이 이 범주에 속한다.
- 과학 영역: 자연을 대상으로 프로세스 및 상호관계와 관련된 과학적 연구, 관찰 및 실험을 위해 독자적 영역이나 주요 영역으로 지정한다. 이 목적 이외의 활용은 부차적 범주에 해당된다.
- 트레일(*trail*): 주로 트레일형 레크리에이션 활동(도보, 자전거, 승마 등)을 위한 주립공원 시스템 영역 외부의 선형 구역. 일반적으로 트레일형 외의 활동을 보조하는 넓은 영역을 포함하지는 않는다.

1960년대와 1970년대 초 대부분의 주 정부는 주로 토지 및 수질 보전 기금의 자금을 지원받아 레크리에이션 및 공원을 확장했다. 뿐만 아니라 많은 경우에 수억 달러 규모의 주요 채권을 발행하기도 했다. 1990년대 들어, 많은 주들이 공원 개보수 및 신규 건설, 토지 확보를 위해 다시 주요 채권을 발행하여 자금을 확보했다. 열린 공간 및 자연의 아름다움은 광범위하게 지지되는 개념이었고, 대중들은 토지 확보 및 수질 정화 프로그램을 열렬히 지지했다. 주립공원은 대부분의 주민들이 가정과 가까운 곳에서 이용할 수 있는 야외 레크리에이션 체험으로 인식된다.

주립공원에 대한 참여는 USFS를 제외한 모든 국가 기관을 능가한다. 2014년 주립공원의 관람객 수는 2,100만 에이커(850만 헥타르)에 4억9백만 명이었다. 주립공원의 면적 규모는 국립공원 시스템의 18%에 불과하지만 방문객 수는 주립공원이 더 많다. 주립공원은 많은 시민들의 야외 레크리에이션 활동에 필수적이다(표 6.3 참조).

주에서 수행하는 기타의 기능들

주정부의 중요한 기능은 환경 문제에 있어서 지방정부와 함께 협력하고 지원하는 것이다. 어떤 지방도 주 전체를 관통하는 오염된 하천을 독자적으로 정화시킬 수 없기

표 6.3 선별된 일부 야외 레크리에이션 기관의 구역 수, 면적, 방문자 수

기관	구역 수	면적 (에이커, 단위:백만)	방문자 수 (단위: 백만)
국립공원관리공단	412	84	307
미국 산림청	1,477	193	205
미국 어류 및 야생 관리청	560	150	47
미국 국토관리국	238	245	57
미국 공병단	460	12	25
주립공원(50개 주)	10,235	18	409

출처: https://www.nps.gov/aboutus/news/release.htm?id=1784; https://www.nps.gov/aboutus/faqs.htm; https://www.fs.fed.us/about-agency; https://www.fws.gov/refuges/about/pdfs/NWRSOverviewFactSheetApr2013revNov032013.pdf; http://www.usace.army.mil/Missions/Civil-Works/Recreation/; http://www.stateparks.org/about-us/state-park-facts/; https://www.blm.gov/wo/st/en/info/About_BLM.html; http://www.usace.army.mil/Missions/Civil-Works/Recreation/

때문에 도시 계획, 레크리에이션 자원 개발 및 보존의 광범위한 영역에서 주 전역 차원으로 또는 매우 지역적 차원으로 문제에 접근해야 한다. 그러한 계획에서, 지역사회와의 다양한 연방 관계적 측면들을 고려하여 주정부는 활동의 촉매이자 국가와 지방정부 사이의 필수 연결고리의 역할을 수행한다.

많은 주 정부들은 창의적 문화 활동의 다양한 영역에 비영리 기구 및 수행 그룹이나 기관들을 위해 자금을 배분하는 사무국이나 후원위원회를 둔다. 주가 후원하거나 지원하는 레크리에이션의 대표적인 활동이 주 박람회(state fair)이다. 이 용어는 미국 전역에서 매년 개최되는 다양한 박람회 및 전시회를 포괄하며, 카니발, 농축산물 전시와 경연, 농기구 전시회 및 기업이 주관하는 모든 유형의 특별 전시회 등을 포함한다. 그러한 박람회들 중 대부분은 열심히 준비하는 많은 주들과 공공이 소유하여 운영하는 비영리 기구에 의해 개최된다. 매년 약 1억6천만 명의 사람들이 참여하는 가운데 도시와 주가 적극적으로 홍보하고, 농업 등 여타의 지역 산업이나 관광 홍보를 위한 볼거리를 제공할 뿐 아니라 다양한 형태의 오락을 제공한다.

주정부의 주요 기능은 여가 참여로 인해 얻을 수 있는 경제적 발전을 위해 여가의 모든 측면을 홍보하는 것이다. 많은 주들이 야외 레크리에이션 벤처, 관광 캠페인, 지역 복구 프로젝트 및 관광객 유치와 지역 경제 회복을 위한 다양한 노력을 지원하고 조정한다. 도시 및 시골 지역의 여행과 관광은 경제에 점점 더 중요한 요소로 부각되고 있다. 모든 주는 지역 차원에서의 리더십과 각종 지원, 그리고 자금을 제공하고 있다.

사례 연구

앨라배마 주립공원 '더트 패스'

모든 공원과 레크리에이션 기관은 주민들의 요구와 기대를 충족시키기 위해 노력한다. 주립공원 시스템뿐 아니라 국립 공원 시스템 역시 역사적으로 자금 부족에 노출되어 왔다. 주 당국의 긴급 사회기반 시설 및 여타의 사회적 요구와 필요에 따라, 종종 자금 조달 과정에서 천연자원에 대한 지원은 후순위로 밀린다. 그 결과, 주립공원에는 시설의 유지 보수 중간에 종종 자금 부족에 시달리기도 한다. 때로는 낡은 시설 및 공원의 개보수보다 새로운 프로젝트에 주의회로 하여 금 자금을 조달하도록 설득하는 일이 더 쉬울 수 있다. 2016년 앨라배마 주립공원은 예기치 않은 예산 삭감으로 인해 다섯 개의 공원이 폐쇄될 예정인 이례적인 도전에 직면했다.

앨라배마의 예산 위기는 매우 현실적인 문제였다. 5년간 약 3천만 달러의 예산이 주립공원 예산으로부터 주의회가 필 수 공익사업이라고 간주하는 사업으로 이전되었다. 일부 지역사회가 자신들의 지역 공원을 열기 위해 주와 협상을 했 다. 공원을 개방하여 유지하는 데 도움이 되도록 요금도 인상했다. 2016년까지 주립공원은 자체 조성 기금(입회비 등) 과 최근 몇 년 동안 현저히 감소한 연방 기금으로부터 미미한 운영 예산의 대부분을 창출하고 있다.

개방되어 남아 있는 공원들조차 인력을 상당히 줄이고 운영 및 유지보수에 필요한 예산이 거의 없는 상태이다. 2016 년, 앨라배마 주법 개정안이 79.7%의 찬성으로 승인되었다. 이 개정안은 주의회가 주정부 공원 기금을 다른 용도로 전 용하는 것을 금하고, 주정부 기관인 천연자원 보존 부서가 비정부 단체와 계약을 맺어 토지 및 시설의 운영 및 유지 관 리를 할 수 있게 허용한다.

주립공원은 공원 수익을 증가시킬 창의적인 방법을 모색하고 있다. 그 한 가지 접근법이 '더트 패스(Dirt Pass)'로, 35달 러에 이 패스를 구매함으로써 주립공원의 트레일 프로그램에 참여할 수 있게 한 것이다. 패스는 고무로 만들어진 손목 밴드로, 선택한 주립공원 트레일 시스템의 유지 관리에 기여한다.

야외에서의 걷기 활동은 전국적으로 가장 인기 있는 야외 레크리에이션 활동 중 하나이다. 더티 패스에서 창출되는 수 익금은 주에서의 트레일 시스템의 개선 및 관리에 중점을 둔다.

생각해 볼 문제

1. 지역공원 시스템은 어떻게 자금이 조달되는가?
2. 지방정부가 지역공원 시스템을 유지하기 위해 세금을 써야 한다고 생각하는가?
3. 지역공원을 이용하는 사람들에게 자신들의 내는 세금 외의 추가 요금을 지불하라고 하는 게 적절한가? 답변에 대 한 근거를 설명하라.
4. 당신이 내는 요금이 지역공원의 운영 및 유지 관리에 들어간다면 지역공원에 대한 당신의 지지를 보여주기 위해 기 꺼이 자발적 요금을 지불하겠는가?
5. 지역공원을 위한 자금 조달을 대체할 만한 아이디어는 어떤 것이 있는가?

출처: http://www.alapark.com/alabama-state-parks-funding; accessed 02/8/17.
https://ballotpedia.org/Alabama_Rules_Governing_Allocation_of_State_Park_Funds,_Amendment_2_(2016); accessed 02/8/17;

장애인은 스포츠에 적극적으로 참여하며, 때로는 비장애자와 함께하기도 한다.

© Shariff Che' Lah/Dreamstime.com.

치료 레크리에이션 각 주 당국은 자신들이 후원하는 정신병원이나 정신건강센터, 발달 장애인들을 위한 특수학교, 또는 범죄자 교정시설 같은 기관에서 직접 레크리에이션 서비스를 제공한다. 치료 레크리에이션 전문가를 고용하는 시설의 가장 큰 네트워크는 비록 탈 기관화 정책으로 인해 그 수가 감소하기는 했지만, 세금으로 지원되는 주 정신보건시스템 및 그와 유사한 조직이다.

전문성 향상 촉진 각 주 당국은 인적 표준을 개발하고 각종 회의 및 연구 지원을 통해 레크리에이션과 공원의 효과적 리더십 및 관리적 관행을 증진시키지만, 주정부의 주요 공헌은 주립대학의 전문 레크리에이션 담당자 양성에 있다. 전문 레크리에이션 및 공원을 위한 커리큘럼을 운영하는 미국의 대학들 중 상당수가 주립대학 시스템의 일부이다. 또한 많은 주정부 기관들은 도시와 지역의 레크리에이션 및 공원 부서에 대한 연례 조사를 실시하여 시설, 재정 관행 및 인력에 따른 연구 결과를 발표함으로써 전문적 발전을 지원한다.

표준 개발 및 시행 각 주 당국은 표준(standard) 및 고용 절차(hiring procedures)를 수립하거나 공무원 시험, 각종 인증 및 레크리에이션과 공원에 대한 인적 등록 프로그램의 검증을 통한 심사 기능도 가지고 있다. 예컨대 어떤 경우는 캠핑과 유사한 환경에서의 보건 및 안전 관행에 관한 표준을 개발하기도 하였다. 주 당국은 안전 규정을 적용하고, 시설 표준을 촉진하며, 장애인을 수용할 수 있는 레크리에이션 자원을 확보하고, 특정 유형의 상업적 관광지에 대한 규제나 금지 조치를 취하며, 경우에 따라 캠프, 수영장 또는 기타 시설에 대한 정기 점검을 수행한다.

지역정부의 역할

비록 연방정부 및 주정부가 미국에서 주요 형태의 레크리에이션 서비스를 제공하지만, 연중 내내 계속되는 레저 요구를 충족시키는 책임은 지역정부 기관에 있다. 이러한 범위에는 마을, 특수 공원 지구, 그리고 지리적으로 더 큰 지역을 포함하는 단위에서 도시, 마을, 기타 정치적 구획에 이르기까지 다양하다. 미국의 레크리에이션과 공원의 경우, 연방 정부에 속하지 않는 모든 권한은 주에 귀속된다. 결국, 지방정부는

일리노이 공원 지구 시스템

일리노이 공원 지구 시스템은 독특한 시스템은 아니지만, 미국 내 가장 큰 공원 지구 중 하나이다. 공원 지구는 레크리에이션, 공원, 레저 서비스, 그리고 프로그램을 통해 뚜렷이 구별되는 사람들에 대해 서비스를 제공하는 지리적 정치적으로 독립된 별도의 과세 구역이다. 이 구역들은 주정부에 의해 제정되어 해당 지역 차원에서의 투표로 만들어졌다. 각 지구에는 공원 지구의 운영을 담당하는 선출된 위원회가 있다. 그들은 일상적 업무를 수행하기 위해 전무이사 및 직원을 고용하는 전형적인 정책결정위원회이다. 대부분의 지역공원과 레크리에이션 시스템이 다른 도시의 기관 및 자원들과 경쟁하는 지방정부 조직하에 운영되는 것에 비하면 이러한 시스템은 독특하다. 공원 지구의 독립적 지위는 투자를 일으키고 지방정부의 일부 기관에 비해 갈등과 경쟁이 없는 상태에서 서비스를 제공할 수 있게 한다. 그렇다고 이 시스템이 공원지구를 지방정부 및 여타 도시 계획 기관 등과의 관계 형성 필요성을 배제하는 것은 아니다. 공원 지구가 도시나 학군과 같은 전통적인 정치적 경계를 반드시 준수해야 하는 것은 아니다. 일리노이주 공원지구협회(www.ilparks.org)는 291개 공원 지구, 9개 삼림보호지구, 5개 보호구역, 25개 특수 레크리에이션협회, 27개 시립공원 및 레크리에이션 기관, 1개의 주정부 기관, 103개의 단체 회원으로 구성되어 있다.[12]

주 의회에서 통과된 법률이나 다른 특별 헌장이나 준칙을 통해 권한을 확보해야 한다. 정부의 모든 부서들 중에서, 기초 지방정부는 국민들에게 가장 가까우므로 가장 광범위한 레크리에이션 요구를 충족시킬 수 있다.

지방정부 및 특수 공원 구역 프로그램

주정부와 지방정부 기관 간의 중간 기구로서 지역 또는 특별구의 공원 및 레크리에이션 단위가 일차적으로 대규모 공원 및 기타 야외 레크리에이션 자원을 제공한다. 이들은 또한 특수 인구를 위한 서비스, 즉 노령자나 장애를 가진 사람들을 위한 프로그램뿐 아니라 미술 및 공연 예술과 같은 모든 주민들을 위한 서비스를 후원할 수 있다.

20세기 초에는 지역정부의 기능은 상대적으로 제한적이었다. 하지만, 제2차 세계대전 이후, 대도시 주변 교외 인구의 급격한 증가는 많은 지역정부들에게 새로운 영향력과 힘을 주었다. 지역정부는 수많은 연방 보조금 프로그램을 흡수하고 조정하는 기초가 되었다. 그 결과, 지역공원 및 레크리에이션 부서가 빠르게 확장되었다.

지역공원 및 특수 공원 지구

캘리포니아, 일리노이, 오레곤, 그리고 노스 다코타 주를 포함한 몇몇 주들은 특수 공원 및 레크리에이션 지구의 설립을 허용하는 법안을 시행할 수 있었다. 일리노이는 삼림보호구역을 포함한 300개 이상의 특수지구가 있다. 공원 및 레크리에이션 지구를 가진 다른 주의 사례로는 캘리포니아, 오하이오, 오리건, 노스다코타 등이 있다.

많은 특수 레크리에이션 및 공원 지구는 인구 밀집 지역에 위치해 있다. 경우에 따라서는 다수의 분리 독립된 지역과 자치구를 묶어 하나의 구조로 포함할 수 있다. 종종, 특수 공원 지구 및 지역정부는 복합적인 노력으로 활발한 토지 확보 프로그램을 수행하거나 개방 공간을 보호하기 위한 다른 수단을 부여할 수 있다. 많은 지역에서 주택 개발업자들에게 지역사회 레크리에이션 구역을 따로 정하도록 하는 법을 제정했다. 예를 들어, 펜실베니아는 도시 및 지역이 개발자들에게 개발 토지의 일부에 대한 기부채납을 의무화하거나 주 법규에 규정된 다른 대안으로 수령할 수 있는 권한을 부여한다. 대안의 사례로 개발자가 요금을 대납하게 하거나, 가까운 공원 및 레크리에이션 시설을 개발하게 하거나, 민간의 예비 공간을 공원 및 레크리에이션 목적을 위해 편입하게 하는 방법이 있다.[13]

자금과 토지를 확보하기 위해 도시 및 지역에서 사용하는 또 다른 일반적 접근법은 신규 주택 소유자에게 '개발 편익 비용(impact fee)'을 징수하는 방법이 있다. 개발 편익 비용은 현재의 납세자들이 신규 개발에 대한 비용을 지불할 필요가 없다는 개념에 기초한 것으로 지역사회 개선을 위한 비용은 신규 소유자가 지불해야 한다. 공원 및 레크리에이션 부서가 이 자금을 지원받는다. 일부 지역정부는 건설 추세를 막거나 줄이기 위해 영구 그린벨트를 지정하기도 한다. 강화된 구역 정책과 더 넓고 보다 집중화된 열린 공간을 갖춘, 또한 넓고 보다 밀집된 개방된 공간을 가진 주거 구역을 만드는 보다 유연한 건축 규정이 이러한 정책에 도움이 된다.

지방정부의 레크리에이션 및 공원 부서

지방정부는 일반적으로 시군구와 같은 정부의 지방 정치 단위를 기술하는 데 사용되는 용어로서, 도로 유지, 경찰 및 소방, 교육 등과 같은 직접적 지역사회 서비스를 제공하는 책임을 진다. 대부분의 지역은 지방정부에 의존하여 대부분의 중요한 레크리에이션 및 공원 시설과 프로그램 기회를 제공하는데, 이러한 활동은 한편으로 자원봉사 단체 및 민간 영리기관을 통해서도 제공된다.

이러한 책임 인식의 확산에 따라, 제2차 세계대전 이후 미국에서 지방정부의 레크리에이션과 공원 기관은 부서의 수, 레크리에이션 및 공원 면적의 규모, 계절에 따른 시간제 및 정규직 인력의 규모, 그리고 총 비용 측면에서의 지속적 증가와 더불어 빠르게 확장되었다.

지역 공원 기관

미국 전역의 지역공원 시스템은 매우 일반적이다. 시애틀을 포함한 워싱턴 킹 카운티(King county)는 많은 지역공원 기관을 대표하며, 대부분의 노력은 천연자원 관리에 초점을 두고 있다. 킹 카운티 공원의 임무는 "지역 및 시골 공원, 산책로, 자연 지역, 삼림 및 레크리에이션 시설에 대해 환경적으로 건전한 관리를 통해 지역사회를 위한 삶의 질을 향상시키는 것이다." 킹 카운티 공원은 1938년에 비교적 작은 150에이커에서 2011년 200개의 공원, 175마일의 지역 트레일, 180마일의 산악 트레일 등을 포함하는 28,000에이커를 넘어서는 규모로 성장했다. 주요 천연 자원의 관리 외에도 공원 시스템은 더 기업가적으로 변모해야 하며, 운영 예산에 대한 책임을 강화하고, 시스템 및 직원들을 위한 성과 측정 방법을 수립함으로써 자금 조달 방식에 있어서의 변화를 모색해야 했다.[14] 미국 전역의 지역공원 시스템은 새로운 자금원의 개발, 효율성 강화, 파트너십 활용 및 효율성 제고에 어려움을 겪고 있다.

지방정부 기관의 기능과 구조

서비스 제공을 위한 가장 일반적인 구조는 공원 및 레크리에이션 부서이다. 일부 경우에 있어서, 공원과 레크리에이션은 도서관, 보조기관 등 다른 사회적 서비스 기관들을 포함하기도 한다. 또 일부 부서들은 별도의 독립된 부서로 유지되기도 한다.

여타의 지방정부 기관들 또한 그들 자신의 임무와 관련한 특별 여가 서비스를 후원할 수 있다. 여기에는 (1) 청소년서비스센터 또는 리그를 운영하는 경찰서, (2) 탁아소 또는 노인센터를 운영하는 복지부서 및 사회 복지 기관, (3) 학교 밖의 청소년이나 비행 청소년들에 초점을 맞추는 청소년위원회, (4) 보건 의료 기관, (5) 프로젝트에 때때로 레크리에이션 센터를 포함하는 공공 주거 부서, (6) 공연 예술 프로그램 또는 시민 축제를 후원하는 문화부서나 위원회, (7) 학교 시스템 및 지역 대학 등이 포함된다.

지방정부 기관의 프로그램

지방정부 레크리에이션 및 공원 부서는 게임 및 스포츠, 수중 프로그램, 야외활동 및 자연 지향적 프로그램, 미술 및 공예, 공연 예술, 장애인을 위한 특수 활동, 사회적 프로그램, 취미 집단, 그리고 여타의 놀이터 및 커뮤니티센터 활동 등의 범주에서 프로그램을 운영한다.

여기에 더해, 공공 레크리에이션 및 공원 부서는 국경일 행사, 페스티벌 프로그램, 취미 예술 전시, 스포츠 대회 등의 대규모 특별 이벤트를 후원하기도 한다. 또한 이러한 부서는 다른 지역사회 기관으로 하여금 활동을 조직하고 홍보 및 계획할 수 있도록 지원한다. 리틀 리그나 미국리전야구(**American Legion Baseball**)와 같은 어린이와 청소년들을 위한 스포츠 프로그램은 코칭, 기금 모금, 일정을 포함한 활동의 대부

사례연구

....

차세대 도시공원

도시공원은 17세기 중반 보스턴커먼과 19세기 초 뉴욕의 센트럴파크가 만들어진 이래 미국 사회의 일부가 되었다. 각각의 공원은 각기 다른 방식으로 정의되었지만, 대규모 도시공원 운동을 불러일으키는 데는 센트럴파크가 이상적이었다. 175년 동안 공원을 정의해 온 운동은 때로는 재고되기도 했고, 논쟁의 대상이 되었으며, 도전을 받기도 했었지만, 많은 지역사회에 이상적인 공간으로 유지되고 있다.

인구의 급증, 도심 지역의 부활, 지역사회가 공원을 제공하는 방법을 재고해야 한다는 인식, 그리고 많은 사람들이 녹색 공간을 이용하게 하려는 욕구로 인해 21세기의 도시 공원의 개념이 많은 주목을 받고 있다. 전통적으로 공원과 레크리에이션 전문가들이 그 토론을 주도해 왔다.[a] 토론, 그러나 변화의 동력은 비영리 단체, 지역사회 단체 및 구성원들로부터 점점 더 많이 나오고 있으며, 이들은 모두 자신의 지역사회에 헌신하고 있다.

켄터키 주 루이빌(Louisville)은 풍부한 공원 유산을 가지고 있다. 1891년, 그들은 센트럴파크의 두 디자이너 중 한 명인 옴스테드(Frederick Law Olmsted)와 공원 시스템을 만들기 위해 계약했다. 그 결과는 나무들이 줄지어 늘어선 대로와 연결된 세 개의 주요 공원이었다. 옴스테드파크는 국가와 지방의 보물로 지정된 공원 시스템의 첫 사례로 간주된다. 2001년 이 지역사회는 루이빌옴스테드파크관리단 단장으로부터 "옴스테드파크처럼 우리 세대가 루이빌에 향후 100년 동안 영향을 미칠 수 있는 사업을 생각할 수 있도록 도와달라"는 과제를 받았다.

미네소타주 미니애폴리스(Minneapolis)에서 공원재단(Parks Foundation)은 공원 개발에 지역사회 참여를 촉진하기 위한 일련의 계획을 수립했다. 이 재단은 '차세대 도시공원(Next Generation of Urban Parks)'이라는 개념을 수용했다. 세계 곳곳의 혁신적인 공원 디자인에 초점을 맞춘 일련의 강의가 후원되었다. 어린 학생들이 지역사회를 이해하고, 환경에 대한 책임을 공유하며, 공공의 의사 결정 과정에 참여하는 것을 배울 수 있도록 하는 교육 과정이 만들어졌다. 더불어, 재단은 창의적 디자인을 위해 미네소타대학교 디자인대학과 제휴를 맺었다. "리버퍼스트(RiverFirst)"라고 명명된 첫 번째 계획 중 하나는 선형 공원(linear park)으로, 미래 세대를 위한 강변 공원을 만드는 것이었다. 창작 과정의 일환으로 일련의 디자인 경연대회가 진행되었다. 그 결과 미니애폴리스 공원 및 레크리에이션 이사회는 이 프로젝트를 정착시키고 지속적인 투자를 장려할 구체적인 목표 과제와 더불어 20년 개발 계획을 수립할 수 있었다.

공공토지신탁(Trust for Public Land)의 도시공원센터(Center for City Park Excellence)는 공원의 성공 요인, 공원이 지역사회와 사용자의 사회적, 경제적, 생태학적 가치에 미치는 영향, 그리고 공원이 지역 활성화에 기여하는 영향 등 공원 연구에 매진한다.[d] 또 다른 비영리 단체인 도시공원연맹(City Parks Alliance)은 도시공원에 헌신하는 다양한 범위의 사람들과 도시 및 환경에 대한 그들의 기여에 초점을 맞추고 있다.[e]

지역사회가 광범위한 사회경제적 문제, 도전 과제, 주민들로부터의 기대를 다루면서, 그들은 정부 단독으로 그러한 일들을 처리할 수 없다는 것을 깨달았다. 도시공원의 개념과 역할에 대한 재인식은 1990년대 초반부터 주요 국가적 논의 과제였으며, 경제적 난제로 인해 많은 지방 및 주 정부에서 기존의 서비스를 유지하고 새로운 공원 및 휴양지를 개발할 능력이 떨어지면서 이러한 논쟁은 더욱 첨예해졌다. 비영리단체들은 도시공원의 개념, 디자인, 경영의 미래 잠재력에 상당한 영향을 미치고 있다. "차세대 도시공원" 개념의 일부는 정부, 비영리단체, 기업, 그리고 지역사회단체와 각 단체들 간의 협력 관계를 더욱 확대하여 지역사회를 이해하고 헌신으로 나아가는 촉매제 역할을 하고 있다.

생각해 볼 문제

1. 여러분의 동네에 도시공원이 있는가?

2. 도시공원으로부터 얻는 편익이 있을까? 만약 그렇다면, 어떤 이득인가?

3. 어떻게 하면 여러분의 지역사회가 도시공원을 조성하거나 재생하는 일에 나서게 할 수 있을까?

출처

a. The Parklands of Floyd's Fork (21st Century Parks, Inc.), "A Dream Realized Through 21st Century Parks": http://theparklands.org.

b. 21st Century Parks, "Bringing Nature Into Neighborhoods": http://21cparks.org.

c. Walker Art Center Magazine, "The Next Frontier for Minneapolis Parks": www.walkerart.org/magazine/2012/next-frontier-minneapolis.

d. Trust for Public Lands (TPL) Center for City Park Excellence: www.tpl.org/research/parks/ccpe.html.

e. City Parks Alliance: www.cityparksalliance.org.

분을 실제로 관리하는 관심 있는 학부모 단체 및 공공 부서와 공동으로 후원하기도 한다. 마찬가지로, 시민들을 위한 오페라나 연극협회 같은 많은 문화 프로그램들이 공공 레크리에이션 부서의 도움을 받아 이루어진다.

다양한 프로그램에 대한 강조

도시에는 레크리에이션 및 공원 운영에 있어서 공통적으로 고유하게 강조되는 경향이 있는 프로그램들이 있다. 네바다 주 헨더슨(Henderson)은 4개의 연중 무휴 실내 수중센터, 7개의 계절용 수영장, 8개의 다목적 레크리에이션센터(노인센터 포함), 5개의 주요 야외 스포츠 공원, 한 곳의 조류 보호구역, 소규모 도심공원에서 대형 공원에 이르는 65개가 넘는 공원, 원형극장을 갖춘 야외 이벤트 센터 및 부속 건축물, 별도의 컨벤션 센터 등이 있다.[15]

켄터키 주 루이빌은 옴스테드(Frederick Law Olmsted)가 디자인한 4개의 최고의 공원 시스템 중 하나로 그의 공원 시스템 개발 초기의 주요 작품으로 간주되는 공원 등 공원 및 레크리에이션의 풍부한 유산을 보유하고 있다. 이후 루이빌은 공원 개발에 대한 충분한 투자로써 옴스테드의 유산을 유지하는 동시에 레크리에이션센터, 골프코스, 경기장, 역사 유산 및 노인들을 위한 레크리에이션 프로그램, 예술 프로그램, 청소년 프로그램, 장애인을 위한 프로그램, 여름 캠프 등등의 강력한 레크리에이션 시스템을 개발했다.

건강 프로그램　많은 도시들은 보건, 건강, 스포츠 증진을 위해 특별 프로그램을 시행해 왔다. 텍사스 샌안토니오의 공원 및 레크리에이션 부서는 '공원에서의 건강'이라는 제목으로 다양한 프로그램을 후원하는데, 이 프로그램들은 모두 무료이다. 이용 가능한 다양한 프로그램에는 훈련소 프로그램(Boot Camp), 서킷 트레이닝(Circuit Training), 어린이 프로그램, 모자 건강 프로그램, 댄스, 요가, 필라테스 등이 있다. 프로그램은 장애인을 포함하여 연령, 건강, 능력 수준에 관계없이 전체를 대상으로 한다. 일부 프로그램은 노인, 임산부, 청소년과 같은 특정 그룹을 대상으로 한다. 2011년부터 시는 공원 내 피트니스 장비 설치와 피트니스 프로그램의 실시에 초점을 두기 시작했다. 이 프로젝트는 시장 직속 건강위원회, 시 공원 및 레크리에이션 부서, 시 보건소가 결합한 공동 계획이었다.

　　콜로라도 주 덴버시의 센트럴 덴버 레크리에이션센터는 2천만~2천5백만 달러 규모로 건설될 예정이다. 지역 레크리에이션센터로 계획되어 2층에 5,600m² 이상 규모의 사용자 공간이 들어설 예정이다. 레크리에이션 및 경기 목적의 실내 수영장, 대규모 피트니스 및 체력 단련 구역, 다목적 체육관 및 교실, 유아 및 어린이 보호 구역 및 대단위 운동 공간을 포함한다. 한편 이러한 프로그램의 한쪽 끝에는 면적(8,897 평방마일)으로 미국에서 17번째로 큰 카운티이며 인구 만 명이 있는 네바다 주 화이트 파인 카운티(White Pine County)는 2013년 엘리(Ely)에 새로운 수상 시설을 개장했다. 이 시설은 수십 년 만에 처음 개장한 시설로, 다양한 수상 레크리에이션 및 피트니스 활동을 통한 서비스 제공에 초점을 맞췄다. 시골지역에서는 주민들의 휴식과 공원 서비스 제공을 위해 고군분투하는 경우가 많다.

인간적 삶을 위한 서비스 기능　많은 지역 레크리에이션 및 공원 기관들은 인간적 삶 및 사회적 요구 충족을 위한 프로그램 영역으로 활기차게 이동했다. 예를 들어, 캘리포니아 가드나(Gardena)시의 레크리에이션 및 휴먼 서비스 부서는 청소년 서비스, 개인 및 가족 상담, 그룹 상담, 지도교사 워크샵, 약물 중독 상담, 방과후 활동, 가족 및 아동 상담원 프로그램, 청소년 및 성인 상담, 노인 봉사 및 음식 프로그래밍, 그리고 알츠하이머나 정신질환자를 대상으로 하는 돌봄 프로그램 등을 포함하는 매우 다양한 프로그램을 제공한다.

종종 지역 레크리에이션센터에서 운동 강좌가 제공된다.

© iStockphoto/Thinkstock/Getty.

지난 20년간의 추세는 레크리에이션 및 공원 프로그램을 통해 주도적인 역할을 수행하는 다단계 부서를 개발하는 것이었다. 따라서 지역사회 서비스를 통합한 부서가 해변 관리, 주차 관리, 특수 건물, 도서관 및 기타 특수 공공시설이나 프로그램에 대한 관리 책임을 가질 수 있다. 보다 큰 도시의 레크리에이션 및 공원 부서는 경기장, 컨벤션센터, 방파제 및 마리나 항, 또는 도시 공항의 관리 책임을 포함할 수 있다.

유료 프로그램

수익원 확대를 추구하는 보다 비즈니스 지향적인 정부 노력에 부응하여, 유료 프로그램이 레크리에이션 및 공원 부서에서 확대되었다. 공공 레크리에이션과 공원 내 많은 프로그램 요소나 시설 회원들에게 상당한 요금을 부과하는 추세가 확립되어 있다. 유료 프로그램을 선호하는 사람들은 이것이 풍부한 프로그램 및 서비스를 개발하는 논리적 수단을 제공하고 공동체 생활에서 레크리에이션 기능 및 기관의 역할을 강화한다고 주장한다. 레크리에이션과 공원에 활용할 수 있는 세수가 지속적으로 감소함에 따라, 많은 기관들은 유료 프로그램이 살아남을 수 있는 수단이라고 생각한다. 다른 기관들은 정부 기금의 후원을 통해 이용할 수 없는 서비스를 제공하기 위해 유료 프로그램을 시행하고 있다.

일부 비판자들은 공공 레크리에이션 프로그램 참여에 따르는 비용을 지불할 여유가 없는 어린이와 청소년, 노인, 장애인, 가난한 사람들을 차별하는 정책이라고 주장한다. 따라서 이러한 정책이 공공 레크리에이션 및 여가 프로그램이 가지는 근본 임무에서 후퇴한다는 것을 의미한다. 어떤 경우에는, 도시나 다른 공공 레크리에이션 및 공원 기관들이 가난한 가정이 참여할 수 있도록 요금 할인, '장학금' 또는 가격 유연화 정책을 제공하기도 했다. 이러한 정책은 부유한 도시나 교외 지역에서는 일반적으로 수용할 수 있지만, 사회 경제적으로 낙후된 도심 지역 및 빈곤 지역에서는 제대로 작동할 수 없다. 일부 도시에서는 레크리에이션 시설이나 프로그램 정책에 동반되어야 하는 사회적 우선순위를 평가하고, 이 평가에 따라 기본요금을 부과하는 정책을 수립하였다.

다양한 편의 시설을 갖춘 아쿠아센터는 공원 및 레크리에이션 공공기관, 영리기업 및 리조트에 통합된 인기 있는 연중 활동이 되었다.

Courtesy of Amy Hurd.

도시 공원은 시민들이 여유로운 공간에서 여가를 즐길 수 있도록 한다.

© Siri Stafford/Lifesize/Thinkstock/Getty.

대도시에서의 혁신적 발전

이 책의 다른 장에서 볼 수 있듯이 예산 부족, 범죄 증가 및 인프라 감소, 유지관리 서비스의 감소와 관련된 문제는 공공, 비영리 및 영리적 여가 자원이 제한된 오래된 도시에서 보다 심각하게 나타나는 경향이 있다. 레크리에이션 및 공원 관리 당국은 여가를 위한 시설 및 프로그램을 확장하고 유지관리의 개선을 위해 노력하고 있다. 2014년에 워싱턴 주 시애틀 주민들은 부동산세를 시애틀 공원 지구 조성에 투입하는 정책을 승인했다. 공원 지구의 조성은 부분적으로는 공원을 위한 보다 안정적 재원의 필요성에 대한 대응이었다. 재원 조달 첫 해인 2016년에 4,700만 달러의 예산이 공원 지구의 운영 및 자본 개선을 위해 제시되었다. 미국의 많은 도시들과 마찬가지로, 공원과 레크리에이션 시설의 유지관리를 위한 재정 지원은 실제의 요구와 기대에 부응하지 못했다. 자금 부족으로 인해 유지관리가 제대로 되지 않는 경우를 '유지관리 유예(deferred maintenance)'라고 한다. 유예된 유지관리는 한정적 재원을 갖는 조직의 예산 및 운영에 있어 심각한 문제가 될 수 있다. 2016년 예산은 유예된 유지관리에 따른 예산이 3천1백만 달러로 확인되었는데, 놀이터의 새로운 시설, 7개 커뮤니티센터의 재건, 동물원의 대규모 개선 및 기타 지역 사회 주요 프로젝트에 초점이 맞춰져 있다. 장기 자본 예산(수년에 걸친 주요 프로젝트에 전용되는 기금)은 프로젝트가 지연된 "최우선 과제(Fix it First)"를 위해 1억 3,700만 달러를 목표로 삼았는데, 그중 4,400만 달러는 미래 프로젝트 수립을 위해, 440만 달러는 재개발을 위해, 160만 달러는 공원 및 시설의 유지보수를 위해 책정되었다.[18]

시애틀 공원 지구는 운영의 유지관리, 새로운 시설 건설 및 시설 개선 외에도 커뮤니티센터에서의 지역사회 구성원 경험의 향상을 목표로 하는데, 더 많은 레크리에이션 기회 제공을 위한 제휴 프로그램 창출, 대중 공연 및 행사를 통한 공원의 예술성 강화, 젊은이들뿐만 아니라 노인들을 위한 프로그램, 장애인의 요구 충족 등에 중점을 둔다.[19]

이러한 환경 및 마케팅 기반 노력과 더불어 많은 도시 레크리에이션 및 공원 기관들은 또한 자신들의 전반적인 서비스를 공식화하고 방향성을 제시하는 데 적극적으로 나서고 있다.

사례 연구

공공 공원 및 레크리에이션은 어떻게 자금 조달되는가?

공공 공원 및 레크리에이션 자금 조달은 민간 기업 운영과 매우 다르다. 정부는 선출된 의사결정권자와 선출직 연방·주·지방의원, 시군구 공무원 및 시의회에 의해 운영되며, 공원 및 레크리에이션 기금 조성을 위해 주정부가 정한 범위 내에서 법령을 제정한다. 공공 공원 및 레크리에이션을 위한 기금은 지역 사회, 카운티, 주 또는 연방 차원을 포함한 여러 재원을 통해 조달할 수 있다. 이것은 공공 기관이 적절한 수준의 자금을 확보할 수 있도록 하는 복합적인 방식으로 이루어진다. 공원과 레크리에이션은 거의 자체 재원을 확보하고 있지 않으며 지역 수입원에 대해 다른 지역이나 주정부 기관과 경쟁해야 하는 경우가 많다. 이 사례 연구의 목적상, 공공기관의 네 가지 기본 수입원으로는 의무에 따른 수입, 수익 사업에 따른 소득, 계약에 따른 수입, 파트너십 및 협업에 따른 수입이 있다. 의무에 따른 수입에는 세금, 면허 또는 정부가 제정한 여타의 수입원으로부터 확보되는 정부 기금을 포함한다. 가장 일반적인 의무 수입으로는 재산세, 판매세 및 주 및 지방 소득세가 포함된다. 기타 자주 거론되는 의무 소득원으로 도로 또는 하수도 건설과 같은 특수하게 평가되는 세금이 포함되지만, 공원 및 레크리에이션 개발, 신규 택지 개발과 같은 지역 사회의 특정 지리적 영역에 대해 근린공원 조성을 위한 기부채납이 포함될 수 있다. 수익사업에 의한 소득은 공공기관이 제정한 수수료 및 비용에서 발생하는 현금 수입이 포함된다. 여기에는 입회비, 프로그램 수수료, 입장료, 장소 및 시설 사용료, 물자, 장비 판매, 기념품점 운영, 임대료 및 특별 사용 수수료 등이 포함된다. 계약에 따른 수입은 법적 합의에 따른 개인이나 비영리 단체와의 계약에 의해 창출되는 기금이다. 이러한 계약에는 공공시설 관리(테니스센터), 시설 및 장비 임대, 특별 운영 관리(골프장, 실내 시설 또는 선착장 등)가 포함될 수 있다.

파트너십 및 협업은 상호 목표를 위해 일하는 두 개 이상의 조직 간 계약이다. 파트너십은 일정 기간 또는 불확정 기간 동안 지속될 수 있다. 파트너십의 성공 여부는 각 조직이 자신들의 필요를 명확하게 이해하고 파악하는지 여부에 달려 있다. 이와 대조적으로 협업은 조직이 공동의 목표 달성을 위해 협력하지만 각 조직의 비전이나 자원 또는 리스크가 동일하지 않을 수 있다.

공공기관은 모든 수입원에 대해 다양한 방식으로 활용한다. 그림 6.1은 수익원, 즉 수익 예산에 대한 기여도의 사례를 보여준다. 예를 들어, 의무에 따른 수입은 모든 공공기관의 기본 수입원이지만 비영리 부문에서는 거의 없다. 수익 사업에 의한 소득은 공공 공원과 레크리에이션 기관에서의 수익원이며 수강료, 골프장 수수료, 수영장 및 기타 시설 입장료, 회비 등을 포함한다. 세금만으로는 공공 수요 충족에 충분치 않으므로 이러한 수익 사업이 공공기관의 주요 수입원이 되었다. 계약에 따른 수입은 거의 모든 기관에서 일반적으로 이루어지지만, 그 운영의 중요성은 각기 다양하다. 예를 들어, 일부 지역사회는 골프 코스, 레크리에이션센터, 아쿠아센터의 관리와 각종 프로그램 및 서비스 관리를 위해 영리 또는 비영리 단체와 계약을 맺는다. 파트너십 및 협업은 비용 및 자원을 공유하여 특별한 이벤트(스포츠·문화 이벤트나 각종 지역사회 이벤트) 등의 공동 목표 달성을 위한 다른 조직과의 협력에 중점을 둔다. 파트너십을 통해 공공, 영리 및 비영리 단체가 공동체 요구 충족을 위해 협력할 수 있다.

공공기관은 예상 수입에 기초하여 연간 예산을 편성한다. 예를 들어, 의무에 따른 수입은 일반적으로 수익 사업 및 계약상 수입 다음으로 가장 큰 단일 수입원이다. 파트너십은 수입을 포함할 수도 있고 포함하지 않을 수도 있다. 예산에는 40%의 의무 수입, 36%의 수익 사업, 24%의 계약상 수입이 포함될 수 있다. 광범위한 수입 구조 내에는 다양한 재원이 있으며 이러한 재원은 주에 따라 차이가 있을 수 있다.

공공 공원과 레크리에이션 예산을 위한 예산 책정은 주로 주와 연방 특별기금과 더불어 다양한 지역적 수입원이 혼합된다. 공공 공원과 레크리에이션은 운영을 위한 세금(의무 수입) 의존도가 낮아지며, 비의무적 수입원에 점점 더 의존하고 있다.

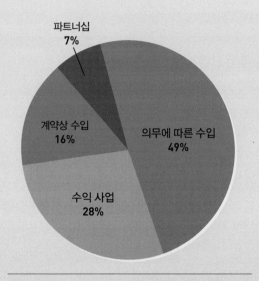

그림 6.1 도시 공원 및 레크리에이션 부서의 수입원 사례
© Jones & Bartlett Learning.

생각해 볼 문제

1. 지역 공원 및 레크리에이션 기관을 선택하고 수입원을 탐색하라. 수입원의 분포는 어떠한가? 각 기관들의 웹 사이트에서 이것을 확인할 수 있어야 한다.

2. 의무적 수입원이 없는 비영리 조직에 대해서도 그들의 웹 사이트를 이용해 동일한 과제를 수행하라.

3. 공공기관 및 민간 기업, 비영리 단체 또는 다른 공공기관 간의 파트너십을 찾아보자. 각 기관의 목표와 결과, 가능하다면 파트너십에 투입한 각 기관의 재정적 책임을 확인하라.

4. 네 가지 수입원이 어떻게 상호 보완되는지 설명하라.

Source: Brayley, R. E. & McLean, D. D. 2008. Managing Financial Resources in Sport, Tourism, and Leisure Services (Champaign, IL: Sagamore Publishing): 2008.

비영리기관: 자원봉사 영역의 조직

정부 레크리에이션 및 공원 기관들은 미국 전역의 대중을 위한 기본적 여가 서비스를 위한 자리를 깔아줄 책임이 있는 반면, 레크리에이션 기회의 주요한 부분은 종종 자발적 비영리기구들이 후원한다. 이러한 **자원봉사기구**들은 청소년 봉사단체나 특수 관심사를 공유하는 조직 및 자선 단체 등 다양한 형태로 조직된다.

이러한 범주의 조직은 완전히 독립적으로 조직될 수도 있고 국가나 지역 연합체의 일부로 조직될 수도 있다. 이러한 조직들은 때론 공적 조직으로 때론 준공적 조직으로 또는 민간 조직으로 구별된다. 경우에 따라서는 자선단체로서의 지위를 유지하기 위해서는 정부가 정한 기준을 충족해야 한다. 이러한 단체들은 다음과 같은 특성을 공유하는 경향이 있다.

◆ 일반적으로 시민들의 조직적인 협력을 통해 중요한 사회적 요구 충족을 위해 설립된 지역사회 단체는 자발적 소망과 지역 주민들의 요구를 대변하므로 애초부터 자발적으로 출발한다.

◆ 이사회 및 조직의 임원들은 보통 사회적 의무의 형태로 이러한 조직의 책무를 수용하는 공적 시민이다.

◆ 자원봉사 기관들은 주로 기관에 대한 직접 기부나 공동 모금 등을 통해 조달되는 자금에 의존한다. 기부금은 대개 회비나 참가비 등으로 충당된다. 최근 몇 년간, 많은 자원 봉사 단체들 또한 정부 자금을 받는 특별 프로젝트를 수행했다.

◆ 자원봉사 기관의 리더십은 전문적 부분과 자발적 부분이 동시에 존재한다. 경영은 보통 사회사업, 레크리에이션, 교육 및 기타 관련 분야에 전문적으로 훈련된 리더들에 의해 수행된다. 또 다른 수준에서의 리더십은 비전문가, 시간 및 계절에 따른 인력, 그리고 다양한 자원봉사자들에 의해 수행된다.

◆ 대체적인 여가 서비스의 비영리기구들은 레크리에이션 활동을 직접적으로 후원하기보다는 장비 제작이나 서비스를 제공한다. 그럼에도 불구하고 이러한 조직들은 해당 분야에 대한 교육기관이거나 전문성을 갖춘 사회적 조직으로서 비영리적이다.

비영리 자원봉사기구들은 레크리에이션을 자신들의 유일한 기능이 아니라 전체 활동 스펙트럼의 일부로 간주한다. 일반적으로 이러한 기구들은 여가의 창조적 건설적 측면의 중요성을 인식하여 레크리에이션 참여자들을 자신들에게 끌어들이는 역할을 하는 문턱 활동(threshold activity)으로 간주한다. 또한 청소년 인격 형성, 사회병리학 감소, 교육 경험 확대, 공동체 강화 등의 목표와 같은 중요한 사회적 목표 달성을 위한 수단으로 본다. 일반적으로 자원봉사기구들은 자신을 레크리에이션 기관으로 구분하지는 않지만, 종종 자신들의 프로그램을 구성하는 가장 큰 단일 요소로서 레크리에이션 활동을 취하는 경향이 있다.

비영리단체는 대부분의 활동을 자원봉사자에 의지한다. 미국인들은 다른 어떤 사회보다 더 많은 봉사 활동을 한다. 2015년에 6,450만 명(전체 미국인의 24.9%)이 조직이나 여타의 프로그램에 봉사하기 위해 자원했다. 여성은 전체 자원봉사자의 27.8%를 차지했고, 전체 자원봉사자의 31.6%가 35~44세의 사람들이었으며, 십대 자원봉사자들은 26.4%를 차지했다. 자원봉사자들의 평균 봉사 시간은 매년 50시간이었다.[20]

비영리이지만 수수료 부과

많은 자원봉사조직은 비영리기구이면서 주요 사회적 목표 달성에 관심을 갖지만 꽤 많은 수수료를 부과할 수도 있다. 예를 들어, 교외 지역의 YMCA 또는 YWCA는 전체 가족 구성원에 대해 연간 수백 달러에 달하는 수수료 및 다양한 프로그램 활동에 따른 꽤 많은 금액을 부과할 수 있다. 그러나 이러한 수수료는 이윤을 만들고자 하는 것이 아니라 단순히 재정 안정성 유지를 위한 것으로, 이를 통해 회원 및 비용 지불 여력이 없는 소외 계층을 위한 각종 서비스를 보조하기 위해 사용된다.

자발적(*voluntary*)이라는 용어로 인해 어떤 사람들은 이러한 기관들이 오로지 자원봉사자들에 의해서만 운영된다고 오해한다. 현실은 보이스카우트와 걸스카우트와 같은 일부 비영리기구들은 자발적 리더에 상당수 의존하면서도, 대부분은 핵심 관리직이나 감독직에 상근직 전문가를 두고 있다.

2012년의 추산에 따르면, 비영리기구가 1,070만 명의 유급노동자를 포함하여 미국 노동인구의 10.3%를 고용하였다.[21] 보이스카우트와 걸스카우트, YMCA 및 YWCA, 주니어 어치브먼트(Junior Achievement) 및 빅브라더스/빅시스터스(Big Brothers/Big Sisters) 같은 비영리기구의 전문직 피고용원 급여는 최근 수년간 꾸준히 증가해 왔다.

비영리 청소년 봉사 기관의 유형

비록 비영리 자발적 기관들이 예술, 교육, 건강 및 사회봉사 등을 포함하는 많은 주제에 적합하지만, 강한 레크리에이션 구성요소를 갖는 이들 그룹 중 가장 큰 지향은 일반적으로 청소년 지향 활동이다. 이러한 지향에 포함되는 내용은 다음과 같다.

- 비종파적 청소년 봉사 단체
- 종교 소속 청소년 봉사 단체 또는 사회 단체
- 스포츠, 야외 레크리에이션, 여행 등 특수 이해 집단
- 자연보호 및 야외 레크리에이션
- 청소년 스포츠 및 게임 단체
- 문화 예술 단체
- 봉사 및 사교 클럽
- 홍보 및 조정 기관

비종파적 청소년 봉사단체

지역 지부를 통해 직접적 기능을 담당하는 국가적으로 조직된 비종파적 청소년 봉사

단체는 사회 발전 및 선량한 시민의식과 관련한 광범위한 목표를 가지고 광범위한 레크리에이션 프로그램을 운영한다. 이러한 기구로서 수백 개의 단체들이 있는데, 그중 다수는 성인 단체의 하부 조직인 반면, 일부는 독립 기구도 있다. 후원은 시민단체 및 사교단체, 재향군인회, 지역 조직 및 농업단체, 기업단체 등 다양한 기관에 의해 이루어진다. 다음에 몇 가지 사례를 기술한다.

보이스카우트 1910년에 미국에서 설립된 보이스카우트는 강력하고 광범위한 조직이다. 2015년에는 타이거 컵(Tiger Cubs)에서 익스플로어(Explorers) 단계에 이르는 240만 명의 청소년 회원으로 구성됐다. 성인 지도자들과 더불어, 총 350만 명이 미국 보이스카우트에 가입했다.[22] 보이스카우트는 미국 외에도 100여 개 나라를 포함하는 전 세계 스카우트 운동의 일부이다. 이 프로그램은 모험과 스카우트 기술과 서비스 활동을 통해 정신 건강, 직업 및 사회 개발, 청소년 취미와 직업적 관심의 강화 등을 강조한다.

미국 보이스카우트는 대도시에서 이루어진 현상이라기보다는 중산층, 소규모 도시나 교외 지역의 활동으로 간주되어 왔다. 도시 환경 변화에 따라, 스카우트의 영향 또한 대도시 및 다양한 인구통계학적 관계에서 이루어지고 있다. 예컨대, 아프리카계 미국인, 아시아계 미국인, 아메리카 인디언들을 위한 특별 집중 프로그램을 가지고 있다. 여기에 더해, 다문화적인 파트너십을 개발했다.

걸스카우트 세계에서 가장 큰 자발적 여성 봉사단체인 미국 걸스카우트는 걸스카우트 약속 및 규약에 명시된 이상을 동의하는 5세에서 17세 사이의 소녀들을 대상으로 한다. 걸스카우트는 세계걸스카우트연맹(World Association of Girl Guides and Girl Scouts)의 회원 자격을 통해 90여개국의 소녀 및 성인들의 세계연맹에 소속된다. 미국 걸스카우트는 2016년에 270만 명의 회원과 80만 명의 자원봉사자, 이사진, 직원으로 구성되어 있다.[23]

1912년에 설립된 걸스카우트는 예술, 가정, 야외 활동을 중심으로 하는 일련의 활동 프로그램을 제공하며, 인격 및 시민권 개발, 지역사회 서비스, 국제 사회에 대한 이해, 건강과 안전을 강조한다. 특히, 성인 걸스카우트는 병원, 박물관, 보육, 환경 프로그램에서의 책임을 수행할 수 있다. 미국 보이스카우트와 마찬가지로, 미국 걸스카우트는 오늘날 신체적, 정서적 문제를 가진 사람들 또는 여타의 장애를 가진 사람들 등 특수 인구를 위한 특별 프로그램을 실시하고 있다.

걸스카우트는 다양한 사회봉사 활동을 통해 지역사회에 참여하고 있다.

보이스 앤 걸스 클럽(Boys and Girls Clubs)　보이스 앤 걸스 클럽 운동은 오늘날 미국에서 가장 빠르게 성장하고 있는 청소년 봉사단체이다. 원래는 두 개의 독립된 조직으로 구성되어 있었으나 통합된 클럽 운동은 미 의회 헌장을 갖고 있으며, 21개의 주요 봉사단체, 사교클럽, 시민단체, 재향군인회, 노동 및 기업 단체들을 통해 후원되고 있다. 오늘날, 이 클럽 운동은 4,100개 이상의 지부에 약 4백만 명의 청소년 회원들에게 56,000명의 정규 트레이닝 전문가와 239,000명 이상의 성인 자원봉사자들이 있다. 클럽 회원은 일반 회원이 70%로 6~9세 36%, 10~12세 30%, 13세 이상 29%의 회원으로 구성되며 남녀노소 비율도 거의 동일하다.[24] 프로그램에는 스포츠와 게임, 미술 및 공예, 사회활동, 캠핑, 그리고 치료 교육, 직업 훈련, 취업 알선 및 상담 등을 포함한다. 클럽의 국가적 목표는 시민 교육 및 리더십 개발, 보건, 건강, 여가 준비, 교육적 직업적 동기 부여, 집단 간의 이해와 가치 개발, 그리고 가정 및 지역사회의 강화이다.

클럽은 기업, 재단 및 정부기관 특별 자금 지원을 통해 사회 서비스 분야의 다양한 주요 프로젝트의 커리큘럼을 개발했다. 각 클럽은 이사회와 전문 인력을 갖춘 독립된 조직이지만, 국가 본부와 7개의 지부는 인력 채용 및 관리 교육, 프로그램 연구 및 개발, 기금 모금 및 공적 관계, 그리고 건축 설계 및 공사 지원과 같은 영역에서 지역 클럽에 대한 필수 서비스를 제공한다.

PAL　오늘날 수많은 지역사회에 법 집행 기관이 경찰체육리그(PAL, Police Athletic Leagues)를 후원한다. 빈곤 지역에서 운영되는 이 리그 프로그램은 때때로 협조적인 지방 경찰서로부터 특별 임무를 담당하는 스태프들의 기술적 지원을 받기도 하지만, 주로 민간 인력 및 자발적 지원을 필요로 한다. 일부 도시에서 PAL 프로그램을 전담하는 전문 리더십의 대부분을 경찰이 제공한다. PAL은 일반적으로 스포츠와 게임, 창의적 예술, 밴드, 그리고 치료 교육에 중점을 둔 광범위한 레크리에이션 프로그램과 실내 센터 및 여름 야외놀이를 제공한다. 많은 리그들은 또한 취업 알선, 상담, 직업 훈련 프로그램을 유지하며 학교를 그만 둔 청소년들을 돕는다.

PAL은 청소년 범죄 예방에 대해 주요하게 주목해온 몇 안 되는 청소년 기관 중 하나이다. 기관의 주요 목적들 중 하나는 도시 환경에서 청소년들과 경찰들 사이의 우호적 관계를 증진시키는 것이었고, 이 노력에 있어 괄목할 만한 성공을 거두었다. 다른 자원봉사기관과 마찬가지로 PAL도 유나이티드 웨이(United Way, 미국 공동모금 기구) 및 독립적 기금 모금 캠페인, 정부와의 계약, 그리고 종종 경찰서의 부분적 후원을 포함한 다양한 자금 공급원에 의존한다.

베스트 버디　1989년 쉬리버(Anthony Kennedy Shriver)에 의해 설립된 베스트 버디

(Best Buddies)는 지적 장애 및 발달 장애를 가진 사람들을 위한 일대일 우정, 고용 및 리더십 개발 통합에 중점을 둔다.[25] 이 프로그램은 현재 미국 전역의 1,800개 이상 의 중고등학교 및 대학 캠퍼스 지부를 가지고 있다. 지역사회 구성원들과 지적 장애 및 발달 장애가 있는 사람들과의 일대일 관계 제공에 초점을 맞춘 여섯 개의 프로그 램이 있다. 이 프로그램에는 베스트 버디 대학, 베스트 버디 중고등학교, 고용을 지원 하는 베스트 버디 직업, 그리고 이메일 펜팔을 기초로 하는 e-버디 등과 같은 시민사 회 및 기업을 포함하는 베스트 버디 시민을 포함한다.

이 기관의 주 지부의 하나인 베스트 버디 매사추세츠에는 참여 및 기금 모금을 포함하는 활발한 프로그램이 있다. 예를 들어, 2016년 행사에는 취업 박람회, 수많 은 우정 워크숍, 추수감사절 5km 칠면조 달리기 등이 포함되었으며,[26] 대부분의 비 영리기구와 마찬가지로 참가자들을 위한 활동 및 자금 조달을 위한 기금 모금 활동 이 같이 이루어졌다.

종교 소속 청년 봉사 단체 및 사회 단체

오늘날 많은 종교 단체들은 지역 교회 및 종교 단체가 후원하는 활동과 특정 종파 관 련 전국 단위 연맹이 후원하는 활동을 포함하여 레크리에이션 구성 요소를 갖춘 청 소년 프로그램을 후원한다.

지역 종교 단체에서 제공하는 레크리에이션 프로그램은 (1) 회원 및 신도를 대상으 로 기관에 대한 참여 촉진 방식으로 여가 욕구를 충족시키기 위해 레크리에이션 후원, (2) 자신들의 종교적 신념과 양립할 수 있는 방식으로 지역사회 대부분을 위해, 또는 선별된 특수 인구 집단을 위한 여가 기회 제공의 두 가지 큰 목적을 가진다. 개별 교 회 및 종교 단체가 제공하는 전형적인 활동에는 다음과 같은 내용이 포함될 수 있다.

- 종교 교육과 함께하는 레크리에이션을 포함하는 일일캠프, 놀이학교 또는 여름 성경학교
- 피크닉, 바자회, 야외 음식 파티, 카니발, 독신자 클럽, 댄스 및 게임 파티 등과 같 은 행사를 포함한 연중 가족 레크리에이션 활동
- 댄스 및 민속 음악 관련 혁신적 예배 프로그램을 포함하는 미술 및 공연 예술 프 로그램
- 종교 및 다양한 주제에 대한 토론을 포함하는 다양한 연령대를 위한 펠로우십 프로그램
- 어린이센터, 노인 및 황금 세대 클럽, 장애인 등을 위한 레크리에이션 프로그램 등 다양한 특별 관심 프로그램 또는 사회봉사 프로그램

◆ 볼링 및 농구 리그 또는 기타 교육적 또는 경쟁적 형태의 참여를 포함하는 스포츠 활동

보다 광범위한 차원에서, YMCA, YWCA, 가톨릭청년회(CYO), 유대인청년협회(YM-YWHA) 등과 같은 조직은 다양한 레크리에이션, 교육 및 청소년 봉사 활동을 갖춘 시설 및 프로그램을 제공한다. 비록 이러한 조직 명칭에 **청년**이나 **청소년** 같은 단어가 포함되어 있지만, 어린이, 청소년, 성인, 노인 등 다양한 계층에 대한 서비스를 제공한다.

YMCA와 같은 비영리 단체는 회원들에게 피트니스 프로그램을 포함한 중요한 서비스를 제공한다.
© muzsy/Shutterstock.

YMCA 및 YWCA 특정 교파가 아닌 개신교 일반에 소속된 자원봉사 조직인 YMCA와 YWCA는 종교적 삶의 이상 증진에 헌신하며, "기독교적 성품과 기독교 사회의 발전을 통해 삶의 풍요로움에 전념하는" 전 세계적 펠로우십으로 간주된다. 그러나 Y의 실제 회원은 다원적 다인종적이다. 2015년 기준으로 YMCA는 2,200만 명의 회원에 2,700개의 단체로 최대 규모의 비영리 기구 중 하나이다. YMCA는 50만 명의 자원봉사자에 더해 1만9천 명의 정규 직원이 있다.[27]

많은 지역사회에서 실내 수중 스포츠, 스포츠 및 게임, 신체 운동, 사회 문화 프로그램 및 가족 중심 프로그램을 위한 시설과 리더십을 제공한다. 이러한 활동들은 매우 적극적으로 홍보되며 상당한 수익을 가져다준다. YMCA와 YWCA는 입회비, 공동모금기금(United Way) 등을 통한 기업 및 민간 기부금, 기금 모금 운동, 정부 및 재단 보조금 등의 다양한 재원을 통해 자금을 확보한다.

이슬람 청년 단체들 이슬람 청년층을 위한 리더십을 제공하는 국가적 단일 기관은 없다. 오히려 여러 단체가 리더십을 제공하고 있으며 이 모든 단체들이 어느 정도 또는 전적으로 젊은이들에게 중점을 두고 있다. 북미이슬람협회(Islamic Society of North America, ISNA), 미국무슬림협회(Muslim American Society), 그리고 청년무슬림(Yung Muslims) 등이 포함된다. 북미이슬람협회(ISNA)는 노인, 가정 폭력, 결혼, 리더십 및 청소년 문제들에 대한 서비스를 제공한다.

지역사회 및 공동체에 집중된 이슬람 청년 그룹들이 있다. 예를 들어, 남캘리포니아 이슬람센터는 교육적·사회적·영적·도덕적 환경을 제공하고, 미국의 젊은 이슬람 교도들이 이슬람에 의해 살며 봉사하도록 동기를 부여하고, 자신들의 무슬림 정체성

을 확립하기 위한 기본 학습 환경을 조성한다. 또한, 그들은 건강한 상호 부조를 위한 교육, 자기표현(self-expression)을 장려하며 사회적 환경을 조성하고, 미국 무슬림의 정체성을 육성한다.

가톨릭 청년 기구　미국의 젊은이들을 위한 영적·사회적 봉사 및 레크리에이션 서비스 제공에 관심을 갖는 선도적 가톨릭 조직은 가톨릭청년기구(CYO, Catholic Youth Organization)이다. CYO는 1930년대 초 시카고의 쉐일(Sheil) 주교 지도하의 여러 교구들이 다양한 형태의 청소년 조직들과 함께한 실험으로부터 시작되었다. 이 단체는 1951년에 전국 가톨릭청년회의(National Council of Catholic Youth)의 일부로 설립되었다. 오늘날, 국가 CYO 연맹은 워싱턴 DC 사무소뿐 아니라 많은 도시 및 교구 지부를 두고 있다. 교구는 CYO의 핵심 조직으로, 교구 성직자들의 리더십 및 지도와 지원을 위한 지역의 성인 자원봉사자들의 봉사에 크게 의존한다.

히브리 청년협회　오늘날 275개 이상의 유대인청년협회(Young Men's and Young Women's Hebrew Association, YM-YWHA), 유대인커뮤니티센터(Jewish Community Center), 그리고 100만 명 이상의 회원을 거느린 캠프가 있다. YMCA나 YWCA처럼 유대인들은 자신들을 레크리에이션 기관으로 여기기보다는 오히려 사회봉사에 헌신하고 강한 유대 문화 요소를 가진 커뮤니티로 여긴다. 특히, YM-YWHA는 다음과 같은 방식으로 자신들의 임무를 정의한다.

◆ 남녀노소 모든 연령층을 포용하는 구성원들의 사회적, 문화적, 레크리에이션 필요성에 따른 여가의 충족
◆ 그룹 및 공동체 참여에 대한 관심과 역량을 장려하여 개인의 성장 및 인격 개발 촉진
◆ 그룹 참여를 통해 리더십 함양 및 민주적 과정 교육
◆ 회원 상호간 및 사회 복지 기관으로서 지역사회 차원의 사회 개선 프로그램에 참여하도록 장려

특수 이해집단

다양한 유형의 자발적 비영리단체는 특정 활동 영역이나 사회적 관심사를 촉진하는 데 관련된 특수 이해집단으로 분류될 수 있다. 이들의 기능에는 리더십 훈련, 홍보, 입법 로비, 국가 표준의 제정 또는 운영

민족적 배경은 개인이 참여하는 활동의 유형에 영향을 미치지만 참여를 감소시키지는 않는다.
©Robert Kneschke/Shutterstock.

정책의 수립, 프로그램의 직접적 후원 등을 포함할 수 있다. 특수 이해집단은 영리적 개입이 없거나 공익 및 공적 지원을 촉진하여 궁극적으로 자신들의 사업적 성공을 촉진하려는 장비 및 시설 제조업체, 학교 또는 여타 기업의 소유자들로 표상될 수 있다.

환경 보존 및 야외 레크리에이션　수많은 비영리 단체들이 환경 보존과 야외 레크리에이션 분야에서 대중을 교육하고 정부 정책에 영향을 미치려고 한다. 어떤 경우에는 로비를 하고, 연구를 수행하며, 회의 및 출판물을 후원한다. 한편으로 그들의 주요 추진력은 프로젝트 추진 및 주나 지방 단위에서의 직접 행동을 취하는 것이다.

시에라 클럽　1892년에 설립되었으며, 유명한 자연주의자 존 뮤어(John Muir)가 최초로 이끌었던 시에라 클럽(Sierra Club)은 미국인들에게 "우리가 이미 잃어버렸고, 200년 동안 상품화를 위해 우리의 자원을 계속 착취하고, 과학적 심미적 가치를 인식시키는 데 실패하면서 잃어버릴 수 있는 것"을 깨닫게 했다. 시에라 클럽은 지구 온난화 문제와 허리케인 카트리나와 동남아의 쓰나미 같은 재앙에 따른 영향을 강조하면서 국제적 관심을 얻었다. 그 활동은 환경 보존에만 국한되지는 않는데, 이들은 스키 캠프와 강 및 계곡 트래킹(river runners), 수많은 황야 여행 및 생태계 프로젝트를 위한 주요 네트워크를 운영하는 미국 최대의 스키 및 하이킹 클럽이기도 하다.

애팔래치아 산 클럽　이 조직은 지역에 중점을 둔다. 1876년에 설립되었을 때 클럽의 목적은 "과학적 예술적 목적을 위해 … 뉴잉글랜드 및 인접 지역의 산들을 탐험하고, … 지리적 연구에 대한 관심을 고취시키기 위한" 것이었다. 창립 이후, 클럽은 스키, 눈썰매, 등산, 카누 등의 스포츠 홍보에 더해 메사추세츠, 뉴햄프셔, 메인 주 등에서 가장 야생적이고 가장 아름다운 지역을 탐험하여 지도를 작성했다.

　　실용적인 환경 보존이 클럽의 가장 큰 관심사이지만, 다양한 야영지를 확보하여 여행 안내서 및 지도를 출판하고, 화이트 마운틴(White Mountains) 전역에 걸쳐 회원들이 사용할 수 있는 수백 마일의 산책로와 대피소를 유지 관리했다. 눈썰매, 스키, 카누 및 급류타기, 암벽 등반 등의 활동에 대한 교육 및 리더십 훈련 프로그램을 촉진한다.

야외 리더십 프로그램　다른 여러 국가의 비영리 단체들이 야외 리더십 기술을 가르치고 광야에서의 건전한 환경 실습을 장려한다. 국립아웃도어리더십스쿨(The National Outdoor Leadership School)은 미국 서부의 주와 알래스카 및 오스트레일리아, 멕시코, 아르헨티나, 칠레, 케냐 등 외국에서의 배낭여행, 등산, 암벽 등반, 바다 카약 등 다양한 야외 모험 활동을 위한 다양한 코스를 후원한다. 아웃워드 바운드(Outward Bound)는 도전과 모험을 통해 인성 개발 및 자아 발견을 위한 다섯 가지 핵심 프로그램을 사용한다. 1960년대 초에 시작된 초기 프로그램은 최초의 평화봉사단 자원

봉사자들을 훈련시켰다. 이후로 50만 명이 넘는 사람들에게 교육과 경험을 제공하는 세계적인 조직이 되었다. 체험교육협회(Association for Experiential Education)는 학생, 교사 및 실무자를 위한 체험 교육에 초점을 맞춘 전문가 협회이다. 프로그램 자원, 국가 회의 및 환경 교육장에 대한 인증을 제공한다.

청소년 스포츠 및 게임 촉진 조직   모든 종류의 스포츠를 촉진하고 규제하는 수많은 국가, 지역 및 지방단체가 있다. 이들 중 많은 부분이 프로경기나 높은 수준의 대학 간 경쟁이 지배하지만, 그 외의 많은 사람들은 순전히 아마추어적 측면에서 스포츠와 경기에 관심을 갖는다. 그러한 단체의 한 예가 리틀리그이다.

1939년 펜실베이니아 윌리엄스포트(Williamsport)에 설립된 리틀리그는 오늘날 세계에서 가장 큰 청소년 스포츠 프로그램이 되었다. 소프트볼을 포함한 다양한 리그에서 미국 내 260만 명 이상의 선수와 80개국 240만 명 이상의 선수에게 서비스를 제공한다. 2015년에는 약 6,500개의 조직된 리그가 있었다. 같은 해에 290개의 새로운 프로그램이 설립되었으며, 그중 135개가 미국 이외의 지역에 설립되었다.[28] 베트남은 리틀리그 프로그램을 시작한 새로운 국가 중 하나이다. 리틀리그 월드시리즈 이전에 6주간 최대 16,000개의 토너먼트 게임이 진행된다. 리틀리그는 캠프, 회의 및 연례 월드시리즈가 개최되는 윌리엄스포트에 인상적인 본부 건물과 경기장을 운영한다. 본부는 경기 규칙, 재정 운영 및 수수료 구조에 대한 요건, 보험 보상, 장비 승인과 회원 리그 및 팀을 위한 기타 준비를 표준화했다. 리틀리그는 또한 청소년 스포츠에 대한 조사를 수행하여 리그 관계자, 지구 관리자, 심판, 관리자 및 코치를 위한 다양한 교육 프로그램 및 일련의 출판물 간행을 수행한다.

청소년 스포츠는 일반적으로 표준을 설정하고 청소년스포츠전국연맹(National Alliance for Youth Sports) 및 PCA(Positive Coaching Alliance, 코치연맹)와 같은 가치 지향적인 효과적 코칭법을 장려하는 국가 기관의 도움을 받는다. 특별히 개인 스포츠 관련 단체로 미국청소년농구(Youth Basketball of America), 청소년볼링연맹(Young American Bowling Alliance), 미국 테니스협회(USTA)가 있다.

USTA는 학교와 공공 레크리에이션 기관을 통해 어린이와 청소년에게 테니스 장려를 위한 활발한 캠페인을 전개했다. USTA는 지역 공원 및 레크리에이션 테니스 프로그램을 지원하기 위해 4백만 달러 이상을 상금으로 지급했다.

예술위원회 및 문화단체   자원봉사기관 활동의 또 다른 주요 영역은 예술이다. 회화, 조각 등 유사 프로그램을 제공하는 비영리 학교 및 예술센터 외에도 사실상 예술을 후원하거나 발표하는 수많은 시민 기구가 있다. 여기에는 교향악단, 다양한 유형의 밴

비영리 단체, 예술 센터, 시민 단체들은 미술 수업을 제공한다.
© Layland Masuda/Shutterstock.

드, 합창단, 오페라단, 소극장, 발레 및 현대 무용단 등의 단체가 포함된다.

많은 지역 사회에서 예술계의 특별 관심 단체는 공동 노력을 촉진할 수 있는 상부 지원 조직이 조정 지원한다. 패서디나 예술위원회(Pasadena Arts Council)는 캘리포니아에서 최초로 조직된 상부 조직이었다. 예술가를 위한 지원 안내, 예술가 및 예술 단체를 위한 비즈니스센터, 정보 교환, 이벤트 네트워킹, 재정 지원, 예술 행사 일정표 및 격월간지 간행을 비롯 회원 및 커뮤니티에 다양한 서비스를 제공한다. 패서디나 예술위원회의 노력은 미국 전역에서 진행되는 사례와 유사하다.

봉사 및 사교 클럽

구성원들을 위한 레크리에이션과 다른 인구 집단을 위한 후원 프로그램을 제공하는 비영리기구의 또 다른 범주는 지역 봉사 클럽 및 사교클럽이다.

여기에는 키와니스(Kiwanis), 라이온스(Lions), 로터리(Rotary) 클럽 등이 포함된다. 이 클럽은 지역사회 비즈니스 및 전문가 그룹을 대표하며, 비즈니스 환경을 개선하고 사회 복지에 기여하는 것을 목적으로 한다. 주니어리그협회, 여성클럽연맹(General Federation of Women's Clubs, GFWS), 여성 기업인 및 전문가 클럽 등의 여성들을 위해 설립된 다양한 특별 단체들도 비슷한 목표를 가지고 있다.

이러한 단체의 목표는 환경 관련 이슈의 홍보, 예술 및 기타 문화 활동 촉진, 소외계층 어린이와 청소년 지원, 장애인을 위한 프로그램 제공 등이 포함된다. 예를 들어, 많은 키와니스 조직들은 장애인을 위한 캠핑 프로그램 제공에 관여한다.

홍보 및 조정기관

레크리에이션, 공원 및 여가 서비스 분야 비영리조직의 최종 유형은 특정 레크리에이션 활동의 촉진, 홍보 또는 조정을 위한 협회로 구성된다. 볼링을 예로 들면, 미국 볼링대회는 수천 명의 개인들로 구성되어 있고, 그들은 볼링을 직업으로 삼거나 생계 수단으로 의존하므로 주요 경기 기준 및 규정, 그리고 각 대회의 후원 등 가능한 한 적극적으로 스포츠를 홍보하고 지도하려 한다.

여행, 관광, 오락 등의 분야에는 수백 개의 비영리 기구가 있으며, 테마파크나 워터파크 관리협회부터 관광가이드협회나 유람선 운영자협회에 이르기까지 다양하다. 예를 들어, OABA(Outdoor Amusement Business Association)는 카니발과 야외 이벤트 산업 전반에 걸쳐 표준 및 서비스 향상을 위해 복무한다. 협회의 구성은 주로 트레일러, 텐트, 타프, 게임물품 등의 제조업체 및 배급업자들뿐 아니라, 많은 다양한 종류의 여행 박람회, 할인, 그리고 축제 운영자로 구성된다. 마찬가지로, IAAPA(International Association of Amusement Parks and Attractions)는 시장 연구를 수행하고, 표준 및 지침을 발행하며, 관광, 엔터테인먼트 및 오락 분야에서 전 세계 수천 개 기업을 위한 거대한 컨벤션 및 박람회를 후원한다. WWA(세계워터파크협회)는 추세 분석, 고객 만족, 비즈니스 기술, 교육, 워터파크 관련 출판 및 연례 무역박람회 등을 통해 워터파크를 지원한다.

지역 공동체 내에서 정보를 교환하고, 연구를 수행하고, 우선순위를 파악하고, 계획 보고서를 작성하고, 기술 지원을 제공하며, 지도력을 훈련하고, 레크리에이션 및 여가와 관련된 이벤트를 조직하는 여러 유형의 조정 그룹이 있다. 어떤 경우에는 종교, 보건, 청소년 봉사 및 사회복지 단체를 포함한 사회 기관 협의회가 포함되기도 한다.

상업 레크리에이션

이제 우리는 미국에서 가장 다양한 여가 기회를 제공하는 레크리에이션 스폰서 유형으로 영리적이며 이윤 지향적 비즈니스를 살펴본다. 이러한 조직들은 최근 몇 년 사이에 확산되어 소규모 영세 소매 수준에서 테마파크, 호텔 및 카지노 비즈니스의 대형 네트워크, 게임·장난감 및 취미 장비 제조업체, 기타 다양한 엔터테인먼트 벤처 기업에 이르는 프랜차이즈 프로그램 및 서비스에 이르기까지 다양하다.

상업 레크리에이션의 본질

상업 레크리에이션은 개인들을 위한 레크리에이션 기회의 소매에 초점을 둔다. 소매 지향이라는 것은 레크리에이션 사업이 소유주들을 위한 이윤 창출에 목표를 둔다는 것을 암시한다.

이윤 동기는 여가 서비스의 다른 어떤 유형의 후원자와도 구별된다. 공공기관이나 자원봉사 기관이 서비스 요금을 부과하고, 개별 프로그램 요소에 대한 이익을 추구할 수도 있지만, 또는 가능한 한 적어도 자기 유지를 위해 이러한 이익을 추구하기도 하지만, 이러한 기관들의 전반적인 목적은 지역사회의 주요한 사회적 요구 충족을 위한 것이다. 그러나 상업 레크리에이션 조직은 전반적 운영에 있어서의 이윤 추구 요구를 주요 추진력으로 삼는다. 중요하고 수준 높은 여가 경험을 제공하는 영리 사업체가

놀이공원은 매년 수백만 명의 사람들에게 서비스를 제공하는 성장 산업이다.

© Edwin Verin/Shutterstock.

없다면, 우리의 여가 기회는 급격히 줄어들 수 있다.

오늘날 상업 레크리에이션 후원자들은 다음과 같은 특성을 가진다. (1) 일정하거나 증가하는 참여 수준 보장을 위해 지속적으로 증가하는 레크리에이션 이익을 확인하고 활용해야 한다. (2) 프로그램적 의사결정에 있어 유연하고 독립적이며, 시도위원회 등의 기관으로부터의 정책적 규제 대상이 되지 않는다. (3) 지속적으로 대중에게 어필할 수 있는 상품을 만들고, 체계적 마케팅 연구, 창의적 광고 및 홍보를 통해 경험을 홍보하고 창출하고자 한다. (4) 성공하려면 효과적 기업가 정신, 즉 위험을 감수하여 이익을 창출하는 경영에 대한 창의적이고 공격적인 접근 방식에 의존한다.

가장 중요하고 창의적인 최첨단 시설들이 상업 레크리에이션에 제공된다. 유원지, 워터파크, 대형 극장, 자동차 경주로, 스포츠 경기장 등을 가장 먼저 떠올릴 수 있지만, 상업 레크리에이션은 거의 모든 지역사회에 존재한다. 댄스 스튜디오, 종합 격투기 경기장, 또는 강좌를 제공하는 공예품 가게 등이 이에 해당될 수 있다. 대부분의 지역사회에서 크고 작은 기업들이 계속 번창하고 있다. 퀼트 매장은 정기적으로 운영되는 재봉틀 및 퀼트 기계 등으로 가득 찬 방이 있으며, 강의실은 꽉 차 있다. 아서 머레이 댄스 스튜디오(Arthur Murray Dance Studio, arthurmurray.com)를 찾아 많은 강좌들을 확인해 보라. 많은 지역에 슬롯카 트랙뿐 아니라, 취미 매장, 스쿠버 매장, 스카이다이빙 기업, 관광 버스, 가족 레크리에이션센터 등이 존재한다. 이러한 영리 기업들은 규모에 상관없이 레크리에이션 참여의 필요성을 충족시켜주므로 영업을 지속할 수 있다. 상업 레크리에이션 기업들이 공공 및 비영리 기관과 협력하는 것은 드문 일이 아니다.

서비스 범주

상업 레크리에이션 서비스는 다음과 같은 몇 가지 주요 범주로 분류할 수 있다.

◆ 자기 주도형 참여(임대 테니스장, 아이스링크, 당구장 등) 레크리에이션 또는 관리감독, 교육, 일정에 따른 참여(리프트를 사용하는 스키장 등) 레크리에이션

◆ 미술 및 공예, 음악, 춤 또는 기타 취미 등의 개인 여가 활동 또는 자기 충족을 위한 분야의 조직화된 교육 훈련

- 상금이 따르는 테니스, 골프 또는 보트 클럽과 같은 영리적으로 운영되는 회원제 클럽
- 호텔 및 리조트에서 바, 카지노, 독신 클럽 또는 데이트 서비스에 이르는 다양한 접대 및 사교적 대면 서비스를 제공하는데, 컴퓨터 및 영상, 전화 접속 등의 수단을 사용하여 고객들이 서로 만날 수 있도록 지원한다. 이 사회적으로 수용되기 쉽지 않은 서비스의 극단에는 사교 모임 동반 서비스, 마사지 서비스, 그리고 성적통화 서비스의 운영 등이 포함된다.
- 오로지 여행 일정만을 주선하거나 숙박, 식사, 특별 이벤트, 주변 여행 및 안내 서비스 패키지가 모두 포함되는 국내 여행 또는 해외 크루즈 여행 등
- 스포츠용품, 전자 제품, 보트, 오프로드 차량, 장난감, 게임 및 취미 장비를 포함한 레크리에이션 관련 장비의 상업적 제조 판매 및 서비스
- 비영리단체가 아닌 영리적 기업이 후원하는 극장, 록콘서트, 서커스, 로데오 등의 활동

몇 가지 유형의 상업 레크리에이션 사업이 이 장의 마무리 절에 설명되어 있다. 스포츠 및 게임, 여행 및 관광 등의 범주들은 이 책의 다른 부분에 설명된다.

가족 엔터테인먼트센터

최근에 진화한 또 다른 영리 목적의 레크리에이션 사업에는 아이들의 놀이 활동 및 장비, 비디오 게임 및 기타 컴퓨터 활동과 다과가 포함된 가족 오락 사업이 포함된다.

이들 사업은 주로 쇼핑몰 등에 위치한 프랜차이즈 체인점 확장된 짐보리(Gymboree) 같은 '아동 운동' 프로그램으로서 발전했다. 말리부 그랑프리(Malibu Grand Prix) 같은 재미있는 가족 놀이센터들은 미니 골프, 범퍼카, 비디오 게임 및 다양한 실내 게임 등 가족 취향의 활동들을 추가함으로써 매력을 확장하고, 생일 파티 및 여타 단체 행사를 위해 피자, 핫도그 및 음료를 패키지로 제공한다.

테마파크, 워터파크, 해양 및 야생동물 공원

레크리에이션 유형으로서 관광산업의 성장과 밀접하게 연결되어 있는 곳이 캘리포니아 디즈니랜드 같은 유명한 테마공원이 확장되었다. 이 주요 엔터테인먼트 단지는 1950년대에 5천만 달러가 넘는 비용으로 건설되었는데, 캘리포니아 애너하임의 65에이커의 땅에 만들어졌다. 디즈니랜드의 성공은 플로리다 주 부에나비스타 호수에 두 번째 디즈니의 대규모 복합단지인 월트디즈니월드의 건설로 이어졌고, 2016년까지 전세계 11개의 공원이 조성되었다.

놀이공원 산업과 함께 성장한 기구가 IAAPA(International Association of Amusement Parks and Attractions)이다. 1918년에 설립된 이 단체는 현재 93개국 4,500개 이상의 회원사를 자랑하는, 놀이공원을 지원하는 세계 최대의 조직으로 놀이공원 산업의 일부 영역에 관련된 회원사들로 구성된다. 가족 엔터테인먼트센터, 대형 공원 및 테마파크, 박물관, 워터파크, 동물원 및 수족관, 리조트, 호텔 및 카지노, 소규모 공원 및 관광지, 제조 및 공급업체 등이 이 조직에 포함된다. IAAPA는 유럽, 아시아, 아메리카에 각각 하나씩 세 개의 국제무역 박람회를 개최하는 등 국제적 관점을 가지고 있다. 각각의 박람회는 산업, 경영, 안전, 교육, 마케팅, 운영, 그리고 제품에 초점을 맞춘 콘텐츠가 있는 **어트랙션 엑스포**(*Attractions Expo*)라고 불린다.

2015년에 발표된 세계 10대 놀이공원 리스트는 이 시장 규모가 얼마나 크며, 디즈니 브랜드의 지배력이 얼마나 대단한지를 보여준다.

1. 매직 킹덤(플로리다) — 20,492,000명
2. 디즈니 랜드(캘리포니아) — 18,278,000명
3. 도쿄 디즈니 랜드(일본) — 16,600,000명
4. 유니버설 스튜디오(일본) — 13,900,000명
5. 도쿄 디즈니 씨(일본) — 13,600,000명
6. EPCOT(플로리다) — 11,798,000명
7. 디즈니 동물의 왕국(플로리다) — 10,922,000명
8. 디즈니 할리우드 스튜디오(플로리다) — 10,828,000명
9. 디즈니 스 파크(파리) — 10,360,000명
10. 유니버설 스튜디오(플로리다) — 9,585,000명[29]

디즈니 제국의 확장 다른 테마파크 및 야외 놀이센터의 체인들은 디즈니 기획자들의 다양성 및 창의성에 필적할 수 없었다. 1982년 디즈니는 테마파크의 규모로는 상상할 수 없었던 260에이커에 8억 달러 규모의 EPCOT(Experimental Prototype Community of Tomorrow)를 개설했다. EPCOT는 많은 국가의 사람들이 만나서 아이디어를 교환하는 환경을 제공할 의도였다. 이 프로젝트는 두 개의 영역으로 구성되었는데, 퓨처월드(Future World)는 주로 기술 관련 기업들의 전시관을 포함하는 미래 세계를 구성하고, 월드 쇼케이스(World Showcase)는 세계 각국의 관광 명소를 보여줄 목적으로 디자인되었다.

그 후 디즈니월드는 타이푼 라군(Typhoon Lagoon), MGM 스튜디오, 그리고 2012년에 인기 있는 자동차 영화를 기초로 만든 카스 랜드(Cars Land)를 비롯한 장

테마파크의 미래는 무엇인가?

오늘날, 테마파크 방문객들의 기대치는 10년 전보다 훨씬 높을 것으로 예상된다. 그들의 부모들이 충분히 좋다고 느꼈던 것들이 현 세대들에게는 거의 수용되지 않는다. 그들은 기술에 보다 익숙하고 자신들의 경험에 따른 높은 기대치를 제시한다. 그 결과, 테마파크는 기술에 보다 정통하고 밀레니엄 세대를 위한 경험들이 총체적으로 통합되고 있다. 이 시기는 기술의 황금기로 특징 지어진다. 현재의 방문객 및 잠재적 방문객들은 이제는 보다 새롭고 보다 큰 것을 찾고 있다! 자주 회자되는 가상현실이 테마파크에 등장했다. 디즈니는 1955년에 최초의 가상현실 체험을 창안하여 오늘날 공룡 기술이라고 하는 시스템을 운영했다. 가상현실은 총체적 체험의 일부로 다양한 시스템에 이용 가능하며, 지속적으로 확장될 것이다. 이러한 기술 및 LED 디지털 기술의 또 다른 사례가 전통적인 아시아의 연등축제를 기반으로 하는 '디즈니 빛의 강(Disney's Rivers of Light)'으로 고객들에게 시각적 체험을 선사하기 위한 기술 활용에 초점을 맞추고 있다. 이 기술은 조명을 조절하여 놀라운 시각 효과를 만들어내고, 보트, 바지선 및 소리와 더불어 다양한 행사의 일부로 제공된다. 모든 기술적 요소들은 방문객들에게 독특하고 매력적인 경험을 제공한다. 다른 공원에서는 참가자로 하여금 관람자 이상의 경험의 수준과 강도를 제어할 수 있도록 가상체험을 구현하고 있다.

엄하고 상상력이 넘치는 다양한 명소를 추가했다. 1983년 일본 도쿄 디즈니랜드에서 202에이커의 매립지에 디즈니랜드가 문을 열어 전통 디즈니 캐릭터 및 인기 있는 놀이기구 등 매력을 선보였다. 비록 도쿄 디즈니랜드의 소유주는 일본 기업이었지만 건설 과정과 운영에 관해서는 디즈니가 기술을 지원했다. 그 후, 유로 디즈니(Euro Disney)로 알려진 디즈니랜드 파리의 개장으로 디즈니는 유럽에 가장 큰 테마 파크를 만들었다.

디즈니는 1990년대 내내 새로운 매력을 생성하고 지속적으로 프로그램 기능을 추가했다. 1997년 디즈니의 200에이커 규모의 와이드월드 오브 스포츠(Wide World of Sports)는 애틀랜타 브레이브스(Atlanta Braves), 하렘 그로브로터스(Harlem Globetrotters) 및 인디애나 페이서스(Indiana Pacers)뿐 아니라 일부 다양한 스포츠에서 모든 연령대에 기반한 수많은 참가자를 위한 경기장으로 7,500석 규모의 경기장 및 시설을 제공했다. 아마추어경기연맹(Amateur Athletic Union)과의 협약을 통해 야구, 농구, 소프트볼, 테니스 등 전국 청소년대회가 이 시설에서 개최된다.

디즈니는 픽사(Pixar), 마블(Marvel Comics) 및 루카스영화사(Lucasfilm)를 인수하여 21세기로의 확장을 계속했다. 최근 들어

놀이공원은 거의 모든 주요 커뮤니티에 존재한다. 공원은 근교에서 이용 가능한 짜릿한 스릴 체험을 참가자들에게 제공한다.

© Sergey Ivanov/Shutterstock.

디즈니는 새로운 스타 워즈(Star Wars) 매장을 열었으며, 영화, 비디오, 실내 놀이공원 등의 영역에서 지속적으로 리더십을 확장했다.

새로운 종류의 테마파크   다른 엔터테인먼트 사업가들이 곧 디즈니 사례를 따랐고, 1976년까지 최소한 미국 전역에 비슷한 규모의 36개 공원이 조성되었다. 몇몇 공원은 미국 내슈빌의 오프릴랜드(Opryland), 인디애나 주의 홀리데이 월드(Holiday World)와 스플래싱 사파리(Splashing Safari) 같이 단일 테마에 집중한다. 또 다른 파크는 문학, 역사, 혹은 국제적 테마를 바탕으로 만들어진 움직이는 놀이 기구들로서 롤러코스터와 낙하산 점프 같은 전형적으로 스릴을 만끽하는 놀이기구를 포함한다. 2015년에는 연간 3억7천5백만 명이 넘는 방문객과 111억 달러의 수익을 기록한 400개 이상의 테마공원이 있었다.

1980년대 초 부쉬 가든(Busch Gardens)에 의해 문을 연 또 다른 특이한 시설이 플로리다 탬파에 있는 어드벤처 아일랜드(Adventure Island)였다. 이 30에이커의 워터파크는 백사장, 반짝이는 물, 야자수, 열대 식물들이 있는 풍광을 제공한다. 폭포, 미끄럼틀, 수영장, 절벽, 바위가 다양한 층으로 이루어진 어드벤처 아일랜드는 방문객들이 물줄기를 따라 비틀어 미끄러지는 체험을 제공한다.

기타 공원들   오늘날 미국에는 수백 개의 테마파크가 있다. 플로리다 올랜도는 미국의 테마 파크 수도로 간주될 수 있다. 유니버설 올랜도 어드벤처 아일랜드는 오늘날의 많은 대형 테마 파크들의 전형을 보여준다. 이 공원은 디즈니랜드가 도입한 바와 유사한 다섯 가지 독특한 테마가 있다. 테마는 유니버설 스튜디오, 만화, 또는 특별한 활동과 연관되어 있다. 예를 들어, 툰 라군(Toon Lagoon) 워터파크에는 더들리 두라이츠의 립소 폭포(Dudley Do-Right's Ripsaw Falls) 같은 다양한 만화 캐릭터들의 이름을 딴 놀이기구가 있다.

오하이오 주 샌더스키에 위치한 시더 포인트(Cedar Point)는 단일 사이트에서 다중 체험을 제공하는 지역 테마파크의 한 예이다. 테마파크에서 대표적인 성장 산업이 롤러코스터이다. 시더 포인트는 젊은이들이 즐길 만한, 65.5m 높이에 시속 115.9km의 위크 트위스터에서 높이 94.5m 최고 시속 149km에 이르는 밀레니엄 포스까지의 구간을 갖는 17개 롤러코스터를 자랑한다.

그러나 모든 테마파크가 이러한 형태의 오락에 기대는 것은 아니다. 예를 들어, 돌리우드(Dollywood)는 복합 상점, 놀이기구, 쇼, 공예센터, 식당 및 민속적 주제를 기초로 다양한 연극을 특색으로 하는 복합 관광 명소이다. 인기 영화배우이자 컨트리 음악 스타인 돌리 파톤(Dolly Parton)의 이미지를 빌린 돌리우드는 가스펠 공연, 추수감사제, 유명 공연자들의 공개 행사 및 전통 애팔래치산(Appalachian Mountain) 환경에 어울리는 다양한 프로그램들을 제공한다.

워터파크 오늘날 테마파크의 특수 유형이 파도 풀, 슬라이드, 급류, 쇼 및 기타 형태의 수중 놀이와 엔터테인먼트를 특징으로 하는 워터파크이다. 미국에는 야외 놀이를 제공하는 1,000여 개의 워터파크가 있다. 가장 많은 워터파크 밀집 지역은 미국 중서부에 위치하고 그 다음이 남부에 있다. 하지만 따뜻한 지역에만 국한되어 있는 것은 아니다. 예를 들어, 위스콘신 델(Wisconsin Dells)은 많은 실내 및 야외 워터파크로 유명하다. 가장 큰 워터파크 중 하나가 캐나다의 웨스트 에드먼튼 몰(West Edmonton Mall)에 있다. 공공기관은 워터파크의 가장 큰 원천이다.

물놀이는 대규모 테마파크의 일부이다. 유니버설 어드벤처 오브 아일랜드(Universal's Island of Adventure)의 쥬라기공원 강 어드벤처와 뽀빠이와 블루투스의 빌지랫(Bilge Rat) 바지선은 소용돌이와 급류, 수문에서 낙하하는 짜릿한 경험을 제공한다. 미국 워터파크협회 주최 컨벤션에서 운영자들에게 최신 기술, 마케팅 및 관리 기술을 제공함으로써 매년 수십 개의 새로운 워터파크들이 개장된다.

동물원, 해양공원, 야생동물원 동물원에 놀이기구 및 기타의 오락 시설이 추가되면서 해양 및 야생동물원이 관광객들 사이에서 점점 더 인기를 얻고 있다. 매년, 미국 동물원 및 아쿠아리움협회 회원사들은 약 1억7천5백만 명의 방문객을 받는다. 야생동물원은 최근 몇 년 동안 꾸준히 성장해 왔으며, 방문객들은 자연적 환경에서 대형 게임을 하고 이국적인 동물들을 볼 기회를 얻게 되었다.

기타 재미있는 센터

미국 전역의 인구 밀도가 높은 대도시의 경우, 기업가들은 어린이 놀이, 체조 및 운동 체인점에서 가족 파티 센터, 비디오 게임 아케이드 및 게임장이 있는 대규모 레스토랑에 이르기까지 다양한 실내 놀이 센터를 개발했다. 이러한 놀이 센터는 아이들뿐 아니라 성인들 역시 즐길 수 있다. D&B(Dave and Buster)는 댈러스, 휴스턴, 애틀랜타, 시카고, 필라델피아 등 20개 주와 캐나다, 멕시코로 확장되고 있는 대담하고 성공적인 '놀이와 음식' 체인으로 골프, 모터사이클, 자동차 경주, 우주 전쟁, 가상현실 등 재미있는 시뮬레이션 게임을 제공한다.

마찬가지로 미국 전역의 수많은 교외 지역과 쇼핑몰에 설립된 어린이 및 가족 놀이 센터는 컴퓨터 및 비디오 게임, 당구 및 기타 테이블 게임, 미니어처 골프, 광대 및 마술사의 엔터테인먼트, 음악, 인기 있는 다과와 음식. 패키지형 생일 파티 및 기타 가족 놀이 서비스를 제공하며, 상업 레크리에이션이 전통적인 가족 기반 레크리에이션 및 혼자 하는 레크리에이션을 대신할 수 있는 매력적인 놀이 활동의 제공을 통한 성공을 보여준다.

야외 레크리에이션

특별한 매력이나 특성으로 인해 야외 환경에 의존하는 여가 활동으로 정의되는 야외 레크리에이션의 광범위한 영역은 상업적으로 후원되는 서비스의 중요한 영역으로 나타난다. 비록 야외 레크리에이션의 상당 부분이 정부가 관리하는 환경에서 행해지지만, 많은 활동은 영리 목적의 기업들에 의해 제공된다.

2011년 미국 어류 및 야생동물보호국(USFWS)은 3,400만 명의 낚시꾼과 1,250만 명의 사냥꾼을 포함, 16세 이상 미국인 9천만 명이 낚시, 사냥, 또는 야생 활동에 참여했다고 보고했다. 야생 관찰자 수는 2001년 6,140만 명에서 2011년에 710만 명으로 증가했다. 이들 야외 스포츠 참가자들은 432억 달러의 장비 구매, 322억 달러의 여행 경비, 146억 달러의 면허 및 수수료, 회비 및 기부금, 토지 임대 및 소유, 그리고 사냥에 지출했다. 이들은 2011년에 평균 2,407달러를 소비했다.[30]

야외에서의 상업 레크리에이션은 수렵장 운영 및 가이드, 공인 낚시터 및 사설 낚시터, 마리나 및 보트, 스키장 및 스키 캠프, 캠핑장 및 모험 레크리에이션 서비스, 여름 목장 및 농장, 페인트볼 전투장 및 기타 다양한 취미 활동을 포함한 여러 형태를 취한다.

많은 경우, 펜실베니아 주 짐 소프(Jim Thorpe)에 있는 포코노 화이트워터 어드벤처(Pocono Whitewater Adventures)와 같은 단일 기업이 래프팅, 급류 카약, 가족 자전거 여행이나 페인트볼 같은 다양한 종류의 모험 활동을 제공한다. 미국 전역의 수많은 사냥업체들이 맹수 사냥의 기회를 제공하며, 어떤 경우에는 다른 대륙에서 수입한 외래종들을 사냥할 수도 있다.

내륙 및 해양 어업은 모두 또 다른 거대한 산업을 상징한다. 보트 타기는 단독으로 야외 레크리에이션 시장의 주요 부분을 차지하며 2010년에만 연간 판매 및 서비스의 규모가 약 34억 달러에 이르는 것으로 추산된다. 2010년에 성인 인구의 32.4%에 이르는 6,590만 명의 성인들이 보트를 탄 것으로 추산되었다. 오대호(Great Lakes)는 보트 타기 인구로부터 가장 많은 조명을 받고 있으며, 플로리다는 등록된 보트가 가장 많았으며, 캘리포니아, 미네소타, 미시간, 위스콘신, 텍사스, 뉴욕, 사우스캐롤라이나, 오하이오, 노스캐롤라이나 등이 그 뒤를 이었다.[30]

스파 및 피트니스 클럽

영리 목적의 피트니스센터 및 헬스클럽은 미국 내 여가 소비의 주요 원천이다. 이러한 시설에 참여하는 사람들은 실제 건강 문제에서 외모와 관련한 화장품에 이르기까지 다양하게 동기 부여되지만, 실제로 스파는 특히 독신 남성과 독신 여성에게 매력적인 사교적 환경을 제공한다.

전반적으로 이 분야에는 다양한 목욕 시설 및 운동 장비, 에어로빅 및 재즈 강좌, 요가, 건강 상담 및 치료 서비스, 수천 달러의 연회비로 이용할 수 있는 다양한 옵션을 갖춘 아쿠아센터 및 피트니스 센터 등의 프로그램이 포함된다.

이러한 건강 관련 서비스의 변화된 유형으로, 많은 비영리 병원이나 장기 요양 시설이 광범위한 운동 프로그램, 물리치료, 에어로빅 강좌와 최면, 통증 관리, 침술 및 기타 대체 의학을 포함한 혁신적인 기법을 제공하는 영리 목적의 자회사를 설립했다. 그들은 또한 명상 그룹이나 관절염 같은 특정 질병을 위한 클럽, '과식자 모임 (overeaters anonymous)', '장애와 함께하는 삶(living with loss)' 등의 치유 모임과 마사지 및 반사요법 등 통합적 치료법이나 동종 요법 치료에 중점을 둔다.

기타 영리 목적의 벤처 기업

위에 인용된 사례 이외에도 영리 목적의 레크리에이션에는 다양한 종류의 사회 활동 및 취미 활동, 오락 및 엔터테인먼트 기업이 포함된다. 개인 골프 또는 테니스 클럽, 볼링장 및 당구장, 콘트랙트 브리지(contract bridge, 카드게임의 일종)나 체스 클럽, 나이트클럽 및 댄스홀, 심지어 데이트 서비스와 도박장까지도 이 분야의 일부에 포함된다. 어떤 의미에서 영화, 텔레비전, 비디오 게임, 출판 및 전자 장치들도 영리적 여가 유형을 대표하는 대중문화의 전 측면이다. 이 분야에서 성장하는 또 하나의 시장이 퀼트이다. 오랫동안 할머니들의 영역으로 여겨지던 퀼트 매장은 많은 지역 사회에 존재한다. 그들은 재료, 퀼트 관련 아이템, 특수 퀼팅 머신을 판매하고, 강좌를 후원하며, 투어, 크루즈, 전시회 및 대회를 개최한다.

주요 도시의 중심지에서 열리는 아마추어 스포츠 경기는 활동 공간을 공유하는 기존 공원 내에서 통합적으로 이루어진다.
© Wendy Nero/Shutterstock.

또한, 아마추어 스포츠 대회 참여 및 프로 스포츠, 여행 및 관광업 모두 상업 레크리에이션 분야에서 거대 규모를 형성하는데, 이 책의 다른 부분에서 자세히 논의된다.

기관들 간의 차이점과 유사성

이 장에서는 공공기관 및 정부, 비영리 또는 자원봉사기관, 상업 레크리에이션 기업 등 세 가지 유형의 조직에 의해 제공되는 오늘날의 조직화된 레크리에이션 서비스에 대해 설명한다. 이러한 유형의 여가 서비스 조직은 각각 고유하면서도 유사한 서비스를 동시에 제공한다.

예를 들어 공공 레크리에이션 및 공원 기관은 공원, 숲, 운동장, 아쿠아 시설 등 야외 자원과 더불어, 대부분은 공연 예술 센터, 회의 및 컨벤션 센터 등과 같은 실내 센터를 유지하고 운영하는 주요 책임이 있다. 그들의 의무는 모든 사회 경제적 수준에서 그리고 인종, 종교 또는 기타 인구통계학적 차이에 상관없이 개인 및 가족을 포함하여 대중에게 봉사하는 것이다. 그러나 많은 레크리에이션 프로그램에 대한 마케팅 기반 수수료 및 요금이 강화되면서 많은 정부 레크리에이션 및 공원 에이전시는 현재 경제적 능력에 한계가 있는 지역사회의 집단에 도달하지 못하고 있다.

비영리 자원봉사기관은 일반적으로 지역사회 또는 특정 인구 집단을 위해 사회적 가치와 건설적인 결과를 달성하는 일에 가장 관심을 기울인다. 그들은 레크리에이션을 그 자체로서 목적과 목적을 위한 수단으로 동시에 인식하며, 일반적으로 사회적 환경을 존중하고, 성별, 민족적, 인종적 관련 문제에 민감하다. 특히 젊은이들을 위한 봉사와 특별 레크리에이션 관심사 측면에서, 그들은 여타의 다양한 공공기관들보다 더 풍부한 프로그램을 제공할 수 있다. 비영리단체는 공공기관 및 영리기관이 채울 수 없는 공간을 채워준다.

세 가지 유형의 후원자들 중, 상업 레크리에이션 후원자들은 오늘날 가장 다양한 레크리에이션 서비스와 기회를 제공하며, 꾸준히 성장하는 조직화된 레저 프로그램의 영역을 대표한다.

어떤 면에서, 이윤 지향적인 사업들은 자신들이 제공하는 서비스와 사람들을 충족시키는 여가 욕구의 측면에서 공적 비영리적 레크리에이션과 공원 기관과 비슷하다. 그들을 구분 짓는 것은 대중들의 마음을 끌어들일 수 있는 시설 및 프로그램 개발을 위해 상당한 금액을 투자할 수 있는 그들의 능력이다. 테마파크, 워터파크, 경기장, 피트니스 클럽 및 기타 유형의 특수 장비나 프로그램을 설계하고 구축할 수 있는 거대 기업들은 필요한 요금과 비용을 지불할 수 있는 사람들에게 어필할 수 있는 엄청난 이점을 가진다. 상업 레크리에이션 후원자들은 기술과 산업을 활용하여 멋진 놀이 환경을 만들어냈고, 가장 정교한 홍보와 광고 기술을 사용해 자신들의 제품을 성공적으로 마케팅하였다.

레크리에이션 계획의 사회적 가치

상업 레크리에이션 사업이 사회적 영향을 고려하지 않고 어떠한 종류의 여가 활동도 자유롭게 할 수 있다는 가정은 잘못된 인식이다.

헬스클럽, 캠프, 놀이공원, 극장, 댄스홀, 도박 카지노, 술집, 그 외 많은 시설들은 주 및 지방정부 법률 및 규칙에 따라 규제를 받는다. 여기에는 주류 판매, 위생 상태, 미성년자에 대한 서비스, 안전 관행, 영업 시간 등과 같은 규제 관련 규정이 포함될 수 있다. 인허가가 요구되는 많은 기업이 승인된 관행을 준수하지 않을 경우 인허가가 철회될 수 있다. 마찬가지로, 무역협회는 종종 이러한 판결에 따른 법적 집행 권한이 없을지라도 관행에는 영향을 미친다. 오피니언 리더, 공무원, 종교단체 등의 진술이나 소비자 압력을 통해 언론에 드러나는 대중들의 태도는 때론 바람직한 방향으로 운영자들에게 영향을 미칠 수 있다. 예컨대, 타임워너가 폭력적이고, 인종차별적이며, 성차별적인 랩 음악들을 홍보했다는 이유로 언론으로부터의 날카로운 비판에 직면하자 해당 음반이 전부 폐기하기도 하였다.

다른 기관 및 서비스와의 경쟁은 상업 레크리에이션 기관 관리에 있어 또 다른 핵심 요소이다. 종종 업계의 한 분야에서 보다 나은 제품 및 서비스가 다른 열등한 경쟁자들을 퇴출시키는 작용을 낳기도 한다. 레크리에이션 서비스 및 참여의 전체 분야는 수요와 공급의 경제적 힘이 작용에 따라, 새로운 제품이나 서비스가 등장하면 기존 제품 및 서비스가 위협받는 마케팅 시스템으로 볼 수 있다. 이 틀 안에서 경쟁하는 후원자들이 대중의 관심과 참석을 유지하려는 노력에 따라, 레크리에이션 기업들의 끊임없는 재편성이 이루어진다.

주요 여가 서비스 기관 간의 제휴

비록 공공기관, 비영리기관 및 영리 기관들이 이 장에서 개별적으로 다루어지지만 실제 사례에서는 종종 제휴하여 참여한다는 사실을 강조하는 것이 중요하다. 예를 들어, 100개가 넘는 도시에서의 설문조사에 따르면 거의 모든 시립 레크리에이션 및 공원 부서가 다른 기관 및 조직과 프로그램을 제휴하여 실시했다. 응답자의 절반 이상이 한 해 동안 10개 이상의 공동 프로그램을 가졌다. 그들은 스포츠, 문화 및 기타 유형의 행사 및 프로젝트를 촉진하기 위해 자원봉사기관, 학교 및 대학, 봉사클럽, 기업 및 산업계와 긴밀히 협력하였다.

공공기관, 비영리기관 및 상업 레크리에이션 제공업체 간 파트너십은 일반적 현상이다. 한때 자신의 영역을 고수하려던 기관들이 이제는 파트너십이 공공기관 및 개별 기

후원 기업들은 행사에서 광고를 통해 레크리에이션 프로그램에 대한 후원을 확대한다.
© Joyce Vincent/Shutterstock.

관을 위한 보다 나은 서비스를 제공할 수 있다는 개념을 채택했다. 공공기관과 비영리기관은 수립된 파트너십의 수와 질에 따라 효율성을 평가받는 경우가 많다.

다양한 형태의 파트너십은 비영리기구, 영리기구, 기타 정부기관, 개인, 특수 이익 단체 및 기타 단체와 협력하는 공원 및 레크리에이션 기관에 의해 만들어진다. 이러한 파트너십은 예컨대, 모형 비행기 클럽이 사용할 수 있는 활주로 공간을 도시 공원 및 레크리에이션 부서가 제공해주는 일처럼 단순할 수도 있고, 독특한 천연 자원 관리를 위해 여러 기관이 함께 협력하는 일처럼 보다 복잡할 수도 있다. 국립공원관리공단은 주립공원, 지역공원, 레크리에이션부와 협력한 오랜 역사를 가지고 있다.

토지관리국(Bureau of Land Management)은 콜로라도 그랜드 정션(Grand Junction)의 공원 및 레크리에이션 부서에 토지를 이전하여 도시 개발과 자연 보존 지역 간의 완충 지대를 유지하도록 했다. 초기에 일리노이 주에만 있던 장애인레크리에이션협회는 장애인을 위한 서비스 제공을 주 목적으로 하는 전문 기관 개발을 위해 협업하는 다중 공원 지구를 설립하는 것이었다. 장애인레크리에이션협회는 별도의 서비스로 운영되지만 개별 공원지구의 자원을 넘어서는 협회 자원들을 활용하여 기존 공원지구 프로그램에 서비스를 통합한다.

열린 공간의 획득과 환경 회복 분야에서 많은 파트너십 사례가 있다. 공공토지신탁(Trust for Public Land, TPL)은 매년 지역 공공기관, 비영리기관 및 주변 단체와 협력하는 수많은 프로젝트를 수행한다. TPL은 워싱턴의 퓨젯 사운드(Puget Sound)에 있는 캐스케이드 자전거 클럽(Cascade Bicycle Club)과 파트너십을 맺고 42마일 길이의 폐쇄된 철로변을 개조하여 한 번에 한 구역씩 완성했다. 예를 들어, 레이크뷰 초등학교에 다니는 학생들은 혼잡한 도로를 벗어나 이 도로를 이용해 학교로 자전거를 타고 갈 수 있다. 35만 명이 넘는 주민들이 이 이스트사이드 철로변에 언제든 쉽게 접근할 수 있는 지역에 살고 있다.[31] 오하이오 주 클리블랜드 3분의 2에 달하는 지역에서 TPL이 쿠야호가 메트로폴리탄 주택청(Cuyahoga Metropolitan Housing Authority)과 함께 최종적으로 주민들을 클리블랜드 호반공원으로 안내해 줄 녹색도로망 사업에서의 도심 산책로 구축을 위해 협업하고 있다.[32] 표 6.5는 2년간의 TPL 효과를 보여준다.

마찬가지로 비영리 조직은 협력적 프로그램 노력에 자주 관여한다. 전형적으로,

표 6.5 2년간의 TPL 효과

연도	보호 면적(에이커)	통과 지역 수	완결 프로젝트 수	피트니스 구역 수	회원 및 자원 봉사자 수
2015	92,978	19	140	70	192,744
2016	62,134	12	128	78	453,966

출처: The Trust for Public Land. 2015 and 2016 Annual Report. www.tpl.org. Accessed February 2, 2017.

보이스카우트와 걸스카우트는 교회, 종교 단체 또는 학교 위원회와 밀접하게 협력하는 경우가 많다. YMCA는 지역 공원 및 레크리에이션 부서, 학교 및 대학, 공공주택 위원회, 병원, 심지어는 교정기관과의 다양한 파트너십을 장려한다. 2000년대 중반 YMCA는 건강 관련 행동의 긍정적 변화를 이끌 프로그램을 구별하거나 만들고 지역사회 역량을 확대하기 위해 공원 및 레크리에이션 부서를 포함하여 질병통제예방센터 및 20개의 국가기관, 비영리기관, 지역 커뮤니티 기구와 함께 160개 이상의 지역 공동체에서의 협업을 주도하였다. 보다 건강한 지역사회 이니셔티브는 지역사회 주민들의 건강한 삶의 제공에 초점을 맞춰왔다.

기관들이 미국의 노령 인구를 위한 서비스를 제공하기 시작하면서 서로 다른 유형의 협업들이 만들어지고 있다. 펜실베이니아 주 루이스버그는 다양한 연령대를 아울러 근린 지역에서의 체험을 제공하기 위해 설계된 최초의 다세대 공원을 만들었다. 이러한 방식이 다양한 연령층의 요구를 충족시킨다는 이해에 기초해 환경, 가족 및 활동에 주안점을 두고 있다. 많은 지역사회는 현재 다른 연령층에 비해 노령 인구가 더 자주 공원을 이용한다는 것을 인식하고, 노령 인구의 요구에 맞춘 공원 개조를 위해 지역사회 내에서 협업하고 있다. 일리노이대학은 공원 및 레크리에이션 기관 등 다양한 단체와 협력해 새로운 노령 세대가 이전의 노령 세대와 다르다는 인식하에 노인들의 심혈관 건강, 근력 강화 및 유연성 향상을 위한 새로운 활동적 녹색 환경 시설 개발을 위한 협업에 나서고 있다.[34]

마지막으로, 국립 레크리에이션 및 공원협회는 성공적으로 다양한 파트너십에 착수했다. 여기에는 NFL과의 플레이 60 방과후 축구 프로그램(PLAY 60 After-School Kickoff program), 미국테니스협회와의 제휴, 소규모 공간에서 더 많은 아이들이 축구를 할 수 있게 만드는 공원 개발을 위한 '사커 5(Soccer 5)', 농구협회와의 스포츠맨 정신 및 게임의 가치에 초점을 맞춘 6~14세 소년 소녀를 위한 '주니어 NBA' 프로그램 등의 제휴가 포함된다. 이러한 유형의 협업 배치가 점점 다양해지고 있으며, 여가 서비스 시스템을 구성하는 다양한 요소들 사이의 상호 지원 분위기 조성에 도움을 주고 있다.

여가-서비스 제공 시스템의 주요 요소 재검토

이 장의 앞부분에서 표 6.1과 표 6.2는 기관, 파트너십, 프로그램, 참가자 및 그에 따른 성과가 어떻게 상호 작용하여 레크리에이션 및 여가 기회를 창출하는지 설명했다. 이 장에서는 개인들의 여가 경험에 대한 더 많은 기회를 위한 레크리에이션 기회의 다양성 및 파트너십의 가치를 보여주었다. 표 6.6은 이러한 요소의 상호 작용에 대한 보다 복잡한 사례를 제시한다. 지역 오케스트라는 도시의 주요 야외 공원 공연센터에서 공연을 하고 있다. 도시는 이 오케스트라와 함께 행사를 공동 주관한다. 이 공연의 음향, 조명, 안전장치 설치를 위해 노동자들의 비용을 어떤 은행이 지불하기로 협약을 맺었다. 시와 오케스트라는 이 행사에 음식을 제공할 현지 출장 요리 가공업체와 계약을 맺었다. 공원 및 레크리에이션 부서는 이 행사를 웹사이트와 계절 행사 안내 책자에 광고했으며 지역 공영 TV 방송은 온라인 방송을 통해 오케스트라를 지원하고 있다.

표 6.6에 묘사된 사례는 도시 공원 및 레크리에이션 부서의 활동 상황이다. 주관 기관은 지역 오케스트라이고 장소의 관리는 공원 및 레크리에이션 부서에서 담당한다. 이 두 조직은 오랜 관계를 유지해 왔다. 은행은 지역 오케스트라의 후원자이다. 음식 업체는 공원 및 레크리에이션 부서의 승인을 얻어 지역 오케스트라와 계약을 맺었다.

지역 오케스트라는 식품 공급업체와 파트너십을 맺고 행사 기간 매출액의 일부를 후원받는다. 공연 온라인 방송은 지역 오케스트라, 공원 및 레크리에이션 부서, 그리고 온라인 방송이 필요로 하는 특별한 요구조건들을 결정하는 지역 공영 텔레비전 방송국을 통해 처리된다.

표 6.6의 프로그램 프로세스를 도표로 표시하면 존재하는 관계 및 의존성을 보다 쉽게 확인할 수 있다. 관련 기관 유형(A), 시행 중인 파트너십 유형(B), 제공 서비스 유형(C), 프로그램 및 서비스 제공 이유(D) 및 영향력 요인을 통해 기관의 편익(E)을 예측할 수 있다.

표 6.6 복잡한 사례

Ⓐ 레크리에이션 후원 기관의 유형	Ⓑ 그룹 및 서비스 제휴	Ⓒ 제공되는 여가 프로그램	Ⓓ 충족을 위한 개인 및 공공의 요구	Ⓔ 창출되는 주요 편익
① 공공기관	① 무역협회	① 직접 프로그램 리더십	① 서비스 제공 범위:	① 개인적 가치 (건강, 정서적 행복, 정신 발달, 웰빙)
② 비영리 기관	② 전문가협회	② 공공용도 미지정 시설 및 개방 공간의 제공	게임 및 스포츠	② 사회 및 지역 공동체 기반 성과
③ 상업 레크리에이션 기업	③ 특수 이익집단	③ 여가 교육	야외 레크리에이션	③ 경제적 이익, 고용, 세금 및 기타 재정 수익
④ 직원 서비스 및 레크리에이션 프로그램	④ 특수 프로그램 및 이벤트 후원기관	④ 정보 제공 서비스	[문화 활동] 예술	④ 자연 및 도시를 포괄하는 환경적 가치
⑤ 군대의 사기, 복지 및 레크리에이션	⑤ 전문가 준비기관	⑤ 프로그램 촉진 활성화	취미 특별 이벤트	
⑥ 민간 회원제 기관	⑥ 여가 기능의 하청 민간단체	⑥ 특수 영역에 대한 옹호 및 리더십	클럽 및 기타 사회 집단	
⑦ 대학 레크리에이션 프로그램	⑦ 기타 시민단체	⑦ 캠페인 및 이벤트 공동 후원	[개인적 흥미] 여행	
⑧ 치료레크리에이션 서비스	⑧ 기업	⑧ 진정한 여가 경험	전자 매체	
⑨ 스포츠 경영 기관	⑨ 중소기업	⑨ 복지를 위한 기회	기타 사회적 서비스	
⑩ 관광 및 숙박업	⑩ 개인		② 서비스 영향 범주: 세대 / 젠더 / 사회경제적 처지 / 교육적 배경 / 인종/민족적 요소 / 거주 및 지역적 요소 / 신체적 정서적 건강 / 장애인/비장애인 / 가족 상황	

요약

조직적인 여가 서비스에 대한 정부의 역할이 다양하다. 연방 차원에서 정부는 국립공원관리공단, 산림청, 국토관리국 등의 기관을 통한 주요 기능 또는 다중 용도 개념하의 야외 레크리에이션 자원 관리에 관심을 둔다. 또한 연방정부는 아동과 청소년, 장애자, 노인 등의 인구 집단을 위한 봉사 프로그램에 대한 자금 및 기술 지원을 통해 주 및 지역 정치 단위를 지원한다.

주 정부는 주요 공원 시스템을 운영하며 환경 보호와 야외 레크리에이션 기회의 증진에 중요한 역할을 담당한다. 그들은 또한 표준을 제정하고, 레크리에이션 및 공원 분야에서 지방 정부의 역할을 규정하는 법안을 제정했다. 여기에 더해, 주들은 전통적으로 장애인들을 위한 주립병원 및 특수학교의 네트워크를 유지해왔지만, 이러한 기능은 최근 이러한 인구 집단을 공동체 환경에 배치하는 탈시설화 경향의 결과로 감소하는 추세에 있다.

정부 레크리에이션 및 공원 프로그램의 주요 후원자는 지방 시군구 및 특별 정부 기관이다. 그들은 다양한 종류의 시설들을 운영하며 다양한 종류의 강좌, 스포츠 리그, 특별 행사, 예술, 사회 활동 및 다양한 여가 영역을 제공한다. 또한 휴먼 서비스 분야의 많은 프로그램을 제공하거나 지원한다. 비록 많은 지방자치 부서들이 자신들의 수익원을 확대했지만, 일부 대도시와 오래된 도시의 부서에서는 직원의 감소로 힘들어하거나 프로그램 및 유지 관리의 잠재력이 제한적이다.

자원봉사단체들은 긍정적인 사회적 목표 달성을 위한 여가 이용에 가장 중점을 둔다. 종교단체와 비종교 단체 모두를 포함한 여러 유형의 청소년 봉사 단체들에 대해 설명하였다. 이러한 기관들은 스스로를 레크리에이션을 주로 하는 기관이라고 생각하지 않는다. 대신에 일반적으로 교육, 인격 형성 및 청소년 봉사 단체로 간주되기를 원한다. 그럼에도 불구하고, 대개 레크리에이션은 이들 단체의 프로그램 활동의 한 영역을 구성한다.

두 번째 유형의 비영리 여가 서비스 기관은 보통 야외 레크리에이션, 스포츠, 예술 또는 취미 활동의 특정 영역을 홍보하는 특별 관심 그룹으로 구성된다. 이러한 그룹은 회원으로 많은 열성 팬들을 포함할 수 있지만 때로는 특정 여가에 전문화된 기업의 관심을 촉진하기 위해 만들어지기도 한다. 상업 레크리에이션 사업은 여행 및 관광, 야외 레크리에이션, 스포츠, 대중오락, 대중매체, 취미 및 공예 등의 분야에서 상당한 공공 레크리에이션 기회를 제공한다.

그들의 주요 목표는 체험을 만들어 일관된 이익을 창출하는 것이다. 대부분의 경우 테마파크, 리조트, TV, 영화, 인터넷 및 대중음악적 요소가 포함된 월트디즈니와 같이 대규모로 다양하게 운영된다. 사회적 관점에서 많은 영리업체는 건설적이며 수준 높은 프로그램을 제공한다. 그러나 예컨대, 오락 산업 부문에서의 일부 경우처럼 청소년 폭력, 성차별, 인종 적대감을 드러내기도 한다.

토론 및 에세이 과제

1. 연방정부의 주요 레크리에이션 제공 기관뿐 아니라 그 핵심 임무와 목적을 확인하라. 모든 연방기관을 비교하여 공통점과 차이점을 확인하라. 다른 학생들과 함께 이 기관들이 미국의 레크리에이션 환경에 대해 집단적 개별적으로 어떻게 영향을 미치는지 토론하라.

_____

_____

_____

_____

_____

2. 연방 수준에서 지역 사회 수준에 이르는 레크리에이션 기회 제공자에게는 서로 다른 관점이 있는 것으로 보인다. 각 수준에서 주요 역할(연방, 주, 카운티, 시)로 생각되는 요소를 확인하라. 둘째, 세 개 이상의 수준에 걸치는 기관에서 공통적으로 생각되는 역할을 확인하라. 다른 기관(예, 국립공원관리공단 또는 주립공원 시스템)의 역할을 지역사회에 적용하는 방법을 설명하라.

_____

_____

_____

_____

_____

3. 여러분의 고향이나 고향에 인접한 보다 큰 지역에서 공원 및 레크리에이션 기관을 선택하고 그들의 웹사이트를 확인하라. 제공하는 서비스 및 프로그램의 유형을 확인하라. 해당 도시의 규모를 판별하고, 제공되는 핵심 서비스를 찾아 해당 서비스 수준의 품질과 양을 평가하라. 왜 그 서비스에 대해 그렇게 평가했는지 설명하라.

---

4. 여가 서비스 산업에서 비영리 활동의 중요성을 설명하라. 비영리기관들이 자신들을 고유하고 효율적으로 만드는 여가 서비스 제공 시스템을 통해 얻고자 하는 것은 무엇인가?

---

5. 여러분의 지역 사회에서 상업 레크리에이션 기업을 선택하라. 핵심 비즈니스는 무엇이며 어떻게 비즈니스를 제공하는지 파악하라. 제공하는 서비스 모델이 공공기관 및 비영리기관과 어떻게 다른지 설명하라.

미주

1. President George W. Bush, excerpt from National Park Week Proclamation, 2003.

2. C. Bulson. 2012. PROQUEST Statistical Abstract of the United States 2013. Ann Arbor, MI: ProQuest. (Table 1270).

3. Mitchell, Brent A, "Projecting America's Best Ideals: International Engagements and the National Park Service," *George Wright Society*: www.georgewright.org/281mitchell.pdf. (Accessed October 26, 2013).

4. United States Forest Service (USFS), "Forest Service Global Change Research Strategy, 2009–2019" (2009): FS-917a.

5. USDA, "Conservation Reserve Program": https://www.fsa.usda.gov/programs-and-services/conservation-programs/index(https://www.fsa.usda.gov/programs-and-services/conservation-programs/index (Accessed May 29, 2017).

6. U.S. Department of the Interior. Bureau of Land Management. National Conservation Lands: Resources and Statistics: https://www.blm.gov/about/data/public-land-statistics (Accessed May 29, 2017).

7. U.S. Department of Agriculture, Farm Service Agency, "Conservation Programs": http://www.fsa.usda.gov/FSA/webapp?area=home&subject=copr&topic=landing.

8. National Endowment for the Arts, "2015 Annual Report" (April 15, 2016): https://www.arts.gov/sites/default/files/2015%20Annual%20Report.pdf, p. 3.

9. National Endowment for the Arts, 2013: "2012 Annual Report" (Washington, D.C.): https://docs.google.com/viewer?url=http%3A%2F%2Farts.gov%2Fsites%2Fdefault%2Ffiles%2F2012-NEA-Annual-Report.pdf (Accessed May 30, 2013).

10. National Endowment for the Arts, "2015 Annual Report" (April 15, 2016): https://www.arts.gov/sites/default/files/2015%20Annual%20Report.pdf, p. 3.

11. Daniel D. McLean, *The 2006 Annual Information Exchange* (Raleigh, NC: National Association of State Park Directors, 2006).

12. Illinois Association of Park Districts, "2016 Annual Report": http://c.ymcdn.com/sites/www.ilparks.org/resource/resmgr/annual_reports/iapd_2016_final_for_web.pdf (Accessed February 10, 2017).

13. Pennsylvania Department of Conservation and Natural Resources, "A Guide to Using Section 503(11) of the Pennsylvania Municipalities Planning Code" (December 15, 2008): http://www.dcnr.state.pa.us/cs/groups/public/documents/document/dcnr_002299.pdf (Accessed February 18, 2017).

14. King County, Washington Natural Resources and Parks: www.kingcounty.gov/environment/dnrp.aspx (Accessed November 18, 2012).

15. CityofHenderson.com: http://www.cityofhenderson.com/henderson-happenings/home (Accessed February 8, 2017).

16. Denver: The Mile High City, "Central Denver Recreation Center Frequently Asked Questions" (June 3, 2014): https://www.denvergov.org/content/dam/denvergov/Portals/747/documents/planning/CentralDenverRecreationCenter/CDRC_FAQ.pdf (Accessed February 8, 2017).

17. White Pine County Nevada "White Pine County Aquatic Center": http://www.whitepinecounty.net/index.aspx?nid=471 (Accessed February 8, 2017).

18. Seattle.gov Office of the Mayor, "Mayor Unveils $47 million Seattle Park District Plan for 2016" (September 18, 2015): http://murray.seattle.gov/mayor-unveils-47-million-seattle-park-district-plan-for-2016/#sthash.bPbvLLaO.dpbs.

19. Seattle.gov Seattle Park District, "Programs for People": http://www.seattle.gov/seattle-park-district/projects/programs-for-people (Accessed June 12, 2016).

20. Bureau of Labor Statistics, "Volunteering in the United States—2012" (February 22, 2013): www.bls.gov/news.release/volun.nr0.htm.

21. LM Salamon, SW Sokolowski & SL Geller. 2012. Holding the Fort: Nonprofit employment during a decade of turmoil. *Nonprofit Employment Bulletin* 39, Johns Hopkins University: http://ccss.jhu.edu/publications-findings/?did=369 (Accessed December 28, 2013).

22. Boy Scouts of America, 2012 report to the Nation: http://www.scouting.org/About/AnnualReports/PreviousYears/2012/rtn.aspx (Accessed December 28, 2013).

23. Girl Scouts of America: http://www.girlscouts.org/who_we_are/facts/ (Accessed October 22, 2013).

24. Boys & Girls Clubs of America, "Our Facts and Figures": http://www.bgca.org/whoweare/Pages/FactsFigures.aspx.

25. Best Buddies: http://www.bestbuddies.org/best-buddies.

26. Best Buddies: "Our Impact": https://bestbuddies.org/our-impact/.

27. Young Men's Christian Association: http://www.ymca.net/organizational-profile (Accessed 10/22/13).

28. Little League Baseball: http://www.littleleague.org/Little_League_Online.htm (Accessed October 29, 2013).

29. MiceChat.com, 2011 "Theme Park Attendance Report": http//www.coastergrotto.com/theme-park-attendance.jsp (accessed 05/29/17).

30. U.S. Department of the Interior, U.S. Fish & Wildlife Service, 2012: 2011 "National Survey of Fishing, Hunting, and Wildlife-Associated Recreation: National Overview": 2011 "Theme Park Attendance Report":http://wsfrprograms.fws.gov/Subpages/NationalSurvey/National_Survey.htm (Accessed October 18, 2012).

31. The Trust for Public Land, "In the Seattle metro, a new bike path gets kids to school the old-fashioned way," (January 19, 2017): http://www.tpl.org/blog/eastside-rail-corridor#sm.01lwp1261b52dtu110i23341oygox (Accessed February 2, 2017).

32. The Trust for Public Land, "A Cleveland's neighborhood long-awaited link to the lakefront" (November 9, 2016): http://www.tpl.org/blog/cleveland-greenways-link-lakefront#sm.01lwp1261b52dtu110i23341oygox (Accessed February 12, 2017).

33. The Trust for Public Land, "2016 Annual Report": https://www.tpl.org/2016-annual-report#sm.01lwp1261b52dtu110i23341oygox (Accessed February 12, 2017).

34. Geoffrey Godbey, "Providing More for Older Adults," *Parks and Recreation* (October 2005): 76–81.

전문 여가 서비스 영역

레크리에이션 및 여가 서비스의 기회는 다양하고 많다. 연방정부는 국립공원, 숲 및 기타 레크리에이션 영역에서의 직업 기회를 제공한다. 군은 전 세계 기지에 있는 모든 인력 및 가족들을 대상으로 레크리에이션 활동을 이끌기 위한 전문가를 고용한다. 50개 주 모두 공원, 숲, 그리고 열린 공간 시스템을 가지고 있다. 지역사회 레크리에이션 및 공원 부서는 스포츠 및 수상 활동, 예술을 포함한 다양한 전문 지식을 가진 레크리에이션 전문가를 고용한다. YMCA와 YWCA, 스카우트, 소년소녀클럽 등의 비영리 단체들은 레크리에이션 프로그램을 통해 리더십 기회를 제공한다. 골프, 테니스 또는 수상 시설을 운영하기 위해 관리자를 고용하는 다양한 개인 및 준사설 클럽들이 있다.[1]

✔ **학습목표** Learning Objectives

1. 치료 레크리에이션, 군대 레크리에이션, 직원 레크리에이션, 캠퍼스 레크리에이션 및 민간 회원 레크레이션 클럽 분야에 대해 기본적으로 이해한다.
2. 전문 여가 서비스 제공업체가 제공하는 고객 유형을 설명한다.
3. 전문 여가 서비스를 제공하는 조직의 사례를 든다.

소개

대중을 위해 설계된 조직화된 여가 서비스의 세 가지 영역을 검토한 결과, 보다 전문화된 요구와 관심을 충족시키는 다섯 가지 범주의 레크리에이션 서비스에 대해 관심을 가질 필요가 있다. 이 다섯 가지 영역은 장애인을 위한 레크리에이션, 군대의 사기와 복지를 위한 레크리에이션, 직원들을 위한 레크리에이션, 대학 레크리에이션, 그리고 민간 회원 조직을 위한 레크리에이션 영역이다. 이 각각의 영역은 특정 유형의 인구 또는 조직을 위한 서비스를 제공하며, 레크리에이션의 목표와 프로그램 요소는 특정 요구 충족을 위해 준비된다.

이 다섯 가지 레저 서비스 영역을 분석하면서, 20세기에 진화한 전통적 모델에서 오늘날 확인할 수 있는 보다 혁신적 형태의 서비스로의 역동적 변화에 중점을 둔다.

치료 레크리에이션 서비스

오늘날 치료적 환경에서 건강 상태 개선을 위해 레크리에이션을 사용하는 기원은 미국인 의사 벤자민 러쉬(Benjamin Rush)와 영국인 간호사 나이팅게일(Florence Nightingale)에서 유래된다. 이 둘은 레크리에이션의 치료적 가치를 옹호한 사람들이었다. 지난 50년 동안 병원, 재활원, 정신 건강 및 장기 요양시설에서의 레크리에이션 및 여가의 활용 확대는 치료적 방법으로서의 레크리에이션의 가치 확대 및 치료 팀에서의 레크레이션 치료 전문가 확보의 중요성을 보여준다. 같은 기간 동안 장애인을 위한 지역사회의 전문화된 레크리에이션이나 그들을 위해 조정된 레크리에이션 서비스 제공에 상당한 발전이 있었다.

레크리에이션 전문직을 통한 이러한 역할에는 레크리에이션 치료사(recreation therapist), 치료 레크리에이션 전문가(therapeutic recreation specialist), 포용 전문가(inclusion specialist) 및 활동 치료사(activity therapist) 등 다양한 이름이 붙여졌다. ATRA(American Therapeutic Recreation Association, 미국 치료레크리에이션협회)는 레크리에이션 요법을 '질병 또는 장애로 인한 삶에서의 한계와 제한을 줄이거나 제거할 뿐 아니라 건강 및 복지 향상을 위해 개인 기능 및 독립성 수준을 복원하고, 치료와 재활을 돕는 치료 서비스'라고 정의했다.[2] 치료 레크리에이션은 '최적화된 생활 환경의 필요한 변화와 전체 개인들에게 초점을 두면서 기능, 건강, 복지 및 삶의 질 향상을 위해 계획된 레크리에이션 및 관련 경험에 사람들을 참여시키는 것'으로 정의된다.[3] 이 두 정의는 매우 유사하며 해당 분야에서의 다양한 논의를 촉발시켰다. 그 한 가지 관점은 치료 레크리에이션이 여가 활용 및 향상을 주요 목적으로 하는 포괄적인 용어로 사용할 수 있으며, 레크리에이션 요법은 관여와 기능적 능력 향상이라는 일차적 목적을 가진다는 것이다. 우리는 이 책의 목적상 **치료 레크리에이션**(*therapeutic recreation*)이라는 용어를 사용한다.

치료 레크리에이션의 초기 전개

지난 수세기의 역사는 유럽과 미국에서 정신과 환자의 치료에 레크리에이션을 사용하는 많은 사례를 제공한다. 그러나 치료 레크리에이션을 위한 가장 큰 추진력은 20세기에 신체적 장애가 있는 사람들을 위한 병원과 재활센터, 정신 질환자를 위한 병원, 발달장애가 있는 사람들을 위한 특수학교 등 세 가지 유형의 기관에서 나왔다. 제1차 세계대전과 제2차 세계대전 후, 군 복무 중 심각한 상해나 심리적 외상을 입었던 참전용사들에 대한 재활 필요성에 대한 우려가 급증했다. 결과적으로 재향군인 관리청과 군병원은 물리치료 및 작업치료, 정신요법, 사회복지, 직업 훈련, 지도 및 레크리에이션을 포함한 포괄적인 재활 서비스 프로그램을 개발했다. 이러한 환경에서 레크리에이션은 환자의 회복에 기여하는 여러 가지 기법 중 하나로 인식되었다.

동시에, 레크리에이션은 인지장애 또는 기타 장애를 가진 사람이 있는 특수 가정 및 학교, 요양원 및 장기 요양시설, 주립 및 사립 정신병원이나 정신건강센터와 같은 민간 기관들 사이에 공동으로 이뤄지는 서비스이거나 부가 서비스의 형태로 인정되었다. 점차적으로, **치료 레크리에이션**이 알려지게 되면서 보건 분야에 수용되었다. 대학은 이 분야에서 주요 커리큘럼 및 학위 과정을 도입했으며 전문가 사회에서는 실무자를 위한 실무, 인증 및 인증 절차 표준을 개발했다.

모든 개인에 있어 다양한 레크리에이션 발산 수단이 필요하지만 장애를 가진 사람들은 장애가 없는 사람들이 가지지 않는 장벽에 직면하게 됨으로써 참여 선택권이 상당히 좁혀진다. 부분적으로 이것은 신체적, 인지적 또는 정서적 기능을 제한하는 상당하고 때로는 다중의 장애 조건으로 인해 발생한다. 그러나 레크리에이션 기회에 대한 접근성 문제는 대부분의 경우 사고방식이나 구조적 문제, 프로그램 및 교통 장애 등으로 인해 발생한다.

스미스(Smith) 등[4]은 장애를 가진 사람들이 공동체 레크리에이션 및 여가 서비스에서 왜 소외되어 왔는지에 대한 질문을 탐구했다. 연구에 따르면, 20세기 전반기에는 사회가 일반적으로 사람들을 대하는 방식이 당시의 기준에 맞지 않는 사람들을 분리시켜 숨기는 것이었고, 이러한 경향은 레크리에이션 분야의 전개 과정에서도 비슷한 철학을 갖게 했다는 것을 시사한다. 예를 들어, 가난한 노인이 있는 노인 가정을 포함하여, 인지 장애가 있는 사람들을 수용하는 대형 기관을 인구 거주 지역으로부터 떨어뜨리고, 정신 건강 문제를 앓는 사람들을 외딴 정신병원에 수용하는 사례 등에서 이러한 태도를 엿볼 수 있다.

취약 계층에 대한 태도는 1960년대와 1970년대, 1980년대 초를 거치며 변화되었지만 공원 및 레크리에이션 부서들에게는 현실과 인식 모두에 맞서야 하는 또 다른 장벽이 있었다. 여기에는 자금 부족, 접근이 어려운 시설, 훈련받지 않은 직원, 프로그램 개발을 위한 지식의 부재, 접근 가능한 지역 사회의 교통 결핍, 지속되는 사고방식의 장벽, 장애인들의 레크리에이션 참여 필요성에 대한 인식 부족 등이 포함된다.

어떤 경우에는, 레크리에이션 및 공원 부서에서 장애인들을 위한 서비스 제공이 높은 사고 소송 위험과 보험 비용의 증가를 가져올 것이라고 주장하면서, 자신들의 프로그램에 장애인들의 참여를 가로막았다. 이제 우리는 이러한 것들이 사실이 아니라는 것을 안다. 어떤 경우에는 장애인에 대한 부모, 친인척, 학교의 지나친 과보호나, 개인의 능력 부족이나 타인들의 거부에 대한 두려움으로 참여가 제한되는 경우도 있다.

치료 레크리에이션 직업 환경

치료 레크리에이션(TR) 전문가들은 정부 부문, 영리 및 비영리 부문에서 일할 수 있다. TR 전문가는 임상 환경이나 커뮤니티 환경 두 가지 영역 중 하나에서 주로 복무한다.

임상 환경에서의 TR 전문가는 요양원 및 병원에서 주로 근무한다. 요양원 TR 직원은 장기간에 걸쳐 거주자의 일상적 기능을 돕기 위한 프로그램을 계획한다. 기억력, 사회적 기술 및 건강 수준을 향상시키는 프로그램들이 포함될 수 있다. 병원에서 TR 전문가는 급성 치료, 외래 치료, 정신과 치료 및 재활의 네 가지 주요 영역에서 환자와 협력한다.[5] 급성 치료 병원은 단기적으로 심각한 질병 및 부상을 입은 환자들을 위한 시설이다. TR 전문가는 퇴원 준비를 위해 환자와 함께 일하거나 양로원 및 재활센터와 같은 다음 시설로의 이동을 준비한다. 퇴원 후에는 환자는 집에 거주하면서 외래진료를 통해 TR 서비스를 받을 수도 있다. 정신질환자를 위한 정신의학 치료도 가능하다. 정신과 치료는 독립형 시설이나 일반 병원의 부속 시설에서 이루어질 수 있는데 단기 또는 장기적일 수 있다. 마지막으로, 재활센터는 뇌졸중이나 사고 등으로 인해 장애를 가진 사람들을 위한 시설이다. TR 전문가는 환자가 장애에 적응하고 여가를 이용하여 자신의 요구를 충족시키는 방법을 배울 수 있도록 도와준다. 이러한 모든 임상 환경에는 흔히 작업치료사, 물리치료사, 사회복지사, 의사 및 치료 레크레이션 전문가를 포함하는 치료팀이 환자의 건강 개선을 도와준다.

장애가 있는 모든 사람들이 임상 환경에서 여가를 체험할 필요는 없다. 훨씬 많은 수의 장애인이 병원보다는 지역사회에 거주하고 있는데, 그들도 똑같이 레크리에이션에 대한 강한 요구를 가지고 있다. 시립 공원 및 레크리에이션 기관은 이러한 필수 서비스를 제공할 책임이 있다. 공립 공원 및 레크리에이션 기관은 TR 전문가를 고용하여 장애인 및 포용을 위한 프로그램을 감독한다. 포용 관리(inclusion manage)를 전문으로 하는 사람들은 자체 프로그램 관리뿐만 아니라 장애인들로 하여금 프로그램 및 이벤트에 접근할 수 있도록 지원해준다. 포용 전문가(inclusion specialist)는 프로그램 리더가 프로그램을 개조하여 청각 장애 또는 신체 장애가 있는 사람들이 장애가 없는 사람들과 함께 할 수 있도록 도와준다. 포용 전문가는 공원 및 레크리에이션 기관이 모든 사용자에게 접근 가능한 서비스와 접근 제공을 의무화한 장애인법[6]에 대해 폭넓은 지식을 보유하고 있을 것이다. 지역사회의 TR은 임상적 구조에서의 특정 치료나 재활을 목표로 의도적으로 프로그램을 만들지는 않지만, 장애인을 위한 프로그램이나 포용적 레크리에이션 제공자들에게는 중요한 목적을 지닌다. 이들은 장애인을 위한 중요한 삶의 경험으로 레크리에이션을 중시하며, 신체적, 사회적, 정서적으로 긍정적인 결과를 얻고, 프로그램, 설비, 장비 또는 리더십을 적절하게 적용하려고 노력한다.

치료 레크리에이션 모델 및 과정

TR의 두 가지 매우 뚜렷한 측면은 개념적 모델과 실천을 추진하는 TR 과정이다. TR 전문가는 서비스 제공을 위해, 그리고 실천 방식을 표현하고 유도하기 위한 틀(framework)로서 개념 모델을 활용한다.

이러한 모델들은 실무자로 하여금 포괄적 관점을 이해하고 개입을 통해 고객을 도울 수 있도록 해준다.[8] 몇 가지 다른 모델이 사용되기도 하지만 TR이 가지는 일반적 관점을 보여주기 위해 여기서는 두 가지 모델을 설명하는데, 여가 능력 모델(Leisure Ability Model)과 건강 보호-건강 증진 모델(Health Protection–Health Promotion Model)이 포함된다.

여가 능력 모델은 모든 사람이 자신의 능력이나 장애 여부에 관계없이 여가를 경험해야 한다는 생각을 기초로 한다. TR은 양질의 여가 생활을 촉진하고 삶의 질을 향상시키며 건강과 행복을 증진시키는 수단이다. 여가 능력 모델은 다음과 같은 세 가지 요소로 구성된다.[9]

전문 레크리에이션협회

지역사회 공원 및 레크리에이션 기관들은 장애인들을 위한 레크리에이션 서비스를 제공하기 위해 전문 레크리에이션협회(Special Recreation Associations, SRA)가 일리노이에서 구성되었다. 각각의 모델과 보건 예방 및 증진 기관은 TR에서 훈련된 자체 직원을 보유하는 대신, 관련 커뮤니티에 더 높은 수준의 서비스를 제공하기 위한 인적 자원 풀을 이용한다. 예를 들어, 폭스 밸리 전문 레크리에이션협회[7]는 바타비아, 폭스 밸리, 제네바, 오스웨고랜드, 세인트 찰스, 슈거 그로브공원지구, 사우스 엘진 공원 및 레크리에이션 부서의 인적 자원 풀이다.

- **기능적 개입**(*functional interventions*): 이러한 치료 또는 재활 구성 요소는 개인이 여가 참여에 필요한 관련 기능을 향상시키는 데 도움이 된다. TR 전문가는 여가를 제한하는 기능적 결핍을 제거, 개선 또는 적용함으로써 개인의 참여를 돕는다.

- **여가 교육**: 여가 교육의 목적은 개인이 여가 관련 기술, 태도 및 지식을 배울 수 있도록 돕는 것이다.[10] TR 전문가는 개인들에게 새로운 여가 관련 기술을 가르쳐 건강한 여가 생활을 개발할 수 있도록 한다.

- **레크리에이션 참여**: 레크리에이션 참여 목적은 체계적인 여가 기회를 얻는 데 있다. TR 전문가는 기회를 제공하고 촉진자 또는 리더로서의 역할을 수행한다. 여가 능력 모델의 이러한 구성 요소는 활동 참여에 초점을 맞춘다.

TR의 건강 보호-건강 증진 모델은 (1) 질병 또는 장애 후 고객의 치료 및 재활, (2) 양호한 건강 상태의 유지 및 증진이라는 두 가지 영역에 초점을 맞춘다. 이 두 영역은 고객이 양호하진 않은 상태에서 최적의 상태로 변화되는 과정이므로 연속성을 갖는 단일 모델로 간주된다. TR 전문가들은 "스스로 준비하고 스스로 책임질 수 있을 때까지 자기 안정과 자아실현에 대한 욕구를 충족시킬 수 있도록 도와줌으로써 건강에 기여한다."[11] 건강 보호- 건강 증진 모델의 요소는 다음의 세 가지로 구성된다.

- **처방 활동**: 처방 활동(Prescriptive activity)은 건강 증진 목표를 달성하기 위해 특별히 고안된 활동을 선정하는 TR 전문가가 포함된다. 처방 활동은 고객을 건강에 관심을 가질 수 있도록 변화시켜 안정화에 도움을 준다.

- **레크리에이션**: 일단 고객이 안정되면 레크리에이션 요소로 전환시킨다. TR 전문가는 고객이 자신의 삶을 보다 잘 통제할 수 있도록 기술과 지식을 구축하고 여가를 가치 있게 여길 수 있도록 하는 교육적 요소를 제공한다. 레크리에이션 경험은 또한 건강 보호를 위한 믿음을 갖게 한다.

- **여가**: 여가 요소는 다른 두 요소에 따른 건강 보호 목적보다는 건강의 증진에 초점을 둔다. 각자 스스로의 여가 생활을 통제하며 자기 결정권을 가지고 스스로의 모든 잠재력을 실현한다.[12]

TR은 치료 모델을 사용하여 장애를 가진 고객들 함께하는 프로그램 외에도 TR 프로세스(TR process)라는 임상 과정에 따라 고객을 돕는다는 점에서 독특한 레크리에이션 분야이다. TR 프로세스는 평가, 계획, 구현 및 평가의 네 단계로 구성된다. 전문 분야에서는 이것을 APIE('아파이'라고 발음한다)라고 부른다.

TR 프로세스의 평가 단계는 정보를 수집하는 단계이다. 클라이언트의 현재 기능,

강점 및 필요 사항을 파악해야 한다. 필요한 정보는 의사, 다른 치료 전문가 및 고객의 치료에 관련된 여타의 사람, 그리고 고객 및 가족으로부터 수집된다. TR 전문가는 또한 치료를 강화하고 원하는 결과에 도달하는 데 필요한 여러 요소의 측정을 위해 고안된 전문 TR-평가 도구를 사용한다. 초기 평가가 완료되면 고객의 목표, 프로그램 및 전반적 치료 계획을 요약한 개별 프로그램 계획이 개발된다. 개별 프로그램 계획은 TR 전문가가 고객과의 협업을 통해 구현을 촉진한다. TR 전문가의 참여 수준은 고객의 요구 수준에 따라 다르다. 마지막으로, 평가는 TR 전문가가 정보를 수집하여 치료 계획 및 결과가 적절한지 평가하는 체계적인 과정이다. 이 정보는 필요에 따라 계획을 수정하는 데 사용된다. TR 프로세스의 이러한 측면은 목표 및 결과에 따르는 진행 상황 평가를 위한 고객 평가가 요구된다. 또한 개인에 대한 효과를 확인하기 위해 선택된 프로그램에 대한 평가도 수행된다. 이 과정은 TR의 핵심이며 TR 전문가와 참가자가 함께 참가자의 최상의 이익을 설정하고 설정된 목표를 달성하는 방법을 결정해야 한다.

인증

치료 훈련으로서의 TR의 실천은 점차 정교해지고 있다. 연구 지식이 확대되었고, 치료 방법에 대한 프로토콜이 개발되었으며, 대학 커리큘럼의 범위가 넓어지고 더 많은 인구에 대한 서비스가 제공되고 있다. 또한 의료 시스템 내에서의 훈련에 대한 인식의 확대와 더불어 제공해야 할 사항이 점점 더 많아지고 있다. 이러한 상황은 재활의료시설인증위원회(CARF, Commission on Accreditation of Rehabilitation Facilities)와 같은 의료 인증기관의 표준 강화로 인해 촉진되었다. 국제 인증기관은 공인받은 치료 레크리에이션 전문가(CTRS)만 서비스를 제공할 수 있다는 규정을 포함, 적격한 치료 레크리에이션 서비스 제공을 위한 특정 기준을 가지고 있다.

1981년에는 CTRS 전문가 인증 개발과 관리 감독을 위해 국가치료재활인증협의

치료 양식

치료 양식은 변화를 유도하거나 고객의 목표에 도달하기 위해 사용되는 활동이다. TR 전문가들은 고객을 돕기 위해 다양한 활동과 접근법을 사용한다. TR에서 사용되는 가장 일반적인 양식은 (1) 게임, (2) 운동, (3) 파티, (4) 예술 및 공예, (5) 공동체 통합 활동, (6) 음악, (7) 문제 해결 활동, (8) 스포츠, (9) 자긍심 및 (10) 일상적 활동을 포함한다. 이러한 양식 중 일부는 특정 인구집단에 더 자주 사용된다. 예를 들어, 공동체 통합 활동, 게임 및 운동은 종종 신체 기능 회복 요법으로 사용된다. 게임, 문제 해결, 그리고 예술과 공예는 정신 보건에 문제가 있는 사람들에게 보다 자주 사용된다.[15]

회(NCTRC, National Council for Therapeutic Recreation Certification)를 자율 인증 기관으로 설립하였다. 1990년 11월 최초로 실시된 인증 시험 개발을 위해 연구 기반의 치료 레크리에이션 직업 분석을 실시하였다. 이 시험 및 시험 준비를 위한 NCTRC의 요구 조건은 임상 및 치료용 레크리에이션 응용 모두에 대한 일차 인증 표준이다.

2014년 NCTRC가 발표한 최근 보고서에 따르면, 전문성과 책임, 문서 처리, 조정 및 프로그램의 이행, 평가 영역을 상위 업무로 꼽았다. 가장 중요한 상위 영역은 기초 지식과 평가 과정으로 꼽았다.[16]

스포츠 및 야외 레크리에이션 참여 확대

모든 단계에서 신체적 인지적 장애를 가진 모든 연령대의 사람들이 다양한 형태의 스포츠와 야외 레크리에이션에 참여하고 있다. 이러한 활동의 대부분은 매년 지역, 국가, 국제 경기에 참여하는 선수들을 위한 복합 스포츠 단체인 WAS(Wheelchair and Ambulatory Sports) 같은 단체들에 의해 촉진된다. 남녀 경기 종목에는 양궁, 육상, 5종 경기, 농구, 수영, 탁구, 테니스, 역도 등이 포함된다. 수천 명의 젊은 선수들이 스페셜올림픽 경기에 참가하는 한편, 다른 많은 선수들이 마라톤, 볼링 리그, 그리고 여타의 개인 혹은 팀 스포츠에 참가한다.

야외 레크리에이션 측면에서, 프로그램들은 점점 장애를 가진 사람들을 위해 맞춰지고 있다. 스포츠와 마찬가지로 야외 레크리에이션 활동을 위해 특별히 설계된 단체도 있다. 예를 들어, OWL(Outdoors Without Limits)은 장애인들을 위한 야외 레크리에이션 기회를 교육한다. NSCD(National Sports Center for the Disabled)는 스포츠와 야외 레크리에이션 프로그램을 제공한다. 예컨대 NSCD는 현재 래프팅, 카누, 산악자전거, 암벽 등반, 알파인 스키 등 모든 연령대를 위한 보다 많은 프로그램을 제공하고 있다.[17]

모건스 원더랜드

텍사스의 샌 안토니오에 위치한 모건스 원더랜드(Morgan's Wonderland)는 장애인들을 위해 특별히 설계된 25에이커 면적의 놀이공원이다. 자신의 딸 모건이 인지장애를 가지고 있던 고든 하트만은 이 시설을 짓기 위해 3천만 달러를 모금했다. 장애인은 입장료가 무료이며 다른 사람들에게는 입장료를 받는다. 시설은 이벤트 센터와 체육관, 상호 대화형 감성 마을, 나비 테마 놀이터, 익스프레스 열차, 원형 극장, 최초의 오프로드 어드벤처 놀이 기구, 36피트 지름의 회전목마, 음악 정원, 수상 놀이 공간 등을 갖추고 있다.[18]

사례연구

미국 장애인법

1990년에 제정된 미국 장애인법(ADA)은 장애에 따른 차별을 금지하는 민권법이다.[a] 법은 다섯 개의 조항으로 분류되어 있다.

1조. 고용: 자격을 갖춘 지원자에 대해 채용 과정 및 고용 또는 해고 과정에서 장애에 따라 차별 받아서는 안 된다.

2조. 주 및 지방 정부: 장애인들은 주 및 지방 정부의 시설 및 프로그램에 접근할 수 있어야 한다. 이 조항은 또한 버스 및 열차와 같은 교통수단의 편의성을 다룬다.

3조. 공공 편의시설(및 상업시설): 장애인은 호텔, 리조트, 식당 및 레크리에이션 기회를 포함한 공공 편의시설의 사용과 관련하여 차별을 받아서는 안 된다. 또한 시설은 ADA 접근성 지침을 준수해야 한다. 민간단체와 종교단체는 이 법에서 면제된다. 공공시설에는 수화 통역기, 보조 청취기, 점자 간행물, 녹음된 출판물, 전화 및 통신 보조장치(TTY/TDD) 및 시설 접근성 등이 포함될 수 있다.

4조. 통신: 통신 회사들은 자신들의 서비스를 장애인들이 이용할 수 있도록 해야 한다. 이는 청각 및 언어 장애인들을 위한 서비스에 우선적으로 초점을 둔다.

5조. 기타: 이 절은 ADA의 면책, 청구에 대한 보상 및 기술 지원에 따른 책임과 같은 법의 기술적 측면을 다룬다.

2008년 들어 '장애'라는 용어의 정의가 조정되어, ADA에 따른 보호를 원하는 개인들에게 법이 포괄하는 의미 내에서 장애를 가지고 있다는 것을 쉽게 확인할 수 있도록 수정하였다.[b]

생각해 볼 문제

1. 대학 캠퍼스 내의 레크리에이션 시설을 걸어서 돌아보자. 장애인이 접근 가능한 시설 및 프로그램에는 어떤 것이 있는지 사례를 찾아라.

2. 장애인이 접근할 수 없게 하는 측면은 무엇이었는가?

출처

a. Council for Disability Rights, "The Americans with Disabilities Act: Frequently Asked Questions," www.disabilityrights.org/adatoc.htm.

b. Notice concerning the Americans with Disabilities Act (ADA) Amendments Act of 2008, www1.eeoc.gov//laws/statutes/adaaa_notice.cfm?renderforprint=1.

기술 및 보조 장치 사용

장애인들이 다양한 레저 활동에 성공적으로 참여할 수 있도록 정교한 기술이 적용되고 있다. 수십 년 동안 장애인들이 카드와 테이블 게임, 예술과 공예, 팀 및 개인 스포츠, 그리고 다른 활동에 참여할 수 있도록 다양한 맞춤형 기구나 장비들이 사용되어 왔다. 예를 들어 야외 레크리에이션의 경우 맞춤형 사냥총과 보마운트(bow mount),

보조 기술은 장애를 가진 사람들이 다양한 레크리에이션 활동을 즐길 수 있도록 도와주었다.

© Eric Rodolfo Schroeder/iStockphoto/Thinkstock/Getty.

트레일용 지형 적응 타이어, 낚싯대 홀더 등이 있다. 맞춤형 스포츠 장비로는 아이스하키 썰매, 핸드 사이클, 알파인용 모노와 바이 스키, 노르딕 크로스컨트리 스키 등이 포함된다.

공기역학적 휠체어는 장애를 가진 선수들에 의해 현재도 사용되고 있고, 탄소 섬유 의족은 절단 수술을 받은 운동선수들이 장애가 없는 선수들과 거의 차이 없이 달릴 수 있게 해준다. 척추 부상을 당한 사람의 다리 근육 자극을 위한 전극에 대한 연구는 심혈관 기능 및 레크리에이션 참여에 긍정적인 영향을 미치는 뼈, 관절, 근육 건강 유지에 도움을 주는 반면, 수많은 다른 장치들이 매년 사람들의 독립적 기능을 쉽게 해주기 위해 개발되고 있다. '아우라 인터랙터(aura interactor)' 같은 전자 장치들은 청각 장애인들로 하여금 음악 청취에 그치지 않고 춤을 출 수 있게 해주며, 시각장애인 비디오 게임 선수들로 하여금 스크린에서 레이저 빔이 튀어 오르는 것을 인식하게 해준다.

기관들의 협업 네트워크

많은 지역사회와 비영리 단체가 장애인을 위한 포괄적 여가 서비스 프로그램 제공에 필요한 인력이나 특수 시설이 부족했기 때문에, 1980년대와 1990년대에는 그러한 기관들의 협력 네트워크를 개발하는 경향이 두드러졌다. 이러한 구조를 통해 둘 이상의 공공 및 비영리 인적 서비스 기관들은 자금과 시설을 공유하여 다수의 장소에서 필요한 레크리에이션 프로그램을 제공한다. 예를 들어, 북부 일리노이에는 특수 목적의 재산세로 창출되는 수익을 기반으로 20개 이상의 독립적인 특수레크리에이션 협회(SRA)를 두고 있다. 모든 SRA는 협력 커뮤니티를 대표하는 위원회에 의해 조정된다. 그들은 도시의 레크리에이션 및 공원 부서와 연계하여 통합 그룹 및 각각의 그룹 모두에서 모든 유형의 장애 조건을 가진 사람들을 위한 프로그램을 제공한다.

또 다른 제휴 협력의 예로 보스턴 어린이 병원과 매사추세츠-보스턴 대학, 커뮤니티 통합 연구소가 공동으로 장애 아동을 위한 다양한 서비스를 제공하고 있다. 그러한 서비스 중 하나가 '오픈 도어: 프로젝트 어드벤처'이다.[19] 이 프로그램은 (1) 신체적으로 활력적인 재미있는 활동을 제공하고, (2) 프로그램에 자원하는 리더의 진로에 영향을 미치며, (3) 가족 및 육아에 종사하는 사람에게 휴식과 더불어 긍정적인 효

사례 연구

워파이터

워파이터 스포츠(Warfighter Sports)의 임무는 간단하다. 중상을 입은 퇴역군인에게 비용 부담 없이 할 수 있는 적응형 스포츠를 제공하는 것이다. 2003년 이후 9,700명 이상의 상이군인들이 워파이터 스포츠를 통해 스키, 카약, 스쿠버 다이빙을 포함한 30개의 다양한 활동을 펼쳤다. 워파이터 스포츠는 또한 미국 장애인 스포츠(Disabled Sports USA)를 통해 자신이 선택한 종목에서 적응 훈련에 가까이 접근할 수 없는 퇴역 군인 및 영구 신체장애(예, 척수 부상, 절단, 시력 손상, 외상성 뇌 손상)를 가진 군인들에게 보조금 기회를 제공한다.

이 프로그램의 목적은 영구 신체장애를 가진 군인과 퇴역 군인들이 그들이 선택한 종목에서의 독자적 활동을 할 수 있도록 지원함으로써, 적응형 클럽이 근처에 없어도 가족이나 친구들과 더불어 비적응형 프로그램에 참여할 수 있게 한다. 보상받을 수 있는 비용에는 지역 내에서 적응형 프로그램이 제공되지 않을 경우 적응형 스포츠 훈련을 위한 여행 경비, 패럴림픽 경기, 개별 교육비용, 보훈처(Veterans' Administration)에서 다루지 않는 적응형 스포츠 장비의 제공 등이 포함된다.

생각해 볼 문제

1. 상이군인에게 적응할 수 있는 스포츠 기회를 제공하면 어떤 이점이 있는가?

출처

Disabled Sports USA: http://www.disabledsportsusa.org/programs/warfighter-sports/.

과를 제공하는 것 등 세 가지 목표를 가지고 있다. 자원봉사자들은 장애를 가진 아이와 한 명씩 짝을 이룬다. 가정에 있는 또 다른 아이나 장애가 없는 친구들도 함께 할 수 있다. 이 프로그램의 성공은 후원 기관, 가족, 아이들과 함께 일하는 자원 봉사 지도자들에게 달려 있다.

전국적으로 HILLS(Health Independent Leisure Lifestyles)[20]와 같은 수많은 비영리 단체가 각기 다른 범주의 장애인들을 위한 오락, 사회, 교육 및 직업 등 다양한 삶의 필요를 충족하도록 설계된 시설과 프로그램을 구축했다.

포용에 대한 새로운 강조

1990년대 후반, 특수 레크리에이션(*special recreation*)이라는 용어 대신에 전문 기관들은 포용(*inclusion*)이라는 용어를 사용하기 시작했는데, 이것은 단순하게 광범위한 지역사회 환경에서 장애를 가진 사람들의 참여 및 완전한 수용을 의미한다. 2009년에 포용적 서비스 제공이 성공적으로 간주되는 기관들이 채택했던 모범 사례를 조사하였다. 모범 사례는 참가자 평가, 시설 계획, 행동 개입, 포용 지원 인력, 장애가 없는 동료들의 준비 및 기타 다양한 기준과 연관되었다. 이 연구는 성공적 기관들은 모범 사례들을 적용하면서도 고도로 개별화된 방식으로 이를 시행한다는 것을 확인했다.

연구자 및 ATRA, NCTRC 등 서비스 제공 기관과 치료 레크리에이션 실무자들의 노력으로 서비스 범위 확대, 서비스 품질 개선, 그리고 질병과 장애 조건을 가진 더 많은 사람들이 치료 레크리에이션 서비스를 이용할 수 있도록 결합되었다. TR의 미래에 영향을 미칠 의료 및 공동체 레크리에이션 서비스, 효능 기반 연구, 대학 TR 프로그램 및 자격 인증 등의 영역에서 여전히 많은 협업 네트워크의 요소들이 펼쳐져 있다.

군대 레크리에이션

수년 동안, 군의 공식 정책은 병력의 육체적, 사회적, 정신적 안녕을 위해 총체적인 사기를 진작하고, 복리 후생 및 레크리에이션 프로그램을 제공하는 것이었다. 제1차 세계대전 동안, 양호한 사기를 유지하고, 향수병과 지루함을 막고, 피로를 최소화하며, AWOL(absent without leave, 무단 이탈)과 성병률을 낮추는 사회적 프로그램 및 레크리에이션 프로그램 제공을 위한 특무부(Special Services Divisions)가 만들어졌다.

오늘날, 각각의 부대는 자체적인 레크리에이션 스폰서십 유형을 갖고 있지만, 이들은 모두 병력, 예비군, 보급 행정을 담당하는 국방부 차관실에서 운영하는 동일한 MWR(morale, welfare, and recreation, 사기 진작과 복지 및 레크리에이션) 프로그램 하에 있다. 그들은 현역, 예비역, 퇴역 군인 및 그들의 부양가족, 민간인 직원, 그리고 현역으로 사망한 군인의 생존 배우자를 포함한 수백만 명의 사람들을 위해 봉사한다. 또한 MWR 서비스는 국방부 소속 군인들뿐 아니라 해안경비대원들에게도 제공된다.

오늘날의 군대 레크리에이션의 목표 및 범위

미군 MWR은 "... 군인 및 그들의 가족, 민간 고용인, 그리고 퇴역 군인들의 삶을 향상시키고 국가를 수호하기 위해 봉사하고 그럴 준비가 되어 있는 사람들의 공동체 복지를 위해 헌신한다"[22]는 미군의 규정에 의해 존재한다. 이러한 MWR의 임무는 그들이 어디에 있든 관계 없이 그들이 군과 관계를 가지는 한 군대라는 공동체 내의 각 개인의 요구, 관심 및 책임을 위해 봉사하는 것이다.

군인가족규약(Army Family Covenant)을 대신하는 육군 MWR의 최신판인 〈Total Army Strong〉은 미국과 해외 모든 부대 공동체의 고유한 요구에 맞는 프로그램 플랫폼을 제공하고 스트레스를 줄이고 병사와 그 가족의 역량과 자신감을 키우는 서비

후아추카 기지(Fort Huachuca)의 가족과 MWR 철학

> 병사들은 자신들이 방어하기로 약속한 사회에 주어지는 것과 동일한 삶의 질을 누릴 자격이 있다. 전투와 승리를 위해 부대를 준비하는 일은 힘든 노력과 훈련을 넘어서는 무엇을 필요로 한다. 군인들은 일과 놀이의 균형이 필요하다.[25]

스를 제공함으로써 강건한 힘과 대비 태세를 향상시킨다.[23]

군 레크리에이션 부서는 공원 및 레크리에이션 기관과 비슷하게 조직되고 운영된다. 그들은 모두 공동체를 위한 다양한 프로그램을 제공한다. 군 공동체는 도시 및 지역 사회보다 훨씬 더 제한적이다. 포터(Potter)와 오길비(Ogilvie)는 MWR과 지역 사회 여가 활동의 네 가지 주요 차이점을 다음과 같이 요약했다.[24] 첫째, 군 공동체는 매우 일시적이며 변화가 많다. MWR에서 근무하는 직원들은 군 내부의 변화되는 요구에 지속적으로 집중해야 한다. 둘째, 군 공동체는 언제나 안정적인 지역에 자리하고 있지 않다. 그들은 외딴 지역, 전투 지역, 그리고 예상치 못한 지리적 위치에 자리한다. 민간인 직원, 군인 및 그들의 가족들은 이러한 상황을 이해해야 한다. 레크리에이션은 관련된 모든 사람들에게 보다 안정된 삶을 만들어주는 한 방법이 될 수 있다. 셋째, MWR은 배타적인 대상자에 대해 서비스가 이루어진다. MWR은 현역 군인이나 퇴역 군인 및 그 가족들만을 대상으로 서비스가 제공된다. 마지막으로, MWR은 프로그램과 활동을 수행하는 자원 봉사자에 크게 의존한다. 지방정부 역시 자원 봉사자에 의존하지만, MWR 자원봉사자들은 일시적이어서, 일관된 자원봉사 흐름의 관리와 모집을 어렵게 한다.

프로그램 요소들

스포츠　MWR 프로그램은 광범위한 스포츠, 피트니스, 사회적 창의적 야외 레크리에이션, 여행, 오락 및 취미 활동을 포함한다.

예컨대, 공군에서의 스포츠 활동은 일반적으로 다음과 같은 여섯 가지 주요 요소를 포함한다. (1) 기본적인 스포츠 역량 교육, (2) 최소한의 감독 및 지시로 비공식적으로 참여하는 자기 주도적 단계, (3) 특정 기지의 소속 인원이 같은 기지의 다른 사람과 경쟁하는 영내 프로그램, (4) 다른 공군 기지 또는 이웃 지역의

다양한 수준의 건강과 복지 프로그램은 대부분의 MWR 프로그램의 주요 구성 요소이다.

© Dmitriy Shironosov/iStockphoto/Thinkstock/Getty.

팀과 경쟁하는 영외 프로그램, (5) 선발된 선수들과 국내 또는 국제 규모의 대회에서 수준 있는 경쟁을 수반하는 국가 대표 프로그램, (6) 군대 내 여성을 위한 프로그램.

각각의 서비스에 부가된 그러한 프로그램들 외에도 군대는 광범위한 경쟁 스포츠 프로그램을 촉진한다. 농구, 권투, 레슬링, 트랙과 필드, 소프트볼과 같은 스포츠에서 프로그램 간 경쟁을 통해 모든 서비스 팀을 선발하고, 그렇게 선발된 군대 팀들은 국제대회에서 미국을 대표할 기회를 얻는다.

피트니스 프로그램   보건 및 건강은 군대 레크리에이션의 주요 초점이 되었다. 체력을 향상시키기 위해 공군은 각 기지에 HAWC(health and wellness centers) 센터를 설치했다. 센터들은 시설이 잘 갖추어져 있으며, 피트니스와 건강 위험도 평가, 운동 프로그램 및 체중 상담, 스트레스 관리, 금연 보조 및 유사 활동에 대한 서비스를 제공할 수 있는 지도자로 구성되어 있다.[26]

일부 군사 기지에서 이러한 프로그램들은 널리 알려진 도전적인 특별 행사를 통해 촉진된다. 노스캐롤라이나 주에 있는 해병대 기지 레쥰(Camp Lejeune)의 레쥰 그랑프리(Lejune Grand Prix) 시리즈는 최고의 피트니스 도전 프로그램으로 선정되었으며, 수백 명의 참가자가 진흙탕 달리기, 하프 마라톤, 스프린트 3종 경기, 2종 경기 등 여러 종류의 경기에 참가하고 있다.

야외 레크리에이션   종종 야외 프로그램 활동은 기지가 위치한 지역에 맞추어져 있다. 예를 들어 콜로라도의 포트 카슨(Fort Carson)은 빙벽 등반 레슨, 워크샵, 산악 스키 및 눈길 트레일, 래프팅 등의 활동을 제공한다.[27] 등산 및 암벽 등반에 대한 관심이 높아짐에 따라 이 육군 기지는 17,400평방피트의 야외 레크리에이션 센터를 건설했다. 이 레크리에이션 센터는 자연 암장의 느낌으로 다양한 기술 수준에 맞게 등반할 수 있는 30피트 높이의 실내 암장과 60피트의 야외 암장을 갖추고 있다.

또 다른 기지에선 낚시, 윈드서핑, 제트스키, 스쿠버 다이빙 등의 수중 활동을 위한 교육, 장비 및 시설을 제공한다.

가족 레크리에이션   미 국방부는 군인 배우자와 자녀에게 영향을 미칠 수 있는 특별한 문제에 대처하기 위해 다양한 가족 중심 프로그램의 제공 필요성을 보다 더 인식하고 있다.

모든 부대에는 가족 프로그램이 있다. MCCS(Marine Corps Community Services)는 'MCCS Forward'를 통해 보건 프로그램뿐 아니라, 병사 및 가족 구성원의 대비 태세를 위해 고안된 FTB(Family Team Building)와 같은 프로그램으로 병사 개인의 성장을 촉진하고 가족의 준비 태세를 강화하기 위한 교육 자원과 서비스를 제공한다.[28]

해군의 프로그램은 '함대와 병사, 그리고 가족 서비스'에 초점을 맞춰 제공된다. 해군은 18세까지의 청소년들을 위한 4주간의 프로그램을 가지고 있다. 프로그램은 다양한 문화와 전통의 독특함과 차이에 대한 존경과 이해를 함양하고, 정서적 행복을 증진시키기 위해 고안되었다.[29] 한편 공군은 리틀록 공군 기지의 AFRC(Airman and Family Readiness Center) 프로그램 미션에 규정된 바와 같이 서비스 구성원뿐만 아니라 가족을 위한 다양한 프로그램을 제공한다. AFRC의 미션은 다음과 같다. "공동체를 강화하고 자급자족을 촉진하며, 회복력을 함양하는 노력의 일환으로 회원 및 가족을 위한 세계 수준의 프로그램과 서비스를 제공하라. 그리하면 공군으로서의 삶을 위한 임무 태세를 유지하고 적응력을 향상시킬 수 있다."[30]

지역사회와의 관계   미국과 해외의 많은 군사 기지는 군인들과 인근 지역 간의 긍정적 관계 수립에 최우선 순위를 두고 있다. 유럽, 한국, 중앙아메리카, 심지어 사우디아라비아, 터키, 아프리카와 같은 환경에서 전 세계를 돌아다니는 민간 MWR 인력은 지역 주민들에게 풍부한 야외 레크리에이션 경험과 다른 문화에 대한 긍정적 경험을 제공하려고 노력한다.

MWR 프로그램은 때때로 일반 대중에게 공개된다. 예를 들어, MCAS 미라마르 기념 골프 코스는 일반에게 개방된다. 그러나 보안 및 출입 통제를 위해 사전에 참가자 이름을 제출해야 한다. 한편 이들 참가자들에게는 현역 군인이나 퇴역 군인 및 그들의 가족들보다는 높은 비용이 부과된다.[31] MWR에는 군인 가족이 거주하는 지역사회에의 적응을 돕는 다양한 서비스도 있다. 지역사회에 대한 정보를 그들에게 제공하고 지역사회 행사에 참여하도록 돕는다.[32]

리조트   군은 구성원들을 위해 다양한 리조트를 운영한다. AFRC(Armed Forces Recreation Centers)는 독일, 플로리다, 하와이 등 여러 지역에 위치한 미군 공동체 및 가족 지원센터에서 운영하는 저렴한 복합 서비스 시설이다. 그들은 군에 복무하는 모든 군인 및 군무원들과 그들의 가족 구성원들을 위해 모든 범위의 기회를 제공한다. 리조트는 자체에서 창출되는 내부 수입원으로 운영된다.

군대 레크리에이션의 재정 지원

전통적으로 군 레크리에이션은 의회 승인에 의한 세금에 따른 세수 배당금과 판매 수익, 요금, 임대료 및 기타 레크리에이션 비용에서 발생하는 군에서 창출된 수익을 결합한 배당외 기금의 두 가지 자금에 의존해 왔다. 따라서 모든 레크리에이션 활동이 군인 및 그들의 가족들에게 모두 무료로 제공되는 것만은 아니다. 다른 공공 기관과 마찬가지로, 일부 프로그램은 무료로 세금의 지원을 받고, 일부 프로그램들은 수익 창출에 사용된다.

연방정부의 예산 삭감과 클럽, 식당, 판매점, 그리고 다양한 형태의 상업적 후원 또는 협력으로 인한 수익 극대화의 필요성으로 인해, MWR 계획자들은 다양한 새로운 재정 전략을 추구했다. 그러한 노력의 일환이 운영비용의 삭감, 절차의 표준화, 중복 프로그램이나 인력의 제거 등이었다. 예컨대, 해군은 프로그램의 기획과 감독을 단순화하기 위해 10개의 주요 거점을 수립했고, 점차적으로 공공 및 민간 프로젝트를 장려했으며, 시설 및 기타 프로젝트를 재개발하기 위한 새로운 계획을 수립했다.

직장 서비스와 레크리에이션 프로그램

전문 레크리에이션 프로그램의 세 번째 중요한 영역은 기업 직원 및 경우에 따라서는 가족 또는 다른 지역사회 주민에게 레크리에이션 및 관련 인력 서비스를 제공하는 비즈니스 및 산업의 역할을 포함한다.

기업 지원 프로그램의 배경

직장 레크리에이션(*employee recreation*, 이전에는 '산업 레크리에이션(industrial recreation)'이라는 개념으로 사용함)은 19세기에 시작되었지만 2차 세계대전 이후까지는 빠르게 확장되지 않았다. 이 당시 전국산업레크리에이션협회(National Industrial Recreation Association)가 설립되었다. 이 전문 협회는 기업 레크리에이션에서 일하는 사람들에게 자원을 제공했는데, 이 시점에 강조된 것은 건강과 복지였다. 후에 이 조직은 직원서비스관리협회(Employee Services Management Association)로 바뀌었

 MWR의 고용

MWR은 전 세계적으로 10만 명을 고용하고 있다. 입문 수준의 고용은 종종 스포츠, 청소년 또는 특별 이벤트 같은 특수 영역에서 진행된다. MWR에서 작업을 찾으려면 다음 웹 사이트를 참조하라.

Coast Guard: www.uscg.mil/MWR/
Marines: www.usmc-mccs.org/careers/#
Navy: www.navymwr.org/jobs/
Army: https://www.armymwr.com/m/employee-portal/human-resources/employment/(Retrieved June 3, 2017)
Air Force: www.indeed.com/q-Air-Force-Morale,-Welfare-&-Recreation-Center-jobs.html

다. 직원 서비스 관리는 레크리에이션을 확장하여 직원들에게 여행 할인 및 서비스와 같은 다양한 혜택을 제공하였다.

원래 직원 서비스 및 레크리에이션은 제조업 및 여타 산업의 기업들에서 제공되었지만, 오늘날은 다양한 유형의 조직들에서도 직원 활동을 후원하는데, 식음료 시장 체인, 항공사, 보험사, 병원, 정부 기관 등 다양한 그룹이 포함된다.

직장 레크리에이션의 목표

직원 프로그램 및 서비스를 제공하는 기관의 주요 목표는 다음과 같다.

고용주와 고용인 관계의 개선　산업 발전 초기에, 노사 간 상당한 마찰이 있었는데, 이러한 마찰은 종종 확장되어 폭력적 파업을 초래했다. 이 시기에 산업 레크리에이션 프로그램의 주요 목적은 고용주와 피고용인 사이의 우호적 관계 조성과 노동자들에게 충성심을 심어주는 것이었다. 이런 프로그램들은 직원들 사이에 회사에 대한 소속감과 정체성을 심어주는 경향이 있으며, 다양한 직급 근로자들의 단체적 참여는 직원들의 사기 진작, 조화와 상호 협력의 태도의 증진에 기여한다고 여겨졌다.

예를 들어, 포드사의 직장레크리에이션협회는 '사회적, 신체적, 문화적 특수 프로그램의 촉진을 통해 미시건 포드 직원들 간의 협력과 이해를 발전시키기 위해' 설립되었다.[33] 또한, 쉐브론(Chevron) 레크리에이션은 쉐브론 직원들에게 건강, 노동 및 생활 자원을 제공하고, 생산성을 향상시키며, 안전 사고를 줄이고 건강한 작업 환경을 강화하기 위해 시행되었다.[34]

직원의 건강 및 효율성의 직접적 촉진　오늘날 크고 작은 기업들이 직원들의 건강 유지를 신경 쓴다. 한 가지 이유는 고용주에 대한 의료보험의 치솟는 비용 때문이다. 이러한 증가의 주요 요인 중 하나가 비만의 확대이다. 비만은 음주와 흡연보다 더 많은 연간 건강관리 비용을 초래한다. 미국 공중보건협회는 비만이 직접 건강관리 비용으로 미국에서만 연간 1,520억 달러의 손해를 끼친다고 추정한다. 비만은 또한 결근, 생산성 손실, 보험료로 연간 64억 달러의 손실을 고용주에게 입힌다.[35]

예컨대 휴먼에이바이탈리티(HumanaVitality) 프로그램은 (1) 건강, (2) 건강한 삶, (3) 예방, (4) 교육 등 네 개 범주의 측정 가능한 데이터를 바탕으로 건강을 위한 선택을 하여 개별화된 웰빙 목표 달성에 따른 보상을 통해 회원에게 인센티브를 제공한다. 회원들은 각 범주 내에서 그들의 성취를 위한 활력소를 충전한 후, 영화표, 오클리 선글라스 같은 유명 상품이나 카리브해 호텔과 같은 60만 개 이상의 보상 선택을 통해 자신들의 포인트를 되찾는다.[36] 고용주들은 또한 유급 휴가를 이용하지 않는 직

보건 건강 프로그램의 혜택

전국보건건강협회(National Association for Health and Fitness)는 고용인을 위한 보건 건강 프로그램이 직원과 고용주 모두에게 다음과 같은 혜택을 줄 것이라고 제안한다.

고용주를 위한 혜택

◆ 직원 생산성 향상

◆ 관리를 위한 의료비용 개선

◆ 질병 및 부상 발생률 감소

◆ 직원 결근 감소

◆ 임직원 리더십 역량 개발

직원 혜택

◆ 스트레스 수준 감소

◆ 웰빙, 자아상, 자부심, 체력 향상

◆ 스태미나 증가

◆ 체중 감소

자세한 내용은 www.physicalfitness.org/media_2013-01-29.php. 참조

원들의 건강에 미치는 영향을 인식하기 시작했다. 2013년 동안 직원의 75%는 주어진 시간을 모두 사용하지 않았다.

이러한 결과는 피로, 에너지 소진, 건강 문제, 생산성 감소를 초래할 수 있다. 많은 회사들이 직원들에게 실제로 유급 휴가 시간을 갖도록 장려하고 있다. 에버노트(Evernote)는 무제한의 유급 휴가를 제공했음에도 불구하고 휴가 신청이 늘지 않자, 직원들이 휴가에서 복귀하면 1,000달러 상당의 현금을 지급함으로써 휴가 신청을 늘렸다. 소프트웨어 회사 풀 콘택트(Full Contact)는 직원들에게 같은 조건으로 연간 7,500달러를 제공한다. 하지만, 직원들은 휴가를 떠난다는 '증거'를 제시해야만 그 대가로 돈을 받을 수 있다.[37]

매력적인 채용 및 근속 유인

직원 및 직원 가족 모두의 요구를 충족시킬 수 있는 매력적인 레크리에이션 프로그램과 관련된 인사 서비스는 설득력 있는 채용 무기다. 기관들은 직장 레크리에이션 기회를 고용의 특전으로 광고한다. 직장 레크리에이션은 직원에 대한 회사의 헌신을 보여주며 회사를 일하기 좋은 곳으로 보이게 한다.

근속 측면에서 많은 회사들은 성공적인 직장 레크리에이션 프로그램이 이직률을 줄이는 데 도움이 된다고 생각한다. 예를 들어, 현재 노스롭 그루만(Northrop Grumman)의 자회사인 플로리다 주 아폽카(Apopka)의 리톤 레이저 시스템즈(Litton Laser Systems)는 직원들의 낮은 이직률과 높은 사기를 전체 구성원 및 그 가족들을 위해 활동하는 사회활동위원회(SAC, social activities committee)의 기여로 인정한다.

기업 이미지와 커뮤니티 역할

레크리에이션 및 서비스 기능의 중요한 부분은 외부 관계, 즉 회사 외부의 커뮤니티 기반 역할을 포함한다. 엘리 릴리 앤 컴퍼니(Eli Lilly & Company)는 건강 관리, 문화, 청소년 발달 등과 같은 회사 철학과 일치하는 계획에 보조금을 지급하는 엘리 릴리 앤 컴퍼니 재단을 설립했다. 회사는 또한 직원들의 자선단체 기부에 부응하고 정기적으로 자원 봉사하는 단체를 재정적으로 지원한다.[38]

많은 대기업들이 직원, 퇴직자 및 가족들을 위한 레크리에이션 프로그램을 제공한다. 이 프로그램들은 직원들의 사기를 높이기 위한 하나의 수단이다.
© Photodisc/Getty.

다른 환경에서, 직장 서비스 프로그램은 회사 경영진으로 하여금 기업의 내적 외적 이미지를 변화시키기 위해 의도적으로 활용할 수 있는 수단을 제공한다. 2011년 타겟(Target)의 직원들은 자신들의 지역사회 프로젝트에 47만5천 달러를 기부했다. 타겟사는 보다 안전하고 건강하며, 더 강한 공동체를 만들기 위해 이러한 노력을 지원한다.

또한 2014년에 타겟사 직원들은 공동모금회(United Way)에 1억450만 달러 이상을 기부하고 1백만 시간 이상의 자원봉사를 통해 이 회사를 많은 공동체의 모범 사례로 만들었다.[39]

프로그램 활동 및 서비스

많은 회사들이 광범위하고 장비가 잘 갖춰진 레크리에이션 및 피트니스 센터를 설립하고 자격을 갖춘 인력을 배치했다. 텍사스 인스트루먼트사의 직장 서비스를 제공하는 댈러스 소재 텍신 엑티비티센터(Texins Activity Center)에는 다목적 체육관, 근력 및 심혈관 운동실, 회의실, 보육실, 클럽룸, 25M 6레인 수영장이 있는 나타토리움, 두 개의 에어로빅 스튜디오, 실내 러닝 트랙, 다양한 야외 시설을 갖추고 있다. 더블 엔코어(Double Encore)와 에어비앤비(Airbnb) 등의 고용주들은 게임룸이나 회사 휴양지 같은 대안 활동을 제공한다.[40]

사례 연구

직장 레크리에이션으로 사기를 진작하다

《비즈니스 인사이더(Business Insider)》는 전국 주요 기업들이 제공한 일자리에 대한 18가지 최고 특전을 특집 기사로 게재했다.[a] 이들 중 다수는 다음을 포함한 레크리에이션 관련 특전이었다.

◆ 캠벨 수프(Campbell Soup): 직원 자녀들을 위한 방과후 프로그램

◆ 구글: 회사 볼링장, 보체(bocce) 코트, 체육관

◆ 스무커스(Smuckers): 직원들을 위한 볼링의 밤 및 소프트볼 경기 개최

◆ 보잉: 12일의 유급 휴가 및 크리스마스에서 새해까지의 겨울 휴가

◆ 체서피크 에너지(Chesapeake Energy): 올림픽 규격 수영장, 모래 배구장, 인공 암장, 400M 산책로 등이 포함된 6,700m² 규모의 피트니스 시설

◆ TIAA-CREF: 사내 체육 프로그램을 통한 최대 여섯 가지의 스포츠 운영

◆ 야후: 요가 및 심근 강화 운동, 필라테스, 골프 교실을 갖춘 피트니스센터 운영. 직원들에게 스키리조트와 캘리포니아 테마파크 할인 제공

생각해 볼 문제

1. 회사의 직원으로서 당신에게 어떤 혜택이 중요한가?
2. 회사 내에서의 직장 레크리에이션 프로그램 운영에 대한 찬반양론을 열거하라.
3. 직원이 30명인 회사가 있다. 직장 레크리에이션 프로그램을 개발하라.
4. 직원이 300명이라면 당신의 직장 레크리에이션 프로그램을 어떻게 변경할 것인가?

출처

a. M. Stanger, "18 Of The Best Perks At Top Employers," Business Insider (11 February 2013). http://www.businessinsider.com/companieswith-awesome-perks-payscale-2013-1.

일정의 유연성: 교대 근무자를 위한 프로그램

직장 서비스 및 레크리에이션 매니저는 조직의 특별한 환경과 자신들이 봉사하는 직원들의 변화하는 요구에 적응해야 한다. 종종 이것은 직업 및 경력 개발, 문화적 관심 또는 개인적 풍요를 위해 고안된 광범위한 특별 과정이 포함될 수 있다.

일부 대기업들은 헬스클럽이나 웨이트룸 같은 시설들을 하루 중 언제라도 이용할 수 있도록 계획함으로써 2-3교대로 일하는 직원들의 요구를 충족시킨다. 예를 들어 필립스 페트롤리엄(Phillips Petroleum)과 프랫 앤 휘트니(Pratt and Whitney)는 교대 근무자들을 위한 소프트볼과 볼링 리그를 아침과 자정에 계획하며, 체육관, 테니스 코트 및 기타 시설에 대한 할인 티켓을 운영할 뿐 아니라 편리한 시간에 언제든 이용할 수 있게 한다.

사례 연구

고용주 건강 프로그램

건강한 노동력이 유도하는 더 낮은 결근율에서 더 높은 생산성, 더 낮은 의료비용에 이르는 이점에 따라, 고용주들은 직원들의 건강 증진을 위한 방법을 찾고 있다. 기업들은 체육관 및 체중 관리 프로그램 회원권, 금연 프로그램 등과 같은 건강 관련 비용을 지원하며, 직원들의 참여를 위해 현금 및 기타 금전적 인센티브를 제공할 수도 있다. 그러나 ADA 지침과 '의료보험의 이동성 및 신뢰성에 관한 법률(HIPAA, Health Insurance Portability and Accountability Act)' 및 '환자 보호 및 부담적정보험법(PPACA, Patient Protection and Affordable Care Act, 이른바 '오바마케어')'에 따라 허용되는 인센티브 수준과 관련해서는 이견도 없지 않다. ADA는 고용주의 자발적 복지 프로그램과 관련하여 직무에 특정되지 않은 의료 정보를 요청할 수 있도록 허용하지만, EEOC(Equal Employment Opportunity Commission, 미연방고용평등위원회)는 그러한 자발적 성격에 문제를 제기한다. 직원들이 불참하는 경우 부당한 벌칙이 부과되므로 '자발적'이라는 주장을 부인하는 사례도 있다. 그러나 HIPAA와 PPACA는 수준은 조금 다르지만 '보건 성취 프로그램 (Health-contingent programs)'과 '참여적 건강 프로그램(participatory wellness programs)' 모두에 대해 보상을 허용한다. 보건 성취 프로그램은 보상을 위해서는 건강 관련 요소의 표준을 만족(예: 금연)해야 하는 반면, 참여적 건강 프로그램은 단순 참여만으로도 보상 요건이 충족된다. 현재까지, PPACA는 계획에 따른 적용 범위의 총 비용(고용주와 직원 부담의 총합)의 최대 30%까지 보상을 허용하고, 보건 성취 프로그램에 따른 금연 및 흡연율 감소를 위해 설계된 건강 프로그램에 대해서는 50%까지 보상을 허용한다. 반면 참여적 프로그램에 대해서는 보상에 제한이 없다. 현재까지, 보상 한도에 관한 두 기관 사이의 의견 불일치는 이어지고 있다.

고려해야 할 질문

건강 프로그램 요구사항은 직무와 관련이 있다고 하더라고 EEOC가 ADA 지침 충족을 위해 요구하는 것처럼 비즈니스 필요성에 일치하는 경우는 거의 없다. 이것은 건강 프로그램에 대해 어떤 의미를 갖는가?

출처

S. Miller. (2013). Final Rule Provides Wellness Incentive Guidance. Society for Human Resource Management. http://www. hbsdealer.com/

article/final-rule-provides-guidance-wellness-program-incentives (Retrieved June 3, 2017).

S. Miller. (2014) EEOC Sues Employers' Wellness Programs. Society for Human Resource Management. www.shrm.org/ hrdisciplines/

benefits/articles/pages/eeoc-sues-employers'-wellness-programs (Retrieved June 3, 2017).

Employer Wellness Programs Need Guidance to Avoid Discrimination. (2013). U. S. Equal Employment Opportunity Commission. http://

www.eeoc.gov/eeoc/newsroom/release/5-8-13.cfm.

Employer Wellness Programs: What Financial Incentives are Permitted Under the Law? Jones Day (August 2013). www. jonesday.com/

employer-wellness-programs-what-financial-incentives-are-permitted-under-the-law-08-01-2013/.

혁신과 기업가 정신

여가 서비스 분야의 다른 부문과 마찬가지로, 직장 서비스 및 레크리에이션 실무자들은 자신들의 상품을 통해 더 높은 수준의 수익을 창출하고, 자신들의 가치를 설득력 있는 조건으로 입증함으로써 재정적으로 보다 독립해야 할 필요성을 경험했다.

사업적 가치와 전략을 채택하는 목적은 (1) 종업원 프로그램이 회사의 재정 지원에 덜 의존할 수 있도록 하고, (2) 경영진에 의해 배분된 기금이 유의미하고 정량화할 수 있도록 하는 것이다. 많은 대기업의 직장 서비스 및 레크리에이션 책임자들은 사업적인 모험에 기반한 수입원 개발에 꽤 혁신적이다.

대학 레크리에이션

대학은 매우 많은 사람들이 참여하는 다양한 여가 서비스 프로그램의 주요 환경을 제공한다. 비록 대학들의 일차적 목적은 학생들에 대한 봉사에 있지만, 많은 캠퍼스에서 교직원들 역시 다양한 프로그램에 참여할 수 있다.

오늘날 모든 고등교육 기관들은 거주자 및 통근자들을 위해 다양한 형태의 여가 활동을 후원한다. 많은 대학들은 캠퍼스 연합, 학생생활부서, 또는 이러한 활동들을 광범위하게 수용하는 학생센터가 있다. 때로는 교내 스포츠 및 레크리에이션이 행정적으로 체육 및 레크리에이션학과에 부속될 수도 있지만, 학생처에서 이들 프로그램을 책임진다.

다양한 레저 서비스 기능에는 공연예술센터(때로는 이 분야 학과와 협업), 기획 예술 시리즈, 영화 프로그램 및 연사를 초빙한 포럼 및 이와 유사한 문화 행사 등이 포함된다. 학생회관에 볼링장, 커피숍, 게임방, 식당, 서점 및 기타 활동을 위한 전문 시설이 포함될 수 있다.

캠퍼스 프로그램을 위한 이론적 근거

대학 레크리에이션 프로그램을 후원하는 몇 가지 논리적 이유가 있다. 이에 대한 일부의 논의는 다음과 같이 정의할 수 있다.

병행 교과 과정으로서의 여가　고등교육에서 일어나는 모든 학습이 교실이나 실험실에서 이루어지는 것은 아니다. 학생들의 특별한 관심사는 대학신문이나 문예지의 스태프로 일하는 언론학 전공에서 황야 트래킹이나 캠핑이 수반되는 식물학 전공에 이르기까지 오로지 (비교과적)병행 과정의 경험으로도 충분히 탐구될 수 있다. 이러한 프로그램들은 해당 프로그램의 관심사에 가장 직접적으로 연관된 부서의 특별한 협력으로 수행된다. 학생들로 하여금 정형적인 교과과정의 함양 외에도, 이러한 병행 교과과정에 참여하는 것은 자신들의 개인적 성장에 전반적으로 기여한다.

캠퍼스 통제 및 사기 진작 역사적으로, 미국 대학들은 부모를 대신한 역할을 담당했다. 즉, 대학들은 음주, 도박, 성적 행위 또는 건강 및 안전 등의 일반적 영역에서 학생들의 사생활에 대한 통제의 정도를 유지할 의무가 있었다. 수세기 동안 대학은 행동 규칙, 캠퍼스 내 생활 규칙, 야간 통행금지 등 여가 행동을 규제하는 다양한 형태의 규제를 이어왔다. 학생들에 대한 이러한 강력한 규제는 이제 상당히 줄어들었다. 행동을 통제하는 경찰 역할이 아니라 교실 밖에서의 학생들의 삶을 안내하는 방식으로의 대안적 활동을 펼치고 있다.

대학 레크리에이션은 대학 경험을 통해 학생들로 하여금 긍정적 성장을 촉진시키는 것을 목표로 한다. 많은 대학에서 학생들은 신입생 오리엔테이션부터 시작하여 야외 레크리에이션이나 지역 봉사 활동에 참여한다. 예를 들어, 르하이대학교(Lehigh University)와 라파예트대학(Lafayette College)에서는 신입생들을 대상으로 야간 카누와 배낭여행에 참여하게 함으로써 바로 새로운 친구들을 사귈 수 있게 한다. 마찬가지로 메인대학교(Univerity of Maine) 신입생들은 대학에서 제공하는 메인 바운드 아웃도어(Maine Bound Outdoor) 어드벤처 프로그램에 참여하여 신입생들과 다른 사람들을 만날 기회를 갖는다.[41]

대학 이미지 향상 특히 대학들이 수준 높은 학생들의 등록을 위해 경쟁해야 하는 시대에, 매력적이고 인상적인 이미지를 유지하는 것은 중요하다. 이를 위해 가장 널리 알려진 수단은 축구와 농구 같은 인기 있는 스포츠에 매력 넘치게 경기하는 팀을 내보내는 것이다. 그 외에도 긍정적인 이미지를 만드는 방법들은 다양하게 있다. 학문적 명성, 각종 수상 실적, 뛰어난 오케스트라나 연극단, 훌륭한 대학 언론, 졸업생들의 성취 등이 그러한 방법의 일환이다.

매력적인 레크리에이션 시설과 캠퍼스 여가 프로그램을 갖추고 있으면, 특히 캠퍼스를 방문하여 향후 4년간 그곳에서의 삶을 고려하는 잠재적인 학생들에게 긍정적 이미지를 구축하는 데 분명히 도움이 된다. 고등교육은 많은 가치와 요구에 호소하지만, 열정적이고 흥미로운 사회생활을 원하는 학생들의 열망은 결코 작지 않은 요소이다.

리더십 역량 구축 기회 대학 레크리에이션은 학부 및 대학원 학생들에게 리더십 및 기타 직무 역량을 개발할 수 있는 기회를 제공한다. 대학에서는 학생 근로자를 고용한다. 많은 대학 레크리에이션 부서는 학생들의 자기 계발의 가치를 이해하고 학생들에게 리더십, 팀워크, 의사결정, 문제 해결, 갈등 조정 등의 역량을 키울 수 있는 충분한 기회를 제공한다.

대학 레크리에이션 경험의 범위

오늘날 대학 레크리에이션 프로그램은 다양한 레크리에이션 스포츠, 야외 활동, 오락 및 사회적 이벤트, 문화 프로그램, 장애인을 위한 활동 및 기타 다양한 서비스를 포함하여 더욱 다양해지고 있다.

레크리에이션 스포츠   1970년대와 1980년대 동안, 교내 리그와 스포츠클럽들은 평생 스포츠와 남녀가 공동으로 참여하는 스포츠가 강조되면서, 여러 기관으로 빠르게 확장되었다. 변화된 성 역할에 대한 기대와 타이틀 IX의 영향으로, 과거보다 더 많은 소녀들과 여성들이 오늘날 스포츠에 관여하고 있다. 수상 스포츠 시설, 체육관, 사우나와 라커룸, 야간 경기 가능한 조명이 갖춰진 넓은 운동장, 야외 취미와 교육을 위한 특별 시설 등 스포츠와 게임에 다양한 시설을 제공하는 대학들이 늘고 있다.

대학 스포츠 프로그램의 대표적인 예를 버지니아 리치몬드에 있는 버지니아 커먼웰스대학에서 찾을 수 있다. 이 대학에서는 여섯 개의 인상적인 캠퍼스 내 시설에서 수많은 레크리에이션 스포츠 활동과 이벤트 및 피트니스 프로그램을 후원한다. 프로그램은 개인 및 팀 스포츠, 에어로빅, 춤, 요가, 무술, 수상스포츠, 그리고 사회적 프로그램 등의 분야에서 광범위한 교육, 클럽, 교내 활동을 포함한다. 학생들은 모든 프로그램 및 시설을 무료로 사용한다. 학생 가족, 직원, 교수진들은 소규모 연회비를 낸다. 유사한 스포츠 프로그램이 미국 전역에서 제공된다.

야외 레크리에이션   클럽 및 강습, 그리고 야외 활동을 포함하는 야외 레크리에이션에는 하이킹, 배낭여행, 캠핑, 등산, 스쿠버 다이빙, 요트, 스키 및 기타 다양한 자연 기반 프로그램이 포함된다. 야외 레크리에이션 부서를 활용한 대표적인 대학 레크리에이션 프로그램들이 많다. 대학의 지리적 위치는 제공되는 야외 레크리에이션 프로그램의 종류에 영향을 미친다. 대학들이 여행, 장비 대여, 야외 활동 관련 프로젝트를 제공하는 일은 드물지 않다. 예를 들어, 콜로라도 주립대학은 설산 트래킹, 빙벽 등반 프로그램을 제공한다.[42] 유타대학의 대학 레크리에이션은 캠핑 장비, 산악자전거, 수상 스포츠 장비, 겨울 스포츠 장비 등 야외 레크리에이션 장비를 대여한다.[43] 서던일리노이대학은 암벽 등반과 배낭여행, 동굴 탐험, 카누, 자전거를 포함한 다양한 유형의 매력적인 여행 및 야외 활동, 강좌 등을 제공한다.

캠퍼스 레크리에이션 활동은 전형적으로 교내 스포츠, 특별 이벤트, 클럽, 그리고 피트니스를 포함한다.
© Christian Bertrand/Shutterstock.

특별 이벤트–엔터테인먼트 및 문화 프로그램　대학들은 대규모 엔터테인먼트 및 문화 행사를 후원한다. 체육관, 야외무대 등에서 학생들의 여흥을 위해 가수, 록 밴드, 코미디언들이 출연한다. 대학의 음악, 연극, 무용학과들이 다양한 종류의 특별 프로그램과 함께 콘서트 등 다양한 무대 행사를 하는 공연 기획사를 제공할 수 있다.

　체육대회 및 축제 등 주요 행사와 같이 학생들이 스스로 계획하고 수행하는 대규모 특별 이벤트는, 캠퍼스 프로그램의 하이라이트다. 그들은 지도자와 참가자들 사이의 광범위한 상호 작용과 사람들이 붐비는 환경에서 즐거움을 공유하면서 열정적으로 에너지를 발산한다.

특수 계층을 위한 서비스　장애가 있는 학생들은 가능하면 언제든지 일반적인 대학 레크리에이션 프로그램에 참여하도록 장려되고 도움을 받는다. 장애가 너무 심해 참가할 수 없거나 필요한 자신감과 독립성이 아직 개발되지 않은 학생들을 위해 맞춤형 장비와 교육 기법, 맞춤형 규정을 적용한 특수 프로그램이 설계되었다.

　이러한 프로그램의 대표적 사례로 신체장애 학생들을 위해 축구, 소프트볼, 농구, 수영, 육상 등에서 특별 팀을 지원하는 일리노이대학이 있다. 양궁, 유도, 수영, 볼링, 소프트볼과 같은 활동들이 시각 장애를 가진 사람들과 같은 특별 그룹에 맞춰져 있다.

지역사회 봉사 프로젝트　많은 학생들이 또한 시설 보수, 노인과 함께하거나 지역사회 특별 행사를 돕는 등 지역사회의 자원 봉사 프로젝트에 참여한다. 이러한 노력은 두 가지 이유로 중요하다. (1) 학창 시절 활동이 흥미 위주의 레크리에이션을 넘는 광범위한 관여를 포함할 수 있음을 보여주고, (2) 학생들의 학업 및 과외 활동 경험을 혼합하여 개인의 삶의 질을 높이고 리더십 역량을 강화하는 역할을 한다.

대학 레크리에이션 개요

대학 레크리에이션은 학생들에게 학업 프로그램을 보완하고 풍요롭게 하는 광범위한 기능을 통해 실제적인 경험을 제공한다. 예를 들어, 많은 학생들은 때로는 고급 수준의 행정 역량이나 비즈니스 기술을 습득할 수 있다. 캘리포니아 샌디에이고주립대학 총학생회(Associated Students' Organization)는 그러한 학습 경험을 위한 환경을 제공해준다. 학생회비로 조성된 수백만 달러 규모의 이 기업이 학생회관 건물 아즈텍센터(Aztec Center)를 운영한다. 이 기업의 서비스에는 성공적으로 운영되는 여행사, 교내 스포츠클럽, 특별 이벤트, 레저 강좌, 영화, 콘서트, 야외극장, 아쿠아센터, 캠퍼스 내 라디오방송국, 보육센터, 매점, 캠퍼스 정보 부스 운영 및 기타 프로그램 등이 포함된다. 레크리에이션 활동의 대부분은 총학생회 산하 기구인 레크리에이션 활동위원회(Recreation Activities Board)에 의해 직접적으로 운영된다.[44]

이러한 경험은 대학 경험에 대해 다른 과외 활동과 함께 대학 캠퍼스 레크리에이션 프로그램이 만들어주는 중요한 기여를 보여준다. 그들은 전체 학생을 유의미하고 창의적 방식으로 참여시킴으로써 이후 사회생활 및 잠재적 직업 기회에 대한 유의미한 전환을 제공한다.

민간 회원제 레크리에이션 기관들

오늘날 레크리에이션 기회의 상당 부분은 민간 회원제 기관들에 의해 제공된다. 예컨대, 이용하는 개인이 테마파크에 입장료를 지불하는 단순 상업 레크리에이션 사업과 달리, 민간 회원제 기관들은 대개 개인이나 가족 및 일반 고객들에게 시설이나 프로그램의 사용을 제한한다.

스포츠와 야외 레크리에이션의 광범위한 영역에서 많은 조직들은 스키, 테니스, 골프, 보트, 사냥 또는 낚시와 같은 활동을 위한 시설 및 교육 또는 기타 서비스를 제공한다. 일부 민간 회원제 기관은 상업적으로 소유되고 운영되는 반면, 다른 기관은 자신의 시설을 소유한 회원들의 독립적 법인 클럽으로 존재한다. 이들 클럽은 선출직 임원과 이사회에 의해 정책을 수립하고, 실제 운영과 관리는 유급 직원들이 수행한다.

많은 민간 회원제 기관의 주요 특징은 사회적 배타성이다. 회원제 정책은 역사적으로 종교, 민족, 성별, 경제 또는 기타 인구통계학적 요인에 따른 특정의 회원을 선별하는 경우가 있다.

이러한 민간 기관의 표면상 기능은 특정한 형태의 여가 활동뿐 아니라 사교성 제공에 있지만, 클럽은 또한 가장 강력한 행동이나 계획을 수립하는 환경을 제공한다는 사실을 인식하는 것이 중요하다. 따라서 이러한 클럽의 회원 자격을 차단당한 사람들은 또한 영향력 및 권한의 수립 과정에서 제외된다.

최근의 변화에도 불구하고, 많은 민간 회원제 기관들은 지속적으로 부유하고 영향력 있는 사람들의 배타적 거주 지역을 대표하고 있다. 컨트리클럽은 일반적으로 회원들이 소유하고 운영하는 비영리적 지분제 클럽과 영리 목적의 두 가지 클럽으로 구성된다. 지분제 클럽은 비영리 단체 및 영리 단체로 등록 가능하다. 지분제 클럽은 예컨대 회원들이 휴가용 집을 소유하고자 하는 목적의 클럽이다. 회원들은 집을 사용할 권리는 있지만 실질적인 소유권을 갖지는 않는다. 상업적으로 소유한 영리적 클럽은 흔하다. 예컨대, 클럽코프(ClubCorp)는 200개의 골프 코스, 개인 비즈니스 및 스포츠클럽, 리조트를 소유하며 소유 자산 가치는 20억 달러를 넘는다. 클럽코프는 오하이오 주 애크런에 있는 파이어스톤 컨트리클럽(2006~2014 세계골프선수권대회장)과 캘리포니아 주 랜초 미라지아의 미션힐스 컨트리클럽(LPGA 크라프트 나비코 챔피언십의 본고장) 등을 운영하며 43만 명이 넘는 회원들을 유치하고 있다.[45]

주거 연계 클럽들

특별하게 새로운 형태의 주거 시설 마케팅과 관련하여, 다양한 유형의 민간 회원제 레크리에이션 기관이 지속적으로 번창하고 있다. 많은 부동산 개발업자들은 주거 개발 프로젝트의 주요 수요 중 하나가 매력적인 레크리에이션 시설의 제공이라는 것을 인식했다. 따라서 수요자가 가족인지 또는 독신자나 은퇴자인지 여부에 따라 아파트, 콘도 또는 원룸에 맞춰 테니스장, 골프장, 수영장, 온천 등의 레크리에이션 시설을 제공한다.

거리 청소 및 지상 정비, 공동체 안전 등의 역할을 수행하는 조합을 결성해 테니스 코트, 골프 코스, 수영장 등의 여가 시설을 제공하는 교외 주거 단지 개발이 급속히 성장했다. 한때 주로 남서부에서 확산되었던 그러한 개발과 공동체 조합들이 이제 미국 전역으로 확산되었다. 1970년에는 그러한 조합들이 1만 개 있었다. 2013년까지 그 수는 667만 명의 주민들이 포함된 333,600개로 늘었다.[46]

그러한 부동산 개발은 비교적 비용이 많이 들어 주로 부유층들을 위한 것이기는 하지만 예외도 있다. 예를 들어, 스타렛 시(Starrett City)라고 알려진 뉴욕 브루클린의 거대 아파트 단지 개발은 1970년대 중반 다양한 인종의 중산층 소득자들을 위해 건설되었다. 약 절반은 아프리카계 미국인, 히스패닉, 아시아계였다. 수천 명의 입주민들이 회의실, 취미, 공예, 댄스 강습실을 갖춘 대규모 클럽 하우스와 수영장 프로그램 및 테니스 복합 시설뿐 아니라 연중 다양한 강좌 및 대회, 특별 이벤트를 즐긴다.[47]

경우에 따라 대규모 콘도형 아파트 건물이 광범위한 레저 시설과 프로그램을 갖추고 있다. 예를 들어, 필라델피아에 있는 776가구의 주거 시설을 갖춘 건물들 중 한 곳은 은행, 식당, 열 개의 점포, 의원 및 치과의원, 주차장 및 두 개의 수영장이 모두 한 건물에 있다. 또한 도서관, 카드 룸, 피트니스센터, 입주자회의, 체중관리실, 작가 클럽, 독서 클럽 및 컴퓨터 클럽을 포함한 수많은 클럽 및 위원회가 있다.

휴양 별장

주거 관련 오락의 전문화된 형태는 종종 휴양지 주거 개발에서 발견된다. 1960년대와 1970년대 동안, 호수 및 주요 휴양지 인근에 대한 대규모 개발을 통해 이러한 주거 형태에 대한 직접 소유와 시간제 공유 약정이 보다 대중화되었다.

사례 연구

민간 클럽은 차별화를 시도하는가?

많은 소송이 민간 클럽의 회원 관행에서의 차별에 대한 것이다. 민권법에 따라 인종, 국적 및 기타 이유에 따른 차별을 불법으로 규정하지만 클럽 중 상당수가 회원제 정책을 유지할 수 있었다. 그러나 이 법률은 선량한 민간 클럽 및 종교단체를 포괄하지 않으므로, 자신들이 선정한 기준에 따른 차별이 가능하다. 일부 주에서는 민권법을 확대하여 민간 클럽이 차별하지 못하도록 방지함으로써 법의 허점을 보완했다. 모든 주에서 그렇게 한 것은 아니었기 때문에 차별은 여전히 존재한다. 다음에 몇 가지 사례를 소개한다.

2009년에 60명의 아프리카계 미국인 어린이들이 1,900달러의 요금을 지불했음에도 불구하고 북동부 필라델피아의 민간 수영 클럽에서 퇴출당했다. 밸리수영클럽(Valley Swim Club)의 존 데 슬러(John Duesler) 회장은 "많은 아이들의 안색이 변하고 클럽 분위기가 안 좋아질 것을 우려해 그들을 내보낼 수밖에 없었다"고 말했다.[a]

오거스타 내셔널 골프 클럽(Augusta National Golf Club)은 2013년에 여성들의 클럽 가입을 허락했다. 최초로 두 명의 여성 회원이 가입하기 전에 휴티 존슨(Hootie Johnson) 오거스타내셔널 회장은 말했다. "여성들의 회원 가입을 요구하는 날이 올지 모른다. 그 일정은 강요가 아니라 우리가 정하는 시점이 될 것이다."

2003년 제정된 캘리포니아의 '배우자 권리 및 책임법(Domestic Partner Rights and Responsibilities Act)'에 따라 배우자로 등록된 레즈비언 커플인 브리짓 쿼브케(Birgit Koebke)와 켄달 프렌치(Kendall French)는 차별 때문에 헤이츠 컨트리클럽(Heights Country Club)을 고소했다. 클럽 회원은 회원 배우자에게 국한되지만 동성 배우자에게는 적용되지 않았다. 캘리포니아 대법원은 동성 배우자가 법적 배우자와 동일한 혜택을 받으며, 클럽은 모든 커플에게 동일한 혜택을 제공해야 한다고 판결했다.

생각해 볼 문제

1. 민간 클럽을 소유하는 회원들은 의도하건 의도하지 않건 집단을 차별화하는 정책을 수립할 수 있어야 하는가?
2. 비싼 회비는 차별의 한 형태인가? 왜 그런지, 또는 왜 그렇지 않은지 설명하라.

출처

a. A. Kilkenny, "Philadelphia Private Swim Club Forces Out Black Children," Huffington Post (July 8, 2009).

베이비붐 세대 수백만 쌍의 부부가 휴양 별장을 살 수 있는 나이에 이르고 재정적 형편이 가능해지면서 이러한 개발이 급속하게 증가했다. 미국 전체 가정의 거의 6%가 별장을 소유하고 있는데, 일반적으로 1차 거주지에서 150마일 거리 이내에 있으며, 대부분은 호수나 산과 같은 휴양지 근처에 있다.[48]

전형적으로, 오늘날 매력적인 휴양지에서의 시간 공유 아파트나 콘도들은 연간 1주일에 1만 5천 달러에서 2만 달러 정도의 비용이 든다. 이 비용이 비싸보일지는 모르지만, 미국 사회의 엘리트 부유층인 이른바 '제트족(jet set)'들이 휴가를 즐기는 비용에 비하면 매우 적은 비용이다. 배타적 환경에서의 사생활 추구 경향에 따라, 이전에 콜로라도 아스펜(Aspen)에서 휴가를 즐겼던 많은 부유층들은 그곳이 너무 유명해져 인기가 많아지자 그 지역을 떠났다. 오늘날 그들은 자신들의 제트기를 이용해 '사라토가'라고 알려진 와이오밍에 있는 놀랄 만큼 아름다운 산허리로 날아간다. 올드발디클럽(Old Baldy Club) 회원들은 다른 곳에서는 저택이라 할 만한 '오두막'을 찾는다. 올드발디클럽에 가입하는 데 드는 비용을 묻는 질문에 한 입주민은 "그 비용을 묻는다는 것은, 당신은 그 비용을 감당할 여유가 없다는 것을 의미한다"는 답변을 내놓았다.

은퇴자 커뮤니티

마찬가지로 대규모 은퇴자 마을이 입주자들을 위한 레크리에이션 및 사회 프로그램을 제공한다. 생생한 사례가 애리조나 주 선 시(Sun City)에 있다. 1960년에 설립된 이 공동체에는 약 42,000명의 주민이 거주한다. 선 시는 미국에서 처음으로 계획된 은퇴자 커뮤니티이다. 지역 사회마다 수영장이 있는 일곱 개의 커뮤니티 센터, 여덟 개의 골프 코스, 두 개의 볼링장, 두 개의 호수, 다양한 범위의 프로그램, 120개 이상의 클럽을 갖추고 있어 레크리에이션 기회가 광범위하다.[49]

많은 은퇴자 커뮤니티가 입주자들을 위한 광범위한 레크리에이션 시설과 프로그램을 제공한다.
© Matthew Apps/Shutterstock.

많은 은퇴자 커뮤니티는 광범위한 레크리에이션 시설 및 프로그램을 제공하고 주변 지역 문화 행사에 거주자의 참석을 장려한다. 플로리다의 펠리컨 코브(Pelican Cove) 사라소타(Sarasota) 같은 다른 곳들은 탁 트인 바다에 쉽게 접근할 수 있는 포구를 비롯한 독특한 자연 환경을 자랑한다. 캘리포니아 라구나 힐즈(Laguna Hills)에 있는 레저월드(Leisure World) 같은 수많은 다른 은퇴자 커뮤니티에서는 수영장, 테니스 코트 및 승마장 등의 레크리에이션 시설을 흔히 볼 수 있다.

특수 레크리에이션 기관의 비교

이 장에서 설명하는 특별한 요구를 충족시키는 다섯 가지 유형의 여가 서비스 기관들은 각각의 차이점과 유사점이 있다. 치료 레크리에이션은 분명히 장애인의 요구를 충족시킬 뿐 아니라 훈련이나 재활 목적을 달성하기 위한 목적적 도구로서의 레크리에이션에 주요하게 관련된다. 그 중점은 임상 및 지역 사회 기반의 레크리에이션 프로그램을 제공하는 것이지만, 오늘날 강력하게 추진하는 일은 더 많은 인구 집단에 장애인들을 포함시키는 데 있다. 따라서 전반적인 지역사회 레크리에이션 시스템과 많은 부분에서 공통의 프로그램 요소와 시설을 공유한다.

군대 레크리에이션은 규모가 크고 확장적이며 광범위한 운영을 필요로 한다. 군대 레크리에이션은 본질적으로 국내외 기지 또는 함정에 대한 수백 개의 개별 프로그램으로 구성된다. 독특하게도 국방부의 관료주의적 구조와 특정 정책에 의해 관리되는 동시에 군대 서비스 관련 다양한 부문의 필요와 자원 및 지역 역량과 관심사에 대응한다. 해당 서비스와 프로그램은 비즈니스 및 상업적 접근에서 아동 및 청소년 또는 부양가족의 요구를 충족시키는 사회봉사 활동에 이르기까지 다양하다.

직장 레크리에이션 서비스는 작업 환경에서의 삶의 질을 향상시키고 기업의 효과적 운영에 기여하도록 설계된 중요한 기능이라는 점에서 여가 서비스 시스템의 다른 특수 기관과 다르다. 이러한 서비스 범위 내에서 레크리에이션은 기업 전체의 긍정적 이미지를 홍보할 뿐 아니라 기업의 사기와 인간관계를 개선하는 독특한 역할을 담당한다. 치료 및 군대 레크리에이션과 마찬가지로 직장 레크리에이션 프로그램은 중요한 기관 목표를 달성하고 구체적이고 측정 가능한 개념으로 레크리에이션의 가치를 문서화하는 데 관심을 가져야 한다.

대학 레크리에이션은 스포츠 프로그래밍에 관한 것이든 더 광범위한 문화 및 교과과정 관련 활동이든 관계없이 오늘날 전반적인 고등교육 구조의 필수 요소로 간주된다. 특히 성장한 청소년들과 성년이 되는 이들이 처음으로 진정한 사회적 독립에 도전하는 대학에서는 대학 레크리에이션을 통한 긍정적 생활 방식 가치와 여가 선택 패턴의 개발이 중요하다. 이러한 목적의 일환으로, 캠퍼스 활동은 바람직하지 않은 여가 참여에 대해 매력적 균형을 찾아주어야 한다.

마지막으로, 민간 회원제 여가 서비스 기관은 경제적 인구통계학적 측면에서 비교적 엘리트층인 개인 및 가정에 제공되는 경향이 있어 사회경제적 요인의 영향을 크게 받는다. 비록 이러한 기관들이 점진적 민주화 과정을 겪어 왔지만 많은 단체들이 지속적으로 배타적 태도를 취해 왔으며 협소한 범위의 레크리에이션 관심사에 초점을 맞추고 있다. 한 가지 예외가 그러한 커뮤니티에 진입하는 개인 및 커플을 대상으로 다양한 레크리에이션 프로그램을 후원하는 은퇴자 커뮤니티가 확대되고 있다는 것이다.

요약

이 장에서 설명하는 여가 서비스의 다섯 가지 전문 영역은 오늘날 조직된 레크리에이션 기회를 제공하는 기관의 다양성을 보여준다. 각각의 경우, 그들은 자신들의 목표와 목적, 서비스 대상 인구 및 프로그램에 대해 주안점을 두지만, 전반적 여가 서비스 시스템 내의 주요 요소이며 오늘날 레크리에이션, 공원 및 여가 서비스 전공 학생들에게 직업 선택에 있어서의 매력적 분야를 대표한다.

임상 및 지역사회 기반 특수 레크리에이션이라는 두 가지 전문적 영역에서 치료 레크리에이션 서비스는 아마도 여가 서비스 분야의 모든 개별 분야 중에서 가장 고도로 전문화되어 있을 것이다. 치료 레크리에이션은 지방정부 및 국가 사회로부터 독립적인 별도의 영역에서 인증 시스템을 일찍이 강조하고, 수많은 전문 커리큘럼과 풍부한 문헌 및 연구 배경을 통해 전문적으로 발달된 오랜 역사를 가지고 있다. 비용 절감, 병원 감축, 환자 관리 및 제도 철폐의 시대에 임상적 치료를 위한 지원을 줄일 수 있는 가능성으로 인해 포용을 강조하는 지역사회 기반의 특수 레크리에이션이 치료 레크리에이션에 있어 보다 중요한 요소로 대두될 가능성이 높다.

군대 레크리에이션 전문가들은 비교적 젊은 군인들과 여성들, 그리고 군대 환경이라는 특징으로 촉발된 특별한 요구를 가진 가족들로 구성된 뚜렷한 인구를 대상으로 서비스를 제공한다. MWR은 군대 구성원 및 가족의 신체적, 사회적, 정신적 복지를 포함하는 다양한 목적을 가진다. 최근 몇 년 동안 군대 레크리에이션은 큰 변화를 겪어왔지만, 그것은 계속해서 다양하고 매력적인 프로그램 기회를 제공하며, 때로는 국내 뿐 아니라 해외에서의 훌륭한 시설을 가지고 있다.

오늘날 직장 레크리에이션과 서비스는 회사-근로자 관계를 증진시키기 위해 고안된 협의의 사회적 활동 및 스포츠 활동이라는 본래의 주안점을 훨씬 넘어선다. 다양한 종류의 조직에서 운영되며 다양한 건강 및 피트니스 관련 프로그램 요소뿐 아니라 할인 프로그램, 회사 매장, 지역사회 관계, 그리고 생산성과 활동의 결과를 요구하는 비즈니스 지향적 틀 내에서의 편익을 추구하는 기능을 포함한다.

대학 레크리에이션은 교육 환경 내에서 진행되며 학업의 증대를 목적으로 고안된다. 동시에 학생들의 전반적 복지를 증진시키고, 학업 성취를 확대하고 강화하며, 리더십과 다양한 직업 역량을 개발하고, 대학의 다양한 목표에 기여하는 측면에서 중요한 책임을 진다.

이 장에서 설명하는 마지막 유형의 조직은 민간 회원제 기관으로 다양한 범위의 컨트리클럽, 골프클럽, 요트클럽, 그리고 때로는 사회적 배타성이 있는 다양한 사회적 또는 기업 회원으로 구성된다. 이 기관들은 오늘날 미국에서 증가 추세를 보이며, 수백만 가구가 레크리에이션 서비스를 제공하는 조합이 추진하는 주거 단지에 살고 있다. 이러한 경향은 공적 레크리에이션 및 세제 지원 레크리에이션 서비스에 대한 사람들의 의존과 관심을 제한하는 경향이 있다.

토론 및 에세이 과제

1. 임상 기반 치료 레크리에이션과 지역사회 기반 레크리에이션의 차이를 구별하라.

_____

_____

_____

2. 레크리에이션 전문가가 치료 레크리에이션, MWR, 대학 레크리에이션, 직장 레크리에이션, 민간 회원제 기관에서 할 수 있는 일의 구체적인 사례를 예시하라.

_____

_____

_____

3. 두 가지 TR 모델을 비교하고 대조하라.

_____

_____

_____

4. TR 프로세스를 설명하라.

_____

_____

_____

5. 군대 레크리에이션과 공공 레크리에이션 기관을 비교 대조하라.

_____

_____

_____

6. 고용주와 고용주에 대한 직장 레크리에이션의 편익을 열거하라.

_____

_____

_____

7. 캠퍼스에서 대학 레크리에이션은 어떤 역할을 하는가?

_____

_____

_____

8. 민간 회원제 기관의 레크리에이션에 대해 설명하고 몇 가지 클럽의 예를 들어보자. 회원 차별 문제에 대해 설명하라.

_____

_____

_____

9. 직장 레크리에이션 프로그램의 편익이 그러한 프로그램에 투입되는 비용을 초과한다는 사실에 대해 고용주를 설득시킬 수 있는 사례를 만들어 발표하라.

_____

_____

_____

10. '치료 레크리에이션(therapeutic recreation)'과 '레크리에이션 치료(recreational thera-py)'라는 개념에 대해 지속적으로 논의되어 왔다. 당신은 오늘날의 전문적 관점에서 정확한 용어는 무엇이라고 생각하는가? 그 이유는 무엇인가?

_____

_____

_____

_____

11. 대학은 첨단 시설에 수백만 달러를 지출하고 있다. 이러한 지출에 대한 논쟁은 종종 신입생 모집에 따른 대학 레크리에이션의 역할에 집중된다. 이러한 유형의 지출에 대한 당신의 입장을 표명하라. 그럴 만한 가치가 있는가? 대학 레크리에이션에 관심이 없는 학생들에 대해 할 수 있는 일은 무엇일까?

_____

_____

_____

_____

12. 전투태세 고취를 위해 사기 진작, 복지 증진 및 레크리에이션이 기여하는 바는 무엇인지 토론하라.

_____

_____

_____

_____

미주

1. SHAPE American, "Fields of Study—Recreation and Leisure," Reston, VA: Society of Health and Physical Educators, http://www.shapeamerica.org/career/fields/recreation-leisure.cfm (Retrieved June 3, 2017).

2. ATRA, "What Is RT/TR?": https://www.atra-online.com/what/FAQ (Retrieved June 3, 2017).

3. F. Stavola Daly and R. Kunstler, "Therapeutic Recreation." In Human Kinetics (ed.), *Introduction to Recreation and Leisure* (Champaign, IL: Human Kinetics, 2006): 177–196.

4. R. Smith et al., *Inclusive and Special Recreation: Opportunities for Persons with Disabilities*, 6th ed. (Champaign, IL: Sagamore Publishing, 2011).

5. R. Williams, "Places, Models, and Modalities of Practice." In T. Robertson and T. Long (eds.), *Foundations of Therapeutic Recreation: Perceptions, Philosophies and Practices for the 21st Century* (Champaign, IL: Human Kinetics, 2008): 63–76.

6. Americans with Disabilities Act: www.ada.gov (Retrieved June 2, 2017).

7. D. R. Austin, M. E. Crawford, B. P. McCormick, & M. VanPuymbroeck, *Recreational Therapy: An Introduction*, 4th Ed. (Champaign, IL: Sagamore Publishing, 2015).

8. Fox Valley Special Recreation Association: www.fvsra.org/about/mission-vision.aspx (Retrieved June 2, 2017).

9. R. Williams, "Places, Models, and Modalities of Practice." In T. Robertson and T. Long (eds.), *Foundations of Therapeutic Recreation: Perceptions, Philosophies and Practices for the 21st Century* (Champaign, IL: Human Kinetics, 2008): 63–76.

10. N. J. Stumbo and C. A. Peterson, *Therapeutic Recreation Program Design: Principles and Procedures*, 5th ed. (San Francisco: Benjamin Cummings, 2009).

11. D. R. Austin, *Therapeutic Recreation: Processes and Techniques,* 7th Ed. (Champaign, IL: Sagamore Publishing, 2013).

12. R. Williams, "Places, Models, and Modalities of Practice." In T. Robertson and T. Long (eds.), *Foundations of Therapeutic Recreation: Perceptions, Philosophies and Practices for the 21st Century* (Champaign, IL: Human Kinetics, 2008): 63–76.

13. N. J. Stumbo and C. A. Peterson, *Therapeutic Recreation Program Design: Principles and Procedures*, 5th ed. (San Francisco: Benjamin Cummings, 2009): 63–76.

14. T. Long, "The Therapeutic Recreation Process." In T. Robertson and T. Long (eds.), *Foundations of Therapeutic Recreation: Perceptions, Philosophies and Practices for the 21st Century* (Champaign, IL: Human Kinetics, 2008): 79–97.

15. J. S. Kinney, T. Kinney, and J. Witman, "Therapeutic Recreation Modalities and Facilitation Techniques: A National Study," *Annual in Therapeutic Recreation* (Vol. 13, 2004): 59–79.

16. National Council for Therapeutic Recreation Certification, NCTRC Job Analysis: 2014 Job Analysis Study: http://nctrc.org/about-certification/national-job-analysis/ (Retrieved June 3, 2017).

17. Morgan's Wonderland, *Morgan's Wonderland*: www.morganswonderland.com/ (Retrieved June 3, 2017).

18. National Sports Center for the Disabled. http://nscd.org/ (Retrieved June 3, 2017).

19. Children's Hospital Boston, "Opening Doors for Youth: Project Adventure" (2010): www.openingdoorsforyouth.org/images/stories/let_the_fun_begin.pdf.

20. Healthy Independent Leisure & Lifestyles (HILLS): www.hills-inc.org (Retrieved June 3, 2017).

21. K. D. Miller, S. J. Schleien, J. Lausier, "Search for best practices in inclusive recreation: Programmatic findings," *Therapeutic Recreation Journal, 43*(1) (2009), 27–41.

22. U.S. Army MWR, "MWR History." www.armymwr.com/commander/history.aspx (Retrieved June 3, 2017).

23. Leipold, J. D. (2014). "Total Army Strong to succeed Army Family Covenant. https://www.army.mil/article/136184/_Total_Army_Strong__to_succeed_Army_Family_Covenant/ (Retrieved June 2, 2017).

24. C. Potter and L. Ogilvie, "Unique Groups." In Human Kinetics (ed.), *Introduction to Recreation and Leisure* (Champaign, IL: Human Kinetics, 2013): 217–250.

25. U.S. Air Force Health and Wellness: www.usafservices.com/Home/SpouseSupport/HealthandWellness.aspx (Retrieved June 2, 2017).

26. Fort Huachuca MWR: www.mwrhuachuca.com/ (Retrieved August 15, 2016).

27. Fort Carson MWR: https://carson.armymwr.com/programs/adventure-programs-and-education.

28. Marine Corps Community Services Camp Lejeune, "Marine Corps Family Team Building (MCFTB)": www.mccslejeune.com/mcftb/ (Retrieved July 15, 2016).

29. Navy MWR Programs: http://www.navymwr.org/programs/ (Retrieved June 2, 2017).

30. Little Rock Air Force Base: http://www.littlerock.af.mil/units/airman&familyreadiness/ (Retrieved June 2, 2017).

31. MCAS Miramar Memorial Golf Course: www.mccsmiramar.com/golfcourse.html (Retrieved June 2, 2017).

32. Army Community Service Outreach, Fort Campbell MWR: https://campbell.armymwr.com/programs/army-community-service-outreach (Retrieved June 3, 2017).

33. Ford Employees Recreation Association: https://web.vee.ford.com/FERA/index_files/FAQ.htm (Retrieved June 3, 2017).

34. Chevron Recreation: http://www.chevronretirees.org/sf-docs/default-source/benefits-messages/ChevRec_Navigational_Aid_04-09-14.pdf?sfvrsn=0 (Retrieved June 4, 2017).

35. The George Washington University School of Public Health and Health Services, "The Cost of Obesity" (April 2, 2013): http://publichealthonline.gwu.edu/cost-of-obesity-nphw-infographic-winner/.

36. http://healthcare.dmagazine.com/2013/01/11/employee-incentives-for-healthy-choices-reduce-health-care-costs/ (Retrieved June 3, 2017).

37. Fox News Travel, "Some Companies Pay Employees to Take Vacation": http://www.foxnews.com/travel/2014/08/14/companies-are-now-paying-employees-to-take-vacation/ (Retrieved June 30, 2016).

38. Eli Lilly Foundation, "Employee Giving": https://www.lilly.com/who-we-are/lilly-foundation/employee-giving (Retrieved June 3, 2017).

39. Target, "Volunteerism": https://corporate.target.com/corporate-responsibility/volunteerism (Retrieved June 15, 2016).

40. Forbes, "The Most Popular Employee Perks Of 2014": http://www.forbes.com/sites/kateharrison/2014/02/19/the-most-popular-employee-perks-of-2014/ (Retrieved August 1, 2016).

41. The University of Maine Campus Recreation: https://umaine.edu/campusrecreation/program/first-year/ (Retrieved April 15, 2017).

42. Colorado State University Campus Recreation: https://csurec.colostate.edu/programs/outdoor-program/ (Retrieved June 3, 2017).

43. University of Utah Campus Recreation, "Equipment Rental." http://campusrec.utah.edu/programs/outdoor-recreation-program/equipment-rental/ (Retrieved June 30, 2016).

44. San Diego State University, "Aztec Nights": http://go.sdsu.edu/aztecnights/Default.aspx (Retrieved July 26, 2016).

45. ClubCorp, "Company Profile": www.clubcorp.com/About-ClubCorp/Company-Profile (Retrieved July 13, 2016).

46. Community Associations Institute (CAI), "National and state Statistics Review for 2014": www.caionline.org/ (Retrieved June 23, 2016).

47. Starrett City Community: www.starrettcity.com/.

48. D. Lankarge and V. Nahorney, "The Evolution of Home Ownership," HomeInsight (2013): www.homeinsight.com/details.asp?url_id=7.

49. Sun City, AZ, Activities. www.suncityaz.org/ (Retrieved June 23, 2016).

여행 및 관광

사람들은 늘 여행이 자신을 어떻게 변화시켰는지 묻는다. 만약 여행을 시작하기 전에 내가 누구였는지를 되돌아보고 지금의 나와 비교하면, 여행이 나를 더 나은 총체적 인간으로 만들었다고 말할 수 있다. 나는 처음으로 세상을 탐험하기 위해 떠났던 25살 때보다 지금은 훨씬 더 차분해졌다. 간단히 말해, 나는 예전보다 훨씬 더 멋있어졌다. 사실, 나는 여행이 모든 사람을 더 멋진 사람으로 만들어준다고 생각한다. 우리는 출발했을 때보다 훨씬 더 우리의 여행을 잘 마무리할 수 있다.[1]

✔ 학습목표 LEARNING OBJECTIVES

1. 여행 및 관광을 정의한다.
2. 관광의 범위를 이해한다.
3. 관광의 유형을 확인하고 설명한다.
4. 관광의 기술적 발전에 대해 설명한다.

소개

관광산업은 세계에서 가장 큰 산업이다. 공공, 비영리, 상업 분야에 걸쳐 있고, 기술의 변화에 크게 영향을 받는다. 그리고 문화, 역사, 환경, 종교, 예술, 농업, 스포츠, 교육 및 추가적인 분야를 포함한다. 관광산업은 세계적인 산업이므로 한 나라에 국한되지 않는다.

이 장에서는 이 거대한 산업을 구성하는 요소들뿐만 아니라 관광업 및 여행에 초점을 맞춘다. 관광업의 세부 사항을 설명하기 전에, 여행 및 관광업이 정확히 무엇인지를 정의하는 것이 중요하다. 표면적으로야 쉽게 정의할 수 있지만, 그 복합성에 대해 생각해보자. 여행자 또는 관광객으로 간주되려면 얼마나 멀리 가야 하는가? 하룻밤을 묵어야 하는가? 자신들의 고향을 벗어나야 하는가? 즐거움을 위해 해야 하는가, 아니면 비즈니스 여행도 관광으로 간주해야 하는가?

관광(tourism)은 '휴가, 사업, 또는 다른 목적을 위해 그들의 일상적인 환경 밖으로 여행하고 머무르는 사람들의 활동'으로 정의된다.[2] 이때 사람들의 일상적 환경이라 함은 그 사람이 사는 사회를 의미한다. 세계관광기구(World Tourism Organization)는 관광객이 1년 이상 한 장소에 머물러서는 안 된다고 규정함으로써 관광의 정의에 시간 조항을 두고 있다.

관광업은 국제 및 국내 관광으로 나눌 수 있다. 국제 관광에는 입국(inbound) 관광과 출국(outbound) 관광이 있다. 입국 관광은 다른 나라 방문객들이 해당국을 찾아 들어오는 것이다. 출국 관광은 다른 나라를 방문하기 위해 나가는 것이다. 또 다른 유형의 관광은 자국 내에 머무는 국내 관광이다.

크로슬리(Crossley), 제미슨(Jamieson), 브레일리(Brayley)는 이러한 개념들의 상호 연결성 때문에 상업 레크리에이션과 관광을 분리하지 않는다.[3] 그들은 관광 산업이 세 영역으로 이루어져 있다고 제안한다. 첫째, 지역적 상업 레크리에이션은 지역사회 내의 엔터테인먼트, 활동 및 소매 서비스다. 그것은 극장, 축제, 워터파크, 골프장, 쇼핑과 같은 장소 및 활동을 포함한다. 산업의 두 번째 영역은 여행이다. 여행(travel)은 단순히 사람들이 한 장소에서 다른 장소로 이동하는 것을 의미한다. 여행은 비행기, 배, 철도, 자전거, 기차 또는 다른 방법으로 이루어질 수 있다. 상업 레크리에이션 및 관광업의 마지막 영역은 접객(hospitality)이다. 접객이란 호텔, 리조트, RV 파크, 바, 레스토랑을 아우르는 광범위의 숙박 및 식음료 영역을 말한다. 산업을 일으키는 촉진제들이 업계에 접해 있다. 여행사, 여행 정보 서비스, 컨벤션센터 및 관광청(convention and visitors bureaus) 및 회의 기획자는 이 산업의 촉진자로서 관광 사업의 중요한 역할을 담당한다.

관광의 범위

전반적으로, 여행 및 관광업은 세계 최대 산업 중 하나로 기술되어 왔다. 미국 국내 총생산의 약 2.67%는 여행 및 관광에서 발생하는데, 약 4,716억 달러에 달한다.[4] 이 분야는 의료 서비스 다음으로 두 번째로 큰 고용 분야이다. 2014년에는 여행과 관광이 5,302,000개의 직접 고용을 창출했다(미국 총고용의 3.6%). 이러한 직업은 숙박,

교통, 식음료, 소매, 엔터테인먼트 및 관광업 등을 포함한다.[5]

　세계여행관광위원회(WTTC, World Travel and Tourism Council)에 따르면 2014년의 개인 여행 및 관광 규모는 6,603억 달러(70.2%), 비즈니스 여행은 2,802억 달러(29.8%)를 기록했다. 입국하는 국제 여행은 매년 미국 경제에 수십억 달러의 규모에 이른다. 2015년에 미국에 들어온 여행객의 규모는 7천7백만 명, 194억 달러에 이르렀다. 미국을 오가는 여행자들은 정치와 건강 문제를 포함 다양한 사건들에 의해 영향을 받는다. 예를 들어, 2001년 9월11일 뉴욕 세계무역센터에 대한 테러 공격은 세계 여행, 특히 미국 여행에 지대한 영향을 미쳤다. 공격 이후 첫 20개월 동안 미국 경제에 740억 달러 이상의 부정적 효과를 미쳤다. 태국에서 벌어진 3개월간의 시위 중 1주일간의 주요 공항(수바르나브후미공항) 점거, 이라크 등의 정치적 불안, 사우디아라비아와 인도네시아의 테러 위협 등의 정치적 요인들은 관광업에 부정적 영향을 미칠 수 있다. 게다가, 보건의료에 따른 공포는 지카 바이러스(Zika virus), 사스(SARS) 및 크루즈 라인(cruise line) 연계 질병 등이 발병하면 부정적 영향을 미칠 수 있다.

　이러한 문제들에도 불구하고, 전 세계 관광업은 지속적으로 성장하고 있다. 해외 여행객들은 캐나다, 멕시코, 영국 등을 포함 다양한 지역에서 온다. 이들 방문자들은 뉴욕, 마이애미, 로스앤젤레스, 호놀룰루를 통해 가장 많이 입국한다.[6]

표 8.1 미국 방문객 수

순위	국가	방문객 수
1	캐나다	23,000,000
2	멕시코	17,300,000
3	영국	3,970,000
4	일본	3,580,000
5	브라질	2,230,000
6	중국	2,190,000
7	독일	1,970,000
8	프랑스	1,620,000
9	한국	1,450,000
10	호주	1,280,000

출처: 미국 상무성 국제 무역 관리국의 데이터. 〈미국 국제 방문: 미국 방문 통계 요약(2014년)〉 http://travel.trade.gov/outreachpages/download_data_table/2014_Visitation_Report.pdf

미국에 살고 있는 사람들도 매년 6,820만 명 이상의 사람들이 다른 나라로 여행을 떠난다. 미국인 여행자들이 방문하는 상위 5개국은 멕시코(2,590만 명), 캐나다(1,150만 명), 영국(280만 명), 도미니카공화국(270만 명), 프랑스(210만 명) 등이다.[7]

다양한 종류의 많은 기관들이 관광업에 참여한다. 관광 명소와 교통 서비스, 테마파크와 워터파크, 크루즈선, 전세 항공사, 단체관광 매니저, 호텔 체인, 스포츠 경기장, 엔터테인먼트 시설, 카지노, 동물원, 수족관, 야생동물원 및 수많은 다양한 사업들이 관광 시장을 충족시키고 있다. 많은 정부 기관들이 공원, 유적지, 해안 및 수백만 명의 휴양객들을 끌어들이는 다양한 유형의 이벤트를 관리한다.

마찬가지로, 많은 비영리기관들이 스포츠 행사, 문화 프로그램, 교육 여행, 종교 순례, 그리고 매년 수백만 명의 관광객을 대상으로 하는 다양한 특별 여행 프로그램을 후원한다. 군의 MWR 부서는 장병들을 위한 여행 서비스를 제공하며, 동종 업계 및 다양한 기업체들이 직원들을 위해 때로는 전세 항공편을 이용한다. 지역 컨벤션

사례 연구

경제적 영향: 돈은 어디로 갈까?

여행과 관광은 지역사회에 엄청난 경제적 영향을 미칠 수 있다. 고려해야 할 항목으로 직간접 소비, 유도 소비 지출 항목이 있다. 직접 소비는 교통, 숙박, 음식 및 활동 등과 같이 여행을 위해 특별히 구매되는 항목들이다. 간접 소비는 직접 소비에 따른 '재지출(respending)'로 간주할 수 있는 항목으로 관광객과 거래하는 데 필요한 중간 재화 및 용역에 대한 지출이다. 예를 들어, 식당들은 생산자들로부터 식료품을 구입하고 기념품 가게들은 공급자들로부터 상품을 구입한다. 식품과 기념품에 대한 직접 지출의 일부는 소매업체의 필요 물품을 구입하는 데 지불되므로 간접 지출이 발생한다. 마지막으로, 유도 소비 지출이 있다. 이러한 지출은 회사가 관광객과 직접 접촉하는 직원들에게 지급한 임금과 이렇게 지출된 임금이 나중에 지역사회 내에서 어떻게 지출되는지를 설명한다. 예를 들어, 유도 지출은 호텔 매니저가 새 자동차, 자전거 또는 피트니스 회원권을 구입하는 비용처럼 매니저 자신의 개인적 소비를 위해 지출하는 비용을 포함한다. 그래서 관광을 위해 지출되는 모든 비용에는 호텔 건축, 호텔용품 구매 및 청소 대가, 직원들의 개인적 삶의 유지를 위해 구매하는 물품 비용으로 재지출됨으로써 지역사회에 파급효과를 갖는 것으로 이해할 수 있다.

생각해 볼 문제

1. 최근에 다녀온 여행을 이용하여 직접, 간접, 유도 지출의 예를 나열하라.
2. 미국에서 경제 위기에 따라 관광업이 75% 감소한다면 어떤 산업이 피해를 입을까?
3. 라스베가스, 네바다 주, 플로리다 데이토나 해변 같이 주요 관광 커뮤니티가 되는 장단점을 설명하라.

출처

Vellas, François. (October 25, 2011). The Indirect Impact of Tourism: An Economic Analysis. Third Meeting of T20 Tourism Ministers Paris, France. http://t20.unwto.org/sites/all/files/pdf/111020-rapport_vellas_en.pdf.

센터 및 관광청은 휴가 여행을 쉽게 이용할 수 있게 하며 지역 관광 명소를 홍보한다.

공공기관 및 상업 스폰서 간의 연결

공공기관과 상업기관 모두 오늘날 성공적인 관광 프로그램을 홍보하는 데 중요한 이해관계를 갖는다는 사실이 명백해지고 있다. 과거의 관광업은 민간 기업에서 비롯된 상업적 경제 현상으로 간주되었다. 오늘날, 경제 전반에 대한 기여로 인해 도시, 주, 그리고 국가가 수많은 관광객을 유치하기 위해 경쟁하는 가운데, 정부기관과 민간 기업가들이 관광 명소를 계획하고 홍보하는 데 힘을 합쳤다.

또 다른 차원에서 국가와 지방 정부는 긍정적 이미지를 높이고 수익을 끌어내며 지역 고용을 확대하기 위해 다양한 형태의 관광 명소를 후원하고 홍보하기 위해 견고하게 협업하고 있다.

관광 유형

오늘날 관광객들은 놀랄 만한 범위의 개인적 이익과 동기의 만족을 추구한다.

크루즈

지난 30년 동안 증가한 미국인들의 번영은 더 많은 수의 여행자들로 하여금 보다 다양한 형태의 여행에 빠져들게 만들었다. 호화 크루즈는 이제 더 이상 단순히 한 장소에서 다른 장소로 이동하거나 여유롭게 바다를 항해하기 위한 단순 수단이 아니다. 대신, 그들은 떠다니는 놀이공원, 건강 스파, 강습장, 나이트클럽으로 발전했다. 대형 크루즈 선사들은 거대한 새 선박을 개발했고 비교적 저렴한 단기 여행을 출시함으로써 젊고 덜 부유한 사람들을 만족시키고 있다.

오늘날, 80여 개의 크루즈 노선은 작은 항해용 범선에서 거대하고 호화로운 해양선까지 다양한 옵션들을 제공한다. 대부분의 경우, 이들이 운영하는 매력적인 요소에는 맛있는 식사, 이른 아침 운동, 유흥 및 게임, 어학 강좌, 갑판 게임, 이국적 항구 방문이

관광은 다양한 형태의 교통을 수반하며, 국제 관광은 항공 여행을 수반한다.
© Mikael Damkier/Shutterstock.

크루즈는 여행객들에게 제공되는 편의시설에서 더욱 정교해지고 있다.
© Bryan Busovicki/Shutterstock.

사례 연구

국제 여행: 안전한가?

모험 여행자들은 자신들의 휴양지로 새롭고 알려지지 않은 목적지를 찾는다. 그러한 장소들은 일반적으로 전형적인 관광지에서 떨어져 있으며 대부분 사람들의 휴가용 버킷 리스트의 상위에 들지 않는 장소를 택한다.

많은 나라들은 여행객들이 그러한 행선지의 안전 여부를 파악하는 데 도움이 되는 웹사이트를 구축하고 있다. 이러한 웹사이트들은 여행자들이 가기 전에 알아야 할 사항들뿐 아니라, 해당 나라에 대한 유의수준을 부여한다. 다음 웹 사이트를 사용하여 토론하고 질문에 답하라.

- 오스트레일리아: http://smartraveller.gov.au/
- 캐나다: http://travel.gc.ca/travelling/advisories
- 영국: https://www.gov.uk/foreign-travel-advice
- 미국: http://travel.state.gov/content/passports/en/alertswarnings/worldwide-caution.html

생각해 볼 문제

1. 각각의 웹사이트들을 검색하라. 각각의 웹사이트에서 제공되는 정보는 어떤 것들이 있는가? 각 웹사이트의 정보들 사이의 공통점은 무엇인가?
2. 하나의 웹사이트에서 제공하고 있는 국가를 선택하라. 네 개의 웹사이트에 각각 기재된 선택한 국가의 상태를 검토하라. 각각의 웹사이트들은 해당 국가로의 여행에 대해 같은 평가를 내리고 있는가? 왜 그런지, 혹은 왜 그렇지 않은지 설명하라.

문화 관광은 그것이 토착적인 것이든 역사적인 것이든 문화 경험을 포함한다.

© WizData, Inc./Shutterstock.

포함된다. 크루즈 산업은 2015년에 2,220만 명의 승객을 추정했다.

카니발(48.1%), 로열 캐리비안(23.1%), 노르웨이 크루즈 라인(10.4%) 등 3개 주요 크루즈 선사가 있다. 이들 기업은 업계 시장점유율 81.6%를 차지하며, 이용객 수는 매년 증가하고 있다. 이는 부분적으로 더 다양한 편의 시설, 더 많은 항구, 더 많은 목적지, 그리고 소비자들의 요구에 부응하는 새로운 선내 및 해상 활동을 위해 건조되는 대형 선박에 의해 추진된다.[8]

다양한 크루즈 체험 전체 관광업 분야와 마찬가지로, 크루즈 승객들의 동기 부여와 관심은 다양한 형태를 취한다. 일부 여행자들은 호화롭고, 편안하며, 비교적 비활동적인 여행을 선호하는 반면, 다른 여행자들은 특이한 여가 경험을 제공하거나 요구하는 여행과 활동을 즐긴다. 예를 들어, 코멘 치유 재단을 후원하는 '치유를 위한 크루즈(Cruise for the Cure)'는 크루즈 비용의 일부를 자선단체에 기부하는 기금 모금 크루즈다.[9] '유령의 항구 크루즈(Ports of Apparitions Cruise)'는 승객들로 하여금 유령과 영혼을 찾을 수 있는 곳에 정박하고, 공동묘지를 방문하며, 초자연적인 현상에 대한 프레젠테이션을 실시한다.[10]

그 외의 특별히 설계된 크루즈들은 '자연주의자'들을 위한 '누드' 여행, LGBT 크루즈, 선상 강습 및 유명 골프장 방문을 결합한 골프 크루즈, 와인 애호가들을 위한 와인 크루즈, 그리고 특별히 장애인들을 위해 제공되는 크루즈 외에도 바다와 육지에서의 모험을 함께 즐길 수 있는 독특한 여행 상품들이 다양하게 제공된다.

문화적·역사적 관심

문화적(*cultural*)이라는 용어가 관광 동기에 적용되면 두 가지 의미로 해석할 수 있다. 주요 공연 예술 축제를 관람하거나, 유명 미술 박물관 방문 및 다양한 유형의 미적 경험에 대한 관심으로 해석할 수 있다. 또 하나의 의미는 다른 새로운 문화에 대한 관심을 포함한다.

문화 관광은 지역의 독특한 유산, 예술, 전통, 역사를 나타내는 장소와 활동을 경험한다. 여기에는 박물관, 미술관, 관광, 이벤트 등이 포함될 수 있다. 문화 관광은 관광객들이 해당 지역의 다양성(diversity) 및 특성에 대해 배울 수 있도록 해준다.

전미예술위원회(National Arts Agency)는 지난 1년간 편도 50마일 이상 여행을 하는 동안 미국 전체 성인 여행자의 56%에 해당하는 1억 1,810만 명의 사람들이 문화, 예술, 유적지 또는 사적지 탐방 활동을 포함한다는 사실을 확인했다. 이들 중 가장 인기 있는 문화 활동으로 사적지나 건물 등 유적지 방문(31%), 박물관 방문(24%), 미술관 방문(15%), 라이브 극장 관람(14%) 순으로 확인되었다.[11]

문화 및 역사 관광의 목적은 다른 지역 및 다른 나라에서 그 지역 사람들과 역사를 경험하는 것이다. 그러한 활동을 통해 현존하는 것과 그것이 어떻게 생겨났는지를 보다 잘 인식하고 평가하는 데 도움을 주기 때문이다. 문화 관광은 펜실베이니아 주 교외의 아미쉬(Amish) 지역이나 완고하게 프랑스풍의 문화를 유지하며 프랑스어를 사용하는 캐나다 지역(특히, 퀘벡 주) 도처의 작은 마을과 같은, 지역적 인종적으로 독특한 지역이나 많은 유럽인들이 특별한 매력을 느끼는 여행지로 서부 전역의 아메리카 원주민 보호지역 방문 등이 포함될 수 있다. 또한 캐나다 당국이 '문화유산 관광(heritage tourism)'이라 규정하여 과거에 대해 보다 풍부하게 이해할 수 있도록 재설계된 오래된 광산이나 공장 또는 감옥을 보기 위한 여행이 포함될 수 있다.

과거의 유명 전투, 남북전쟁 장면, 또는 다른 역사적 사건들을 기념하는 축제 및

추모 관광

미국인들은 특히 가족사(family history)에 관심이 많아 매년 수백만 달러를 추모 관광에 쓴다. 이러한 관광은 유적지 여행 등 조상의 기원으로 알려졌거나 추정되는 해외 목적지 방문, 족보에 관한 회의와 워크숍 참석 등의 경험을 포함한다. 미국인들이 자신들의 뿌리에 대한 이해를 향해 나아가면서 관련 산업은 계속 성장해 왔다.

표 8.2 주요 스포츠 이벤트 참가자 수

리그	게임 수	참가자 수	연도
메이저리그(MLB)	2,418	73,760,032	2015
전미풋볼리그(NFL)	254	17,342,667	2015
전미농구협회(NBA)	1,230	21,905,470	2015
전미대학체육협회 미식축구 게임(NCAA bowl)	35	1,714,617	2013~2014
인디애나폴리스 500	1	약 300,000	연간

기념 행사들이 점차 증가하고 있다. 심지어 미국 서부에서는 카우보이들의 실생활을 보여주는 로데오나 벌목 대회 및 유사한 주 박람회도 이런 종류의 관광을 의미 있게 체험할 수 있는 역할을 한다.

이런 종류의 문화 및 역사 탐사와 연계되어, 미국 유스호스텔이나 노인 여행객들을 대상으로 하는 엘더호스텔(Elderhostel)운동 같은 조직들이 일반적으로 이국이나 원거리 지역에서의 단기 체류 일정과 교육적 문화적 경험을 함께 결합한다.

스포츠 관광

1980년대 중반부터 스포츠 관광은 관광 시장의 주요 동력이었다. 항상 수만 명, 심지어는 수백만 명의 사람들을 끄는 주요 스포츠 경기가 있었다(표 8.2).

스포츠 관광은 전통적으로 참가자와 관중 두 그룹에 집중되어 왔다. 사람들은 소프트볼 토너먼트, 농구 토너먼트 또는 골프 등의 대회 참여를 위해 여행을 한다. 논쟁의 여지없이 슈퍼볼, 나스카(NASCAR) 레이스, 켄터키 더비(Kentucky Derby) 같은 이벤트를 관람하기 여행은 매우 일상적이다. 스포츠 관광은 스포츠를 경험할 수 있는 다양한 차원과 수단이 있다. 다음은 스포츠 관광의 요소들을 개괄적으로 정리한다.

스포츠 이벤트 및 경기장은 둘 다 명소로 자리 잡았다. 1896 올림픽 스타디움(1896 Olympic stadium)은 아테네 시내에 위치하고 있는데, 현재는 폐쇄된 2006년 아테네

올림픽 경기장보다 더 많은 방문객이 찾는다. 대학 축구 명예의 전당, 프로 야구 명예의 전당, NCAA 챔피언 전당은 모두 많은 방문객들을 끌어모으고 있다. 팀들이 도시를 떠나 있거나 시즌이 끝났을 때 스포츠 시설을 방문하는 일은 이제 흔하다. 인디애나 페이서스의 뱅커즈 라이프 필드하우스(Bankers Life Fieldhouse)는 필드하우스를 방문하는 사람들로부터 요금을 받아 지역 자선단체를 후원한다. 양키 스타디움(Yankee Stadium)은 야구의 위대함이라는 풍부한 유산을 보유하고 있으므로 아마도 미국에서 가장 많은 방문객이 찾는 야구 경기장일 것이다.

몬트리올 올림픽 같은 국내외 스포츠 행사들은 방문객, 광고주, 참가자들 사이에서 인지도를 높이기 위해 로고를 사용하여 행사를 브랜드화한다.
© meunierd/Shutterstock.

스포츠 이벤트 주요 스포츠 이벤트는 많은 관광객을 끌어 모으며 지역 및 국가 경제에 상당한 영향을 미친다. 인디애나폴리스 500의 본거지인 인디애나폴리스 모터 스피드웨이(Indianapolis Motor Speedway)는 세계에서 가장 오래된 자동차 경주장이다. 인디애나폴리스 모터 스피드웨이는 1911년부터 1993년까지 단일 경주만 운영했다. 현재 '브릭야드 크라운로열 400(Crown Royal 400 at the Brickyard)'이라고 부르는 NASCAR의 새로운 대회인 브릭야드 400 시리즈가 1994년에 시작되었다. 6년 후 포뮬러 원 레이스가 추가되어 인디애나폴리스는 전 세계 자동차 레이스의 중심이 되었다. 이 종목들은 올림픽과 같은 거대한 스포츠 종목들과 비교하면 왜소하다. 2012년 런던 하계 올림픽에는 990만 명이 참가했다.[12]

리조트 리조트들은 관광객들을 끌어들이기 위한 수단으로 스포츠를 이용한다. 예를 들어, 태국 관광청은 스쿠버 다이버들을 끌어들이기 위해 리조트와 수정처럼 맑은 바다를 이용한다. 한국은 100개 이상의 세계 수준의 골프장이 있으며, 매우 합리적인 그린피를 유지하고 있다. 미국에는 골프와 테니스 리조트가 매우 많다. 사우스캐롤라이나에 있는 키아와 아일랜드 골프 리조트(Kiawah Island Golf Resort)는 다섯 개의 챔피언십 골프 코스를 가지고 있으며, 테니스 리조트는 테니스리조트온라인닷컴(tennisresortsonline.com)에 의해 세계 1위의 테니스 리조트로 뽑혔다.[13] 리조트는 또한 스키와 스노보드 같은 겨울 스포츠도 제공한다.

크루즈와 여행 크루즈는 이 장의 앞 절에서 논의되었다. 하지만 스포츠 크루즈는 다양한 차원을 추가하여, 야구 명인들, 특정 팀의 팬들, 육상, 사이클, 골프 등의 주제를 가지고 운영한다. 스포츠 트레블 앤 투어(Sports Travel and Tours) 같은 기업들은 개인 및 단체를 위한 스포츠 위주의 투어를 시작했다. 프로 풋볼 명예의 전당 축제 투어, 지역의 여러 야구장을 순회하는 야구장 투어, 켄터키 더비 투어 등이 포함된다.[14]

야외 및 어드벤처 스포츠 야외 활동 장비 판매가 지속적으로 증가하고 있다. 이것은 야외 어드벤처 스포츠의 인기를 보여준다. 전통적인 야외 여가로 하이킹, 등산, 낚시 등이 있다. 모험심이 강한 사람들은 다양한 스포츠들 중에서도 개썰매, 플라이인 하이킹(fly-in hiking), 빙하 투어, 헬리스키(heli-skiing)를 경험하기도 한다.

판타지 캠프 스포츠 판타지 캠프는 참가자들이 현역 또는 은퇴 프로 스포츠 선수들과 더불어 한 구장이나 코트에서 훈련할 수 있게 해준다. 이 캠프들은 자신들이 좋아하는 팀에 몰입하여 수년간 지켜본 선수와 더불어 경기를 갖고 싶어 하는 확고한 팬들을 대상으로 한다. 야구는 춘계 훈련 기간 동안 많은 판타지 캠프를 제공한다. 참가자들은 팀 유니폼을 입고 은퇴 선수들로부터 감독을 받으며 전설적인 아나운서들로부터 자신들의 이름이 호명되는 경험을 겪을 수 있다. 35세 이상의 듀크대학 농구팀 팬들은 마이크 슈셉스키(Mike Krzyzewski) 감독과 마이크 지민스키(Mike Gminski), 크리스천 라트너(Christian Laettner), 레딕(J. J. Redick), 제이슨 윌리엄스(Jason Williams) 등 전 듀크 선수들과 함께 K 아카데미에 참여할 수 있다.[15] 웨인 그레츠키(Wayne Gretzky), 마이클 조던(Michael Jordan), 리차드 페티(Richard Petty), 크리스 에버트(Chris Evert)와 같은 다른 스포츠 스타들도 자신들만의 판타지 캠프를 제공한다.

스포츠 관광은 관광객의 직접 참여나 명소 체험을 위한 방문 여부에 상관없이 관광산업에 큰 영향을 미친다. 스포츠는 지역사회를 방문하는 이유가 되거나 전체 휴가의 일부로서 기능할 수 있다.

종교에 기반을 둔 관광은 이탈리아 바티칸 시에 있는 성 베드로 광장과 같은 명소를 방문하도록 사람들을 유혹한다.

© Sergii Figurnyi/Shutterstock.

종교 기반 여행

수세기 전, 국제 여행을 자극하는 동기 중 하나는 종교 순례였다. 오늘날 종교 위주의 여행은 업계에서 가장 빠르게 성장하고 있는 분야 중 하나이다. 관광은 기독교, 유대인, 이슬람교, 그리고 불교의 중요한 장소들을 강조한다.

영적 여행(spiritual tourism)이라고도 불리는 종교 여행은 종교의 많은 측면을 포함한다. 첫째, 순례는 개인이 종교적 의미가 있는 장소를 경험하기 위해 긴 여행을 하는 꽤 일반적인 행위이다. 예를 들어, 사우디아라비아의 메카는 이슬람에서 가장 신성한 장소다. 이곳은 전 세계 이슬람교도들이 매일 기도하면서 자신을 의지하는 곳으로, 최소한 일생에 한 번은 순례를 하도록 권장되는 곳이다. 또 다른 인기 있는 순례지는 유대인 성지 예루살렘의 서쪽 벽이다.[16]

종교 여행의 두 번째 측면은 종교 단체 및 교회 소속의 일원으로서 다른 지역으로 여행하는 선교 여행이다. 이러한 여행에서 사람들은 교육, 레크리에이션, 필요 시설의 건설, 건강 관리 및 경제 개발을 통해 지역 사회에 일조한다.

셋째, 종교적 관습과 대회가 연례적으로 행해져, 특정 종교의 사람들을 모아 의식을 진행한다. 예를 들어, 매년 여름, 6,000명의 여호와의 증인 신도들이 자신들의 지구대회를 위해 일리노이 주 블루밍턴에 모인다.

마지막으로, 종교 여행은 종교적 의미가 있는 관광 명소와 장소에 초점을 둔다. 멕시코 바실리카 드 과달루페(Basilica de Guadalupe), 이탈리아 바티칸, 태국 와불상(Reclining Buddha) 같은 명소들은 이들 종교 내에서뿐만 아니라 종교와 관련 없는 사람들에게도 인기 있는 명소이다.

일리노이 주의 노부(Nauvoo)는 미국인들의 종교적 기반이 된 관광 명소이다. 이곳은 1839년부터 1842년까지의 몰몬교 말일성도교회(Latter-Day Saints)의 본고장으로 지난 25년 동안 말일성도 교회 및 비영리 단체들이 원래의 지역 대부분을 복원하였다. 2002년에 1840년 사원을 복원하면서 관광업계의 관심이 높아졌다. 방문객은 연간 150만 명을 넘는다.

종종, 그러한 여행은 협소한 종파적 관심이 아니라 다양한 신앙의 구성원들이 그들의 관련 유산을 탐구하고 현재의 신념과 관행을 돌아보기 위해 함께하는 것이다.

건강 연계 관광

종교 여행이 많은 사람들에게 정신적 행복과 정서적 건강을 얻기 위한 수단이라는 사실을 인식한다면, 다양한 개인들에게는 건강의 필요성이 여행의 주된 동기가 된다는 것을 강조할 수 있다. 특히 유럽에서는 천연 미네랄 온천에 기반을 둔 전통 건강 스파 방문에서 보다 현대적 시설의 헬스 및 피트니스센터 체류로 점차 대체되고 있다. 이러한 목적지는 다양한 유형의 운동, 영양 관리, 마사지, 요가 및 방문자들에게 보다 다양한 서비스를 제공하는 건강 관리에 대한 다양하고 총체적인 접근을 결합한다. 이러한 센터들의 초기 중점은 체중 감량이나 알코올 및 약물 중독으로부터의 회복에 두었던 반면에, 다른 센터들은 '웰빙'을 위한 훨씬 더 넓은 접근 방식을 포함한다.

건강 여행과 관련된 최근의 추세는 의료 관광이다. 자국의 의료비 및 보험료 상승에 대응하여, 미국과 영국의 시민들은 더 저렴한 의료 및 외과 치료를 위해 인도, 태국, 코스타리카 같은 개발도상국을 점점 더 많이 찾고 있다. 일부 사람들은 의료 관광의 질이 떨어져 선택적 수술에만 초점을 맞춘다고 생각할지 모르지만, 대부분의 의료시설들이 인가를 받고 고도로 훈련된 전문가들이 있기 때문에 이러한 얘기는 정확하지 않다. 미국과 비교하여 많은 국가에서 다양한 자금 조달 구조와 저렴한 생활비에 따라 성형수술, 치과 및 심혈관 수술과 같은 절차가 때로는 40% 이상 절약된다.[17] 의료 관광 패키지는 대개 병원 및 항공편, 교통편, 리조트 호텔, 통역사 및 공항 컨시어지(concierge) 서비스와 결합된다.

생태 관광 및 어드벤처 여행

지난 몇 십 년 동안 환경문제에 대한 우려와 프로그램이 성장하면서 생태 관광(eco-tourism)이 대두되었고 환경 보존 및 자연 보호에 심혈을 기울이고 있다. 국제생태관광협회는 생태 관광을 '환경을 보존하고 지역 주민의 복지를 개선하는 자연 영역으로의 책임감 있는 여행'이라고 정의한다.

생태 관광은 다양한 수준의 개인적 도전 및 위안으로 수행될 수 있다. 예를 들어, 에콰도르의 갈라파고스 쿨리너리 어드벤처(Culinary Adventure)는 음식의 지속 가능성을 경험하고, 자연사를 배우며, 심해 바다낚시 같은 활동을 즐기고, 유명한 갈라파고스 거북 같은 야생동물을 자연 서식지에서 보고 싶어하는 활동적인 음식 애호가들을 위해 고안되었다.[18]

보다 시골스러운 생태 여행은 브라질 열대우림에서 캠핑객들을 불러들여 이 지역 원주민들의 삶을 경험하게 할 수도 있다.

생태 관광의 개념은 지속 가능한 관광의 원칙에서 확립되었다. 지속 가능한 관광은 생태학적 과정, 사회 문화적 특성, 경제적 구조와 부합하고, 그 지역의 지리적 특성을 강화하는 관광 활동을 옹호한다.

이러한 접근의 한 변형으로, 일부 관광 회사들은 여행자에게 단순히 해변에 누워 즐기는 여행이 아니라 고고학적 발굴에 참여하거나, 야생 생물 또는 지역 환경에 체계적으로 참여하고, 아이들에게 영어를 가르치거나, 건강 관리 프로젝트에 참여할 기회를 주는 '행동 휴가(action vacations)'를 제안한다. 관광객들의 자발적 참여가 높아지면서 새로운 형태의 관광으로서 자원봉사 관광이 전 세계적으로 인기를 끌고 있다. '자원봉사 투어(volun-tourists)'에 맞춘 관광은 문화에 대한 몰입과 더불어 봉사 활동을 통한 자기 충족(self-fulfillment)의 기회를 제공한다. 예를 들어, 캘리포니아에 본부를 둔 비영리 단체 '레스토레이션 워크 인터내셔널(Restoration Works International)'은 네팔의 불교 사원의 수리에 초점을 맞춘 투어를 제공한다. 또 다른 비영리 단체인

사례 연구

생태 관광의 정의

국제생태관광협회의 목표는 *공동체 및 보존*, 그리고 *지속 가능한 여행의 통합*에 관한 것이다. 생태 관광 활동을 구현하고, 활동에 참여하며 마케팅을 담당하는 사람들은 다음과 같은 생태 관광 원칙을 준수해야 한다.

- ◆ 신체적, 사회적, 행동적, 심리적 영향을 최소화
- ◆ 환경 및 문화적 인식 및 존중 함양
- ◆ 방문자 및 호스트 모두에게 긍정적 경험 제공
- ◆ 보존을 위한 직접적인 재정 혜택 제공
- ◆ 현지인과 민간 산업 모두에 대한 재정적 혜택 창출
- ◆ 방문객들로 하여금 해당국의 정치, 환경, 사회적 풍조에 대한 감수성을 고취시킬 수 있는 기억할 만한 경험 유도
- ◆ 환경에 영향을 미치지 않는 시설을 설계하여 구축 및 운영
- ◆ 지역사회 원주민들의 권리와 정신적 믿음을 이해하고 그들로 하여금 자율권을 가질 수 있도록 협력

생태 관광은 좀 더 많은 모험과 다양한 경험을 추구하고, 환경을 이해하고자 하는 사람들에게 긍정적 휴가 계획으로 홍보되고 있다. 그럼에도 불구하고 여기에는 생태 관광이 보호해야 하는 바로 그 사람들에게 해를 끼칠 수 있는 몇 가지 단점이 내포되어 있다. 생태 관광의 부정적 측면으로 다음과 같은 것들이 포함된다.

- ◆ 목적지가 인기를 끌면서 자원이 남발된다. 예컨대, 너무 많은 사람들이 방문함으로써 야생동물의 서식지를 방해할 수 있다. 짝짓기 및 먹이 행동에 부정적 영향을 미친다.
- ◆ 생태 관광 목적지는 때로는 먼 거리에 위치해 있으므로 비행기나 자동차 이용에 따른 탄소 발자국을 증가시킨다.
- ◆ 개발자들이 교통량 증가로 인한 잠재적 수익을 추구해 지역사회 및 환경에 미치는 영향을 고려하지 않고 대중의 요구를 핑계로 리조트, 상점 및 기타 편의시설을 무분별하게 건설한다. 이러한 개발은 지역 경제에 미치는 이득을 기업들에게 돌아가게 한다.
- ◆ 관광의 증가로 야기된 식품 및 서비스 가격 상승이 지역 주민들에게도 전가되어 동일하게 상승된 비용을 지출하게 만든다.
- ◆ 관광의 증가로 지역사회 고용이 증가하지만 종종 서비스업종에서의 급여가 낮아지는 경우가 있다.

생각해 볼 문제

1. 생태 관광과 관련된 또 다른 긍정적, 부정적 측면에는 무엇이 있는가?
2. 전반적으로 생태 관광은 좋은 것이라고 생각하는가, 또는 그렇지 않다고 생각하는가? 그 이유를 밝히라.
3. 생태 관광의 찬반양론을 더 깊이 조사하라. 학급 토론을 통해 당신의 주장을 발표하라.

출처

Woods, A. Problems with Ecotourism. USA Today.
http://traveltips.usatoday.com/problems-ecotourism-108359.html.
International Ecotourism Society. Principles of Ecotourism.
http://www.ecotourism.org/what-is-ecotourism.

'해외 프로젝트(Project Abroad)'도 나이와 관심사를 기반으로 한 단체 여행을 계획한다. 고등학생, 대학생, 갭이어(gap year, 18~19세의 고교 졸업 후 대학 진학 전의 청소년), 30세 이상 전문가, 50세 이상의 성인들을 위한 여행이 있다. 이들은 아이들에게 영어를 가르치고, 생태계를 보존하며, 마다가스카르, 볼리비아, 피지 등지에서 지속 가능한 농장을 짓는 등의 봉사 활동을 한다.[19]

사회봉사에 덜 치중하면서 어드벤처 레크리에이션에 보다 중점을 두는 일부 휴가는 야생의 나라를 가로지르는 트래킹, 행글라이딩, 등산, 급류 래프팅 등과 같은 고위험 어드벤처를 수반할 수 있다. 어드벤처 관광의 극단적 양식으로 토네이도를 추적하는 기회가 포함되기도 하는데, 토네이도의 계절 동안 미국의 중서부 또는 남서부 지역에 있는 많은 회사들이 패키지로 제공하고 있다.[20]

일부 부유한 모험가들은 오늘도 마터호른 원정이나 북극 비행, 러시아제 미그-25 전투기 음속 돌파 체험에 나서거나, 상업용 우주선 제조업자들이 제공할 예정인 저궤도(suborbital) 우주여행을 위해 예약한다.

쾌락주의적 관광 양태

여전히 일부 형태의 관광은 참가자들에게 쾌락(hedonistic)을 제공하기 위해 고안되었다. 도박은 매년 전 세계 주요 카지노로 여행을 떠나거나 크루즈 또는 주요 항공편의 시설에서 게임을 즐기는 등 가장 인기 있는 활동임을 여실히 보여준다.

또 다른 차원에서는 매년 수천 명의 젊은이들이 태국, 캄보디아, 네팔 등지를 무계획적인 자전거 여행으로 돌아다니며 이국적 환경을 경험하는 한편, 이들 지역에서 싸고 쉽게 구할 수 있는 마약 문화에 빠지기도 한다.

마지막으로, 전 세계에서 나타나는 쾌락 관광의 유형이 성적 행위를 수반한다. 섹스 산업은 개인 및 인신매매 조직에게 상당한 수익을 안길 뿐 아니라 성산업의 수익에 의존하는 일부 국가들의 상당한 수익에 기여한다. 섹스관광은 우크라이나 같이 가난한 여성들이 국가와 법에 의해 보호받지 못하는 나라에서 번창하고 있다. 오데사(Odessa)는 우크라이나의 항구로서 국제적 성매매의 중심지가 되었다.

이 지역은 경찰의 부패와 조직범죄가 넘쳐나며 인신매매가 증가하고 섹스산업이 번창하고 있다. 코스타리카에서 매춘은 합법이다. 매춘부들은 정식으로

도박은 미국에서의 성장 산업으로 심리적 사회적으로는 도움이 되지 않는다 하더라도 인정받는 개인 레크리에이션의 한 유형이다.
© Elena Ray/Shutterstock.

등록하여 의사로부터 정기 검진을 받고, 신분증을 소지해야 한다. 하지만 많은 사람들이 그렇게 하지 않아 위험성이 높은 산업임에도 불구하고 만연하고 있다.[21]

호스텔 및 에어비앤비

많은 여행자들은 호스텔을 이용함으로써 보다 저렴하면서도 보다 사교적인 여행을 선택한다. 호스텔은 공동 숙소에서 침대를 임대해주는 저렴한 숙박시설이다. 손님들은 욕실을 공유하고 때로는 사회적 상호작용을 위한 공동의 공간을 갖는다. 일부 호스텔은 1~4명이 이용할 수 있는 단독 방이 있는데 비용은 더 비싸다. 욕실이 딸려 있는 침실 또한 점점 인기를 얻고 있다. 호스텔의 가격은 위치와 편의시설에 따라 다르다. 예를 들어, 이탈리아 밀라노의 한 호스텔에서 아침식사를 포함하는 방은 25달러이다. 두 개의 침대와 아침식사를 포함하는 단독 방은 68달러이다. 밀라노와 같은 편의시

사례 연구

비디오 도박 게임을 고려하는 공원지구

일리노이 주 벤젠빌 공원지구는 자신들이 관리하는 화이트 파인 골프장에 비디오 도박기기를 추가하는 방안을 고려하고 있다. 이를 위해, 그들은 주정부가 비디오 도박을 합법화했던 2009년 당시 해당 카운티 정부에 제정된 비디오 도박에 대한 금지령 해제를 요청할 필요가 있었다. 합법화 당시 듀페이지(DuPage) 카운티는 비디오 게임을 불법으로 규정했다. 하지만, 이후 카운티 내 10개 도시가 비디오 게임기 설치 합법화를 의결했다. 벤젠빌 공원지구위원회는 게임 수익에 대한 자료를 수집하여 일리노이 주 애디슨에 있는 한 업체가 227,695달러를 벌었고, 인근 세 개의 도시들이 전년도에 최소 4만6천 달러의 수익을 얻었다는 사실을 확인했다. 이러한 수입에 따른 공원지구의 수익 외에도 일리노이 주가 수입의 25%, 카운티가 수입의 5%의 추가 수익을 얻었고, 나머지 기관 및 업체 역시 추가 수익을 얻을 수 있었다.

공원 이사장 존 웨싱거는 매년 수만 명의 사람들이 골프, 결혼식, 또는 기타 이벤트 참석을 위해 화이트 파인을 방문하므로 비디오 도박기기가 많은 돈을 벌 수 있다고 했다. 그는 공원지구는 골프장의 비용 증가를 상쇄하기 위해 늘 새로운 수입원을 찾는다고 했다.

고려해야 할 질문

1. 화이트 파인 골프장에 비디오 도박기기를 추가하는 벤젠빌 파크 공원지구의 장단점에 대해 논하라.
2. 이 문제에 대한 토론 결과 각 측면에 대한 주장의 요점과 대응책을 개발하라.
3. 이 문제와 관련하여 공원지구는 어떤 조치를 취해야 하는가?(예: 공적 투입 등)

출처

Sanchez, R. (March 3, 2016). Bensenville Park District may ask DuPage County to lift video gambling ban. Daily Herald. http://www.dailyherald.com/article/20160303/news/160309625/.

사례 연구

마리화나 관광의 성장

콜로라도와 워싱턴에 있는 허가받은 마리화나 가게는 21세 이상의 사람들에게 처방 없이 합법적으로 마리화나를 판매할 수 있다. 주 당국은 마리화나 관광이 주 정부에 가져올 수 있는 수익을 보기 시작했다. 예컨대, 오리지널 캐너버스 여행사(Original CannaBus Tour Company)는 시애틀의 폭발적 대마초 문화를 탐방하는 투어를 제공하는데, 공항에서 픽업하여 마리화나 가게에의 레크리에이션을 마치고 호텔까지 운송하는 서비스를 제공한다. 쿠시 관광사는 시애틀 공항에서 잠깐 시간을 쪼개 대마초 재배 시설 관광, 그리고 대마초 관련 미술 강좌 같은 대마초 관련 숙박, 관광 및 여행 활동을 촉진한다. 대마초를 이용하는 지역민과 관광객을 위한 민간 클럽이 영업을 하고 있다.

생각해 볼 문제

1. 주정부 관광청이나 컨벤션센터를 통해 이루어지는 합법적 영역의 관광 활동 및 관광 명소로서 마리화나 관광 광고에 대해 찬반 토론하라.

2. 더 많은 주들이 마리화나를 합법화하면 마리화나 관련 활동의 광고가 증가할까? 왜 그런지, 혹은 왜 그렇지 않은지 설명하라.

3. 워싱턴과 콜로라도가 대마초 관련 활동을 어떻게 광고하는지 확인하라. 각각의 접근 방식을 비교하라.

출처

Cogswell, D. (June 12, 2014). Marijuana Tourism Comes to Washington. http://www.travelpulse.com/news/destinations/marijuanatourism-comes-to-washington.html.
The Original Cannabus.
http://originalcannabus.com/2.Kush Tourism. http://kushtourism.com/.

설을 갖춘 샌디에이고 해변에서 두 블록 떨어진 호스텔의 하룻밤 비용은 32달러이다.

호스텔은 전통적으로 젊은 도보 여행가들이 자신들의 여정에서 간단히 하룻밤 묵을 수 있는 시골지역의 숙소였다. 비록 일부이긴 했지만 호스텔은 보다 단순하면서 싼 곳을 원하는 성인 여행가들을 대상으로 하기 시작했다. 이러한 여행객들은 룸서비스나 욕실 같은 호텔 편의시설을 필요로 하지 않으며, 사용할 수건을 지참한다.

호스텔은 시설이 지닌 사교적 측면으로 잘 알려져 있다. 일반실은 방문객들 사이의 상호 의사소통을 유도한다. 호스텔에서 만나 함께 머물던 사람들끼리 서로 모험을 떠나는 일은 비일비재하다.

호스텔의 매력 중 일부는 비용뿐 아니라 일부 상당히 독특한 측면에 있다. 다음과 같은 독특한 사례들이 있다.

- 카비스데일 캐슬 호스텔(*Carbisdale Castle Hostel*, 스코틀랜드): 카비스데일 성은 단체, 가족 관광지 및 결혼식 장소로 인기 있는 곳이다. 인근 관광지로 양조장, 자연 산책로, 새로 개설된 산악자전거 도로가 있다. 호스텔은 훌륭한 시설, 조각 갤러리 및 미술품 전시장, 커피숍 및 식당을 갖추고 있으며, 귀신이 나온다는 얘기가 회자된다.

- 스톡홀름 아프리카 채프만 & 스킵솔맨(스웨덴): 이 호스텔은 오래된 함선이다.

- 스톡홀름 랑홀맨(스웨덴): 개조된 교도소에 만들어진 이 호스텔은 2008년 스웨덴 최고의 호스텔로 선정되었다. 이 유스호스텔 방문객들은 250년의 교도소 역사를 보여주는 박물관을 볼 수 있다.

- 포인트 몬타라 라이트하우스(캘리포니아 몬타라): 샌프란시스코에서 남쪽으로 25마일 떨어진 캘리포니아 바위 해안에 역사적인 1875년의 안개 신호등과 등대가 해안경비대와 협력하여 HI-AYH와 캘리포니아 공원 및 레크리에이션 부서에 의해 복구 보존되었다.[22]

에어비앤비(AirBnB)는 숙박을 필요로 하는 투숙객과 임대 가능한 독특한 공간을 가진 호스트를 연결하는 시장으로 2008년에 시작되었다. 창립 이래 에어비앤비는 창립자 집의 매트리스 공유에서 공동 공간, 단독 방, 전 세계 아파트를 임대할 수 있는 영역으로 확장되었다. 이 회사는 190개국 34,000개 이상의 도시의 가구 및 건물이 등록되어 있다. 주인들은 비용, 임대 규칙, 누가 언제 어떻게 머물 수 있는지 등을 정한다. 주인과 손님 모두 서로의 등급을 매기므로 임대시설의 품질뿐 아니라 투숙객의 품격까지도 공개된다.

일부 에어비앤비 조건은 상당히 독특한데, 성, 보트, 통나무 집, 인디언 천막, 이글루 등 다양한 범위를 포괄한다. 여행자들은 조지아 주 애선스의 글래스 트리 하우스(glass tree house), 에펠탑 밑의 100년 된 선상 가옥, 런던의 성 판크라스(St. Pancras Clock Tower) 등에서 묵을 수 있다.[23]

음식 관광

음식 관광(*food tourism*)은 비교적 새로운 현상으로 1998년에 처음 만들어진 용어다. 세계음식관광협회(WFTA, World Food Travel Association)는 음식 관광을 '원거리 및 근거리에서 독특하고 기억에 남는 먹거리 경험을 추구하고 즐기는 일'이라고 정의한다.[24]

음식 관광은 매우 광범위하여 요리학교 참석, 식품점 방문, 요리 투어, 음식 축제 참관, 농산물 시장 방문, 길거리 포장마차 즐기기, 수제 맥주 및 와이너리 방문 등이 포함된다. 음식 관광의 증가는 〈푸드네트워크(Food Network)〉 및 〈트레블채널(Travel Channel)〉 같은 텔레비전 채널을 통해 두드러진다. 앤드류 짐먼(Andrew Zimmern)은 세계 각지의 주요 음식 및 이국적인 음식을 맛보고, 가이 피에리(Guy Fieri)는 최고의 드라이브-인 식당 및 크고 작은 식당을 찾아 미국 전역을 여행한다.

더 사치스러운 음식 관광 중 일부는 유명한 맛 고장으로의 여행을 포함한다. 몇 군데의 유명한 맛 고장의 일부는 다음과 같다.

- **헤스 컬렉션 동부 지중해 와인 크루즈:** 아테네에서 베니스로 여행하는 이 9일간의 크루즈 여행에는 헤스 콜렉션(Hess Collection)의 와인 양조 책임자, 전용 파티, 특별 시음회 및 와인 양조장에서의 저녁 식사, 미식 요리 프로그램, 그리고 와인을 중심으로 하는 해안 여행 등이 있다.
- **체코 독립 양조장 및 세계문화유산:** 프라하에서 출발하여 9일간의 여행 일정으로 전통 맥주 제조 방식을 고수하고 있는 소규모 체코 양조장을 둘러볼 수 있다.[26]
- **치앙마이 태국 요리학교:** 국제적으로 유명한 태국 요리학교는 관광객들에게 태국 음식 요리법을 가르쳐준다. 강좌는 1~5일간 진행되며 태국 식재료 소개, 카레 만들기, 과일 및 채소 깎기 등의 주제를 다룬다.[27]

기술과 관광

기술(technology)은 사람들이 여행을 계획하고, 여행을 거치고, 경험을 반영하는 방식을 바꿔놓았다. 인터넷은 이제 입소문을 넘어 지리적 영감과 여행 정보의 주요 원천으로 자리 잡았다. 사람들은 어디로 갈지, 어디에 머무를지, 어떻게 갈지 검색할 때, 다양한 웹사이트 및 앱에 의존한다. 예를 들어, 월간 3억5천만 명의 사용자들이 방문하는 트립어드바이저닷컴(TripAdvisor.com) 사이트는 관광객들로 하여금 관광업의 등급을 매기고 다른 사람들과 여행 경험을 토론할 수 있게 해준다.[28] 항공편 가격 비교(예, FareCompare.com 및 webjet.com)와 항공사 추적 평가(예, 운항 시간, 항공편 지연 및 취소 통계 등)를 모니터링하고 알려주는 웹사이트 및 앱은 여행객들 사이에서 점점 인기를 끌고 있다. 목적지에 도착하기 전에 인터넷은 여행자들이 목적지 정보 및 엔터테인먼트 옵션들을 조사하고, 티켓을 예매하고, 가이드를 고용하고, 기차표를 예약하고, 차를 빌려 보다 편하게 여행할 수 있게 만들어준다.

또한 기술은 여행 중에도 중요한 영향을 미친다. 지난 몇 년 동안 페이스북, 트위터, 인스타그램 등에 사진과 댓글을 바로 올릴 수 있는 소셜 미디어가 급증했다. Flickr

및 Shutterfly 같은 사이트에 사진을 업로드하여 공유할 수 있다. 또한 여행자들은 여행 중 메모나 전자 엽서, 사진, 음성을 다른 사람에게 전송하기 위해 bootsnall.com과 travelblog.org 같은 여행 블로그 사이트를 이용한다. 스마트폰은 많은 여행객들에게 없어서는 안 되는 도구이다. 스마트폰은 카메라를 대체해 사용되고 GPS 기능은 여행객들로 하여금 도시나 국립공원에서 목적지를 찾아갈 수 있게 한다. 이처럼 스마트폰은 표를 구하고 요금을 지불하며 당장에 필요한 정보를 검색할 수 있게 한다. 해외여행을 하는 경우, 언어를 번역하거나 환율 계산을 돕는 등 새로운 나라의 여행을 돕는 많은 앱들이 있다. 휴가 후에는 여행 중 사진을 통해 여정을 돌아볼 수 있게 하며, 소셜미디어 게시물을 업데이트하거나, 해당 웹 사이트를 통해 숙소와 목적지를 검토하는 기술이 적용된다. 방문한 목적지나 여정에 상관없이, 기술은 여행을 계획하고 경험하는 방식에 중요한 역할을 한다.

사례 연구

여행자를 위한 베스트 앱

많은 여행 잡지와 웹사이트에서 최고의 여행 관련 최고 앱을 선정한다. 즐겨찾는 앱의 몇 가지 사례를 들면 다음과 같다.

1. TripAdvisor: 호텔 및 레스토랑 후기 및 평가
2. Hotel Tonight: 새벽 2시까지 예약 가능한 할인 호텔 검색
3. TripIt: 여행 일정 유지 및 개인 일정 동기화
4. 무료 Wi-Fi 탐색기: 이 지역에서 무료 인터넷 핫스팟 찾기
5. 구글 번역: 60개 이상의 언어를 번역하고, 그중 17개 언어를 음성으로 활성화
6. Kayak: 취소된 항공편 예약 및 인근 호텔 검색
7. WhatsApp 메신저: 해외여행 시 무료 텍스트 및 사진 공유
8. Packing Pro: 아동과 성인 인원, 여행 일수를 기준으로 기후, 목적지, 세탁 조건 등을 고려하여 여행 가방 리스트 작성
9. OANDA 환율 변환기: 어느 나라 통화이건 환율을 조회할 수 있게 해주며 ATM 수수료 및 신용카드 결제 금액을 고려할 수 있다.
10. GateGuru: 긴 지연 시간 동안 여행자들을 안내하고 터미널 지도, 공항 레스토랑 평가, 평균 보안검색대 대기시간 검색

생각해 볼 문제

1. 콘텐츠를 구성하여 자신만의 앱을 개발해보자. 앱은 어떤 모습인가? 무료 앱으로 할 것인가, 유료로 할 것인가? 당신의 앱이 기존에 나와 있는 앱과 어떻게 다른가?
2. 국내외를 여행하는 사람들에게 유익한 다양한 앱을 조사하라.

요약

관광 산업은 여가 서비스 분야의 큰 부분을 포함하며, 다양한 유형의 많은 조직들에 의해 제공되며, 직무 전문화 및 경력 기회 측면에서 복잡한 분야로 발전했다. 관광 산업은 미국과 세계 여러 나라들에게 주요한 경제적 영향을 끼친다. 국내 및 해외 여행객들은 국내외 경제를 활성화하는 데 도움을 준다.

여행과 관광은 엄청난 경제적 수익을 가지는 다양한 형태의 여가 활동을 대표한다. 이 장에서는 크루즈, 문화적 역사적 관심, 스포츠, 종교, 건강, 생태 관광, 쾌락주의, 호스텔, 음식 관광 같은 가장 인기 있는 유형의 몇 가지 관광을 설명한다.

인터넷과 스마트폰 앱은 여행 전 계획, 여행 자체, 여행 후 반영에 큰 영향을 미쳤다. 인터넷과 앱은 목적지 조사 및 탐색에 중요한 역할을 하며, 여행 평가를 게시하거나 친구와 가족들과 사진을 공유함으로써 경험을 공유하게 해주는 수단이다. 기술적 진보는 앞으로 여행과 관광에 지속적으로 영향을 미칠 것이다.

토론 및 에세이 과제

1. 관광은 여러 가지 목적, 즉 다양한 환경, 문화 또는 교육적 목적, 모험 또는 쾌락을 즐기기 위해 수행될 수 있다. 학급 구성원들의 경험에 기초하여, 이러한 유형의 관광의 예를 들어라.

_____

_____

_____

_____

2. 스포츠 관광이나 크루즈 여행 중 하나를 선택하라. 현재의 관광 추세와 대중들에게 어필할 수 있는 새로운 유형을 포함하여 관광 산업에서의 자신들의 역할에 대해 설명하라.

_____

_____

_____

_____

3. 관광 산업에서 인터넷의 역할에 대해 토론하라. 여행 계획을 위해 인터넷을 어떻게 사용하는가?

_____

_____

_____

4. 가족 구성원의 다양한 세대를 고려하라. 각 세대에 가장 매력적인 관광의 유형은 어떤 것이 있으며, 매력적이지 않은 유형은 무엇일까? 그 이유를 설명하라.

_____

_____

_____

5. 관광 산업이 세계 경제에 미치는 영향에 대해 논의하라.

_____

_____

_____

6. 문화 및 역사 관광을 정의하라. 이러한 관광 유형에 적합한 목적지의 사례를 들어라.

_____

_____

_____

7. 생태 관광을 정의하라. 이러한 관광 유형에 적합한 목적지의 사례를 들어라. 앞으로 이런 유형의 관광 산업이 증가할 것이라 예상하는가, 또는 감소할 것이라 예상하는가? 그 이유를 설명하라.

_____

_____

_____

미주

1. Kepnes, Matt, "Why Travel Makes You An Awesome Person," *Huffington Post Travel* (December 3, 2013): http://www.huffingtonpost.com/matt-kepnes/travel-is-awesome_b_4344632.html. (Accessed February 27, 2016).

2. J. C. Crossley, L. M. Jamieson, and R. E. Brayley, *Introduction to Commercial Recreation and Tourism: An Entrepreneurial Approach*, 6th ed. (Champaign, IL: Sagamore Publishing, 2012): 11.

3. J. C. Crossley, L. M Jamieson., and R. E Brayley, *Introduction to Commercial Recreation and Tourism: The Entrepreneurial Approach,* 6th ed. (Champaign, IL: Sagamore Publishing, 2012).

4. World Travel & Tourism Council, "Travel & Tourism, Economic Impact Report 2015, United States of America" (February 28, 2016): http://www.wttc.org/-/media/files/reports/economic%20impact%20research/countries%202015/unitedstatesofamerica2015.pdf.

5. Ibid.

6. U.S. Department of Commerce International Trade Administration, "International Visitation to the United States: A Statistical Summary of U.S. Visitation (2014)": http://travel.trade.gov/outreachpages/download_data_table/2014_Visitation_Report.pdf.

7. U.S. Department of Commerce International Trade Administration, "U.S. Resident Travel to International Destinations Increased 10 Percent in 2014" (July 24, 2015): http://travel.trade.gov/outreachpages/download_data_table/2014_Outbound_Analysis.pdf.

8. Cruise Market Watch (March 1, 2016): http://www.cruisemarketwatch.com.

9. Cruise for the Cure (February 28, 2016): http://cruiseforthecure.com.

10. Theme Cruise Finder (February 28, 2016): http://themecruisefinder.com/CruiseAds/.

11. National Assembly of State Arts Agencies (NASAA), "Cultural Visitor Profile" (February 28, 2016): www.nasaa-arts.org/Research/Key-Topics/Creative-Economic-Development/Cultural-Visitor-Profile.php.

12. CNN World, "London Olympics by the Numbers" (July 27, 2012): www.cnn.com/2012/07/27/world/olympics-numbers/.

13. Tennis Resorts Online, "Top 100 Tennis Resorts & Camps For 2015" (March 7, 2016): http://www.tennisresortsonline.com/trofiles/top-100-tennis-resorts-and-camps.cfm#Resorts.

14. Sports Travel and Tours (February 28, 2016): www.sportstravelandtours.com/index.php.

15. K Academy (February 28, 2016): http://kacademy.com.

16. Brie Cadman, "Top Ten Religious Pilgrimages," Divine Caroline (February 28, 2016): http://www.divinecaroline.com/entertainment/top-ten-religious-pilgrimages-0.

17. Patients Beyond Borders, "Medical Tourism Statistics and Facts" (February 28, 2016): www.patientsbeyondborders.com/medical-tourism-statistics-facts.

18. Greenloons, "Galapagos Culinary Adventure" (February 28, 2016): http://greenloons.com/322-galapagos-wildlife-culinary-adventure.

19. Projects Abroad, "Volunteer and Intern Abroad" (March 10, 2016): http://www.projects-abroad.org.

20. Storm Chasing Adventure Tours (February 28, 2016): www.stormchasing.com.

21. The Real Costa Rica (March 1, 2016): http://www.therealcostarica.com/travel_costa_rica/adult_entertainment_costa_rica.html.

22. Hostel World (March 27, 2016): http://www.hostelworld.com.

23. Airbnb: https://www.airbnb.com

24. World Food Travel Association, "What is Food Tourism?" (June 2, 2017): http://www.worldfoodtravel.org/cpages/what-is-food-tourism.

25. Food & Wine Trails (March 1, 2016): http://foodandwinetrails.com/hess_2016.

26. Beertrips.com (March 1, 2016): www.beertrips.com/trips.html.

27. Chiang Mai Thai Cookery School (March 1, 2016): www.thaicookeryschool.com/index.html.

28. TripAdvisor (March 1, 2016): https://www.tripadvisor.com/.

여가로서의 스포츠

관람자들은 스포츠 기회를 원하고, 프로 및 아마추어 스포츠 단체들은 그러한 틈새시장을 충족시키기 위해 상당한 스포츠 경기를 만들어냈다. 많은 사람들이 보다 적극적인 참여를 모색하며, 여가 전문가들은 공공 및 민간, 비영리 및 영리, 대학, 직장 서비스 레크리에이션 환경에서 그들을 위한 레크리에이션 스포츠 기회를 창출하려고 시도했다.[1]

✔ 학습목표 LEARNING OBJECTIVES

1. 참여자와 관중의 관점에서 스포츠가 어떻게 여가에 적합한지 설명한다.
2. 스포츠의 범위를 이해한다.
3. 스포츠 참여와 스포츠 관람을 구분하여 설명한다.
4. 매체가 스포츠에 미치는 영향을 설명한다.
5. 참여, 부상, 동기를 살피고, 청소년 스포츠가 참가자들에게 미치는 영향에 대해 논의한다.

소개

스포츠는 다양한 수준에서 오늘날 레크리에이션 프로그램의 주요 영역을 대표하며 다양한 연령과 배경을 가진 사람들에게 매력을 끌어 강력한 경제력을 형성한다. 스포츠는 사회문화적 유산을 서양이 가지고 있던 여가에 대한 이상과 결합한다. 이 장에서는 여가 스펙트럼 내에서의 스포츠의 역할, 지난 수십 년간의 급속한 팽창, 그리고 신체 활동 추구, 여가 활동, 그리고 이미 성숙한 사업으로서 앞으로의 전망을 강조하며 스포츠에 대해 전반적으로 살펴본다.

대중 레크리에이션으로서의 스포츠

미국 사회에서의 스포츠는 누가 정의하느냐에 따라 협의의 관점에서 광의의 관점까지 다양하게 볼 수 있다. ESPN을 시청하는 날이면 사람들은 미식축구, 농구, 축구, 야구, 포커, 골프 또는 기타 전통의 팀 및 개인전 등이 주요한 스포츠라고 인식한다. 텔레비전 채널을 돌리면 이번에는 사냥과 낚시를 주요 스포츠로 인식하게 한다. 올림픽 경기 관람은 미국에서 흔히 볼 수도 있고 그렇지 못할 수도 있는 겨울 및 여름 스포츠를 포함하여 스포츠의 개념을 확장한다. 우리 사회는 스포츠 잡지, 방송 매체, 인터넷에서 회자되고 지역 사회에서 자주 등장하는 스포츠에 집중하는 경향이 있다. 대학 및 프로 스포츠 프로그램은 전통 스포츠 프로그램의 이미지를 강화했다. 10만 명 이상의 사람들이 대학축구리그에 참가할 수 있고, 1,000명 이하의 사람들이 대학 간 지역 대항전에 참가할 수 있으며, 여자 배구 경기는 100명 미만의 사람들을 끌어들이기도 한다.

스포츠를 정의하는 일은 개인적 관점에 근거한다. 스포츠 관련 문헌들은 스포츠가 실제로 어떤 것들을 수반하는지에 대해 결론에 이르지 못한다. 스포츠는 '일련의 규칙이나 관습에 의해 규율되며 종종 경쟁적으로 참여하는 활동'으로 정의된다.[2] 오픈 사전은 스포츠를 '개인 또는 팀이 다른 사람이나 다른 팀과 경쟁하는 신체적 노력과 기술을 포함하는 활동'이라고 정의한다.[3] 스포츠와 게임을 동의어로 인정하는 풍토는 일부 스포츠 사회학자를 제외하고는 지지하지 않는다.

스포츠 매니지먼트 전문가들은 일반적으로 경쟁을 수반하며 정해진 규칙과 예절 및 페어플레이의 일반적 기준을 모두 따르는 노력과 기술이 요구되는 신체 활동으로 정의한다. 일부는 이러한 활동을 '신체적 노력을 통한 경쟁을 수반하는 명확한 성과 표준 활동'이라고 보다 간결하게 표현하는데, 일반적으로 다른 참가자의 패배를 통해 보상을 달성하고자 하는 조직된 그룹 구성원들의 역할 관계를 정의하는 규범에 의해 수행된다.

명백히, 직접적 참여와 관람이라는 측면에서 스포츠 활동은 오늘날 많은 젊은이들과 성인들의 중요한 여가 관심사이다. 아마추어, 학교, 대학 경기 외에도 대규모 사업의 한 형태로 프로 스포츠가 있다. 이들은 강력한 상업적 이해관계에 의해 후원을 받고, 광고, 홍보, 텔레비전, 라디오, 잡지, 신문, 인터넷 등을 통해 촉진되며, 선호하는 팀 및 유명 선수와 긴밀한 유대를 맺는 수백만 팬들의 충성심에 의해 강화된다.

이 장에서는 스포츠에 대한 가장 넓은 의미의 관점을 중심으로 설명한다. 앞선 정의에서 제안된 바와 같이, 전통 스포츠를 우선적으로 고려하지만 여가의 관점에서 스포츠의 개념은 경기장에서 이루어지는 활동을 넘어 아웃도어 레크리에이션 분야와 비경쟁적 활동에 이르기까지 확장된다.

스포츠와 여가의 진화

스포츠의 초기 역사는 여가보다는 군사적 강화에 밀접하게 관련되어 있었다. 고대 그리스 올림픽 경기는 군사적 기량에 관련된 대회로, 갑옷을 벗고 하는 레슬링, 복싱, 원반던지기, 달리기 등 주요 종목으로 이루어졌다. 인류 초기의 스포츠 행사는 종종 축제나 종교적 기념과 관련이 있었다.

 사회가 발전함에 따라 스포츠가 사회 현상으로 진화하는 것은 불가피해보였다. 20세기 초, 스포츠는 아마추어 활동으로 간주되었고, 금전적 보상을 위해 스포츠에 참여한 사람들은 이단아로 취급되었다. 사회의 주요 요소로서, 오늘날 우리가 알고 있는 스포츠는 상대적으로 새로운 현상이다. 대부분의 역사를 통틀어 스포츠는 노동을 마친 후 이루어지는 여가 활동의 일환이었다. 심지어 1마일을 처음으로 4분 이내(3분 59초)로 돌파한 로저 배니스터(Roger Bannister)조차 훈련하는 동안 의사로서 풀타임으로 일했다. 오늘날 많은 마이너 스포츠의 엘리트들은 자신들의 삶 속에서 일과 분리된 기능으로서의 스포츠라는 전통적 모델을 따른다. 이것은 여가 활동으로 스포츠에 종사하는 사람들에게는 여전히 표준으로 남아 있다.

 스포츠 참여는 사회 구성원들로 하여금 사회적으로 긍정적이고 건강한 활동에 참여하게 하는 기회로 간주되는 행위로, 또한 사회적으로도 기여하는 활동이다. 20세기를 관통하여 21세기에 이르기까지 미국 전역의 지역사회는 스포츠 활동을 후원해왔다. 스포츠는 인구 증가와 경제 성장에 따라 같이 성장하였다.

 스포츠 참여 형태와 스포츠 이벤트는 지역에 따라 다양하다. 1950년대에는 연령별 축구클럽을 찾기 어려웠다. 오늘날 청소년 축구는 지속적으로 빠르게 성장하고 있는 스포츠 중 하나이다. 중고등리그, 대학리그, 프로리그를 통해 축구는 주류 스포츠로 자리를 잡았다.

 스포츠는 여가 경험의 구성요소로서 많은 공동체에서 없어서는 안 될 필수적 요소이다. 그것은 청소년 스포츠 프로그램, 성인 리그, 그리고 시니어 리그와 프로그램으로 나타나며, 이전에는 비전통적 스포츠라 여겨지던 활동을 포함하기 위해 확장되었다. 정부기관들은 더 이상 여가 스포츠 기회의 주요 제공자로서의 역할을 수행하지 않는다. 영리 및 비영리단체들은 모든 연령대의 사람들을

직접 참여와 관람 양 측면에서 연령에 관계없이 스포츠는 미국에서 중요한 여가 활동이다.

© Rob Hainer/Shutterstock.

장애인을 위한 스포츠

여가 및 경쟁 활동으로서의 스포츠는 장애인 커뮤니티에서 강한 지지를 얻고 있다. 이라크 전쟁 및 아프가니스탄 전쟁 이전에도, 장애인 선수들의 스포츠 참여는 1960년 하계 경기와 1976년 동계 경기로 시작된 패럴림픽을 통해 모든 기술 수준에서의 다양한 경기의 개최로 입증되었듯, 장애인 선수들의 스포츠 참여 열망이 강했다.[4] 장애인 스포츠 제공에 있어서의 리더는 1967년 베트남 참전 장애용사들이 설립한 미국 장애인스포츠단(Disabled Sports USA)이다.[5] 이 기구는 '재활로서의 스포츠, 재활로서의 경쟁, 그리고 탁월함의 추구'라는 세 가지 측면에 중점을 둔다. 이 기관은 장애인들이 자신의 장애에 적응할 수 있게 도와주는 장애 및 재활 단체와 직접적으로 협력한다. 참가자들은 스노스키, 수상스포츠(예, 수상스키, 요트, 카약, 래프팅), 사이클, 등산, 승마, 골프, 그리고 사회 활동 등에 참여할 수 있다.

위한 스포츠 활동의 제공에 적극적으로 참여하고 있다. 나중에 확인하겠지만, 기회의 증가가 항상 더 큰 참여로 이어지지는 않는다.

어떤 경우는, 전통적인 스포츠 프로그램들이 라크로스(lacrosse), 어드벤처 스포츠와 같은 새로이 성장하는 스포츠에 참가자들을 뺏기고 있다.

스포츠라고 일컬어지는 활동을 수용하는 양식은 지속적으로 변화되고 있다. 지난 40년간 스포츠의 개념은 스포츠 기회의 확장에 의해 변화되어 왔다. 20년 전에는 X게임은 존재하지 않았다. 스노보드는 1998년에 올림픽 종목으로 처음 등장했다. 1970년대는 궁극적으로 비전통 스포츠라고 알려졌던 대안 스포츠의 출현 시대로 인식될 것이다. 이러한 대안 스포츠의 대부분은 사회에서 집단 내의 주류로 자리 잡았다는 점에서 전통이 되었다. 아마도 이러한 대안 스포츠들이 야구, 농구, 축구 및 학교에서 지원하는 다른 전통적 스포츠들을 대체하지는 않을 것이다. 하지만 이것들은 이제 자리를 잡고 사회적으로 인정받고 있다. 예를 들어 스케이트보드는 1970년대에 처음 등장했지만 1990년대 중반이 되어서야 지역사회에 기반을 둔 스케이트공원이 등장하기 시작했다.

스포츠 참여는 여가 활동의 큰 요소다. 참여는 다양한 방식으로 정의되는데, 반드시 활동적인 스포츠 활동에의 참여를 수반하는 것은 아니다. 1930년대 이후, 스포츠 카드(예, 야구 카드, 축구 카드)를 수집하는 일은 비록 취미의 관점이었지만, 스포츠에 관련된 한 형태였다. 오늘날 스포츠에서의 판타지 팀*은 야구 카드를 수집하는 행위와 비슷한 취미의 개념에 부합한다. 전통적 순수주의자들은 특히 프로팀과 스포츠 방송사들, 그리고 그들의 웹사이트가 판타지 팀에 상당한 관심을 기울임에도 불구하

---

* 온라인에서 가장 좋아하는 선수만 모아 만든 가상의 팀 —옮긴이

고, 이러한 행위는 취미로 분류하는 것이 맞다고 주장할 것이다. 스포츠 경기를 보는 것은 스포츠와 여가에 영향을 미치는 또 다른 주요한 요인이다. 이 장 뒷부분에서 확인하겠지만, 관중들은 스포츠와 여가 참여의 주요 부분을 구성한다. 스텝빈(Stebbins)은 스포츠에 참여하는 관중의 행위를 일상적 여가라고 묘사한다.[6]

스포츠 참여 형태

스포츠 활동 참가

스포츠는 여가 활동의 중요한 형태다. 일상 활동에서 진지한 여가까지, 수동적 참여에서 능동적 참여까지, 그리고 여가에서 라이프스타일에 이르기까지 다양할 수 있다. 같은 관점에서 스포츠를 전체적인, 때로는 부분적인 여가 활동으로 명확히 분류하기는 쉽지 않다. 여가 참여 여부를 결정하는 방법 중 하나는 참여도를 측정하는 것이다. 참여도 측정은 스포츠 활동에 대한 참여와 헌신(commitment)을 감각적으로 느낄 수 있게 한다.

가장 인기 있는 스포츠 활동 및 참여 수준의 선택이 표 9.1에 명시되어 있다. 앞서도 언급한 바와 같이, 열거된 취미 중 상당 부분은 걷기나 캠핑과 같은 야외 레크리에이션의 추구로 설명될 수 있다. 스키, 수영, 심지어 낚시와 같은 다른 활동들은 일반적으로 학교 주최 대회나 대규모 대회의 일부를 표상할 수도 있지만, 대개는 비경쟁적 레크리에이션으로 참여한다.

스포츠 참여 척도는 NSGA(National Sporting Goods Association, 스포츠용품협회), 스포츠 및 피트니스산업협회, 아웃도어재단(Outdoor Foundation), 체육위원회(Physical Activity Council)를 포함한 다양한 기관에서 나온다. 이런 점에서 우리는 스포츠용품 판매자들이 스포츠에 대해 정의내리는 일을 허용한다. 다양한 그룹들이 스포츠 참여도를 측정하는 많은 방법들과 스포츠에 참여하는 방법에 대한 정보를 수집한다. 조직된 스포츠에서의 참가자 수 측정은 레크리에이션 리그나 급조된 경기(pickup game)에서의 참여자 수를 확인하는 것보다 훨씬 쉽다. 식별된 참가자는 정보의 원천으로써 제한된다. 예를 들어, 리틀 리그는 오로지 승인된 경기에 참여하는 선수들만 측정한다. 그들의 프로그램은 어느 해이든 간에 야구에 참여하는 전체 청소년들의 일부에 불과하다. 이용 가능한 측정치들은 연례적으로 얼마나 많은 사람들이 공식 스포츠 활동에 참여하는지를 나타내는 지표를 제공한다.

표 9.1 2014년 스포츠 활동 참가자 수(단위: 백만)

활동	인원	2011년 대비 변화	활동	인원	2011년 대비 변화
걷기 운동	104.3	증가	배구	10.1	변화 없음
장비 운동	55.1	감소	탁구	9.9	감소
수영	45.9	감소	소프트볼	9.5	감소
에어로빅	44.2	증가	바다낚시	9.4	감소
러닝 및 조깅	43.0	증가	카약	9.1	증가
하이킹	41.1	증가	양궁	8.3	증가
캠핑	39.5	감소	스노보드	7.7	증가
클럽 운동	36.0	증가	미식축구	7.5	감소
자전거	35.6	감소	활 사냥	5.9	증가
볼링	34.4	감소	알파인 스키	5.6	감소
근력 운동	34.1	증가	기계제조	5.4	증가
민물낚시	29.4	증가	산악자전거	5.4	감소
요가	29.2	증가	스케이트보드	5.4	감소
농구	23.7	감소	표적 사격	5.1	감소
당구	20.7	증가	공기총 사격	5.1	감소
골프	18.4	감소	페인트볼 게임	4.8	감소
총기 사냥	17.5	증가	인라인스케이트	4.7	감소
모터 보트	14.1	감소	아이스하키	3.6	증가
축구	13.4	감소	수상스키	3.4	감소
테니스	12.4	감소	라크로스	2.8	증가
배낭여행	12.0	증가	레슬링	2.8	감소
야구	11.3	감소	머즐로딩(Muzzle loading) 사격	2.6	감소
다트	10.1	증가	크로스컨트리 스키	2.4	증가

출처: ProQuest Statistical Abstract of the U.S. 2016 Online Edition: Table 1258; Participants In Selected Sports Activities: 2014 [By Sex, Age, And Income] (Accessed: 06/15/2016)

　　표 9.1은 일부 선별된 스포츠 활동에 대한 참여의 폭을 보여준다. NSGA의 목록은 스포츠에 존재하는 다양성, 스포츠에 대한 사람들의 다양한 관점, 스포츠용품 산업에 종사하는 사람들이 스포츠를 보는 관점을 보여준다. 스포츠에 참여하는 사람들은 스포츠를 매우 좁은 관점에서 보는 반면, 스포츠용품 판매자들은 훨씬 더 넓은 관점에서 본다는 것을 주목하면 흥미롭다.

　　스포츠 참여는 다양한 요소에 의해 영향을 받는다. 여가 참여의 동기는 이 책의 다른 장에서 논의되었다. 여가 참여의 동기는 스포츠와 비슷하지만, 스포츠의 본성은 때때로 다른 이유로 사람들을 참여시킨다. 누가 참가자들에게 스포츠에 참여하도록 영향을 미치는지 이해하는 일은 의미가 있다. 아웃도어 재단이 실시한 연구에서 대상자들은 '야외 활동 참여를 결정하는 데 누가 영향을 미쳤는가?'라는 질문을 받았다. 6세에서 17세 사이의 청소년들에게는 부모가 가장 영향력이 있었고 그 다음은 친구들이었다. 18세에서 24세까지는 친구들의 영향력이 점점 더 증가하였다. 미디어 아이콘, 스포츠 통계 수치, 그리고 기량이 뛰어난 선수들의 영향력은 2% 미만의 영향을 끼쳤다는 결과가 흥미롭다.

　　자주 제기되는 질문이 특정 활동에 참여하는 참가자들이 다른 스포츠 활동에 참여하는지 여부를 묻는 질문이다. 답은 예상에서 벗어나지 않았는데, 데이터가 이것을 확인해준다. 민물낚시, 바다낚시, 플라이 낚시 참가자들 중 78%가 다른 야외 활동에 참여했다. 하이킹이 가장 높은 수준의 다양한 활동이라는 것을 보여주었는데, 하이킹 참가자의 87%가 다른 활동에 참여한다. 보고된 수치는 다양한 스포츠 활동을 보여준다. 그러나 참여는 접근성, 비용, 가용성, 사회 경제적 지위, 기술 및 자기 인식에 따른 결과이다. 스포츠 참여의 동기부여에 초점을 맞춘 연구가 가능한 이유이다. 앞에서 설명한 바와 같이, 부모들은 청소년들에게 큰 영향을 미칠 수 있다. 나이가 들어갈수록 부모는 영향력이 없어진다. 한 연구에 따르면, 운동선수들의 어머니와의 관계 및 동료 관계의 질이 스포츠에 지속적으로 관여하게 만드는 지표라고 보고되었다.[7] 성년기로의 전환에 따른 관심이 청소년들의 지속적인 스포츠 참여에 영향을 미칠 수 있다.

　　스포츠는 때때로 학생들로 하여금 성인이 되기 위한 준비 활동으로 여겨진다. 연장선장에서, 스포츠가 자신들의 능력을 증명하거나 확장해주기 때문에 일부 청소년들은 스포츠에 계속 참여하며, 그렇게 인지된 능력은 십대들에게 주요한 동기부여 요인이다. 고등학교 시절에서 대학생 시절 동안에 신체 활동 참여는 상당히 감소하고, 대학 시절 이후 지속적으로 감소하고 있다. 개인이 노동 인구로 진입하면서 레크리에이션에 반하여 노동을 주요 동기부여 인자로 인식하게 됨으로써 스포츠 참여자들은 노동, 가족 활동 및 기타 사회 활동에 개인의 시간을 할애해야 한다. 그럼에도 불구하고 레크리에이션 활동으로서의 스포츠 리그는 수백만 명의 참가자들로 미국 전역에서 번창하고 있다.

개인들이 여가 스포츠 활동에 지속적으로 참여하는 이유는 다양하다. 타인과 관계 맺기, 몸 만들기, 새롭거나 지속적인 도전, 경쟁, 여흥, 건강, 사회적 인식, 스트레스 관리 및 체중 관리를 포함한다.[8] 야구, 농구, 축구 같은 격렬한 스포츠 및 팀 스포츠 활동 참여가 신체적 스트레스를 덜 받는 소그룹 활동이나 개인 활동으로 대체되고 있다. 예상할 수 있는 바와 같이, 스포츠 활동이 감소하지 않은 경우도 있다. 예를 들어, 노년층 사이에서 경쟁적 스포츠는 동 세대의 다른 스포츠에 비해 참가자 수가 많지 않다 하더라도 지속적으로 번창하고 있다. 마스터스 대회 참가자들은 더 건강하고 대다수 노인 인구보다 신체적 쇠락을 적게 경험하며, 동기 부여되어 일생에 걸쳐 스포츠에 관여한다. 전통적 스포츠 활동에 대한 참여율은 청소년기에 가장 높다. 스포츠 참여 기회가 확대되면서 전통적 스포츠 활동의 정의가 확장되고 있다. 개인의 일생에서 중등교육을 마치고 집을 떠나면서 스포츠 참여는 감소된다. 라이프 스타일을 찾는 기회로 스포츠에 대한 보다 많은 참여를 장려하는 거듭된 노력에도 불구하고, 소수의 사람들만 스포츠를 이용하고 있다. 일반적으로, 스포츠에 적극적으로 참여하는 사람들은 일생에 걸쳐 그렇게 활동해왔다.

팀 스포츠 참여

만일 주류 미국 스포츠를 정의하는 활동이 있다면, 그 스포츠는 세 살, 네 살, 다섯 살의 티볼(T-ball)과 축구로 시작해 사람들의 일생을 통해 유지되는 조직된 팀 스포츠일 것이다. 조직된 팀 스포츠에 대한 실제 참가 횟수는 운영 조직을 갖추고 데이터가 축적되는 대회인 경우에 한해 유효하다. 고등학생들의 참여도가 가장 높고(표 9.2 참조) 꾸준한 성장세를 보이고 있다. 고등학교 스포츠에 참여할 수 있는 가장 많은 기회가 남학생들에게 돌아가는데, 미국 전역의 학교를 통틀어 여학생들을 위한 팀보다 1만 개가 더 많은 14만 8천 개의 스포츠 팀이 존재한다.

780만 명의 고등학생 스포츠 참가자 수는 전체 고등학생의 40% 이상을 차지한다. 하지만 많은 고등학생들이 두어 개 이상의 스포츠에 중복으로 참

부모와 친구들은 십대들의 스포츠 참여 결정에 영향을 미친다.
© wavebreakmedia/Shutterstock.

여하므로 실제 참가자 수는 적을 수 있지만, 여전히 많은 고등학생들이 스포츠에 참여하고 있다.

대학들의 스포츠 참여는 급격히 감소하는데, 이것은 스포츠 팀에 참여할 수 있는 기회가 급격히 감소하기 때문이라고 예상된다. 표 9.3은 대학 간 경기에서의 참가 수준을 보여준다. 이 수치는 레크리에이션 활동으로서의 스포츠 관여를 의미하는 것은 아니며, 레크리에이션 활동으로서의 스포츠 관여는 이 수치보다 훨씬 높다. 대규모 대학 간 스포츠 시설 외에도 오늘날의 대학 캠퍼스에는 일반 학생들을 수용할 수 있는 하나 이상의 레크리에이션 스포츠 시설을 갖추고 있다. 지난 30년간, 대학들은 대학 간 대회에 참여하지 않는 학생들의 스포츠 참여의 중요성을 인식해 왔다. 전국대학레크리에이션협회(National Intramural-Recreational Sports Association)는 학생 기반 스포츠 기회를 대변하는 전문기관이다.

조직화된 팀 스포츠 참여 경향

2014년 〈미국 팀 스포츠 보고서 동향〉과 2016년 스포츠 및 피트니스 산업협회의 〈체력 및 여가 활동 보고서〉는 팀 스포츠 참여에 관련된 몇 가지 주요 결과를 보여준다. 이러한 결과는 스포츠 활동의 참여 패턴에 대한 현실적 평가를 제공하며, 여가용품 소비자, 레크리에이션 기관, 스포츠용품 기업, 지방정부 및 국가의 필요, 욕구 및 이익을 충족시키기 위한 성공 전략을 개발하는 스포츠 및 레크리에이션 관리 전문가들에게 유용한 도구다.

캐주얼 팀 스포츠 참여

우려스러운 결과는 1984년 이후 25년 동안 팀 스포츠 활동을 점진적으로 중단한 수백만 명의 캐주얼 스포츠 참가자들이다. 1984년 이후 매년 최소 1회 이상 팀 스포츠에 참여한 6세 이상 어린이의 전체 수는 감소했다. 더 자주 팀 스포츠에 참가(연간 25일 이상)하는 그룹에서도 유사한 추세가 관찰된다. 1995년 이후, 4백만 명 이상의 스포츠 참가자들이 참여를 중단하고 다른 여가 활동으로 옮겨갔다. 2009년에서 2014년까지 17개 종목의 청소년 스포츠에서 9%가 감소하였다.[9]

이 새로운 문제는 몇 가지 요인들에 기인한다. 도

대학생들은 대학 간 경기보다 레크리에이션 활동으로서의 스포츠 참여 가능성이 더 높다.
© bikeriderlondon/Shutterstock.

표 9.2 학교 대항 경기에 따른 고등학생 참가 인원

연도	남학생	여학생	혼성
2015~2016	4,545,000	3,232,000	7,869,000
2014~2015	4,519,000	3,288,000	7,807,000
2011~2012	4,485,000	3,208,000	7,693,000
2008~2009	4,423,000	3,107,000	7,537,000
2005~2006	4,217,000	2,947,000	7,160,000

출처: Data from National Federation of State High School Associations, Indianapolis, IN, "Participation Statistics" (2016). www.nfhs.org/ParticipationStatistics/PDF/2015-16_Sports_Participation_Survey.pdf.

표 9.3 조직 스포츠에 대한 대학생 참여 인원

협회	인원	팀 수 남자	여자
전미대학생육상협회	482,533	24	23
전미대학간육상경기협회	45,000	13	11
전미주니어대학육상협회	60,000	14	12
캘리포니아대학육상협회	27,000	12	12
총계	**614,533**	**63**	**58**

출처: Data from National Collegiate Athletic Association. (http://www.ncaa.org/about/resources/media-center/news/number-ncaa-college-athletes-climbs-again - accessed October 1, 2016) National Association of Intercollegiate Athletics (http://www.naia.org/ViewArticle.dbml?DB_OEM_ID=27900&ATCLID=205679222 - accessed February 23, 2017) National Junior College Athletic Association (http://www.cccaasports.org/about/about - accessed February 23, 2017)

심에서는 레크리에이션 스포츠를 위한 자유 공간의 이용이 극도로 제한적이다. 방과 후 아이들이 모여 경기할 수 있는 벌판은 이제 찾아보기 힘들다. 동시에, 부모들이 감독할 만한 시간이 없고 어린이 안전에 대한 우려가 증가하면서 많은 부모들이 아이들에게 스포츠를 도입할 만한 대안(예, 레크리에이션센터, 놀이터, 개인 또는 종교 내 리그)을 찾아다녔다. 이러한 현상은 편부모 가정이나 맞벌이 부모 가정에서 명백하게 드러났다.[10]

PHITA(Personal Health Investment Today America)는 2015년에 스포츠 참여에 영향을 미치는 네 가지 주요 동향을 보고하였는데, 보고서는 왜 전통 스포츠 활동에 소수의 사람들이 참여하는 반면, 비전통적 스포츠 활동에 다 많은 사람들이 참여하는지를 설명해준다. 예컨대, 2012년과 2014년 사이 가장 빠르게 성장한 스포츠 활동

은 에어로빅이었고, 그 다음으로 수영과 요가가 차지했다.

첫 번째 트렌드는 "경험이 중요하다"고 제안한다. 젊은 소비자들이 경험을 지향하면서, 비전통적 활동을 찾고 거기서 자신들이 원하는 경험을 성취할 가능성을 더 높이 느낀다. 이러한 경향을 적합하다고 말하는 것은 아니다. 이러한 활동은 재미를 추구할 뿐 아니라 경험이라는 즐거우면서도 정신적, 정서적 결과물을 획득하는 것을 포함한다. 이러한 결과물들은 전통적 활동에서는 거의 제공되지 않는다. 지역 공원 및 레크리에이션 부서는 규칙, 장비, 경기장 규격을 변형해 완화된 레크리에이션 리그가 경쟁력 있는 기술을 사용하여 재미와 즐거움을 추구하는 사람들을 끌어당긴다는 것을 발견했다.

두 번째 트렌드는 스포츠 관람객들에게 다음과 같이 제안한다. "보는 것은 하는 게 아니다." 스포츠 관람은 그 스포츠 참가와는 직접적 상관관계를 보여주지 않는다. 다시 말하자면, 사람들은 월드시리즈를 관람지만 직접 야구를 하지는 않을 것이다. 나중에 확인하겠지만, 주요 스포츠는 참여의 경로가 아니라 엔터테인먼트가 되었다. 엔터테인먼트는 경험의 또 다른 형태다.

세 번째 트렌드는 "왜 점수를 매기는가?"라고 묻는다. 참가자들은 참여하는 데서 즐거움을 발견하고 점수를 기록하지 않을 때 해당 경험을 더 재미있게 느낀다. 즐거움을 누리기 위해 경기할 때 더 쉽게 경험에 집중할 수 있다.

네 번째 트렌드는 "전통 스포츠는 놓치고 있다." 공원 및 레크리에이션 기관들은 성인 및 청소년들에게 전통 스포츠 기회를 계속 제공하는데, 그것들은 항상 자리를 차지할 것이다. 소규모의 단순한 개념의 스포츠가 점점 대중화되고 있다. 미니 축구, 얼티밋 프리스비(Ultimate Frisbee)* 등의 종목들은 웨이트 트레이닝 및 짧은 시즌, 그리고 전통 스포츠의 변형을 통해 더 많고 더 나은 경험과 딜 심한 경쟁을 만들어 줄 수 있다.[11]

인구통계학적 변화는 또한 팀 스포츠 참여율에 영향을 미친다. 연구에 따르면 오늘날 11세가 되는 아이들의 경우 팀 스포츠 참여는 70%에 이르다 18세가 되면 50%로 줄어든다. 이러한 청소년 세대의 요소와 학업량 같은 요소들의 조합이 스포츠 참여 감소에 결정적 요인으로 작용한다는 사실은 명백하다. 연구는 조직화된 스포츠에 대한 조기 참여가 고등학교 시절의 스포츠 참여에 영향을 미치는 요인은 아니라는 것을 보여준다. 향후 10년간의 전망은 동일한 세대에 대해 고무적이지 않다. 5~19세 청소년의 스포츠 참여율은 3.6%에 그칠 것으로 예상되며, 이러한 현상은 팀 스포츠 참여를 크게 감소시킬 것이다.[12]

---

* 원반을 가지고 두 팀이 득점을 펼치는 경기—옮긴이

스포츠와 거대 비즈니스

스포츠는 미국 및 전 세계에서 거대 비즈니스가 되었다. 국가는 주요 스포츠 경기를 유치하고, 도시는 대학 및 전문 스포츠 팀을 포용하며, 지역사회는 학교 대항 스포츠 대회 일정을 잡는다. 고등교육에서 스포츠 관리 프로그램이 경영대학 프로그램 및 전통적인 체육 및 레크리에이션 프로그램에서 이루어진다. 스포츠용품협회와 스포츠용품제조업협회의 통계는 스포츠 산업의 특정 측면에서의 연간 업데이트 자료를 별도로 제공한다. 이러한 데이터들은 이들 사업 영역에 주안점을 둔 스포츠 산업의 재정 규모를 드러낸다.

2015년에 미국인들은 스포츠 상품 구매에 636억 달러를 지출했다. 이 중 스포츠용품 판매점의 매출은 70.1%를 차지했다. 매출은 934억 달러에 이르렀던 2007년 이후 감소세를 보여 왔다. 표 9.4는 연령대에 따른 스포츠용품 구매 사례를 보여준다. 표는 연령대 및 성별에 따라 선택된 품목의 판매 비율을 보여준다.

개별 구매 패턴과 경우에 따라서는 보육을 담당하는 사람의 구매 패턴도 눈에 띈다. 연령대와 성별은 판매의 예측 변수로서 제조와 구매 결정에 따른 시장 정보를 제조업체와 소매업체에게 제공해준다. 45세에서 64세 사이의 연령층이 시장에 가장 큰 영향을 미친다는 사실은 놀랄 게 없는 사실이다. 이 연령대는 가처분소득이 가장 높다. 17세 이하 연령대에서의 매출이 또한 45세에서 64세 사이 연령대의 지원에 의해 이루어질 것이라 예측한다면, 어린이 스포츠용품 판매에 미치는 영향을 알 수 있다. 또 다른 흥미로운 측면은 남성 관련 상품을 제외하면 많은 품목의 1차 구매자들이 여성들이라는 사실이다. 나이는 판매의 또 다른 예측 변수다. 예를 들어 골프, 권총, 그리고 워킹 슈즈를 보라. 한편 65세 이상 연령층의 상당한 매출 감소를 주목하라. 현재의 밀레니엄 세대와 베이비붐 세대의 기대 수명이 길어지고 건강이 더 좋아지면서 소비 패턴 또한 바뀔 것으로 전망된다.

스포츠용품 판매 데이터를 조사하는 데 있어서의 문제 중 하나는 해당 조사의 의뢰 기관이 어디이며 조사하는 기관이 어디인지를 아는 것이다. 업계는 종종 동일 제품에 대해 시장조사기관과는 다른 가정을 사용하여 다르게 질문할 것이다.

예를 들어, 어떤 조사기관은 야외 사냥, 낚시, 하이킹 산업에만 초점을 맞추고, 또 다른 조사기관은 청소년 및 성인들의 경쟁 스포츠 장비들에 주목한다. 관점에 따라 데이터는 크게 달라질 수 있다. 보고서가 실제 묘사하는 바를 이해하기 위해서는, 조사를 의뢰한 회사가 초점을 맞추는 대상을 이해하는 것이 매우 중요하다.

스포츠용품의 판매는 시장 부문을 중심으로 조직되어 있다. 시장 부문이라 함은

표 9.4 연령별 소비율(%)

연령대	전체 소비율	운동화: 스니커즈	워킹 슈즈	자전거	골프 클럽	권총
13세 이하	18.0	17.2	3.5	20.6	7.2	5.9
14~17	5.3	10.5	2.3	4.3	1.4	3.8
18~24	10.0	10.8	5.0	5.9	0.2	6.8
25~34	13.5	16.0	11.6	17.0	14.1	18.8
35~44	12.8	13.2	11.7	15.8	6.9	14.9
45~64	26.3	24.6	44.6	28.8	36.0	38.8
65세 이상	14.1	7.7	23.1	7.6	34.2	11.0
합계	**100.0**	**100.0**	**100.0**	**100.0**	**100.0**	**100.0**

출처: http://www.nsga.org/research.

특정의 큰 시장을 정의하고, 마케팅 목적에 따라 명확히 규정할 수 있는 소 그룹으로 세분화하는 작업을 수반한다. 스포츠 산업의 한 요소를 살펴봄으로써 추가적인 통찰력을 얻을 수 있다. 아웃도어산업협회(Outdoor Industry Association)에서 시장 조사 보고서를 발행했다. 협회는 전체 성인의 60% 정도를 야외 레크리에이션 소비자로 추정한다. 협회는 개인들을 성취자(achiever, 도전적 성취를 즐기는 사람), 아웃도어 네이티브(outdoor native, 야외 활동을 즐기는 자연인), 어반 애슬렛(urban athlete, 도심지의 야외에서 운동하는 사람), 열정적 코어(aspirational core, 야외에서의 열정적 모험과 스릴을 즐기는 사람), 애슬레저리스트(athleisurist, 가벼운 야외 활동을 즐기는 사람), 사이드라이너(sideliner, 인근에서 가볍게 햇볕이나 신선한 공기를 즐기는 사람), 자족적 안주자(complacent, 야외 활동 집에 안주하는 사람) 등 7개 시장 부문으로 분류된다. 도전적 성취를 즐기는 사람은 팀 스포츠를 포함한 다양한 야외 활동에 참여하는 전통적인 야외 레크리에이션 소비자로 특징 지어진다. 그들은 야외 활동에 중점을 두고 활발하게 활동한다. 야외 활동을 즐기는 자연인들은 즐거움과 경험을 추구하고, 경쟁적이지 않으며 가족 관련 활동에 주안점 둔다.

어반 애슬렛들의 주안점은 활동이다. 야외는 달리기, 스케이트보드, 농구 같은 다

하와이에서는 서핑 대회가 텔레비전으로 중계된다.
© Epicstock/Dreamstime.com

양한 활동을 추구할 수 있는 곳이다. 열정적 코어 층은 이른바 '아웃도어시(outdoorsy)'로 달리기, 등산, 캠핑, 산악자전거 등과 같은 활동을 통해 모험을 추구한다. 그들은 종종 자신들이 도전하고자 하는 지역으로의 여행도 마다하지 않는다. 애슬레저리스트들은 야외에서 자신만의 공간을 찾고, 정원에서 야외 활동을 즐기거나 해먹에서 쉬는 것을 좋아한다. 이들에게 있어 가장 중요한 일은 모험적이거나 도전적인 활동을 추구하는 것이 아니라 편안해지는 것이다. 사이드라이너의 특징적 야외 활동은 나이, 건강 상태, 신체적 능력 등으로 인해 제약이 따른다는 것이다. 이들은 과거에는 보다 활동적이었지만, 이제 더 이상 그러한 수준의 활동을 유지할 수 없다.

자족적 안주자들은 야외 활동을 거의 하지 않는 사람들이지만, 자신들의 건강 및 이동성의 제한으로 야외 활동을 방해받는 것은 아니다. 그들은 뒤뜰에 앉아 있거나 어떤 목적을 위해 걷는 일과 같은 저강도 활동에 주안점을 둔다. 모든 스포츠용품 제조 및 스포츠 용품 판매업체들은 자신들의 대상 인구를 분류한다. 야외 스포츠용품점 카벨라(Cabela)는 이러한 시장 분류를 이용하여 매장 조직을 구성하고, 판매 계획을 수립하며, 어떤 제품을 진열할 것인지를 결정할 것이다. 카벨라는 매장 내에서 운동화를 스포티(spoty), 엘리트 스포츠, 평상복, 패션 스포츠, 저가 제품 등의 범주로 세분하여 구성한다.[13]

스포츠 관중들

"스포츠가 있으면 관중이 있다"고 한다. 비록 스포츠 종목에 따라, 그리고 개인과 집단의 관심에 따라 관중 수는 다양하지만, 사람들은 스포츠 관람을 즐긴다. 배스 낚시 대회는 대학 및 프로 축구 경기보다는 훨씬 적은 관중이 참가한다. 그러나 이 스포츠들은 공히 출판 및 전자 매체를 즐기는 많은 애호가들을 가지고 있다.

관중들은 다양한 방식으로 설명되어 왔다. 관중을 이해하는 데 가장 중요한 접근법은 동기 부여, 또는 왜 사람들이 스포츠를 시청하며, 관람하는 스포츠에 어떻게 반응하는지에 초점을 맞춘다. 언더우드(Underwood)와 동료 연구자들은 "관중 스포츠는 관중들이 느끼는 소속감과 집단 외부 구성원들에 대한 내재적 편향으로 특징지어지는 독특한 집단 경험이다. 이들 개인들에게 스포츠는 단순히 오락과 레크리에이션의 형태뿐 아니라 공동체와 가족적 감성을 제공한다"[14]고 제시했다.

줄리아노티(Giulianotti)는 관중 분류 체계를 개발했다.[15] 그는 관중을 지지자(supporter), 추종자(follower), 팬(fan), 그리고 플라뇌르(flâneur, 산책하는 사람 또는 한량이라는 의미)로 분류했다. 그의 연구는 비록 기업 정체성을 가진 영국의 축구 클럽

급증한 챔피언십대회

20세기 초에 널리 인정된 하나의 세계대회가 올림픽이었다. 올림픽은 많은 스포츠 종목의 세계 대회를 대표하였다. 올림픽은 여전히 많은 스포츠와 세계 대부분의 나라의 운동선수들을 불러 모으며, 챔피언십으로서의 목적에 초점을 둔 가장 우선적인 대회로 남아 있다. 20세기 동안, 특히 1950년대 초에, 많은 스포츠 기구들이 그들만의 세계선수권 또는 챔피언십 대회를 창설했다.

이러한 스포츠 이벤트 중 많은 것들이 유명세를 타고 있다. 축구는 좋은 예다. FIFA 월드컵은 각 나라의 대표 팀이 출전 자격을 얻기 위해 몇 년간의 경쟁을 수반한다. 2018년 FIFA 월드컵은 2015년 3월부터 시작된 북미, 중미, 카리브해 지역에서의 5차례 예선전을 포함 대륙별 예선을 치러 최종 32개국이 러시아 월드컵 본선에 참여했다. 전 세계 총 209개 팀(1국가 1팀)이 출전하여 챔피언 결정전까지 총 561경기가 치러졌다.

챔피언십 대회의 다양성은 실로 어마어마하다. FIFA 월드컵은 가장 널리 알려져 있지만 줄다리기대회(TWIF 챔피언십)는 덜 알려진 경기의 한 예다. 텔레비전과 스포츠 위주 네트워크의 가용성이 이러한 세계대회의 성장을 촉진시켰지만, 그것만이 유일한 이유는 아니다. 전 세계적으로 개인 소득이 증가하면서, 개인들은 스포츠와 레크리에이션에 더 많은 시간을 보낸다. 단체들이 모여 국가 및 국제기구들이 결성되었고 챔피언십이 창설되었다.

1896년에는 다섯 개 종목의 챔피언십대회가 있었지만, 1920년까지는 여전히 30 종목 미만의 챔피언십이 유지될 뿐이었다. 2016년에는 500개 이상의 다양한 대회가 있었는데, 거의 모든 종목에서의 대회가 열린 것으로 볼 수 있다.

예를 들면 배드민턴, 카누, 다트, 피스트볼(fistball), 비치 핸드볼, 에어 레이싱, 피치 앤 퍼트(pitch and putt), 모형항공기, 터치 풋볼 등 많은 종목들이 있다.

에 초점을 맞추었지만, 미국 프로 스포츠와의 관련성 또한 배제할 수 없다. 네 개의 범주는 두 가지 연속 속성에 기반을 둔다. 첫 번째 속성은 (뜨겁고(hot) 차가움(cool)으로 구분되는)충성심에 초점을 둔 팀에 대한 매력이다. 차가운 팬들은 강렬하지도 않고 구속력도 없는 충성심을 보이며 연속 속성의 반대편에 있다. 두 번째 연속 속성은 전통적인 소비자 중심, 또는 문화 중심적 접근 대 시장 중심적 접근이다.

지지자들은 팀에 대한 깊은 이해와 강한 헌신을 가진 전통적인 뜨거운 관중이다. 줄리아노티는 지지자들에게 '친밀한 가족이나 친구들을 닮은 클럽과의 관계성'을 가질 것을 제안한다. 추종자들 또한 전통주의자들이며 경기에 강한 관심을 가진 지식이 많은 관중으로 묘사될 수 있지만, 단일팀에 얽매이지는 않는다. 결과적으로, 단일 팀은 추종자로서의 관중의 정체성에 최소한의 영향을 미친다.

팬들은 뜨거운 소비자들이다. 그들은 전통주의자는 아니지만, 단일팀에 초점을 맞춘다. "개별 팬은 시장 중심적으로 설정된 관계를 통해 팀의 전통과 스타 플레이어, 그리고 동료 지지자들을 경험한다." 시장 제품의 소비 및 그러한 상품들의 전시가 그 추동력이 된다. 팬들은 전통주의자가 아니므로 팀에 대한 충성심은 일시적이다. 팀이 자신들의 기대에 부응하지 못하면 다른 팀에 대한 충성으로 갈아탈 수 있다. 마침내, 플라뇌르는 특정의 팀과는 거의 관계가 없다. 줄리아노티는 플라뇌르들은 로고나 타투(tattoo) 같은 브랜딩에 더 깊은 인상을 받을 수 있다고 말한다. 그들은 매우 일시적 관계를 맺는 그룹으로 웹서핑하듯 관계를 바꾼다.

스포츠 이벤트나 스포츠 관람에 있어서 이런 유형의 모든 팬들이 참가한다. 시카고 컵스의 외야 관람석에는 네 가지 유형의 모든 범주의 사람들이 있겠지만 그중 대부분은 지지자 및 팬일 것이다.[16] 오클랜드 레이더스(Oakland Raiders) 타투, 자동차 스티커, 티셔츠, 모자 등을 착용하거나 가지고 있는 사람은 플라뇌르, 팬, 지지자일 가능성이 높다. 제시된 분류 체계는 관중들이 어떻게, 그리고 왜 스포츠에 관여하고 있는지에 대한 통찰력을 제공할 수 있다. 그러한 통찰력은 스포츠를 어떻게 마케팅하고 누구를 목표로 삼을 것인지에 대해 연구자, 스포츠 프랜차이즈, 그리고 기업들에게 실마리를 제공해 줄 수 있다.

관객의 영향 주요 관중 스포츠에 대한 비즈니스의 중요성은 팀 및 선수에 관심을 가지고 주시하며, 추종하는 팬들로부터 수집된 통계 데이터를 비즈니스 관련 용도로 사용하는 경우에 분명히 드러난다.

참가자 수, 평균 출석률, 경기장을 채운 비율은 팬 지원의 중요한 지표로서 광고주, 협력사 및 정부가 팀이나 개인에 투자하는 재정적 지원에 영향을 미친다. 텔레비전 쇼와 마찬가지로, 스포츠 방송은 주어진 시장으로의 파급효과, 평균 등급, 최고 등급 및 반응을 추적한다. 이 내용은 다음 절에서 더 자세히 논의된다.

스포츠 이벤트 참여

스포츠 경기 참가 인원을 측정하는 일은 어려울 수도 있다.
© Walter G Arce/Shutterstock.

수년간 스포츠에 대한 관객들의 헌신은 스포츠 대회에 참석하는 것이었다. 이 장의 후반부에서 논의하겠지만, 참가 비용이 상당히 증가했음에도 불구하고 대학 및 프로 스포츠 프랜차이즈의 경우는 그러한 헌신이 오늘날에도 여전히 남아 있는 게 어느 정도 사실이다. 스포츠 참가는 일반적으로 스포츠 팀과 스포츠 이벤트에 참여하는 참가자 수와 대회 횟수에 의해 정의된다.

출석률을 측정하는 일이야 문제될 게 없다. 팀들은 판매, 배포 및 폐기된 입장권을 정산하면 된다. 비록 과거에 비해 많이 없어졌지만, 참가율 추산 방식 또한 흔한 방식이다. 예컨대, 서핑 대회는 공식 입장권이 없을 수 있다. 사람들이 입장권 없이 참석하므로 참가율을 추산해야 한다. 이러한 방식은 오랜 기간 많은 스포츠 경기에서 흔한 일이었으며, 규모가 작고 덜 정형적으로 조직되는 이벤트에서는 여전히 표준적 방식이다.

그러나 스포츠는 보다 더 정형화되고 더 정확한 측정이 가능한 비즈니스 모델을 따르고 있다. 그럼에도 불구하고, 공원이나 레크리에이션 후원 프로그램, 지역 청소년 리그, 그리고 비공식 스포츠 환경에서 관중의 참석을 통제하는 일은 쉬운 일이 아니다. 훌륭한 방식은 아니지만 조직화된 스포츠에서는 출석자 숫자를 직접 세는 것이 낫다.

표 9.5는 지난 10년간 특정의 대학 및 전문 스포츠 경기에서의 참가 인원을 나타낸다. 마이너리그와 메이저리그를 포함한 프로야구는 매년 가장 많은 관중 수를 기록하고 있다. 프로야구는 또한 가장 많은 팀이 있으며 연간 가장 많은 경기를 펼친다.[17]

미디어 사용 기준 및 관객에 대한 영향

미디어는 오래 전부터 사람들로 하여금 관중으로서 스포츠를 보는 방식을 변화시켰다. 메이저리그 경기는 1921년 처음으로 라디오를 통해 방송되었는데, 1935년에 시카고 컵스는 자신들의 모든 일정을 라디오로 방송한 최초의 팀이 되었다. 라디오 방송은 사람들이 참석하지 않더라도 대회 기간 중 관람 가능하게 만들었다. 아무도 향후 80년 동안 프로, 대학, 고등학교 스포츠에 미디어가 어떤 영향을 미칠지 예측할 수 없었다. 지난 10여 년간 관중들의 스포츠 관람 기회의 팽창은 그야말로 대단했다. 프로팀들은 텔레비전과 인터넷을 이용했다.

ESPN은 1979년 제한된 기반에서 시작하여 1980년 24시간 방송을 하면서 최초의 '모든 스포츠' TV 방송국이 되었다. 1990년대 후반부터 프로 스포츠 리그는 자체 텔레비전 네트워크를 구축하기 시작했고, 부분적으로 케이블 및 위성 통신을 통한 시청자 구독으로 만들어진 자금이 지원되었다. 실제 가입자 수는 차이가 있겠지만 NFL의 6천만 명, NBA의 1,200만 명에 비해 MLB는 5,500만 명의 가입자를 보유하고 있다고 주장한다. MLB 네트워크는 주요 네트워크와 경쟁하면서 기존 계약을 파기하지 않고 대신에 관중들이 선호하는 팀 및 팀이 치루는 모든 경기를 시청할 수 있는 기회를 확대했다. 2009년에 주요 네트워크(ABC, CBS, FOX, NBC)는 1억 1,450만 가구, TBS, TNT, ESPN, Versus 네트워크는 각각 7천5백만 가구에서 9천9백만 가구의 가입자를 보고하였다.[18] 2015년 들어 주요 스포츠 네트워크의 가입자 수는 1억 가구에 육박했다. ESPN이 9천450만 가구에 이르고, 7천360만 가구에 이르는 NFL 네트워크가 뒤를 이었다. 지난 5년 동안 SEC 네트워크(6,910만 가구), 골프 채널(7,940만 가구), 빅텐 네트워크(62만 가구) 등 다양한 네트워크가 등장했다. 새로운 대학 네트워크는 메이저리그, NBA, 그리고 미국하키리그(NHL)보다 더 많은 가구에 도달한다.[19]

2014년 슈퍼볼은 1억1천2백만 명의 미국 시청자를 보유한 가장 큰 규모의 스포츠 행사였다. 이것은 미국에서 단일 시장으로는 가장 큰 스포츠 행사다. 이와 대조적으로, 2014 월드컵 결승전은 전 세계 7억 명이 넘는 시청자들이 시청했다.[20]

몇 주에 걸쳐 치러진 2016 리오 올림픽은 2012년 런던 올림픽에서의 48억 명보다 낮은 35억 명의 시청자가 관람했다. 이것은 많은 시청자들이 하루에 여러 번 채널을 변경하기 때문에 개별 시청자 수를 의미하지는 않는다. 올림픽 개막식에는 3억4천2백만 명의 시청자가 있었다. 실제 시청자 수 추정치는 항상 역사적 통계 모델에 기초하여 추정된 수치일 뿐이다. 많은 사람들이 하나의 TV를 가지고 시청할 수 있기 때문에 실제 숫자는 식별이 불가능하다. 그러나 가입한 가구의 수는, 비록 그들이 가정에서 실제로 시청하고 있는 것을 보여주는 숫자는 아니지만, 확인 가능한 의미 있는 수이다. 미국인들은 다양한 많은 방법으로 텔레비전을 볼 수 있다. 프로그램을 녹화한 후 나중에 시청하거나, 인터넷의 여러 소스 중 하나를 시청하거나, 나중에 시청하기

표 9.5 특정 스포츠 이벤트 참가 인원(단위: 백만 명)

종목	2000년	2007년	2011년	2016년
야구				
메이저리그	73,340	80,759	75,504	73,159
마이너리그 BB			41,279	37,345
농구				
남자 NCAA	28,949	33,396	32,781	32,382
여자 NCAA	8,825	11,121	11,211	11,367
NBA	12,134	20,272	21,841	13,351
전미아이스하키리그	18,800	20,862	20,928	13,440
미식축구				
NCAA	39,059	48,752	46,699	49,058
NFL	20,954	22,256	20,959	17,509
합계	**203,061**	**237,418**	**271,202**	**247,611**

출처: http://www.baseball-reference.com/leagues/current_attendance.shtml, http://www.baseballpilgrimages.com/attendance/minor-leagues-2016.html, http://fs.ncaa.org/Docs/stats/m_basketball_RB/Reports/attend/2016.pdf, https://www.espn.com/nba/attendance, http://www.espn.com/nhl/attendance, http://fs.ncaa.org/Docs/stats/football_records/Attendance/2015.pdf, http://www.pro-football-reference.com/years/2015/attendance.htm

위해 방송 프로그램을 구매하는 일은 이제 흔한 일이다. 2015년에 닐슨은 66%의 텔레비전 쇼를 생중계로 보았다고 보고했다. 하지만 스포츠를 생중계로 시청하는 경향이 지속되어 2015년에 전체 스포츠의 95%가 생중계로 시청하였다.

사람들은 스포츠 경기를 실시간으로 보고 싶어한다. 그것은 경험을 추구하는 또 하나의 사례이다.[21] 시청자들에게 있어 가장 중요한 경향은 인터넷의 이용이다. 닐슨은 거의 1억3천4백만 명에 이르는 고유 온라인 시청자가 비디오 스트림을 통해 시청한다고 말한다. 남성의 50% 이상과 여성의 50% 이하가 동영상을 스트리밍한다. 휴대전화가 인터넷 시청의 주요 원천이 되면서 이 숫자는 증가할 것으로 예상된다. 예를 들어, 2016년 NCAA 남자 농구 토너먼트 결승전의 시청률은 2015년 결승전에 비해 37% 감소했다. 전국 대회가 케이블로 중계된 것은 이때가 처음으로, 기존 공중판 방송으로는 볼 수 없다. 그러나 모바일 기기 시청률은 상승했다. 오늘날 비디오가 풍부한 환경에서 더 많은 사람들이 모바일 장치로 텔레비전을 시청하고(남녀 모두 50% 이상), 스포츠 이벤트의 경우는 전체 경기보다는 결과를 확인하고 하이라이트를 보는 경우가 더 많다.

관중들은 스포츠 시장의 일부로서 상업적 성공의 열쇠가 된다. 동시에, 많은 관중들은 스포츠 경기를 보는 데서 여가의 의미를 찾는다. 다른 유형의 팬들은 스포츠 경기를 보면서 또 다른 정서적 결과물을 얻는다. 2008~2011년 경기 침체 기간 동안, 처음에는 스포츠 경기 참석률이 감소했고 텔레비전과 인터넷을 통한 시청률은 증가했다.

높은 TV 시청률은 텔레비전 방송 계약이 만료되거나 새로운 미디어 패키지(인터넷 방송 및 프로그램별 구매 등)를 통한 입찰의 경우에 리그 관계자와 네트워크 임원들 사이의 치열한 협상을 유도한다.

모든 주요 프로 스포츠 팀과 대다수 주요 대학 팀들은 텔레비전 및 케이블 방송사와 중대형 중계권 계약을 맺고 있다. 예를 들어, 2016 NCAA 농구 대회는 케이블 전용 네트워크로 처음으로 방송되었다. Turner, CBS Sports와 NCAA는 NCAA 농구선수권대회 8년에 걸쳐 88억 달러의 계약을 체결하기로 합의했다. 2014년, NFL은 2년 동안 NBC와 CBS와 함께 새로운 〈목요일 밤(Thursday night)〉 방송에 합의했다. 이 방송사들은 매년 10개의 게임을 방송하기 위해 4억5천만 달러를 지불하기로 합의했다[22] (메이저리그 야구는 40억 달러에 7년 계약을 폭스와

텔레비전은 스포츠 팬들로 하여금 집에서 관람할 수 있도록 만들었다.

© Monkey Business/Fotolia.com.

스포츠 방송의 최근 경향은 개인 컴퓨터에서 인터넷을 통해 경기를 스트리밍하는 것이다.

© William Perugini/Shutterstock.

체결했다[23]). 대학 컨퍼런스는 이제 자신들의 텔레비전 중계권을 위해 입찰을 단행하고 있다. 〈포브스〉에 따르면, 남동부 컨퍼런스는 3억4천7백만 달러의 텔레비전 중계 계약을 체결하고, 빅 10 컨퍼런스(Big 10 conference)는 2억7천9백만 달러의 텔레비전 중계 계약을, 애틀랜틱 코스트 컨퍼런스(Atlantic Coast Conference)는 9천8백만 달러의 텔레비전 중계 계약을 체결했다.[24]

프랜차이즈 가치와 선수 급여 관중 스포츠의 중요성과 규모는 프랜차이즈의 재정적 가치와 선수 연봉에서 뚜렷하게 드러난다. 대부분의 메이저리그 프랜차이즈의 가치는 40억 달러에 달할 정도로 지난 5~10년 사이 그 가치가 크게 증가되어 왔다.

스포츠 프랜차이즈의 공정 시장가치(market value)를 결정하기 위해 〈포브스〉는 팀의 연간 운영 수입, 팀이 운영하는 시장의 규모, 경기장 가치, 선수 가치 등의 요소들을 평가하는 연례 조사를 실시한다. 평가 가치는 2016년까지 20개 팀이 10억 달러를 초과하였고, 5개 팀이 10억 달러에 근접했다. 상위 3개 팀은 댈러스 카우보이스(42억 달러), 뉴잉글랜드 패트리어츠(34억 달러), 뉴욕 자이언츠(31억 달러) 등이었다.[25] 뉴욕 양키스는 34억 달러로 가장 높은 MLB 프랜차이즈 중 하나이며, 10억 달러를 넘는 상위 3개 팀 중 하나이다. 〈포브스〉는 (1) 모든 팀에게 분배되는 수익에 기초하는 프랜차이즈 가치로서의 스포츠, (2) 도시 및 시장 규모에 기초한 프랜차이즈 가치로서의 시장, (3) 경기장 및 경기장에 기초한 프랜차이즈 가치, (4) 브랜드에 기초한 프랜차이즈 가치로서의 브랜드 관리 등의 네 가지 영역을 포함한 측정을 통해 가치를 결정한다.

선수들의 가치 또한 업계 분석가들의 예상을 뛰어넘었다. 최근 몇 년간 골프 대회에 고군분투해 온 타이거 우즈는 1996년 프로 전향 이후, 상금, 광고 수입, 출연료, 코스 설계비 등으로 14억 달러를 벌었다. 그는 역사상 그 어떤 프로 선수보다 많은 돈을 벌었다. 세계에서 가장 돈을 많이 버는 선수들은 국제적으로 그 명성을 인정받은 새로운 '국제적 선수'들이다. 2016년에는 크리스티아누 호날두(축구)가 1위를 차지했고, 리오넬 메시(축구), 르브론 제임스(농구), 로저 페더러(테니스), 케빈 듀란트(농구)가 뒤를 이었다.[26]

스포츠 시설의 공공 보조금 지난 20년간 도시들은 주로 프로 스포츠 팀을 유지하거나 끌어들이기 위해 스포츠 시설을 건설하고 유지하는 데 수십억 달러를 투자했다. 2008년에서 2010년 사이의 경기 침체로 그 과정이 주춤하기는 했지만, 그러한 경향이 멈추지는 않았다. 오늘날 수많은 팀들이 전부 또는 일부의 공적 자금이 지원되는 경기장에 근거를 두고 있다. 2015년 로스앤젤레스 램스(LA Rams)는 19억 달러 규모의 새로운 경기장 건립을 약속받고 세인트루이스에서 이전했다. 샌디에이고가 NFL 차저스(Chargers)의 새로운 스타디움 건설을 위한 채권 발행이 불발로 그치자, 차저스 팀은 바로 전 해에 세인트루이스에서 이전했던 램스 팀과 합류하기 위해 2017년에 로스앤젤레스로 이전한다고 발표했다. 오클랜드는 호텔 및 모텔의 룸 택스(room tax)가 인상됨에 따라 19억 달러 규모의 경기장 건립을 약속한 네바다 주 라스베이거스로 이전하려 하고 있다.

스포츠 이벤트 중계는 스포츠 팀과 스폰서의 주요 수입원이 되었다.
© Pavel Losevsky/Dreamstime.com

관중 스포츠 참가 비용　증가하는 스포츠 경기 참가 비용은 스포츠팬 및 그들의 가족에게 불편을 야기하는 요인 중 하나이다. 오늘날 어떠한 주요 리그 중 하나의 스포츠 경기에 참가하는 일은 가계부를 터는 일일 수 있다.

시카고에 본사를 둔 스포츠 마케팅 회사 '팀 마케팅 보고서(Team Marketing Report)'에 의해 매년 실시된 설문 조사인 '팬 비용지수(Fan Cost Index, FCI)'는 4인 가족이 프로 스포츠 행사 참가에 드는 비용을 비교할 수 있는 척도를 제공한다. 이 조사는 평균 두 장의 성인 티켓과 두 장의 어린이 티켓, 가장 저렴한 청량음료 네 캔, 가장 저렴한 맥주 두 캔, 핫도그 네 개, 두 개의 프로그램, 주차비, 한 개의 경기, 그리고 가장 저렴한 모자 두 개의 비용을 평가한다.

2012년에 뉴욕 자이언츠는 NFL에서 팬 비용 지수(FCI)가 가장 높았다.
© gary718/Shutterstock.

2016년 FCI는 NFL 경기 관람에 가장 비용이 많이 드는 곳은 시카고 베어스 경기장으로 평균 입장료가 131.90달러라고 보고했다. 베어스 경기의 총 FCI는 685.10달러다. 대조적으로, 전체 NFL의 평균 입장료 가격은 92.98달러, 평균 FCI는 502.84달러로 전년 대지 4.6% 증가했다. 이에 비해 MLB의 평균 FCI는 299.53달러, NBA 평균은 339.02달러였다.[27]

사회적 반영으로서의 스포츠의 출현

도덕적 가치의 원천으로서의 스포츠

스포츠는 여러 가지 중요한 가치를 지닌다고 광범위하게 믿어졌다. (1) 엄격한 훈련, 조절 및 운동의 양식으로서 건강과 신체에 기여하고, (2) 용기와 인내, 자제력, 스포츠맨십과 같은 인성을 함양하며, (3) 규칙 준수 및 팀 목표에 따른 헌신에 연계된 사회적 가치를 고무하고, 특히 취약 계층의 개인을 대상으로 사회적 이동성을 위한 경로를 제공하고, (4) 전국의 학교, 대학 및 지역사회에서 집단 충성도, 응집력, 긍정적 사기 함양을 위한 동력으로 작용한다.

이러한 가치들 외에도, 스포츠는 분명 참가자들과 자신이 좋아하는 팀을 부여잡고 팀 컬러의 유니폼을 입고 열광적으로 응원하며 스프링 캠프나 원정 경기 관람을 위해 여행하고, 스타 선수의 충실한 지지자로 공헌하는 대규모 관중 팬들 모두에게 엄청난 매력을 지닌다. 스포츠에 대한 이러한 열정과 헌신의 정도는 불가피하게 여러 수준에서 스포츠에 영향을 미치는 심각한 문제들을 야기했다.

스포츠 경쟁의 남용과 문제점

어린이를 위한 스포츠는 어떤 대가를 치르더라도 이기라는 어른들의 압력에 지나치게 자주 노출되었다. 결과적으로, 아이들은 종종 경쟁과 승리에 대한 과도한 압박을 느끼며, 그러한 경험은 더 이상 그들에게서 흥미를 앗아간다. 연구에 따르면 10대에 접어드는 많은 어린이들이 이 시점에서 조직화된 스포츠를 그만두거나 훨씬 더 편안하고 오락적인 게임으로 전환된다고 한다.

그러한 압박에 연계된 성인들은 종종 지나치게 공격적이고 폭력적인 놀이와 스포츠맨십을 무시하고 규칙을 어기는 전략을 장려한다. 극단적인 경우, 부모들은 경쟁 팀의 선수, 부모 또는 코치를 언어적 신체적으로 학대할 수 있고, 심지어 자신들에게 불리한 판결을 내린 관계자들을 공격하기도 한다.[28]

최근 들어, 대학 코치들이 운동선수 및 그들의 부모들과 접촉하고 스포츠용품 제조사들이 지원하는 엘리트 훈련 캠프에 초청하기 시작하면서 중압적 스포츠(high-pressure sports)의 영향이 중등학교 수준에서도 발생했다. 대부분의 경우에, 부모와 코치는 이제 더 이상 어린 선수들의 의사결정을 지원하는 데 있어 영향력 있는 요인이 아니다. 중압적 스포츠 경쟁은 이제 가장 어린 나이대까지 내려갔고, 부모들이 개입의 동기를 부여하는 동력이 되기도 했다. 표 9.6은 스포츠 단체들이 주로 후원하는 전국선수권대회 중 몇 개를 보여준다. 어떤 사람들은 스포츠에서의 이런 움직임을

사례 연구

스포츠 참여에 너무 늦은 나이는 몇 살인가?

점점 더 많은 연구가 노화와 건강에 초점을 맞추고 있다. 스포츠 참여는 체력 연구의 한 부분이다. 노화와 신체 활동 연구에 대한 오랜 전통이 있는데, 이들 대부분은 나이 들수록 스포츠와 신체 활동에 대한 참여가 감소되어야 한다는 개념을 지지한다. 이러한 인식들은 실제적이고 지각된 장벽이라고 이해할 수 있다. 대부분의 노인들은 운동이 좋다는 것에는 동의하지만, 이들 그룹은 때론 '조직화된 체력 운동을 통한 사회화'라고 하는 스포츠 및 피트니스 활동에 광범위하게 참여할 기회를 못 가진 채 성장했고, 학교를 떠난 후에는, 그들이 가질 수 있었던 적은 기회조차 감소되었다. 사회화 및 기회 부족으로 인해 사람들은 일정 수준의 피트니스 활동이나 스포츠에 참여할 때 스스로의 취약성에 대해 실제적이고 지각된 인식을 갖게 된다.

연구원들 사이의 이러한 이해에도 불구하고, 대부분의 노인들은 건강 상태를 긍정적인 측면으로 표현한다. 그러나 그들 중 소수의 일부만 기력이 떨어지는 것을 막을 수 있는 정도의 수준에서 활동적 여가에 정기적으로 참여한다. 사실, 이 연구는 다른 유형의 여가 기회와 비교할 때 격렬한 신체 활동을 피할 가능성이 많다는 것을 암시할 뿐이다. 참여의 또 다른 장벽은 노인들이 자신의 몸과 건강 상태를 어떻게 인식하는지에 관련된다. 여기에는 나이든 신체로 무엇을 해야 하고, 무엇을 하지 말아야 하는지에 대한 태도를 포함한다. 생물학적 과정의 쇠퇴뿐 아니라, 태도와 기대, 편견, 문화적 가치 및 사회적 이상은 물론 나이 들면서 발전하는 개인 발달까지 포함한다.[a]

모든 노인들이 활동을 피하는 것은 아니다. 많은 사람들이 신체 활동에 참여하고 있지만, 광고에서 자주 제시되는 것처럼 주로 돋보이는 몸을 만들기 위해 참여하는 젊은이들과 달리, 그들은 나이 들면서 자신들의 삶의 질 향상을 위한 핵심 요소인 힘, 이동성 및 균형을 개선하기 위한 활동에 참여한다. 그랜트에 따르면, 이러한 연구 문헌이 가지는 문제들 중 하나는 노후의 삶의 의미를 포괄하는 보다 넓은 관점을 희생시키면서 '살아있는 신체'에 대해서만 단 하나의 초점을 맞춘다는 것이었다.[b]

그랜트는 나이든 사람들에게 다양한 신체 활동과 스포츠 참여가 중요하다는 것을 확인했다. 개인들은 신체 활동과 스포츠가 그들 삶의 중요한 부분이 되었다는 것을 발견했다. 그들은 고령에 따른 노화 효과에 대해 이야기하는 동안에도, 노화가 전적으로 생물의학상의 문제라는 사고에 저항하면서 건강 담론에 빠져들었다. 그러나 기존의 고정관념, 특히 70세 이상의 고정관념은 계속 존재하며 앞으로도 지속될 것이다. 더 많은 사람들이 정년을 맞이하고 있음에도 불구하고, 건강 수준을 유지하는 사람이 있을 것이고, 그게 무슨 이유가 되었건 스스로의 건강을 자신할 수 없는 사람과 신체 활동을 하지 않고 있거나 앞으로 그렇게 할 사람들은 존재할 것이다.

생각해 볼 문제

1. 나이 들면서 신체 활동과 스포츠에 관여하지 않는 데 따른 몇 가지 가능성을 논거를 들어 설명하라.
2. 신체적으로 활동적이지 않은 나이 든 사람을 생각해보자. 운동에 대한 그들의 신체적, 정신적 태도를 묘사하라. 만약 그러한 누군가가 떠오르지 않는다면, 나이 많은 친척에게 전화할 필요도 있다.
3. 신체적으로 활동적인 나이 든 사람을 생각해보자. 운동에 대한 그 사람의 신체적, 정신적 태도를 묘사하라.
4. 이 연구는 당신의 현재 생활방식을 어떻게 조정할 수 있는가?

출처

a. B.C. Grant, 2001, 'You're never too old': beliefs about physical activity and playing sport in later life. Ageing and Society, 21(06), 777–798.

b. M. Featherstone and M. Hepworth, "The Mask of Aging and the Post-Modern Lifecourse." In The Body: Social Processes and Cultural Theory (London: Sage Publications, 1995).

'전문 모델(professional model)' 혹은 더 구체적으로 '청소년 스포츠의 전문화'라고 한다. 굴드(Gould)는 "스포츠 조직 내에서 전문 모델을 채택하는 것이 직면한 현대 청소년 스포츠의 가장 큰 문제 중 하나이다. 청소년들의 동기 부여에 악영향을 미쳐 부상의 위험에 노출시키고, 스포츠에 대한 공감을 파괴하며, 스포츠에 관심을 갖게 해야 할 바로 그 순간에 그들을 스포츠와 평생 신체 활동의 혜택을 인식하는 일로부터 멀어지게 한다"고 했다.[29]

그러한 남용은 특히 대학 경쟁에서 더욱 극단적으로 나타나는데, 농구나 축구 같은 관심이 높은 스포츠에서는 오래된 학칙 위반의 역사가 있었다. 오늘날, 운동선수들이 종종 부정한 과정이나 성적 조작으로 채용되는 경우는 줄었다. 극단적으로 운동선수들이 공공장소에서의 싸움, 성적(性的) 학대 및 여타의 범죄에 관여하는 경우도 있다. 스포츠에서의 이러한 남용(abuses)은 그 경우가 많지는 않지만 대중들에게는 매우 잘 드러난다. 대학 스포츠에서의 도박 관련 스캔들과 수사가 반복되고 있다. 때로는 선수가 경기에 돈을 걸기도 한다. 프로 스포츠에서 선수와 구단주 간의 갈등, 좋아하는 선수의 갑작스러운 이적, 또는 스포츠 프랜차이즈의 이전은 모두 대중들에게 스포츠를 단지 사업이라고 인식하게 만들며 일부 도시에서 팬들의 충성심과 참가를 약화시켰다.

모든 수준에서 스포츠를 둘러싼 여타의 문제들에는 신체적 위험과 심지어는 생명을 위협하는 훈련, 뇌진탕이 포함되었고, 아이스하키나 미식축구 등과 같은 스포츠에서 신체적, 정서적, 심지어는 성적 학대가 포함된 치명적 몸싸움을 하는 경기가 수반되었다.[30]

마지막으로 비싼 스카이 박스를 갖춘 값비싼 새 경기장을 짓고 시즌 입장권을 판매하는 관행으로 인해 팬들의 재정적 비용이 극적으로 증가되었다. 많은 경우, 특히 크고 오래된 도시에서 전통적으로 프로 스포츠를 지지해왔던 중산층이나 블루칼라 관중들은 더 이상 그렇게 지출할 여력이 없다. 결과적으로, 프로 스포츠 팬 층이 줄고, 많은 대중들이 자신들의 지지와 애정을 지역 마이너리그 팀으로 옮기는 현상들이 보이는데, 그 이유 중 일부는 '예전에 했던 것처럼' 하고 싶다는 스포츠에 대한 향

표 9.6 청소년 스포츠의 전국선수권대회

선수권대회	연령대	성별	스폰서
갤러웨이 주니어 월드챔피언십	6세 이하	남/여	갤러웨이 골프
아마추어 농구 선수권대회	8세 이하	남/여	아마추어선수연맹(AAU)
US 오픈 주니어 테니스 챔피언십	8세 이하	남/여	US 테니스협회
주니어 Pee Wee 팝 워너 슈퍼볼	8~11세, 체중 제한	남	팝 워너 풋볼
주니어 Pee Wee 치어 앤드 댄스 챔피언십	8~11세	여	팝 워너 치어 앤드 댄스
아마추어 주니어 올림픽 수영 대회	9세 이하	남/여	아마추어선수연맹(AAU)
청소년 월드 시리즈	9세 이하	남/여	US 클럽사커
청소년 농구 전미 챔피언십	9세 이하	남/여	미국청소년농구
리틀리그 야구 월드 시리즈	9~12세	남/여	리틀리구야구
리틀리그 소프트볼 월드 시리즈	9~12세	여	리틀리구소프트볼
아마추어 여자 주니어 배구 챔피언십	10세 이하	여	아마추어선수연맹(AAU)
칼 립켄 10세 야구 월드시리즈	10세 이하	남/여	베이브 루스 리그

출처: A. Lumpkin, University of Kansas, "Sports as a Selection of Society," slide 13. Available at http://aahperd.confex.com/aahperd/2009/webprogram/

수에 기인한다.

국제무대에서 스포츠의 부패는 더 심해졌다. 2002년 말, 영국 BBC 방송은 스포츠에서의 아동 착취에 맞서 싸우려 했던 유럽 스포츠 장관들의 회의를 보도했다. 증거로 제출된 많은 사례들에서, 프로 축구팀과 계약을 맺은 아프리카 청소년들이 있었지만, 팀이 만들어지지 않으면 때때로 방치되어 언어 능력이나 생계를 꾸릴 능력을 갖추지 못한 채 불법 이민자가 되었다. 벨기에, 프랑스, 네덜란드는 관광비자로 10대 이전 및 10대 청소년들을 데려올 가능성이 가장 높은 나라로 꼽혔고 그 후 그들을 방치했다.

전통적으로 최고의 아마추어 스포츠로 여겨졌던 올림픽조차 1999년에 2000년 시드니 하계 올림픽과 2002년 솔트레이크 동계 올림픽 유치 관련한 광범위한 뇌물수수 사건에 연루된 것으로 밝혀졌다.[31]

이 수준의 부패 외에도, 경기력 향상에 남용되는 금지 약물의 지속적 폭로와 국제 경기에 적용되는 도핑 테스트는 주요 자전거 경기인 투르 드 프랑스 및 여타 종목에서의 대중의 신뢰를 떨어뜨리는 데 일조했다.[32] 권투 선수권대회는 범죄 요소의 통제하에 있는 것으로 밝혀졌고, 축구 경기에서의 승부 조작은 국제 경기의 건전성을 최고 수준으로 위협했다.[33]

청소년 스포츠에서 가장 중요한 이슈 중 하나는 뇌진탕의 확산이다. 뇌진탕은 정신적 외상(TBI, traumatic brain injury)과 부분적 영구적 장애를 초래할 수 있다.[34] 뇌진탕 문제는 프로 스포츠 선수들이 선수 생활 동안 여러 차례의 뇌진탕으로 인한 부정적 영향으로 전면에 제기되었다. 그러한 인식은 모든 수준에서 스포츠의 변화를 가져왔다. 블루크로스 블루실드(BlueCross/BlueShield, 미국의 건강보험사) 2016년 보고서는 2010년부터 5년 동안 뇌진탕 진단이 43% 증가했다고 보고했다. 10세에서 19세 사이 환자들의 뇌진탕 진단은 71% 증가했다. 뇌진탕에 대한 일부 보고서에는 2012년에만 380만 명의 청소년 스포츠 뇌진탕이 진단되었는데, 이는 10년 전에 보고된 결과의 두 배였다. 질병관리본부(CDC)는 TBI가 아이들에게 흔히 일어나며 스포츠를 주된 원인으로 보고한다.[35] 대부분의 아이들은 TBI로부터 의학적 관심을 받지 못하고 있지만, 코치와 부모들 사이에서 인식이 확산되면서 변화되고 있다. 유소년 축구가 뇌진탕 뉴스의 중심이 되어왔지만, 보고된 자료는 뇌진탕이 청소년 스포츠 전체 범위에 걸쳐 퍼져 있음을 시사한다. 예를 들어, 축구는 여성들이 가장 흔하게 뇌진탕에 노출되는 위험 종목이다(50%가 뇌진탕을 입었거나 가능성에 직면). 일부 연구들은 고교 운동선수의 50퍼센트, 대학 선수의 70퍼센트가 뇌진탕을 보고하지 않았다고 했다.

청소년 스포츠에 따른 영향은 문서화되어 잘 보고되어 있다. 예를 들어, 2008년에서 2013년 기간 동안 청소년 스포츠 참여가 8.8% 감소했다고 보고한 아스펜 연구소(Aspen Institute)의 보고서는 가계 수입이 스포츠 참여의 주요 결정요인이라는 것을 보여준다. 이 중 일부는 뇌진탕에 대한 인식 확산에 기인한 것일 수도 있다. 학생과 부모들이 뇌진탕의 발발 가능성에 대해 더 많이 인식하게 되면서, 고교 축구 참여가 줄었다. 그러나 청소년 스포츠의 참여 감소를 한 가지 원인으로 단정하기는 어렵다.[36, 37]

미래의 스포츠 경향

앞서의 부정적 경향의 가속화 여부에 상관없이, 스포츠 매니저와 모든 수준의 참여자들은 이 장에서 제시된 문제들을 다룰 필요가 있다. 지속적인 프로 스포츠의 확장은 분명 수익 감소 지점에 이르렀다. 구단주들과 리그 정책 입안자들이 팬들의 충성심을 유지하거나 회복하려면 스타플레이어들에게 지급되는 천문학적 급여와 팀 소유주의 탐욕에 연관된 스포츠 참가 비용 증가에 대한 규제가 필요하다.

청소년 스포츠 개선

일반적으로 레크리에이션 추구로서의 스포츠는 보다 건강한 기반 위에 서 있는 것으로 보인다. 일부 비평가들은 어린이들과 청소년들이 체육 활동뿐 아니라 다른 자유 시간 활동에 대해서도 지나치게 계획되어 있고 조직적인 놀이가 과거에 아이들이 하던 자발적인 사교성 놀이들을 몰아냈다고 불평한다. 하지만, 현실은 야구, 소프트볼, 농구, 미식축구, 축구 등에서의 주요 전국 조직들뿐 아니라 개인 및 팀 스포츠의 많은 다양한 조직들이 수백만 명의 어린 참가자들에게 경기 기회를 제공하는 데 성공했다는 것이다.

승리에 대한 지나친 강조, 부모들의 과도한 압박, 또는 최근 몇 년간 매스컴의 이목을 집중시킨 코치들에 의한 신체적, 정서적, 성적 학대를 통제할 필요성에 따라, 다양한 국가기관들이 청소년 스포츠 발전을 위해 동원되었다. 전국청소년스포츠연맹과 긍정적 코칭동맹(Positive Coaching Alliance) 같은 민간 비영리단체들이 부모들에 대한 계몽과 긍정적 코칭 방법을 장려하기 위해 지속적인 캠페인을 벌이고, 인증 및 훈련 프로그램을 개발해왔다.

리틀리그 야구, 미국청소년축구협회, 또는 미국 테니스협회 같은 개별 스포츠를 대표하는 기관들은 같은 목적을 위한 지침과 규정을 개발했을 뿐 아니라, 청소년들의 약물 사용을 방지하고 소수 집단과 도시 빈민가 아이들의 더 많은 참여를 장려하기 위한 캠페인을 시작했다.

변화하는 스포츠 관심사

스포츠 참여는 끊임없이 변화하는데, 오늘날과 같이 빠르게 발전하는 모바일 및 초연결사회에서 그 어느 때보다 급속도로 변하고 있다. 전자 매체 및 분석 기법의 성장으로, 전통적으로 수십 년에 걸쳐 추적 조사되었던 동향은 이제 몇 주, 며칠, 때로는 몇 시간 단위로 측정된다. '스포츠 트렌드 2017'이라는 용어를 사용하여 인터넷을 검색한 결과, '청소년 스포츠 참여 통계 및 경향', '회원 가입 및 스포츠 참여 추세', '2016년 참여 보고서', '2016년 붕괴되거나 지배할 스포츠 산업 동향' 등 다양하고 흥미로운 보고서가 드러났다. 트렌드는 청소년 참여, 프로 스포츠 개발, 운동선수(프로, 아마추어, 청소년, 노인 등), 기술 및 상업적 변화에 초점을 맞추고 있다. 올림픽과 월드컵 기간 동안, 스포츠에 대한 관심이 더 광범위하게 확산되는데, 특히 어떤 종목의 국가대표팀이 잘할 때 더욱 그렇다. 결국 동향 분석은 특정 분야의 성장을 제안하는 데는 도움이 될 수 있지만 그것을 보장하지는 않는다.

미국 체육진흥위원회(Physical Activity Council)의 2016년 참여보고서는 미국 거주자들의 스포츠 관심사의 변화를 제시한다. 2010년과 2015년 사이에 개인 스포츠에 대한 참여는 40%에서 34.8%로 감소했다. 가장 높은 참여율(2015년 기준)을 보인 분야는 피트니스 종목(61.5%)과 야외 스포츠(48.5%)이다. 가장 낮은 참가율은 동계

잊었던 자신들의 관심사를 새롭게 발견함에 따라 고령화 인구 사이에서 스포츠에 대한 참여가 증가했다.

© Glenda M. Powers/Shutterstock.

스포츠(7.4%)와 라켓 종목(13.5%)이다. 후자는 겨울 스포츠에 참여하기에 충분히 긴 겨울을 지내는 지정학적 위치 및 전문 시설이나 거주지를 요구한다. 밀레니엄 세대는 다른 세대보다 피트니스 스포츠, 수상 스포츠, 라켓 스포츠에 더 자주 참여한다. 예상한 바와 같이, Z세대(2000년 이후 출생한 세대)는 팀 스포츠 및 야외 스포츠에 더 자주 참여한다. 전반적으로 청소년 스포츠 참여가 꾸준히 감소하고 있으며, 8,100만 명 이상의 사람들이 어떤 유형의 신체 활동에도 참여하지 않는 것은 우려할 만한 현상이다.[38, 39]

7세 이상 청소년들의 스케이트보드와 스노보드 같은 일부 익스트림 스포츠의 인기는 몇 년간의 성장세 후에 하락세로 돌아섰다. 2006년에서 2011년 사이에만 스케이트보드 참여 인구는 58%가 감소되었고, 스노보드는 보다 적은 16%의 감소를 기록했다.[40]

X 게임은 미디어가 익스트림 스포츠로 이동하여 어떻게 자본화하고 이익을 얻었는지를 보여주는 예다. 가장 최근의 동계 X 게임 이벤트 목록에는 스노보드 X, 스키 X, 모토 X, 스노보드 슈퍼파이프 및 여타의 스키와 스노보드 경기가 포함되었다. X 게임의 성공은 젊은 참가자들이 많지 않아 고통받던 스키 업계에 새로운 활력을 불어넣었다. 이렇게 성공적인 설상 스포츠의 부활로 인해, 몇 종목이 도입된 2002년 동계 올림픽 이후 2006년과 2010년 동계 올림픽에서 정규 종목으로 유지되었다.

 e-스포츠가 주류로 되고 있다

미래가 어떻게 될지 예측하고 계획을 세우는 일은 항상 위험 부담이 있지만, 판타지 스포츠가 극적으로 성장하고 있는 것만은 분명해 보인다. 2013년 즈음에 ESPN에서 자주 들었던 용어였는데, 지금은 거의 전적으로 e-스포츠에 전념하는 방송사가 있다. 판타지 스포츠는 미국의 스포츠 문화를 변화시키고 있는데, 하룻밤 새 거대 사업이 되었다. 수억 달러가 벤처 자금으로 투자되었다. 플레이어들은 e-스포츠에 대한 자신들의 지식을 바탕으로 베팅하면서 팀을 구축하고, 결과를 예측하고 플레이어를 트레이드한다. ESPN의 한 연구에서는 1억 1,800만 명의 사람들이 e-스포츠 베팅에 참여했으며, 그중 대부분은 불법이라고 보고했다. 판타지 스포츠는 현장 베팅을 대신하여 성장했고 참가자들로 하여금 자신들의 기술을 직접 사용할 수 있게 해주었다. 판타지 스포츠는 팀과 리그를 중심으로 조직되고, 플레이어는 자신의 팀을 구성할 수 있다. 판타지 스포츠는 도박 관련 문제가 있으며, 네바다와 뉴욕 등의 주에서는 위법이므로 일부 판타지 스포츠 단체의 활동이 금지되었다. 프로팀들은 특히 젊은이들 사이에서 팬 층을 확대하기 위한 방법의 일환으로 판타지 스포츠에 참여하였다.[41, 42]

요약

이 장에서는 레저 활동으로서 스포츠가 가지는 기본적 가치를 넘어 논의가 진전되었다. 이러한 논의는 스포츠 안에서의 여가와 여가 안에서의 스포츠를 접목시켜, 독자들에게 스포츠가 여가의 한 요소일 뿐이라는 것을 상기시켜주고자 했다. 이 장은 여가, 사회 참여, 문화 및 거대 비즈니스의 구성요소로서 스포츠의 성장을 설명한다. 스포츠 참여 수준에 대한 논의는 청소년들의 참여가 크다는 것을 보여주는데, 고등학교 졸업 이후 점차 감소하다 20대 중후반에서 30대 초반 동안 다시 증가하며, 노년층 사이에서 다양성이 확대되고 있다. 스포츠 참여는 나이, 기술, 스포츠에 대한 헌신, 가족 헌신, 사회적 참여, 시간, 돈 뿐 아니라 더 작은 변수들의 함수이다.

스포츠에 대한 관중 참여의 증가세를 유지하고 있다. 케이블 및 위성을 통한 텔레비전 방송의 시청 가능성, MLB와 NFL 전용 리그 네트워크 구축, 컴퓨터, 스마트폰, 태블릿 사용을 통한 인터넷 콘텐츠 증가, 월드컵, 하계 및 동계 올림픽 같은 국제 스포츠 행사에 대한 관심의 증가로 역사상 가장 많은 관중이 생겨났다. 그럼에도 불구하고 특히 전자 미디어를 포함하는 경우 실제 관객 수를 측정하기란 쉬운 일이 아니다.

국제 규모의 프로 스포츠 리그, 특히 미국 프로 스포츠 리그의 성숙은 스포츠에 대한 비즈니스 모델의 통합을 유도했다. 간단히 말해 스포츠는 이제 대규모 사업이 되었고, 다른 비즈니스 기업들과 마찬가지로, 소유주와 주주들에게 이익을 돌려줄 것으로 기대된다. 맨체스터 유나이티드 클럽과 같은 국제적인 팀을 포함 점점 더 많은 프로 스포츠 팀의 개별 가치가 10억 달러를 넘어섰다. 스포츠는 대규모 비즈니스로서 가까운 장래에 프로와 대학 스포츠의 미래를 견인할 것이다. 대학 스포츠의 가치와 비즈니스 측면에 대해서는 거의 논의하지 않았지만, 그들 역시 부분적으로 혹은 완전히 자립해야 하는 시대로 접어들었다.

마지막으로, 이 장에서 경향과 이슈를 논의하고, 자주 논의되는 주제인 도덕적 가치의 원천으로서 스포츠에 대한 토론을 포함했다. 해당 주제는 청소년 스포츠 참여 및 압박에 대한 문제와 우려, 젊은 스포츠 참여자들에 대한 상업주의적 영향, 고삐 풀린 청소년 스포츠 프로그램에 대해 고삐를 틀어쥐고 참가자들에게 흥미를 주기 위한 노력들, 익스트림 스포츠의 성장, 그리고 컴퓨터와 비디오 게임의 영향에 대한 것들이었다.

스포츠는 사회에 주요한 영향을 미친다. 스포츠는 직장에서, 인터넷을 통해, 그리고 친구들 사이에서 자주 얘기되는 대화 주제이지만, 아직은 중산층 정도의 인구 집단만 실제로 스포츠에 참여하거나 관람할 뿐 아직은 전체 인구 집단의 참여와 관여를 이끌어내지는 못하고 있다.

토론 및 에세이 과제

1. '스포츠'라는 용어가 의미하는 바를 정의하라. 스포츠가 반드시 가져야 한다고 생각하는 특성의 일부를 정의에 포함하라. 당신의 정의에 부합하는 다섯 가지 스포츠를 나열하라. 온라인에서 당신의 정의에 맞지 않는 '스포츠'를 검색하라.

_____

_____

_____

2. 친구들을 대상으로 지인 중에 스포츠 경기 중 뇌진탕을 일으킨 사람이 있는지 또는 뇌진탕을 당해봤는지 조사하라. 그런 다음, 스포츠에서 일어날 수 있는 뇌진탕 가능성을 인식함으로써 특정 스포츠에 대한 자신들의 태도가 변화되었는지 조사하라. 만약 그러한 상황에서도 그들이 태도를 바꾸지 않았다면, 그 이유는 무엇인가? 이 장에서 제시된 통계를 그들과 공유하고 뇌진탕과 스포츠에 대한 그들의 생각에 변화가 있는지 조사하라.

_____

_____

_____

_____

3. 그룹을 나누어 얼마나 많은 회원들이 실제로 스포츠 경기를 시청하는지 확인하라. 뉴스, ESPN, 기타 스포츠 채널, 신문 또는 모바일 기기를 포함하여 가장 광범위한 정의로서의 '시청'을 적용하라. 그런 다음 그들이 스포츠를 시청하는 데 어떤 방식을 가장 많이 이용하는지 조사하라. 즉, TV 생중계, 모바일 기기 생중계, 추후 시청을 위한 녹화, 텔레비전이나 모바일 장치를 이용한 하이라이트 시청 등으로 분류하라. 당신이 속한 그룹에서 스포츠 경기를 시청하는 가장 흔한 방법은 무엇인가? 조사 결과가 다른 그룹들과 일관되는가?

_____

_____

_____

_____

4. 스포츠나 운동에 참여하는 동기를 파악하라. 이를 위한 질문은 다음과 같다.

"왜 내가 참여하지? 참여로 얻을 수 있는 것은 무엇이 있을까? 그것이 나에게 중요한가, 그리고 그 이유, 또는 그렇지 않은 이유는 무엇인가? 내가 스포츠나 운동에 참여하는 것을 방해하는 가장 큰 요인은 무엇인가? 나 자신을 위해서 하는 것인가, 아니면 그룹의 일원으로서 하는 것인가?"

_____

_____

_____

_____

5. 스포츠 장비(야구글러브, 운동화, 배드민턴 라켓, 스노보드, 게임기 등)를 선택하라. 그 스포츠 장비의 탄생부터 지금까지의 진화를 추적하라. 특수한 제작 방법이 필요한가? 개발에 공학적 방법이 수반되는가? 쉽게 구할 수 있거나, 또는 맞춤형으로 제작해야 하는가? 제조사는 이것을 만들어야 하는지 어떻게 알았을까? 어디서 구입하였는가?(스포츠용품점, 기타 매장, 온라인 등). 이에 대한 지식들이 스포츠와 레크리에이션에 대한 이해를 어떻게 증진시킬 수 있을까?

_____

_____

_____

_____

미주

1. J. B. Lewis, T. R. Jones, G. Lamke, and L. M. Dunn, "Recreational Sport: Making the Grade on College Campuses," _Parks and Recreation_ (December 1998): 73.

2. The Free Dictionary, "Sport," www.thefreedictionary.com/sport (Accessed June 5, 2017).

3. Oxford Living Dictionaries: http://www.oxforddictionaries.com/us/definition/american_english/sport.

4. Official Website of the Paralympic Movement: www.paralympic.org.

5. Disabled Sports USA: http://dsusa.org/about-overview.html.

6. R. A. Stebbins, "Casual Leisure: A Conceptual Statement," _Leisure Studies_ (Vol. 16, 1997): 17–25.

7. S. Ullrich-French and A. L. Smith, "Perceptions of Relationships with Parents and Peers in Youth Sport: Independent and Combined Prediction of Motivational Outcomes," *Psychology of Sport and Exercise* (Vol. 7, No. 2, 2008): 193–214.

8. All Star Activities, "Why Your Child Should Participate in Sports": www.allstaractivities.com/ sports/sports-why-participate.htm (Accessed June 5, 2017).

9. "Team Sports: State of the Industry," *Sporting Goods Dealer* (January 1, 2006).

10. PHIT America, "America's 15 Fastest Growing Sports and Activities": http://www. phitamerica.org /News_Archive/America_s_Fast_Growing_Sports.htm (Accessed June 5, 2017).

11. Rainey, J. & Hamm, A. 2015, Trends in Sports and Fitness, *Leading Edge Newsletter*, GreenPlay LLC: http://www.phitamerica.org/News_Archive/America_s_Fast_Growing_Sports.htm.

12. R. R. Pate, M. G. Davis, T. N. Robinson, et al., "Promoting Physical Activity in Children and Youth," *Circulation* (Vol. 114, 2006): 1214–1224.

13. Outdoor Industry Association, "Consumer Segmentation Executive Summary": https://outdoorindustry.org/pdf/consumervue_executive_summary.pdf (Accessed January 23, 2017).

14. R. Underwood, E. Bond, and R. Baer, "Building Service Brands via Social Identity: Lessons from the Sports Marketplace," *Journal of Marketing: Theory and Practice* (Vol. 9, No. 1, 2001): 1–12.

15. R. Giulianotti, "Supporters, Followers, Fans, and Flaneurs: A Taxonomy of Spectator Identities in Football," *Journal of Sport and Social Issues* (Vol. 26, No. 1, 2002): 25–46.

16. Chicago Cubs, "Wrigley Field": http://mlb.mlb.com/chc/ballpark/index.jsp (Accessed June 14, 2014).

17. L. Igel, "Low Sports Attendance: Who Is Your Customer?" *Forbes*: http://blogs.forbes.com /sportsmoney/2010/09/28/low-sports-attendance-who-is-your-customer (Accessed June 14, 2014).

18. Sports Media Watch, "The 50 Most-Watched Sporting Events of 2012": www. sportsmediawatch.com/2013/01/2012-numbers-game-the-most-watched-sporting-events- of-the-year/ (Accessed November 18, 2012).

19. Outkick the Coverage, "The 15 Most Valuable Sports Networks": http://www. outkickthecoverage.com/the-15-most-valuable-sports-networks-050715 (Accessed June 5, 2017).

20. S. Roxborough and B. Jones, "World Cup Finale Draws 700 Million Viewers," *Reuters* (July 13, 2010): www.reuters.com/article/2010/07/13/us-football-idUSTRE66C0ZV20100713.

21. Nielsen, "The Year in Sports Media Report: 2015": http://www.nielsen.com/us/en/insights /reports/2016/the-year-in-sports-media-report-2015.html (Accessed June 5, 2017).

22. Sports Cheatsheet, "5 College Conferences That Bring In Over $250 Million": http://www. cheatsheet.com/sports/the-5-most-valuable-conferences-in-college-sports.html/?a=viewall (Accessed January 23, 2017).

23. Forbes.com, "NFL Team Values": http://www.forbes.com/pictures/mlm45geihk/2-new- england-patriots/#1e42e0de1c39 (Accessed January 23, 2017).

24. Forbes.com, "The Business of Baseball: The New York Yankees": http://www.forbes.com/ teams/new-york-yankees/ (Accessed January 23, 2017).

25. Kurt Badenhausen, Michael K. Ozanian, and Christina Settimi, "Recession Tackles NFL Team Values," Forbes.com (September 2, 2009): www.forbes.com/2009/09/02/nfl-pro-football-business-sportsmoney-football-values-09-values.html; and Michael K. Ozanian and Kurt Badenhausen, "Baseball's Most Valuable Teams," Forbes.com (April 22, 2009): www.forbes.com/2009/04/22/yankees-mets-baseball-values-09-business-sports-land.html.

26. Forbes.com: http://www.forbes.com (Accessed January 21, 2017).

27. "Team Marketing Report - NBA 2015–2016": https://www.statista.com (Accessed January 21, 2017).

28. James Kozlowski, "Sport League Held Liable for Brutal Attack on Coach," *Parks and Recreation* (November 1999): 45–52.

29. D. Gould, "The Professionalization of Youth Sports: It's Time to Act!" *Clinical Journal of Sport Medicine* (Vol. 19, No. 2, 2009): 81–82.

30. Joe La Points, "A Hard Winter in Vermont: Hockey Season Canceled Over Hazing," *The New York Times* (February 3, 2000): D1.

31. Robert Sullivan, "How the Olympics Were Bought," *Time* (January 25, 1999): 38.

32. Michael Lemonick, "Le Tour des Drugs," *Time* (August 10, 1998): 76.

33. Jere Longman, "Fixed Matches Are Darkening Soccer's Image," *New York Times* (June 7, 1998): 1.

34. Headcase, "Sports Concussion Statistics": http://www.headcasecompany.com/concussion_info/stats_on_concussions_sports (Accessed January 23, 2017).

35. Centers for Disease Control and Prevention, Nonfatal traumatic brain injuries related to sports and recreation activities among persons aged ≤19 years—United States, 2001–2009, MMWR Morb Mortal Wkly Rep. 2011:60.

36. https://www.bcbs.com/about-us/capabilities-initiatives/health-america/health-of-america-report/steep-rise-concussion.

37. https://www.aspeninstitute.org/blog-posts/7-charts-that-show-the-state-of-youth-sports-in-the-us-and-why-it-matters/.

38. Newzoo, "Esports Enthusiasts to Total 145 Million by 2017": https://newzoo.com/insights/articles/esports-enthusiasts-total-145-million-2017/ (Accessed January 23, 2017).

39. CNN.com, "Seven-Figure Salaries, Sold Out Stadiums: Is Pro Video Gaming a Sport?": http://edition.cnn.com/2016/05/31/sport/esports-is-professional-gaming-a-sport/ (Accessed January 13, 2017).

40. Physical Activity Council: http://www.physicalactivitycouncil.com (Accessed January 23, 2017).

41. http://www.forbes.com/sites/darrenheitner/2015/09/16/the-hyper-growth-of-daily-fantasy-sports-is-going-to-change-our-culture-and-our-laws/#521195d35f25 (Accessed January 12, 2017).

42. The Outdoor Foundation, "2012 Outdoor Recreation Participation Report," Boulder, CO: Outdoor Industry Association (2013): www.outdoorfoundation.org/research.participation.2012.html.

직업으로서의 여가

공원 및 레크리에이션 직업이 하는 일은 무엇인가? 공원과 레크리에이션 직업은 매우 다양한 직업 기회를 제공한다. 당신이 일하는 곳이 사무실이건 야외건 간에, 공원 및 레크리에이션에 관한 일을 한다는 것은 환경 보존 노력, 사회적 평등, 건강과 웰빙을 통해 모든 사람들의 삶의 질을 향상시키는 일에 복무한다는 것을 의미한다. 내가 좋아하는 직장에 날마다 출근하는 일은 모든 사람들이 원하는 일이다. 여러분이 야외 활동에 대한 열정이 있고, 사람들을 돕고자 하는 열정이 있고, 지역사회를 더 좋게 만들고자 하는 열정을 가지고 있다면, 이 분야의 직업을 고려할 만하다.[1]

✔ **학습목표** LEARNING OBJECTIVES

1. 여가 서비스 분야에 지출하기 위한 경력에 대해 논의한다.
2. 전문 실무에 대해 일곱 가지로 정리된 기준을 이해하고 논의한다.
3. 적합한 전문 인증을 확인한다.
4. 레크리에이션 및 여가의 운영 철학을 기술한다.

소개

레크리에이션, 공원, 그리고 여가 서비스는 지난 수십 년간 다양한 고용 분야로 확장되어 왔다. 오늘날, 수백만 명의 사람들이 아마추어 및 프로 스포츠, 엔터테인먼트 및 오락 서비스, 이벤트 기획, 관광 및 여행, 레크리에이션 관련 사업, 정부 및 비영리 커뮤니티 기관 등을 포함해 이 분야의 다양한 분야에서 일하고 있다.

수십만 명의 사람들이 공공, 비영리 및 영리기관으로 대별할 수 있는 기관에서 레크리에이션 리더, 감독관, 관리자, 치료사, 기획자 및 컨설턴트로 직접 참여하고 있다.

레크리에이션 서비스 제공에 우선적으로 관심을 가지는 이러한 사람들은 그들의 직무 책임, 전문 교육 이수 및 전문 협회에 관련 경력으로 이 분야 전문가로 간주된다.

여가 서비스 관련해 선뜻 떠올릴 수 있는 직업이 레크리에이션 및 공원 업무 담당 공무원이었다. 대부분의 교과서 및 대학 교과과정에서 뿐 아니라 관련된 주요 전문 협회도 이렇게 편협하게 정의된 정체성을 강화하는 데 일조했다. 그러나 현실은 레크리에이션 및 여가 서비스에서 광범위하게 고용하는 정부보다는 비영리 지역사회 기관, 기업이 후원하는 영리 및 치료 레크리에이션, 스포츠 매니지먼트, 여행 및 관광 프로그램에 관련된다는 것이다. 따라서 여기에 종사하는 전문가들은 자신들의 협회를 가지고 있으며, 이러한 조직들은 공공 레크리에이션 및 공원 전문가들과는 또 다른 목표와 업무, 전략을 가진다.

직업으로서의 레크리에이션

역사적으로 직업적 운동선수 및 연예인들이 존재했었다는 의미에서 사람들은 수세기 동안 레크리에이션에 종사해왔다. 음악가, 곡예사, 댄서, 사냥꾼, 공원 설계사 및 정원사들은 모두 전제주의 왕가의 일선에서 일했음에도 불구하고 궁극적으로는 대중들의 여가를 충족시켜주는 레크리에이션 전문가들이다. 그럼에도 불구하고 레크리에이션 자체의 개념은 자원봉사 및 사회봉사 단체, 청소년 봉사 단체들과 함께 공공의 공원 및 놀이터가 만들어지기 시작한 1800년대 후반까지는 표면화되지 않았다.

20세기 초반 이후, 놀이 리더십 과정이 미국놀이터협회(Playground Association of America)에 의해 개발되어 많은 교사들에 의해 채택되었다. 1920년대 중반 들어, 국립레크리에이션협회에 의해 전문적인 레크리에이션과 공원 관리를 위한 대학원 훈련 프로그램이 제공되면서 여가가 공공 서비스의 뚜렷한 영역으로 인정받게 되었다. 1930년대 대공황 기간 동안 연방정부가 지역 레크리에이션 프로그램과 새로운 공원 및 관련 시설의 개발에 수많은 사람들을 긴급 고용하면서 이러한 인식은 더욱 확대되었다. 그러나 뚜렷한 직업 영역으로서의 레크리에이션 및 공원에 대해 일부 대학에서의 별도의 학위 프로그램이 만들어지기 전까지는 소수의 고등교육 프로그램으로 존재할 뿐이었다.

20세기 후반까지, 레크리에이션 및 공원 영역에서의 직업은 성장 분야로 간주되었다. 1960년대에 조사한 전국적 노동력 수요에 대한 연구에 따르면 향후 수십만 명의 새로운 레크리에이션 및 공원 전문가들이 필요할 것이라고 전망했다. 미국 노동부는 지방정부, 병원, 청소년 봉사 단체 등에서의 여가 서비스에 대한 광범위한 인력 부족을 보고했다. 야외 레크리에이션과 야외 공간에서의 연방정부의 활동 확대와 국립 레크리에이션 및 공원협회의 설립과 같은 몇 가지 요인들이 이 분야에 관심을 불러일 으켰다. 1970년대 들어 고용 증가에 따라, 레크리에이션 및 여가 서비스 커리큘럼이 고등교육 영역에서 더 많이 수용되었다.

오늘날의 고용 범위

사람들은 스포츠, 예술, 자연 활동 및 박물관, 동물원, 수족관 방문, 그리고 특별 이 벤트, 쇼, 공연 참석, 관광 목적의 여행 등으로 자유 시간을 보낸다. 이러한 모든 레 크리에이션의 진행 동안, 이러한 활동 속에서의 업무를 위한 여타의 많은 직업들을 필요로 한다.

공원과 휴양에서의 취업 기회는 매우 다양하다. 레크리에이션 직업인들은 지역 공 원 및 레크리에이션 기관, 크루즈 선 등에서 볼 수 있으며, 선댄스 영화제 같은 주요 축제나 피닉스 국제 레이싱대회장 같은 홍보 행사 계획, 그리고 치료 레크리에이션 환 경에서 장애인과 함께 일하고 있다. 그들은 아카디아(Acadia)에서 자이언(Zion) 국립 공원에 이르는 모든 국립공원에서 찾을 수 있다. 그들은 공원 경비원, 통역관, 가이 드 및 활동 기획자로서의 역할을 담당한다. 이 장 내내, 여러분은 공원 및 레크리에 이션 분야에서 일하는 사람들의 표상을 발견할 수 있을 것이다. 이러한 직업 중 몇은 이 분야에서 완전히 새로운 것일 수 있고, 또 다른 몇은 다년간의 경험이 있다. 각자 는 자신들의 직무에 대한 전형적인 책임을 공유한다. 이 직업이 얼마나 다양한지 쉽 게 알 수 있다.

레크리에이션에서 일하는 사람들의 교육적 배경 은 다양하다. 수많은 여름 시즌 직종 및 파트타임 직 무, 또는 많은 구조요원 및 캠프 상담사들은 고교 졸 업장을 요구한다. 이러한 직책은 전문직이 아니라 레 크리에이션 분야에서의 전문 경험을 쌓기 위한 수단으 로 여겨진다. 레크리에이션 관련 직종에서의 책임성이 증가함에 따라 학위 요건도 상승된다. 방과후 프로그 램 지도자, 특별 이벤트 기획자 및 시설 감독관 같은 분야의 직책은 학사 학위가 필요하며, 중간 및 상위 관리 직책에서는 석사 학위를 필요로 할 수도 있다.

비록 레크리에이션 영역에서의 직업의 총 규 모에 대한 데이터는 제한적이지만, 관광 산업은

공원 및 레크리에이션에서의 직업은 관광청에서 스페셜올림픽 및 특별 이벤트 기획에 이르기까지 매우 다양하다.

© spirit of america/Shutterstock.

케일라 리차슨, 파빌리온 행동 건강 시스템 (Pavilion Behavioral Health System)의 치료 레크리에이션 전문가

나는 치료 레크리에이션 전문가로서 모든 연령대 환자들의 향정신성 약물 남용 환자를 위한 프로그램을 시행한다. 시설 내 88명의 입원 환자들에게 서비스를 제공하며, 매일 그들과 함께 일한다. 새로운 환자가 시설에 들어오면 개개인을 평가하여 목표를 만든다. 내가 구현하는 프로그래밍 주제는 애완동물 치료, 명상, 휴식, 스트레스 관리, 여가 교육, 의사소통 등을 포함한다. 내 직무에서 가장 좋은 부분은 모든 연령대의 사람들로 하여금 더 건강하고 통합적인 삶을 살 수 있도록 도움을 주는 다양한 전문가들과 함께 일할 수 있다는 점이다.

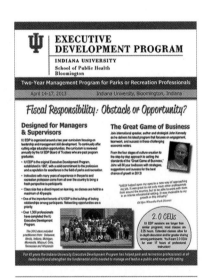

공원 및 레크리에이션 직책을 위한 훈련은 학위로 끝나지 않는다. 전문가들은 인디애나대학의 경영 개발 프로그램 같은 프로그램들을 이용하여 자신들의 기술을 향상시킨다.
© Trustees of Indiana University.

550만 명의 사람들이 일하고 있는 최대 규모 산업 중 하나라는 것을 알고 있다.[2] 2014년 노동통계국의 자료에 따르면, 레크리에이션 치료사로 고용된 사람이 18,600명,[3] 레크리에이션에 379,300명,[4] 이벤트 기획자로 고용된 사람이 10만 명에 이른다.[5] 8,400만 에이커에 이르는 면적을 돌보기 위해 22,000명을 고용하고 있으며,[6] 6개 국립공원은 24,985명을 정규직 및 비정규직으로 고용하고 있는 것으로 추산되었다.[7]

노동통계국은 2024년까지 대부분의 레크리에이션 직업에 대한 수요가 평균 이상으로 빠르게 증가하여, 이 기간 동안 10% 정도의 성장률을 보일 것으로 예상했다.[8] 그들은 또한 치료 레크리에이션은 향후 몇 년에 걸쳐 12%의 증가율로 평균보다 빠른 성장세를 보일 것이라고 예측했다.[9] 이러한 성장의 원동력 중 일부는 앞 장에서 논의되었던 베이비부머의 퇴직률에 기인한다. 또한 건강 및 웰빙에 대한 관심이 확대된 결과이기도 하다.

레크리에이션의 전문성 식별

전문가가 된다는 것은 무엇을 의미하는가? 가장 단순한 의미에서 이것은 아마추어와는 대조적으로 자신의 업무에 대해 보수를 지급받는다는 것을 의미한다. 따라서 어떤 팀에서 경기에 따른 보수를 받는 선수는 전문가로 분류된다.

그럼에도 불구하고, 이러한 분류가 많은 유형의 유급 노동이 모두 전문가로 간주되지 않는다는 점에서 분명히 충분한 정의는 아니다. 보다 완전한 정의는 전문가가 높은 수준의 지위와 전문적 훈련을 받고 상당한 형태의 공공 또는 사회 서비스를 제공

트로이 루카스, 텍사스 허드슨 오커스의 스플래시 킹덤 와일드 웨스트 공원 관리자

내 직책은 많은 역할을 담당해야 한다. 주로 직원을 고용하여 지속적으로 훈련시키며, 전체 직원의 약 75%를 차지하는 아쿠아틱 부서를 관리한다. 또한 공원 서비스 부서 관리, 수영장 및 공원의 여타의 장비들에 대한 유지보수, 건설, 수리를 포함한 관련 업무를 감독한다. 때로는 관리인으로, 때로는 비상사태의 최우선 책임자로서의 역할을 수행한다. 매일같이 책상이 앉아 있는 일 없이, 좋아하는 일을 하는 선생님으로, 리더로, 매니저로 활동한다. 안에서 일을 하기에 흥미진진한 환경이고, 꼭 같은 일상은 하루도 없다.

하는 사람이라는 것을 암시한다는 것이다.

오늘날 회사가 후원하는 직장 프로그램, 치료 레크리에이션, 피트니스 및 헬스클럽 같은 많은 전문 여가 서비스 영역에서 전문성은 교육, 경험 및 시험이 결합된 필수 인증의 소유로 좁혀질 수 있다. 또 다른 상황에서는 지정된 전문 협회나 기관의 회원을 전문성의 특징으로 인식할 수 있다.

그러나 일반적으로 다음의 7가지 기준을 전문성의 핵심 요소로 받아들인다.

기준 1: 사회적 가치와 목적

조직화된 지역사회 여가 서비스 기관의 목표, 가치 및 목적은 다른 장에서 설명하였다. 일반적으로, 그들은 삶의 질을 개선하고, 개인의 발전과 사회적 통합에 기여하며, 사회적으로 파괴적인 여가 활동의 예방을 지원하고 환경 보호와 같은 요소들을 다룬다.

공공 및 비영리 여가 서비스 기관들은 오랫동안 자신들의 사회적 공익 활동을 통해 인정되어졌다. 예를 들어, YWCA의 미션은 인종차별을 없애고, 여성들에게 권한을 부여하며, 모든 사람들을 위한 평화, 정의, 자유, 존엄성을 증진시키는 것이다.[10]

YWCA 회원 단체들은 매년 수백만 명의 여성들, 그리고 지역사회를 대상으로 안전, 쉼터, 탁아소, 체력 단련 및 레크리에이션 프로그램, 상담, 그리고 여타의 사회, 건강, 교육 및 직업 관련 서비스를 제공한다.

공공 부문과 비영리 부문은 대부분 사회적 공익과 동일하게 인식되지만, 영리 부문 역시 마찬가지로 기여하며 자체의 사회적 가치와 목적을 가지고 있다.

사람들은 기꺼이 자신들의 개인적 여가를 위해 돈을 지불할 용의가 있으나 공원이나 산책로 같은 공익적 목적의 여가 지원을 위한 세금을 부과하는 것은 싫어한다.
© Jim Noetzel/Shutterstock.

엔터테인먼트를 제공하고, 건강 및 체력 단련을 지원하며, 다른 문화 유적지 또는 다양한 관광 여정을 사람들에게 보여줄 수 있다.

기준 2: 대중적 인식

지난 수십 년 동안 여가 서비스 분야의 급속한 확장이 반드시 대중이 이 분야를 충분히 이해하고 존중한다거나, 그들이 이 분야를 별개의 전문 서비스 영역으로 간주한다는 것을 의미하지는 않는다. 예를 들어, 오늘날 대부분의 사람들은 레크리에이션이 무엇인지 알고, 많은 사람들이 레크리에이션을 자신들 삶의 중요한 부분이라고 생각한다. 대부분은 헬스클럽 회원권, 휴가, 스포츠 장비, 극장 티켓 및 기타 여가 관련 비용 등 레크리에이션 상품이나 서비스를 구입하는 데 수입의 상당 부분을 지출할 준비가 되어 있다. 그러나 그들은 종종 자신들의 여가를 위한 개인적 지출에 비해 공공 레크리에이션 및 공원 시설과 프로그램 지원을 위해 부과되는 세금에 대해서는 지출하려 하지 않는다.

노동 통계국이 실시한 시간 활용 연구에 따르면 15세 이상의 96%가 사교, 스포츠, 운동 등의 여가 활동을 한다.[11] 2014년에는 4억4,530만 명 이상이 주립공원을 방문했으며, 4백만 명의 야영객 및 670만 명의 숙박객이 있었다.[12] 국립공원관리공단에 따르면 2009년에만 117억 명의 방문객이 기록되었다.[13] 매년 거의 7천 4백만 명의 사람들이 메이저리그 야구 경기에 참가한다.[14]

이러한 통계는 이용 가능한 여가 서비스 기회의 일부에 불과하지만, 인구의 대다수가 레크리에이션 서비스를 사용한다는 사실을 보여준다. 조직화된 레크리에이션 서비스의 가치는 참여와 활용을 통해 확인될 수 있지만, 대중들이 여가 서비스 영역을 직업으로서 얼마나 잘 알고 있을까? 대부분의 개인들이 서비스의 특정 영역 내에서 레크리에이션 전문가의 역할을 인식할 가능성은 있다. 예를 들어, 그들은 정신병원이나 요양원의 레크리에이션 치료사의 기능이나 지역사회센터 관리자, 공원 경비원, 또는 군대 레크리에이션 프로그램에서의 스포츠 전문가의 역할에 익숙할 것이다. 사람들이 이해 못 하는 바는 레크리에이션이 대학에서의 특별한 전문지식과 교육을 필요로 하는 실천 영역이라는 것이다. 문제의 지점은 레크리에이션 전문가에 대한 이미지이다.

전문가 이미지 조직화된 여가 활동에 실제로 참여하지 않는 한, 사람들은 심지어 이러한 직종과 직업이 존재한다는 사실조차 모를 것이다. 참여한다 하더라도 직업으로서 인정하지 못할 수도 있다. 주요 행사에 참가하는 사람들은 매년 이 특별한 행사를 즐기고 돌아오면서도, 이 행사 참가를 위한 계획과 준비를 모두 이해하지는 못할 것이다. 사람들은 레크리에이션 서비스를 즐기는 사치를 누리는 반면, 자신들에게 서비

존 테일러,
사우스 캐롤라이나 주 록힐 공원 레크리에이션 및 관광 부서 책임자

나의 일상은 직원들과 지역 공동체 지도자들의 요구에 얽힌 공동체의 요구를 중심으로 돌아간다. 지역사회 차원에서 나는 레크리에이션 프로그램이나 리그 관련 요구에서 시설 요구에 이르기까지 무엇이든 시민들의 요청을 전달하고 조정한다. 부서 또는 직원 수준에서 나는 많은 관련 주제들에 대해 직원들과 소통하고, 시 전체의 자본 프로젝트 팀에서 근무하며, 주요 관광 또는 날씨에 영향을 받는 이벤트를 조정한다. 일상 업무는 부서장 및 시의회 기획회의에 참석하고 건설 프로젝트 및 부서 시설을 방문하여 부서의 편익에 대한 필요를 평가하는 일을 포함한다. 지역 사회 지도자로서, 나는 해당 부서에 영향을 미치는 지역사회 문제에 대해 시, 부서, 커미셔너, 주요 개발자들과 상의한다. 또한 공원 및 레크리에이션, 관광업과 관련된 주 및 국가 차원의 입법 문제에 대해 지원한다. 정형화된 날은 없다. 확신할 수 있는 얘기는 오로지 당신의 계획이 결과와 일치되는 것은 아니라는 것이다.

스를 제공하는 사람들에 대한 인식은 뒷전이다. 대중들은 종종 공원에서 잔디를 깎고 화단을 계획하여 가꾸며, 토너먼트 일정을 세우거나 공원에서 열리는 콘서트를 계획하는 사람들을 보지 못한다. 대부분의 경우, 행사나 프로그램이 원활하게 진행되면 공원 및 레크리에이션 전문가는 보이지 않는다. 이러한 이유로 대중들이 이루어지고 있는 일을 전문가나 직무와 연관시켜 보지 못하는 것이다.

이 직업에 대한 또 다른 오해는 누구나 할 수 있다고 여기는 것이다. 사람들은 누구나 64개 팀의 소프트볼 토너먼트를 기획하고, 10만 명의 사람들을 끌어들이는 특별 이벤트를 조직하거나, 수영장 관리를 할 수 있다고 생각한다. 겉으로는 이러한 활동들이 그리 어렵지 않아 보일 수 있다. 그러나 이러한 일들은 많은 양의 학업, 경험, 그리고 조직적 기술을 필요로 한다. 게다가 레크리에이션 및 여가 서비스 직원들이 자신들의 정체성과 지지를 강화하기 위해서는 전문 연구와 자신들의 분야를 강화하는 조직에 참여함으로써 스스로의 능력을 풍부하게 해야 한다.

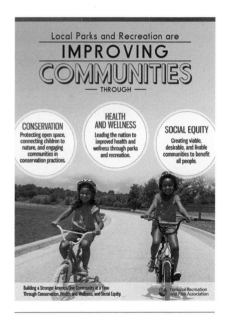

전문 협회로서 NRPA는 대중들이 자신들의 지역 사회에서 공원과 오락의 가치를 이해할 수 있게 해준다.

Courtesy of National Recreation and Park Association.

기준 3: 전문가적 준비

주어진 분야의 전문적 권위를 나타내는 척도는 그 분야에서의 기능에 대해 습득해야 하는 전문적 준비의 수준이다.

공원 및 레크리에이션도 예외가 될 수 없다. 이 분야에는 교육이 필요 없는 많은 직업들이 있지만, 이들 중 상당 부분은 비정규직으로 대부분 낮은 급여를 받는다. 정규직, 전문직의 업무를 위해서는 때론 고교 이후의 교육 과정이 필요하다. 2년제 및 4년제 과정뿐 아니라 공원 및 레크리에이션 관련 분야의 석박사 학위도 있다. 이러한 학위를 소지한 사람들은 신입 및 고위 직무를 유지하는 데 필요한 전문 교육을 제공한다.

레크리에이션과 공원에서의 직업적 준비   레크리에이션, 공원, 여가 서비스에서의 고등 교육 발달의 초기 시기는 이 책의 다른 곳에 설명되어 있다. 지난 50년 동안, 레크리에이션 및 공원에 대한 대학 교육 과정은 2년, 4년, 대학원 과정 등 세 가지 단계로 개발되었다.

2년제 과정   1960년대 말과 1970년대 초에 많은 지역사회 대학들이 레크리에이션 및 공원 관련 학위 프로그램을 제공하기 시작했다. 전형적으로, 이들은 감독이나 행정적 역할보다는 전문가 보조원이나 하위 전문가 수준에서의 개인적 준비를 위해 노력했다. 대부분의 지역사회 대학은 레크리에이션 전공자들에게 두 가지 유형의 프로그램, 즉 최종(terminal) 과정이나 편입(transfer) 과정 중 하나를 선택할 수 있도록 제공했다. **최종 프로그램**은 학생들이 즉시 취업할 수 있도록 하고, 종종 특정 실무 분야에서 기본적이고 유용한 레크리에이션 리더십 기술 개발에 초점을 맞추는 것이다. **편입 프로그램**은 4년제 과정으로 편입하고자 하는 학생들을 위한 것이다.

4년제 과정   레크리에이션 및 공원에서 가장 일반적으로 확인할 수 있는 과정이 4년제 학사 과정이었다. 애초에 이러한 프로그램들은 보건, 체육 및 레크리에이션 등의 전공에서 전문화된 학위 과정으로 구성되었지만, 일부는 조경, 농업 또는 산림 등의 학과에 있었다. 오늘날, 많은 학과들이 여전히 행정적으로 보건, 체육 및 레크리에이션 대학에 자리하지만, 그들은 자신들의 목표, 과정, 학위 요건, 그리고 교수진을 가지고 높은 수준의 독립적인 커리큘럼을 확보하고 있다. 4년제 프로그램은 전형적으로 레크리에이션 프로그래밍, 자원 관리, 야외 레크리에이션, 치료 레크리에이션, 스포츠 경영, 상업 레크리에이션, 관광 등의 분야에서 학위 과정을 확립했다. 일반적인 패턴은 모든 전공자들에게 레크리에이션 역사 및 철학, 프로그램, 관리, 평가 및 연구의 기본 과정을 포함하여 선임 전문가들의 일반적 요구를 표상하는 특정 핵심 과정을 수강한 후, 각 과정에 대한 개별 전문 과정을 이수하게 하는 것이다.

한때 공원 및 레크리에이션 전문가들을 위한 교육의 장으로 시작되었던 일이 변화하는 현장의 요구를 충족하기 위해 성장했다. 다양한 레크리에이션 분야에서 직업 기회에 대한 학문적 인식이 증가하고 있었다. 그 결과, 많은 대학 프로그램들이 상업 레크리에이션, 여행과 관광, 스포츠 경영, 호텔 및 리조트 경영 등 유사한 전문 분야에 대한 새로운 관심을 반영하여 학과명 및 학과 관계를 변화시켰다. 전형적으로, 상당수의 학과들이 이름에 관광이라는 용어를 추가하고, 이 분야에 연관된 풍부한 프로그램을 구축했다. 일부 경우에는 해당 대학의 경영대학과 협력하고, 또 어떤 경우에는 치료 레크리에이션 전공이 공중보건이나 보건 서비스 학과나 대학으로 이전되었다. 이 분야에서 가장 두드러진 사례로, 2015년 현재 성장하는 이 분야의 인력 수요를 충족시키도록 설계된 475개 이상의 스포츠경영학과가 있었다.[15] 이러한 현상은 2010년의 300개보다 훨씬 증가한 수치이다.

석사 및 박사과정　일반적으로 4년 과정의 커리큘럼이 레크리에이션 서비스의 기초가 되는 필수 핵심 지식과 더불어 일반적 또는 인문적 기초를 광범위하게 제공해야 한다는 데는 대부분 동의하지만, 이 분야에서의 대학원 과정의 특수 기능들에 대해서는 명확하게 정의되어 있지 않다. 일부 대학은 대학원 커리큘럼이 이미 레크리에이션 학위를 가진 학생들만을 대상으로 전문화된 서비스 분야에 필요한 고급 전문 교육에 초점을 맞추어야 한다고 제안했다. 그러나 이러한 위상을 인정하지 않는 경향이 있으며, 많은 대학원 과정들이 레크리에이션 학사 학위를 가진 학생들뿐 아니라 그와 무관한 타전공 학생들도 받아들인다.

　일반적으로, 대학은 석사 학위 과정이 레크리에이션 및 공원 관리 또는 치료 레크리에이션이나 스포츠 경영과 같은 다양한 전문적 서비스 분야에서의 고급 연구를 포함해야 한다는 것에는 동의한다. 전제는 이 수준의 과정을 이수하는 개인이 감독이나 관리직, 또는 어떤 경우에는 연구원이나 최고 경영자로서의 역할을 준비한다는 가정이다.

　여가 관련 분야의 박사 과정 프로그램은 졸업생들로 하여금 대학 수준에서 교육

브리센 턴블, 국립공원관리공단 산하 링컨유적지 공원 가이드

링컨 유적지(The Lincoln Home National Historic Site)는 국립공원관리공단의 400개가 넘는 유적지 중 하나이다. 공원 가이드로서 나는 해설 프로그램과 해당 프로그램에 필요한 실행 계획 업무를 담당한다. 내 임무는 링컨의 생가, 주변 투어, 방문자 안전, 봉사와 협력, 단체 일정, 프로그램 접근성 조정 및 기타 임무를 포함한다. 내가 수행한 프로그램의 예로는 '링컨의 모자에 무엇이 있을까?', '훌륭한 방과후 봉사 프로그램', '국립공원관리공단 100주년 토크쇼', '어떤 역사적인 크리스마스', '모든 어린이들을 위한 공원 프로그램' 등이 있다. 프로그램 접근성 조정관으로서 제공되는 모든 프로그램이 가능한 한 접근이 용이하도록 보장해야 할 책임이 있다. 여기에는 둘러보기를 위해 사용하는 iPad 업데이트 및 유지 관리 기능이 포함된다. 이 기능에는 기본 둘러보기 서비스뿐 아니라 외국어 및 수화 통역도 포함된다. 국립공원 업무는 내가 대중을 위해 역사적으로 일하는 것을 즐기고, 야외에서 활동하는 일을 즐기기 때문에 매우 만족스러운 직업이다. 방문자 자신들의 삶과 내가 해석하고 설명하는 자원 사이에 연결되어 그들의 눈이 빛날 때 내 직업에서 갖는 가장 큰 보람 중 하나이다.

및 연구를 수행할 수 있도록 준비한다. 학위 프로그램은 일반적으로 논문으로 주요 연구 프로젝트를 마무리하는 최소 3년의 기간을 수반한다. 학생들은 관심 분야를 전공하며 해당 분야의 연구 라인을 구축한다.

전공 체계　애초에는 많은 레크리에이션 및 공원 학위 프로그램이 체육과 같은 다른 연구 분야의 하위 전공으로 수립되었다. 따라서 연구 분야 내에서의 이론적 기초 과정이 부족한 경향이 있었다. 지난 40년 동안 이러한 결함은 대체로 시정되었다.

레크리에이션, 공원 및 여가 연구에서 고등 교육의 지식 및 기술의 요소들은 다른 분야의 학문적 지식이나 실무 분야에서 얻은 내용을 포함할 수 있지만 레크리에이션 분야에 특별히 적용될 수 있는 개념으로 구체화된다.

최근의 연구 결과 및 발표된 논문들의 인상적인 성장을 감안할 때, 해당 분야에서 전공자들이 습득해야 하는 정규 체계를 갖춰야 한다는 요구가 분명해졌다. 실제로 일부 실습 영역에서는 초급 실무자가 갖추어야 할 역량 및 지식에 대한 체계적인 연구가 이루어졌다. 이러한 기술, 지식 및 능력은 학생들이 첫 번째 직업을 얻는 데 필요한 기술을 갖출 수 있도록 커리큘럼을 안내한다.[16]

점차적으로 대학 커리큘럼은 전문가 사회가 개발한 실습 및 인증 시험의 표준에 기초하여 지식과 직무 수행에 있어서의 특정 분야를 포함하도록 재설계되고 있다.

인턴십은 학부생들에게 전공을 마무리하는 학위 프로그램에서의 주요한 요소이다. 인턴십을 통해 학생들은 직업을 경험하고 강의실에서 얻은 지식을 실천할 수 있다. 인턴십은 대학마다 다르지만, 일반적으로 학생들은 적어도 한 학기 이상 관심 있는 분야의 양질의 기관에서 전일제로 근무해야 한다. 이러한 현장 실습은 저렴한 노동력의 원천으로 현장에서의 틀에 박힌 업무나 일상적 역할만 부여하는 행태를 넘어 확장되어야 한다. 이는 모든 범위의 실제적인 직무를 담당하게 하고 전문 직원들의 지휘를 받으며 초급 직무를 준비할 수 있는 수준의 역할을 담당할 수 있게 하는 것을 의미한다.

고등교육의 인증　레크리에이션, 공원 및 여가 연구의 교과 과정 표준과 관행을 개선하기 위해 수행되는 가장 중요한 노력이 인증 과정이다. 학위 프로그램의 인증은 상위 관리 기구가 정한 기준의 충족을 수반한다. 이 기준은 학생들이 이 분야에서의 현장 실습 경험을 규정한다.

공원 및 레크리에이션 인증 프로그램은 공원, 레크리에이션, 관광 및 관련 직업 인증위원회에서 관리한다. 이 분야의 교수 및 실무자 그룹이 전미레크리에이션공원협회(NRPA, National Recreation and Park Association)를 대표한다.

대학 프로그램 인증의 이유는 다양하다. 우선 일반적으로 가장 중요한 것은 프로그램 품질을 보장하고 개선이 필요한 영역을 파악하는 데 있다. 두 번째 이유는 인증을 받은 대학을 졸업한 학생들이 학위 취득 후 공인된 공원 및 레크리에이션 전문가 시험을 치를 수 있기 때문이다(인증서는 차후에 설명한다).

공원 및 레크리에이션의 학사 프로그램에 대해서는 인증이 실시되고 있다. 대학원 프로그램은 현재 인증 과정이 없다. 인증 과정에는 행정, 교수, 학생, 교육 자원 및 학습 성과 영역에서 프로그램이 충족시켜야 하는 인증 표준이 수립되어 있다. 이러한 영역에 대한 자체 점검이 완료되면 외부 검토 팀이 캠퍼스를 방문하여 규정에 얼마나 잘 충족되는지를 판단한다. 약점 개선을 위한 제안들은 그러한 제안들이 학위 프로그램의 개선을 위한 것이라는 것을 이해를 바탕으로 이루어진다.

인증은 1980년대 초에 약 50개의 프로그램이 인가되면서 시작되었다. 인가되는 프로그램의 수가 꾸준히 증가하여 2016년에는 76개로 증가하였다.[17]

NRPA의 공원, 레크리에이션, 관광 및 관련 분야 인증위원회의 인증 외에도, 스포츠 경영에는 스포츠경영인증위원회(COSMA, Commission on Sport Management Accreditation)가 있다. 스포츠 경영 인증은 학부 과정과 대학원 과정 모두 가능하다. COSMA는 2010년에 처음으로 두 개의 프로그램을 인가하여 2016년까지 전국적으로 45개의 공인된 스포츠 경영 프로그램이 운영되고 있다.[18] 스포츠 경영 인증은 일반적인 공원 및 레크리에이션 프로그램과 동일한 측면에 검토되지만, 스포츠에 특화된 교육 과정 및 교수진을 기준으로 한다.

기준 4: 관련 전문가 협회의 존재

현대 사회에서 직업의 또 다른 중요한 특징은 그들이 강한 조직과 가치관, 전통을 가지고 있다는 것이다.

북미에는 레크리에이션 전문가 협회가 오랫동안 존재해 왔다. 레크리에이션 및 공원협회는 다른 직종에서와 마찬가지로 다음과 같은 기능을 한다. (1) 전문성 개발 표

전미레크리에이션공원협회

매년 수천 명의 레크리에이션 및 공원 전문가, 시민 관계자, 이사회, 교육자, 학생들이 국립 레크리에이션 및 공원 컨퍼런스에 참석한다. 다양한 워크숍, 일반 세션, 전시회 및 지속적인 교육 행사는 다양한 지역에서 우수한 프로그램에 대한 전문 지식 및 경험을 제공한다.

준을 규정하고 설정한다. (2) 현장 개선을 위한 입법을 촉진한다. (3) 대중의 이해와 지지를 개선하기 위한 공공 정보 프로그램을 개발한다. (4) 실무 개선을 위한 컨퍼런스, 출판 및 현장 서비스를 지원한다. (5) 더 높은 수준의 교육, 인증 및 인증 표준을 요구한다. 이러한 서비스 및 여타의 서비스를 제공하는 공원 및 레크리에이션 전문가들을 위한 다양한 전문가 협회가 있다.

전미레크리에이션공원협회 레크리에이션 및 공원 분야에서의 전문 서비스의 다양성과 시민 단체 및 비전문가 단체들이 수행했던 강한 역할로 인해, 이 분야에서의 봉사를 위해 수년간 다양한 협회들이 설립되었다. 이들 중 전미레크리에이션협회, 미국공원관리협회, 주립공원회의, 동물원 및 아쿠아리움협회, 미국레크리에이션소사이어티 등 다섯 개의 단체가 1965년에 록펠러를 회장으로 하여 하나의 기구로 합쳐졌다. 1~2년 새에 미국 레크리에이션치료협회와 국방부 레크리에이션 소사이어티 같은 다른 단체들이 새로 형성된 조직에 통합되었다.

전미레크리에이션공원협회(NRPA)는 모든 사람들의 삶의 질을 향상시키는 공원, 레크리에이션 및 자연보호 노력을 증진시키기 위한 독립 비영리 단체다.[19] 이 조직은 이 장에서 앞서 열거된 대부분의 전문 분야를 수용함으로써 레크리에이션에서의 가장 광범위한 직업 범주를 포괄한다. NRPA의 주요 정책은 매년 수차례 열리는 이사회에 의해 결정된다.

NRPA는 다양한 공공 캠페인, 출판, 연구, 입법 발표를 통해 레크리에이션 및 여가에 대한 국가적 인식을 높이는 데 적극적으로 역할을 한다. 조직은 수천 건의 자문 및 기술 지원 요청에 응하고, 지역 부서들과의 국가적 파트너십을 구축하고, 컨퍼런스 및 교육을 감독하며, 회원들을 위한 다양한 출판물을 제공한다.[20] 또한 NRPA 대표자들은 환경, 사회적 요구 및 관련 국가 문제를 다루는 법안 및 기금 확보 방안을 마련하기 위해 정기적으로 미 의회 소위원회에 참석한다.

기타 전문 기관 NRPA는 전 세계에서 회원을 받지만, 주로 미국에 초점을 맞추고 있다. 캐나다 공원 및 레크리에이션협회는 캐나다의 공원과 레크리에이션 전문가들을 위해 NRPA와 동일한 책임을 담당한다. 그들은 지지자의 역할을 담당하고, 파트너십을 구축하며, 공원 및 레크리에이션의 가치를 홍보하며, 회원들에게 교육의 기회를 제공한다. 조직적인 캠프를 위한 미국캠프협회(ACA, American Camp Association)는 캠프 매니저 및 스태프들을 위한 자원을 제공하며, 매년 컨퍼런스를 개최하고 ACA 캠프 인증 프로그램을 관리하는 등 아동 발달에 주도적인 기관이 되고자 노력한다.[21] 이 분야에서 중요하게 기여하는 다른 조직들을 표 10.1에 나열하였다.

오늘날 어떤 조직도 전체 여가 서비스 분야를 대변하거나 대표할 수 없다는 사실은 분명하다. 레크리에이션 각각의 전문 영역이 보다 적극적이고 성공적으로 진화됨에 따라, 각 분야에서의 독특한 요구와 관심사를 다룰 전문 기관이 형성되는 경향이 있다.

표 10.1 레크리에이션, 스포츠 및 관광 전문가 협회들

목적 및 중심 사업	기관	웹사이트
일반 레크리에이션	Canadian Parks and Recreation Association	http://www.cpra.ca/
	National Correctional Recreation Association	http://www.strengthtech.com/correct/ncra/ncra.htm
	National Recreation & Park Association	http://www.nrpa.org
	World Leisure Organization	http://www.worldleisure.org/
	Shape America Society of Health and Physical Educators	http://www.shapeamerica.org/Outdoor/Camping
아웃도어/캠핑	American Camp Association	http://www.acacamps.org/
	Association for Experiential Education	http://www.aee.org/
	Association of Outdoor Recreation and Education	http://www.aore.org/
	Canadian Parks and Wilderness Society	http://www.cpaws.org/
	National Association for Interpretation	http://www.interpnet.com/
	Society of Outdoor Recreation Professionals	http://www.recpro.org/
	Outdoor Industry Association	http://www.outdoorindustry.org/
	Student Conservation Association	http://www.thesca.org/
	Wilderness Education Association	http://www.weainfo.org/
	North American Association for Environmental Education	http://www.naaee.org/
리조트/상업 레크리에이션	International Association of Amusement Parks and Attractions	http://www.iaapa.org/
	National Ski Areas Association	http://www.nsaa.org/
	Resort and Commercial Recreation Association	http://www.rcra.org/
	American Hotel and Lodging Association	http://www.ahla.com/
	Club Managers Association of America	http://www.cmaa.org/
특수 이벤트 및 회의 기획	Convention Industry Council	http://www.conventionindustry.org/
	International Association of Venue Managers	http://www.iavm.org/
	International Festivals & Events Association	http://www.ifea.com/

(계속)

표 10.1 레크리에이션, 스포츠 및 관광 전문가 협회들 (계속)

목적 및 중심 사업	기관	웹사이트
특수 이벤트 및 회의 기획	International Special Events Society	http://www.ises.com/
	Meeting Professionals International	http://www.mpiweb.org/
	Professional Convention Management Association	http://www.pcma.org
	Association of Collegiate Conference and Events Directors-International	https://www.acced-i.org/
스포츠	NIRSA: Leaders in Collegiate Recreation	http://www.nirsa.org/
	North American Society for Sport Management	http://www.nassm.org/
	National Association of Sports Commissions	http://www.sportscommissions.org/
치료 레크리에이션	American Therapeutic Recreation Association	http://www.atra-online.com
	National Recreation & Park Association	http://www.nrpa.org/
관광	Tourism The International Ecotourism Society	http://www.ecotourism.org
	Tourism Industry Association of Canada	http://www.tiac-aitc.ca/
	World Travel & Tourism Council	http://www.wttc.org/
	World Tourism Organization	http://www.unwto.org/index.php
	American Society of Travel Agents	http://www.asta.org/

기준 5: 자격증, 인증 및 기관 인증

자격증(*Credentials*)은 개인이 특정 분야의 전문 실무에 종사하기 위해 공식 검토 과정을 통해 충족되어야 하는 자격 요건으로, 전문성의 매우 중요한 기준이다. 적절한 훈련이나 경험 없이 주어진 분야의 자격이 주어진다면, 해당 분야의 기준이 매우 낮으며 대중들로부터의 존중이나 지지를 받을 가능성이 적다.

오락 및 레크리에이션 분야는 매우 다양하기 때문에, 해당 분야에 취업하려는 사람들을 위한 단일한 기준이나 선정 과정이 고안되지 않았다. 그러나 레크리에이션 및 공원 분야에서의 인증 프로그램은 현장의 전문성을 높이고 모든 인증된 전문가들이 갖춰야 할 몇 가지 기준을 설정하기 위해 개발되었다.

전문 자격증은 특정 수준의 기술과 지식이 달성되었음을 나타낸다. 공원 및 레크리에이션 관련 자격증도 예외가 아니다. 이 분야에서의 다양한 전문 분야에 대해 여러 가지 인증이 있지만, 가장 인정받는 인증은 '공원 및 레크리에이션 전문가(CPRP)'와 '치료 레크리에이션 전문가(CTRS)'이다.

공원 및 레크리에이션 전문가 인증(CPRP)   오늘날 우리가 알고 있는 공원 및 레크리에이션 전문가 인증 프로그램은 1990년부터 존재해왔다. CPRP(Certified Park and Recreation Professional) 자격을 얻으려면 다음 기준 중 하나를 충족해야 한다.

◆ 공원, 레크리에이션, 관광 및 관련 직업 인증위원회에서 인가한 프로그램에서 학사 학위를 받았거나 받을 예정인 자(레크리에이션, 공원 자원 및 여가 서비스 전공으로 COAPRT 공인 프로그램을 아직 수료하지 않았지만 마지막 학기인 학생은 시험 자격을 얻을 수 있다.)

◆ 레크리에이션, 공원 자원 및 여가 서비스 기관으로부터 학사 학위 이상을 취득하고, 해당 분야에서 1년 이상 근무 경험이 있는 자

◆ 레크리에이션, 공원 자원 또는 여가 서비스 이외의 전공으로 학사 학위를 소지하며, 해당 분야에서 3년 이상 근무 경험이 있는 자

◆ 2년제 학위를 취득하고 해당 분야에서 4년 이상 경험을 쌓은 자.

◆ 고졸 또는 그와 동등한 자격을 소지하고 해당 분야에서 5년 이상의 경험을 쌓은 자[22]

일단 조건이 충족되면 시험을 통과해야 한다. 시험은 다음을 포함한 네 가지 광범위한 내용을 다룬다.

1. **커뮤니케이션(16%)**: 공적 견해, 미션, 마케팅, 파트너십, 계획
2. **재무(18%)**: 구매, 프로그램 예산, 자금 조달, 현금 처리 절차, 재무 데이터 수집
3. **인사(22%)**: 직원과 자원봉사자의 채용 및 감독
4. **운영(24%)**: 리스크 관리, 시설 관리, 고객 서비스, 외부 관계, 니즈 평가, 비상 관리, 유지 관리
5. **프로그래밍(20%)**: 프로그램 리더십, 기획, 프로그램 구현 및 평가[23]

일단 인증을 받으면, 2년마다 재인증을 받아야 한다. 재인증을 받으려면 개인은 평생교육 2.0(2.0 CEU, 2.0 continuing education unit)을 이수해야 한다. 하나의 CEU는 10시간의 교육 프로그램으로 진행된다. CEU는 지방 및 전국 단위 컨퍼런스 교육 세션, 대학 과정을 이수하거나 전문 서비스 포인트를 통해 획득할 수 있다. 전문 서비스 포인트는 컨퍼런스에서의 연설, 전문지의 기사 작성, 전문 협회의 위원회 근무 등을 통해 해당 전문직에 제공되는 서비스로 획득할 수 있다.

최근의 채용 정보를 검색하면, 점점 더 많은 공공의 공원 및 레크리에이션 부서들이 지원자들의 자격증명서를 요구하고 있는 경향을 분명히 확인할 수 있다. 이들 고용주들은 일정 수준의 교육을 통해 얻을 수 있는 가치와 워크숍 및 컨퍼런스의 지속

공원 및 레크리에이션 경영 인증(CPRE)

2012년에는 새로운 인증(CPRE, Certified Park and Recreation Executive)이 공개되었다. 이 시험은 관리, 행정, 공원 및 레크리에이션 경영에 대한 국가 표준을 제정하고 최고 수준의 자격을 반영한다. 인증은 이사나 부서장이 되려고 하는 고위 관리들을 위해 설계되었다.[26] 현재 미국에는 177개의 CPRE가 있다.

적 참여가 항상 최신의 상태를 유지할 수 있게 해준다고 인식한다.

치료 레크리에이션 전문가 인증(CTRS)　치료 레크리에이션(TR) 인증은 국립 치료 레크리에이션 인증위원회(NCTRC, National Council for Therapeutic Recreation Certification)에서 관리한다. CTRS(Certified Therapeutic Recreation Specialist) 인증을 획득하기 위해 전문가들은 학업적 경로 또는 그와 동등한 경로를 따를 수 있다. 학업적 경로는 치료 레크리에이션 전공으로 학사 이상의 학위를 받은 사람들을 위한 경로이다. 이와 동등한 경로는 특별히 치료 레크리에이션 관련 학위를 보유하지 않은 사람들을 위한 경로로서, 다른 분야의 학사 학위뿐 아니라 전일제 치료 레크리에이션 근무 경험을 가지고 있는 사람들을 위한 경로이다. 선택한 경로에 관계없이 두 가지 모두 CTRS 시험을 치러 합격해야 한다.[24]

2014년 직무 분석 연구에 따르면 NCTRC 인증시험은 기초 지식(20%), 평가 과정(19%), 문서 작업(18%), 구현(26%), TR/RT 서비스 관리(10%), 직업 개선(7%) 등 5개 분야로 구성된다.[25]

CPRP와 CTRS 인증 프로그램 모두 응시자의 시험 준비에 도움이 되는 자원이 있다. 자원은 연습 시험, 학습 가이드, 경우에 따라서는 연구 그룹이 동반되기도 한다.

비 공공 여가 서비스 기관의 표준　NRPA와 NCTRC는 여가 서비스 기관의 전문성 강화를 위한 시도로 가장 중요한 변화였다. 일반적으로, 비영리 및 영리 기관의 직원들은 레크리에이션 인증 운동의 주요 참가자로 지목되지는 않았다. 따라서 그러한 기관에서의 고용은 NRPA 인증 노력이나 인증의 영향을 받지 않았다.

그러나 YMCA, YWCA, 스카우트, 보이스 앤 걸스 클럽 같은 전국적 기관들은 그들의 지역 회의, 지부, 또는 다른 하위 기관들로 하여금 높은 수준의 직원 역량을 유지하도록 하는 일에 분명히 관심을 가진다. 그들은 전문적 훈련을 통해 그 일을 한다. 예를 들어 YMCA는 모든 직원들을 대상으로 교육을 제공하는 자체의 전문 조직이 있다. YMCA 전문가협회는 YMCA 직원, 경력 및 인적 자원 매뉴얼, 훈련에 따른 재정 지원 매뉴얼, 지역 및 전국적 훈련 기회를 제공한다.[27]

기타 인증　여가 서비스 분야의 모든 직업이 CPRP 또는 CTRS 인증에 가장 잘 연관되는 것은 아니므로 이용 가능한 다양한 인증들이 직무 책임을 보다 잘 반영할 수 있다.

◆ 공인 회의 전문가(*Certified meeting professional*): 회의, 컨벤션 및 전시회 기획자 대상[28]

◆ 공인 놀이터 감독관(*Certified playground inspector*): 이 인증은 국립 놀이터안전연구소(National Playground Safety Institute)가 제공한다.

◆ 수상 시설 운영자 및 수영장 운영자(*Aquatics facility operator and certified pool operator*): 이러한 인증은 수상 시설 관리 및 운영에 초점을 맞춘다.

◆ 특수 이벤트 전문가(*CSEP, Certified Special-events Professional*): 국제라이브이벤트협회(ILEA, International Live Events Association)에서 수여하는 인증은 업체에 대한 교육, 경험 및 서비스를 통해 획득된다. 전문가들은 교육 이수 및 전문 협회 리더십, 그리고 특별 이벤트 산업 경험을 통해 35점을 얻어야 한다. 그러고 나서 객관적인 질문, 사례 연구 해결, 전문 포트폴리오의 검토를 포함하는 시험을 통과해야 한다.[29]

◆ 전국해설가협회(*National Association for Interpretation*): 공인 해설 가이드, 공인 해설 호스트, 공인 해설 기획자, 공인 해설 트레이너, 공인 문화유산 해설가, 공인 해설 관리자 등 다양한 야외 활동 관련 분야의 인증을 제공한다.[30]

◆ 관리 경영자 인증(*Certified Destination Management Executive*): 이 인증은 종종 컨벤션센터에서 일하는 사람들이 획득한다.

기관 인증 프로세스　조직된 레크리에이션, 공원 및 여가 서비스 분야에서 보다 전문성을 추구하는 또 다른 예는 1990년대 중반에 시작된 지방 공공 부서의 인증 프로세스에서 찾을 수 있다. 기관이 인증을 받기 위해서는 유지 관리에서 마케팅에 이르기까지 운영상의 모든 측면을 검토하고, 세심하게 개발된 표준을 준수해야 한다.

공원 및 레크리에이션 전문가로 구성된 외부 팀이 기관을 방문하여 설정된 표준을 얼마나 잘 충족하고 있는지 확인하고 개선을 위한 제안을 제시한다. 현재 공인된 기관은 142개가 있다.[31] 이들 공인 기관의 대부분의 이사들은 지역사회에 제공하는 서비스 개선과 세금을 지원받는 기관으로서 자원을 현명하게 사용하고 있음을 검증받기 위한 기준으로 인증 프로세스를 활용해 왔다.[32]

기관 인증은 캠핑업계에서도 이루어진다. 미국캠프협회는 특정 안전, 보건 및 프로그램 품질 표준을 충족하는 캠프를 인가한다. 현장 방문 팀은 시설, 교통, 인적 자원, 프로그램, 보건 및 건강 등의 분야를 조사한다.[33]

사례 연구

직업 검색

표 10.1의 목록 중 두 개의 전문 협회를 선택하라. 졸업 후 당신이 관심을 둘 만한 네 가지 직무에 대해 목록을 검토하라.

고려해야 할 질문

1. 이 직무에 필요한 기술이나 경험은 무엇인가? 그 직무들 사이의 공통점은 무엇인가?
2. 그 직무를 위해 필요한 교육은 어떤 것이 있는가?
3. 인증이 필요한가? 그렇다면, 어떤 것이 좋을까?
4. 해당 분야의 직무 영역에서 가장 놀라운 일은 무엇인가?

 마야 스트롱,
미네아폴리스 워터스 시니어 리빙 커뮤니티의 활력 조정자(Active life coordinator)

나는 주로 치매나 알츠하이머 같은 병으로 기억력에 문제가 있는 입주민들과 더 많은 의료적 지원을 필요로 하는, 개량된 보호 시설의 입주민들을 위해 일한다. 나의 나날은 언제나 꼭 같이 흘러가지 않는다. 나는 아직 치료가 완료되지 않은 주민이나 새로 들어오는 입주민들을 평가한다. 평가를 바탕으로 프로그램을 기획하고, 만들고, 실행할 수 있다. 일반적으로 의자와 탁자를 설치하고 가구 및 기타 시설을 옮기며 프로그램 및 행사를 준비해야 하므로 육체적으로 힘들 수 있다. 입주민들과 함께 인정요법(Validation Therapy)을 사용하므로 정서적으로 까다로울 수 있지만 매우 유익하다.

비록 내 일이 에너지를 많이 소모할 수 있지만, 난 그게 너무 좋다! 가장 중요한 것은, 나는 입주민들과 그들의 가족들과 더불어 일하는 것을 즐긴다는 사실이다. 나는 레크리에이션 치료사로서의 일을 좋아하고, 나의 교육은 사람들의 삶에 변화를 가져다 줄 꿈을 이룰 수 있도록 했다.

기준 6: 윤리적 규범

어떤 직업이든 중요한 척도는 전형적으로 현장 실무자로서의 공적 책임을 요약하고 윤리적 행동 규범(code of ethical practice)을 제정한다는 것이다. 의료 및 법률 등과 같은 부정행위 가능성이 높고 이해관계가 밀접한 분야에서는 엄격한 윤리 규범이 확정되어 있다.

여가 서비스 분야에서는 윤리적 관행에 관련된 이러한 문제가 다른 직군만큼 중요하게 여기지 않을 수 있다. 그러나 환자나 고객이 신체적, 정서적 또는 경제적으로 취약한 위치에 있을 가능성이 있는 치료 레크리에이션 같은 전문 분야에서는 해를 입히거나 과실 또는 비전문적 행위에 노출될 가능성이 크다. 여가 서비스의 다른 분야에서도 전문가들은 자신들이 봉사하는 사람들, 자신들의 지역사회, 그리고 직업 자체에 대한 강한 의무감을 가져야 한다.

미국 치료레크리에이션협회의 윤리 강령은 정의, 기밀성 및 능력과 같은 10가지 원칙을 지침으로 제시한다.[34] 미국캠프협회는 모든 사람들에게 진실성, 공정성, 그리고 지역사회의 관련법 준수를 강조한다. 관광 개발의 원칙을 규정하는 국제 관광 윤리 강령이 있다. 강령의 10가지 원칙은 여행 및 관광의 경제, 사회, 문화, 환경적 요소(지속 가능성, 관광업에서의 노동자와 기업가의 권리, 사람과 사회 간의 상호 이해와 존중 등)를 포함한다.[35]

국제라이브이벤트협회(ILEA)의 직업 행동 윤리 원칙 중요한 특수 이벤트에서 가장 염려되는 부분이 특수 이벤트 전문가의 무결성(integrity)이다. 이것이 바로 모든 ILEA 회원들이 여기에 나열된 ILEA 직업 행동 윤리 원칙에 동의하는 이유다. ILEA의 각 구성원은 다음 사항을 준수하기로 합의해야 한다.

◆ 최고 수준의 전문성을 유지하면서 특수 이벤트 업계의 최고 수준의 윤리를 촉진하고 장려한다.

◆ 수용 가능한 산업 표준 이상으로 일관적으로 직무를 수행함으로써 우리 직업의 모든 측면에서 우수함을 추구한다.

◆ 모든 산업 협상 및 활동에 법적, 윤리적 수단만 사용한다.

◆ 사기와 불공정한 관행으로부터 대중을 보호하고, 직업에 대한 존중과 신뢰를 가져다주는 모든 관행을 장려한다.

◆ 직무 수행과 관련하여 정직하고 정확한 정보를 제공한다. 모든 비용, 서비스, 제품, 기대치 및 기타 필수 정보를 명시하는 서면 계약을 사용한다.

◆ 업계가 인정하는 안전 및 위생 기준을 유지한다.

◆ 모든 비즈니스 활동에 대해 타당하고 적절한 보험 혜택을 유지한다.

◆ 전문성을 강화하고 지식을 증진하는 교육 프로그램에 참여하며, 개인이 가진 전문 지식으로 컨퍼런스와 저널에 기여하기 위해 노력한다.

◆ 모든 수준에서 최고 품질의 서비스를 제공하기 위해 동료, 공급업체, 직원, 고용주 및 감독하는 모든 개인과 협력해야 한다.

◆ 직업 행동 및 윤리 원칙인 ISES에 가입하고, 법규 및 정책을 준수한다.[36]

기준 7: 광범위한 전문성 개발 기회의 존재

진정한 전문가는 학위 취득 후 자신이 선택한 직업에서 자신들의 기술, 지식, 능력을 개발할 수 있는 많은 수단을 가진다. 컨퍼런스, 워크숍, 세미나 및 교육기관은 지방 및 전국 단위에서 개최되며, 직업의 모든 분야에서 교육 기회에 중점을 둔다. 예를 들어, 국제페스티벌이벤트협회는 연례 컨벤션을 개최하는데, 티켓 판매, 관중 관리, 렌탈 장비 판매자들을 특징으로 하는 엑스포(무역 쇼), 스폰서십 유지와 악천후 관리, 수익 극대화 등의 주제를 다루는 웹상에서의 세미나 시리즈가 있다.[37] 전국학교레크리에이션스포츠협회에서는 전국 여성 리더십 연구소, 신흥 레크리에이션 스포츠 지도자 컨퍼런스 및 마케팅 연구소 등 연중 워크숍 및 교육을 제공한다.[38]

레크리에이션은 변화하는 직군으로 양질의 서비스를 제공할 수 있도록 현장 실무자들을 지속적으로 교육할 필요가 있다. 워크숍과 교육 외에도, 대부분의 전문 협회에는 해당 분야의 문제에 초점을 맞춘 기사를 보도하는 월, 분기 또는 연간 출판물이 있다. 체험교육협회의 〈체험 교육 저널(*Journal for Experiential Education*)〉, 북미스포츠경영협회의 〈스포츠 경영 저널(*Journal of Sport Management*)〉을, 리조트 및 상업 레크리에이션 협회의 〈투어리즘 인사이트 저널(*Journal of Tourism Insights*)〉 등이 그 예이다.

현재의 전문성 수준

검토한 7가지 전문성 기준이 평가 기준으로 수용되면서 레크리에이션, 공원 및 여가 서비스 영역이 인정받는 직업으로 되는 데 상당한 진전을 이뤘음이 분명해 보인다.

고유한 지식 체계의 개발, 전문적 준비를 위한 대학 프로그램의 네트워크 구축과 같은 일부 요소는 이미 확실히 자리매김되어 있다. 전문 조직에 관한 한 전미레크리에이션공원협회를 비롯한 여타의 전국적 협회 및 기관들이 레크리에이션 분야의 성

카렌 선샤인, 애너해임 디즈니랜드 리조트의 스페셜 이벤트 매니저

월트 디즈니사의 이벤트 매니저로서, 나는 우리가 마케팅 컨셉을 적절하게 초점을 맞추는지를 확인하는 이벤트 컨셉 디자인 팀에서 일하고 있다. 나의 행사 기획 업무는 내가 일하는 행사의 90%가 일 년 365일 동안 개방되어 있는 테마파크에서 일어난다는 점에서 독특하다. 따라서 테마파크의 운영에 부정적인 영향을 미치지 않게 모든 물류를 전달하는 팀의 일원이라는 것이 중요하다. 기획 과정의 일부는 구체적인 시점에 일어나는 일, 조치를 책임지는 사람 및 특정 활동이 수행되는 위치를 철저히 요약한 상세 작업 일정 수립이 포함된다. 이 과정은 모든 파트너들이 다른 파트너가 무엇을 하고 있는지 알 수 있게 시간과 공간을 할당하는 등 충돌을 피할 수 있도록 한다. 이벤트 기획 단계 동안, 내 시간의 대부분은 협력 회의와 이메일 작성으로 보낸다. 이벤트 기획 과정에서 수백 통의 이메일을 작성하는 것은 드문 일이 아니다. 물류 관리 외에도, 나는 예산 추정부터 마무리까지 전체 사업 예산을 관리한다. 일단 이벤트 실행 단계에 들어가면, 나는 손님 도착부터 출발까지 모든 단계가 어떠한 오류도 없이 많은 '디즈니 매직!'과 함께 실행되도록 현장에서 관리한다.

과를 향상시키고 모니터링하는 중요한 역할을 담당하면서, 한편으로는 다양한 여가 서비스 기관들의 이익을 위해 노력한다. 현실적으로, 특별 이벤트 기획, 직장 레크리에이션, 그리고 다양한 상업 레크리에이션 차원에서 많은 전문가들은 여가 서비스의 전반적인 영역보다는 개별 서비스 차원을 보다 면밀하게 구별하려는 경향이 있다.

현대 사회에서 이 분야의 가치에 대한 인식이 확대되면서 레크리에이션, 공원 및 여가 서비스에서의 전문성이 지난 수십 년간 크게 확대되어 왔다. 고용 측면에서도 다양한 레크리에이션 분야에서의 광범위한 기회에 따라 향후 수년간 지역 사회의 복지에 훨씬 더 영향력을 가질 가능성이 있다.

건전한 철학적 기초의 필요성

논의한 바와 같이 몇 가지 요소가 직업을 정의한다. 직업을 정당화시키는 이러한 요소들과 더불어 직업의 가치, 윤리, 신념 및 서비스 제공 방식을 이끄는 철학이 있다. 레크리에이션 및 여가에 따르는 건전한 철학은 또한 지속적인 정책을 입안하고 프로그램을 개발하는 데 기여한다.

철학의 의미

철학(*philosophy*)이라는 용어는 종종 상아탑에서의 추상적 개념으로 받아들여 실제적 현실적 관심사와 분리될 수 있다. 당연하게도, 많은 실무자들은 실용적인 행위 기반의 접근으로서가 아니라 지나치게 이론적으로 경도된 접근에 대해 의심을 품을 가능성이 있다. 실무자의 본성은 '지금(now)', 그리고 '여기(here)'에 근거하는 것이다. 향후 6개월 혹은 3년이 아니라 오늘과 내일 도움되는 답을 찾는다. 철학은 대개 해답보다 더 많은 질문을 제시한다. 대부분의 경우, 현재를 다루는 일이 미래를 예측하는 일보다 더 쉽다.

철학이라는 개념에는 많은 정의가 포함된다. 그 개념이 직업에 적용될 때, 철학은 가장 기본적인 신념, 원칙, 인식, 그리고 서비스를 제공하는 접근 방식이 된다. 철학은 직업이나 기관의 존재 이유를 규정하고, 의사결정을 지도하며, 심지어는 어떤 프로그램이 제공되어야 하는지에 대해서도 영향을 미친다.

이 책 전체에 걸쳐, 레크리에이션의 많은 경향과 목적이 제시되어 왔다. 이 모든 것들은 여기 제시된 철학들 중 하나에 의해 유도된다.

레크리에이션 및 레저 운영 철학

오늘날 여가 서비스 기관의 운영 철학이라고 할 수 있는 몇 가지 접근법 또는 방향을 확인할 수 있다. 이러한 접근법에는 (1) 삶의 질적 차원, (2) 마케팅 또는 기업적 차원, (3) 인적 서비스 차원, (4) 규범적 차원, (5) 자원 관리적/심미적/보존주의적 차원, (6) 쾌락주의/개인주의적 차원, (7) 편익 기반 접근법이 포함된다.

삶의 질적 차원 접근

삶의 질적 차원의 접근(*quality-of-life approach*)은 조직적인 레크리에이션 서비스 분야에서 몇 십 년 동안 지배적인 접근법이었다. 그것은 레크리에이션을 신체적 정서적 건강 증진, 풍요로운 문화생활, 반사회적 여가 활용 감소, 지역사회와의 유대 강화 등 다양한 방식으로 인간 발전과 지역사회 복지에 기여하는 경험으로 간주된다.

삶의 질적 차원의 지향은 인간 경험의 필수적 형태인 레크리에이션의 독특한 본성을 강조하는데, 그것은 외재적 목적(*extrinsic purpose*)이나 의식적인 사회적 목표(*conscious social goal*)보다는 오히려 레크리에이션 자체의 목적을 위해 수행되는 것이다. 일반적으로, 이러한 견해를 지지하는 사람들은 현대 도시 사회의 긴장감, 변화된 일의 특성 및 여타의 사회적 조건에 의해 더욱 압박받는 보편적인 인간 욕구를 충족시킨다는 데 동의했다.

이러한 견해를 가진 사람들은 레크리에이션 및 여가에 내재된 즐거움, 자유 및 자기 선택이 참가자들의 삶에 기여하는 가장 중요한 공헌이라고 주장한다. 삶의 질적 차원에서 레크리에이션을 옹호하는 사람들은 공공 레크리에이션이 시민 책임의 중요한 영역으로서 레크리에이션 자체로서 지지되어야 하고, 이러한 목적을 위해 적절한 세금 및 기금이 제공되어야 한다고 생각하는 경향이 있다. 삶의 질 문제는 여전히 중요함에도 불구하고, 제한적 세수로 인한 경쟁으로 공원 및 레크리에이션에 대한 전체적인 세제 지원 개념은 더 이상 유지할 수 없는 것으로 인식되고 있다.

마케팅 또는 기업적 접근

조직화된 레크리에이션 및 공원 프로그램과 서비스를 제공하는 비즈니스 지향적 접근법인 마케팅 또는 기업가적 접근법(*marketing or entrepreneurial approach*)은 공공 및 자발적 여가 서비스 기관에 가해지는 재정 압박에 따른 직접적 대응으로 20세기 후반에 빠르게 진화했다. 다른 장에서 언급한 바와 같이, 운영비용의 지속적인 증가와 해당 기간의 감세 경향은 많은 레크리에이션 및 공원 부서들로 하여금 기관 경영에 따른 마케팅 접근법을 채택하게 만들었다. 이 접근법은 공공, 자원봉사 또는 기타 여

삶의 질적 차원에서 임무를 설정한 두 기관의 사례

파크리지 공원 지구의 임무는 환경적 재정적 책임을 지면서 모든 주민들에게 공원과 레크리에이션 기회를 제공함으로써 파크리지의 삶의 질을 향상시키는 것이다.[39]

존스턴시니어센터(Johnston Senior Center)의 임무는 노인들의 삶의 질 향상과 자립심 및 활력을 지원하는 것이다.[40]

가 서비스 제공자들이 기업에서 사용하는 방법을 채택할 경우 가장 잘 번창할 것이라는 생각에 기초한다. 이러한 접근은 기업들이 가능한 한 가장 광범위한 대상에게 다가가 최대한의 수입을 얻을 수 있는 레크리에이션 시설과 프로그램을 개발하고 홍보하는 데 더 공격적이고 효율적이어야 한다고 주장한다.

마케팅 접근법의 지지자들은 레크리에이션 및 공원 전문가들이 단지 자신들의 프로그램의 사회적 가치에 근거하여 세금 기반 지원을 요구할 필요 없이, 오히려 실행 가능하고 자족적인 형태의 지역사회 서비스로서 보다 독립성을 추구해야 한다는 입장을 취한다.

이러한 자급자족은 프로그램 참여를 확대시켜 수익을 창출하거나 비용 회수 정책을 검토하여 얻을 수 있다. 비용 회수 접근 방식을 활용하는 기관들은 프로그램의 실제 비용과 유료 비용을 조사한다. 그들은 일부 프로그램이 수익보다 더 높은 비용(손실), 손익분기(수익＝지출) 또는 지출보다 높은 수익(이득)을 가지도록 가격을 책정하는 비용 회수 벤치마크를 수립한다. 공공기관의 경우, 손실로 운영되는 프로그램들은 세수로 상쇄할 수 있다. 비영리 기관들은 기금을 모으거나 비용을 충당하기 위해 다른 프로그램에서의 수익을 이용할 수 있으며, 영리 기관은 수익성이 없는 프로그램을 폐지할 가능성이 가장 높다.

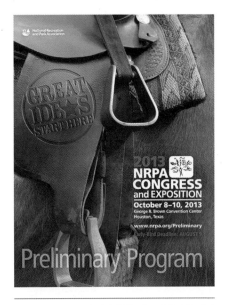

영리 기관, 공공 및 기타 특수 레크리에이션 기관들을 연결하는 전미레크리에이션공원협회는 매년 다양한 특별 컨퍼런스 및 관리 교육을 제공한다. 테마파크나 워터파크 관리, 컨퍼런스 운영, 동물원 및 수족관 유지관리 등의 분야의 다른 협회들도 유사한 전국 단위 프로그램을 후원한다.

Courtesy of National Recreation and Park Association.

마케팅 추세가 공공 레크리에이션이나 공원 관리 기관을 넘어 훨씬 많은 기관에 영향을 미친다는 것을 인식할 필요가 있다. YMCA, YWCA, YM-YWHA와 같은 많은 비영리단체들도 자체 수익에 대한 의존도를 높이고 피트니스 서비스를 포함한 자신들의 다양한 여가 프로그램에 대해 보다 적극적으로 마케팅을 강화해야 했다.

비록 많은 레크리에이션 및 공원 관리자들이 마케팅 접근 방식을 열광적으로 받아들였음에도 불구하고, 공공 및 자발적 여가 서비스 기관의 필수 목적과 관련하여

사례 연구

프로그램 제공에 대한 마케팅 접근 방식

각 영역에서의 세 개의 유사한 여가 서비스 기관(예: 공공 기관, YMCA, 영리 체육관에서의 피트니스 프로그램)을 선택하라. 제공되는 프로그램의 목록을 수집하고 제공되는 서비스와 해당 서비스의 비용을 비교하고 대조하라.

고려해야 할 질문

1. 제공되는 서비스는 비교 가능한가?
2. 마케팅적 접근에 가장 적합한 기관은 세 개의 기관 중 어디인가? 그들은 다른 곳과 어떻게 다른가?
3. 공공기관은 여가에 있어서 마케팅 접근법을 사용해야 하는가? 왜 그래야 하는지, 혹은 왜 그러면 안 되는지 설명하라.
4. 기관이 저소득층에게 서비스를 제공하는 경우 어떻게 마케팅 접근 방식을 사용할 수 있는가?

많은 문제들이 제기된다. 기관 자체에서 하건 민영화 계획에 따른 영업권자나 하도급 업자가 하건 관계없이, 부과되는 비용 및 수수료가 어린이, 장애자, 경제적 약자 등 가장 저렴한 공공 레크리에이션 기회를 필요로 하는 사람들을 배제하는 경향이 있다는 주장이 제기되었다.

인적 서비스 접근

마케팅 접근법과 직접적으로 대비되는 접근법이 조직화된 레크리에이션 서비스에 대한 인적 서비스 접근(*human services approach*)이다. 이 접근법은 레크리에이션을 광범 위한 사회적 가치와 목표에 직접적으로 기여하는 방식으로 제공되어야 하는 중요한 유형의 사회적 서비스로 간주한다. 인적 서비스 접근법은 경제적으로 불우한 청소년들 과 성인들을 위한 직업 훈련 및 고용 기회를 제공하기 위해 빈곤 퇴치 프로그램의 일 환으로 레크리에이션이 연방 정부의 자금 지원으로 1960년대에 탄탄하게 추진되었다.

인적 서비스 접근법은 레크리에이션 서비스의 사회적 가치를 인식하는 삶의 질 접 근법과 유사하다. 그러나 이러한 접근은 본질적으로 고귀한 경험으로서의 레크리에 이션이라는 삶의 질적 차원의 이상화에 동의하지 않으며, 오로지 그 자체를 위해 행 해진다. 대신에, 인적 서비스 프레임워크 내에서 레크리에이션은 지역사회에서의 중요 한 변화를 달성하고 다양하고 적절한 양식이 사용되도록 설계되어야 한다.

그렇다고 해서 레크리에이션 인력이 보건 교육자, 고용 상담사, 영양사, 교정 공무 원, 법률 고문이나 주택 전문가가 되어야 한다는 뜻은 아니다. 오히려 인간적 조건의 전체론적 특성을 이해하고, 효과적으로 조치할 수 있을 때 그러한 서비스를 제공해야 하며, 적절한 경우 다양한 인적 서비스 분야의 다른 전문가들과 완전하게 협력해야 한다는 것을 의미한다.

이 접근법에 따라 운영되고 있는 많은 공공 레크리에이션 부서는 광범위한 교육, 직업 또는 자기계발 영역에서 청소년 및 성인 수업을 후원했으며, 또한 탁아 프로그램, 장애인을 위한 특별 서비스, 청소년 범죄자를 위한 순회 리더십 프로그램, 환경 프로젝트 및 기타 여러 가지 유형의 기능을 제공한다.

레크리에이션 및 공원 프로그래밍에 대한 인적 서비스 접근법은 사회적 문제 해결 및 유익한 인간적 목표 달성의 필요성을 강조하면서, 때때로 마케팅 접근과 상충될 수 있다. 마케팅 접근 방식에서는 주로 효율적 관리와 최대 수익이 주된 목적이지만 인적 서비스 지향의 경우는 사회적 가치와 인간적 혜택을 강조한다.

규범적 접근

여기에 설명된 지향 중 **규범적 접근법**(*prescriptive approach*)은 레크리에이션 경험의 목표와 기능을 정의하는 데 있어 가장 목적의식적인 접근 방식이다. 레크리에이션이 참가자들에게 건설적 변화를 가져다주어야 한다는 생각은 레크리에이션 프로그램에 관한 많은 교과서에서 강조되어 왔다. 로스만(Rossman)과 슈레이터(Schlatter)는 여가 프로그램은 참여에 따른 결과로 나타나는 변화나 경험을 기술할 수 있는 목표를 갖는다고 제시한다.[41]

규범적 레크리에이션 프로그램의 가장 명확한 사례를 치료 레크리에이션에서 찾을 수 있다. 여가에 대한 규범적 접근은 여가 활동이 건강의 일부이며 건강과 웰빙이 전적으로 의학적 개입을 수반하는 것은 아니라는 생각을 뒷받침한다. 규범적 접근법에서는 사회적 개선이나 운동 능력의 향상과 같은 참가자의 요구를 인식한다. 치료 레크리에이션 전문가들은 본질적으로 규범적 프로그램 개발을 위한 표준 접근법을 사용한다. 이 접근법은 검토, 계획, 구현 및 평가(APIE, assessment, planning, implementation, evaluation) 방식이다. 참가자는 자신에게 필요한 요구를 결정하기 위해 검토되고, 그렇게 결정된 요구를 해결하기 위한 계획을 개발하여, 해당 계획을 구현하고 평가한다. 평가 단계는 검토 단계

분야에 관계없이 일부 기관들은 이윤을 창출하는 시설을 가질 수 있다.
© FloridaStock/Shutterstock.

로 돌아가 검토에서 비롯된 목표를 확인한다.

비록 이러한 접근이 의도적으로 중요한 사회적 목표 달성을 강조한다는 점에서 인적 서비스 접근과 유사하지만, 규범적 접근법은 실무자의 전문성 및 권위에 대한 의존도에서 차이가 있다. 대조적으로, 인적 서비스 체계에서 일하는 레크리에이션 전문가는 지역 주민의 의견을 가치 있게 평가하고 그들을 의사결정에 참여시킬 가능성이 훨씬 더 높을 것이다.

자원 관리적/심미적/보존주의적 접근 방식

많은 야외 레크리에이션 기관들이 자연 환경을 관리, 사용, 보존을 위해 노력한다.

© tusharkoley/Shutterstock.

다루기 힘든 주제로서 **자원 관리적/심미적/보존주의적 접근**(*Resource Manager/Aesthetic/Preservationist Approach*)은 동의어가 아니지만 높은 수준의 유사성을 보이는 세 가지 요소를 함께 묶는 포괄적 모델로 사용된다. **자원 관리자**는 분명히 야외 환경을 관리하고, 활용하고, 보호하는 데 관심을 둔다. 활용과 보존 및 보호 사이의 균형은 기획자 및 이해관계자 사이에 뜨거운 논쟁을 벌이는 어려운 사안이다. 심미적 입장은 자연적 환경과 인공적 환경 모두에서 나타나는 모습을 중시하며, 문화 예술 및 다른 창조적 경험이 레크리에이션 프로그램에 포함되도록 강조한다. **보존주의자**들은 단순히 자연을 존중할 뿐 아니라 역사적 과거와 문화적 전통의 증거를 보존하기 위한 물리적 환경을 유지하려 애쓴다.

플로리다 델레이 해변의 와코다하치 습지 같은 자연 지역들은 야생 동식물과 멸종 위기에 처한 종들을 보존하는 수단이다.

Courtesy of Deb Garrahy.

레크리에이션 계획에 대한 이러한 접근법은 넓은 공원, 숲, 수변 지역 및 여타의 자연이나 경치 좋은 자원을 운영하는 기관들에서 더 분명하게 드러날 가능성이 있다. 따라서 주요 공원과 야외 레크리에이션 시설을 관리하는 국가 및 지방의 공원 부서 같은 정부 기관에서 주로 확인될 수 있다고 가정할 수 있다. 하지만, 이것이 다는 아니다. 많은 도시의 레크리에이션 및 공원 기획자들은 큰 공원을 책임지고 있다. 최근 몇 년 동안 경제적 혜택으로 인구가 증가하고 있는 지역에 대규모의 새로운 도시 공원이 증가하고 있다. 종종 이러한 공원들은 황폐한 부둣가, 공단 부지 또는 슬럼 지역을 복원하거나 재설계하는 데 도움이 될 수 있다. 대부분의 경우, 이러한 목적은 관광 및 문화 프로그램에 따라 도시의 매력을 유지하거나 확대시킬 수 있는 문화적 관심사가 있는 사적지를 보존하거나 재건하는 일이다. 보존과 복원은 노후화된 공원의 주요 초점이다. 반면에 수익 창출 시설의 새로운 개발은 신설되거나 새로 개발된 공원 및 레크리에이션 기관과 지역사회에서 보다 보편화되고 있다.

환경 의식 이 접근법의 핵심 요소는 오늘날 많은 사람들이 다양한 유형의 자연에 대해 가지는 깊은 경외감이다. 이 책 전체에서 공통적인 주제는 자연에 대한 필요성과 아이들이 자연에서 보내는 시간의 부족이다. 야외 체험의 가치는 광범위하다. 사람들로 하여금 잃어버린 문화를 이해하고, 모험 활동에서의 도전을 마주하고, 정서적 관계를 찾고, 야외의 아름다움과 평온함을 경험하게 한다.

그러나 자연의 아름다움과 경험에 대한 시적 발현만으로는 환경적 프로그램 접근을 수행할 수 없다. 정치 경제적 현실도 환경적 결정을 내려야 할 때 고려되어야 한다.

지역 및 국립공원들은 급격한 예산 삭감으로 인해 공원과 서비스에 부정적인 효과를 미쳤다. 예를 들어, 미 국립공원관리공단은 2016년에만 120억 달러의 유지보수 비용이 밀려 있는데, 이는 2015년에 미뤄둔 유지 관리비에서 4억4천만 달러가 증가한 규모다. 공원 정비 문제의 사례로 제퍼슨 기념관이 타이들 베이슨(Tidal Basin) 호수로 가라앉고 있는 문제, 요세미티 국립공원의 도로 보수 공사, 알카트라즈 요새의 무너진 성벽 등을 들 수 있다.[42] 이러한 추세가 계속되면 공원은 일부 프로그램을 중단하거나 제 시즌에 문을 열지 못해 운영 시간이 줄어들며, 기업 스폰서를 의지하거나 지속적으로 유지보수 비용이 밀린 채 유지될 것이다.

쾌락주의적/개별주의적 접근

레크리에이션 프로그램에 대한 **쾌락주의적/개인주의적**(*hedonist/individualist approach*) 접근은 주로 흥미와 즐거움을 제공하는 데 관심을 갖는다. 이러한 접근은 레크리에이션을 사회적 제약이나 도덕적 목적이 없어야 하는 매우 개인주의적 활동으로 간주한다. **쾌락주의자**(*hedonist*)라는 개념은 개인적 쾌락을 추구하는 사람을 의미하며 종종 관능적 육체적 본성이라는 의미를 내포한다. **개인주의자**(*individualist*)라는 개념은 이러한 철학적 접근법이 각 개인이 집단의 압력이나 사회적 기대에 의해 방해받지 않고 자신의 충족과 기쁨을 추구할 수 있어야 한다는 생각을 강조하여 붙여졌다.

분명히, 미국인들의 삶 속에서 증가된 어떤 유형의 여가 활동이 이 설명에 들어맞는다. 상업화된 레크리에이션 추구로서 마약, 알코올, 도박 및 섹스가 급속하게 증가하고 일반적으로 더 자유롭게 수용될 수 있는 배경과 다른 유형의 감각 추구 엔터테인먼트와 놀이는 여가에 대한 쾌락주의적 접근을 묘사한다. 이러한 유형의 놀이는 어떤 상황이나 지역에서는 합법적이고, 또 다른 상황이나 지역에서는 불법이며, 일부 인

사례 연구

......

가치는 어떻게 조직을 이끄는가?

전미레크리에이션공원협회(NRPA)는 여기서 논의된 일곱 가지 철학 중 일부와 병행하는 세 가지 중요한 기능에 대한 사명감과 핵심 가치를 구축했다.

1. 보존: 열린 공간을 보호하고 어린이와 자연을 연결하며 보호 실천에 지역사회를 참여시킨다.
2. 건강 및 복지: 공원과 레크리에이션을 통해 건강 및 웰빙 증진에 앞장선다.
3. 사회적 평등: 모든 사람들이 지역 공원과 레크리에이션 혜택을 누릴 수 있도록 보장한다.

이 가치에 대한 상세한 내용은 http://www.nrpa.org에서 검토하라.

고려해야 할 질문

1. NRPA는 이 가치를 어떻게 적용하고 있는가?
2. 이 가치는 앞서 논의한 철학과 어떻게 비교되는가?
3. 온라인에서 확인된 이 세 가지 가치에 입장 중 하나를 수정하여 요약하라.

구 집단에서는 받아들일 수 있는 여가 경험으로 간주되지만, 다른 집단에서는 비난받는다는 의미에서 도덕적 한계를 가지는 활동으로 설명할 수 있다.

마약 및 알코올의 남용, 도박, 합법화된 마리화나, 성적 활동에 대한 일부 유형은 다른 장에서 논의하였다. 레크리에이션 및 여가에 대한 쾌락주의적 접근의 핵심 요소인 도덕적 한계를 가지는 또 다른 형태의 여가는 놀이 및 엔터테인먼트의 형태로 성(sex)을 이용하는 것이다. 상업화된 성은 매춘 및 사교 동반 서비스, 섹스 영화, 책, 잡지, 집에서 시청 가능한 X 등급 영화의 무차별적 대여, 인터넷 포르노, 그리고 네트워크 텔레비전 프로그램에서 보여주는 노골적 성적 이미지와 주제를 포함해 다양한 형태를 취한다.

공공, 비영리 및 기타 유형의 지역사회 기반 여가 서비스 기관은 일반적으로 약물 남용, 도박 또는 성적 지향 엔터테인먼트를 후원하지 않지만, 이러한 활동들은 상업적 후원을 통해 광범위하게 이용할 수 있으며, 많은 경우 정부의 승인을 받거나 암묵적으로 수용된다.

편익 기반 접근

레크리에이션, 공원 및 여가 서비스 프로그램의 설계와 구현에 따른 최종적인 철학적 접근은 편익 기반 접근법(*benefits-based approach*)이다. 기본적으로, 이 접근법은 바람직한 목표나 사명을 구두로 표현하거나, 여가 서비스 기관이 후원하는 행사의 수와 참여자의 수를 집계하는 것만으로 충분하지 않다고 주장한다. 대신에 정부, 비영리, 치료, 군대 및 기타 유형으로 관리되는 레크리에이션 기관은 지역사회 및 참여자의 혜택 측면에서 자신들의 역할과 목적을 더 명확하게 정의해야 한다. 편익은 개인을 위한 선의로 규정된다.

이 과정에서 목표치를 구체적이고 측정 가능한 편익으로 정의하는 것이 필수적이다. 편익 기반 접근법은 프로그램에 따른 결과를 단순하게 기술하는 게 아니라 장기적 변화나 효과를 측정한 결과에 초점을 맞춘다.

철학적인 접근: 완전한 모델은 없다

조직화된 여가 서비스의 정의와 관리에 대한 위의 일곱 가지 접근법은 별개의 철학적 입장을 취하지만, 어떤 개별 기관이나 정부 부처도 한 가지 접근법을 단독으로 따를 가능성은 낮다는 점을 강조해야 한다.

정치, 경제, 사회 환경의 변화 때문에 공원 및 레크리에이션 기관은 공원 및 레크리에이션 제공에 대한 전통적 접근 방식을 재검토해야 했다. 단일 접근법은 폐기되지 않았지만, 일부는 정치가와 전문가들의 관심을 끌지 못했다. 특히 영향을 받은 것은 인적 서비스 접근이다. 다른 곳에서 언급했듯이, 공원 및 레크리에이션에 대한 재정의 가용성은 인플레이션에 맞춰 증가되지 않았고 대부분은 상당히 축소되었다. 테러와의 전쟁 및 이라크와 아프가니스탄에서의 전쟁은 공원 및 레크리에이션 재정에 부정적인 영향을 미쳤지만 정부 기관들은 더 많은 프로그램과 서비스를 제공하고 기존 및 신규 시설, 참가자 및 시장을 유지할 것으로 예상된다. 가장 빠르게 증가하는 접근 방식인 비즈니스 마케팅 접근법은 정부 차원의 모든 수준에서 받아들여졌다. 특히 주요 도시 지역에서의 여가 서비스는 인적 서비스 접근 방식을 적용하여 지속될 수 있다. 가계당 소득이 높은 교외 지역에서는 대형 레크리에이션센터가 오래된 지역 센터를 대체하거나 보다 작은 규모의 센터를 대신해 건축되고 있다. 레크리에이션 서비스나 센터가 존재하지 않았거나 작은 규모로 운영되던 이들 교외 지역의 성장에 따라, 대규모 복합 센터는 증가하는 인구를 위한 매력적인 편의 시설이다. 대규모 복합 센터들은 전형적으로 회비를 책정하며, 프로그램에 대해 더 높은 비용을 부과하여 경제적으로 상층 인구를 충족시키며, 경제적 약자들이 즉시 접근할 수 없는 지역 사회에 위치한다. 게다가, 이런 복합 센터들은 전통 레크리에이션센터보다 클럽 분위기를 더 많이 풍기는데, 이러한 접근은 인적 서비스 접근에서 벗어나는 동향을 보여준다.

요약

레크리에이션, 공원 및 여가 서비스는 현재 수백만 명의 사람들이 조직적 레크리에이션에 고용되어 직업 영역에서 대단히 성장했다. 이 전체 그룹 중 수십만 명의 사람들이 자신들의 학문적 교육, 직무 및 조직적 관계로 인해 전문가로 간주될 것이다. 이 장에서는 다음과 같은 몇 가지 중요한 전문성 기준을 설명하였다.

1. 개별 참여자 및 지역사회 생활에 혜택을 제공하는 측면에서 상당한 수준의 사회적 가치를 보유한다.
2. 사회봉사 활동의 의미 있는 영역으로서 또는 적법한 직업 분야로서 대중으로부터 인정받는다.
3. 이론적, 실용적 지식을 바탕으로 대학 수준의 전문적 준비를 필요로 한다.
4. 컨퍼런스, 연구, 출판물 및 기타 실무 개선 노력을 후원하는 전국적 또는 지역적 기관과 연관된 전문 협회를 갖고 실무자 간의 공생과 협력 관계를 증진시킨다.
5. 일반적으로 인증 시스템을 통해 확인된 자격 있는 개인만 전문가 수준의 업무를 수행하도록 보장하는 자격 증명 시스템을 보유한다.
6. 책임감 있고 효과적인 서비스를 대중에게 제공하기 위한 윤리강령을 수립한다.
7. 광범위한 전문 개발 기회를 확보한다.

레크리에이션, 공원 및 여가 서비스 분야는 대부분 이러한 분야에서 상당한 진전을 이루었다. 레크리에이션 및 여가 활동이 앞으로 수년간 점점 더 중요한 부분으로 대두되면서, 여가 서비스 분야에 대한 도전은 이미 마련된 기반을 바탕으로 훨씬 더 전문화되어야 할 것이다.

전문직 종사자는 직업적 기준 외에도 철학적 기반을 가지고 있다. 이 장에서는 오늘날 조직화된 레크리에이션 서비스의 제공에 영향을 미치는 일곱 가지 운영 철학을 설명했다. 이것들은 삶의 질적 차원과 마케팅 지향에서 최근의 서비스 모델인 편익 기반 관리 접근에 이르기까지 다양하다. 대부분의 여가 서비스 기관들은 자신들의 정책을 개발하고 프로그램을 제공하는 데 이러한 철학을 혼합하여 사용한다. 직업의 현재 상태를 고려할 때, 많은 기관들은 여가 서비스 제공에 대한 편익 기반, 마케팅 및 기업가적 접근법을 혼합한다.

토론 및 에세이 문제

1. 사회적 권한이나 중요한 사회적 가치 또는 전문적인 지식 체계를 가지는 등 일반적으로 몇 가지 기준을 전문성의 특징으로 간주한다. 이들 중 네 개를 선택하여 레크리에이션, 공원 및 여가 서비스 분야가 이러한 전문성 기준을 어느 정도 충족하는지 논의하라.

_____

_____

_____

_____

2. 공원 및 레크리에이션에서 가장 두드러지는 두 가지 자격증은 무엇인가? 이러한 인증을 취득하기 위한 기준과 요건은 무엇인가?

_____

_____

_____

3. 앞서 몇몇 전문 협회를 나열하였다. 당신의 미래의 직업적 관심사에 어떤 협회가 가장 적합한가?

_____

_____

_____

4. 일곱 가지 다른 철학과 레저 접근법이 제시되었다. 일곱 가지 접근법 중 자신의 견해와 가장 부합된다고 생각하는 것은 무엇인가?

_____

_____

_____

_____

미주

1. National Recreation and Park Association, "Choosing a Career in Parks and Recreation": http://www.nrpa.org/careers-education/careers/choosing-a-career-in-parks-and-recreation/ (Accessed February 5, 2016).

2. World Travel & Tourism Council, "Economic Impact of Travel & Tourism 2015": https://www.wttc.org/-/media/files/reports/economic%20impact%20research/regional%202015/world2015.pdf (Accessed June 2, 2017).

3. Bureau of Labor Statistics, "Occupational Outlook Handbook: Summary: Recreation Therapists": http://www.bls.gov/ooh/healthcare/recreational-therapists.htm (Accessed February 5, 2016).

4. Ibid.

5. Ibid.

6. National Park Service, "Frequently Asked Questions": http://www.nps.gov/aboutus/faqs.htm.

7. America's State Parks, "State Park Facts": http://www.naspd.org/about-us/state-park-facts/ (Accessed February 5, 2016).

8. Bureau of Labor Statistics, "Occupational Outlook Handbook. Job Outlook": http://www.bls.gov/ooh/personal-care-and-service/recreation-workers.htm#tab-6 (Accessed February 5, 2016).

9. Ibid.

10. YWCA, "Mission & Vision": http://www.ywca.org/site/c.cuIRJ7NTKrLaG/b.7515887/k.9633 /Mission__Vision.htm (Accessed February 5, 2016).

11. Bureau of Labor Statistics, "American Time Use Survey-2014 Results": http://www.bls.gov/news.release/atus.nr0.htm (Accessed February 5, 2016).

12. America's State Parks, "State Park Facts": http://www.naspd.org/about-us/state-park-facts/ (Accessed February 5, 2016).

13. National Park Service, "Frequently Asked Questions": http://www.nps.gov/aboutus/faqs.htm (Accessed February 5, 2016).

14. ESPN, "Major League Attendance Report": http://espn.go.com/mlb/attendance (Accessed February 5, 2016).

15. North American Society for Sport Management, "Sports Management Programs: United States": http://www.nassm.org/Programs/AcademicPrograms/United_States (Accessed February 5, 2016).

16. A. R. Hurd and B. E. Schlatter, "Establishing Cooperative Competency Based Internships for Parks and Recreation Students," *Journal of Health, Physical Education, Recreation & Dance* (Vol. 35, 2007): 32–37.

17. National Recreation and Park Association Professional Development, "COAPRT Accredited Academic Programs" (2016): http://www.nrpa.org/certification/accreditation/coaprt/coaprt-accredited-academic-programs/.

18. Commission on Sport Management Accreditation (COSMA), "Accredited Programs": http://www.cosmaweb.org/list-of-accredited-programs1.html (Accessed February 7, 2016).

19. National Recreation and Park Association, "Our Mission": www.nrpa.org/About-National-Recreation-and-Park-Association/.

20. Canadian Parks and Recreation Association: http://www.cpra.ca/ (Accessed February 7, 2016).

21. American Camp Association: http://www.acacamps.org/ (Accessed February 7, 2016).

22. National Recreation and Park Association, "CPRP Eligibility": http://www.nrpa.org/certification/CPRP/eligibility/.

23. M. A. Mulvaney and A. R. Hurd, *Official Study Guide for the Certified Park and Recreation Professional Examination*, 5th ed. (Ashburn, VA: National Recreation and Park Association, 2017).

24. National Council for Therapeutic Recreation Certification, "Certification Standards": http://nctrc.org/about-certification/certification-standards/ (Accessed February 5, 2016).

25. National Council for Therapeutic Recreation Certification, "NCTRC Exam Content Outline: 2014 Job Analysis Study": http://nctrc.org/wp-content/uploads/2015/02/MM8-HT3-exam-content-outline.pdf (Accessed February 7, 2016).

26. National Recreation and Park Association, "Certified Park and Recreation Executive (CPRE) Certification": www.nrpa.org/CPRE/ (Accessed February 5, 2016).

27. Association of YMCA Professionals: www.ayponline.org (Accessed February 5, 2016).

28. Event Industry Council, Certified Meeting Professional (CMP) Program: http://www.eventscouncil.org/CMP/Applications.aspx (Accessed February 6, 2017).

29. International Live Events Association, Certified Special Events Professional: www.ileahub.com/CSEP (Accessed February 5, 2016).

30. National Association for Interpretation Certification Program: www.interpnet.com/nai/Certification/Overview/nai/_certification/NAI_Certification.aspx?hkey=fa8b1be4-ee12-436d-ac61-7cdd7efd3926 (Accessed February 5, 2016).

31. National Recreation and Park Association, "Accredited Agencies": www.nrpa.org/accreditedagencies/ (Accessed February 5, 2016).

32. National Recreation and Park Association Professional Development, "CAPRA Accredited Agencies": http://www.nrpa.org/accreditedagencies/ (Accessed February 5, 2016).

33. American Camp Association, "About ACA Accreditation": http://www.acacamps.org/staff-professionals/accreditation-standards/accreditation/about-aca-accreditation (Accessed February 7, 2016).

34. American Therapeutic Recreation Association, "Code of Ethics": http://www.atra-online.com/welcome/about-atra/ethics (Accessed February 7, 2016).

35. World Tourism Association, "Global Code of Ethics for Tourism": http://ethics.unwto.org/en/content/global-code-ethics-tourism (Accessed February 8, 2016).

36. International Live Events Association, "ILEA Professional Conduct and Ethics": http://www.ileahub.com/about/ilea-professional-conduct-and-ethics (Accessed February 8, 2016).

37. International Festival Event Association, "Education": http://www.ifea.com/p/education (Accessed February 8, 2016).

38. National Intramural Recreational Sports Association, "Upcoming NIRSA Events": http://nirsa.net/nirsa/grow/ (Accessed February 8, 2016).

39. Park Ridge Park District, "About Us": http://parkridgeparkdistrict.com/general (Accessed February 14, 2016).

40. Johnston Senior Center, "Mission Statement": http://johnstonsc.net/2.html (Accessed February 14, 2016).

41. J. R. Rossman and B. E. Schlatter, *Recreation Programming: Designing Leisure Experiences*, 7th ed. (Champaign, IL: Sagamore Publishing, 2015).

42. Daly, M., "Parks $12 billion behind in maintenance work," *The Pantagraph, 170,* D1-2: Associated Press (February 14, 2016).

미래 전망

미래의 정의: 미래는 경험과 욕망에 기초한 상상력의 산물이다. 사람들이 예측하고, 계획하고, 공상하고, 희망을 갖고 싶어하는 지점이다. 그것은 마음의 산물이다. 인간의 두뇌의 진화는 상당 부분 미래를 예측하는 데 필요한 인지 능력, 즉 추상적 상상력, 논리, 그리고 귀납(induction)의 진화라고 주장할 수 있을 것이다. 상상력은 우리가 어떤 상황을 보지 않고도 그럴듯한 모델을 예측하여 위험을 피할 수 있게 한다. 논리적 추론은 행동과 상황의 불가피한 결과를 예측할 수 있게 해주므로 미래 사건에 대한 유용한 정보를 제공한다. 귀납은 인과관계를 예측할 수 있게 하는 미래 시점의 모든 예측에 대한 기본 개념이다.[1]

> ✔ **학습목표** LEARNING OBJECTIVES
>
> 1. 21세기의 주요 의제를 인식한다.
> 2. 21세기의 주요 안건이 레저산업에 미치는 영향 이해
> 3. 여가 산업이 주요 의제에 어떻게 부응할 수 있는지 조사하고 제안한다.
> 4. 하나 이상의 주요 의제와 여가 서비스에 미칠 수 있는 영향을 설명한다.
> 5. 하나 이상의 주요 의제가 사람들 개인에게 어떤 영향을 미치는지 평가하고 설명한다.

소개

조직화된 레크리에이션, 공원 및 여가 서비스의 괄목할 만한 성장은 이 책 전반에 걸쳐 기록되어 있다. 이러한 사회 운동과 직업 활동의 분야에 대한 인상적인 역사에도 불구하고, 다양하게 제기되는 지속적이고 새로운 문제들과 우려들은 개인, 지역사회, 그리고 국가적 생활양식에서 레크리에이션, 공원 그리고 여가의 역할에 대한 관

점에 영향을 미친다.

이제 20년이 지난 새로운 세기는 여가로 구성된 모자이크에 대해 이미 새로운 도전, 새로운 기회 및 새로운 접근 방식을 경험하고 있다. 이전의 전통적인 여가 모델은 많은 공동체에서 변화하고 있다. 레크리에이션 서비스 제공에 대한 전통적인 접근 방식 역시 변화하고 있다. 여가 기회는 역사상 그 어느 때보다도 더 많다. 정부와 사람들은 전국적인 구조에서 공원, 레크리에이션, 여가 등의 역할을 재고하고 있다. 영리 기업들이 새롭고 창조적인 여가 기회에 관여하는 동안 비영리 기관들이 서비스를 확장하고 있다.

미국을 비롯한 세계가 거의 30년간에 걸쳐 지속된 경제 성장 이후 70년 동안 가장 심각한 경제 쇠퇴를 겪고 있으므로 정부가 할 수 있는 일과 해야 할 일, 그리고 시민이 기꺼이 지불하고자 하는 비용에 대한 결정이 지난 10년간 논의되어 왔다.

사회 복지 모델로서의 공원, 레크리에이션, 레저의 개념은 특히 소외 계층을 고려하여 실행될 수 있다. 그러나 많은 사람들에게 사회 복지 모델은 시대에 뒤떨어진 것으로 받아들여져 공공 기관과 정치인 및 여가 실무자들은 새로운 모델을 찾고 있다. 21세기 문제와 관련하여 공공 공원, 레크리에이션 및 여가가 경제적 불확실성의 시대에 효과적인 서비스와 프로그램을 제공하는 방법은 무엇일까? 비영리 단체와 영리 단체뿐 아니라 도시, 교외 및 농촌 레크리에이션 기관의 적절한 역할과 책임은 무엇일까? 이 장에서는 공원, 레크리에이션 및 여가에 영향을 미치는 전국적 구조의 문제점, 과제 및 변화에 대해 논의한다.

미국에서 조직된 레크리에이션 서비스의 주요 우선순위는 어떻게 결정되어야 하는가? 정부는 어떤 방법으로 보다 효과적이고 효율적인 서비스를 제공할 수 있을까? 신체적, 정신적 장애가 있는 사람들, 새롭게 제기된 노령화, 성, 인종, 민족적 배경 때문에 과거에 적절한 레크리에이션 기회를 갖지 못했을 사람들에 대한 조직적 레크리에이션의 주요 책임은 무엇일까? 밀레니엄 세대는 우리의 공원 및 레크리에이션에 대한 인식, 운영 및 접근 방식을 어떻게 변화시키고 있을까?

기술이 공공, 비영리 및 영리 부문에서 공원 및 레크리에이션의 기획과 실시, 운영 및 마케팅에 어떻게 영향을 미쳤을까? 소셜 미디어, 스마트 폰, 태블릿 및 급격하게 증가하는 앱이 지원하는 수많은 기술로

공청회를 통해 공원 및 레크리에이션 시설에 대한 결정이 자주 논의된다.

© Yurico/Shutterstock.

인해 사람들이 세상을 보고, 사용하고, 수용하는 방식이 변화되었다. 정보가 공유되고 교환되는 방식에 대한 과거의 가정은 더 이상 유효하지 않다. 여가 서비스 전문가들은 앞으로 몇 년 내에 그러한 변화에 어떻게 대응하고 예측할 것인가?

향후 수십 년의 사회 경제적 변화는 대중의 여가와 참여 패턴에 어떻게 영향을 미치며, 레크리에이션, 공원, 여가 서비스 전문가 및 조직이 미래의 과제에 효과적으로 대응할 수 있는 방법은 무엇일까?

오늘날의 여가 서비스 제공 길잡이의 주요 근거

레크리에이션, 공원, 여가 서비스 종사자들에게 오늘날 자신들의 전문적 운영에 적용되어야 하는 대부분의 핵심 원칙들을 확인하는 일은 어렵지 않다. 첫째, 그러한 개인들은 전문 분야가 어디이든 상관없이, 인적 성장 및 공동체 발전에 있어 레크리에이션과 여가를 중요하게 여기는 것으로 가정한다. 그러므로 조직화된 레크리에이션 서비스에 대한 현대적 철학은 현대적 삶에 있어서의 레크리에이션 및 여가 장소, 정부의 역할, 경험 위주 프로그램 개발, 사회적 요구를 충족시키기 위한 파트너와의 관계구축 등의 중요한 문제들을 다루어야 한다.

현대적 공동체를 위한 레크리에이션 장소

미국 사회에서 사회적 현상으로서, 그리고 지역사회의 관여로서의 레크리에이션에 대한 우리의 관점은 정부 시스템의 영향을 받는다. 헌법과 여러 해 동안 정부 정책에 영향을 준 법원 판결을 통해 우리는 다양한 차원에서 정부가 시민들에게 특정한 주요 서비스를 제공할 책임이 있다는 견해를 수용했다. 여기에는 안전과 보호, 교육, 보건 및 모든 시민의 삶의 질을 유지하는 데 기여하는 기타 서비스 관련 기능이 포함된다.

이러한 정부의 책임 체계와 관련된 생각은 모든 인간의 가치와 존엄성에 대한 유대-기독교적 개념과 각자가 자신이 할 수 있는 가장 완전한 인간이 되고자 하는 요구에 대한 일반적 인식이다. 정부 및 많은 자발적 지역사회 단체를 통해, 우리는 삶의 각 단계에 있는 사람들과 장애로 인해 상당한 삶의 양식을 박탈당한 사람들에게 필요한 서비스 및 기회를 제공하는 데 대한 책임을 수용한다.

개별적 시민들의 요구

레크리에이션 및 여가 활동은 현대 생활에서 그들이 제공하는 신체적, 사회적, 정서적, 지적, 정신적 혜택을 위한 개인적 경험의 중요한 측면이다. 긍정적인 여가 경험은 한 개인의 삶의 질을 향상시키고 잠재력을 최대한 발휘하도록 돕는다. 이것을 가능하게 하기 위해, 정부 및 책임 있는 다양한 사회단체들은 레크리에이션 자원과 프로그램을 제공하고, 적절한 경우 사람들로 하여금 여가 시간이 건설적이고 창조적으로 사용될 때의 가치를 이해할 수 있도록 여가 교육을 제공해야 한다.

정부의 책임

개별적 편익을 제공하는 것 외에도, 레크리에이션은 지역 사회가 건강 요구를 충족시키고 경제적 편익을 얻으며 공동체의 사기를 유지하는 데 도움을 준다. 따라서 각 수준(지방, 도시 및 국가)에서 적합한 정부 기관이 공원, 놀이터, 센터, 스포츠 시설 및 기타 특수 레크리에이션 시설을 포함하는 여가 활동을 위한 물리적 자원 네트워크를 유지 관리할 책임을 져야 한다.

정부는 모든 연령층에 대해 적절한 리더십하에 프로그램을 계획하고, 조직하고, 수행할 책임을 져야 한다. 정부는 지역사회의 모든 여가 요구를 충족시키려 할 수 없고 그렇게 시도해서도 안 된다. 자발적이며 민간의 영리, 치료, 산업, 교육 그룹을 포함한 다양한 유형의 지역사회 조직이 때로는 전문적 요구나 보다 진보된 관심사를 충족하도록 설계된 효과적인 레크리에이션 프로그램을 후원할 수 있다는 사실을 인식해야 한다. 따라서 정부의 고유한 역할은 기본적 레크리에이션 기회를 제공하고, 다른 조직이 다루지 않는 격차를 해소하며, 지역사회 여가 서비스 프로그램을 조정하고 전반적인 방향을 제공하는 것이어야 한다.

지방 정부의 레크리에이션 및 공원 기관은 특히 재정적 제약이 따르는 경우 프로그램 활동의 직접적인 제공에 대한 책임을 덜 지는 대신 지역 사회 생활에서 레크리에이션 및 여가의 옹호자로서 다른 기관에 대한 지원을 조정하거나 촉진하는 역할을 담당해야 한다는 의견이 확산되고 있다. 얼마나 많은 서비스를 제공할 수 있는지, 누가 책임자 또는 1차 제공자가 되어야 하는지, 누가 비용을 지불해야 하는지, 누가 지불할 필요가 없는지, 그리고 어떤 수준의 서비스를 제공해야 하는지에 대한 지속적인 논쟁이 있다.

주요 관심사는 대중을 위한 레크리에이션 기회를 공평하게 분배하는 것이다. 이는 모든 거주자가 완전히 동일한 프로그램과 서비스를 가진다는 것을 보장하지는 않지만, 지역사회의 요구와 경제적 능력의 현실적 문제 속에서, 다양한 주민들과 지역 공동체 그룹에게 기회의 합리적 균형을 가져다 줄 수 있는 시설과 프로그램이 배포될 것이라는 약속을 표상하는 것이다.

비영리 부문의 영향

비영리 부문은 레크리에이션 및 여가 기반 사회적 서비스의 제공에 있어 점점 더 큰 역할을 받아들였다. 이 노력의 중요한 부분은 위험에 처한 지역의 청소년 서비스 기관에 초점을 맞추고 있다. 비영리 단체들이 점점 더 많은 역할을 하게 된 데는 여러 가지 이유가 있다. 첫째, 이것은 비영리 단체가 가정할 수 있는 새로운 모델이 아니다. 오히려 정부가 필요한 서비스를 제공할 수 없다는 것을 지역 사회 구성원들이 인식할 때 가정할 수 있는 서비스의 지속과 확장이다. 둘째, 더 많은 사람들이 상당한 액수의 기금을 비영리 단체에 기꺼이 기부하고, 지역공동체에 기꺼이 기부할 의지를 가지고 있다. 비영리 단체는 종종 정부보다 사회적 병리 현상을 다루는 더 바람직하고 효과적인 조직으로 간주된다. 마지막으로, 정부가 공동체의 모든 요구를 충족시키지 못하는 사실을 인식하고, 비영리 단체와 그들의 협력하에 진행하는 사업을 장려한다.

영리 부문의 영향

영리 부문은 레크리에이션 및 여가 기회를 제공하는 데 독특하고 확장된 역할을 수행한다. 영리 부문의 관여는 종종 특정 사회 집단이나 경제적으로 혜택을 받지 못한 사람들을 배제하기도 하지만, 대신 대중을 위한 광범위한 레크리에이션 기회를 모색한다. 영리 부문은 리조트, 테마파크, 크루즈 등과 같은 광범위한 서비스를 제공할 수도 있고, 강 투어, 오지여행, 야생 지역 탐험 비행과 같이 매우 협소한 범위의 서비스나 자전거 샵, 관광, 자동차 경주, 사격장 및 사냥터 운영, 등산용품 제조, 등산교실, 탐험 같은 특화된 레크리에이션 서비스를 제공할 수도 있다. 가상 기술의 빠른 성장에서 입증되듯 온라인 레크리에이션 경험의 제공이 확대되고 있다. 영리 부문이 관여하는 폭은 엄청나다. 영리 기업들은 종종 혁신적으로 비쳐지고, 트렌드에 반응할 수 있으며, 대중적이고 전문적인 특정의 레크리에이션 서비스를 위한 적절한 제공자로 간주된다.

직면한 미래의 도전

주로 대학과 대학생들이 레크리에이션, 공원, 관광, 스포츠, 여가 학습 커리큘럼에서 이 교재를 읽는 사람들은 미래 직업을 기대한다. 21세기는 우리의 여가에 대한 인식, 기대, 그리고 수요에 근본적으로 영향을 줄 수 있는 인구통계학적, 사회 경제적 변화 측면에서 무엇을 가져다 줄 것인가?

전통적 형태의 여가 활동은 증가하고 있지만 인구의 증가보다 느린 속도로 증가하고 있다. 공화당 대통령과 의회의 다수당을 공화당이 선점하면서 새로운 국면이 펼쳐졌다. 종종 개인적이거나 인터넷 기반의 새로운 형태의 여가들이 전통적 프로그램 영역 밖에서 성장하고 있다. 20세기 모델을 기반으로 한 대학 프로그램과 커리큘럼은 더 이상 학생과 전문가들에게 21세기의 도전을 대비할 수 없게 한다. '저비용 고효율(do-more-with-less)'을 추구하는 현실 속에서 구조화된 지역사회 참여를 기반으로 하는 사회적 책임 윤리에 대한 인식은 학계와 전문가 집단이 이미 다루고 있는 내용이다. 공원 및 레크리에이션 전문가들은 사회 구조, 관습, 개방성에 대한 도전들을 반드시 감내해야 한다. 사회적 환경 및 사회 정의에 대한 인식과 공공 공원 및 레크리에이션이 이러한 문제들을 해결하는 방법은 이 직업의 미래에 가장 중요한 요소이다.

현대 여가 서비스 분야의 대부분의 권위자들이 필요한 변화를 가져오려면 새로운 기업가 정신이 필요하다고 강조한다. 모든 서비스 분야의 레크리에이션 및 공원 전문가들은 좀 더 창의적이고 혁신적으로 생각할 필요가 있으며, 여가 콘텐츠 전문가가 되어야 하며, 정치적 수완을 가지고 지지 그룹과 이질적 그룹들 간의 제휴를 형성할 수 있어야 한다. 그들은 상호 작용하는 공동체 위주의 사회 정치적 책임을 감당할 조직적이고 전문적인 분위기를 조성할 필요가 있다.

미래를 예측하기 위한 노력

21세기로 들어선지 20년에 이른 지금, 공원 및 레크리에이션 역할에 대한 많은 논의가 남아 있다. 이 시기 초반기 동안에 논의된 것이 어떤 내용이든 간에, 후반기의 경

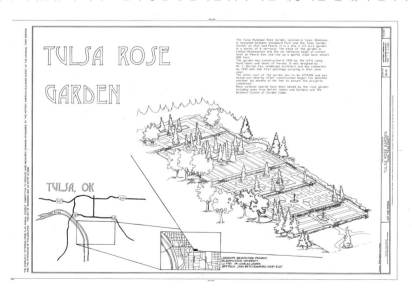

공원을 설계하는 것은 과거의 경험을 포함하고 미래의 기대를 예측한다.
Courtesy of the Library of Congress, Prints and Photographs Division.

기 침체는 정부가 공원, 레크리에이션, 여가 서비스, 프로그램 및 시설을 제공하는 능력과 의지를 변화시켰다. 비영리 단체와 영리 기업들은 경기 침체로 똑같이 어려움을 겪었다. 이러한 새로운 도전의 와중에 해당 직업의 면면이 변화되었다.

20세기 후반과 금세기 초를 주름잡았던 '통상적 비즈니스' 모델이 예상치 못한 방식으로 도전에 직면했다. 공공 공원 및 레크리에이션 부문의 서비스 및 시설 제공 능력에 미치는 영향은 50년 만에 가장 컸다. 지방 정부의 공원 및 레크리에이션 기관은 새로운 조직 모델과 명령에 적응했다. 그 결과 그들은 지역사회에서의 자신들의 역할에 대한 비전을 변화시키고 있다.

21세기 의제

21세기의 공원 및 레크리에이션에 대한 영향을 다루기 위한 공원 및 레크리에이션 기관의 단일한 국가적 노력은 없었다. 개별 기관은 자신들에게 영향을 미치는 경향에 중점을 두었다. 보다 광범위한 사회적 영향은 다른 기관들이 처리해야 할 몫으로 남겨져 있다. 미국 산림청은 야외 레크리에이션 트렌드 센터를 운영한다. 주정부는 상당한 추세 분석을 통해 다양한 품질의 지역 종합 야외 레크리에이션 5개년 계획을 수립한다. 많은 지방정부가 개발을 위한 마스터 플랜과 전략 계획을 가지고 있다. 두 경우모두 추세 분석이 계획의 일부 또는 중요한 부분이 될 수 있다. 일부 주립공원 및 레크리에이션협회, 특히 캘리포니아는 회원들이 추세에 뒤처지지 않도록 노력한다. 공원 및 레크리에이션에서의 추세 분석이 직면한 문제는 직업 자체의 다양성이다. 일부경향은 도시 레크리에이션, 야외 레크리에이션, 도시 공원 및 레크리에이션 부서, 주립공원 시스템, 국립공원 및 비영리 단체 사이의 경계를 넘나들지만, 그렇지 않은 다양한 경향들이 있다. 국가적 경향은 광범위한 그림을 그리는 반면, 지역적 경향은 상당히 다를 수 있다. 추세가 예상대로 진행될 것이라는 가정 역시 위험하다. 2004년에 경제는 계속 긍정적인 듯 보였다. 2007년 10월, 경제는 주택 시장으로부터 붕괴되기 시작했고, 전 세계 투자 은행들과 국제적, 국가적, 지역적 경제에 전반적인 파급 효과를 초래했다. 실업률은 1930년대 대공황 이후 최악의 수준에 이르렀다. 2016년 들어경제는 침체에서 회복되었지만 공공기관 및 비영리 단체가 받은 피해는 여전했고, 사람들이 정부와 비영리단체의 역할을 보는 관점을 변화시켰다.

그렇다면 공원 및 레크리에이션 기관은 일정 정도 타당성이 있는 경향에 어떻게 초점을 맞출 수 있을까? 미래를 예측하여 성공적 실적을 달성한 사람들이 있다. 추세판단은 미래를 경험할 수 있는 최선의 예측이다. 그들은 변화를 예측할 수 있는 지식, 성향 및 창조성 등에 의해 영향을 받는다.

이러한 경향은 공원 및 레크리에이션의 미래, 특히 부응해야 할 필요가 있는 공공 및 비영리 기관에 대한 결론을 도출했다. 이러한 경향 중 일부는 1990년대 중후반에 개최된 컨퍼런스 및 워크숍에서 나타났으며 현재까지 유지되고 있다.

21세기의 의제

◆ 공원 및 레크리에이션 전문가들은 급격한 사회적 변화를 새로운 기준으로 받아들이고 필요한 서비스 제공을 예측하는 법을 배워야 한다.

◆ 성별, 생활 방식, 삶의 단계 등 사회적 이슈가 변화함에 따라 입증된 인구통계학적 복잡성은 공원 및 레크리에이션 기관으로 하여금 누구에게, 어떤 프로그램을, 어떻게 제공할 것인지를 재고하는 징후를 제공한다.

◆ 의사결정에 대한 공공의 참여 확대 현실적 추세이며, 공공기관은 운동의 최첨단에 서야 한다.

◆ 비만은 갈수록 사회적으로 주요한 건강 문제로 대두되고 있다. 개인과 지역사회의 안녕이라는 광범위한 문제에 초점을 맞추기 때문에, 비만 위기 극복을 위한 지역사회에 기반을 둔 노력에 협력하는 일은 중요하다.

◆ 공공기관이 운영, 유지 보수, 수리 등에 활용 가능한 공적 자금의 규모가 줄어들고 있다. 국민들은 채권 발행 및 기타 재원, 그리고 투표를 통한 토지 취득 기금을 지지하면서 한편으로는 같은 수준의 서비스가 지속될 것으로 기대한다.

◆ 공공 기관의 성공은 다른 지역 공동체 조직과 양질의 관계를 구축하고 네트워크 및 연합을 구축할 수 있는 능력에 달려 있다.

◆ 고령화 사회, 세계화, 국제적 헌신, 세제 저항 및 기타 예기치 못한 요구로 인해 광범위한 전통적 서비스를 지원할 수 있는 능력이 감소함에 따라 레크리에이션 및 공원 운동에 있어 국가의 리더십이 더욱 협소해질 것이다.

◆ 공원 및 레크리에이션 기관은 야외 레크리에이션, 피트니스, 지역 공동체 관여, 확장된 레저 기회에 신세대들을 참여시키기 위한 기술적 역량을 강화할 필요가 있다.

◆ 현재의 사용자, 비사용자, 잠재적 사용자 및 이들의 동기에 대한 이해는 변화를 예측하고 현재 및 미래 세대의 요구를 충족하기 위한 기초가 된다.

◆ 공공기관은 지역적 차원에서 환경에 대한 리더십을 발휘해야 한다.

◆ 삶의 질, 지역 공동체 비전, 공공 장소 및 공간 조성에 초점을 맞춘 이슈에 관여하여 공동체 변화를 이끄는 기관으로서의 역할을 꾀하고, 지역 공동체, 지방정부 및 국가 조직과의 협력을 통해 전체적이고 건강한 지역 공동체를 구축한다.

- 공원 및 레크리에이션 기관은 점차적으로 삶의 질을 넘어 지역 및 전국적 스포츠, 레크리에이션 및 문화 행사의 원동력을 제공하는 지역 경제 개발 파트너로 전환하고 있다.
- 새롭고 창조적인 방식으로 지방 및 국가 차원에서 세계 최대의 경제 활동인 관광을 아울러야 할 책임이 있다. 공공 기관은 공동체 및 지역 관광 개발의 촉매제로 활동할 수 있다.

기관들은 여가 활동에 영향을 미치는 기술의 성장, 참여자의 세분화 및 전문화, 개별적 개인 레크리에이션, 참여 시간의 변화 및 누적되는 활동에 비추어 레크리에이션 경험을 재고해야 한다.

미래를 위한 도전과 전략

인구통계학적 변화와 다양성

인구통계학 변화 및 다양성은 오늘날 주요한 두 가지 사안이다. 공공기관들은 단일 집단이나 고정된 문화 집단에 대한 봉사에 익숙한데, 인구통계학적 역동성이 급속히 변화하고 있다는 사실을 확인했다. 캘리포니아에서는 전체 소수민족이 전통적 백인 인구보다 더 많다. 이런 추세는 계속될 것이다. 동시에 이민과 국내 이동은 사회 구성, 인구 규모, 다양성을 변화시키고 있다. 우리는 현재 고령화 사회로서 전통적 가족 개념이 파괴되고, 어린이와 청소년들은 점점 위험에 처해 있다. 이러한 추세와 그 영향을 이해하는 일은 여가 직업의 책임 중 일부이다.

그럼에도 불구하고 이러한 변화는 단순 지리적 의미를 뛰어넘는다. 지리적 이동과 세대적 변화 모두에 따른 주요 인구 변화의 사례로 다음과 같은 경향을 포함한다.

- 전체 미국인의 59% 이상이 남부와 서부에 살고 있으며, 그 수가 계속 증가하고 있다.
- 히스패닉은 2065년까지 인구의 24%를 차지할 것으로 예상된다.
- 아시아인들은 히스패닉을 대체하는 가장 큰 이민 그룹이 되었다.[2]
- 1980년 이후에 태어난 밀레니엄 세대는 베이비부머를 능가하여 가장 큰 세대가 되었다. 이들을 주시해야 한다.
- 미국은 농촌 국가에서 대도시 국가로 변모하여 미국인들의 4/5가 현재 대도시에 살고 있다(84%).
- 밀레니엄 세대는 생태적 환경적 영향 및 지속 가능성을 고려하여 자원 및 에너지를 소비하고 가족 규모를 결정할 때도 개인의 선택을 주요하게 고려한다.[3]

◆ 2050년까지 흑인, 히스패닉 및 아시아계가 노동 인구의 46%를 차지했는데, 같은 기간 해당 연령 그룹의 증가율은 거의 90%에 달했다.[4]

변화는 문화적, 지리적, 인구통계학적, 그리고 환경적으로 나타났다. 이러한 변화는 공원, 레크리에이션, 여가 서비스의 제공에 중요한 영향을 미친다. 도심에서 교외로 이동하는 초기 단계에서, 통근시간에 따른 여가 시간의 감소가 측정되었다. 대부분의 통근은 교외에서 도시 중심부로 이루어진 것으로 추정된다. 최근 들어, 점점 더 많은 사람들이 도시 중심가에서 살며 교외에서 일하는 패턴을 선택하면서 출근길이 양 방향으로 확장되었다. 도심을 벗어난 준 교외 지역이 도심의 성장을 앞지르며 새롭게 성장하는 지역이 되었다. 이 지역의 땅은 도시 및 교외 중심부보다 두 배 이상 빠른 속도로 개발되었다. 게다가 개발된 땅은 20년 전에 비해 20% 이상의 공간을 차지하고 있다. 그것은 21세기 버전의 도시 확장이다.[5]

1915년에 인구는 1억 명이었다. 52년 후인 1967년에는 2억에 달했고, 그로부터 50년 후인 2017년에는 3억2천4백만 명에 달했다. 외국 출신 인구는 1915년 15%, 1967년 8%, 2010년 12.9%를 차지했다. 1915년과 1967년에, 외국인 태생의 가장 큰 비율은 유럽 출신이었다. 2012년에는 라틴 아메리카, 그 뒤를 아시아가 이었다.[6] 이민자 인구는 1860년부터 2000년까지 전체 인구의 8~12%로 비교적 안정적 상태였지만, 2000년부터 2050년 사이에 인구의 주요 증가가 이민자로 기인할 것으로 예상된다. 미국은 중국과 인도에 이어 세계에서 세 번째로 인구가 많은 나라다. 인구통계학적 변화와 다양성의 꾸준한 확대는 레크리에이션 수요, 참여 그리고 프로그램 유형에 큰 영향을 미친다.

세대 미국은 세대를 아우르는 땅이다. 최근 몇 년간 베이비붐 세대, *X*세대, 밀레니엄 세대, 넷 세대(*Net Generation*)라는 용어가 많은 언론에서 회자되었다. 최근에는 세대 개념이 마케팅적 개념에 포함되었다. 일부 저술가들은 마케팅 용어에 맞게 세대 명을 수정했다. 예를 들어, 퓨 인터넷 프로젝트(Pew Internet Project)는 1937년에서 1995년 사이에 태어난 사람들을 네 가지 세대로 분류한다(표 11.1).

세대를 이해하는 데 있어 중요한 것은 그들이 서로 어떻게 다른지 정의하는 것이다. 모든 세대는 이전의 세대와 달랐다. X세대와 밀레니엄 세대는 컴퓨터 기술에 대한 폭넓은 접근성을 가졌으며 그것을 그들 삶의 일부로 완전히 수용한 첫 세대다. 기술의 영향은 이 장의 뒷부분에서 더 자세히 논의한다. 세대 연구는 미국 역사와 문화, 전쟁, 빈곤, 기술, 사회 운동, 교육 등이 세대 내 개인에게 어떤 영향을 미치는지, 그들의 여가에 미치는 태도, 기대, 그리고 참여에 어떻게 영향을 미치는지 연구하는 것

표 11.1 미국의 세대 구분

세대	태어난 해	전체 성인 인구 대비 점유율		
		2015	2036	2050
밀레니엄 세대	1977~1995	30.9%	43.0%	57.7%
X 세대	1965~1976	27.0%	31.8%	36.5%
베이비 부머	1946~1964	30.7%	23.9%	5.8%
침묵의 세대	1937~1945	11.5%	1.3%	0.0%

출처: Fry, R. 2016. Millennials overtake Baby Boomers as America's largest generation. Pew Research Center. http://www.pewresearch.org/fact-tank/2016/04/25/millennials-overtake-baby-boomers/. (Accessed Feburary 15, 2017).

이다. 세대에 대한 유사한 시각이 공원, 레크리에이션, 여가의 역사, 도전 과제, 영향 및 행동에 적용될 수 있다. 세대 개념을 '현대의 레크리에이션 및 여가'를 논의한 앞의 장들과 비교하면 직업이 어떻게 성장하고 성숙해졌는지에 대한 이해를 높일 수 있다.

인종 및 민족적 다양성 앞서 함께 논의했던 것처럼, 미국은 점점 더 다양해지고 있다. 유럽인들의 이민은 극적으로 감소했고, 히스패닉, 아시아, 중동, 아프리카 인구의

밀레니엄 세대를 만나다

퓨 리서치센터(pewresearch.org)는 수년간 활발하게 세대를 추적해왔다. 밀레니엄 세대는 가장 큰 세대로 베이비부머 세대를 대체했다. 빠른 기술 및 사회적 변화의 시기를 거친 이 세대는 기회와 도전에 직면하고 있으며 자신들의 이미지로 미국을 재정의하고 있다. 센터는 밀레니엄 세대에 대한 연구를 실시하여 다음의 여섯 가지 결론에 도달했다.

1. 밀레니엄 세대는 전통적인 정치 및 종교 기관에 대한 애착이 적지만 소셜 미디어 및 디지털 미디어를 통한 친구, 동료 및 선호도 그룹과의 개인적 네트워크로 연결된다.
2. 밀레니엄 세대는 이전 세대보다 경제적 어려움에 더 노출되어 있지만, 미래에 대해 낙관적이다. 밀레니엄 세대는 같은 연령대의 전 세대보다 학자금 대출, 빈곤에 노출되어 있으며, 실업률이 높고 부와 개인 소득이 낮은 현대의 최초 세대이다. 하지만, 그들은 자신들의 재정적 미래에 대해 극도로 자신하고 있다.
3. 싱글족들은 밀레니엄 세대를 다른 세대와 구별되게 한다. 밀레니엄 세대의 26%만이 결혼을 했다. 밀레니엄 세대의 나이 대에, X 세대의 36%, 베이비 붐 세대의 48%, 그리고 침묵의 세대 65%가 결혼하였다.
4. 밀레니엄 세대는 미국 역사상 가장 다양한 인종이다. 밀레니엄 성인의 43%가 백인이 아니다.
5. 밀레니엄 세대는 나이 든 미국인들보다 다른 사람들을 덜 신뢰한다. 한 조사에서, 오직 19%만이 대부분의 사람들을 믿을 수 있다고 말한다.
6. 은퇴할 준비가 되었을 때 사회보장제도가 자신들에게 온전한 혜택을 줄 것이라고 믿는 밀레니엄 세대는 거의 없지만, 대부분의 사람들은 제도를 고치는 방편으로 현재의 혜택을 줄이는 것에는 반대한다.[7]

급속한 통합으로 대체되었다. 2010년 미국 인구 조사는 증가하는 다양성을 보여주었다. 히스패닉은 미국에서 가장 큰 소수 민족 집단이다. 2000년과 2010년 사이에 히스패닉 인구는 3,550만 명에서 5,050만 명으로 43% 증가했다. 전체 미국 인구 분포가 표 11.2에 설명되어 있다.

인종과 민족(race and ethnicity)의 영향에 대한 연구는 지난 10년 동안 더 많은 관심을 받아왔다. 가장 중요한 것은, 민족성이 레크리에이션 참여 수준, 참여 활동의 유형 및 자연 환경에 따른 평온함의 수준을 느끼게 하는 요소라는 것을 보여주었다. 일부 초기 연구는 이러한 차이가 어디에 있는지를 보다 잘 이해하기 위한 단계를 설정했다. 버든(Virden)과 워커(Walker)의 연구는 백인들이 아프리카계 미국인들과 라틴 아메리카계 미국인들보다 더 즐겁고 안전한 숲 환경을 찾는다고 보고했다.[8] 히블러(Hibbler)와 샤이뉴(Shinew)는 여가 패턴의 차이를 설명하는 네 가지 근거를 구별했다. 네 가지 근거는 (1) 많은 아프리카계 미국인들의 한정된 사회경제적 자원, (2) 아프리카계 미국인들에 대한 억압과 인종 차별의 역사적 양태, (3) 아프리카계 미국인들과 유럽계 미국인들 간의 뚜렷한 문화적 차이, (4) 공공 여가 환경에서의 아프리카계 미국인들에 의한 불편함과 제약의 느낌이다.[9]

이민자들의 동화(assimilation)가 복잡한 문제라는 인식이 점점 커지고 있다. 그들은 인종적으로 더 다양하고, 복잡한 세대 간 변화를 가지고 있으며, 수가 빠르게 증가하고 있다. 예를 들어, 멕시코 이민 여성들은 그들의 문화를 유지하는 일을 자신들의 책임으로 간주했다. 이민자와 세대 간 문제 외에도 다른 인종 및 민족 집단들 간에 여가를 대하는 관점은 유사하면서도 다르다. 아프리카계 미국인들은 쇼핑, 교회 활동, 그리고 활동적인 레크리에이션 기능을 제공하는 열린 공간을 선호한다. 백인들은 넓게 펼쳐진 열린 공간, 야생의 삶, 개인 또는 가족 기반의 소극적인 레크리에이션과 보존을 선호한다는 것을 보여준다. 히스패닉과 아시아계 사람들은 사회적 목적을 위해 대가족 집단으로 야외를 찾는 경향이 있다. 아프리카계 미국인, 백인 및 라틴계 미국인들은 모두 경험을 공유하거나 혼자 지내기 등과 같은 사회적 속성에 대해 비슷한 견해를 공유했다. 인종 및 민족적 의사결정과 여가 선호도의 차이를 설명하는 연구가 진척되었지만, 그 분야는 여전히 잘 이해하지 못하는 영역으로 남아 있다.[10, 11]

새로운 이민자들은 그들 자신의 문화와 관습을 가지고 온다. 미국 사회로 통합되는 일이 때로는 쉽지 않다.

Courtesy of Martha Reed.

표 11.2   2016년 미국의 인종 및 민족 분포

인종 및 민족	2016 인구(단위 백만)	인구 비율
백인	199.0	60.1%
히스패닉	56.9	17.2%
흑인 또는 아프리카계	43.0	13.0%
아시아계	18.1	5.5%
아메리카 인디언 및 알래스카 원주민	3.9	1.2%
하와이 미국인	0.5	0.2%
기타 민족	0.6	0.2%
혼혈	9.0	2.7%
총계	331.0	100.0%

출처: U.S. Census Bureau. 2016. QuickFacts. Available at https://www.census.gov/quickfacts/table/PST045216/00(Accessed February 15, 2017).

연령 다양성   세대는 연령 다양성으로 표상된다. 전체 인구의 백분율 분포로 볼 때 베이비붐 세대는 그 규모와 영향에 있어 충격적이다. 게다가, 인구 분포는 지난 50년 동안 사회 및 정부에 대해 이미 상당한 영향력을 끼치면서 극적으로 변화되어 왔다. 전체 출생률이 감소하는 동안 1세대 및 2세대 히스패닉의 이민과 출산은 다른 소수민족의 평균보다 높았다.

1967년 미국인 중간 연령은 29.5세였다. 2015년의 중간 연령은 37.8세로 증가했다. 미국은 퇴직자보다 근로자가 많은 경제로부터 퇴직자를 떠받칠 수 있는 근로자가 부족한 고령화 사회로 옮겨가고 있다. 노령 인구 또는 베이비부머 인구는 계속해서 전체 인구의 유의미한 부분을 차지하지만 감소세가 지속되고 있다. 최초의 베이비붐 세대들은 1946년에 태어나 은퇴에 직면해 있다. 후기 베이비붐 세대는 1960년에서 1964년 사이에 태어나 출산기를 지나며, 인구 성장에 기여했다. 36~54세 연령층 (2013년 49~67세)은 베이비붐 세대를 포함하며 미국 전체 인구의 28%를 차지한다.[12]

고령화 사회   미국은 고령화 사회(aging society)에 들어섰다. 사상 처음으로 미국인들은 과학, 기술, 의료, 영양 및 부에서 향상된 혜택을 누리고 있다. 미국인 평균수명은 지난 세기 동안 거의 두 배로 증가했다. 1900년 평균수명은 47세였는데, 2000년에 77세로 증가했다. 80대 후반 90대 중반의 삶은 이제 드문 일이 아니다. 이 인구는 역사상 재정적으로 가장 독립적인 노령 층을 표상한다. 55세 이상의 연령층이 전체 부의 75% 이상을 차지하고 있다.

2012년에서 2050년 사이에 고령 인구의 증가가 극적으로 확장될 것이다. 2050년에는 65세 이상의 인구가 8,370만 명으로 늘어나 2012년 인구의 두 배에 달할 것으로 예상된다.[13] 2004년에 노인병 전문의가 1,000명이었던 것에 비하면 31,000명이 필요할 것으로 추정된다.[14] 일부 주, 특히 중서부와 북동부 지역의 주에서는 의료 서비스는 이미 가장 큰 산업이 되었다.

하지만, 베이비붐 세대들의 은퇴에 즈음해 이전 세대의 노인들과 똑같은 상황을 기대할 수 있을까? 대답은 '아니오'다. 그들은 사회에 자신의 이름을 남기고 자신들의 길을 갈 것이다. 그 길은 사회를 변화시키기 위한 자신들의 평생 헌신의 연속선상에 있다. 초기의 가정은 베이비 붐 세대가 다른 세대들처럼 완전히 은퇴할 것이라는 가정이었다. 경제 변화, 은퇴 후 복리후생, 사회보장 및 의료보험에 대한 우려, 의료비, 수명 연장 및 전반적 건강 상태는 은퇴에 대한 인식을 변화시켰다. 2015년 census.gov 보고서에 따르면 65세 이상 인구의 20%는 주당 최소 1~14시간, 65~69세 남성 인구의 57.6%는 주당 평균 35시간 이상, 동일한 연령대 여성의 36%가 일을 했다. 전체 65~69세 인구의 36%가 일을 했지만, 70세 이상 인구는 12.4%만이 일을 했다.[15]

메릴린치 보고서에 따르면, 조사 대상 베이비부머 중 17%만이 다시 일하지 않겠다고 답했는데, 이들은 은퇴 준비가 가장 덜 된 것으로 나타났다.[16] 이와 대조적으로, 조사 대상자의 76%는 은퇴 단계에서 일할 계획을 가지고 있었다. 왜 계속 일하느냐는 질문에 34%는 돈 버는 것이 중요하다고 대답했고, 67%는 자신들에게 동기를 부여하는 지속적인 정신적 자극과 도전을 원했다. 1986년에 정년퇴직이 폐기되면서 많은 노인들로 하여금 계속 일을 할 수 있게 만들어 노동력에 기여할 수 있게 했다. 정년퇴직제의 폐기와 동시에 퇴직 연령도 66세, 67세로 높아졌다. 1990년에서 2010년 사이에, 전통적으로 퇴직 연령인 62~64세의 남성들의 수가 20.8퍼센트 증가했다. 전체적으로 60~64세 남녀 노동인구는 528만 명에서 5,800만 명으로 증가했다. 베이비붐 세대는 은퇴를 휴식의 시기로 여기지 않고 라이프 스타일을 축소하지 않으면서 오히려 도전과 개인적 성장의 연속으로 여긴다. 은퇴는 전통적 의미에서의 퇴직의 필요성이 아니라, 자신이 원하는 일을 할 수 있는 능력과 그 일을 할 수 있는 자원을 갖고 있다는 사실에 근거하여 결정한다.

점점 더 많은 어른들이 '새로운 노년'으로 축하받고 있다. 새로운 세대의 노인들이 그들 자신의 방식으로 나이 들어가고 있다.

© digitalskillet/Shutterstock.

빈곤과 노인

미국에서의 빈곤은 가난에 처한 사람들, 개인 및 집단의 빈곤 탈출을 위해 일하는 사람들에게 오랫동안 힘겨운 투쟁이었다. 노인들은 가난에서 벗어나기 힘들 뿐 아니라 때로는 더 가난해질 수 있다. 일반 인구와 마찬가지로 소수 민족 집단도 더 빈곤하며, 고령의 소수 민족들의 빈곤 수준은 더 높다. 여러 연방기관의 2016년 보고서에 따르면, 65세 이상에서의 빈곤의 확산이 미국인 29%가 빈곤 수준 이하에서 살고 있는 것으로 보고된 1966년 보고서 이후 낮아진 것으로 나타났다. 그럼에도 이 수치는 미국 내 전 연령대에 비해 높은 비율이었다. 2014년까지 이 수치는 10%로 떨어졌으나, 소수 민족에서는 계속 저조하였다. 백인 이외의 인종 집단은 빈곤 수준 이하에서 살 가능성이 더 높았다. 아시아계 남성의 13%, 아시아계 여성의 16%가 이 범위에 들었다. 히스패닉계 남녀 노령 인구의 16%, 흑인 노령 남자의 17%, 흑인 노령 여성의 21%가 여기에 포함되었다.[17]

사례 연구

성공적인 노후화에 기여한 진지한 여가

'진지한 여가(serious leisure)'는 1982년 사회학자 로버트 스티벤스(Robert Stebbens)가 처음으로 제안한 개념이다. 그는 "진지한 여가란 아마추어, 취미 활동 또는 자원봉사를 추구하는 체계적 활동으로 사람들이 그것을 매우 중요하고, 흥미롭게 대하며 성취감을 느끼는 핵심 활동이다. … 그들은 특별한 기술, 지식, 경험의 조합을 획득하고 표출하는 데 중점을 두고 (여가)경력에 착수한다."[a] 매슬로우의 욕구 계층 구조에서 진지한 여가는 소속감에서 창의성에 이르기까지 다양한 개인적 요구 및 자기 성장을 충족시킨다. 스티벤스는 자발적이든 비자발적이든 직장을 떠난 사람들을 위한 대안적 일로 진지한 여가를 인식하지만, 진지한 여가가 일종의 생계 수단이 아니며, 진지한 여가를 노동을 대신하는 것이라는 인식에 사로잡혀서는 안 된다고 말한다. 진지한 여가는 '직장에서는 거의 찾아볼 수 없는 수많은 즐거운 기대와 추억'을 가지고 수행되는 것이다.[b]

진지한 여가에 대한 설명의 일부로 스티벤스는 실재하는 여섯 가지 자질 및 특성을 확인했다. 어떤 면에서, 이것들은 삶의 도전과 유사하고 항상 긍정적 정서를 드러내지만은 않지만, 진지한 여가를 추구하는 개인이 마주하는 도전을 나타낸다. 여기에는 매슬로우의 창의성 수준에서의 인간 욕구 계층 구조뿐 아니라 칙센트미하이(Cikszentmihalyi)의 몰입 이론과도 연관을 갖는다. 여섯 가지 특성은 다음과 같다.

진지한 여가 활동은 노인들이 성공적인 노화를 유지하도록 돕는다.
© Photodisc/Getty.

- ◆ 때때로 어려움을 극복하기 위한 인내성 필요
- ◆ 개발 및 참여 단계를 통해 달성하는 성취와 관련된 경력의 보유
- ◆ 고유하게 습득한 지식, 기술 또는 훈련에 중점을 둔 상당한 개인적 노력

◆ 사회적 상호 작용 및 소속감, 자기 표현, 자기 강화, 자아상(self-image) 고취, 성취감, 지속적인 물리적 결과물, 자아실현, 회복을 포함하는 8가지 지속 가능한 편익(benefit)

◆ 스스로 선택해 추구하는 바를 통한 참여자들 간의 강한 정체성

◆ 전문화된 사교계 활동에 연계되어 형성된 고유의 기풍[a]

오늘날의 고령화 인구는, 이 책의 다른 곳에서 기술된 것처럼 더 이상 느리게 진행되는 하향 나선형 곡선의 개념에 부합하지 않으며, 퇴직 후 활동을 가능하게 하는 요인에 적극적 관여와 신체 활동, 학습이 포함될 필요가 없다는 개념도 더 이상 적합하지 않다. 오히려, 베이비붐 세대가 노령화됨에 따라, 이 집단은 노령 인구에 적합한 것이 무엇인지에 대한 모든 관념에 도전하고 있다. 관여, 참여, 신체 활동, 그리고 확장된 업무 또는 업무 관련 활동들이 표준이 되고 있다. 이러한 노령화에 따른 접근 및 관점의 변화의 일환으로 진지한 여가 활동이 연구자들로부터 많은 관심을 받고 있다. 진지한 여가는 성공적인 노령화를 향한 예측 변수에 연계하여 풍요로운 방식의 성공적 노령화 가능성을 제시한다. 로웨(Rowe)와 칸(Kahn)은 성공적인 노령화에 필수적인 세 가지 요인을 제시했다. "질병과 장애가 없을 것, 정신적 신체적 기능을 유지할 것, 그리고 삶에 대해 지속적으로 관여할 것."[d] 브라운과 동료들은 댄스 프로그램에 참여하는 노인들을 연구하여 진지한 여가의 질에 연관된 여섯 가지 주제를 확인했다.[c] 연구자들은 춤을 배우는 동안 참가자들의 '인내심(perseverance)'을 확인했다. 인내심은 기초를 닦고 고난도 스텝을 숙달하려고 애쓰는 참가자들의 태도와 행동에서 분명히 드러났다. 둘째, '여가 경험(leisure career)'의 개념은 참여자들의 성취나 참여를 수반한다. 그렇게 관여한 사람들에게 "여가 경험은 학습, 참여 및 활동성 유지라는 성공적 노령화 요소를 반영한다."[d] 세 번째 주제는 여가 활동에 따른 특정 지식을 습득하기 위한 '상당한 개인적 노력(considerable personal effort)'을 포함한다. '고유한 기풍(unique ethos)'은 새롭고 전문적인 사교계 개발에 직접적으로 반영되어 결과적으로 성공적 노령화의 요소로 인정되는 강력한 사회적 네트워크를 만들어준다. 이 연구에 따르면 진지한 여가에 대한 '참여의 편익(benefits of involvement)'은 자아실현, 자기 강화, 자기표현, 성취감, 자아상 고취, 회복, 자기만족, 지속적인 물리적 결과물, 그리고 사회적 상호 작용 및 소속감을 포함한다. 참여의 편익은 참여와 성공적 노령화에 가장 오래 지속되는 영향을 미칠 수 있다.

또 다른 주제인 '정체성 형성(Identity formulation)'은 다른 다섯 가지 특성에서 비롯되며 연구자들은 참가자들이 자신들의 추구하는 바를 통해 강한 정체성을 형성한다는 것을 발견했다. 중요한 것은, 성공적 노령화에 기여하는 데 진지한 여가의 힘을 제시한다는 것이다.

생각해 볼 문제

1. 진지한 여가에 어떻게 참여하는지 설명하라.

2. 진지한 여가 활동을 활발하게 하고 있는 조부모님이 있는가?

3. 진지한 여가 활동이 성공적인 노화에 왜 중요한지 설명하라.

출처

a. R. Stebbens, *Serious Leisure*, (New Brunswick, NJ: Transaction Publishers, 2007): 5.

b. R. Stebbens, "Serious Leisure," *Society* (Vol. 38, No. 4, 2001): 55.

c. C. A. Brown, F. A. McGuire, and J. Voelkl, "The Link Between Successful Aging and Serious Leisure," *International Journal of Aging and Human Development* (Vol. 66, No. 1, 2008): 74.

d. Ibid. 82.

이 모든 것이 무엇을 의미하는가? 첫째, 72-아웃 규칙은 사라졌다. 대부분의 사람들은 72세 이전에 사망한다고 가정되어 왔다. 이러한 가정은 수십 년 만에 무너졌지만, 베이비 붐 세대에게는 이 가정이 적용된 적이 결코 없었다. 미국에는 7,500만 명 이상의 50대가 있으며 그들은 총 44조 달러 규모의 미국 유동자산의 약 90%를 보유하고 있다. 부는 이 인구 집단에 고르게 분포되어 있지 않다. 놀랍게도 전체 베이비 붐 세대의 42%가 은퇴 후 이사 계획을 세우고 있다. 보다 따뜻한 기후를 찾아 남서쪽으로 이주하고 있다. 베이비부머 남자들은 은퇴를 늦추고, 은퇴하면 일을 덜 하고 배우자와 더 많은 시간을 보내며 더 많은 휴식을 취할 계획이다. 여성들은 은퇴를 경력 개발, 지역사회 참여, 그리고 지속적인 자기 성장(personal growth)의 기회로 간주한다. 레크리에이션 및 여가의 수요는 증가하겠지만, 반드시 전통적 서비스를 위한 것은 아니다. 베이비붐 세대들은 서비스와 활동에 대한 지불 여력이 더 있으며 창의적이며 비전통적 서비스를 더 요구할 것이다.

미국인의 노령화는 레크리에이션 참여 및 제공에 대해 중요한 의미를 지닌다. 공원 및 레크리에이션 전문가들은 베이비붐 세대에 대한 서비스 제공 방식 결정에 어려움을 겪을 것이다. 새로운 고령 인구는 전통적 의미의 노인으로 간주될 수 없다. 노인센터, 빙고, 카드, 금요일 오후의 영화 관람, 버스 투어 등의 활동들이 없어지지는 않겠지만 스스로를 자립적이라고 생각하는 대다수 노인들의 관심을 끌지는 못할 것이다. 그들은 이미 보다 활동적이며, 더 이동성이 활발한 라이프 스타일을 가지고 있고, 더 건강하며, 기대 수명이 더 길고, 기술을 활용하여 특정 결핍을 보충하며, 미래에 더 많은 일을 할 것이다. 그들은 사회의 여느 집단만큼이나 다양하며 고령 인구를 위한 레크리에이션이 고려해야 하는 방식을 변화시키고 있다. 도시들은 별도의 노인 서비스 부서를 설립하거나 기존 정부 기관에 통합시키고 있다. 원하는 노인들에게 지속적으로 전통적 서비스를 제공할 필요가 있겠지만, 많은 노인들은 새로운 경험과 더 큰 도전을 추구할 것이다. 이 그룹은 자신들의 재정적 자원을 이용하여 여행을 즐기고, 스포츠 및 활동적인 여가를 즐기며 가족과 사회에 지속적으로 관여한다.

최근 연구에 따르면, 베이비붐 세대와 다른 노년층을 위한 레크리에이션 프로그램의 개선이 감지되고 있다. 일부 연구는 노인들이 덜 중요한 관계를 희생하면서 더 의미 있는 관계에 집중한다는 현상을 제시한다. 피트니스 프로그램은 성장하고 있으며 노인들의 건강, 이동성, 체력 수준에 맞춰 조정되고 있다. 건강한 노인들은 목표를 선택하고 최적화하는 데 초점을 맞춘 활동으로부터 편익(benefit)을 얻을 수 있다. 보다 건강이 제한적인 노인들은 수정되어 가능하게 만들어진 활동으로부터 편익을 취해야 한다.[18] 실행된 접근 방법에 상관없이, 공원 및 레크리에이션 기관들은 노인들이 이전 세대보다 더 다양하고 더 높은 기대치를 가지고 있다는 것을 이해해야 한다.

가족의 변화 지난 30년 동안, 가족 구조와 정의는 지난 200년의 변화 이상으로 많이 변하였다. 전업주부, 1인 소득, 세 명 이상의 자녀, 일요일의 가족 만찬과 교회 참석, 평생 헌신으로서의 결혼의 시대는 거의 사라졌다. 제2차 세계대전은 하나의 사회로서의 미국을 변화시켰다. 여성들은 자유를 경험했다. 전쟁터에서 돌아온 군인들에 퇴역군인 지원제도(GI Bill)가 시행되어 그 이전의 어떤 세대보다 더 많은 교육을 받았다. 1960년대와 1970년대에는 사회적 관습, 전통적 가족 가치 및 인식에서 변화의 물결이 일었다. 전통적 가족에 대한 개념은 사회적 변화와 함께 변화되었다. 정치인들과 보수적 종교 운동은 핵가족 붕괴에 초점을 맞추었지만, 사실들은 핵가족이 40년 이상 쇠퇴해 왔음을 보여준다. 1960년 초만 해도 전통적 핵가족은 미국 가정의 45%에 불과했다. 2000년 미국 인구 조사에 따르면 미국 가정의 1/4 미만(23.5%)이 기혼자와 한 명 이상의 자녀로 구성되었다고 한다.[19] 2010년 인구 조사에서 이 이 비율은 변함이 없었다.

오늘날의 가정들은 다양한 방식으로 특징 지어진다. 그것은 전통적인 핵가족, 결혼 없는 입양, 출산 후 결혼, 편부모, 혹은 재혼 가정일 수 있다. 엘킨드(David Elkind)는 이러한 '유연 가족(*permeable family*)'을 다음과 같이 규정한다. "유연 가족은 보다 유동적이고, 더 유연하며, 외부로부터의 압박에 명백히 더 취약하다."[20]

사회봉사단체의 주요 관심사는 편부모 가정에서 자란 아이들이다. 이 아이들은 부 또는 모가 일자리가 있다 해도 양부모 가정에서 자라는 아이들에 비해 기회와 재정적 자원의 결핍을 겪을 수 있다. 케이시재단(Annie E. Casey Foundation)은 2014년에 2,470만 명의 아이들이 편부모 가정에 살고 있지만, 인종 및 민족에 따른 기회의 불균형이 극적이라고 보고했다.[21] 그림 11.1은 소수 민족 및 히스패닉 출신에서의 편부모 가정의 차이를 보여준다. 비 히스패닉계 백인 이외의 인종 및 민족 집단에서의 편부모 가정의 높은 비율은 그들의 빈곤율을 반영하며, 이런 아이들에게 레크리에이션 프로그램, 방과후 프로그램 및 기타 사회적 지원 서비스 제공의 중요성을 시사한다.

오늘날 미국 가구의 25% 미만이 1인 임금 소

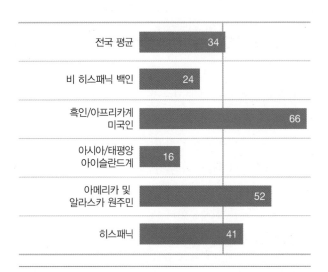

그림 11.1 인종 및 출신에 따른 편부모 가정의 어린이 비율

Data from The 2016 Kids Count Data Book. 2016. © The Annie E. Casey Foundation. http://www.aecf.org/resources/the-2016-kids-count-data-book/. (Accessed February 18, 2017).

Note: Data for Blacks/African Americans, Asians and Pacific Islanders, and American Indians and Alaskan Natives include those who are also Hispanic/Latino. Data for Non-Hispanic Whites, Blacks/African Americans, Asians and Pacific Islanders, and American Indians and Alaskan Natives are for persons who selected only one race.

득자로 구성되어 있는데, 이는 역으로 전체 가구의 75%가 2인 이상의 임금 소득자에 의존하고 있다는 것을 의미한다. 이러한 현상은 가족, 부모, 그리고 아이들에게 보다 큰 스트레스로 다가온다. 어머니가 주요 양육자라는 관념이 바뀌었다. 아버지들이 기저귀 갈기에서 아픈 아이를 위해 휴가를 내는 등 아이들의 삶에 더 많이 관여하고 있다. 더 많은 남자들이 자녀들을 더 보살피고 싶어하는 바람을 가지면서 아버지의 역할이 바뀌고 있다. 엄마들은 전통적으로 가정, 직장, 자녀 양육의 추가 부담을 떠맡았었는데, 지금은 이러한 의무를 다른 사람과 자주 공유한다.

레크리에이션 및 가족 서비스 기관의 과제는 새로운 유연 가족을 위한 서비스 방법을 결정하는 것이다. 전통적인 방과후 프로그램은 엄마들이 아이를 데리러 오는 시간이 늦어지면 더 이상 운영되지 않을 수도 있다. 많은 기관들이 방과후 프로그램을 확대하여 교육, 과외, 여가 활동을 혼합하기 위해 학교와 자주 제휴하고 있다.

위험에 노출된 아이들   1950년에서 2008년 사이에 미국인들은 역사상 가장 지속적인 경제 성장을 경험했다. 대부분의 미국 아이들은 그들의 조부모에 비해 상대적으로 사치스럽게 성장하고 있다.

청소년 인구는 지난 수십 년간 전체 인구 비율의 감소와 함께 감소해 2000년 26%, 2010년 24%를 차지했다. 1964년 베이비붐 세대 막바지의 청소년 인구는 전체의 36%를 차지했다. 2000년 이후 청소년 인구는 전체 인구 대비 감소가 아니라 미국 전체 인구의 백분율 분포만큼 감소했다. 미국 인구조사국의 2010년 보고에 따르면, 2000년보다 180만 명 늘어난 7,420만 명의 청소년이 있었다.[22]

도시 사회로의 이동은 계속 증가하여, 어린이의 80% 이상이 교외 및 교외 인근 도시에 살고 있다. 시골 환경에서의 놀이들이 도시 공원, 지역 사회 레크리에이션센터, YMCA, YWCA, 보이스카우트, 걸스카우트, 캠프 파이어 USA(Camp Fire USA) 및 기타 조직으로 대체되었다. 대부분의 경우 이러한 조직들은 시골에서 도시적 관점으로 방향을 바꾸었다. 오늘날의 캠프는 집에서 멀리 떨어진 장소에서 밤을 보내면서 진행될 가능성은 많지 않고, 대신에 아이들이 생활하는 동네 인근의 공원이나 비영리 단체 소유의 장소에서 일일 캠프로 운영된다.

전국의 지역 공원 기관들은 시골 지역에서 야외

사회 복지 단체들은 집 없는 가족들에게 지원을 제공한다.
© Vladislav Gajic/Shutterstock.

레크리에이션 기반 활동과 공원 및 레크리에이션 지역에 참여하는 어린이의 수가 감소했다고 보고했다.

그러나 현대사의 그 어느 시기보다 오늘날 청소년들이 직면하고 있는 더 큰 도전이 있다. 수많은 단체들이 아이들이 직면하고 있는 문제들을 연구 조사하고 있다. 이러한 조사를 이끌고 있는 세 개의 조직은 다음과 같다.

- Childstats.gov(www.childstats.gov): 어린이와 가족 관련 문제에 대한 자료를 수집 분석하여 보고하는 데 중점을 두는 연방정부 부처 간 포럼
- 차일드트렌드(Child Trends, www.childtrends.org): 어린이들에게 영향을 미치는 동향에 초점을 맞춰 연구하는 비영리 기관으로 동향 및 지표, 모범 사례를 데이터 뱅크로 제공
- 키즈카운트(www.kidscount.org): 지역 단위로 어린이들의 상태를 추적하는 케이시재단(Annie E. Casey Foundation)의 주요 계획. 아이들의 교육, 사회, 경제, 신체적 행복을 측정하여 다양한 연구 간행물을 통해 보고한다. 많은 주에서 프로젝트 자금을 지원했다.

공공 및 민간 기관의 주요 관심 분야는 청소년들의 행복이다. 아동 복지는 미국 어린이들에게 영향을 미치는 조건으로서 다양하게 기술되어 왔다. ChildStats.gov는 "3개의 인구통계학적 배경과 40개의 선별된 지표가 포함되는데, 이 지표는 가정 및 사회 환경, 경제 상황, 의료, 신체 환경 및 안전, 행동, 교육 및 보건 분야의 아동 복지를 기술하고 있다."[22] 케이시재단은 미국 청소년 복지에 관한 〈키즈 카운트〉 보고서를 후원하는데, 이 보고서는 격년 주기로 업데이트된다. 보고서는 아이들의 건강 관리 실태, 환경 조건, 가정의 경제적 성장, 교육 등의 항목들을 측정한다.

표 11.3은 1999, 2001, 2011년에 수집된 청소년 복지에 초점을 맞춘 선별된 데이터를 보여준다. 이 표는 여러 가지 관심 영역을 나타낸다. 표의 검토는 담배, 보육 서비스의 결핍, 불법 마약, 폭력 범죄 등과 같은 사회적 관심 분야를 제시한다. 빈곤은 미국에서 아이들에게 가장 만연하게 영향을 미치고 폭력적 상황으로 몰고 가는 사회적 질환이다. 유니세프는 2004년 보고서에서 다음과 같이 밝혔다.

"빈곤에 시달리는 어린이는 생존과 발달 및 성장을 위해 필요한 물질적, 정신적, 정서적 자원을 박탈하고, 자신들의 권리를 누릴 수 없게 하고, 잠재력을 최대한 발휘하거나 사회의 전체 구성원으로 참여할 수 없게 한다."[24]

2015년에 0세에서 17세 사이의 아동 빈곤율은 20%였다.[25] 실업률이 전국적으로

표 11.3 미국 어린이들의 상황

구분	1999/2001a)	2016b)
0~17세 인구수	7,004만 명	7,390만 명
0~17세 인구 분포		23.7%
0~17세 인종 및 민족에 따른 분포c)		
백인		
비 히스패닉 백인	64.0%	52.0%
비 히스패닉 흑인	15.0%	14.0%
아시아계	4.0%	5.0%
기타	1.0%	4.0%
히스패닉	16.0%	25.0%
양부모 가정의 0~17세 분포	69.0%	65.0%
빈곤 가정의 0~17세 분포	16.0%	21.0%
농무부 분류 '식량 불안정' 가계의 0~17세 분포	4.0%	21.0%
건강보험 가입 0~17세 분포	85.0%	90.0%
6~17세 비만 아동 분포		19.0%
12학년 상습 흡연 비율	22.0%	6.0%
5회이상 알콜 음료 섭취 12학년 비율	32.0%	18.0%
30일 이내 불법 약물 복용 12학년 비율	26.0%	24.0%
12~17세의 심각한 범죄 피해자 비율		1,000명당 40명
고교 졸업 18~24의 청년 비율	86.0%	92.0%
부모 중 1명이 외국인인 청소년 비율	-	25.0%

a. Two reports are combined to secure data. Data collected and reported has changed since the inception of the report in 1997.
b. Data from U.S. Census Bureau, 2010 Census of Population and Housing, "United States: Summary Population and Housing Characteristics," Washington, DC: U.S. Government Printing Office (2013). Available at www.census.gov/prod/cen2010/cph-1-1.pdf (Accessed February 25, 2013).
c. Children percentages by race and ethnic group has changed due to refined definitions by the U.S. Census Bureau.

출처: Federal Interagency Forum on Children and Family Statistics. America's Children in Brief: Key National Indicators of Well-Being, 2010. Washington, DC: U.S. Government Printing Office Available at: Childstats.gov. https://www.childstats.gov (Accessed February 18, 2017).

10%를 웃돌고 일부 지역에서는 13% 이상으로 증가하면서, 극심한 빈곤에 시달리는 아이들의 수가 450만 명에서 630만 명 사이로 증가할 것이라는 전망(전체 빈곤층의 절반 수준)에 따라 경기 침체가 가정에 큰 영향을 미치는 것으로 조사되었다. 이 수치는 2008년의 250만 명에서 크게 증가한 수치이다. 빈곤 아동들은 여전히 중요한 국가적 관심사이다.

전국 어린이 청소년 행복 지수

'어린이 청소년 행복 지수(CWI)'는 중요한 자료로 1975년부터 어린이와 청소년의 행복에 관한 정보를 제공해왔다. 이 지수는 가족의 경제적 행복, 안전 및 위험 행동, 사회적 관계, 정서적 정신적 행복, 지역사회 참여, 교육 성취 및 건강에 초점을 맞춘 28개의 주요 지표로 구성되어 있다. 2014년 보고서는 2013년을 조사하여 전년도와 비교한다. 가계 소득에 대한 우려가 남아 있는데, 가계소득은 2000년의 경기 침제 이전 수준으로 회복되지 않았다. 안전 및 위험 행동은 개선되었고, 십대 1,000명당 출산과 12세에서 19세 사이의 폭력 범죄 피해는 줄었으며, 아이들은 자신들의 지역사회에 보다 연관을 맺고 있는 것으로 밝혀졌다. 편부모 가정의 어린이 수는 줄어들지 않고 더 크게 증가했다. 1980년대 중반 이후 비만 어린이들의 수가 소폭 감소했다. 전반적으로, 어린이와 청소년들의 복지는 조금씩 상승하고 있다. 1993년부터 2003년까지 급상승한 뒤 2003년부터 2013년까지 안정세를 보이는 추세를 나타냈다.[23]

세계화는 어린이들에게 특별한 영향을 미치는 주요 사회 변화에 기여한다. 세계화 시대는 투자, 기술, 제조 및 이동성의 발달에 따른 급격한 번영으로 다가왔다. 세계화에 따라 기업의 의사결정이 영향을 받기도 하지만, 부정적 영향이 미치는 곳은 사회 구조다. 세계화는 이전에는 볼 수 없었던 규모의 멕시코 및 중앙아메리카 이주민들을 대거 불러들였다. 앞서 논의했듯이, 히스패닉 인구는 지난 20년 동안 가장 빠르게 성장하는 이민 그룹을 대표한다. 개발도상국에서 온 젊은이들은 학문적, 사회적, 경제적, 육체적, 그리고 정서적으로 미국의 사회 조직에 흡수되어 온전하고 생산적인 삶을 영위할 준비가 덜 되어 있다. 이미 히스패닉 인구는 미국에서 고등학교 중퇴율이 가장 높다.

여가는 아이들의 발달에 필수적이다. 여가 전문가들은 아동 복지에 대한 관심을 표명해 왔다. 위험에 노출된 청소년들을 위해 정부와 비영리기관들은 개입과 서비스 기회 제공을 통해 상호 협력하고 있다. 과제가 매우 중요하여 공공기관들은 그러한 요구들에 대해 균형을 잡으려고 노력하는 동시에, 서비스를 요구하며 기꺼이 비용을 지불할 의지가 있는 더 많은 부유층 납세자들을 위해 봉사한다. 도시 공원 및 레크리에이션 기관은 혜택받지 못한 청소년 및 가족의 요구를 충족시키기 위해 비영리 사회복지단체 및 정부 기관과의 협력을 확대하고 있다. 여기에는 공동 프로그래밍을 수행하고 시설을 제공하며, 개인들을 사회봉사기관에 배치하고, 기존 서

소셜 네트워킹 및 휴대폰은 십대들을 위한 것이다.
© Syda Productions/Shutterstock.

비스를 확대하며, 특정 위험에 노출된 인구 집단을 대상으로 하는 혁신적 개입을 개발하는 일이 포함된다.

틴스 세대와 트윈스 세대-변화의 추동력들   아이들에 대한 어떠한 논의도 10대들에 대한 논의 없이는 불완전하다. 해리스 여론조사는 정기적으로 10대들의 경향성을 추적하는데, 이 연령대에 대한 정보의 중요한 원천이 되었다. 많은 다른 기관들은 시장의 힘, 대학 진학, 가정 문제, 사회적 스트레스 등을 포함한 다양한 이유로 인해 십대들의 경향을 살핀다. 〈마약 없는 미국을 위한 제휴(Partnership for a Drug-Free America)〉는 다음과 같은 다섯 가지의 10대들의 트렌드를 확인했다. 그들은 (1) 스트레스에 노출되어 있으며, (2) 성욕이 넘치며(hypersexualized), (3) 친구들이 새로운 가족이며, (4) 전통적 가족 개념은 재 정의되고, (5) 다양성을 학습하는 것이 아니라 자신들의 삶 자체가 다양성이다.[26]

오늘날의 연구원들은, **틴스**(*teens*, 13~19세의 청소년) 세대에 대한 어떠한 연구에도 8세에서 12세 사이의 **트윈스**(*tween*) 세대를 포함해야 한다는 사실을 발견했다. 트윈스는 아동과 틴스 세대 사이에 끼여 있는 그룹으로 5년이라는 기간은 신체적, 정서적, 사회적으로 극적인 성장의 시기이다. 예를 들어, 트윈스 세대의 61%가 엄마가 자신들을 가장 잘 이해한다고 말했지만, 오직 20%의 틴스 세대만이 같은 대답을 했다.[27] 이 그룹들은 서로 차이가 있으며, 때로는 가족생활에서의 역동성을 만들어낸다. 가족 활동에는 집에서 함께 저녁을 먹고, 텔레비전을 시청하며, 함께 외식하고, 쇼핑하며, 영화를 관람하고, 친척들을 방문하는 등의 활동이 포함된다.[28] 최근의 연구에 따르면 13~17세의 청소년들은 가족보다는 친구들과 시간을 보내는 것을 세 배 더 선호한다. 대조적으로, 트윈스 세대는 가족과 강하게 연관을 맺는다.[29]

틴스 세대의 상호 작용 패턴은 12세에서 18세 사이에서 변한다. 그들은 또래 집단에 더 많이 의존하고, 유행을 의식하며, 또래 집단의 압력에 반응하기 시작한다. 〈해리스 여론조사〉와 〈퓨 인터넷 이니셔티브(Pew Internet Initiative)〉는 틴스 세대가 인터넷의 주요 사용자라는 것을 확인했다. 그들은 소셜 네트워킹의 혁신가가 되었다. 소셜 네트워킹은 새로운 친구를 찾는 원천으로 자리 잡고 있다. 페이스북, 구글, 트위터는 틴스 세대가 어떻게 인터넷에 접속하는지를 보여주는 최신 사례들이다. 소셜 네트워킹 사이트들은 청소년들에게 점점 더 중요한 의사소통의 원천이 되었다. 그들은 다른 사람들이 자신의 관계망을 보고, 평가하며, 확장될 수 있도록 점점 더 많은 온라인 삶을 누리고 있다. 퓨 인터넷과 아메리칸 라이프 프로젝트(American Life Project)는 틴스 세대의 온라인 활동을 추적한다. 표 11.4는 십대의 다양한 소셜 미디

표 11.4 틴 세대(13~17)의 소셜 미디어 앱 사용 실태

순위	소셜 미디어 플랫폼	사용률
1	페이스북	71%
2	인스타그램	52%
3	스냅챗	41%
4	트위터	33%
5	구글+	33%
6	바인(Vine)	24%
7	텀블러(Tumblr)	14%

출처: Teens, Social Media & Technology Overview 2015. Pew Research Center. http://www.pewinternet.org/files/2015/04/PI_TeensandTech_Update2015_0409151.pdf (Accessed February 18, 2017).

어 앱 사용 실태를 보고하고 있다.

10년 전에는 존재하지 않았던 소셜 네트워킹 도구인 트위터는 개인 및 조직, 그룹이 포함된 현대적 소셜 네트워킹 메커니즘이다. 퓨 인터넷 프로젝트는 틴 세대의 71%가 두 개 이상의 소셜 네트워크를 사용한다고 보고했다. 스마트폰은 대화, 문자, 이메일을 제공할 뿐 아니라 더 중요하게는 틴 세대가 친구들과의 연결을 유지하는 주요 도구로 보고 있다는 것이다. 이러한 장치들은 이전 세대들이 가지지 못했던 자유를 틴 세대에게 주고 자신들의 통제된 의사소통 방식에서 부모들을 배제한다.

16세에서 19세 사이의 틴 세대는 35세 미만의 어떤 연령 그룹보다 자원봉사에 참여할 가능성이 더 높다. 연구는 또한 틴 세대의 자원봉사와 학문적으로 긍정적인 행복 간 상관관계를 보여준다. 추가의 연구들은 틴 세대의 자원봉사가 직업윤리 및 심리적, 직업적 행복을 향상시키는 것으로 나타났다. 틴 세대는 투표에 참여하고, 다른 사람들에 대해 보다 존경심을 보이고, 지도력을 발휘할 가능성이 더 높다. 자원봉사자 중 39%가 자신의 가치관을 강화하는 경험을 찾아냈다.[30] 청소년들을 계획에 포함하지 않는다면 공원 및 레크리에이션에 그들을 참여시키는 일은 힘겨운 과제이다. 굉장히 많은 조직들이 청소년들을 위한 전통적 활동을 계속 제공하지만, 아무리 유익하다 하더라도, 그들이 필요한 서비스를 끌어내 제공하는 데는 실패한다. 이들 청소년들은 이제 휴대폰을 단순한 통신 장치를 넘어 엔터테인먼트 장치로 인식하고 있다. 그들은 지금의 친구들과 소통하고, 새로운 친구를 만들고, 모든 온라인상의 사교 모임에 참여하기를 고대한다. 지역사회 참여 욕구를 충족시키고 사회적 포용의 기회를 강화하는 조직은 청소년들의 더 많은 참여를 확인하는 동시에 그들 요구의 일부를 충족시킬 수 있을 것이다.

환경 문제

미국인들은 자신들의 국경을 넘어서는 생각을 위해 고군분투해왔다. 집단으로서의 미국인들은 대부분 환경과 관련된 전 지구적인 그림을 보지 못한다. 이러한 좁은 세계관이 미국인들에게만 한정된 것은 아니지만, 미국인들은 환경에 대한 관심이 부족한 전형으로 간주된다. 열린 공간의 상실이든, 연료를 많이 소비하는 차량의 지속적인 구매든, 아니면 생활 방식 및 구매에 있어서의 대규모적 접근이든 간에 일부 세계에서는 미국인의 부에 에워싸인 무관심을 이기적이며 용납할 수 없는 행위로 간주한다.

캠핑, 자전거, 배낭여행, 보트, 사냥, 낚시, 스키, 등산과 같은 야외 레크리에이션 활동은 주로 공공 레크리에이션 및 공원 기관에 의해 운영되는 공원, 숲, 수변지역에 대부분 의존한다. 미국의 야외 자원에 대한 많은 사람들의 우려는 필요한 야외 레크리에이션 공간을 넘어서는 데 따른 것이다. 라페이지(LaPage)와 래니(Ranney)는 미국의 핵심적 문화 요소와 정신의 가장 강력한 원천 중 하나는 땅 그 자체라고 지적했다. "이 새로운 국가와 이 나라 사람들의 뿌리는 대부분의 다른 문화와 같이 조상 대대로 이어진 고대 문명 유적이 아니라, 숲과 강, 사막과 산, 그리고 그들이 보여주는 도전과 영감이 되었다. 따라서 미국은 다른 문화와 차별적인 태도와 정체성이 발달했다."[31]

이러한 이유로, 환경 운동은 많은 레크리에이션 옹호자 및 단체들로부터 강력한 지지를 받고 있다. 동시에, 어업과 사냥과 같은 활동은 청정한 공기와 깨끗한 수질, 그리고 현명한 토지 사용을 요구하는 보다 큰 차원의 일부로 인식된다.

환경 보호의 필요성에 대한 국가적 관심의 확대는 1962년 야외 레크리에이션 자원 검토위원회의 보고서에 의해 뒷받침되었다. 이후 20년 동안, 미국에서는 개방 공간을 확보하고, 황폐화된 숲, 습지 및 경관이 아름다운 지역을 보호하고, 멸종 위기에 처한 종들의 번식을 도우며, 야생의 강과 오솔길을 되찾기 위해 고안된 연방 및 주 입법 조치 및 자금 지원 운동의 물결이 이어졌다. 이 운동은 1980년대 초에 들어선 새로운 정부가 공원 및 야외 공간 지원 자금을 감축하고, 보존 프로그램 및 환경 규제를 철폐하며, 야외에서의 경제적 개발을 재개하려 하는 과정에서 위협받았다. 1990년대 중반과 2000년대 초중반의 부시 행정부 시절에도 석유 시추, 목초지, 벌목 및 기타 상업적 사용을 확대하기 위해 황무지 보존지역을 개방하려는 시도가 강력한 정치적 지지를 얻었다. 2016년 대선에서 도널드 트럼프가 대통령에 당선됨으로써 환경 공약과 조치에 변화가 일어날 수도 있다.

초당파적인 자연보존유권자연맹(League of Conservation Voters), 전국오듀본협회(National Audubon Society), 전국야생연맹(National Wildlife Federation), 야생협회(Wilderness Society), 시에라 클럽(Sierra Club), 자연보호단(Nature Conservancy)

같은 단체들은 국가의 천연 자원을 보호하기 위한 지속적인 투쟁의 선두에 서 있다. 수많은 야외 레크리에이션 단체들이 이들 단체들과 합류했으며, 투쟁은 앞으로 몇 년 동안 분명히 중요한 정치적 문제로 대두될 것이다.

1970년에 시행된 첫 지구의 날로부터 40년이 지난 2010년 지구의 날을 기념하는 동안, 북미 공기는 지난 수십 년보다 더 깨끗하고 물은 맑아졌다. 지구의 날은 '녹색 지구를 위한 10억인 행동(Billion Acts of Green)' 목표를 포함해 40주년 기념행사에서 보여준 바와 같이 국제적인 관심을 받았다. '10억인 행동'은 전 세계 100만 명의 학생들이 지역사회의 녹색 활동에 참여하고, 16개국에 100만 그루의 남무를 심는 계획을 시작하였으며, 40개국 400명의 선출직 공무원이 지속 가능한 녹색 경제 창조와 22,000명의 전 세계 파트너 및 더 많은 사람들과 토론을 나누는 대회를 개최했다. 2016년 지구의 날은 196개국 50,000명의 파트너와 함께 10억 명의 사람들이 참여하여 기념했다.

미국에서는 국립공원 및 야생지역에 더 많은 보호구역이 있지만, 여전히 우려의 여지는 남아 있다. 미국인들은 여전히 비효율적인 대형 자동차를 구입하고 있지만, 보다 작고 효율적인 자동차는 확장되는 자동차 산업의 일부이다. 정부는 모든 수준에서 지구 기후 변화의 징후를 받아들이고 환경에 미치는 영향을 줄이기 위해 국제사회에 동참했다. 그러나 미국인들은 전통적인 환경 윤리에서 벗어나고 있다. 5년 동안 주립공원 및 국립공원 참여율이 떨어지고 있으며, 아이들은 자연 환경에 노출되지 않고, 공원에서 자신의 모터홈(motorhomes)을 이용해 머무르는 야영객들은 전기, 수도, 하수, 케이블 및 광대역 연결 장치를 필요로 한다. 아웃도어 활동은 이제 더 이상 유행이 아니다. 미국의 야외 활동과 환경에 대한 인식은 분명히 위험 수위에 이르렀다. 이에 대응하여 단체, 개인, 연구자 및 정부가 사람들로 하여금 자신들의 삶에서 야외 활동의 중요성을 인식하게 하는 방법을 찾고 있다. 정부와 학교는 가족과 청소년들이 자연 환경으로 돌아오도록 소개하고 장려하는 캠페인 및 교육 여건을 만들고 있다.

환경과 인구 미국은 전 세계 인구의 5%에 불과하지만 세계 어느 나라보다 많은 천연자원을 소비하는 데 전체 천연자원의 25%를 소비한다.[32] 미국인들은 전 세계에서 가장 큰 '생태 발자국(ecological footprint)'을 가지고 있다.[33]

현재 수준의 인구 증가는 기후에 대한 영향을 줄이기 위한 노력을 무효하게 만들 가능성이 있다. 연방, 주 및 지방 정부가 온실가스 배출을 줄이기 위한 계획을 추진하고 있음에도 불구하고, 고밀도 인구 및 생태학적 취약성의 중심에서 지속적이고 급속한 인구 증가는 기후 변화를 다루는 데 있어서의 이득을 상쇄시킬 수 있다. 그림 11.2는 인구에 따른 에너지 소비와 온실가스의 영향을 보여준다. 전 세계 및 개발도상국들과 비교할 때 1인당 기준으로 지구 온난화에 대한 미국의 기여도를 보면 가히 충격적이다. 미국은 매년 자연으로 배출되는 전체 이산화탄소의 거의 절반(46%)을 차지하는데, 지구 온난화의 주된 원인으로 꼽힌다. 미국인들은 하루에 5파운드의 쓰레기를 배출하는데 개발도상국 평균의 5배에 이른다.[34]

환경인구센터(COI, Center for Environment and Population)는 미국을 이제 도시 중심적 생활방식(urban-centered lifestyles)과는 다른, 메트로국가(metro nation)라고 규정하고 있다.[35] 맥도날드는 모든 것을 과장하기 위해 미국 문화에 영향을 미치고 있다. 모든 것을 극대화하는 맥도날드가 미국 문화에 미친 영향은 감자튀김에서 주택, 쇼핑센터, 레크리에이션센터, 토지 및 자원 소비로 이동했다. 이 센터는 계속해서 "많은 사람들의

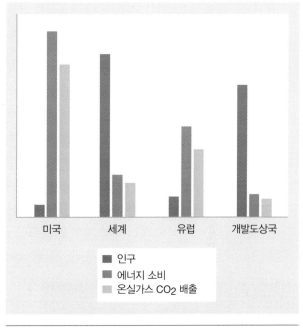

그림 11.2 미국과 세계 인구 및 기후 변화
Data from U.S. Census Bureau, U.S. Energy Information Administration, World Resources Institute, 2008.

'극대화된(supersized)' 생활양식이 일상생활의 질에 영향을 미쳐, 무엇보다도 더 빈번하고 극심해진 교통 혼잡과 더 큰 주택의 난방과 유지 관리를 위해 더 많은 돈과 노력을 소비하고 있다"고 보고한다.[36] 레크리에이션에 미치는 영향이 손실된 것은 아니다. 대도시와 인근 지역에서 레크리에이션 시설, 공원 지역 및 이들에 대한 접근이 확대

 메트로폴리탄 혁명

메트로폴리탄(metropolitan, 대도시권) 지역은 전통적으로 미국 인구조사국에 의해 규정된 크기에 의해 정의된다. 이 지정은 훌륭하게 적용되었지만, 대도시 문제를 다루는 일은 쉽지 않다. 전국적으로 그리고 국제적으로, 대도시 권역은 꾸준한 속도로 성장하고 있다. 어떤 소식통에 따르면 국제적으로 5일마다 백만 명의 사람들이 대도시로 이주한다고 한다. 브루킹스연구소는 "도시의 진정한 척도는 인간이 만든 구조를 넘어 일상생활보다 더 깊숙이 놓여 있다"고 말한다. 그들은 "도시가 만들어내는 아이디어의 질, 도시가 자극하는 혁신, 그리고 도시가 사람들을 위해 창조하는 기회에 의해 규정된다"고 말한다.[37] 도시 레크리에이션, 공원, 문화, 스포츠 조직은 대도시 권역에서 서비스를 제공할 수 있는 좋은 기회를 가지고 있다. 기회는 자주 있지만, 그것들이 항상 사람들에게 균등하게 배분되는 것은 아니다. 공공 및 비영리 단체는 대도시 권역에서 혜택 받지 못한 인구를 위한 주요 원천이다. 최근 몇 년 동안 이 단체들은 소외된 지역에 기회를 제공하기 위해 기업 및 다른 사회봉사단체들과 제휴했다.

되고 있다. 이 나라 초창기 천연자원의 혼란은 국립공원관리공단에 의해 잘 입증되었는데, 이와 유사한 패턴들이 주 및 지역사회 수준에서 반복되어 발생하고 있다.

주거지역—도심, 교외, 준 교외　거주의 역사는 농촌 인구의 감소, 도시의 성장, 산업화, 후기 산업화, 교외 및 준 교외의 성장, 도심지의 쇠퇴, 도시 및 도심 지역 동시 활성화 등으로 기록되어 왔다. 1950년대에 사람들은 도시로 통근하기 시작했다. 21세기 들어, 수백만 명의 사람들에게 통근은 일상화되었지만, 교외 거주자들이 도시 비즈니스 센터로 통근하는 것과 마찬가지로 도심지 거주자들은 일을 하기 위해 교외로 통근할 가능성이 높다. 통근자는 평균 출퇴근 시간을 1년에 100시간 이상 소비한다.

2014년의 평균 통근시간은 52분이었다.[38] 그러나 뉴욕과 메릴랜드 주는 각각 하루 평균 60분 이상 통근 시간을 소비하였고, 뉴욕 대도시 3개 카운티에서는 매일 평균 80분 이상 통근 시간을 소비하였다.

무질서한 도시 외곽의 확장으로 매일 6,000에이커의 땅이 소비된다.

© Losevsky Pavel/Shutterstock.

명확히 정의내리기는 어렵지만 이해하기 쉬운 지역으로 교외 외곽의 준 교외(exurbs) 지역이 있다. 이 지역들은 전통적으로 농촌 지역 외곽에 존재하는데, 현재는 개별 주택이 일부 구역이나 구획에 산재해 있으며, 5만 명 이상이 거주하는 도시를 포함할 수 있다. 이 지역들은 대도시에 인접해 있으며, 독특한 특징은 입주민들이 사람들을 찾아서가 아니라 특정 장소를 선택하여 들어온다는 점이다. 주된 공통점은 역시 출퇴근한다는 것이다. 사람들은 자신들의 삶의 질 향상을 위한 여행 시간을 충분히 배분할 의사가 있으므로 이들 준 교외의 인구가 증가하고 있다.

열린 공간의 상실과 환경 문제　환경 문제는 국가 정책의 일부로서, 그리고 전체 미국인들의 문제로서 갈수록 어려운 과제에 직면하고 있다. 아이오와 주에서 주정부는 새 주택 소유자들이 이전에 개방된 공간이나 농지에 지어진 새 집을 구입하면 5년 동안 세금 감면 혜택을 준다. 1982년에서 2012년 사이에 미국은 5백만 에이커(990만 헥타르)의 농장을 개발하거나 없앴다.[39] 미국에서는 지난 10년 동안 매일 하루 평균 3,000에이커(1,214헥타)의 농지가 소실되었다. 개발을 위한 토지의 용도 변경은 두 배로 늘어난 인구 증가율에서 기인한다. 우리는 교외와 준 교외의 저밀도 개발로 대표되는 교외의 무질서한 거주지를 가진 나라가 되었다. 준교 지역은 도시 지역의 거의 세 배나 되는 속도로 성장하고 있다.

젊은이들은 야외 활동보다 컴퓨터를 더 좋아한다. 부모들도 자신들의 야외 활동 상을 진즉에 상실했으므로 아이들을 밖에 내보내길 두려워한다. 미국인들은 농장 인근에서 성장한 세대에서 도시 환경에서 자란 세대로 거의 이동했다. 동물원이나 박물관 같은 야외 활동은 방문해서 볼 수는 있지만, 더불어 활동하기에 적합한 장소는 아니다. 오염된 해변, 야생 진드기 및 야생 동물로부터 옮기는 질병과 같은 두려움들은 애초에 야외 활동에 익숙지 않은 부모들로 하여금 아이들을 집에 있게 부추겼다. 인구가 증가하고 있는 시점에도 국립공원, 국립 삼림지, 주립공원 및 기타 시골 레크리에이션 및 보존 지역의 방문객 수가 감소하고 있다(표 11.5 참조). 야외 활동 양식에 익숙지 않은 이민자들의 유입은 황야 및 야외 보존지역 대책에 영향을 미쳤다. 공원 및 레크리에이션을 위한 기금 확보가 어려워짐에 따라 이러한 문제가 의회에 반영되었다. 예를 들어, 북극권국립야생동물보호구역(Arctic National Wildlife Refuge)은 석유 생산량을 늘리려는 정치인들과 석유 이해당사자들로부터 지속적으로 공격받고 있다.

환경에 초점을 맞춘 많은 전국 협회들이 개인들의 관심을 유도하고 조치를 촉구하고 있다. 종종 이러한 조치들은 지역적이며 심지어 소유권에 의해 제한을 받는다. 전국야생생물연맹은 개인들에게 야생동물이 살 수 있는 터를 허용해줄 것을 촉구한다. 오더본 소사이어티(Audubon Society)는 개인들에게 살충제 줄이기, 수자원 보존, 토착종 심기, 수질 보호, 조류 및 기타 야생 동물을 지원하자는 '건강한 터를 만드는 서약(healthy yard pledge)'을 장려한다.

지역 환경에 대한 인식과 행동을 촉진하는 많은 조직들이 국내외에서 활발히 활동하고 있다.

표 11.5 주립공원 및 국립공원 방문객 변화

연도	주립공원	국립공원	총 인구	총 인구 대비 상대적 변화율	
				주립공원	국립공원
2015	409,300,000	307,247,252	325,032,763	−47.5%	3.75%
2010	740,733,000	281,300,000	308,745,538	−2.26%	−1.56%
2005	725,361,000	273,500,000	295,507,000	−9.92%	−6.94%
2000	766,842,123	279,900,000	281,424,602	−3.45%	−1.66%
1995	752,266,297	269,600,000	266,557,000	−5.76%	−2.76%
1990	744,812,234	258,700,000	248,718,302	13.04%	−5.83%

출처: 1)https://irma.nps.gov/Stats/SSRSReports/National%20Reports/Annual%20Park%20Ranking%20Report%20(1979%20-%20Last%20Calendar%20Year); 2)http://naspd.wpengine.com/about-us/state-park-facts/; (Accessed February 20, 2017).

a. National Association of State Park Directors changed criteria for calculating state park attendance for 2014 (2015 data not available)

농촌 인구 감소에 대한 FFA의 대응

FFA(Future Farmers of America, 농부의 미래단)는 전통적으로 미국의 시골 농업을 대표했다. 가족들이 도시 지역으로 이주하고 농장 규모가 점점 커지고 기업화됨에 따라 회원 수가 감소하기 시작했다. FFA는 회원 기반을 재고해야 할 필요성을 인식했다. 예를 들어, 2007년과 2012년 사이에 미국은 10만 개의 농장 수가 줄었는데 대부분은 더 큰 농장의 운영으로 이어진 탓이다.

FFA는 전통적 농촌 청소년뿐만 아니라 도시 청소년을 끌어들이는 데 미래가 있다는 것을 인식했다. 그들은 더 큰 농업 시장을 보고 대응하기 시작했다. 전통적 농업 관련 프로그램은 비즈니스, 마케팅, 과학, 통신, 교육, 원예, 생산, 천연자원 및 기타 관련 분야로 확대되었다. 오늘날 FFA는 50개 주와 미국령 푸에르토리코와 미국령 버진아일랜드에 약 650,000명의 회원이 있다. 도시 지역으로 성장하면서 인구통계학적으로 다양한 회원 기반을 확보하기 시작했다. FFA는 새로운 인구통계학적 현실에 대응하여 적응한 청소년 기반 조직의 사례이다.

환경 윤리의 상실　환경 윤리의 상실과 동시에, 미국인들의 주립공원과 국립공원 방문 비율이 점차 더 낮아지는 것으로 나타났다. 표 11.5는 주립공원 및 국립공원에서 2000년에서 2005년 사이에 감소된 방문객 수를 보여준다. 오른쪽 열은 공원 방문 인원을 미국 인구와 비교한다. 2015년의 주립공원 방문객 수가 전년도에 비해 큰 폭으로 감소했는데, 이는 보고 방식을 변경한 결과이다. 비교는 주립공원과 국립공원을 방문하는 미국인들의 비율이 경제 요인, 인구 증가, 그리고 야외 경쟁 레크리에이션 기회에 근거해 더 다양해졌다는 것을 보여준다. 이 지역들을 방문하는 것이 덜 중요해졌다거나 미국인들의 활동 범위 밖에 있는 것으로 보일 수 있다. 주립공원 및 국립공원의 수는 여전히 많지만 대부분은 도시에서 먼 외딴 지역에 자리하고 있다. 일부 자료는 일부 국립공원 방문객의 50%가 국제 관광객임을 시사한다. 개인별 반복 방문은 방문객의 또 다른 큰 부분을 차지한다.

어떤 연구 자료는 공원 방문 감소를 특히 경제와 연관시켰다. 주립공원의 예산 감소, 일부 공원의 폐쇄, 공원 고용의 감소에도 불구하고, 주립공원은 증가세를 보인다. 이 자료는 앞서 설명한 것에 비하면 불명확하다. 주립공원 방문이 떨어지고 국립공원 방문은 조금 더 늘 수도 있으며, 공원 및 열린 공간을 위한 기금을 찬성하는 미국인의 의지 역시 여전히 높다. 2011년부터 2016년까지 미국인들은 599개의 지방 및 주 선거에서 640억 달러의 기금에 대한 투표가 이루어졌는데, 그중 77%가 성공적으로 채택되어 공원 및 열린 공간 확보, 유지 및 운영에 대한 지원이 이루어졌다. 표 11.6은 2007년에서 2016년 사이에 진행된 기금 처리 투표를 보여준다. 거의 50개 주에서 승인된 자금의 규모는 엄청나다.

투표로 대규모 기금이 승인된 몇 년 동안, 종종 주 전체의 계획 및 보존 기금에 대한 투표가 포함되었다. 공공토지신탁(Trust for Public Land)에 기술된 바와 같이, 총 기금과 보존 기금의 차이를 이해하는 것이 중요하다. 총 기금에는 '공원 및 놀이터, 농지 보전, 수상보호, 산책로 및 녹지, 숲, 야생 서식지'에 대한 지원이 포함된다. 보존 기금은 '자연 지대 보존, 공원 조성 및 농지 보호' 등의 보다 협소한 조치에 적용된다.[40] 이러한 노력은 열린 공간과 공원을 제공하기 위해 유권자들 스스로 세금을 부담하려는 지방 정부의 노력이다. 보존 기금의 대부분

국립공원의 방문객 수가 줄었다.
Courtesy of the National Park Service. NPS Photo by Michael Quinn.

은 토지 매입을 위한 것이었다. 기금은 미국 전역에 균등하게 분배되지 않았다. 미국의 주요 인구 중심지인 중부 대서양 지역은 다른 어떤 지역보다 훨씬 더 많은 조치에 찬성했다. 또 다른 인구의 중심지 서부는 보존 및 레크리에이션 조치는 훨씬 적지만 더 많은 기금을 쓰는 것에 찬성했다. 전체적으로 1988년부터 미국인들은 연방 공원, 연방 보존 지역 및 연방 야외 레크리에이션 구역을 제외한 기타 지역의 보존 및 야외 레크리에이션 영역에 대해 750억 달러 이상의 세금을 부과하기로 투표했다. 이것이

표 11.6 연도별 보전 대책 요약

연도	투표 수	통과된 수	승인된 총 기금	승인된 보존 기금
2007	100	66	$2,245,755,926	$1,952,415,707
2008	128	91	$11,102,012,360	$8,046,960,160
2009	40	25	$1,059,164,056	$607,668,083
2010	49	41	$2,378,635,217	$2,186,464,866
2011	24	14	$539,231,467	$312,765,748
2012	68	53	$2,317,328,913	$797,680,495
2013	21	16	$1,401,972,735	$343,072,735
2014	37	52	$30,765,304,044	$13,203,357,243
2015	35	26	$698,990,736	$324,693,947
2016	97	77	$12,385,278,910	$3,395,519,633
합계	**599**	**461**	**$64,893,674,364**	**$31,170,598,617**

출처: Trust for Public Lands, "Access TPL Land Vote Database." https://tpl.quickbase.com/db/bbqna2qct?a=dbpage&pageID=8 (Accessed February 18, 2017).

지역적 공간(local spaces)이 국가 영역보다 더 중요하다는 것을 의미하는가? 아마도 그렇지는 않겠지만 분명한 선호도 변화가 있고, 그러한 변화의 일부는 오직 인종적, 문화적 영향에 기인할 수 있다.[41]

레크리에이션 및 공원 기회와 장소를 제공하는 연방, 주 및 지방 기관 외에도 정부 감시기관들이 있다. 국립공원 및 야생 지역에 영향을 미치는 환경 문제에 대한 연방정부의 조치는 특정한 비판의 영역이다. 국립환경신탁(National Environmental Trust)은 대기의 질이 방문객들의 경험의 질을 크게 떨어뜨린다고 지적했다. 그들은 환경보호국(Environmental Protection Agency)이 관리하는 27년째 시행되지 않고 있는 조항을 지적한다. 천연자원보호위원회(Natural Resources Defense Council)는 기후 변화가 미국 서부 국립공원에 미치는 영향을 다음과 같이 지적한다.

> 많은 과학자들은 미국 서부가 대부분의 다른 지역보다 기후 변화의 영향을 더 강하게 경험할 것이라고 생각한다. 서부 지역은 동부보다 더 빨리 온난화가 진행되고 있으며, 온난화는 이미 서부에 희박한 강설량 및 강수량에 엄청난 영향을 미치고 있다. 건조 및 반 건조 기후의 서부 지역에서는 이미 일어난 변화와 앞으로의 더 큰 변화가 생태계를 근본적으로 혼란시킬 것이다. 훌륭한 서부의 자원을 대표하는 이 지역의 국립공원은 자연 환경의 변화가 가장 분명하게 드러나는 곳이다. 결과적으로, 파괴된 기후는 서부 국립공원이 직면한 가장 큰 위협 중 하나이다.[42]

기후 변화 인간은 전에 없이 환경에 영향을 끼쳤다. 1997년 교토 의정서(일본 교토에서 소집된 국제회의 후 명명)는 종종 20세기의 가장 중요한 환경 기반 국제 협정으로 여겨진다. 이 협정의 본질은 선진국들이 온실가스(CO_2) 배출을 1990년 수준에서 5% 줄이고 후진국들은 덜 감축하도록 허용하는 것이었다. 이 의정서에 서명한 166개국 중 미국과 호주만 이 의정서의 비준을 거부했다. 대부분의 온실가스가 선진국들에 의해 배출되므로 인도와 중국 및 여타의 개발도상국을 포함한 다른 나라들은 의정서에서 면제되었다.

기후 변화에 대한 국제적인 참여가 증가하고 있다. 2011년 말 남아프리카공화국 더반에서 국제 사회가 기후 변화에 관한 보편적인 협약을 체결하기로 합의했다. 합의서 작성에 대한 합의하는 합의를 체결하는 것과는 거리가 있지만, 중요한 진전이다. 미국을 포함한 개별 국가들은 이니셔티브를 개발하고 이행하는 방향으로 나아갔다. 예를 들어, 뉴질랜드는 현재 재생 가능한 자원으로부터 에너지의 3분의 2를 생산한다. 한국은 스마트 그리드 전력시스템을 구축하여 지역적으로 재생에너지를 자급자족할 수 있도록 지원하고 있다. 사우디아라비아는 세계 최대의 화력발전 본거지이며 독일은 세계에서 가장 큰 태양 에너지 생산국이다. 거대 산업 국가들이 기후 변화를 해결하기 위해 천천히 움직이고 있다면, 기후 변화에 대한 긍정적인 조치를 취하기 어려운 나라들이 신흥 국가들이다. 이들 국가들에서는 기후 변화에 대한 인식이 부족하고, 해당 국민들은 기후 변화에 대한 전 세계적 대응을 자신들의 국가 수준을 높이는 것을 방해하고자 하는 시도로 오해한다.

미국 오바마 행정부는 기후 변화를 늦추기 위한 조치를 적극적으로 추진해 왔다. 트럼프 행정부가 어떤 조치를 취할지는 확실치 않지만 초기 징후는 기후 변화에 대해 우호적인 시각을 갖고 있지 않다는 것을 시사한다. 인간이 기후 변화의 1차적 영향력이라고 여기지 않는 사람들이 많지만, 개인들과 비영리 및 영리단체들은 기후 변화에 대응하고 기후 변화에 대한 리더십 제공의 중요성을 인식하기 시작했다. 비영리단체들은 미국인들이 기후 변화의 잠재적 폐해를 인식시키는 데 앞장섰다. 기후 변화에 초점을 맞춘 주요 비영리 단체들을 식별하기 위한 최근 노력의 일환으로, 기후 변화의 위험을 적극적으로 홍보하는 100개 이상의 단체를 확인했다. 많은 경우에 그들은 홍보를 넘어 연구 프로그램에 대한 자금을 지원하고 풀뿌리 활동을 장려하고 있다. 환경보호기금, 그린피스, 자연보호협회 같은 일부 비영리단체들은 환경운동의 오랜 역사를 지니고 있다. 기후 및 에너지 솔루션센터, 국제기후변화연구 퓨센터, 기후보호연합, 미국 기후행동네트워크, 기후현실프로젝트, 350.org, 환경책임경제연합(Ceres, Coalition for Environmentally Responsible Economies)을 포함한 다양한 기구들이 잘 알려져 있지는 않지만, 모두 기후 변화에 대한 태도를 바꾸는 데 중요한 역할을 하고 있다.[43]

연방정부는 13개 부처 및 기관으로 구성된 '글로벌 체인지 리서치 프로그램(www.

기후 변화 방어 풀뿌리 조직 - 350.org

'350.org'는 전 세계 젊은이들을 대상으로 기후 변화 행동을 조직하기 위해 간결하고 활발한 노력을 기울이는 자칭 풀뿌리 단체다. 2008년 미국에서 설립된 이 조직은 2011년에 세계로 진출했다. 그들은 기후 안전을 달성하기 위해서는 대기 중 CO_2 수준을 350ppm으로 낮춰야 한다며 조직의 이름을 350으로 명명했다. 현재 수준은 400ppm이다. 이 단체는 다음 세 가지 원칙으로 운영된다. (1) 우리는 기후 정의를 믿는다. (2) 우리가 협력하면 더 강해진다. (3) 대중의 움직임이 변화를 만든다. 이러한 핵심 원칙을 통해 조직의 에너지를 전 세계 의사결정권자들에게 집중한다. 그들은 어느 정도 수준의 조직이 구성된 188개 국가의 회원을 발표한다. 예컨대, 2015년의 파리 기후 변화 회의에서 350.org는 회의 시작 전에 전 세계 수천 명의 젊은이들이 포함된 대규모 주말 시위를 조직하는 데 중요한 역할을 했다. 그들은 175개국 78만 5천 명의 사람들이 거리로 나와 2,300개의 행사를 진행했다고 발표했다.[44]

기후 변화는 혼잡한 지역의 러시아워의 교통
체증을 포함해 우리의 일상에 영향을 미친다.
© Rorem/Dreamstime.com.

globalchange.gov)'을 만들었다. 이 기관은 2002년부터 2008년까지 다른 이름으로 존재해 왔으며, 대통령에게 직접 보고한다. 프로그램은 세계 환경 변화에 대한 연방 차원의 연구를 조정하고 사회에 미치는 잠재적인 영향을 포괄하는 것이다. 미국은 지난 20년 동안 전 지구적 기후 변화를 무시하지 않으면서 조용히 '기후 변화 및 지구 변화 연구 분야에서 세계 최대의 과학 투자'를 진행해 왔다.[45]

이 기관은 2009년 미국의 세계 기후 변화 영향을 포함한 정기 보고서를 생산하여 예상되는 국가적 세계적 영향을 확인한다. 2014년 〈국가기후평가보고서〉가 발표되었다. 보고서는 2012년 후반의 허리케인 샌디, 해수면 상승, 빙산과 북극해의 해빙 같은 이미 가시적인 영향과 지구 기후 변화에 대한 인간 활동의 주요 영향을 재확인했다. 인식된 영향은 더위뿐 아니라 보다 광범위한 환경 패턴, 농업 능력, 인류 건강, 물 공급, 교통 및 에너지에 영향을 미친다.

자연이 인류의 삶에 미치는 영향−행복과 안녕, 인간 발달의 문제　앞서 논의된 환경 문제는 단지 환경 관련 문제에 국한된 것이 아니다. 자연에 관여되어 교감하지 않으면 인간의 성장과 발달, 특히 어린이들에게 부정적인 영향을 미친다는 것을 인식하는 사람들에게 이 문제는 자신의 문제가 되었다. 수많은 연구원들이 환경 및 생태학적 문제를 개인과 사회 전체의 건강 및 복지 문제에 연계시키기 시작했다.

리처드 루브(Richard Louv)는 『자연 결핍 장애로부터 우리 아이들을 구하라』라는 저서를 통해 아이들을 자연에 연결시키려는 운동을 펼치고 있다. 연구 논문에서 인간 환경 상호 작용이라고 언급된 '자연 결핍 장애(nature-deficit disorder)'라는 용어는 사람들의 상상력을 사로잡아 모든 세대를 아울러 자연에서 점점 멀어지고 있는 아이들과 성인들의 문제를 다루는 외침이 되었다. 자연과의 일상적 접촉은 이제 일상이 아니라 예외적 현상이 되었다. 자연과의 접촉이 감소한 원인에는 도시와 인근의 자연 지역 상실, 근린공원의 부재, 아이들의 과도한 일정, 안전 문제, 늘어난 숙제, 낯선 사람에 대한 두려움 등이 있다.

우리 삶에 자연이 없는 것과 아동 발달 사이의 상관관계는 공중 보건 관계자, 아동 발달 전문가, 도시 환경론자, 공원 및 레크리에이션 전문가들 사이에 우려를 불러 일으켰다. 〈건강한 공원, 건강한 사람들〉이라는 제목의 보고서에 명시된 바와 같이, "공공 보건의 생태학적 이론은 건강 그 자체가 전체론적이며 다원적일 뿐만 아니라 건강을 성공적으로 증진하고 관리하기 위해서도 전체론적 다원적 접근이 필요하

지속 가능한 개발을 위한 2030 어젠다

2015년 파리 기후 변화 회의의 주요 결과는 미국을 포함한 총회 참석자 대다수 국가가 동의한 17개의 지속 가능한 개발을 목표로 하였다. 지속 가능한 개발 목표는 광범위한 경제적, 사회적 빈곤과 사람들의 문제를 다룬다. 목표는 다음과 같다.

1. 모든 형태의 빈곤을 끝낸다.
2. 기아를 끝내고, 식량 안보를 달성하고, 영양을 개선하고, 지속 가능한 농업을 촉진한다.
3. 모든 연령대의 건강한 삶을 보장하고 및 복지를 증진한다.
4. 모두를 위한 포괄적이고 양질의 교육을 보장하고 평생 학습을 촉진한다.
5. 남녀평등을 달성하고 모든 여성의 역량을 강화한다.
6. 모든 사람에게 물과 위생 시설을 이용하도록 보장한다.
7. 모두에게 경제적이고, 신뢰성 있고, 지속 가능한 현대적 에너지 접근을 보장한다.
8. 포괄적이고 지속 가능한 경제 성장, 고용 및 모든 사람을 위한 양질의 일자리를 증진한다.
9. 탄력적 인프라를 구축하고, 지속 가능한 산업화를 촉진하고, 혁신을 장려한다.
10. 국내 및 국가 간 불평등을 감소시킨다.
11. 포괄적이며, 안전하고, 탄력적인 지속 가능한 도시를 만든다.
12. 지속 가능한 소비 및 생산 패턴을 보장한다.
13. 기후 변화 및 그에 따른 영향에 대처하기 위한 비상조치를 수립한다.
14. 바다 및 해양, 해양 자원을 보존하고 지속 가능하게 사용한다.
15. 지속적으로 산림을 관리하고, 사막화를 방지하며, 토지 황폐화를 중단하고 되돌려 놓으며, 생물 다양성의 상실을 방지한다.
16. 정의, 평화, 포용 사회를 촉진한다.
17. 지속 가능한 개발을 위한 국제적 제휴를 활성화한다.

출처: http://www.un.org/sustainabledevelopment/sustainable-development-goals/

다는 것을 인식한다."[48]

〈근린 자연(Nearby nature)〉은 개인에게 가까운 자연의 존재 또는 부재의 영향에 대해 기술한다. 도시 환경의 공원 및 자연 지역은 개인, 특히 청소년들의 자연 경험 기회에 중요한 요인으로 간주된다. 뒤뜰과 이웃, 그리고 사람들이 일과 놀이를 즐길 수 있는 영역, 학교 등이 또한 중요하다. 연구는 근린 자연의 존재가 개인의 행복과 안녕에 영향을 미친다는 것을 보여주기 시작했다. 이상적 환경은 개인이 자연과 정기적으로 접촉하는 것이지만, 그러한 기회가 없다면, 도시 환경의 주변 자연이 개인에게 긍정적 효과를 중재할 수 있다.

자연에서 놀지 못하는 아이들

루브(Louv)는 아이들이 자연에서 보내는 시간에 영향을 미치는 몇 가지 요인을 제시한다. 여기에는 다음과 같은 이유들이 포함된다.

◆ 최근에 비디오필리아(videophilia)로 정의된 전자 매체의 폭발적 성장[46]
◆ 다양한 자연 체험(예, 나무타기, 나무 위 요새 구축하기)을 못 하게 막거나 제한하는 미국 사회의 법적 분쟁 경향
◆ 아이들이 밖에서 놀 수 있는 장소와 시간을 심각하게 제한하는 근린 규약들
◆ 어린이 유괴 사건에 대한 언론의 집중적 관심으로 인한 공포 분위기
◆ 부모의 장시간 근무 및 통근시간, 아이들의 시간을 제약하는 스케줄 증가
◆ 지난 20년간의 폭발적 토지 개발 속도와 그로 인한 주변 자연(즉, 도시 거주자와 근접한 자연적 특징을 가진 초지 및 열린 공간)의 부족

자연과의 접촉 상실은 아이들에게 부수적인 건강 및 복지 문제를 야기한다. 일부 결과는 어린이와 성인의 비만 증가, 신체적, 사회적, 정서적 행복 감소, 심리적 문제, 어린이와 성인의 주의력 결핍 장애 관련 문제, 스트레스 증가, 그리고 면역력 저하 등이 보고되었다. 어떤 이들은 이것이 전 세계적 삶의 속도의 문제로 인한 것이라고 주장하지만, 자연, 행복, 복지에 관한 문헌들은 자연 접촉의 필요성을 점점 더 확실하게 입증하고 있다. 비록 그것이 작은 녹색 공간일지라도 말이다.[47]

유년기의 자연 체험이 성인의 행동과 태도에 미치는 영향　야생의 자연과 더불어 유년시절을 경험한 성인들이 가꾸어진 자연 환경에서 유년기를 경험한 어른들보다 환경에 대해 더 긍정적인 태도를 가지고 있다는 지표가 있다. 야생의 자연(wild nature)은 하이킹, 캠핑, 사냥 및 관련 활동이 가능한 야외 환경을 포함하며, 이러한 곳들은 일반적으로 도시에서 멀리 떨어져 있다. 가꾸어진 자연(domesticated nature)은 집 또는 집 근처에 있으며 꽃, 조경수, 정원 및 실내 식물들을 돌볼 수 있다는 점에서 근처의 자연을 반영한다. 그러한 활동에 참여하는 빈도 또한 중요하다. 한 번의 캠핑 경험은 장기적으로 영향을 거의 못 미치지만, 반복적 캠핑 경험은 미래의 환경적 태도와 방문에 영향을 미친다.[52]

하지만, 어렸을 때 야생의 자연을 자주 찾는 일이 성인 들어서도 이어질 것이라 예상되지만, 반드시 그런 것만은 아니다. 야생의 자연을 경험하는 아이가 성인이 되어서까지 그러리라는 예측은 섣부른 생각이다. 그러나 야생의 자연을 경험하지 않은 아이가 성인이 되어 야생의 자연을 방문할 가능성이 적다는 사실은 예측할 수 있다. 이 연구는 야생의 자연을 계속 방문하는 성인들은 신체 활동과 정서적, 정신적 회복의 기회를 가질 수 있다고 제안한다.[53]

이 연구의 함의는 청소년기 야생의 자연 경험의 중요성을 강하게 시사한다. 게다

기후 변화와 레크리에이션: 결과와 비용

야외에서 노는 것을 좋아하는 미국인들은 기후 변화로 인한 온난화 경향으로 송어가 헤엄치는 냇물에서 물새 보호구역까지, 스키 지대에서 산악자전거 길까지, 그리고 해변에서 삼림 지대까지 그들이 좋아하는 레크리에이션을 즐길 수 있는 호젓한 장소들이 위기에 처할 것이라는 사실을 곧 알게 될 것이다. 모리스(Daniel Morris)와 월스(Margaret Walls)는 '기후 변화와 야외 레크리에이션 자원'이라는 제목의 논문에서 "자연 자원에 미치는 기후 영향이 구석구석에 스며들었다"라고 썼다. 그들의 논문은 기후 변화가 수자원에 영향을 미칠 수 있다는 점을 강조하고 있는데, 산에는 강설량이 감소하고, 땅에는 가뭄이 확산되며, 하천, 저수지, 습지로 흐르는 수량이 줄였다. 그리고 산림은 화재와 해충에 취약해졌다.

'미래를 위한 자원(RFF, Resources for the Future)'의 선임 연구원 월스와 보조 연구원인 모리스는 다음과 같이 여러 가지 가능한 시나리오를 제시했다.

◆ *설산(Snowpack):* 따뜻한 계절이 길어지면 눈보다 비가 더 많이 올 수 있어, 특히 캘리포니아, 네바다, 애리조나, 뉴멕시코 등 비교적 따뜻한 지역에서는 스키와 스노보드를 즐길 기회가 줄어들 수 있다.

◆ *맑은 물의 흐름:* 산에 강설량이 줄고 겨울철에 비가 더 많이 내리면 이른 봄에 하천과 저수지로 물이 빠져버린다는 것을 의미한다. 이것은 낚시 및 보트 타기에 가장 좋은 여름철에 맑은 물이 덜 흐를 수 있다는 사실을 의미한다. 낚시 환경은 수온, 수류, 수위, 생태학적 질에 따라 달라지며, 보트 타기는 호수 및 저수지 수위에 민감하다.

◆ *내륙 습지:* 북부 평원 및 캐나다의 2억1천6백만 에이커에 걸쳐 있는 이 습지대는 다양한 종의 오리와 물새가 풍부한 원천이다. 추정에 따르면, 상류 대호수의 기후 변화로 인해 낮은 수위 지역의 오리 개체수가 거의 40%까지 감소할 수 있다.

◆ *해변:* 시간이 지나 해수면이 상승하면 해변 휴양지, 해안 국립공원, 해안 수로 등이 줄어들 수 있다. 미국의 관광 관련 수입의 85%가 연안의 주에서 창출된다.

◆ *숲과 공원:* 트리커버(Tree cover) 운동, 특히 미국 서부의 트리커버 운동은 기후 변화의 영향, 특히 가뭄의 영향을 이미 체감하고 있다. 해충들은 록키산맥 지역에서 수백만 에이커에 달하는 상록수림을 고사시켰고, 건조한 기후는 산불의 원인이 되었다. 삼림 황폐화로 공원의 야영지, 산책로, 피크닉 구역이 또한 폐쇄되었다.

분명한 것은 기후 변화가 스키, 캠핑, 보트, 낚시, 사냥이나 골프 같은 야외 스포츠, 야생 동물 관람 같은 여가 활동들에 다양한 영향을 미칠 것이라는 것이라고 결론 짓고 있다. 이러한 전망에 따라 공공 정책 입안자들은 야외 레크리에이션 구역을 보존하는 데 도움이 되는 정책에 보다 적극적인 노력이 필요하다.

"더 길어지고 더 더운 여름은 하이킹, 낚시, 사냥, 캠핑에서 단순한 해변 방문에 이르는 야외 레크리에이션 수요를 증가시킬 것으로 기대된다"고 저자들은 썼다. "이는 모든 수준에서 정부 정책이 기후 적응 프로그램 개발 및 재정 확보 노력을 더욱 중요하게 만든다."[51]

가, 그러한 경험들은 청소년들이 부모와 함께할 때 강화된다. 아이들을 조직된 훈련 캠프(regimented camp)에 참가시키는 일은 청소년의 미래와 환경을 대하는 미래 관점에 미치는 영향이 적다. 그러한 캠프에서는 자연 경험이 감소하고 집단 경험이 강화되는데, 이는 캠프장 환경과 관련이 있을 수도 있고 없을 수도 있다. 켈러트(Kellert)의 자연과 아동 발달에 관한 연구는 획기적이다.

아이들은 야외에서 보호를 받는 것이 아니라, 야외에서 경험을 할 필요가 있다.
© Van Truan/Fotolia.com.

자연에 대한 직접 경험, 간접 경험, 그리고 대리 경험에 대한 그의 확인은 현재 수행되고 있는 많은 연구의 틀을 제공한다. 앞 단락에서 언급한 야생의 자연과 가꾸어진 자연에 대한 논의의 경우도 켈러트는 자연에 대한 직접 접촉, 간접 접촉, 그리고 대리 접촉으로 동일하게 설명한다. 표 11.7은 자연과 접촉하는 각 유형을 예시한다. 다른 연구와 마찬가지로, 그는 직접 접촉이 연령에 관계없이 개인에게 가장 중요한 영향을 미친다는 것을 확인했다. 간접 접촉은 영향은 덜 미치지만 여전히 긍정적이다. 대리 접촉은 직접 접촉이나 간접 접촉보다 상당히 적은 영향을 미친다.[54]

유년기 자연 경험의 중요성은 더욱 명확하고 앞으로도 무시할 수 없다. 여러 사람들이 제안했듯이, 자연에 대한 경험의 부재는 어린이와 성인, 특히 어린이에게 잠재적인 건강, 안녕 및 복지 문제를 야기한다. 2008년 6월 미 하원 교육노동위원회가 전체 표결을 위해 '아동낙오방지법(HR 3036)'을 의회에 상정했을 때 정치인들은 아이들에게 자연 경험의 제공 필요성에 대해 반응을 보였다. 법제화에는 성공하지 못했지만 메시지는 분명했다.

자연 접촉의 이익과 결과 추가 연구가 진행됨에 따라 자연과의 접촉에 따른 이익과 결과에 대한 우리의 이해가 확장되고 있다. 40년 전, 여가 과학자들과 조경 건축가들 외에는 야외 레크리에이션의 중요성을 탐구하는 사람은 거의 없었다. 오늘날, 이 분야를 연구하는 사람들의 리스트에는 공중 보건, 유아 교육, 아동 심리, 도시 계획, 의학, 심리학, 사회학 전문가 등이 포함되어 있다. 많은 저자들이 자연 환경 참여의 유익성과 결과에 대해 논한다. 표 11.8은 말러(Maller)가 언급한 인간의 건강과 복지에

표 11.7 자연 접촉 유형

접촉 유형	내용	사례
직접 접촉	자연 환경에서 스스로를 유지하는 큰 기능 및 과정의 상호 작용	비교적 관리되지 않는 지역. (예: 숲, 개울, 때때로 뒷마당 또는 공원)
간접 접촉	진행 중인 관리와 개입에 따라 강하게 통제된 환경에서 발생하는 자연과의 실제 접촉	동물원, 식물원, 자연 센터, 박물관, 공원 등에서 진행되는 구조화되고 조직적이며 계획적인 행사
대리 접촉	실제 살아 있는 유기체나 환경과 접촉하지 않으면서 오히려 자연의 이미지, 표현 또는 은유적 표현과 관련된 자연의 상징적 경험	테디베어, 다양한 만화 및 도서 캐릭터, 미키마우스 등 자연에 초점을 맞춘 영화, 디스커버리 채널과 같은 텔레비전 프로그램

출처: S. R. Kellert, Building for Life: Designing and Understanding the Human-Nature Connection. (Washington, DC: Island Press, 2007).

대한 공원의 기여를 보여준다. 표 11.7의 범주와 다른 용
어를 사용하지만 일반적으로 연구자들에 의해 합의된다.

공원 및 레크리에이션 기관은 개인에게 자연과의 직간
접적인 접촉을 제공하는 데 선도적 기회를 가지고 있다.
그 접근법은 창의성 및 규범에 도전하려는 의지를 요구한
다. 고드비(Godbey)는 학교와 레크리에이션 및 공원 부서,
공중 보건, 교통, 공공 설비, 병원 및 비영리 환경단체와
관련된 도시 지역의 야외 레크리에이션 계획을 포함하여
자연과의 직간접적 접촉을 개선하기 위한 정책 권고사항
목록을 제공한다.[55] 말러는 "공원은 사실 자연과의 접촉
을 바탕으로 인간의 건강 및 복지에 대한 생태학적 접근

가족 캠핑은 가족 구성원들을 야생의 자연과 연결시켜줌으로
써 유익함을 얻을 수 있게 해준다.
© Oleg Kozlov/Dreamstime.com.

을 촉진함으로써 환경, 사회, 건강의 통합을 위한 이상적 촉매제이다."라고 말했다.[56]

공공 공원 및 레크리에이션 단체, 환경 및 야외 기반 비영리 단체, 연방 토지 관리
및 보호 기관은 전통적으로 보호와 합리성의 지지자였다. 하지만 특히 행정부처가 환
경 문제에 비우호적이라고 인식될 때 기관들은 때때로 곤란한 상황에 노출되어 왔다.
지방정부는 환경 문제에 대해 엇갈린 반응을 보이고, 시, 군, 그리고 주정부 기관들
은 한때 가졌던 공통의 리더십 수준을 보여주지 못하고 있다. 공원 및 레크리에이션
기관은 21세기에 자신들의 지역사회에서 모범을 보임으로써 리더십을 회복할 수 있다.

표 11.8 건강과 복지에 대한 공원의 기여

건강 요소	공원의 기여
신체적 요소	모든 기술 수준과 능력(예: 소풍, 걷기, 개 훈련, 달리기, 자전거, 공놀이, 항해, 서핑, 사진, 조류 관찰, 암벽 등반, 캠핑)에 대해 다양한 수준의 공식 비공식 스포츠 및 레크리에이션에 대한 다양한 시설과 인프라를 제공한다.
정신적 요소	자연은 정신적 피로에서 회복될 수 있도록 고독과 고요, 예술적 영감 및 표현, 교육적 발달(예: 자연사와 문화사)을 가능하게 한다.
정서적 요소	명상과 성찰, 영감을 위해 자연 환경을 보존하고 공간감을 불러일으키게 하며, 인간적 관심을 넘는 무엇인가에 대한 연계성을 느끼게 한다.
사회적 요소	커플 및 가족에서 사교 모임 및 모든 규모의 조직, 평범한 소풍에서 특별 행사 및 축제에 이르기까지 사람들로 하여금 자신의 사회 관계망과 개인 관계를 강화할 수 있는 환경을 제공한다.
환경적 요소	생물 다양성을 유지하고, 깨끗한 공기와 물을 제공하며, 생태계 기능을 유지하고, 자연 환경에 대한 인간 참여를 촉진한다.

인용: C. Maller, C. Henderson-Wilson, A. Pryor, L. Prossor, and M. Moore. *Healthy Parks, Healthy People: The Health Benefits of Contact with Nature in a Park Context: A Review of Relevant Literature*. 2nd Edition. Burwood, Melbourne. Deakin University and Parks Victoria. Reprinted with permission.

기술과 시간

기술은 사람들이 사는 방식과 그들이 여가를 경험하는 방식에 영향을 미친다. 캘리포니아 공원 및 레크리에이션 협회는 2005년에 트렌드 보고서를 발표했다. 2017년에는 그러한 추세를 다시 생각하는 것이 적절하다.

기술은 우리가 의사소통하는 방식을 바꾸어 놓았다. 불과 30년 전만 해도 우편은 가장 흔한 통신 수단이었다. 장거리 전화 회사는 단 한 곳뿐이었다. 장거리 전화는 비싸고 대개 특별한 행사나 사업용으로 예약되었다. 대부분의 가정은 아침 신문을 구독하고 세 개의 상업채널 중 하나에서 뉴스를 시청했다. 그들은 한 두 개의 지역 방송을 청취하고 보다 큰 시장에서나 라디오를 통해 다양한 음악을 들을 수 있었다.

오늘날 미국인들은 평균적으로 텔레비전, 라디오, MP3, 스마트폰 같은 미디어 장치를 사용한 커뮤니케이션 활동에 다른 어떤 활동보다 더 많은 시간을 보낸다. 휴대전화는 기술이 개인, 가족, 직장, 지역사회에 어떤 영향을 주었는지를 보여주는 단적인 사례다. 심지어 나이든 어른들도 대부분의 경우 집에 있는 동안 휴대전화를 꺼두더라도 여행 중에는 휴대전화를 접속한다. 2002년까지만 해도 휴대전화를 주로 사용했다. 사람들은 휴대폰과 일정표 및 노트 등을 위한 별도의 디지털 휴대 장치를 가지고 다녔다. 오늘날 스마트폰은 이 두 장치를 대체했고 서비스 수준을 확장했다. 2016년에는 미국인의 95%가 휴대폰을 가지고 있었고 77%가 스마트폰을 사용하고 있었다. 스마트폰이 시장을 지배한다. 많은 사람들이 주로 스마트폰을 주로 전화하는 데 사용하지만, 더 많은 사람들이 그것을 이메일 송수신, 노트 메모, 카메라, 캘린더, 트위터, 플리커, 페이스북, GPS, 게임, 뉴스 보기, 주소 찾기 등에 사용한다. 애플 아이폰 사용자들은 자신의 기기를 통화보다는 인터넷 접속하는 데 더 많은 시간을 소비한다.

모바일 세대가 되어가고 있다. "커피숍, 기차역, 공항 탑승구를 언뜻 살펴봐도 우리 사회에 모바일 인터넷 접속이 뿌리내리고 있음을 쉽게 알 수 있다. 손바닥 크기의 랩톱이나 화면을 응시하는 찡그린 눈은 무선 네트워크를 통해 일상적으로 정보를 교환하는 방식을 보여주는 증거다."[57] '퓨 인터넷 및 아메리칸 라이프 프로젝트(Pew Internet and American Life project)'는 이동성(mobility)이 사람들의 상호 작용 방식과 컴퓨터 사용 방식을 변화시킨다고 말한다. 우리는 기업이나 다른 사람들이 광대역 통신을 항상 켜두어 언제나 접속되길 기대하는 수준에 도달했다. 지속적인 정보 교환이 개인에게 미치는 영향에 대한 의문점은 여전히 풀리지 않고 있다. 예를 들어, 그것은 사회적 규범을 강조하는가, 아니면 파편적인 관심을 지속적으로 야기하는가? 퓨의 분류 체계에서 기술에 정통한 사용자는 이동성으로 고정된 접속(home access)을 대체함으로써 엘리트가 된다. 오늘날의 많은 십대 및 젊은이들은 언제나 접속 가능

표 11.9 2005년과 2017년의 추세와 실제 비교

2005	2017
미국인들은 장난감을 좋아하고 베이비붐 세대들은 편의시설이 잘 갖춰진 곳에서의 경험을 기대한다.	현재 가장 큰 세대인 밀레니엄 세대는 디지털 토착민들이며, 이전 세대의 욕망은 이제 실현되고 있다.
기술은 우리가 일하는 방식과 계획하는 방식에 지속적으로 영향을 미칠 것이다.	기술이 거의 모든 비즈니스 기능 및 사회적 관계에 필수 요소가 됨에 따라 IT의 경계가 점점 사라지고 있다.
각 세대는 이전 세대보다 교육을 더 받고, 더 능숙하며, 기술에 더 의존적이다.	기업들이 점점 더 많은 고객 데이터를 축적함에 따라 개인 정보 문제 관련 프라이버시와 보안이 확대되고 있다.
기술적 진보는 많은 레크리에이션 활동의 비용, 접근성, 그리고 요구되는 기술 수준에 영향을 미친다.	기술은 개인들이 시간과 공간에 따른 전통적 경계를 넘어 자신들의 경험을 보존할 수 있게 해주는 '엠비언트 사용자 경험(ambient user experience)'을 만들어냈다.
기술은 '매스 커스터마이제이션(mass customization)'을 가능하게 한다.	기술을 통해 소비자 '주문형 맞춤 제작(built-to-order)'을 가능하게 한다.
혁신적인 장비와 절차를 중심으로 새로운 활동이 개발될 것이다.	2015년에는 24%의 미국인들이 케이블 TV가 없었으나, 점점 늘어나고 있는 추세다.
기술은 전혀 새로운 레크리에이션을 창조한다.	기술은 이전 세대들이 꿈꾸지 못했던 어드벤처 레크리에이션 기회의 개발과 성장을 가능하게 했다. 이 성장은 계속 확대될 것이다.
사람들은 자신이 선택한 레크리에이션 유형에 대해 스스로 정의하고 조직하는 경향이 있다.	이것은 계속되는 사실이지만, 기술을 활용함으로써 조직 활동이 원활하게 되었다.
각 그룹은 독점적으로 자원을 할당받길 원하는 경향이 있다.	기술이 전문 활동에 대한 인식을 생성해 공동체 참여를 감소시켰다.

출처:
1. Anderson, M. (2016, March 10). 8 conversations shaping technology. Retrieved from www.pewresearch.org/fact-tank/2016/03/10/8-conversations-shapingtechnology/.
2. Briggs, B., & Hodgetts, C. (2017) Tech Trends 2017. Retrieved from www2.deloitte.com/global/en/pages/technology/articles/tech-trends.html.
3. Cearley, D. W. (2016, February 15). Gartner IDs Top 10 Strategic Technology Trends for 2016. Forbes. Retrieved from www.forbes.com/sites/gartnergroup/2016/01/15/top-10-technology-trends-for-2016/#61282cd22655
4. Poushter, J. (2016, February 22). Smartphone Ownership and Internet Usage Continues to Climb in Emerging Economies. Retrieved from www.pewglobal. org/2016/02/22/smartphone-ownership-and-internet-usage-continues-to-climb-in-emerging-economies/.
5. Romero, P., Hong, S., & Westrup, L. (2005, March). Trends Worth Talking About. California and Pacific Southwest Recreation and Park Training Conference, Sacramento, CA. Retrieved from www.parks.ca.gov/pages/795/files/cprs%202005%20trends%20final.pdf
6. Smith, E. (2014, October 23). Effects of Technology on Recreation and Leisure. Retrieved from www.prezi.com/9p2wdqdataqw/effects-of-technology-onrecreation-and-leisure/.

한 상태를 필요와 권리라고 여긴다.

시민들은 집이나 사무실에서도 마을 회의, 비즈니스 회의 등에 참석할 수 있다. 모바일 기기를 통해 어디서나 이러한 회의에 참석할 수 있다. 스카이프(Skype)는 최초의 무료 및 저가 인터넷 국제 전화 서비스로 개발도상국에도 큰 영향을 끼쳤다. 인터넷은 사람들이 질병을 다루는 방법에도 중요한 영향을 끼쳤다. 한 연구에 따르면 54%의 성인들이 인터넷이 큰 병에 걸린 다른 사람을 도울 대처법을 알려주어 중요한 역할을 했다고 응답했다. 인터넷이 큰 병을 다루는 데 역할을 했다는 사람의 수는 2년 동안 40% 증가했다.[58]

'긱 경제(gig economy)'에서의 여가와 즐거움 찾기

독립 프리랜서로 활동하는 개인들을 특징으로 하는 '긱 경제'는 디지털 플랫폼 경제로서 전통적인 고용보다 빠르게 성장하고 있다. 긱 경제의 사례로는 우버(Uber), 태스크래빗(TaskRabbit), 매니지드 바이 큐(Managed by Q), 워시클럽(WashClub) 등이 있다. 다양한 이유로 점점 더 많은 사람들이 이 시장으로 진입하고 있다. 보도에 따르면, 지난 몇 년간 경기 침체로 인해 전통적 고용시장을 능가했다고 한다.

왜 긱 경제에 참여하는가? 그 이유는 대부분의 사람들에게는 경제적 현실에 있다. 추가 수입을 통해 수입과 지출을 맞추거나 안정적 수입을 얻기 위한 것이다. 어떤 사람들은 다른 방식으로는 직업을 구할 수 없기 때문에 참여한다. 그런데 놀랍게도 퓨리서치센터(42%)가 조사한 많은 수의 종사자들은 흥미 있고 여가 시간에 할 수 있는 일이 있었기 때문에 그렇게 했다고 보고했다.

이것은 여가에서 어떤 의미를 차지하는가? '시간 때우기'와 '부가 수입'이 그 일을 흥미 있는 활동으로 만들어주었는가? 이러한 활동을 여가 활동으로 분류할 수 있을까? 이러한 활동은 개인들에게 여가 시간 대 근무 시간의 가치를 교육해야 할 필요성에 대해 질문을 제기한다. 긱 경제에서 창출되는 수입으로 인해 흥미로 시작한 일이 기본적 사업으로 무게 중심이 옮겨가면 곧 부담으로 바뀔 수 있다.

http://www.pewresearch.org/fact-tank/2016/11/18/why-join-the-gig-economy-for-many-the-answer-is-for-fun/(Accessed February 22, 2017)

2016년까지, 미국인의 88%가 인터넷에 접속하며 연령, 성별, 민족, 소득에 따라 사용자 수는 다양하게 분포했다. 남성과 여성은 거의 동등하게 인터넷을 사용했고, 시골의 사용자는 인터넷 사용 빈도가 낮았고, 대학 졸업자는 가장 높은 사용자였으며, 고등 교육을 받지 못한 사람은 그 수가 떨어졌다. 2000년에 인터넷 사용을 제한했던 한 요인이었던 인종 문제는 이제 사라졌다. 그러나 인터넷 사용에 영향을 미치는 요인은 여전히 남아 있다. 65세 이상의 노인들은 사용률이 가장 낮은(65%) 반면 18~29세, 30~49세까지의 연령대는 거의 동일하다. 소셜 미디어는 모바일 장치의 사용을 재정의했다.

약 10명 중 7명은 소셜 미디어를 사용한다. 소셜 미디어의 최고 이용자는 18세에서 29세 사이고, 30세에서 49세 사이 그룹이 다음으로 많다. 소셜 미디어는 개인들 간의 최신 정보를 유지하고, 정보 및 일상의 이야기를 전달하고, 친구들과 연락을 유지하기 위해 널리 사용된다. 2016년 대선에서는 허위 정보라는 사실이 밝혀졌음에도 불구하고, 소셜 미디어는 정보의 핵심 원천으로 부각됐다.[59, 60]

공원 및 레크리에이션 전문가가 기술에 대해 고려해야 하는 현상에는 많은 의미가 내포된다. 여기에는 다음과 같은 내용이 포함되지만 이 내용에만 국한되지는 않는다.

◆ 10대들은 이전 세대들보다 전통적 레크리에이션 활동에 덜 관여한다. 이들은 웹 페이지를 만들고, SNS에 사진 및 동영상을 게시하며, 음악을 수정하거나 공유하며, 문자 메시지, 페이스북 등의 모바일 플랫폼을 통해 또래와 관계 맺는 등 기술 기반 활동에 더 많이 참여하고 있다.

◆ 개인적 시간을 위한 보다 큰 경쟁 조건이 있다. '자유 시간'이라는 개념은 이제 거의 상실된 용어다. 기술은 이 세대를 역사상 가장 많은 관계로 맺어진 세대로 만들었다.

With a lack of leisure time, Americans feel the need to multitask.
© PeterMooij/Shutterstock.

◆ 공동체 구성원들은 그게 비록 인터넷을 통한 것이라도 적극적인 참여를 원한다. 그들은 누구에게 말을 걸고 싶은 게 아니라, 더불어 이야기를 나누고 싶은 것이다. 공공 및 비영리 기관이 제공하는 프로그램에 참여하는 경우에도 마찬가지다.

◆ 대안적 커뮤니케이션 도구의 다양성으로 인해 이미지, 프로그램 정보, 브랜드에 대한 소통이 훨씬 더 어렵다. 학교를 통해 가정 통신문을 보내고, 우편으로 브로슈어를 발송하며, 텔레비전 방송으로 하는 전통적 광고는 더 이상 다가서고자 하는 대중에게 이르지 못할 것이다. 서로 다른 그룹이 어떻게 의사소통하고, 어디에서 정보를 얻고, 그 정보가 어떻게 중요한지 결정하는 방법에 대한 지식은 공동체 구성원에게 연락을 시도하는 공공 기관에게는 필수적이다.

◆ 예전의 구전(word-of-mouth) 방식이 100배 또는 수천 배 확산된다는 점을 이해하는 것이 중요하다. 관리자들은 어떤 사람이 그와 접촉한 다섯 명 내지 여덟 명에게 영향을 줄 수 있다고 믿곤 했었다. 오늘날은 한 사람이 사람들과의 물리적 접촉 없이도 수천, 심지어 수십만 명의 사람들에게 영향을 미칠 수 있다. 조직의 이미지와 조직의 공적 선의는 주요 이벤트뿐 아니라 사소한 이벤트에도 긍정적 또는 부정적 영향을 받을 수 있다.

◆ 공원 및 레크리에이션 기관은 디지털 시대에 생각하고 행동하는 법을 배워야 한다. 구성원들은 기관의 운영에 있어 중요한 부분으로서 기술을 수용해야 하지만, 더 중요한 것은, 아흔아홉 살이건 두 살이건 지역 사회 구성원들이 어떻게 기술을 수용하는지를 이해해야 한다는 것이다. 이것은 전문가들이 디지털 토착민(digital natives), 디지털 이민자(digital immigrants), 그리고 디지털 거부자(digital refusers)들 사이에서의 전환에 대해 유연하게 대응할 수 있어야 한다는 점을 제시한다.

기술은 결코 상상하지 못했던 방식으로 레크리에이션 및 여가에 영향을 미친다. 공원 및 레크리에이션 전문가가 기술을 수용하는 관점은 다양하다. (1) 기술이 나를 어떻게 도울 수 있는가? (2) 기술을 사용하여 지역사회, 주민 및 프로그램 참가자를 어떻게 도울 수 있는가? (3) 우리가 포괄하지 못하는 사람들이나 우리의 서비스 혜택을 이용하지 않는 사람들에게 어떻게 다가설 수 있는가? (4) 현재와 미래의 기술을 최대한 활용하기 위해 우리 자신을 어떻게 자리매김할 것인가?

변화하는 시간의 성격　때때로 의무가 없는 시간 또는 자유 시간(free time)이라고 하는 개인의 자유재량 시간(discretionary time)의 증가는, 레크리에이션 활동 참여 확대의 주요한 영향으로 오랫동안 간주되어 왔다. 1900년과 1995년 사이에, 여가 시간의 확장은 극적이지는 않더라도 꾸준했다. 농업 경제로부터의 탈피, 늘어나는 휴일, 유급 휴가, 그리고 노동시간의 단축들이 합쳐져 사람들은 역사상 그 어느 때보다 레크리에이션에 참여할 수 있는 더 많은 기회를 얻는다. 실제 자유시간의 가용성에 대한 논쟁은 1980년대 초에 시작되어 지속되고 있다. 오늘날 주 40시간 노동은 대부분의 경우 존재하지 않는다. 제조회사들은 빈번하게 직원들에게 20시간 이상의 초과 근무를 강요한다. 기업 임원, 중간 관리자, 관리자 및 서비스 직원은 24×7(하루 24시간, 주 7일)의 업무 시간을 경험한다. 디지털 시대의 도래로 모든 사람들이 더 쉽게 접속할 수 있게 되었다. 아이폰에 의해 대표되는 전자 통신의 도입은 언제 어디서나 인터넷을 사용할 수 있게 만들었다. 스마트폰은 이제 지속적인 연결을 제공한다. 비즈니스 여행객들은 승무원이 모든 사람에게 전자 기기를 끄라고 요구할 때까지 스마트폰을 사용하다 비행기 모드로 전환하여, 메모를 하고, 오프라인으로 작업하고, 동영상을 보고, 책을 읽고, 음악을 듣는다. 휴가는 더 이상 업무로부터 벗어난 시간을 보장하는 것이 아니라, 다만 사무실에서 벗어난 공간을 제공할 뿐이다. 자유재량 시간의 이용 가능성은 연령, 교육, 성별, 장애 여부에 기초한다. 아이들, 실업자, 은퇴자들은 노동자들보다 훨씬 더 많은 자유재량 시간을 가진다. 아이들은 자신들의 참여에 대한 재량권이 적고, 노인들의 신체적, 정신적, 경제적 조건은 일부 레크리에이션 활동 참여를 제한할 수 있다.

일반적으로 전문직 종사자 및 대학 교육을 받은 사람들은 서비스업, 제조업, 건설업 등에서의 비전문직 종사자들보다 더 적은 시간을 일한다. 심각한 장애를 가진 사람들은 다양한 레크리에이션 활동 기회가 제한적이지만 오랜 시간 자유 시간에 방치되어 왔다.

노동 통계국은 사람들이 자신들의 시간을 어떻게 사용하는지에 대한 연간 데이터를 지속적으로 조사한다. 미국 시간 활용도 조사(ATUS, American Time Use Survey)

표 11.10 사람들의 시간 사용 방식 분포(2015년 평균)

활동	주중	비율	주말	비율
자기 충전 활동	9.21	39.28%	9.94	44.02%
식사 및 음주	1.18	5.03%	1.37	6.07%
가정 활동	1.23	5.25%	1.88	8.33%
구매 활동	0.54	2.30%	0.74	3.28%
가족 돌봄	0.31	1.32%	0.33	1.46%
업무 및 관련 활동	5.31	22.64%	0.52	2.30%
교육 활동	0.4	1.71%	0.12	0.53%
조직, 시민, 종교 활동	0.2	0.85%	0.52	2.30%
여가 및 스포츠	4.96	21.15%	7.02	31.09%
통화 및 온라인 소통	0.11	0.47%	0.14	0.62%
합계	**23.45**		**22.58**	

출처: Bureau of Labor Statistics, "American Time Use Survey." Available at: http://www.bls.gov/tus/home.htm. (Accessed March 6, 2013).

는 매년 발표되는데, 개인이 일, 가정 활동, 보육 및 교육에 참여하고, 여가 및 스포츠 활동에 참여하는 하루 평균 시간을 측정한다. 수면을 포함한 자기 보충은 개인 시간을 소비하는 데 가장 큰 비중을 차지한다. 주중에는 업무 시간이 가장 많은 비중을 차지하고 그 다음으로 근접하여 여가 및 스포츠가 두 번째를 차지했다. 주말엔 여가와 스포츠가 가장 큰 활동 시간을 차지했다. 하지만 이 시간의 약 절반은 텔레비전 시청에 활용된다(표 11.10 참조).

최근 몇 년 동안 시간 인식과 관련된 몇 가지 쟁점들이 더욱 분명히 드러났다. 시간 늘리기(*time deepening*), 시간 옮기기(*time shifting*), 시간 압축(*time compression*)과 시간 기근(*time famine*)이라는 개념이 연구자, 여가 제공자, 그리고 일반 대중들의 어휘로 들어갔다. 시간 늘리기는 운전 중 휴대폰으로 통화하거나 TV쇼를 보며 뜨개질하는 등 여러 가지 활동을 동시에 함으로써 이용 가능한 시간을 더욱 효율적으로 사용하는 것을 시사한다.

시간 옮기기란 네트워크 텔레비전 같은 방송 매체를 (6시 뉴스와 같이)미리 정해진 시간과 방식이 아니라 다른 방식으로 보는 것을 의미한다. 모든 시청의 15%는 본 방송 이외의 시간에 이루어진다. 시간 압축은 시간을 가속화하고 경험을 더 짧은 시간에 하는 것에 연관된 관점이다. 기술에 영향을 받으며, 일부 사람들에게는 생활방식의 변화를 추동한다. 가족 소풍은 가족에게 초점을 맞춘 종일 활동이다. 오늘날의 소풍은 아이들이 휴대용 게임기를 가지고 노는 동안 엄마와 아빠는 휴대폰으로 다른 사람들과 소통하고, 다른 계획을 세우며, 이메일을 보내는 등의 방식으로 시간을 보낸다. 이렇게 하루를 마무리하고 나면 결국 이 가족이 함께한 시간은 거의 없다. 시간 기근은 개인이 일, 여가, 그리고 불가피한 일에 요구되는 모든 업무를 완수할 시간이 충분하지 않을 때 발생한다. 시간 기근은 특히 시간을 많이 요구하는 직업에서 만연한다.

시간 압축, 시간 기근, 시간 옮기기, 그리고 시간 늘리기의 위에 놓여 있는 것은 기술과 기술이 사람들의 생활양식을 변화시키는 방식이다. 페이스북, 트위터, 플리커, 블로그 같은 소셜 네트워킹 툴과 스마트폰이 이메일 및 여타의 정보를 소비자에게 '밀어 넣을(push)' 수 있는 기능은 사람들로 하여금 더 이상 빈 시간을 갖지 못하게 한다는 사실을 의미한다. 어떤 의미에서, 자유 시간, 또는 의무 없는 시간은 일부 사람들에게는 더 이상 존재하지 않는다. 이러한 모바일 기술의 구현으로 사람들은 매 분마다 이용 가능한 콘텐츠를 극대화하여 삶의 속도를 향상시키려고 한다. 이용할 수 있는 모든 정보를 따라가지 못한다는 느낌은 불안, 스트레스, 시간 기근의 느낌을 증가시킨다.

시간 압축과 시간 기근에 대한 느낌은 많은 사람들로 하여금 이전 세대보다 시간을 더 모자라게 느끼게 한다. 소수의 사람들을 제외하고, 오늘날 대부분의 사람들은 역사상 그 어느 때보다도 자유재량 시간이 많다. '실시간(real time)'이라는 용어는 오늘날 시간에 대한 인식을 반영하는 용어이다. 실시간은 "특정 기기가 아니라 우리가 하는 모든 일이 기술적으로 전환된 맥락에 적용되는 것이다. 실시간이란 개념은 아이디어와 행동, 시작과 결과 사이의 가능한 최단 경과로 특징 지어진다."[61]

21세기의 여가 문제

21세기의 시작은 첫 10년의 후반부가 장기적으로 직업에 영향을 미칠 수 있는 어떤 변화를 가져올지에 대해 시사하는 바가 거의 없었다. 지역사회 차원에서 공공 공원 및 레크리에이션 프로그램은 생존을 위한 도전에 처해 있다. 경제가 회복 기미를 보임에도, 지방 및 주정부는 아직 경제 성장에 따른 편익을 체감하지 못하고 있다. 금세기 시작과 함께 규정한 경제 성장이 두 번째 십년을 통과하는 중반기의 경제 성장을 규정하지는 못했다. 서비스 축소, 시설 및 공원 폐쇄, 휴업, 고용 축소가 경기 침체에 대처하는 수단이 되고 있다. 연방정부는 이 시기의 거의 절반을 위기 상황으로 운영하였다. 비영리단체들은 재정난 해결을 위한 방안을 강구하는 한편 대량의 실업자 및 미취업자에게 절실히 필요한 서비스를 제공하기 위해 노력하고 있다.

레크리에이션 제공자들은 서비스 및 프로그램 제공을 재고해야 했다. 21세기의 첫 10년 동안은 경제가 다시 성장하면서 점차 주정부 및 지방정부가 회복세를 보이는 듯했다. 하지만, 불황의 피해는 아직 극복되지 않았다. 수입의 주요 원천이 세금인 정부들은 일반적으로 불황에서 회복하는 데 영리 기업들보다 3년에서 5년이 더 걸린다. 세금 징수에는 항상 시간차가 있어 시, 군, 주 정부가 대응하기 어렵다. 정부와 지방 공무원 연금 제도가 자주 바뀌었다. 프로그램과 서비스에 대한 투자, 부서 조직, 공원 및 레크리에이션 프로그램의 인력 배치 등이 계속 지연되고 있다.

여가 서비스 직종에 직면한 해답 없는 질문은 "미래가 어떻게 될 것인가?" 하는 것이다. 하지만, 과거를 돌아봄으로써 미래를 위한 몇 가지 아이디어를 얻을 수 있다. 최근의 불황은 1930년대 대공황 이후 가장 심각한 것일 수 있지만, 1960년대와 1970년대에 우리가 의지할 만한 유사점이 있다. 조직이 회복되고, 세수가 증가하며, 고용이 증대되고, 새로운 시설과 서비스가 설계, 건설, 운영될 것이다. 이러한 일은 그 전에도 일어났고 또 다시 일어날 것이다. 이것이 바로 경제학자들이 동의하는 유일한 불변의 법칙이다. 그러나 정부, 비영리 및 영리 기업이 서비스를 가장 확실하게 구조화하고 제공하는 방식은 과거와는 다르게 나타날 것이다. 새로운 모델은 이미 등장하고 있고, 파트너십은 더욱 보편화되고 있으며, 새로운 수익원이 만들어질 것이다. 서비스 수준, 토지 취득, 직원 채용, 조직의 주안점 및 향후 방향과 관련된 보다 어려운 의사 결정이 정책 입안자들로부터 더 많은 주목을 받고 있다.

1930년대에 여가와 레크리에이션은 뉴딜정책의 성공과 사회에 결정적 영향을 미친 중요한 활동으로 간주되었다. 그것이 오늘날과 같을지의 여부는 모르지만, 초기의 경향은 과거와 같지 않을 것을 암시한다. 공공 안전은 대부분 세금으로 지속된다. 사람들은 안전을 체감하고 싶어한다. 레크리에이션과 여가는 삶의 질에 있어서 필수 요소이지만 필요성에 대한 개별 납세자의 인식은 훨씬 낮다. 100년쯤 후, 사람들은 여가 및 레크리에이션 직업이 좋은 직업으로 자리를 잡았다고 예상할 수도 있다. 하지만 이 진술에 대한 결론은 여전히 미지수로 남아 있다.

특수 이익 집단의 성장

이 장 전체에 걸쳐 인터넷, 미디어 및 소셜 네트워킹이 여가와 레크리에이션에 미치는 영향에 대한 논의가 진행된다. 이러한 영향들은 여가와 레크리에이션 서비스가 제공되는 방식에 영향을 미쳤기 때문에, 또한 사람들이 서비스, 요구, 그리고 향후 방향에 대한 토론과 상호 작용하고 대응하는 방식에 영향을 미쳤다. 소셜 네트워킹은 개인과 소규모 조직들이 정책, 의사결정 및 계획에 영향을 미칠 수 있게 해준다. 인터넷이 도입되기 전에, 특수 이익 집단들은 지역, 국가적 차원에서 자신들의 목소리를 내

공원 및 레크리에이션 기관들은 건강 및 보건 기관과 파트너십을 맺고 있다.
© Paul McKinnon/Shutterstock.

기 위해 제대로 조직화하여 투쟁하지 못했다. 시에라 클럽, 내셔널트러스트, 환경보호기금 등 소규모 단체, 지역단체 및 전통적 단체들이 인터넷을 소셜 네트워킹 도구로서 수용함에 따라 상당히 변화되었다. 웹사이트를 통해 회원 가입이 가능하고, 뉴스레터에 가입하며, 전문 정보를 받고, 커뮤니티에서 일어나는 일을 확인하고, 특별 행사와 여행 및 활동에 대한 정보를 구하고, 지역, 주 및 연방의 법률 및 규칙 변경안을 공지하고, 재정적 지원을 제공할 수 있다. 예전에는 조직이 편지를 보내거나 전화를 걸면서 시간을 소모했던 데 비해, 이제는 어떤 문제에 대해 관심 있는 당사자들에게 공지 이메일 및 트윗을 전송하고, 재정적 지원을 요청할 수 있다.

특수 이익 집단들의 참여가 폭발적으로 증가하면서 모든 차원에서 공공기관이 자신들의 서비스 제공을 바라보는 방식에 깊은 영향을 미치고 있다. 대부분의 경우, 특수 이익 집단은 레크리에이션 및 여가에 긍정적인 영향을 미친다. 기관은 집단과 보다 효과적으로 조정하고, 참여도를 추적하며, 관심사를 이끌어낼 수 있다. 그림 11.3은 레크리에이션, 여가, 공원에 영향을 미칠 수 있는 사회적 이익 집단의 유형을 나타낸다. 아래로 향하는 각각의 분기는 주요 유형의 특수 이익 집단을 나타낸다. 20년 전만 해도 이러한 마인드맵에서 그릴 수 있는 분기는 단지 두어 개뿐이었을 것이다. 특수 이익 집단들은 레크리에이션 및 여가 기관들로 하여금 자신들의 견해를 반영하여 서비스와 프로그램을 재고하고 확장하도록 도전하고 있다. 1990년대, 공원 및 레크리에이션 운동에서 **편익**(*benfifs*) 개념이 부상하던 시기에 이를 연구하는 연구자의 수는 많지 않았다. 오늘날 편익 개념이 확장되면서, 말 그대로 수백 개의 조직들이 이 개념을 다루고, 연구하고, 적용하는 데 관여하고 있다. 그러나 레크리에이션 및 여가 분야 외의 학문 분야에서 이 주제들을 다루었기 때문에 편익이라는 개념이 이 분야에서 크게 두드러지지는 않는다. 예컨대, 긍정 심리학(positive psychology)은 (긍정 과학이라는 명칭으로 이름을 바꾸는 과정에서)여가 연구 문헌에 크게 의존하고 있다. 그러나 긍정 심리학의 활용에 대한 논의를 주류 레크리에이션 및 공원 문헌에서는 거의 찾아볼 수 없다. 이 분야에서 전 세계 수백 명의 연구자들이 참석한 최근의 컨퍼런스에는 다섯 명도 안 되는 여가 연구원들이 참석했다.

다른 집단들은 여가 및 레크리에이션 직업에 비슷한 영향력을 미치거나 혹은 덜 미친다. '활동적 삶 연구(Active Living Research)' 계획은 저소득층 및 위험에 노출

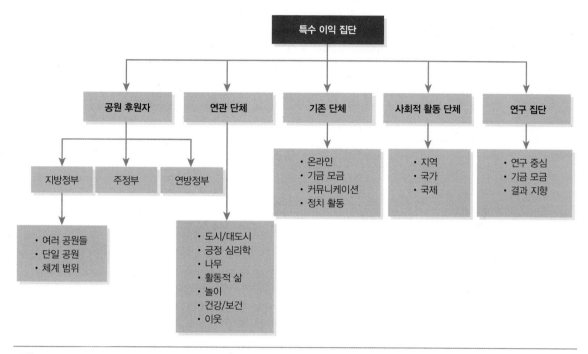

그림 11.3 특수 이익 집단의 분류

된 인종 및 민족 공동체에서 아동 비만 제거를 위한 연구를 지향한다. 이 프로그램을 후원하는 로버트우드존슨재단(Robert Wood Johnson Foundation)은 이 주제에 대한 연구의 자금 지원에 집중했다.

여가의 상품화

부유층, 중산층, 빈곤층 사이의 여가 기회의 차이는 여가의 '상품화(commodification)'라고 하는 개념에 의해 고조된다. 오늘날 점점 더 다양화된 유형의 놀이가 이윤 추구 비즈니스로 복잡하고 비싼 형태로 개발되고 있다. 타임워너, 디즈니, 비아콤(Viacom) 같은 거대 복합 기업들이 음악, 텔레비전, 영화 사업을 운영하는 거대 기업을 장악하고 있다. 이들 복합 기업들은 또한 스포츠 경기장, 프로 스포츠 팀, 크루즈선, 테마파크 및 다른 여가 기업들을 소유하고 있다.

유타 주의 오그던(Ogden)은 올림픽 규모의 수영장과 대형 워터파크, 실내 경륜장, 여섯 개의 테니스 코트를 갖춘 3천8백만 달러 규모의 실내 레크리에이션 센터를 제안했다. 이러한 투자는 도시 소유의 시설이 아니라 영리 기업처럼 엄히 마케팅하고 운영되지 않는다면 지역 경제를 고갈시킬 수도 있다. 전국에 그러한 시설의 좋은 사례와 그렇지 못한 사례가 있다. 공공기관들은 높은 수익을 예상해 만든 시설들이 때로는 시민들의 발길이 닿지 않을 수도 있다는 사실을 인식하고 경계해야 한다.

리프케(Lippke)는 여가의 상업화가 개인과 사회에 미치는 영향에 대해 우려를 표명한다.[62] 그는 "개인들로 하여금 일상의 주의와 관심을 돌려 자신들을 유혹하는 소비 심리에 최소한 일시적이라도 빠져들도록 미묘하게 또는 노골적으로 권장한다"고 말한다. 문제는 주의와 관심을 돌리는 데 있는 것이 아니라, 이러한 여가 시간이 여가 이론가들이 주장하는 자기 계발, 창의력, 몰입에 이르는 활동 대신 낭비된다는 데 있다. 리프케는 여가의 상업화가 자기 계발의 기회를 없애고 외부 자극 요인에 의존하게 되면서 스스로의 삶을 지향할 수 있는 능력을 감퇴시킨다고 암시한다. 사회생활에 미치는 세 번째의 영향은 사람들이 〈아메리칸 아이돌〉, 〈피어 팩터(Fear Factor)〉, 〈서바이버(Survivor)〉 등 오늘날의 리얼리티 TV 쇼에서 홍보되는 것과 같은 엷은 인간관계에 중점을 둔다는 것이다. 해리스 인터랙티브 여론조사(Harris Interactive Poll)는 특히 십대들이 또래들과의 대화에서 리얼리티 TV를 일상적 근거로 생각한다고 보고했다. 2006년에는 조사 대상 청소년의 70%가 〈피어 팩터〉를, 67%가 〈아메리칸 아이돌〉을 시청하는 등 리얼리티 쇼를 더 많이 보고 있었다.[63] 레크리에이션의 상업화는 모든 사람들이 소위 '또래 집단 압박감(peer group pressure)'이라고 규정한, 특정의 물건을 소유하려는 경쟁심을 만들었다. 휴대폰 시장이 한 예다. 최신의 휴대폰은 특히 청소년들이 가장 갖고자 하는 욕망을 이끌어 시장을 장악한다. 마지막으로, 가치관 및 중요한 것이 무엇인지를 혼란스럽게 만든다는 것이다. 상업 광고주와 판매자들은 잠재적 구매자들에게 "삶은 매우 매력적이고, 흥미진진하며, 극적인 순간들로 채워져야 한다"는 기대감을 조성한다.[62]

앉아 있는 일은 새로운 흡연이다

언론에서 비만 위기에 대한 보도가 증가하고 있다. 최근 보고서는 몇 년 내로 미국에서 비만이 흡연보다 더 높은 사망원인을 차지할 것이라고 암시했다. "앉아 있는 일은 새로운 흡연(Sitting Is the New Smoking)"이라는 슬로건은 장시간 앉아 있는 생활 방식과 과식 및 운동 부족의 위험을 대중에게 알리려고 애쓰는 연구원들의 외침이다. 미국인들은 하루 평균 9.3시간을 앉아서 생활한다. 일부 연구는 지속적으로 앉아서 일하는 생활방식이 염증 및 인슐린 수치 증가와 연관된 여타의 질병과 암의 위험 요인이 될 수 있다고 경고했다. 더욱 놀라운 사실은 일주일에 몇 번 체육관을 가거나 심지어 매일 운동하더라도 앉아서 생활하는 데 따른 부정적 효과를 극복하지 못할 수도 있다는 사실을 암시한다는 것이다. 연구자들은 집이나 체육관에서 운동하는 외에도, 매 시간 또는 두 시간마다 1~2분간의 휴식이 장기적 건강에 필수적이라고 제안한다. 점점 더 많은 연구자들이 더 많이 걷고 계단 오르내리기 등을 포함해 덜 앉아 있는 일상으로의 변화를 장려하고 있다. 서 있는 것만으로는 걷는 것을 대신할 수 없다. 이러한 연구 결과는 모든 미국인들이 전 연령대에서 더 많은 활동에 참여할 필요가 있다는 것을 얘기한다.

레크리에이션의 건강, 체력, 웰빙 운동으로의 통합

미국 사회에서 지속되는 주요 경향은 웰빙, 운동, 체력 단련 프로그램에 대한 대중의 관심이다. 웰빙은 단순히 육체적 건강 이상의 삶을 향상시키려는 개인의 요구와 중요성이 인정되면서 여가 전문가들에 의해 수용되고 있다. 웰빙 연구는 전체론적 접근을 통한 신체적, 정서적, 심리적 영역에 초점을 맞춘다. 웰빙은 생태계의 관점을 수용한다. '웰빙의 주요 요소는 건강한 삶, 자유와 선택, 건강, 사회적 관계 및 개인 안전을 위한 기본적인 물적 요구이다'[64]

웰빙에 대한 연구가 증가하고 있는데, 여가 분야는 프로그램 연구 및 제공에 관여하는 많은 학문들 중 하나에 불과하다. 심리학, 의학, 환경 연구, 사회학을 포함한 다른 분야들이 웰빙을 여가, 레크리에이션 및 공원 분야에 연계되어 왔다.

현대의 삶은 주로 비활동적으로 주로 앉아서 이루어지는 생활 형태로서 긴장감에 시달리고, 과식, 흡연, 음주와 같은 건강하지 못한 습관에 대한 인식으로 식이요법과 운동을 통한 건강, 활력, 외모의 개선에 대한 대중적 관심이 커졌다. 워킹, 에어로빅, 수영, 달리기, 조깅, 라켓 스포츠 등의 활발한 활동에의 참여는 생리적 효과를 넘어선다.

그것은 또한 심리적 가치를 가진다. 규칙적으로 운동하는 사람들은 육체적 정신적으로 더 좋아 보인다. 전문가들은 대중의 건강과 육체적 매력 추구의 열망은 지속적인 홍보, 사회적 가치, 개인의 허영심, 그리고 확고한 사업 감각에 의해 뒷받침된다고 결론짓는다.

연구에 따르면 가장 성공적인 피트니스 프로그램은 레크리에이션적 흥미와 만족의 요소를 제공하는 프로그램일 가능성이 높다. 전미레크리에이션공원협회(NRPA)는 건강과 체력의 가치를 인식하고 지역 공원 및 레크리에이션 기관이 제공하는 전국 피트니스 프로그램인 '건강으로의 도약: 공원에서 출발하라(Step Up to Health: Start in the Parks)' 프로그램에 대한 지역 참여를 후원한다. 각 기관은 직장인들 및 지역 사회의 참여를 장려하는 건강 프로그램을 개발해야 한다. 유타 주 샌디(Sandy)는 수영 400야드, 자전거 9마일, 달리기 5km를 포함하는 단거리 3종 경기를 치렀다. 조지아 주 콜럼버스는 매년 봄 축제와 가을 축제 두 개의 축제를 후원한다. 일리노이 주 디카투르에서는 청소년 피트니스 대회를 개최했다.

로버트우드존슨재단은 건강한 지역사회 이니셔티브를 위해 많은 노력을 집중했다. 그들은 많은 사람들이 지역사회에서 봉사하는 반면, 봉사를 받지 못하는 사람들도 있다는 것을 안다. 그 이유는 아마도 개인과 이웃의 건강한 공동체 형성을 방해하는 빈곤 및 요양 시설, 주거, 레크리에이션 또는 대중교통의 부족 등에 기인할 것이다. 그들은 공원이 정신적, 정서적, 육체적 건강을 포함한 인간의 건강에 중요한 역할을 한다는 연구 문헌을 통해 건강을 증진시키는 공원의 필요성을 옹호해왔다. 게다가 공원은 신체 활동을 촉진하고, 어린이들을 성장할 수 있게 하고 만성 질환을 극복할 수 있도록 한다. 해당 연구는 아이들과 어른들이 휴식을 취하고, 놀고, 서로 즐길 수 있는 야외의 모든 안전한 환경에 대한 연구이다. 연구는 그 장소가 어디건 관계없이 자연이 주는 회복력으로 가득 차 있다.[65]

레크리에이션 및 여가 조직은 항상 사회운동과 연계되어 있었지만, 지난 30년 동안 그들은 지역사회에서 레크리에이션 및 여가에 대한 이해와 역할을 확장시켜 왔다. 보다 나은 산책로, 보건, 건강, 복지 및 지역사회 참여에 대한 관심이 높아지면서, 공원 및 레크리에이션이 다양한 공동체의 경계를 넘나들며 지역사회의 성장과 발전에 어떻게 적극적 효과적으로 역할할 수 있는지에 대한 광범위한 관점을 갖도록 기여했다.

경제력으로서의 레크리에이션과 레저

많은 사람들은 예를 들어, 계획되거나 계획되지 않은 활동, 이벤트, 여행 등과 같은 업무에서 벗어난 무엇인가를 여가로서의 레크리에이션으로 생각한다. 심지어 여가 연구 문헌에서도 이러한 인식은 강화된다. 그러나 미국 경제의 상당 부분에서 레크리에이션은 개인 및 가계 지출의 주요인이다. 표 11.11은 개인의 레크리에이션 제품에 대한 지출과 다양한 유형의 이벤트 참가비, (여행 및 관광을 제외한)기타 유형의 레크리에이션 지출 총액이 연간 9,000억 달러를 넘어서는 것을 보여준다. 경제분석국(Bureau of Economic Analysis)에 따르면 야외 레크리에이션 지출 비용은 금융 서비스 및 보험, 병원 진료에 지출되는 비용보다는 적었지만, 자동차 및 부품, 가솔린 및 기타 연료, 가정용 가스 및 의약품에 대한 지출보다는 많았다. 달리 말하자면, 미국인들은 자전거 장비 구입 및 자전거 여행에 810억 달러를 썼다. 이것은 그들이 비행기 여행에 쓴 비용보다 더 많다.[66] 백악관은 2011년 보고서에서 "미국의 20개 일자리 중 1개가 레크리에이션 경제에 있다(이 통계는 의사, 변호사 또는 교사보다 더 많은 숫자다)"라고 밝혔다.[67]

레크리에이션, 스포츠, 관광 산업은 지역, 주, 그리고 국가 사회의 필수 요소들이다. 그들은 지역을 넘어선 언론으로부터 조명받지 못하고 있다. 예컨대 아이다호는 2013년에 레크리에이션 지출이 60억 달러를 돌파했으며 7만6천 개 이상의 일자리를 창출했다고 보고했다.[68] 17,000개 이상의 조식을 포함하는 여관이 있고, 79%의 소유주가 거기서 살고 있다. 여가를 경제적 힘으로 만드는 것은 부분적으로 장비, 소모품, 여행, 숙박, 가이드, 강사, 레슨 등 직접적으로 산업에 제공하는 재화 및 용역과 또 다른 영리 기업들에 의해 떠받쳐지는 기업의 다양성과 유형에 있다.

표 11.11 2000~2014년의 1인당 연간 레크리에이션 지출(단위: 10억 달러)

제품 및 서비스 유형	2000	2005	2010	2014
비디오 및 오디오 장비, 컴퓨터 및 관련 서비스	181.2	239.0	276.4	306.6
스포츠 및 레크리에이션용품 및 서비스	146.0	184.1	174.2	213.2
클럽, 스포츠센터, 공원, 극장, 박물관 회원 가입	91.9	117.9	41.8	168.8
놀이공원, 야영지 및 관련 놀이시설	31.1	33.6	38.8	50.3
영화관, 라이브 공연 및 스포츠 관람	30.6	43.7	57.3	65.4
박물관 및 도서관 입장	3.8	6.1	5.8	7.2
잡지, 신문, 도서 등 구독	81.0	85.6	92.5	107.6
도박	67.6	96.5	115.6	123.3
애완동물 및 관련 서비스	39.7	57.2	75.9	92.8
사진 관련 제품 및 서비스	19.7	17.7	15.4	16.9
패키지 여행	6.7	7.2	9.1	11.5
총 지출 비용	**699.3**	**888.6**	**902.8**	**1163.6**

출처: Bureau of Economic Analysis. Last Updated: Dec. 2015 Edition: 2016. www.bea.gov/national/consumer_spending.htm (Accessed February 20, 2017).

예컨대, 숙박 및 요식업의 경우를 예로 들어보자. 청소 직원의 직접 고용, 장비 유지보수 직원, 마케팅 회사 또는 제품 판매를 위한 협력 기업, 손님에게 특별 서비스를 제공하는 여행사, 현지에서의 식사 준비를 위한 식품회사, 건물 유지 보수 서비스 등이 이 산업에 포함되며, 그들은 지방정부 및 연방정부 세금을 납부한다. 지역의 숙박 및 요식업의 개념을 온오프라인의 낚시 매장, 자전거 매장, 스포츠용품 매장, 지역 여행사, 스포츠용품 기업, 전문 레크리에이션 기관 등으로 확장하고, 온라인까지 확장하면 레크리에이션 산업의 실제 영향은 놀라울 정도로 상당하다.

레크리에이션은 경제에 중요하게 기여한다. 그것은 종종 지역의 중소형 업체들을 중심으로 구축되어 상당한 역할을 담당한다. 대기업들이 시장에서 확장되고 있으며 어떤 경우에는 스포츠용품 매장이나 야외용품 매장이 시장을 지배할 수도 있지만, 소도시 소매상은 여전히 주요한 역할을 담당한다.[67] 레크리에이션 비용 지출은 지배적 경제 상황에 따라 변하며, 다른 많은 경제 부문과 마찬가지로, 개별적 경제 인식에 따라 상승과 하락을 겪는다. 그러나 지난 20년간 레크리에이션, 스포츠, 관광 산업은 꾸준한 속도로 성장했다.

경험으로서의 레크리에이션

연구자들 및 레크리에이션 제공자들이 레크리에이션 경험에 대해 거론하는데, 이제 그 개념은 일반적인 용어로 굳어졌다. 최근 들어 경험에 대한 논의가 특히 경제학자들과 시장 전문가들 사이에서 보다 광범위해졌다. 논의의 맥락은 제공자의 관점에 있으며, 개인 또는 그룹을 위한 서비스의 제공에 초점이 맞춰져 있었다. 논의의 초점은 제공 방식과 과정에 있다. 레크리에이션 프로그램 구조의 중심 과제는 프로그램 자체와 잠재적 최종 사용자에게 레크리에이션의 개념에서 제공에 이르는 이행 과정이었다. 그것은 여러 해 동안 효과가 있었고, 여전히 레크리에이션 제공자들이 추진하는 다양한 사업의 핵심이지만, 사회가 변화하여 전통적 레크리에이션 경험을 받아들이는 사람들의 기대도 변하였다. 1970년으로 거슬러 올라가면, 토플러는 '경험 산업(experience industry)'의 출현을 예측했다. 1999년 파인(Pine)과 길모어(Gilmore)는 전통적 서비스 모델을 능가하는 새로운 경제 모델에 초점을 맞춘 저서 『경험 경제』를 발표하였다. 그들은 날로 증가하는 경쟁적 비즈니스 환경에서 가치 창출을 위해서는 경험을 통해 고객을 참여시키는 것이 필요하다고 제안했다. 그들은 레크리에이션 경험을 전통적 개념을 넘어 경제적 제안으로 인식했다.

경험은 두 가지 핵심 요소를 필요로 한다. 첫 번째 요소는 개인의 참여 및 관여, 그리고 두 번째 요소는 경험은 각각의 참여자를 개인화하고 고유하게 만드는 활동으로 본질적으로 내면적이라는 사실을 이해하는 것이다. 두 번째 요소는, 특히 칙센트미하이(Cikszentmihalyis) 및 여가 연구자들이 최적의 경험에 대해 논의했던 방식과 그리 다르지 않다.[69] 두 번째 요소는 레크리에이션 프로그램 개발에 있어서의 일반적 요소이지만 대부분의 경우 늘 그룹적 관점에서 찾는다. 경험의 새로운 개념은 소비자들마다 고유하다고 주장한다. 사람들은 저마다 각각의 배경, 가치, 태도, 신념을 가진다. 사람들은 경험을 개인화된 '장밋빛 안경(rose-colored glasses)'을 통해 인식한다. 개인 경험의 아이디어는 (1) 혁신적 경험을 촉진하는 새로운 기술, (2) 더 정교하고 풍부하며 까다로운 소비자 기반, (3) 경쟁 강도의 증가 등의 세 가지 주요 요소의 융합에서 비롯된다.[70]

레크리에이션 경험을 만들고, 경험의 기회를 그룹 차원에서 개인 차원으로 옮기는 과정을 재설계하는 일이 변화의 토대이다. 결과는 참여자로 하여금 경험의 가치를 인식하게 하는 데 초점을 맞춘다. "경험의 가치는 여러 가지 방식으로 반영될 수 있다. 이러한 가치 표현에는 프로그램에 시간을 헌신하려는 참여자의 의사결정, 지속적 참여 의지, 참여에 따른 사회적, 심리적 및 물리적 위험을 수용하기 위한 의사결정, 또는 다양한 환경에서 프로그램 참여권 확보에 필요한 지출 의사결정 등이 포함된다."[71]

참가자를 위한 가치를 만들어내는 일은 프로그램 모델의 개발 기반이다.

　레크리에이션 및 여가 산업에 대한 경험의 응용은 공공 기관에서 대규모 상업 레크리에이션 기업에 이르기까지 업계 전반에 걸쳐 중요하고 갈수록 탄력을 얻고 있다. 대부분의 경우에 영리 부문은 공공 및 비영리 부문보다 개인 경험의 개념을 더 잘 이해하고 적용했다. 경험을 제공하는 활동은 지속적으로 성장할 것이다. 지지자들은 확대되고 있으며 학술 프로그램들은 이 개념을 수용하고 있다.

여가의 세계화

세계화(globalization)는 때로는 '축복'이자 때로는 '저주'로 평가되었다. 변화라는 맥락에서 세계화는 비교적 새로운 개념이다. 1980년대 초 경제학자들이 이 용어를 처음으로 사용했다. 세계화는 처음에는 세계의 미국화로 언급되었다. 그러나 최근의 세계화는 전 세계적으로 경제, 정치, 문화, 환경적 시스템과 구조의 통합을 의미한다. 여가의 관점에서 문화 및 환경적 영향은 현재와 미래에 가장 큰 영향을 미칠 잠재력을 가지고 있다.

　보호 지역의 관점에서 환경 세계화는 세계화의 영향에 대한 좋은 사례를 제공한다. 미국에서는 황야지대, 국립공원, 주립공원, 국가 삼림 등을 보호구역 공원(protected areas parks)으로 부른다. 국제적으로는 **보호구역**(*protected areas*)이라고 한다. 국제자연보전연맹(IUCN, www.iucn.org)은 보호구역을 "생물 다양성, 자연 및 관련 문화 자원의 보호 및 유지를 위해 법적 또는 기타 효과적인 수단을 통해 관리되는 특별히 지정된 토지 및 해양 지역"이라고 정의한다.[72] 보호구역 지정을 위한 추동력은 일찍이 보호 지역 조성에 선도적 지지자였던 미국 국립공원관리국(United States National Park Service)에서 비롯되었다. 초기 모델은 국립공원 방식을 따르는 경향이 있었다. 설명한 바와 같이, 전 세계적으로 보호구역 개념은 미국 모델의 영향을 강하게 받았지만 운동이 성숙됨에 따라 미국 모델은 전 세계적으로 공유된 하나의 모델에 불과했다. 해당국의 문화, 경제 및 환경 문제에 적합한 다양한 모델이 진화했다. IUCN은 대부분의 지역에 국제적으로 적용되는 보호구역 유형 목록을 개발했다. 유형에는 엄격한 자연 보호구역, 황야 지역, 국립공원, 국가 기념물, 서식지 보호 및 종 관리 구역, 경관 보호구역, 관리 자원 보호구역 등의 일곱 가지가 포함된다. 어떤 경우에는 보호구역이 지정되어 원주민들이 여러 세대에 걸쳐 살아왔던 것처럼 계속 거주하며 해당 토지를 이용했다. 또 다른 경우에는 국경을 넘어 두 개 이상의 국가가 더 큰 보호구역을 만들기 위해 함께했다. 환경 보호는 사회적 배경과 무관하지 않아 다른 사회 경제적 문제, 정치 등 여타의 경쟁 조건과 연관되었다. 보호구역에 관련된 환경주의의 세계화는 보호 모델을 공유할 수 있는 역량, 교훈 학습, 현지 상황에 대한 적응, 그리고 세계적 관점에 대한 자원 관리자의 보다 높은 인식으로 통해 편익을 확보한다.

관광은 세계화가 가장 쉽게 확인할 수 있는 효과를 제공한다. 일부 저자들은 지속 가능한 관광을 위한 조직적 개념으로 세계화가 대체되고 있다고 강조했다. 라이저(Reiser)에 따르면, 관광과 세계화는 수많은 연관 사례를 가지고 있으며(표 11.12 참조), "사람의 이동, 사상의 이동 및 국경을 가로지르는 자본의 이동"을 포함한다.[73] 관광객 또는 방문객들은 일련의 기대를 품고 찾는데, 그 경험 때문에 종종 도전에 직면한다. 과테말라의 마야 문화 유적지 방문객들은 초국적 기업 로고가 겹겹이 표시된 관광지도에 종종 경악한다. 그것은 과거 식민 지역에 대한 인식을 초국가적 영역으로 전환시켜 방문자의 경험에 잠재적으로 영향을 미친다. 역사 유산 관광에서 중앙아메리카의 광장들과 바리오스(barrios)*는 지역 주민들이 모이는 전통적 장소이다. 사적지는 주거 지역일 뿐 아니라, 누군가가 기술했듯이 세계화의 변화를 조망할 수 있는 공동체 도시의 '정면 베란다(front porch)'이다.

세계화가 문화에 미치는 영향은 상당하여 오랜 전통과 관습이 도전에 직면한다. 세계화는 현대성이 시간-공간 관계를 재구성하고 사회적 의미와 정체성을 뿌리째 흔드는 방식을 강조하는 '시공 압축(time-space compression)'이라고 주장되었다.[74] 세계화는 우리가 세계를 보는 방식, 세상과 상호 작용하는 방식을 변화시키고 있다. 세

표 11.12 관광과 세계화의 연결 사례

관광	세계화
사람(관광객 및 관광업 종사자)의 이동	사람(이민과 문화)의 이동
사상(관광객에 의한 새로운 문화적 가치, 관광업에서의 비즈니스 방식)의 이동	사상(세계를 가로지로는 신기술)의 이동
자본(관광업 투자, 관광을 통한 외환 수익)의 이동	국경을 넘나드는 자본의 즉각적 이동
확장을 위한 새로운 기술 요구(대형 제트기)	신기술의 전 세계적 확산
고대 그리스에서 시작(특정 사회집단에 국한)	인류의 첫 번째 이동으로 시작(최초의 도구와 어쩌면 가축을 이용하여 17,000년 전에 아프리카에서 인도네시아로 이동)
지난 100년간 엄청난 성장	특히 지난 30년간 시공간 압축
모든 사람을 위한 권리로서의 여행을 지향, 세계 여행의 개발?	세계 여행 문화?
관광은 지역 문화, 또는 적어도 그 이미지가 필요하다(목적지 간의 차별성)	세계 문화를 지향

출처: D. R. Williams, "Leisure Identities, Globalization, and the Politics of Place," *Journal of Leisure Research* (Vol. 34, No. 4, 2002): 351–367.

---

* 식민시대 스페인 도시 유적—옮긴이

계화는 개인 및 조직으로 하여금 가정, 공동체 및 사회에서의 자신들의 역할을 다시 생각하도록 강요하고 있다. 윌리엄스는 "해체주의적이고 방향 감각을 상실하게 만드는 현대성의 본질을 인식함으로써 사람들이 이용 가능한 전략에 초점을 맞춘 일관된 묘사(narrative)를 구성할 수 있게 한다"고 했다.[74]

조직된 여가 서비스 분야의 성숙

시정부, 주정부 및 연방 정부의 성격은 미국에서 약 140년 동안 조직된 레크리에이션에서 극적으로 변화했다. 오늘날의 지방정부는 이전 세대와 현저히 다르다. 정부는 대체 소득원에 더 의존하고 세금에 덜 의존한다. 공공 공원 및 레크리에이션 기관은

세계문화유산

유산이란 과거가 남기고, 오늘날 우리와 함께 존재하며 후세에 물려줄 그 무엇이다. 문화유산 및 자연 유산은 모두 삶과 영감의 변하지 않는 기원이다. 동아프리카의 세렝게티(Serengeti), 이집트의 피라미드, 호주의 그레이트 배리어 리프(Great Barrier Reef), 라틴아메리카의 바로크 성당(Baroque cathedral of Latin America)과 같은 독특하고 다양한 장소들이 세계문화유산으로 지정되었다. 81개국에 세계문화유산이 지정되어 있다.

세계문화유산의 개념을 예외적으로 만드는 것은 그 개념의 보편적 적용이다. 세계문화유산 지정은 그것이 위치한 지역에 관계없이 전 세계인 모두에게 속한다. 이집트 세계문화유산이 어떻게 이집트, 인도네시아, 아르헨티나 등의 국민에게 모두 동등하게 속할 수 있을까?

해답은 세계문화유산 및 자연유산의 보호와 관련한 1972년 협약에서 찾을 수 있다. 각각의 문화유산은 각 국가의 영토에 위치하며, 국가 주권이나 소유권의 침해 없이 세계문화유산 목록에 국제 사회 전체가 협조할 의무를 가진 세계문화유산으로 등재한다.

다른 나라들의 지원이 없다면 세계의 뛰어난 문화유산 및 자연 유적지가 때로는 보존을 위한 자금의 일부가 사라지거나 악화될 수 있다. 따라서 협약은 거의 보편적으로 비준된 합의로 세계문화유산을 보호하기 위해 필요한 재정적 지적 자원을 확보하는 것을 목표로 한다.

세계문화유산은 국가 유산과 어떻게 다른가? 핵심은 탁월한 보편적 가치라는 단어에 있다. 모든 국가에는 지역적 또는 국가적 관심이 있는 장소가 있는데, 이는 국가적 자긍심의 원천으로, 세계문화유산 목록에 등재되는지의 여부에 관계없이 자신들의 유산을 확인하고 보호하도록 권장한다. 세계문화유산 목록에 등재된 유적지는 문화유산 및 자연 유산의 가장 좋은 사례로서의 장점을 토대로 등재된다.

미국 세계문화유산 목록은 미국 국보를 반영하며, 그랜드 캐년, 에버글레이즈, 하와이 화산, 매머드 동굴(Mammoth Cave), 옐로스톤, 그레이트스모키 산맥 국립공원을 포함한다. 또한 자유의 여신상, 몬티첼로(Monticello), 버지니아대학교(University of Virginia), 독립기념관 같은 국립 기념물이 포함되어 있다. 미국은 세계문화유산 지역으로 지정된 면적의 범위에서 호주, 러시아 연방 및 캐나다에 이어 세계 4위를 차지하고 있다.[75]

불가피하게 기업가가 되었다. 한때 요금이 거의 없었던 공공 기관은 지금은 운영 예산의 90%를 차지하는 요금 및 수수료에 의존한다. 공원 및 레크리에이션 기관은 원하거나 필요로 하는 모든 사람들에 대한 서비스 제공 압박을 받는다. 많은 경우 비영리 및 영리 기관이 그 간극을 보완한다. 여가 활동 유형이 급격하게 변화하는 오늘날의 환경에 공공 기관, 영리 기관 및 비영리 단체들이 대응하려 애쓰지만 공공 및 비영리 단체들은 자원이나 재정 또는 대응 능력을 못 갖춘 경우가 많다. 영리 기업은 일반적으로 페인트 볼, 스케이트보드, 레이저 태그 등과 같은 주변부 활동의 초기에 더 빠르게 대응한다.

성숙(maturation)은 조직된 여가 서비스 분야가 변화에 발맞추지 않고 오히려 공공 및 비영리 분야의 성장이 재정, 정치, 공공의 이익 및 성장 기회에 의해 제약받는다는 사실을 암시한다. 공공 및 비영리 기관은 공원, 레크리에이션센터, 스포츠 분야, 문화센터 및 재정과 유지관리에 부담이 되는 다양한 유형의 시설 및 지역으로 구성된 인프라를 개발하였다. 프로그램 중심의 공공 및 비영리 기관의 전통적 지향은 여전히 유지되지만 증가하는 대중의 요구를 수용할 수는 없다. 한때 50미터 규격의 수영장을 건설했던 지역사회에는 오늘날 정치인이나 다른 영향력 있는 집단이 과거의 전통적 방식을 요구하지 않는다면서 중소형 워터파크를 건설한다. 리더십이 변하여 새로운 젊은 지도자들이 부상하고 있다. 가치는 재평가되고, 약속은 재고되고, 요구는 평가되고, 기대는 도전받고 있다.

지난 50년 동안 공공 기관의 경제적 정치적 환경이 변화되면서 정부가 변화시켜야 할 다양한 문제에 대한 인식이 있었다. 특히 공원 및 레크리에이션 분야에서 정부의 책임으로 수년 동안 인정되던 일들이 현재 논쟁의 대상이 되고 있다. 앞서 설명한 바와 같이 변화는 수십 년 전에 시작되었지만, 모든 정부 프로그램에 대한 더 높은 수준의 정밀성과 타당성을 취하게 되는 경기 침체 이후의 시대에, 공공 기관은 운영 방식을 재고하고, 정치적 경제적 맥락과 프로그램에 대한 기대, 중요성 및 타당성에 대한 공공의 인식 속에서 자신의 역할을 재정의해야 한다.

요약

이 장은 과거와 현재에서 벗어나 현대의 문제 및 도전 과제, 그리고 여가 및 레크리에이션의 미래에 초점을 맞춘다. 그것은 21세기 레크리에이션 및 여가에 대한 의제에 초점을 맞추는 것으로 시작되었다. 인구와 관련된 새로운 문제는 성별, 인종, 민족, 연령 다양성, 인구통계학적 변화, 고령화 사회의 영향, 그리고 어린이, 10대, 청소년을 포함한 가정의 변화 등이다. 논의는 인구통계학적 문제에서 사람들이 사는 곳, 그리고 입지가 레크리에이션과 레저 서비스의 제공에 미치는 영향과 같은 다양한 의제로 옮겨갔다. 기술은 사람들이 자유 시간을 활용하고 여가 활동에 참여하는 방식에 주요한 영향을 끼쳤다.

환경 및 환경 관련 문제, 세계 기후 변화, 자연 결핍 장애(nature-deficit disorder)가 동시에 나타나고 있으며 잠재적으로 사회를 변화시킬 수 있는 도전이다. 이러한 문제들을 자연과 행복에 연계하는 것은 특히 도시 거주자와 자연 및 환경 경험의 제공자들 사이에서 가장 빠르게 성장하는 관심 영역 중 하나이다.

이 장에 제시된 다른 문제들은 여가의 세계화, 경제적 문제, 자유재량 시간의 변화 양식, 특수 이익 집단의 성장, 그리고 여가 서비스 제공 시스템의 변화하는 성격에 초점을 맞추고 있다. 이 모든 문제들은 여가 직업에서의 불안 또는 기회의 동인이 될 수 있다.

토론 및 에세이 과제

1. 레크리에이션 경험과 같은 미래에 대한 한 가지 의제를 선택하고, 그 의제가 레크리에이션 경험의 제공에 어떤 영향을 미치며 사용자 경험에 어떤 영향을 미치는지 설명하라. 두 가지의 매우 다른 레크리에이션 경험을 선택하고 그 경험이 어떻게 다른지, 그리고 왜 다른지 설명하라.

_____

_____

_____

_____

_____

_____

2. 이 장의 내용에 기초하여, 여러분은 공원 및 레크리에이션 기관이 다뤄야 할 주요 관심사는 무엇이라고 생각하는지 설명하고 타당성을 주장하라.

_____

_____

_____

_____

3. 미국의 인구 변화가 미래에 레크리에이션, 공원, 관광 및 기타 관련 여가 시스템을 제공하는 데 어떤 영향을 미치는가? 프로그램 제공, 미국인의 다양성, 사회적, 정치적 도전, 그리고 미래에 대한 욕망의 측면에서 생각해보라.

_____

_____

_____

_____

4. 3개 부문(정부, 비영리, 영리 부문)이 미래에 레크리에이션 및 여가를 제공하는 방식을 어떻게 다루어야 하는지 설명하라. 3개 부문의 미래에서 여러분이 생각하는 주요 차이점을 이야기하고 세 부문이 함께해야 하는 지점과 분리되어 독립적으로 일해야 한다고 생각하는 지점을 강조하여 설명하라. 이 교재에 있는 정보 및 외부 자료를 활용하여 평가를 수행하라.

_____

_____

_____

_____

5. 대도시 지역(인구 10만 명 이상)을 선택하여 지역사회에서 이용할 수 있는 상업 레크리에이션 기회를 조사하라. 스포츠, 피트니스, 수영, 도서관 및 기타 활동 등의 단일 범주를 선택하여 실제 사례를 제시하라. 지리적으로 어떻게 레크리에이션 서비스를 이용할 수 있는가?

_____

_____

_____

_____

_____

미주

1. Opentopia, "Future," http://encycl.opentopia.com/term/Future.

2. Pew Research Center, "10 demographic trends that are shaping the U.S. and the World," http://www.pewresearch.org/fact-tank/2016/03/31/10-demographic-trends-that-are-shaping-the-u-s-and-the-world/ (Accessed February 15, 2017).

3. V. D. Markham, *U.S. Population, Energy and Climate Change* (Washington, DC: Center for Environment and Population, 2008): 7.

4. United States Department of Labor: https://www.dol.gov/dol/aboutdol/history/herman/reports/futurework/report/chapter1/main.htm (Accessed February 21, 2017).

5. Markham, *U.S. Population*, 6.

6. The United States Census, "The Foreign Born Population in the United States - 2010," https://www.census.gov/prod/2012pubs/acs-19.pdf (Accessed February 21, 2017).

7. Pew Research, "6 new findings about Millennials," http://www.pewresearch.org/fact-tank/2014/03/07/6-new-findings-about-millennials/ (Accessed February 21, 2017).

8. C. Maller, M. Townsend, L. St Leger, et al, *Healthy Parks, Healthy People: The Health Benefits of Contact with Nature in a Park Context*, 2nd ed. (Burwood, Melbourne: Deakin University, 2008): 11.

9. Dan K. Hibler and Kimberly J. Shinew, "Moving Beyond Our Comfort Zone: The Role of Leisure Service Providers in Enhancing Multiracial Families' Leisure Experiences," *Parks and Recreation* (Vol. 37, No. 2, 2002): 26.

10. Ching-hua Ho et al., "Gender and Ethnic Variations in Urban Park Preferences, Visitations, and Perceived Benefits," *Journal of Leisure Research* (Vol. 37, No. 3, 2005): 281–306.

11. Kimberly J. Shinew, Myron F. Floyd, and Diana Parry, "Understanding the Relationship Between Race and Leisure Activities and Constraints: Exploring an Alternative Framework," *Leisure Sciences* (Vol. 26, 2004): 188–191.

12. K. Zickhur. 2010, Generations 2010, Pew Internet & American Life Project, Pew Research Center: http://www.pewinternet.org/Reports/2010/Generations-2010.aspx (Accessed February 25, 2013).

13. Ortman, J. M., Velkoff, V. A., & Hogan, H. 2014, *An Aging Nation: The Older Population in the United States: Population Estimates and Projections*, U.S Census Bureau: https://www.census.gov/prod/2014pubs/p25-1140.pdf (Accessed February 18, 2017).

14. Douglas Knudson, *Outdoor Recreation* (New York: Macmillan, 1980): 31.

15. Working in America: New Tables Detail Demographics of Work Experience: https://www.census.gov/newsroom/blogs/random-samplings/2015/10/working-in-america-new-tables-detail-demographics-of-work-experience.html (Accessed February 18, 20–17).

16. Stephen Mitchell, "Retirement Evolution: Reexamining the Retirement Model," *LIMRA's Market Facts Quarterly* (Vol. 25, No. 1, 2006): 82–85.

17. Federal Interagency Forum on Aging-Related Statistics, "Older Americans: Key indicators of well-being. Federal Interagency Forum on Aging-Related Statistics," https://agingstats.gov/docs/LatestReport/Older-Americans-2016-Key-Indicators-of-WellBeing.pdf (Accessed February 18, 2017).

18. Sarah Burnett-Wolle and Geoffrey Godbey, "Active Aging 101," *Parks and Recreation* (2005): 30–40.

19. U.S. Census 2000, "Your Gateway to 2000 Census," www.census.gov/main/www/cen2000.html.

20. M. Scherer, "On Our Changing Family Values (Interview with Sociologist David Elkind)," *Educational Leadership* (April 1, 1996).

21. KIDS COUNT Data Book © Annie E. Casey Foundation (2012): www.aecf.org/~/media/Pubs/Initiatives/KIDS%20COUNT/123/2012KIDSCOUNTDataBook/KIDSCOUNT2012DataBookFullReport.pdf.

22. Childstats.gov, "America's Children: Key National Indicators of Well-Being, 2009," www.childstats.gov/americaschildren/index3.asp.

23. Duke Center for Child and Family Policy, "Child and Youth Well Being Index (CWI) Report," http://childandfamilypolicy.duke.edu/wp-content/uploads/2014/12/Child-Well-Being-Report.pdf (Accessed February 21, 2017).

24. UNICEF, "The State of the World's Children Report ," New York: United Nations (2004).

25. Child Trends, "Children In Poverty," http://www.childtrends.org/indicators/children-in-poverty/ (Accessed February 18, 2017).

26. Partnership for a Drug-Free America, www.drugfree.org (Accessed January 15, 2017).

27. Harris Interactive, "Parents, Changing Roles in Tweens' and Teens' Lives," *Trends & Tudes* (Vol. 2, No. 5, 2003).

28. Harris Interactive, "Kids and Online Privacy," *Trends & Tudes* (Vol. 2, No. 4, 2003).

29. Harris Interactive, "Youth and Mental Health Stigma," *Trends & Tudes* (Vol. 5, No. 9, 2006).

30. Child Trends, "Volunteering," http://www.childtrends.org/indicators/volunteering/ (Accessed February 18, 2017).

31. W. F. LaPage and S. R. Ranney, "America's Wilderness: The Heart and Soul of Culture," *Parks and Recreation* (July 1988): 24.

32. Center for Environment and Population, "U.S. National Report on Population and the Environment," New Canaan, CT: Center for Environment and Population (2006): 4.

33. J. Loh et al., eds., *WWF Living Planet Report* (Switzerland: WWF International, New Economics Foundation, World Conservation Monitoring Centre, 2004).

34. U.S. Environmental Protection Agency, "Basic Information," https://www.epa.gov /environmental-topics/land-waste-and-cleanup-topics (Accessed June 12, 2017).

35. Center for Environment and Population, "U.S. National Report on Population," 55.

36. Center for Environment and Population, www.cepnet.org (Accessed January 15, 2017).

37. Brookings, "The Metropolitan Revolution," https://www.brookings.edu/book/the-metropolitan-revolution-2/ (Accessed February 22, 2017).

38. https://factfinder.census.gov/faces/tableservices/jsf/pages/productview.xhtml?src=bkmk (Accessed February 18, 2017).

39. Farmland Information, "National Statistics," http://www.farmlandinfo.org/statistics (Accessed February 18, 2017).

40. Trust for Public Land, "LandVote," https://tpl.quickbase.com/db/ bbqna2qct?a=dbpage&pageID=8 (Accessed June 12, 2017).

41. The Trust for Public Land, http://www.tpl.org. (Accessed February 12, 2017)

42. Stephen Saunders and Tom Easley, *Losing Ground: Western National Parks Endangered by Climate Change* (Louisville, CO: Rocky Mountain Climate Organization and the Natural Resources Defense Council, 2006).

43. Philanthropedia, "Ranked Nonprofits: National Climate Change 2012," www.myphilanthropedia.org/top-nonprofits/national/climate-change/2012 (Accessed May 12, 2012).

44. 350.org: https://350.org (Accessed February 17, 2018).

45. U.S. Global Change Research Program, "Program Overview," www.globalchange.gov/about/ overview.

46. Charles et al., *Children and Nature 2008: A Report on the Movement to Reconnect Children to the Natural World* (Santa Fe, NM: Children's Nature Network, 2008): 13.

47. O. R. W. Pergams and P. A. Zaradic, "Is Love of Nature in the U.S. Becoming Love of Electronic Media?" *Journal of Environmental Management* (Vol. 80, 2006): 387–393.

48. D. Morris and M. A. Wells, *Climate Change and Outdoor Recreation Resources* (Washington, DC: Resources for the Future, 2009).

49. Resources for the Future, "Climate Change and Recreation: Consequences and Costs" (April 24, 2009), http://www.rff.org/files/sharepoint/WorkImages/Download/RFF-BCK-ORRG_ ClimateChange.pdf.

50. Maller et al., *Healthy Parks, Healthy People*, 11.

51. City of Long Beach, Office of Sustainability, "Urban Nature," www.longbeach.gov/ citymanager/sustainability/urban_nature.asp.

52. G. Godbey, *Outdoor Recreation, Health, and Wellness: Understanding and Enhancing the Relationship* (Washington, DC: Resources for the Future, 2009): 27.

53. C. W. Thompson, P. Aspinall, and A. Montarzino, "The Childhood Factor: Adult Visits to Green Places and the Significance of Childhood Experience," *Environment & Behavior* (Vol. 40, No. 1, 2008): 111–143.

54. S. R. Kellert. *Building for Life: Designing and Understanding the Human–Nature Connection* (Washington, DC: Island Press, 2007).

55. G. Godbey, *Outdoor Recreation, Health, and Wellness: Understanding and Enhancing the Relationship* (Washington, DC: Resources for the Future, 2009): 27.

56. Maller et al., *Healthy Parks, Healthy People*, 21.

57. J. Horrigan, "The Mobile Difference: Wireless Connectivity Has Drawn Many Users More Deeply into Digital Life," Washington, DC: Pew Internet and American Life Project (2009).

58. J. Horrigan and L. Rainie, "The Internet's Growing Role in Life's Major Decisions," Washington, DC: Pew Internet and American Life Project, (April 2006): 1.

59. Pew Research Center, "Internet/Broadband Factsheet," http://www.pewinternet.org/fact-sheet/internet-broadband/ (Accessed February 20, 2010).

60. Pew Research Center, "Social Media Fact Sheet," http://www.pewinternet.org/fact-sheet/social-media/ (Accessed February 20, 2017).

61. J. Wajcman, "Life in the Fast Lane? Toward a Sociology of Technology and Time," *British Journal of Sociology* (Vol. 59, No. 1, 2008): 59–76.

62. R. L. Lippke, "Five Concerns Regarding the Commercialization of Leisure," *Business and Society Review* (Vol. 106, No. 2, 2001): 107–126.

63. S. Martin and D. Markow (eds), "Youth and Reality TV," www.HarrisInteractive.com.

64. P. Morrow, "Outdoor Recreation Drives Idaho Economy," KLTV News (March 11, 2013). www.kivitv.com/news/local/197088951.html.

65. Robert Wood Johnson Foundation, "Healthy Communities," http://www.rwjf.org/en/our-focus-areas/focus-areas/healthy-communities.html (Accessed February 20, 2017).

66. Outdoor Industry Association, "The Outdoor Recreation Economy" (2012), www.outdoorindustry.org/pdf/OIA_OutdoorRecEconomyReport2012.pdf.

67. K. Salazar, "The Economic Power of Outdoor Recreation," Washington, DC: U.S. Department of the Interior (August 22, 2011), www.doi.gov/news/blog/The-economic-power-of-outdoor-recreation.cfm.

68. P. Morrow, "Outdoor Recreation Drives Idaho Economy," KLTV News (March 11, 2013). www.kivitv.com/news/local/197088951.html.

69. M. Csikszentmihalyi and I. S. Csikszentmihalyi (eds), *Optimal Experiences: Psychological Studies of Flow in Consciousness* (Cambridge, UK: Cambridge University Press, 1988).

70. B. J. Knutson, J. A. Beck, S. H. Kim, and J. Cha, "Identifying the Dimensions of the Experience Construct" [Electronic Version], *Journal of Hospitality & Leisure Marketing* (Vol. 15, No. 3, 2006): 31–47.

71. G. D. Ellis and J. R. Rossman, "Creating Value for Participants through Experience Staging: Parks, Recreation, and Tourism in the Experience Industry," *Journal of Park and Recreation Administration* (Vol. 26, No. 4, 2008): 1–20.

72. World Commission on Protected Areas, *National System Planning for Protected Areas* (Cambridge, England: World Commission on Protected Areas, 1998).

73. Dirk Reiser, "Globalisation: An Old Phenomenon That Needs to Be Rediscovered for Tourism," *Tourism and Hospitality Research* (Vol. 4, No. 4, 2003): 310.

74. Daniel L. Williams, "Leisure Identities, Globalization, and the Politics of Place," *Journal of Leisure Research* (Vol. 34, No. 4, 2002): 355.

75. UNESCO World Heritage Centre, *World Heritage Information Kit* (Paris, France: UNESCO World Heritage Centre, June 2008), whc.unesco.org/uploads/activities/documents/activity-567-1.pdf.

찾아보기

국문

ㅂ

ㅇ

ㅈ

ㅎ

영문

A

B

S

T